EKONOMIA

1

Anxo Penalonga Sweers

Jardueren aholkularitza pedagogikoa
Abelardo Fernández Bagüés

Berrikusketa teknikoa
José Ángel Navarro Martínez
Abelardo Fernández Bagüés

McGraw Hill

MADRIL – BOGOTA – BUENOS AIRES – CARACAS – GUATEMALA – MEXIKO
NEW YORK – PANAMA – SAN JUAN – SANTIAGO – SÃO PAULO
AUCKLAND – HAMBURG – LONDRES – MILAN – MONTREAL – NEW DELHI – PARIS
SAN FRANCISCO – SYDNEY – SINGAPUR – ST. LOUIS – TOKIO – TORONTO

Aurkibidea

LIBURUAREN EGITURA

Unitatearen aurkezpena

Unitate bakoitza aurkezteko, testu interesgarri bat duzu, laburpen moduan.

Koadro honetan, zenbait galdera egiten zaizkizu, unitatea hasi aurretik zenbat dakizun jakiteko.

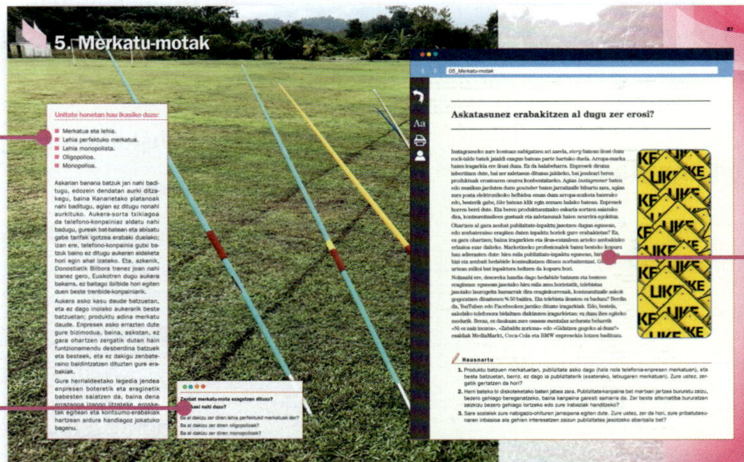

Hasi aurretik: testu batek modu erakargarrian sartuko zaitu unitateko edukietan, eta zenbait galdera egingo dizkizu, erantzuteko.

Edukien garapena

Zenbait motatako jarduerak topatuko dituzu, hainbat gaitasun lantzeko, eta, horrez gain, informazio osagarria ere baduzu alboetan.

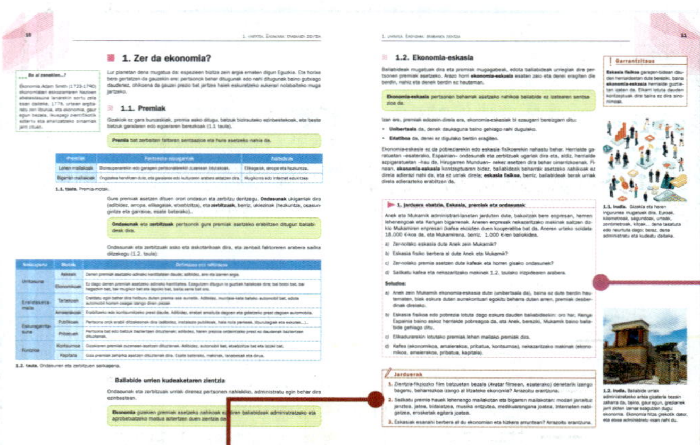

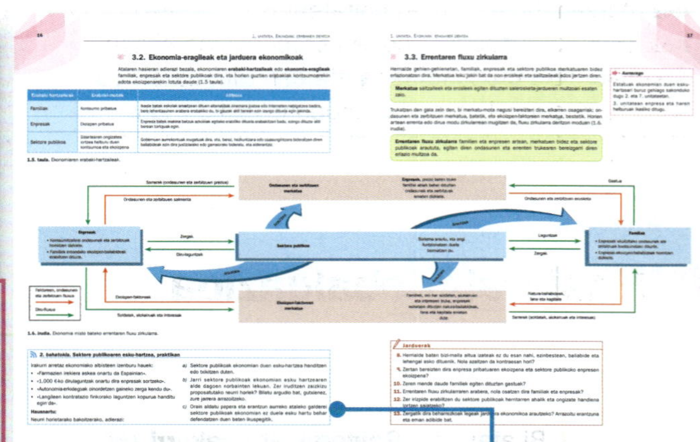

Jarduerak

Landutako ataleko edukiak ongi ulertu dituzun egiaztatu ahal izateko.

Ebatzitako jarduera

Ebatzitako jarduera bat, eduki garrantzitsu batzuk finkatzen laguntzeko.

Behatokia

Ekonomia-edukiko zenbait alderdi, horri buruzko gogoeta egin dezazun.

Unitatearen amaiera

Teoria amaituta, **Ariketak** proposatzen dira, atalka multzokatuta eta zailtasunaren arabera mailakatuta. Zenbait kasutan, **jarduera kooperatiboak** proposatzen dizkizugu (ikonoa daramatenak dira).

Horrez gain, koadro bat duzu, eta horren barruan hiru galdera, unitatean ikasitakoari buruz hausnartu dezazun.

Berrikusketa-testa unitatean ikasitakoari buruzko kontrol azkar bat egiteko erabil dezakezu.

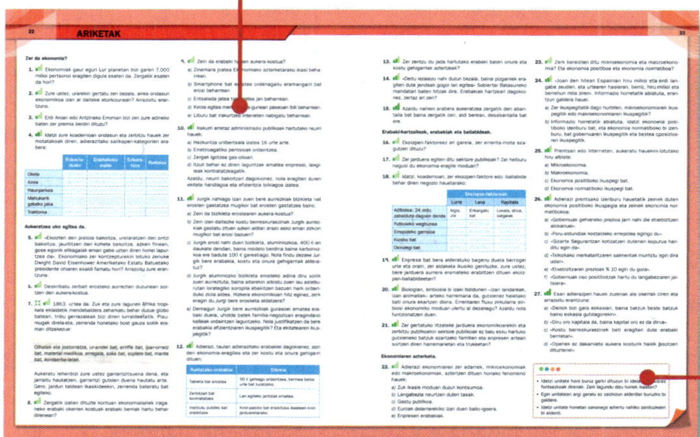

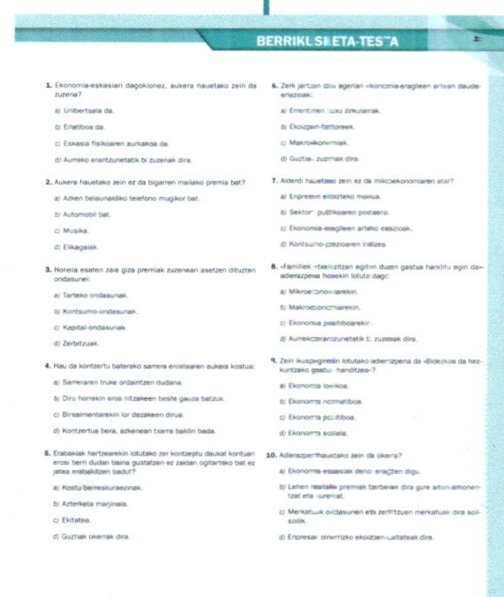

Ekonomia errealitatean izeneko atalean, unitatean zehar ikasitako guztia praktikan jartzea proposatzen dizugu. **Interpretatzen ikasten** atalean tauletan eta grafikoetan bildutako datuak aztertu beharko dituzu, ekonomiaren arloko ondorioak ateratzeko. **Dilema** atalean, berriz, gelan unitatearekin lotutako gai bati buruzko eztabaida egitea proposatzen dizugu. Azkenik, **Zine-proposamena** atalean film baten irakurketa ekonomikoa egitea proposatzen dizugu.

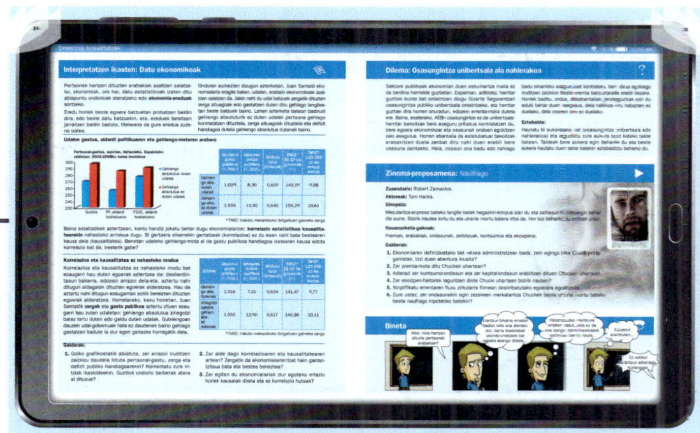

Hasierako ebaluazioa

Bi atal ditu: **Galderak** eta **Irakurri eta partekatu.** Bi-biak ikasturtearen hasieran ekonomiari buruz dituzun ezagutzak ebaluatzeko dira.

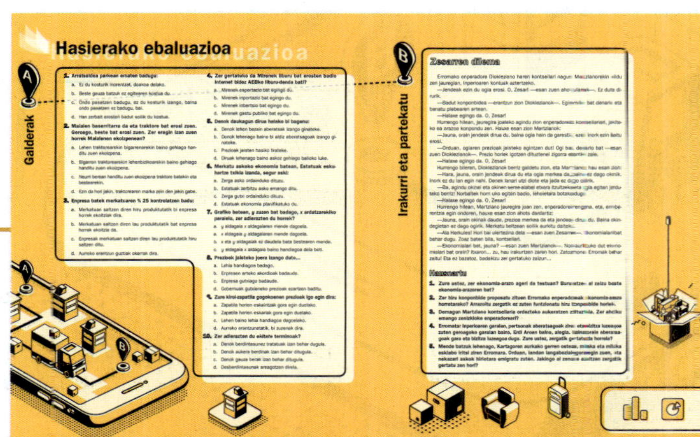

Hasierako ebaluazioa

Galderak

1. Arratsaldea parkean ematen badugu:

a. Ez du kosturik inorentzat, doakoa delako.

b. Beste gauza batzuk ez egitearen kostua du.

c. Ondo pasatzen badugu, ez du kosturik izango, baina ondo pasatzen ez badugu, bai.

d. Han zerbait erosten badut soilik du kostua.

2. Maialen baserritarra da eta traktore bat erosi zuen. Geroago, beste bat erosi zuen. Zer eragin izan zuen horrek Maialenen ekoizpenean?

a. Lehen traktorearekin bigarrenarekin baino gehiago handitu zuen ekoizpena.

b. Bigarren traktorearekin lehenbizikoarekin baino gehiago handitu zuen ekoizpena.

c. Neurri berean handitu zuen ekoizpena traktore batekin eta bestearekin.

d. Ezin da hori jakin, traktorearen marka zein den jakin gabe.

3. Enpresa batek merkatuaren % 25 kontrolatzen badu:

a. Merkatuan saltzen diren hiru produktutatik bi enpresa horrek ekoitziak dira.

b. Merkatuan saltzen diren lau produktutatik bat enpresa horrek ekoitzia da.

c. Enpresak merkatuan saltzen diren lau produktutatik hiru saltzen ditu.

d. Aurreko erantzun guztiak okerrak dira.

4. Zer gertatuko da Mirenek liburu bat erosten badio Internet bidez AEBko liburu-denda bati?

a. Mirenek esportazio bat egingo du.

b. Mirenek inportazio bat egingo du.

c. Mirenek inbertsio bat egingo du.

d. Mirenek gastu publiko bat egingo du.

5. Denok daukagun dirua halako bi bagenu:

a. Denok lehen bezain aberatsak izango ginateke.

b. Denok lehenago baino bi aldiz aberatsagoak izango ginateke.

c. Prezioak jaisten hasiko lirateke.

d. Diruak lehenago baino askoz gehiago balioko luke.

6. Merkatu askeko ekonomia batean, Estatuak esku-hartze txikia izanda, segur aski:

a. Zerga asko ordainduko dituzu.

b. Estatuak zerbitzu asko emango ditu.

c. Zerga gutxi ordainduko dituzu.

d. Estatuak ekonomia planifikatuko du.

7. Grafiko batean, *y* zuzen bat badago, *x* ardatzarekiko paralelo, zer adierazten du horrek?

a. *y* aldagaia *x* aldagaiaren mende dagoela.

b. *x* aldagaia *y* aldagaiaren mende dagoela.

c. *x* eta *y* aldagaiak ez daudela bata bestearen mende.

d. *y* aldagaia *x* aldagaia baino handiagoa dela beti.

8. Prezioek jaisteko joera izango dute...

a. Lehia handiagoa badago.

b. Enpresen arteko akordioak badaude.

c. Enpresa gutxiago badaude.

d. Gobernuak gutxieneko prezioak ezartzen baditu.

9. Zure kirol-zapatila gogokoenen prezioak igo egin dira:

a. Zapatila horien eskaintzak gora egin duelako.

b. Zapatila horien eskariak gora egin duelako.

c. Lehen baino lehia handiagoa dagoelako.

d. Aurreko erantzunetatik, bi zuzenak dira.

10. Zer adierazten du *ekitate* terminoak?

a. Denok berdintasunez tratatuak izan behar dugula.

b. Denok aukera berdinak izan behar ditugula.

c. Denok gauza berak izan behar ditugula.

d. Desberdintasunak areagotzen direla.

Zesarren dilema

Erromako enperadore Diokleziano haren kontseilari nagusi Martzianorekin bildu zen jauregian, Inperioaren kontuak aztertzeko.

—Jendeak ezin du ogia erosi. O, Zesar! —esan zuen aholkulariak—. Ez dute dirurik.

—Badut konponbidea —erantzun zion Dioklezianok—. Egin milioi bat denario eta banatu plebearen artean.

—Halaxe egingo da. O, Zesar!

Hurrengo hilean, jauregira joateko agindu zion enperadoreak kontseilariari, jakiteko ea arazoa konpondu zen. Hauxe esan zion Martzianok:

—Jauna, orain jendeak dirua du, baina ogia hain da garestia, ezen inork ezin baitu erosi.

—Orduan, ogiaren prezioak jaisteko agintzen dut! Ogi bat, denario bat —esan zuen Dioklezianok—. Prezio horiek igotzen dituztenei zigorra ezarriko zaie.

—Halaxe egingo da. O, Zesar!

Hurrengo bileran, Dioklezianok berriz galdetu zion, eta Martzianok hau esan zion:

—Hara, jauna, orain jendeak dirua du eta ogia merkea da, baina ez dago okinik. Inork ez du lan egin nahi. Denek lanari utzi diote eta jada ez dago ogirik.

—Ba, agindu okinei eta okinen seme-alabei etxera itzultzeko eta ogia egiten jarduteko berriz! Norbaitek horri uko egiten badio, lehoietara botako dugu.

—Halaxe egingo da. O, Zesar!

Hurrengo hilean, Martziano jauregira joan zen, enperadorearengana, eta, erreberentzia egin ondoren, hauxe esan zion ahots dardartiz:

—Jauna, orain okinak daude, prezioa merkea da eta jendeak dirua du. Baina okindegietan ez dago ogirik. Merkatu beltzean soilik aurkitu daiteke.

—Ala Herkules! Hori bai ulertezina dela —esan zuen Zesarrek—. Ekonomialari bat behar dugu. Zoaz baten bila, kontseilari.

—Ekonomialari bat, jauna? —esan zuen Martzianok—. Non aurkituko dut ekonomialari bat orain? Itxaron... zu, hau irakurtzen zaren hori. Zatoz hona! Erromak behar zaitu! Eta ez bazatoz, badakizu zer gertatuko zaizun...

Hausnartu

1. Zure ustez, zer ekonomia-arazo ageri da testuan? Bururatzen al zaizu beste ekonomia-arazoren bat?

2. Zer hiru konponbide proposatu zituen Erromako enperadoreak ekonomia-arazo horretarako? Arrazoitu zergatik ez zuten funtzionatu hiru konponbide horiek.

3. Demagun Martziano kontseilaria ordezteko aukeratzen zaituztela. Zer aholku emango zenizkioke enperadoreari?

4. Erromatar Inperioaren garaian, pertsonak aberatsagoak ziren eta bizitza luzeagoa zuten geroagoko garaian baino, Erdi Aroan baino, alegia. Baina orain aberatsagoak gara eta bizitza luzeagoa dugu. Zure ustez, zergatik gertatu da horrela?

5. Mende batzuk lehenago, Kartagoren aurkako gerren ostean, milaka eta milaka esklabo iritsi ziren Erromara. Orduan, landan langabeziak gora egin zuen, eta nekazari askok hirietara emigratu zuten. Jakingo al zenuke azaltzen zergatik gertatu zen hori?

1. Ekonomia: erabakien zientzia

Unitate honetan hau ikasiko duzu:

- Zer da ekonomia?
- Aukeratzea uko egitea da.
- Erabaki-hartzaileak, erabakiak eta baliabideak.
- Ekonomiaren azterketa.

Gizakiak ez gara autoaskiak; aitzitik, premiak ditugu, eta premia horiekin alderatuta urriak diren bitartekoen edo baliabideen bidez asetzen ditugu premia horiek. Horrenbestez, eta geure burua administratu behar dugunez, gure kontsumo- eta ekoizpen-erabakiak neurtu behar ditugu. Familiak eta enpresak merkatuaren bidez osatzen eta antolatzen dira, erabakiak optimizatzeko, baina ez da lan erraza.

Erabakiak hartzeak uko egitea dakar. Ezin da aukeratu bidean ezer galdu gabe. Baina, gainera, maiz, zalantza-egoera batean egiten dugu, egiten dugunaz ziur egon gabe, eta askotan modu altruistan egiten dugu, interes orokorraren alde.

Kontua da ekonomia oso gauza konplexua dela, guk jakin gabe gure bizitzan eragiten duten milioika elementuak bezalaxe. Eta, horregatik, ekonomia ulertzeko eredu sinplifikatuak erabiltzen ditugu ekonomiaren errealitatearen parteak banan-banan aztertzeko, eta, ondoren, ekonomiaren azterketari bere osotasunean heltzeko.

Zer dakizu ekonomiaz?

Zer ikasi nahi duzu?

Ba al dakizu zer den aukera-kostua?

Ba al dakizu zer den mikroekonomia? Eta makroekonomia?

Ba al dakizu zer den ekonomia positiboa? Eta normatiboa?

Ausazko jokoak, belatzak eta ametsak

Gure herrialdean, ausazko jokoetan jasotzen den saririk preziatuenetako bat Gabonetako Loteriaren Sari Nagusia da. Zozketa horretan saria jasotzeko probabilitatea 100.000tik bat da; hau da, zenbat zenbaki ditugun, halako probabilitatea edukiko dugu. Ausazko joko batek duen pizgarriak ez luke dirua alferrik botatzeko aitzakia izan behar, baina matematika gure kontra dagoela jakinda ere dirua gastatzen dugu halako jokoetan. Horren atzean, gure premia guztiak asetzeko baliabide mugagabeak edukitzeko betiereko irrika dago. Eta, une batez, San Ildefonso ikastetxeko haurrek gure zenbakia kantatzen dutela amets egiten dugu, eta Adam eta Eva Edengo lorategian sentituko liratekeen bezala sentitzen gara. Esna egiten dugu amets gure bizitza osoan estualdirik izan gabe bizitzeko aukerarekin.

The Maltese Falcon (Maltar belatza) filmean, trama guztia belatz formako antzinako estatua baten inguruan dabil. Estatua urrez eta harribitxiz eginda dago, antza. Filmaren protagonista detektibe bat da, Humphrey Bogartek interpretatua, eta hura da diru-gosea ez duen bakarra. Filmaren amaieran, eta nahiz eta zenbait pertsonaia hil egin diren estatua lortu nahian, ez dakigu benetan zerez egina dagoen estatua, eta protagonistari horretaz galdetzean hauxe erantzuten du: «ametsak egiten diren materialaz dago eginda». Ametsek ez al dute balio Gabonetako Loteriaren dezimo batek balio dituen hogei euroak baino gehiago?

Hausnartu

1. Zer esan nahi du testuak «Edengo lorategian» sentitu nahiko genukeela esaten duenean?
2. Espainia ausazko jokoetan diru gehien gastatzen duen herrialdeetako bat da. Zer irabazten duzu loteria-dezimo bat erosten duzun bakoitzean? Eta zer galtzen duzu?
3. Zure ustez, zergatik esaten diete ekonomialari batzuek «tentelen zergak» ausazko jokoei? Iritzi berekoa al zara?

1. Zer da ekonomia?

Ba al zenekien...?

Ekonomia Adam Smith (1723-1790) ekonomialari eskoziarraren *Nazioen aberastasuna* lanarekin sortu zela esan daiteke. 1776. urtean argitaratu zen liburua, eta ekonomia, gaur egun bezala, ikuspegi zientifikotik aztertu eta analizatzeko oinarriak jarri zituen.

Lur planetan dena mugatua da: espezieen bizitza zein argia ematen digun Eguzkia. Eta horixe bera gertatzen da gauzekin ere: pertsonok behar ditugunak edo nahi ditugunak baino gutxiago daudenez, ohikoena da gauzei prezio bat jartzea haiek eskuratzeko aukerari nolabaiteko muga jartzeko.

1.1. Premiak

Gizakiok ez gara buruaskiak, premia asko ditugu, batzuk bizirauteko ezinbestekoak, eta beste batzuk garaiaren edo egoeraren berezkoak (1.1 taula).

Premia bat zerbaiten faltaren sentsazioa eta hura asetzeko nahia da.

Premiak	Funtsezko ezaugarriak	Adibideak
Lehen mailakoak	Biziraupenarekin edo garapen pertsonalarekin zuzenean lotutakoak.	Elikagaiak, arropa eta hezkuntza.
Bigarren mailakoak	Ongizatea handitzen dute, eta garaiaren edo kulturaren arabera aldatzen dira.	Mugikorra edo Internet edukitzea.

1.1. taula. Premia-motak.

Gure premiak asetzen dituen orori ondasun eta zerbitzu deritzogu. **Ondasunak** ukigarriak dira (adibidez, arropa, elikagaiak, etxebizitza), eta **zerbitzuak,** berriz, ukiezinak (hezkuntza, osasungintza eta garraioa, esate baterako).

Ondasunak eta **zerbitzuak** pertsonok gure premiak asetzeko erabiltzen ditugun baliabideak dira.

Ondasunak eta zerbitzuak asko eta askotarikoak dira, eta zenbait faktoreren arabera sailka ditzakegu (1.2. taula):

Sailkapena	Motak	Definizioa eta adibideak
Urritasuna	Askeak	Denen premiak asetzeko adinako kantitatean daude; adibidez, airea eta izarren argia.
	Ekonomikoak	Ez dago denen premiak asetzeko adinako kantitatea. Ezagutzen ditugun ia guztiak halakoak dira; bai botoi bat, bai hegazkin bat, bai mugikor bat eta lepoko bat, baita xerra bat ere.
Eraldaketa-maila	Tartekoak	Eraldatu egin behar dira helburu duten premia ase aurretik. Adibidez, muntaia-kate bateko automobil bat, edota automobil horren osagai izango diren piezak.
	Amaierakoak	Erabiltzeko edo kontsumitzeko prest daude. Adibidez, erabat amaituta dagoen eta gidatzeko prest dagoen automobila.
Eskuragarritasuna	Publikoak	Pertsona orok erabil ditzakeenak dira (adibidez, instalazio publikoak, hala nola parkeak, liburutegiak eta eskolak...).
	Pribatuak	Pertsona bat edo batzuk baztertzen dituztenak; adibidez, haren prezioa ordaintzeko prest ez daudenak baztertzen dituztenak.
Funtzioa	Kontsumoa	Gizakiaren premiak zuzenean asetzen dituztenak. Adibidez, automobil bat, etxebizitza bat eta izozki bat.
	Kapitala	Giza premiak zeharka asetzen dituztenak. Esate baterako, makinak, lanabesak eta dirua.

1.2. taula. Ondasunen eta zerbitzuen sailkapena.

Baliabide urrien kudeaketaren zientzia

Ondasunak eta zerbitzuak urriak direnez pertsonen nahiekiko, administratu egin behar dira ezinbestean.

Ekonomia gizakien premiak asetzeko nahikoak ez diren baliabideak administratzeko eta aprobetxatzeko modua aztertzen duen zientzia da.

1.2. Ekonomia-eskasia

Baliabideak mugatuak dira eta premiak mugagabeak, edota, bestela esanda, baliabideak urriegiak dira pertsonen premiak asetzeko. Arazo horri **ekonomia-eskasia** esaten zaio eta denei eragiten die berdin, nahiz eta denek berdin ez hauteman.

Ekonomia-eskasia pertsonen beharrak asetzeko nahikoa baliabide ez izatearen sentsazioa da.

Izan ere, premiak edozein direla era, ekonomia-eskasiak bi ezaugarri bereizgarri ditu:

- **Unibertsala** da, daukaguna baino gehiago nahi dugulako denek.
- **Erlatiboa** da, denei ez digulako berdin eragiten.

Ekonomia-eskasia ez da pobreziarekin edo eskasia fisikoarekin nahastu behar. Herrialde garatuetan –esaterako, Espainian– ondasunak eta zerbitzuak ugariak dira eta, aldiz, herrialde azpigaratuetan –hau da, Hirugarren Munduan– nekez asetzen dira behar oinarrizkoenak. Finean, **ekonomia-eskasia** kontzeptuaren bidez, baliabideak beharrak asetzeko nahikoak ez direla adierazi nahi da, eta ez urriak direla; **eskasia fisikoa**, berriz, baliabideak berak urriak direla adierazteko erabiltzen da.

! Garrantzitsua

Eskasia fisikoa garapen-bidean dauden herrialdeetan dute bereziki, baina **ekonomia-eskasia** herrialde guztietan izaten da. Elkarri lotuta dauden kontzeptuak dira baina ez dira sinonimoak.

1.1. irudia. Gizakia eta haren ingurunea mugatuak dira. Eurak, kilometroak, segunduak, urteak, zentimetroak, kiloak… dena tasatuta edo neurtuta dago; beraz, dena administratu eta kudeatu daiteke.

1. jarduera ebatzia. Eskasia, premiak eta ondasunak

Anek eta Mukamik administrari-lanetan jarduten dute, bakoitzak bere enpresan, hemen lehenengoak eta Kenyan bigarrenak. Aneren enpresak nekazaritzako makinak saltzen dizkio Mukamiren enpresari (kafea ekoizten duen kooperatiba bat da). Aneren urteko soldata 18.000 €-koa da, eta Mukamirena, berriz, 1.000 €-ren baliokidea.

a) Zer-nolako eskasia dute Anek zein Mukamik?

b) Eskasia fisiko berbera al dute Anek eta Mukamik?

c) Zer-nolako premia asetzen dute kafeak eta horren gisako ondasunek?

d) Sailkatu kafea eta nekazaritzako makinak 1.2. taulako irizpidearen arabera.

Soluzioa:

a) Anek zein Mukamik ekonomia-eskasia dute (unibertsala da), baina ez dute berdin hautematen, biek eskura duten aurrekontuari egokitu beharra duten arren, premiak desberdinak direlako.

b) Eskasia fisikoa edo pobrezia lotuta dago eskura dauden baliabideekin: oro har, Kenya gurea baino askoz herrialde pobreagoa da, eta Anek, bereziki, Mukamik baino baliabide gehiago ditu.

c) Elikadurarekin lotutako premiak lehen mailako premiak dira.

d) Kafea: ekonomikoa, amaierakoa, pribatua, kontsumoa. Nekazaritzako makinak: ekonomikoa, amaierakoa, pribatua, kapitala.

1.2. irudia. Baliabide urriak administratzeko artea gizateria bezain zaharra da, baina, gaur egun, greziarrek jarri zioten izenaz ezagutzen dugu: ekonomia. Ekonomia hitza grekotik dator, eta *etxea administratu* esan nahi du.

Jarduerak

1. Zientzia-fikziozko film batzuetan bezala (*Avatar* filmean, esaterako) denetarik izango bagenu, beharrezkoa izango al litzateke ekonomia? Arrazoitu erantzuna.
2. Sailkatu premia hauek lehenengo mailakotan eta bigarren mailakotan: modari jarraituz janztea, jatea, bidaiatzea, musika entzutea, medikuarengana joatea, Interneten nabigatzea, erosketak egitera joatea.
3. Eskasiak esanahi berbera al du ekonomian eta hizkera arruntean? Arrazoitu erantzuna.

2. Aukeratzea uko egitea da

Aurreko atalean azaldutako ekonomiaren definizioan, funtsezko bi ideia daude:

- **Ekonomia-eskasia.** Baliabideak mugatuak dira, eta, premiak, berriz, mugagabeak.
- **Aukeratu beharra.** Baliabideak urriak dira eta erabilera-mota bat baino gehiago izan ditzakete; hori dela eta, gizakiok tentu handiz administratzen ditugu baliabideak, ahalik ongien baliatzeko; hau da, norberaren lehentasunetara eta diru-sarreren mailara ongien egokitzen den erabilera aukeratzen dugu.

Eskasia/aukeraketa ideia-binomioa oso garrantzitsua da ekonomia-kontuetarako: ezin da lortu nahi den guztia, baina badago, bederen, norberaren gogoen eta diru-sarreren mailaren arabera aukeratzerik. Honako faktore hauek eragiten dute gure erabakietan (1.3. taula):

Aukera-kostua	Aukeratzen dugun bakoitzean, uko egiten diogu bazter utzi dugun alternatibari.
Kostu berreskuraezinak	Batzuetan, iraganean hartutako erabaki okerrek eragina dute gugan.
Onura eta kostu gehigarriak	Abantailak eta desabantailak ongi aztertu behar ditugu, hartu ditugun erabakiak fintzeko.
Pizgarriak	Gure erabakiak aldatu egiten ditugu, dela sari bat jasotzeko, dela zigor bat ez jasotzeko.
Efizientzia eta ekitatea	Den-denen interesa helburu duten erabakiak baliabideak xahutzea ekar dezake.

1.3. taula. Erabaki orotan parte hartzen duten kontzeptuak. Horietako bakoitzean, uko egiten zaio hautatu ez den aukerari. Horregatik, aukera-kostua, beti, lehendabizi aipatzen den alderdia izaten da.

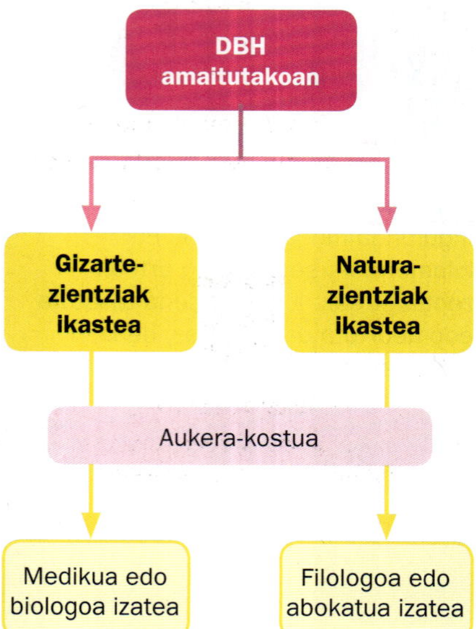

1.3. irudia. Erabaki akademiko baten aukera-kostuak.

2.1. Aukera-kostua

Bideo-kontsola batean ari garela, pantaila bat edo erronka bat gainditzeko behar adina aldiz berrabiaraz dezakegu joko bat, baina eguneroko bizitzan ez da hala gertatzen. Bizitza bakarra dugu, eta, beraz, erabaki bat hartzen dugun bakoitzean aukeratu ez ditugun alternatibei uko egiten ari gara. Halakoetan, esaten da gure erabakiak aukera-kostua duela, B aukerari uko eginez A aukera aukeratzen dugunean B hautatzeak ekar zezakeen aukera baztertu baitugu (1.3. irudia).

Erabaki bat hartzean aukeratu gabe uzten den hori da **aukera-kostua.** Dirutan neurtu daiteke, edo beste moduren batean.

2. jarduera ebatzia. Aukera-kostua

Ezkerreko zutabean adierazitako alternatibak izanda, aukeratu, haietako bakoitzarentzat, erabaki-hartzailea, zer aukera dauden eta zein den aukera-kostua.

Soluzioa:

Alternatibak	Erabaki-hartzailea	Soluzioa	
		Aukera	Aukera-kostua
Futbol-partida batera joan edo zinemara joatea?	Pertsonak	*Futbol-partida*	*Ikusten ez duzun filma eta sarreraren prezioa.*
		Zinema	*Ikusten ez duzun futbol-partida eta sarreraren prezioa.*
Makinak edo langileak?	Enpresaburua	*Makinak*	*Soldaten-kostua.*
		Langileak	*Kapital-inbertsioa.*
Diru gehiago hezkuntzarako edo osasungintzarako?	Gobernua	*Hezkuntza*	*Osasun-langileak, ospitaleak, oheak.*
		Osasungintza	*Irakasleak, institutuak, liburuak.*

2.2. Kostu berreskuraezinak

Oro har, esperientziak jakintsuago egiten gaitu eta eragin positiboa du erabaki berrietan, baina beti ez da hala izaten. Izan ere, batzuetan, iraganean hartutako erabakia txarra izan bada, iraganeko kostuek, kostu berreskuraezinak ere esaten zaienek, ere eragiten dute gure erabakietan. Eta iraganeko kostuak berreskuratzea ezinezkoa dela jakitun izanda ere jokatzen dugu horrela.

Kostu berreskuraezinak iraganeko kostuak dira, eta, beraz, ez lukete erabaki berrietan eragin behar.

3. jarduera ebatzia. *Concorde* efektua

«Frantziak eta Erresuma Batuak milaka milioiko inbertsioa egin zuten, hainbat urtetan, hegazkin komertzial supersoniko bat garatzen. Proiektua errentagarri egiteko, hau zuten pentsatuta: esate baterako Paris-New York ibilbidea lau orduan soilik egin nahiko luketenek txartelen truke ordainduko luketen prezioa, hots, denbora aurrezteagatik ordaintzea. Proiektua erdi-bidean zegoela, agerikoa egin zen hegazkinaren azken kostua eta mantentze-lanak garestiegiak izango zirela proiektua errentagarria izateko, baina bi herrialdeek ez zuten proiektua alde batera utzi: hainbestekoa zen gastatutakoa ez baitzuten nahi izan atzera egin eta onartu ideia okerra izan zela. Hala, proiektua amaitu eta hau izan zen emaitza: *Concordea,* kontsumo izugarri handia zuen hegazkin supersoniko garesti-garestia. Frantziak eta Erresuma Batuak errentagarria izango ez zela bazekiten proiektu bat gauzatzeko burugogorkeria hain izan zen handia ezen ekonomialari batzuek *Concorde* efektua esaten baitie kostu berreskuraezinei».

Adierazi, diagrama baten bidez, Frantziak eta Erresuma Batuak hartutako erabakien aukera-kostuak eta kostu berreskuraezinak.

Soluzioa:

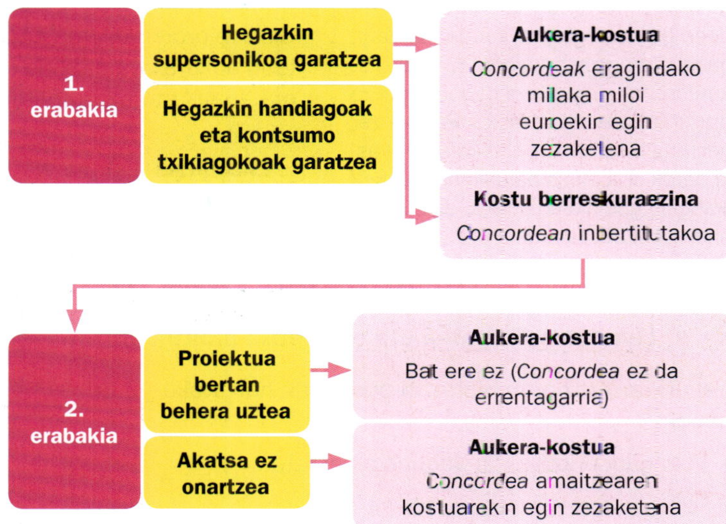

2.3. Kostu eta onura gehigarriak

Erabaki guztiak ez dira alternatiba bat aukeratu eta beste baztertzea dakartenak, hartutako erabaki bat fintzea dakartenak ere izan daitezke. Ez dira «dena edo ezer ez» moduko erabakiak, hartutako erabaki batek dakartzan onura eta kostu osagarriak aztertzea eskatzen duten erabakiak baizik. Analisi marjinalak direla esaten da, xehetasun txikiei erreparatzen baitie, xehetasun marjinalei, alegia.

Analisi marjinalak jada hartutako erabaki baten kostu gehigarriak eta onura gehigarriak aztertzen ditu.

4. jarduera ebatzia. Analisi marjinala praktikan

Identifikatu ezkerreko zutabean adierazitako erabaki bakoitzaren kostu eta onura gehigarriak.

Hartutako erabakia	Erabaki-hartzailea	Dilema	Soluzioa: analisi marjinala	
			Kostu gehigarria	Onura gehigarria
Mugikor bat erostea	Pertsona	50 € gehiago, lapurreta-asegurua egiteko.	50 €	Kezka txikiagoa.
Automobil bat ekoiztea	Enpresaburua	Atzeko parking-sentsorea serietik jartzea.	100 € automobileko	Erabiltzaileen balorazio hobea.
Errepide bat egitea	Gobernua	Galtzada bikoitza egitea tarte arriskutsuenetan.	Milaka milioi	Segurtasun eta erosotasun handiagoa gidarientzat.

2.4. Pizgarriak

Pertsonok testuinguru edo egoera jakin batean kostuak eta onurak alderatuz hartzen ditugu erabakiak. Egoerak aldatu egiten badira, erabakiak ere aldatu egin daitezke.

Hara zer esan zuen, jada XVIII. mendean Adam Smithek: «Mahaian afaria badugu ez da harakina, ardandegiaren jabea eta okina eskuzabalak direlako, haiek beren interesei jarraiki jardun dutelako baizik». Etekinak lortzeak dakarren pizgarria dago ia enpresa-jarduera guztien atzean, eta hori gabe ezinezkoa da gaur egungo gizartea ulertzea.

Pizgarria pertsonak jardutea eragiten duen orori esaten zaio, eta sari bat zein zigor bat izan daiteke.

Hausnartu

Zenbat ekonomialarik uste dute errenta modu berdinagoan birbanatzen duen gizartea gizarte justuagoa dela, baina efizientzia txikiagoa izan dezake, jendeak ahalegin handiagoa egiteko pizgarririk ez legokeelako. Pentsa zer gertatuko litzatekeen eskolan irakasle batek erabakiko balu ikasle guztiek ikasgaia gaindituko dutela, egin duten ahalegina edozein dela ere.

2.5. Efizientzia eta ekitatea

Gizarte ororen dilema nagusietako bat efizienteagoa izatearen edo ekitatiboagoa izatearen artean aukeratzea da; hau da, eskura dituen baliabideei ahalik eta etekin handiena ateratzearen eta ahalik eta modu berdinenean banatzearen artean aukeratzea.

Efizientzia eskura dauden baliabideei ahalik probetxurik handiena ateratzea da, eta **ekitatea**, berriz, baliabide horiek ahalik modurik berdinenean banatzea.

1. behatokia. Ekitatea eta efizientzia praktikan

Irakurri arretaz administrazio publikoak hartutako neurri hauek:

- Langabeentzako dirulaguntzak ematea.
- Zergak igotzea errenta altuei.
- Eskualdeko errepideak egitea.
- Enpresa txikiei laguntzak ematea.

Hausnartu:

a) Azaldu neurrietako bakoitzari dagokionez, nola sustatzen duten gizarte-ekitate handiagoa eta ea ekoizpen-efizientzia handiagoa ekar dezaketen.

b) Orain, pentsa ezazu autonomia-erkidegoko instituatuen arduradun zarela. Pentsatu hezkuntzaren efizientzia handituko duen neurriren bat baina ekitatearen kaltetan; eta ekitate handiagoa sustatzen duen baina eraginkortasun txikiagoa izatea ekarriko duen beste neurri bat.

5. jarduera ebatzia. Eta gainditzeko ordainduko baligute?

«Steven D. Levitt gazteari gurasoek 25 dolar ematen zizkioten eskolan ateratzen zuen bikain bakoitzeko. Eta hori zen Stevenek zeukan diru bakarra. Ongi joan zitzaion berari, gogor ikasi zuen eta oso ekonomialari entzutetsua bihurtu zen. Berarekin arrakasta izan zuela ikusita, Chicagon esperimentu bat egin zuen auzo pobreetako milaka ikaslerekin. Eta ohartu zen aurretik nahikotik hurbil zeuden ikasleekin soilik zela eraginkorra neurri hori, eta ez zuela funtzionatzen aurretik inolako lan-ohiturarik ez zutenekin. Eta, halaber, ohartu zen pizgarri ekonomikoek emaitza lortu eta berehala ordaintzen baziren soilik funtzionatzen zutela eta ez zutela funtzionatzen hilabeteko atzerapenez ordaintzen baziren, adibidez».

Zergatik lortu zituen ekonomialariak emaitza horiek?

Soluzioa:

Pizgarri batek norbait motibatzeko, pertsona horrek ekintza egingarritzat jo behar du, ezinbestean. Horrez gain, sariak edo zigorrak berehalakoa izan behar du, egunerokotasuneko erabakietan eragin nahi bada.

Jarduerak

4. Zer kontzepturekin lotuko zenituzke erabaki hauek?

a) Zinemara joatea edo ikasten geratzea.

b) Zineman zaudela, krispetak jatea.

c) Zinematik ateratzea ikastera joateko, filma oso txarra delako.

d) Amari autoa garbitzen laguntzea, 10 €-ren truke.

5. Demagun zu eta zure lagunak, datorren asteburuan kanpora joateko, potea jartzea erabaki duzuela asteko paga guztiarekin, nahiz eta denek kopuru berdina ez duzuen jarriko. Azaldu erabaki hori ekitatearen eta efizientziaren ikuspegitik. Nola lotuko zenuke neurri hori estatu demokratiko modernoen funtzionamenduarekin?

3. Erabaki-hartzaileak, erabakiak eta baliabideak

Aukeratzeko ardura dugunok pertsonak gara, egunero hartzen ditugun milioika erabakien bidez. **Erabaki-hartzaileen** edo ekonomia-eragileen hiru multzo bereiz ditzakegu: familiak, enpresak eta sektore publikoa.

Kontsumoa eta **ekoizpena** dira ekonomia ororen oinarrizko erabakiak eta **jarduera ekonomikoak** esaten zaie. Eta ekoizteko, beharrezkoak dira **ekoizpen-faktoreak**.

Munduko petrolio-erreserbak

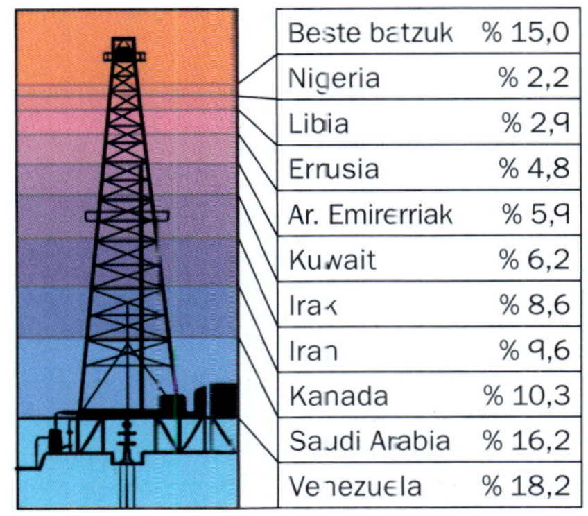

1.4. irudia. Petrolioa planetako ekoizpen-baliabide preziatuenetakoa da. Uste da 2050 inguruan haren eskasia sumatzen hasiko dela munduan.

3.1. Ekoizpen-faktoreak

Ekoizpena da jarduera ekonomiko ororen jatorria, beharrezkoa baita kontsumoa egoteko, eta, aldi berean, kontsumo handiagoak ekoizpen handiagoa eragiten du. Baina ekoizten denaren kantitatea eta kalitatea, hots, **ekoizpenari buruzko erabakiak**, enpresek eskura dituzten bitartekoek edo baliabideek baldintzatuko dituzte.

Ekoizpen-baliabideak edo **ekoizpen-faktoreak** ondasunak eta zerbitzuak ekoizteko erabiltzen diren oinarrizko elementuak dira.

Ekoizpen-baliabideak edo ekoizpen-faktoreak jatorriaren arabera sailkatzen dira. Taula honetan dituzu (1.4 taula):

Baliabide naturalak (lurra)	Lana	Kapital-ondasunak	Enpresa-ekimena
Naturan jatorria dutenak dira. Lurra terminoa adiera zabalean erabiltzen da, eta, landatzeko lurraz eta hiri-lurraz gain, lurzoruko eta itsasoko baliabideak ere hartzen ditu (mineralak, arrainak esate baterako).	Ekoizpen-prozesuan parte hartzen duen ordaindutako giza jarduera fisiko nahiz intelektual oro da. Egungo gizartean, mekanizazio- edo informatizazio-maila oso handia bada ere, ezinezkoa da ordenagailu bat erabiltzea edo uzta biltzea, gutxienez pertsona batek parte hartu gabe.	Enpresaren titulartasunpeko ondasunak dira eta bi multzo handitan banatzen dira: batetik, dirua, eta, bestetik, elementu fisikoak edo ondasunen eta zerbitzuen ekoizpenean erabiltzen diren ekipamendu guztiak (adibidez, eraikinak, makinak, altzariak, ordenagailuak eta lur-sailak).	Ekoizpenak bere funtzioa bete dezan, ez da nahikoa baliabide naturalak, lana eta kapitala biltzea. Horrez gain, baliabideak antolatzen eta langileak gidatzen ere jakin behar da, eta enpresaburuaren eginkizunak dira horiek.

1.4. taula. Ekoizpen-baliabideen sailkapena. Faktore klasikoak lehenengo hirurak dira, baina garai modernoetan laugarren bat sartu da, enpresaburua, funtsezkoa baita beste hirurak koordinatzeko.

Ekoizpen-faktoreen ordainketa

Ekoizpen-faktoreen jabeek haiek saldu edo alokatzea erabaki dezakete, eta trukean ordain bat jasotzea, errenta deritzona.

Errentak ekoizpen-baliabide bat denbora-aldi jakin batean erabiltzearen truke ordaintzen den balioa edo prezioa adierazten du.

Sortzen duen ekoizpen-baliabidea zein, halako izena izaten du errentak: soldata esaten zaio, lanak sortzen badu; alokairua deritzo, natura-baliabideetatik badator; eta interesa, berriz, kapitala badu jatorri (1.5. irudia).

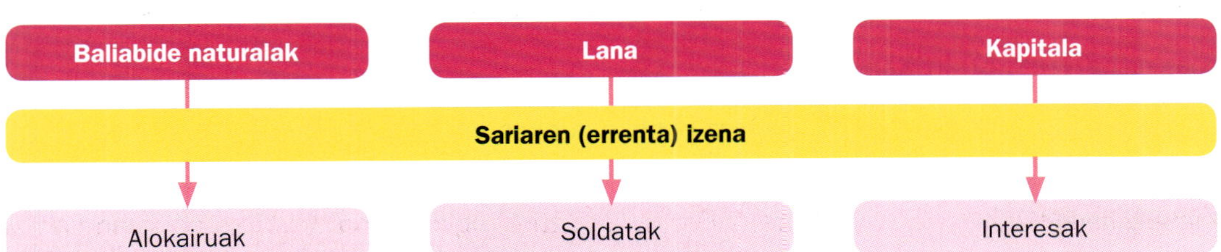

1.5. irudia. Ekoizpen-faktoreak eta horien ordainek jasotzen dituzten izenak.

Jarduerak

6. Zergatik hartzen da enpresa-ekimena ekoizpen-faktoretzat?

7. Nola erlazionatzen da errenta ekoizpen-faktoreekin?

3.2. Ekonomia-eragileak eta jarduera ekonomikoak

Atalaren hasieran adierazi bezala, ekonomiaren **erabaki-hartzaileak** edo **ekonomia-eragileak** familiak, enpresak eta sektore publikoak dira, eta horien guztien erabakiak kontsumoarekin edota ekoizpenarekin lotuta daude (1.5 taula).

Erabaki-hartzaileak	Erabaki-motak	Adibidea
Familiak	Kontsumo pribatua	Ikasle batek eskolak amaitzean dituen altenatibak zinemara joatea edo Interneten nabigatzea badira, bere lehentasunen arabera erabakiko du, bi gauzak aldi berean ezin izango dituela egin jakinda.
Enpresak	Ekoizpen pribatua	Enpresa batek makina batzuk azkoinak egiteko erabiliko dituela erabakitzen badu, makina horiek ezingo dituzte aldi berean torlojuak egin.
Sektore publikoa	Gizartearen ongizatea lortzea helburu duen kontsumoa eta ekoizpena	Gobernuen aurrekontuak mugatuak dira, eta, beraz, hezkuntzara edo osasungintzara bideratzen diren baliabideak ezin dira justiziarako edo garraiorako bideratu, eta alderantziz.

1.5. taula. Ekonomiaren erabaki-hartzaileak.

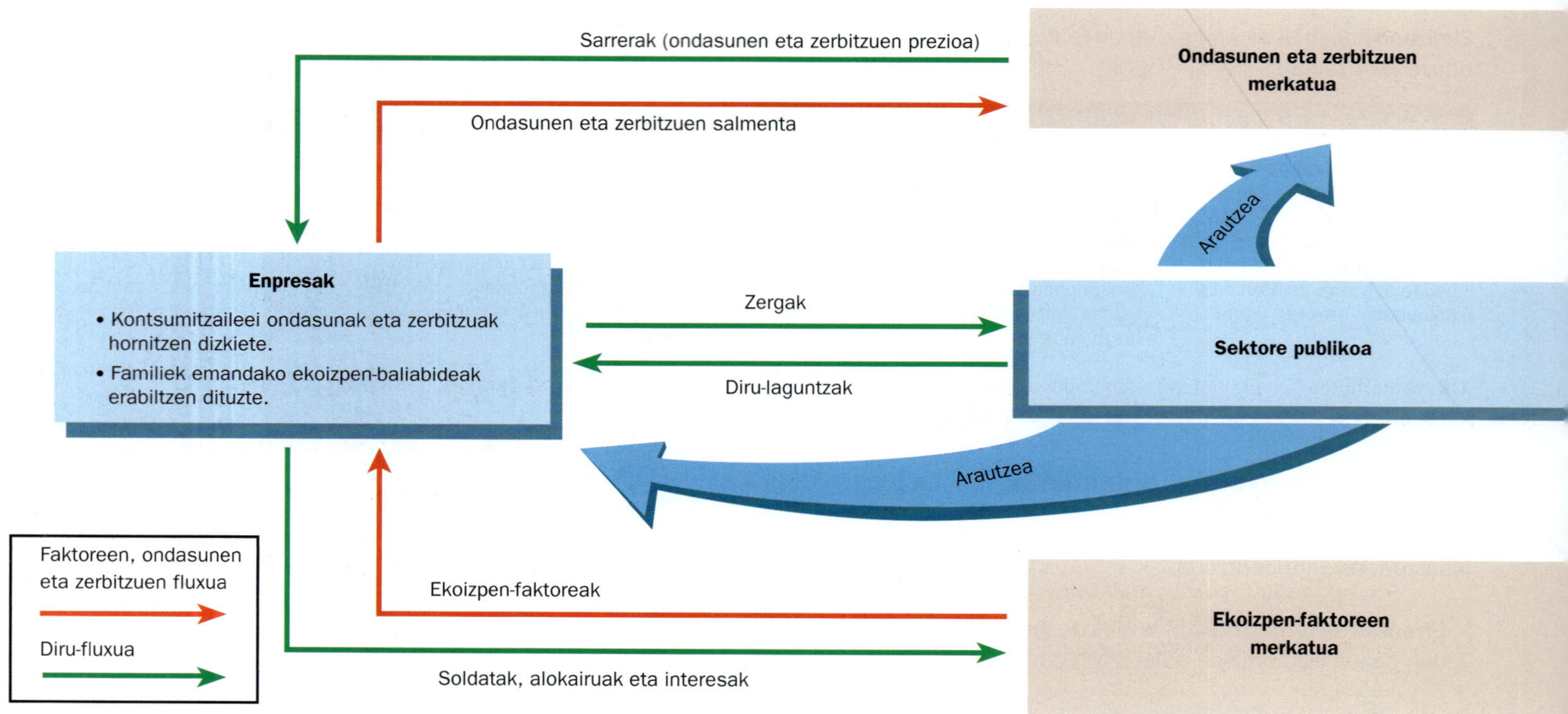

1.6. irudia. Ekonomia misto bateko errentaren fluxu zirkularra.

2. behatokia. Sektore publikoaren esku-hartzea, praktikan

Irakurri arretaz ekonomiako albisteen izenburu hauek:

- «Farmazien irekiera askea onartu da Espainian».
- «1.000 €-ko dirulaguntzak onartu dira enpresak sortzeko».
- «Autonomia-erkidegoak oinordetzen gaineko zerga kendu du».
- «Langileen kontratazio finkorako laguntzen kopurua handitu egin da».

Hausnartu:

Neurri horietarako bakoitzerako, adierazi:

a) Sektore publikoak ekonomian duen esku-hartzea handitzen edo txikitzen duten.

b) Jarri sektore publikoak ekonomian esku hartzearen alde dagoen norbaiten lekuan. Zer iruditzen zaizkizu proposatutako neurri horiek? Bilatu argudio bat, gutxienez, zure jarrera arrazoitzeko.

c) Orain aldatu papera eta erantzun aurreko ataleko galderei sektore publikoak ekonomian ez duela esku hartu behar defendatzen duen baten ikuspegitik.

3.3. Errentaren fluxu zirkularra

Herrialde gehien-gehienetan, familiak, enpresak eta sektore publikoa merkatuaren bidez erlazionatzen dira. Merkatua leku jakin bat da non erosleak eta sailtzaileak ados jartzen diren.

Merkatua saltzaileek eta erosleek egiten dituzten salerosketa-jardueren multzoari esaten zaio.

Trukatzen den gaia zein den, bi merkatu-mota nagusi bereizten dira, elkarren osagarriak: ondasunen eta zerbitzuen merkatua, batetik, eta ekoizpen-faktoreen merkatua, bestetik. Horien artean errenta edo dirua modu zirkularrean mugitzen da, fluxu zirkularra deritzon moduan (1.6. irudia).

Errentaren fluxu zirkularra familien eta enpresen artean, merkatuen bidez eta sektore publikoak araututa, egiten diren ondasunen eta errenten trukearen bereizgarri diren erlazio multzoa da.

Aurrerago

Estatuak ekonomian duen esku-hartzeari buruz gehiago sakonduko dugu 2. eta 7. unitateetan.

3. unitatean enpresa eta haren helburuak ikasiko ditugu.

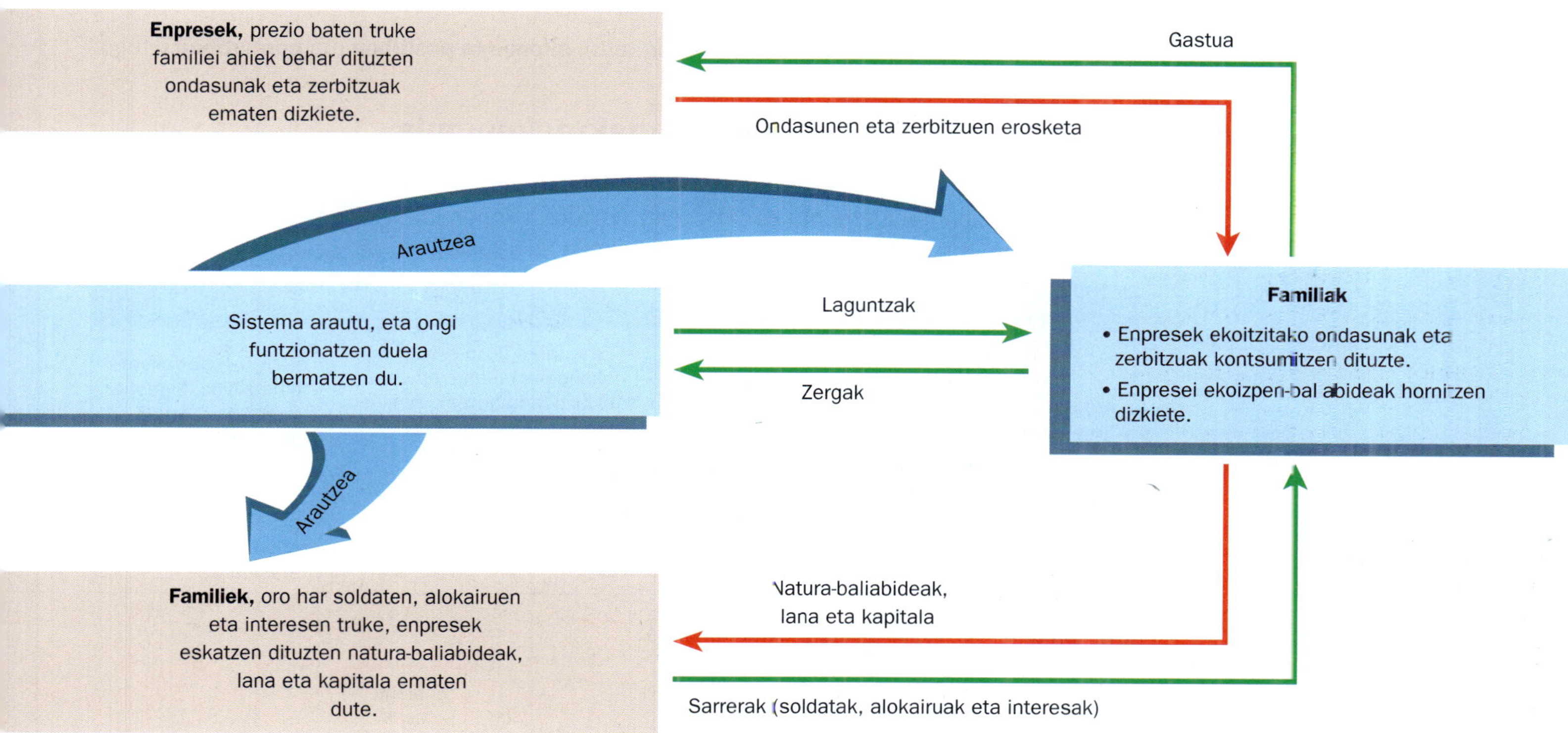

Jarduerak

8. Herrialde baten bizi-maila altua izateak ez du esan nahi, ezinbestean, baliabide eta lehengai asko dituenik. Nola azaltzen da kontraesan hori?
9. Zertan bereizten dira enpresa pribatuaren ekoizpena eta sektore publikoko enpresen ekoizpena?
10. Zeren mende daude familiek egiten dituzten gastuak?
11. Errentaren fluxu zirkularraren arabera, nola osatzen dira familiak eta enpresak?
12. Zer irizpide erabiltzen du sektore publikoak herritarren ahalik eta ongizate handiena lortzen saiatzeko?
13. Zergatik dira beharrezkoak legeak jarduera ekonomikoa arautzeko? Arrazoitu erantzuna eta eman adibide bat.

4. Ekonomiaren azterketa

Ba al zenekien...?

Errentaren fluxu zirkularra, aurreko atalean ikasi duguna, ekonomia-eredu bat da berez.

Adam Smithen meritu handiena XVIII. mendean ekonomian metodo zientifikoa aplikatzea izan zen. Horrez gain eta, ordudanik, ohikoa bihurtu zen ekonomia-ereduetan oinarrituta deskribatu eta aztertzea ekonomia:

- **Metodo zientifikoaren** oinarria fenomeno ekonomikoak aztertu eta datuak eta gertaera historikoak teknika matematikoen eta estatistikoen bidez analizatzea da. Helburua iragana aztertzea da, etorkizuna igartzen ahalegintzeko.
- **Ekonomia-ereduak** adierazpen grafiko sinplifikatuak dira, eta askoz konplexuagoa den errealitatea argitzeko edo aurreikusteko erabiltzen dira. Nahitaez erabili behar dira ezinezkoa baita milioika pertsona eta enpresaren kontsumo- eta ekoizpen-erabakiek baldintzatzen duten errealitate bat deskribatzea. Adierazpen horiek ez dutenez aukerarik ematen aldagai asko aldi berean irudikatzeko, ohikoena bi aldagairen portaera adieraztea da, besteek konstante dirautela jota (*ceteris paribus* esaten zaio horri).

Gogoan izan

Ceteris paribus latinezko esamolde bat da eta «gainerako guztia berdina izanik» esan nahi du.

Metodo zientifikoa aplikatzeak eta ekonomia-ereduak erabiltzeak ekonomia hobeto ulertzen laguntzen duten bezalaxe, hala egiten du ataletan banatzeak ere. Bi irizpide erabiltzen dira horretarako:

- Aztergaia zein den, **mikroekonomia** eta **makroekonomia** ditugu.
- Helburua zein den (deskribatu edo interpretatu), **ekonomia positiboa** eta **normatiboa** ditugu.

4.1. Mikroekonomia eta makroekonomia

Ekonomiaren edukia haren protagonistak (familiak, enpresak eta sektore publikoa) aintzat hartuta aztertzen da. Elementu horiek ardatz hartuta, ekonomiaren azterketa bi arlo handitan sailkatzen da: **mikroekonomia** eta **makroekonomia** (1.6 taula).

	Deskripzioa	Adibideak	Analogia
Mikroekonomia	Familien, enpresen eta sektore publikoaren banakako portaera aztertzen du, bai eta elkarrekin erlazionatzeko modua ere.	Errentaren fluxu zirkularra, ekonomiaren antolamendua, ekoizpen-faktoreak, familien lehentasunak, enpresen funtzioak...	Mediku espezialista (bihotzekoa, digestio-aparatukoa, arnas aparatukoa...).
Makroekonomia	Ekonomiaren portaera globala aztertzen du, ekonomia-eragileen arteko erlazioen ondorio gisa.	Prezioen maila orokorra, langabezia-tasak, esportazioak, etab.	Familia-medikua (pultsua, tenperatura, tentsioa...).

1.6. taula. Mikroekonomia eta makroekonomia.

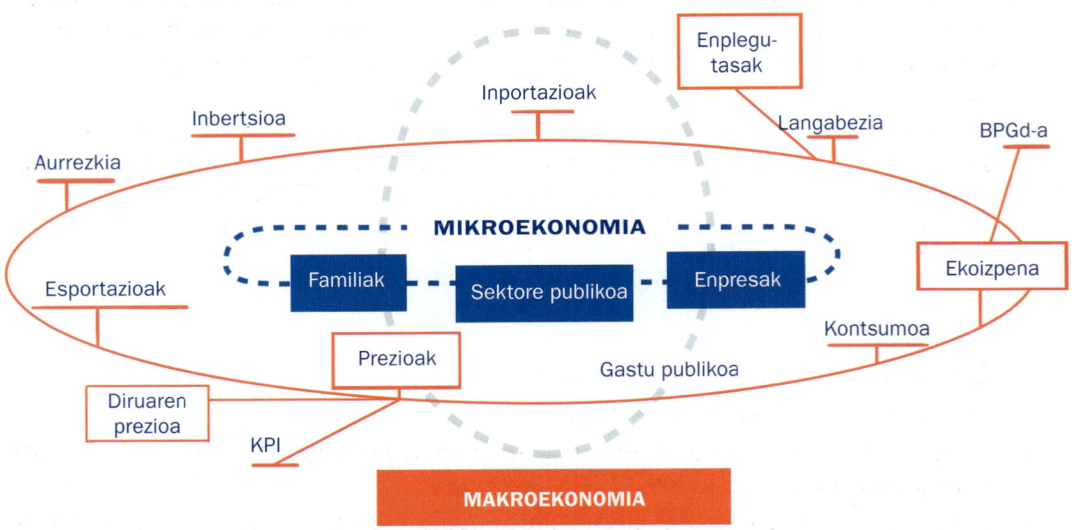

1.7. irudia. Mikroekonomia eta makroekonomia. Desberdinak bai, baina osagarriak diren ikuspegietatik aztertzen dute errealitate ekonomikoa bi diziplina horiek.

4.2. Ekonomia positiboa eta ekonomia normatiboa

Ekonomia positiboak ekonomiaren errealitatea deskribatzen du (irizpide objektiboak), eta ekonomia normatiboak, berriz, ekonomia nolakoa izatea nahiko genuekeen adierazten du (irizpide subjektiboak). Errealitatea metodo matematikoen eta estatistikoen bidez deskribatzen da. Ondoren, ekonomia positiboak sortutako datu horiek pertsonek aztertu eta interpretatzen dituzte, gizartea aseko duten erabakiak hartzeko, eta hor sortzen da ekonomia normatiboa (1.7 taula).

! Garrantzitsua

Ekonomia positiboaren eta ekonomia normatiboaren bereetako desberdintasuna betiereko eztabaida bat da: mundua zer den eta zer izan beharko lukeen.

Ekonomia	Deskripzioa	Irizpideak	Adibideak
Positiboa	Ekonomiaren errealitatearen deskripzioa.	Objektiboak (datuetan oinarritzen dira).	Zifrak (zergenak, langileenak, pentsioenak, gizarte-prestazioenak...)
Normatiboa	Balio-iritziak ematen ditugu: Zer egin nahi dugu?	Subjektiboak (iritzien eta interpretazioen araberakoak).	«Ona litzateke zergak igotzea», «pentsioak eguneratu eta prestazioak handitu beharko genituzke», etab

1.7. taula. Ekonomia positiboaren eta ekonomia normatiboaren arteko aldeak.

3. behatokia. Ekonomia normatibo eztabaidatua

Irakurri arretaz ekonomiako albisteen izenburu hauek:

a) «Talde ekologistek dieselari zergak igotzea eskatu diote Gobernuari».

b) «Prezioak % 3 igo ziren abuztuan».

c) «Gobernuan dagoen alderdia errenta altuenei PFEZa igotzearen alde agertu da».

d) «Interes-tasak jaisteak inbertsioa sustatzen du».

e) «Enpresaburuek adierazi dute ezinbestekoa dela inbertsioa sustatzea».

Hausnartu:

Adierazi izenburu horietako zein diren mikroekonomiari dagozkionak eta zein makroekonomiari dagozkionak, eta zein diren ikuspegi positibokoak eta zein, berriz, ikuspegi normatibokoak.

6. jarduera ebatzia. Datu positiboak eta datu normatiboak

Demagun zure herrian familien herena, errenta-maila txikienekoa, ez dela hileko 1.000 €-ko diru-sarreretara iristen, eta errenta-maila handieneko herenaren hileko diru-sarrerak 3.000 €-tik gorakoak direla.

a) Datu horietan oinarrituta, adierazi zerbait ekonomia positiboaren ikuspegitik.

b) Zer esango zenuke ekonomia normatiboaren ikuspegitik?

Soluzioa:

a) Ekonomia positiboaren ikuspegitik, adieraz genezake, esate baterako, aberatsena den biztanleria-herenak gutxienez pobreena den biztanleria-herenak halako diru-sarrerak dituela. Gertaeren azalpen objektiboa da, ez besterik, eskura ditugun datuetan oinarrituta.

b) Ekonomia normatiboaren ikuspegitik, esan dezakegu, adibidez, desberdintasunak handiegiak iruditzen zaizkigula eta diru-sarrera txikienak dituzten familietako ikasleei laguntzak eman beharko litzaizkiekeela hezkuntza-aukera berberak izan ditzaten. Kasu honetan, balioetan oinarritutako iritzi bat da.

Jarduerak

14. Zergatik da kontu korapilotsua ekonomia normatiboa?

15. Zer adierazten dute ekonomia-ereduek?

16. Zergatik esaten da mikroekonomiak ekonomia makroekonomiak baino eskala txikiagoan aztertzen duela?

17. Zure ustez, politikoek ekonomia positiboko edo ekonomia normatiboko adierazpenak egiten dituzte batez ere? Zergatik?

1.8. irudia. Ekonomia beste zientzia asko biltzen eta erlazionatzen dituen zientzia da. Batetik, historia, soziologia, zuzenbidea eta psikologia biltzen ditu: fenomeno eta gertakari ekonomikoak bere inguruan ulertzeko beharrezkoak dira. Bestetik, matematika eta estatistika biltzen ditu: errealitate ekonomikoa zenbakien bidez aztertzeko aukera ematen digute, bai eta aurreikuspenak eta modeloak egiteko ere (erabakiak hartzeko erabiliko ditugu gero).

KONTZEPTU-MAPA

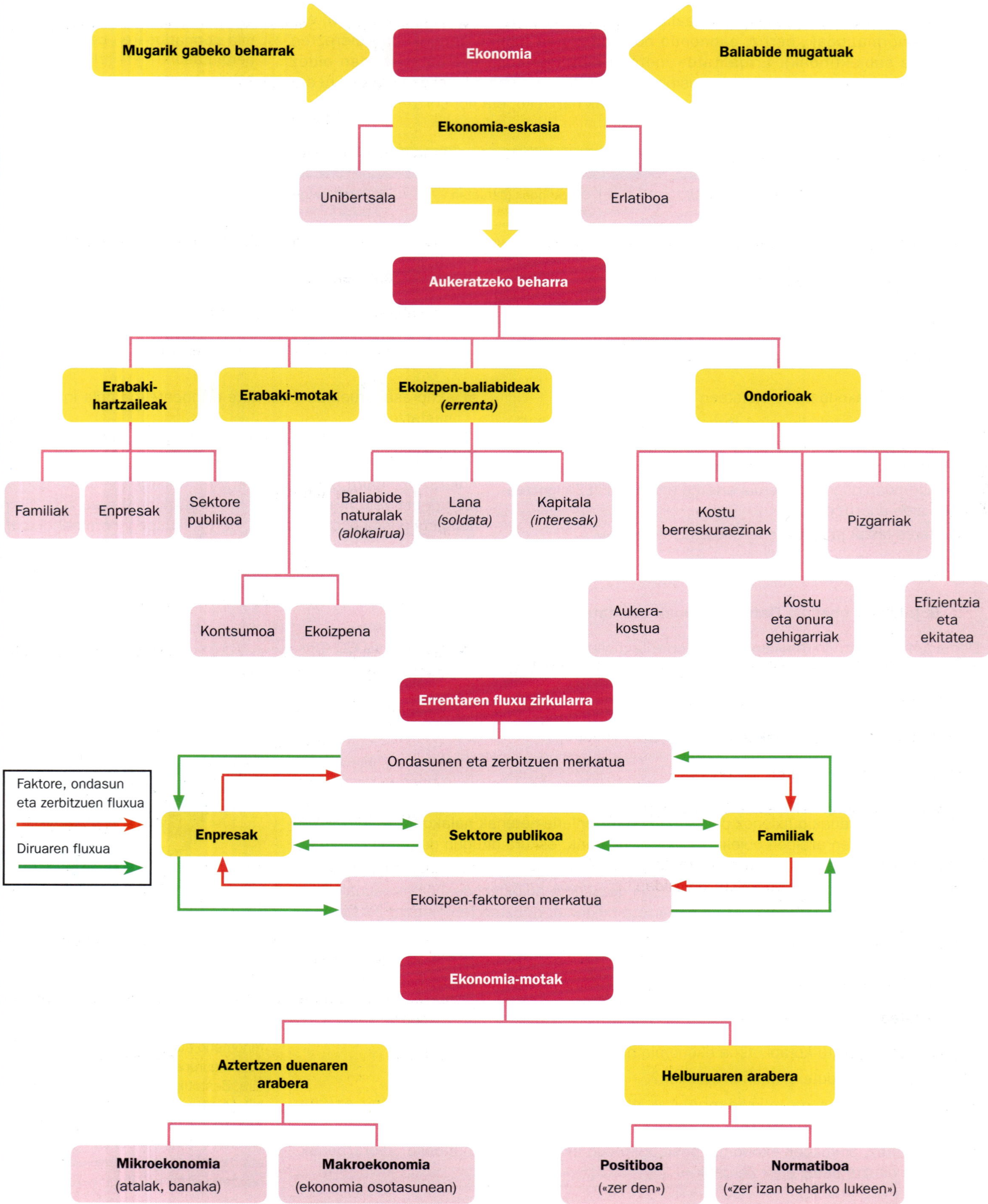

1. Ekonomia-eskasiari dagokionez, aukera hauetako zein da zuzena?

a) Unibertsala da.

b) Erlatiboa da.

c) Eskasia fisikoaren aurkakoa da.

d) Aurreko erantzunetatik, bi zuzenak dira.

2. Aukera hauetako zein ez da bigarren mailako premia bat?

a) Azken belaunaldiko telefono mugikor bat.

b) Automobil bat.

c) Musika.

d) Elikagaiak.

3. Nola esaten zaie giza premiak zuzenean asetzen dituzten ondasunei?

a) Tarteko ondasunak.

b) Kontsumo-ondasunak.

c) Kapital-ondasunak.

d) Zerbitzuak.

4. Zein da kontzertu baterako sarrera erostearen aukera kostua?

a) Sarreraren truke ordaintzen dudana.

b) Diru horrekin eros nitzakeen beste gauza batzuk.

c) Birsalmentarekin lor dezakeen dirua.

d) Kontzertua bera, azkenean txarra baldin bada.

5. Erabakiak hartzearekin lotutako zer kontzeptu daukat kontuan erosi berri dudan baina gustatzen ez zaidan ogitarteko bat ez jatea erabakitzen badut?

a) Kostu berreskuraezinak.

b) Azterketa marjinala.

c) Ekitatea.

d) Guztiak okerrak dira.

6. Zerk jartzen ditu agerian ekonomia-eragileen artean dauden erlazioak?

a) Errentaren fluxu zirkularrak.

b) Ekoizpen-faktoreek.

c) Makroekonomiak.

d) Guztiak zuzenak dira.

7. Alderdi hauetako zein ez da mikroekonomiaren atal?

a) Enpresen ekoizteko modua.

b) Sektore publikoaren portaera.

c) Ekonomia-eragileen arteko erlazioak.

d) Kontsumo-prezioaren indizea.

8. «Familiek etxebizitzan egiten duten gastua handitu egin da» adierazpena honekin lotuta dago:

a) Mikroekonomiarekin.

b) Makroekonomiarekin.

c) Ekonomia positiboarekin.

d) Aurreko erantzunetatik, bi zuzenak dira.

9. Zein ikuspegirekin lotutako adierazpena da «Bidezkoa da hezkuntzako gastua handitzea»?

a) Ekonomia logikoa.

b) Ekonomia normatiboa.

c) Ekonomia positiboa.

d) Ekonomia soziala.

10. Adierazpen hauetako zein da okerra?

a) Ekonomia-eskasiak denoi eragiten digu.

b) Lehen mailako premiak berberak dira gure aiton-amonentzat eta guretzat.

c) Merkatuak ondasunen eta zerbitzuen merkatuak dira soil-soilik.

d) Enpresak oinarrizko ekoizpen-unitateak dira.

Zer da ekonomia?

1. Ekonomiak gaur egun Lur planetan bizi garen 7.000 milioi pertsonoi eragiten digula esaten da. Zergatik esaten da hori?

2. Zure ustez, urarekin gertatu zen bezala, airea ondasun ekonomikoa izan al daiteke etorkizunean? Arrazoitu erantzuna.

3. Erdi Aroan edo Antzinako Erroman bizi zen zure adineko baten zer premia berdin dituzu?

4. Idatzi zure koadernoan ondasun eta zerbitzu hauek zer motatakoak diren, adierazitako sailkapen-kategorien arabera:

	Eskasia-maila	Eraldaketa-maila	Eskuratzea	Funtzioa
Okela				
Airea				
Haur-parkea				
Mahukarik gabeko jaka				
Traktorea				

Aukeratzea uko egitea da.

5. «Ekoizten den pistola bakoitza, uretaratzen den ontzi bakoitza, jaurtitzen den kohete bakoitza, azken finean, gose egonik elikagaiak eman gabe uzten diren horiei lapurtzea da». Ekonomiako zer kontzepturekin lotuko zenuke Dwight David Eisenhower Ameriketako Estatu Batuetako presidente ohiaren esaldi famatu hori? Arrazoitu zure erantzuna.

6. Deskribatu zerbait erosteko aurrezten duzunean sortzen den aukera-kostua.

7. 1863. urtea da. Zuk eta zure lagunek Afrika tropikala ekialdetik mendebaldera zeharkatu behar duzue globo batean, tribu gerrazaleak bizi diren lurraldeetatik. Pisumugak direla-eta, zerrenda honetako bost gauza soilik eraman ditzakezue:

Oihalak eta jostorratza, ur-andel bat, errifle bat, ipar-orratz bat, material medikoa, erregaia, soka bat, soplete bat, manta bat, kontserba-latak.

Aukeratu lehenbizi zure ustez garrantzitsuena dena, eta jarraitu hautatzen, garrantzi gutxien duena hautatu arte. Gero, jardun taldean ikaskideekin, zerrenda bateratu bat egiteko.

8. Zergatik izaten dituzte kontuan ekonomialariek iraganeko erabaki okerren kostuak erabaki berriak hartu behar direnean?

9. Zein da erabaki hauen aukera-kostua?

a) Zinemara joatea Ekonomiako azterketarako ikasi beharrean.

b) Smartphone bat erostea ordenagailu eramangarri bat erosi beharrean

c) Entsalada jatea txokolatea jan beharrean.

d) Kirola egitea merkataritza-gunean paseoan ibili beharrean.

e) Liburu bat irakurtzea Inteneten nabigatu beharrean.

10. Irakurri arretaz administrazio publikoak hartutako neurri hauek:

a) Hezkuntza unibertsala izatea 16 urte arte.

b) Erretiroagatiko pentsioak ordaintzea.

c) Zergak igotzea gas-olioari.

d) Itzuli behar ez diren laguntzak ematea enpresei, langileak kontratatzeagatik.

Azaldu, neurri bakoitzari dagokionez, nola eragiten duten ekitate handiagoa eta efizientzia txikiagoa izatea.

11. Jurgik nahiago izan zuen bere aurrezkiak bizikleta bat erosten gastatzea mugikor bat erosten gastatzea baino.

a) Zein da bizikleta erostearen aukera-kostua?

b) Zein izan daitezke kostu berreskuraezinak Jurgik aurrezkiak gastatu zituen azken aldian arazo asko eman zizkion mugikor bat erosi bazuen?

c) Jurgik erosi nahi duen bizikleta, aluminiozkoa, 400 €-an daukate dendan, baina modelo berdina baina karbonozkoa ere badute 100 € garestiago. Nola findu dezake Jurgik bere erabakia, kostu eta onura gehigarriak alderatuz?

d) Jurgik aluminiozko bizikleta erosteko adina diru soilik zuen aurreztuta, baina aitarekin adostu zuen lau astebururtan lorategiko soropila ebakitzen bazuen hark ordainduko ziola aldea. Hizkera ekonomikoan hitz eginez, zerk eragin du Jurgi bere erosketa aldatzera?

e) Demagun Jurgik bere aurrezkiak gurasoei ematea erabaki duela, uholde batek familia-negozioan eragindako kalteak ordaintzen laguntzeko. Nola justifikatzen da bere erabakia efizientziaren ikuspegitik? Eta ekitatearen ikuspegitik?

12. Adierazi, taulan adierazitako erabakiei dagokienez, zein den ekonomia-eragilea eta zer kostu eta onura gehigarri dituen:

Hartutako erabakia	Dilema
Tableta bat erostea	50 € gehiago ordaintzea, bermea beste urte bat luzatzeko.
Zerbitzari bat kontratatzea	Lan egiteko jantziak ematea.
Institutu publiko bat eraikitzea	Kirol-pabiloi bat eraikitzea ikasleen kirol-jarduueretarako.

13. Zer zentzu du jada hartutako erabaki baten onura eta kostu gehigarriak aztertzeak?

14. «Deitu iezaiezu nahi duzun bezala, baina pizgarriek eragiten dute jendeak gogor lan egitea» Sobietar Batasuneko mandatari baten hitzak dira. Erabakiak hartzeari dagokionez, zertaz ari zen?

15. Azaldu nahien arabera aukeratzea zergatik den abantaila bat baina zergatik den, aldi berean, desabantaila bat ere.

Erabaki-hartzaileak, erabakiak eta baliabideak.

16. Ekoizpen-faktoreez ari garela, zer errenta-mota ezagutzen dituzu?

17. Zer jarduera egiten ditu sektore publikoak? Zer helburu nagusi du ekonomia-eragile moduan?

18. Idatzi, koadernoan, zer ekoizpen-faktore edo -baliabide behar diren negozio hauetarako:

	Ekoizpen-faktoreak		
	Lurra	Lana	Kapitala
Adibidea: 24 ordu zabalduta dagoen denda	Argia, ura	Enkargatu bat	Lokala, dirua, salgaiak
Futboleko wegbunea			
Errepideko garraioa			
Kiosko bat			
Okindegi bat			

19. Enpresa bat bera alderatuko bagenu duela berrogei urte eta orain, zer aldaketa ikusiko genituzke, zure ustez, bere jarduera aurrera eramateko erabiltzen dituen ekoizpen-baliabideetan?

20. Biologian, sinbiosia bi izaki bizidunen –izan landareak, izan animaliak– arteko harremana da, gutxienez haietako bati onura ekartzen diona. Errentaren fluxu zirkularra sinbiosi ekonomiko moduan ulertu al dezakegu? Azaldu nola funtzionatzen duen.

21. Zer gertatuko litzateke jarduera ekonomikoarekin eta zerbitzu publikoekin sektore publikoak ez balu esku hartuko gutxieneko batzuk ezartzeko familien eta enpresen artean sortzen diren harremanetan eta trukeetan?

Ekonomiaren azterketa.

22. Adierazi ekonomiaren zer adarrek, mikroekonomiak edo makroekonomiak, aztertzen dituen honako fenomeno hauek:

a) Zuk ikasle moduan duzun kontsumoa.

b) Langabezia neurtzen duten tasak.

c) Gastu publikoa.

d) Euroak dolarrarekiko izan duen balio-igoera.

e) Enpresen erabakiak.

23. Zerk bereizten ditu mikroekonomia eta makroekonomia? Eta ekonomia positiboa eta ekonomia normatiboa?

24. «Joan den hilean Espainian hiru milioi eta erdi langabe zeuden, eta urtearen hasieran, berriz, hiru milioi eta berrehun mila ziren». Informazio horretatik abiatuta, erantzun galdera hauei.

a) Zer ikuspegitatik dago hurbilen, mikroekonomiaren ikuspegitik edo makroekonomiaren ikuspegitik?

b) Informazio horretatik abiatuta, idatzi ekonomia positiboko izenburu bat, eta ekonomia normatiboko bi izenburu, bat gobernuaren ikuspegitik eta bestea oposizioaren ikuspegitik.

25. Prentsan edo Interneten, aukeratu hauekin lotutako hiru albiste:

a) Mikroekonomia.

b) Makroekonomia.

c) Ekonomia positiboko ikuspegi bat.

d) Ekonomia normatiboko ikuspegi bat.

26. Adierazi prentsako izenburu hauetatik zeinek duten ekonomia positiboko ikuspegia eta zeinek ekonomia normatibokoa:

a) «Gobernuak gehieneko prezioa jarri nahi die etxebizitzen alokairuei».

b) «Foru-aldundiak kostaldeko errepidea egingo du».

c) «Gizarte Segurantzan kotizatzen dutenen kopurua handitu egin da».

d) «Txikizkako merkataritzaren salmentak murriztu egin dira udan».

e) «Etxebizitzaren prezioak % 10 egin du gora».

f) «Gobernuak oso positibotzat hartu du langabeziaren jaitsiera».

27. Esan adierazpen hauek zuzenak ala okerrak diren eta arrazoitu erantzuna:

a) «Denok bizi gara eskasian, baina batzuk beste batzuk baino eskasia gutxiagorekin».

b) «Diru oro kapitala da, baina kapital oro ez da dirua».

c) «Kostu berreskuraezinek beti eragiten dute erabaki berrietan».

d) «Opariek ez dakarkiete aukera kosturik haiek jasotzen dituztenei».

- Idatzi unitate honi buruz garbi dituzun bi ideia, zure ustez funtsezkoak direnak. Zerk lagundu dizu horiek ikasten?
- Egin unitatean argi geratu ez zaizkizun alderdiei buruzko bi galdera.
- Idatzi unitate honetan sakonago aztertu nahiko zenituzkeen bi alderdi.

Interpretatzen ikasten: Datu ekonomikoak

Pertsonek hartzen dituzten erabakiak azaltzen saiatzeko, ekonomiak, oro har, datu estatistikoak izaten ditu abiapuntu ondorioak ateratzeko edo **ekonomia-ereduak** sortzeko.

Eredu horiek beste egoera batzuetan probatzen baldin dira, edo beste datu batzuekin, eta, ereduek betetzen jarraitzen baldin badute, litekeena da gure eredua zuzena izatea.

Ondoren aurkezten dizugun azterketan, Juan Santaló ekonomialaria eragile baten, udalen, erabaki ekonomikoak azaltzen saiatzen da. Jakin nahi du udal batzuek zergatik dituzten zerga altuagoak edo gastatzen duten diru gehiago langileetan beste batzuek baino. Lehen azterketa batean badirudi gehiengo absoluturik ez duten udalek pertsona gehiago kontratatzen dituztela, zerga altuagoak dituztela eta defizit handiagoa dutela gehiengo absolutua dutenek baino.

Udalen gastua, alderdi politikoaren eta gehiengo-motaren arabera

Pertsonal-gastua, eurotan, biztanleko, Espainiako udaletan: 2002-2008ko batez bestekoa

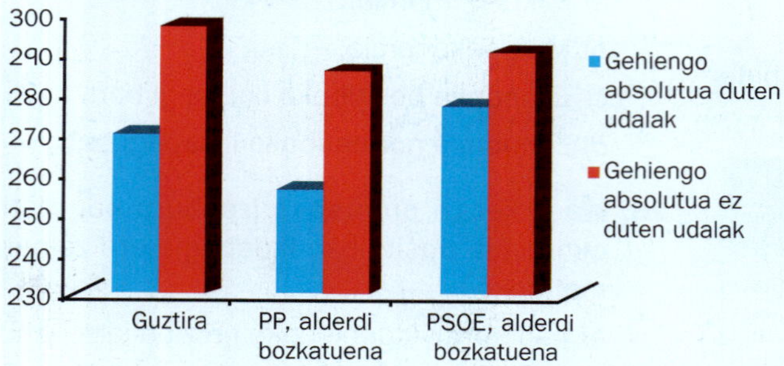

	Udalaren gastu publikoa (€/bizt.)	Udalaren defizit publikoa (€/bizt.)	OHZren tasa (hirikoak)	TMIZ* 20 ZP-tik gorakoak (€)	TMIZ* 125-250 cc-ko motozikletak (€)
Gehiengo abs. duten udalak	1.029	8,30	0,607	143,19	9,88
Gehiengo abs. ez duten udalak	1.054	13,50	0,645	154,29	10,61

*TMIZ: trakzio mekanikoko ibilgailuen gaineko zerga

Baina estatistikak aztertzean, kontu handiz jokatu behar dugu ekonomialariok: **korrelazio estatistikoa kausalitatearekin** nahasteko arriskua dugu. Bi gertaera elkarrekin gertatzeak (korrelazioa) ez du esan nahi bata bestearen kausa dela (kausalitatea). Benetan udaleko gehiengo-mota al da gastu publikoa handiagoa izatearen kausa edota korrelazio bat da, besterik gabe?

Korrelazioa eta kausalitatea ez nahasteko modua

Korrelazioa eta kausalitatea ez nahasteko modu bat ezaugarri hau duten egoerak aztertzea da: desberdintasun bakarra, edozein arrazoi dela-eta, aztertu nahi ditugun aldagaiak dituzten egoerak alderatzea. Hau da aztertu nahi ditugun ezaugarriak soilik bereizten dituzten egoerak alderatzea. Horretarako, kasu honetan, Juan Santalók **zergak** eta **gastu publikoa** aztertu zituen ezaugarri hau zuten udaletan: gehiengo absolutua zinegotzi batez lortu duten edo galdu duten udalak. Gutxiengoan dauden udal-gobernuek hala ez daudenek baino gehiago gastatzen badute ia ziur egon gaitezke horregatik dela.

Udalak	Udalaren gastu publikoa (€/bizt.)	Udalaren defizit publikoa (€/bizt.)	OHZren tasa (hirikoak)	TMIZ* 20 ZP-tik gorakoak (€)	TMIZ* 125-250 cc-ko motozikletak (€)
Gehiengo abs. dutenak	1.016	7,10	0,604	141,47	9,77
zinegotzi batetik gehien. abs. ez dutenak	1.050	12,90	0,617	146,86	10,11

*TMIZ: trakzio mekanikoko ibilgailuen gaineko zerga

Galderak:

1. Goiko grafikoetatik abiatuta, zer arrazoi iruditzen zaizkizu daudela lotuta pertsonal-gastu, zerga eta defizit publiko handiagoarekin? Komentatu zure iritziak ikaskideekin. Guztiok ondorio berberak atera al dituzue?
2. Zer alde dago korrelazioaren eta kausalitatearen artean? Zergatik da ekonomialarientzat hain garrantzitsua bata eta bestea bereiztea?
3. Zer egiten du ekonomialariak ziur egoteko erlazio horiek kausalak direla eta ez korrelazio hutsak?

% 98 10:30 AM

Dilema: Osasungintza unibertsala ala nahierakoa

Sektore publikoak ekonomian duen esku-hartze maila ez da berdina herrialde guztietan. Espainian, adibidez, herritar guztiok kuota bat ordaintzen diogu Gizarte Segurantzari osasungintza publiko unibertsala ordaintzeko, eta herritar guztiak dira horren onuradun, edozein errenta-maila dutela ere. Baina, esaterako, AEBn osasungintza ez da unibertsala: herritar bakoitzak bere aseguru pribatua kontratatzen du, bere egoera ekonomikoei eta osasunari ondoen egokitzen zaio asegurua. Horren abantaila da estatubatuar bakoitzak erabakitzen duela zenbat diru nahi duen erabili bere osasuna zaintzeko. Hala, osasun ona badu edo nahiago badu oinarrizko aseguru bat kontratatu, bere dirua egokiago iruditzen zaizkion beste premia batzuetarako erabil dezake. Horrek baditu, ordea, desabantailak: jende guztiak ezin du eduki behar duen asegurua, dela nahikoa diru irabazten ez duelako, dela osasun ona ez duelako.

Eztabaida:

Hautatu bi aukeretako bat (osasungintza unibertsala edo nahierakoa) eta argudiatu zure aukera bost kideko talde batean. Taldeak bere aukera egin beharko du eta beste aukera hautatu duen talde batekin eztabaidatu beharko du.

Zinema-proposamena: *Naúfrago*

Zuzendaria: Robert Zemeckis.

Aktoreak: Tom Hanks.

Sinopsia:

Mezularitza-enpresa bateko langile batek hegazkin-istripua izan du eta zailtasun handiei egin behar die aurre. Bizirik irautea lortu du eta uharte mortu batera iritsi da. Hor bizi beharko du zenbait urtez.

Hausnarketa-gakoak:

Premiak, erabakiak, ondasunak, zerbitzuak, kontsumoa eta ekoizpena.

Galderak:

1. Ekonomiaren definizioetako bat «etxea administratzea» bada, zer egingo luke Chuck protagonistak, bizi duen abentura ikusita?
2. Zer premia-mota ditu Chuckek uhartean?
3. Adierazi zer kontsumo-ondasun eta zer kapital-ondasun erabiltzen dituen Chuckek uhartean.
4. Zer ekoizpen-faktorek laguntzen diote Chucki uhartean bizirik irauten?
5. Sinplifikatu errentaren fluxu zirkularra filmean deskribatutako egoerara egokitzeko.
6. Zure ustez, zer ondasunekin egin zezakeen merkataritza Chuckek beste uharte mortu bateko beste naufrago hipotetiko batekin?

Bineta

2. Hazkundea eta antolakuntza

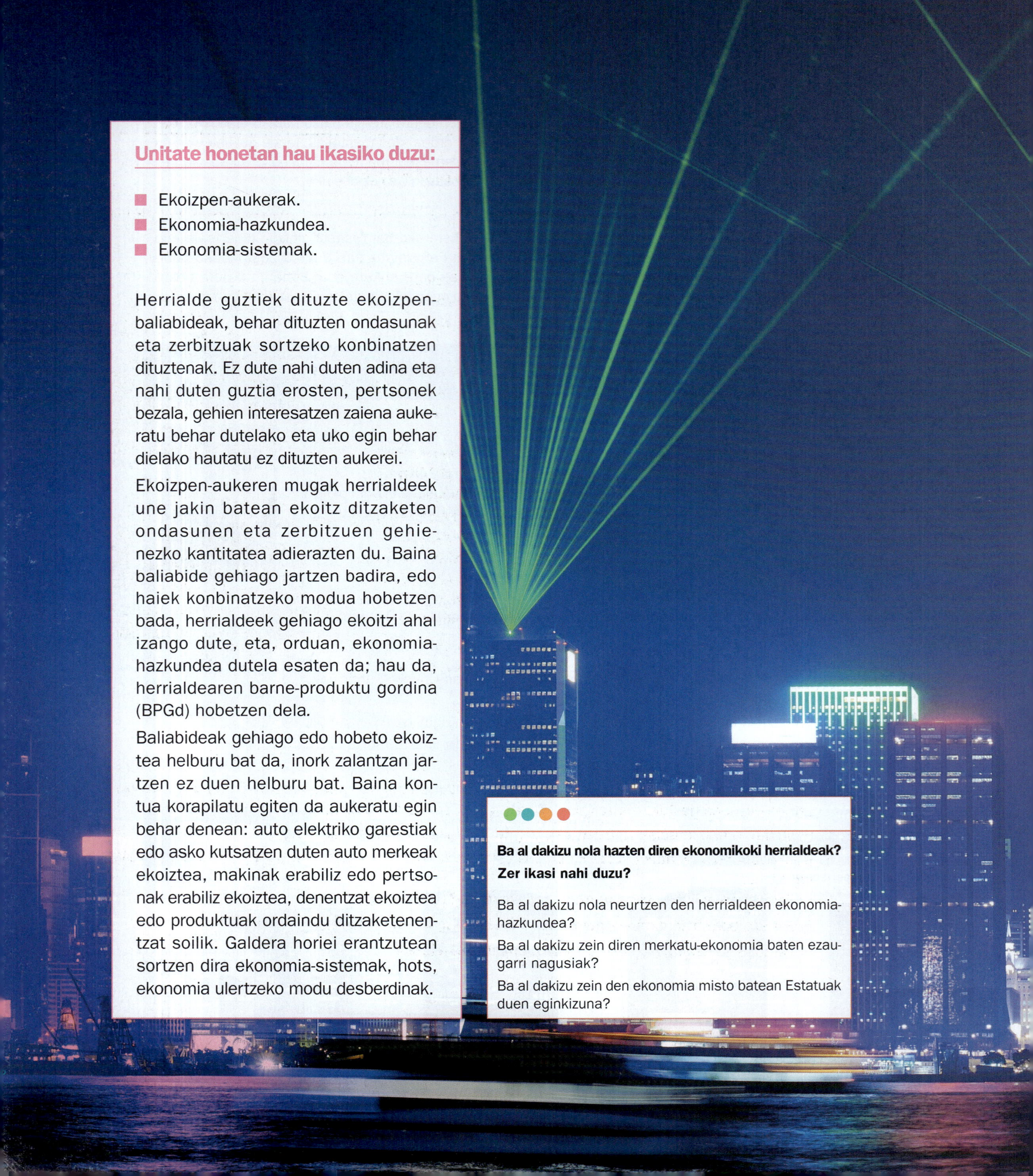

Unitate honetan hau ikasiko duzu:

- Ekoizpen-aukerak.
- Ekonomia-hazkundea.
- Ekonomia-sistemak.

Herrialde guztiek dituzte ekoizpen-baliabideak, behar dituzten ondasunak eta zerbitzuak sortzeko konbinatzen dituztenak. Ez dute nahi duten adina eta nahi duten guztia erosten, pertsonek bezala, gehien interesatzen zaiena aukeratu behar dutelako eta uko egin behar dielako hautatu ez dituzten aukerei.

Ekoizpen-aukeren mugak herrialdeek une jakin batean ekoitz ditzaketen ondasunen eta zerbitzuen gehienezko kantitatea adierazten du. Baina baliabide gehiago jartzen badira, edo haiek konbinatzeko modua hobetzen bada, herrialdeek gehiago ekoitzi ahal izango dute, eta, orduan, ekonomia-hazkundea dutela esaten da; hau da, herrialdearen barne-produktu gordina (BPGd) hobetzen dela.

Baliabideak gehiago edo hobeto ekoiztea helburu bat da, inork zalantzan jartzen ez duen helburu bat. Baina kontua korapilatu egiten da aukeratu egin behar denean: auto elektriko garestiak edo asko kutsatzen duten auto merkeak ekoiztea, makinak erabiliz edo pertsonak erabiliz ekoiztea, denentzat ekoiztea edo produktuak ordaindu ditzaketenentzat soilik. Galdera horiei erantzutean sortzen dira ekonomia-sistemak, hots, ekonomia ulertzeko modu desberdinak.

Ba al dakizu nola hazten diren ekonomikoki herrialdeak?

Zer ikasi nahi duzu?

Ba al dakizu nola neurtzen den herrialdeen ekonomia-hazkundea?

Ba al dakizu zein diren merkatu-ekonomia baten ezaugarri nagusiak?

Ba al dakizu zein den ekonomia misto batean Estatuak duen eginkizuna?

Aa

Zentimetroak, nilometroak eta zergak

Pertsonak zentimetrotan hazten dira; herrialdeak, ekoizpenean. Lehenengo hori neurtzeko, metroak erabiltzen dira; bigarrena neurtzeko, berriz, barne-produktu gordina (BPGd), herrialde baten barruan ekoitzitakoaren balioa neurtzen duen adierazlea.

Herrialdeek egoera ekonomikoa adierazteko erreferentzia moduan BPGd-a erabiltzen duten bezalaxe, egiptoarrek *nilometroak* erabiltzen zituzten, Nilo ibaiaren ur-maila neurtzen zuten putzu batzuk, urteko aurreikuspenak kalkulatzeko eta zergak ezartzeko. Egiptoarren ekonomiaren oinarria nekazaritza zenez, ondoriozta zitekeen lotura zuzena zegoela eskuragarri zuten ur-kantitatearen eta herrialdearen egoera ekonomikoaren artean, duela 2.300 urte baino gehiago. Elefantinako nilometroan (Asuanetik gertu; herrialdeko ospetsuena, Kom Ombokoarekin eta Roda uhartekoarekin batera) sei metrotik beherako maila neurtzen bazen, lursail asko ezin izango ziren landu eta, beraz, gosetea sortuko zen. Eta maila zortzi metro baino askoz altuagoa bazen, berriz, herrietan uholdeak izango zirela, etxebizitzak suntsituko zirela eta ureztatze-kanalek gainezka egingo zutela aurreikusten zen.

BPGd-ak behera egitea buruhauste handia da edozein herrialderentzat, Egipton Elefantinako nilometroan uraren maila kezkagarria izatearen parekoa.

Hausnartu

1. Pentsa Antzinako Egiptoko nekazaria zarela eta nilometroak sei metro adierazten dituela. Adierazi zergatik zauden gustura eta zergatik zauden triste (bakoitzeko arrazoi bat eman behar duzu).
2. Pentsatu, orain, faraoiak zure zergekin zer egin zezakeen. Adierazi hiru gauza.
3. Deskribatu nola aldatuko litzatekeen zure bizitza eta Antzinako Egiptokoa honako egoera hauetako bakoitzean:
   a) Faraoiaren eskribek basamortuan garia landatzeko modua asmatu dute.
   b) Faraoia bota egin dute eta gameluzainen esku dago, orain, gobernua.
   c) Faraoiak lur laboragarri berriak konkistatu ditu ekialdean.

1. Ekoizpen-aukerak

Ekoizpen-baliabideak dira ekonomia-jarduera guztien oinarria, faktore horien mende baitago ondasunen eta zerbitzuen ekoizpena. Ondasun eta zerbitzu horiek banatu eta kontsumitu ahal izango dira, gero.

1.1. Teknologia

Dena dago baliabideen mende, baina ez da kantitate kontua. Konbinazioaren kalitatearen mende ere badago. Erabilitako ekoizpen-baliabideen konbinazioaren arabera teknologia bat edo beste bat sortuko da. Batzuek eskulan gehiago erabiltzen dute kapital (makina) baino; eta beste batzuek, berriz, makina gehiago erabiltzen dituzte eskulan baino, eta hori da ohikoena gaur egun.

Ondasun edo zerbitzu bat lortzeko erabilgarri dauden baliabideen konbinazioari **teknologia** esaten zaio.

Horrenbestez, herrialde baten ekoizpen-aukerak herrialde horrek dituen ekoizpen-baliabideen kantitatearen eta teknologiaren mende daude. Jakina, beste faktore batzuek ere badute eragina, baina neurri txikiagoan eragiten dute. Dena dela ere, herrialde batek berez urriak diren baliabideak ondasun bat ekoizteko erabiltzea aukeratzen duenean, uko egiten ari zaio baliabide horiek beste ondasun batzuk ekoizteko erabiltzeari. Eta aurreko unitatean ikusi genuen bezala, aukera bakoitzak **aukera-kostu** bat dakar berekin.

Ba al zenekien...?

Gaur egun, bizimoduan eragin handiena duten teknologia-aurrerapenak makinak asmatzearekin edo hobetzearekin daude lotuta. Hori dela eta, sarritan erabiltzen da teknologia hitza makina hitzaren sinonimotzat, baina hori ez da zuzena. Gero eta gutxiago badira ere, teknologia askok erabiltzen dute eskulan ugari eta makina gutxi edo batere makinarik ez.

1.2. Ekoizpen-aukeren muga (EAM)

Pertsonok mugak ditugu. Baina nahiz eta jakin muga horietara irits gaitezkeela, beti ez dugu gure ahalmena ehuneko ehunean erabiltzen, eta gauza bera gertatzen zaie estatuei ere. Estatu guztiek ondasunen eta zerbitzuen muga jakin bat lortzeko potentziala dute, baldin eta **efizientziaz** jarduten badute eta eskura dituzten ekoizpen-baliabideei eta teknologiari ahalik etekin handiena ateratzen badiete. Ekoizpen potentzialaren muga horri ekoizpen-aukeren muga (EAM) esaten zaio, eta lortu ahal izateko, nahitaezkoa da dauden ekoizpen-baliabideak eta teknologia modu ezin hobean baliatzea.

Lexikoa

Efizientzia. Eskura dauden baliabideen erabilera optimoa, teknologia jakin batekin.

Ekoizpen-aukeren mugak (EAM) hau adierazten du: gizarte batek denbora-aldi jakin batean ekoitz ditzakeen ondasunen eta zerbitzuen gehienezko kantitatea, ekoizpen-baliabide eta teknologia-ezagutza jakin batzuk erabilita.

1. jarduera ebatzia. Artisau-teknologiaren eta teknologia berrien arteko aldea

Antzina-antzinatik gizakiak behiak eskuz jetzi izan ditu, haietatik esnea lortzeko. Gaur egun, ordea, ohikoena jezteko makina baten edo instalazio automatikoen bidez egitea da. Erantzun bi aukerei buruzko galderei.

a) Zer ekoizpen-baliabide erabiltzen da kasu bakoitzean? Zein da ekoizpen-metodoa?

b) Nola esaten zaio kapital baino eskulan gehiago erabiltzen duten teknologiei?

Soluzioa:

a) Bi kasuetan, baliabide natural bat erauzteko, lana eta kapitala ekoizpen-baliabideak erabiltzen dira. Lehenengo metodoan, aulki bat eta ontzi bat erabiltzen dira (kapitala) eta eskulaneko hainbat eta hainbat ordu (lana) behiak jezteko. Bigarrenean, jezteko makina edo instalazio bat erabiltzen da (kapitala), eta makina horren hodiak behiaren errapeetan jarri eta makina martxan jarri behar da (lana). Teknologia bat edo bestea erabiltzea aukeratzean kontuan izango dira bataren zein bestearen erabileraren kostua eta abantailak, baina orain azpimarratu nahi duguna da ekoizpen-baliabideen zenbait alternatiba edo konbinazio daudela.

b) Lehenengo kasuan, abeltzainak kapital baino lan gehiago erabiltzea erabakitzen duenean, *artisau-teknologia* esaten zaio. Bigarren kasuan, berriz, lan baino kapital gehiago erabiltzen duenean, *teknologia berriak* esan ohi zaio hizkera arruntean.

1.3. Ekoizpen-aukeren mugaren adierazpen grafikoa

Ekoizpen-aukeren muga hiru kontzeptu garrantzitsu (baliabide-eskasia, aukera-kostua eta ekoizpen potentziala) adierazten dituen ekonomia-eredu baten bidez analizatzen da.

EAMa grafikoki adierazteko, ohikoena da bi ondasun edo zerbitzu jakin (*x* eta *y*) ekoizten dituen herrialde hipotetiko bat erabiltzea, nahiz eta jakin badakigun herrialde bakoitzak urtean milaka ekoizten dituela, milioika ez badira. Metodo hau erabiliko dugu EAMa grafikoki adierazteko (2.1. irudia):

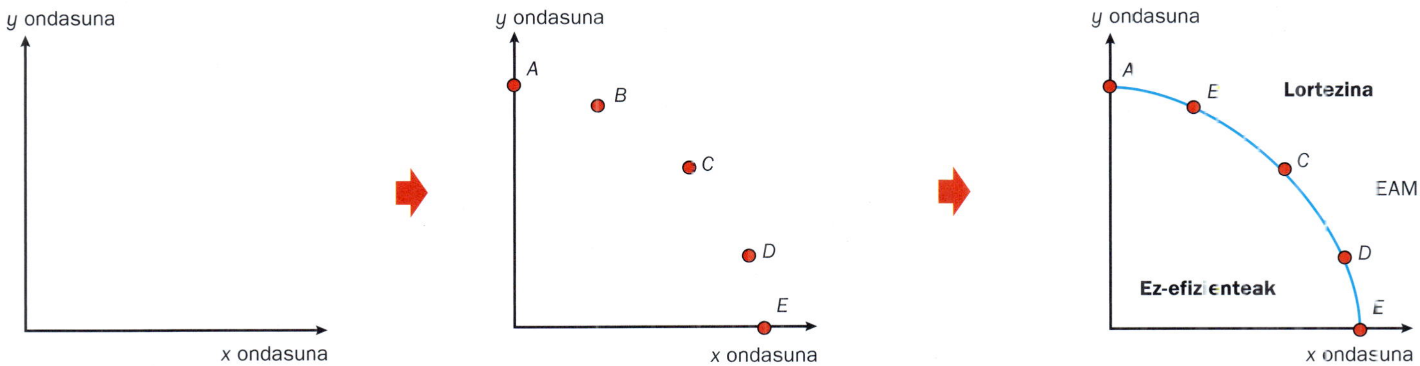

a) Ardatz-diagrama batean, ondasunak edo zerbitzuak adieraziko ditugu.

b) Baliabideen konbinazioak idatzi eta letren bidez adieraziko ditugu (*A, B, C, D*...). Letra horietako bakoitzak konbinazio efiziente bat adieraziko du, ahalik probetxu handiena ateratzen baitzaie.

c) Puntuak lotuz EAMaren lerroa trazatuko dugu. EAMaren goitik dauden puntuek konbinazio lortezinak adierazten dituzte, eta behetik daudenek, berriz, konbinazio lorgarriak baina ez-efizienteak.

2.1. irudia. EAMaren adierazpen grafikoa.

1. behatokia. Alejandro izeneko txirrindulari baten potentziala

Erresistentzia handikoa, diziplinatua, lehiakorra eta oso azkarra, Alejandro Valverde hainbat eta hainbat txirrindularitza-lasterketatan parte hartu duen txirrindularia da. Askotan izan da garaile bere ibilbide luzean zehar, baina errepideko probako Munduko Txapelketa ezin lortu ibili da, naiz eta, berez, hori irabazteko ezaugarri egoki-egokiak izan. Munduko Txapelketan zilarrezko bi domina eta brontzezko lau lortu ditu 15 urte luzeko ibilbidean (profesionaletan dabil 2002. urtetik), baina 2018. urtera arte itxaro behar izan du urrea lortzeko. Innsbrucken lortu zuen, 38 urterekin, eta 1927. urtetik jokatzen den txapelketa hori irabazi duen bigarren txirrindulari beteranoena da. Eta aldiz, 2018. urtean bertan bigarren izan zen Flèche wallonne txirrindularitza-proba ospetsuan, 2014tik garaile izan zen lasterketa gogor-gogorrean.

Hausnartu:

a) Urtean zehar txirrindularitza-lasterketa asko izaten dira, eta txirrindulari profesional batek aukeratu egin behar du zeinetan bilduko dituen ahalegin guztiak. Nola adieraziko zenituzke EAMaren grafiko batean Valverdek Munduko Txapelketan eta Flèche wallonne proban izandako emaitzak?

b) 2017an, Valverdek eroriko gogor bat izan zuen eta ezin izan zuen hainbat probatan parte hartu. Urte horretako emaitzak egongo al lirateke EAMaren grafikoan? Arrazoitu erantzuna.

Jarduerak

1. Zer lotura dago teknologiaren eta ekoizpen-baliabideen artean? Jarri artisau-teknologiaren adibide bat eta eskulan baino kapital gehiago erabiltzen duen teknologiaren beste bat.

2. Zer lotura dago ekoizpen potentzialaren eta efizientziaren artean?

3. Ekoizpen-aukeren mugen ereduak ez du orotarako balio. Zergatik gertatzen ote da hori?

4. Zure ustez, zergatik ez dago errealitatean EAMaren puntu optimoak lortzen dituen herrialderik?

5. EAMari eta errendimendu akademikoari dagokionez, eskatu parean duzun ikaskideari adierazteko, nota moduan, bere ustez zein den zure potentziala, efizienteak ez diren puntuak eta lortezinak diren puntuak.

! Garrantzitsua

EAMa errealitatea sinplifikatzen duen eredu bat da, ezinezkoa baita herrialdeek ekoizten dituzten milioika ondasunak eta zerbitzuak grafikoki adieraztea.

2. jarduera ebatzia. Ekoizpen-aukeren mugak eta aplikazioak

Isabel Batxilergoko ikaslea da, eta astean ikasteko dituen hogei orduak zailenak egiten zaizkion ikasgaien artean banatzen ditu: Ekonomia *(e)* eta Ingelesa *(i)*. Orain artean izandako esperientziak kontuan hartuta, Isabelek beheko taula honetan adierazi ditu egin ditzakeen konbinazioak, nota akademikotan adierazita.

Konbinazioa	A		B		C		D		E	
Ikasgaiak	*(e)*	*(i)*	*(e)*	*(i)*	*(e)*	*(i)*	*(e)*	*(i)*	*(e)*	*(i)*
Orduen banaketa	20	0	15	5	10	10	5	15	0	20
Nota akademikoa	8	0	7	3	5	5	3	7	0	8

2.1. taula. Denboraren banaketa posibleak, Ekonomia (e) eta Ingelesa (i) ikasteko.

a) Adierazi grafiko batean ekoizpen-aukeren muga, puntuz puntu.

b) Grafikoaren zer puntutan lortzen du Isabelek bere potentziala? Hau da, zer puntutan da efizientea?

c) Zer interpretatuko genuke, EAMaren puntuak lortu beharrean Isabel Z puntuan geratuko balitz? (5, Ekonomian, eta 3, Ingelesean).

d) EAMari erreparatuz, Isabelek lor al dezake H puntua? (8, Ekonomian, eta 5, Ingelesean).

e) Lotu Isabelen EAMa kontzeptu hauekin: baliabide-eskasia, aukera-kostua eta ekoizpen potentziala.

Soluzioa:

a) Isabelen ekoizpen-aukeren muga, hogei ikasketa-ordurako egindakoa:

1. Ardatzen diagraman Isabelen bi ondasunak adieraziko ditugu; alde batetik Ekonomiako nota, eta, bestetik, Ingeleseko nota.
2. Aldagaiek elkar gurutzatzen duten puntuek konbinazio efizienteak adierazten dituzte. A, B, C, D eta E letren bidez adieraziko ditugu.
3. A, B, C, D eta E puntuak lotuz EAMa trazatuko dugu.

EAMa grafikoki adierazita, honako emaitza hauek lortuko ditugu (2.2. irudia):

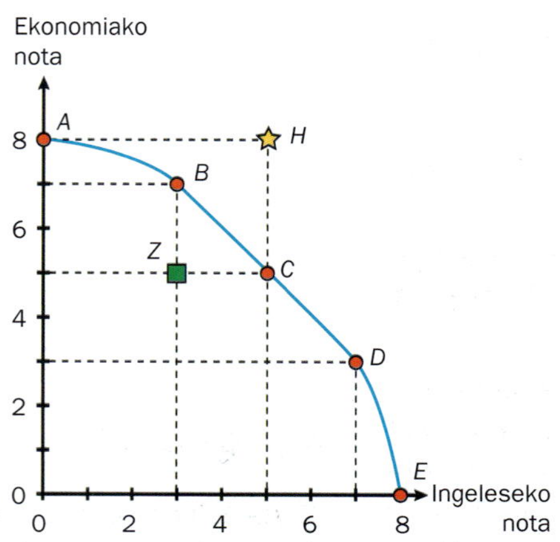

2.2. irudia. Isabelen ekoizpen-aukeren muga.

b) Isabel efizientea da; hau da, bere ekoizpen potentziala EAMak adierazten duen edozein konbinaziotan lortzen da (A, B, C, D eta E), hor erabiltzen baititu bere baliabideak modu optimoan.

c) EAMaren azpitik, Z konbinazioan, Isabel ez da efizientea. Puntu horretan, bere emaitzak (5, Ekonomian, eta 3, Ingelesean) konbinazio efizienteetatik behera daude; eta bere potentzialari erreparatuz, bi irakurketa egin daitezke:

- Ekonomiako 5 nota hamar ikasketa-orduri dagokio; baina gainerako hamar orduak Ingeleserako erabilita, azterketan 5 lortu beharko luke, baina 3 lortu du soilik.
- Ingelesean lortutako 3 nota bost ikasketa-orduri dagokio; baina gainerako hamabost orduak Ekonomia ikasteko erabilita, azterketan 7 lortu beharko luke, eta 5 baino ez du lortu.

Hainbat faktorek azaldu dezakete bere errendimendu baxua; adibidez, kontzentratu ezin izatea, arreta galtzea edota leku desegoki batean ikastea.

d) EAMaren gainetik, konbinazioak lortezinak dira, gaur egungo baliabide-esleipenarekin. Hori gertatzen da, adibidez, H puntuarekin. Puntu horretan, Isabelek Ekonomiako nota altuena lortuko luke, baina hogei ikasketa-orduak behar ditu horretarako, eta beste hamar ordu behar ditu Ingelesean 5 lortzeko. Baina Isabelen baliabideak hogei ikasketa-ordu dira, ez hogeita hamar, eta kopuru hori beharko luke Ekonomian 8 eta Ingelesean 5 lortzeko.

e) EAMak kontzeptu hauek adierazten ditu:

EAMak adierazten dituen kontzeptuak	
Baliabide-eskasia. Baliabideak urriak dira, baina zenbait erabilera-alternatiba daude.	Hogei ikasketa-ordu.
Aukera-kostua. Ondasun edo zerbitzu baten kantitate jakin bat lortzeko, ekoizpen baliabideak batetik bestera transferitu behar dira.	Nota altuagoa Ekonomian = Nota baxuagoa Ingelesean, eta alderantziz.
Ekoizpen-potentziala. A, B, C, D eta E konbinazioek Isabelen potentziala adierazten dute; hau da, Isabelek baliabide eta teknologia jakin batekin lor dezakeen gehieneko ekoizpena, baldin eta modu efizientean erabiltzen badira.	

2. Ekonomia-hazkundea

Ekoizpen-baliabide eta teknologia jakin batzuk erabiliz, gizarteek ondasunen eta zerbitzuen ekoizpen-aukera jakin batzuk lortzen dituzte. Baina erabil daitezkeen **ekoizpen-baliabideen kantitatea handitzen** bada edo **teknologia hobetzen** bada (ekoizpen-metodoak), ekoizpen-aukerek ere gora egin dezakete, noski. Hori gertatzen denean, ekonomia hazten ari dela esaten da, edo, bestela esanda, herrialdeak ekonomia-hazkundea duela.

Gizarte batean, aldi jakin batean ekoitzitako ondasunen eta zerbitzuen balioaren edo errentaren handitzea da **ekonomia-hazkundea**.

2.1. Ekonomia-hazkundearen arrazoiak

Oro har, bi modu daude ekonomia-hazkundea izateko: ardatza kantitatean jartzea eta ardatza kalitatean jartzea:

a) **Ekoizpen-baliabideak handitzea (kantitatea).** Zenbat eta langile, instalazio, diru... gehiago, orduan eta kantitate handiagoa ekoitziko da.

b) **Produktibitatea hobetzea (kalitatea).** Batzuetan ezinezkoa denez baliabide gehiago izatea, onena ekoizpen-baliabide berberekin unitate gehiago ekoizten ahalegintzea da. Horretarako, hau izaten da ohikoena:

- **Langileak prestatzea.** Langileak zenbat eta prestakuntza-maila altuagoa izan, orduan eta balio handiagoa sortzeko gai izango da.
- **Aurrerapen teknologikoak ezartzea.** Ekoizpen-metodo berriek ekoizpen handiagoa egiteko edo kostu gehiago aurrezteko aukera ematen dute.

Ba al zenekien...?

Frogatuta dago herrialde baten BPGd-aren eta hango biztanleen garaieraren artean erlazio zuzena dagoela: zenbat eta aberatsagoa izan herrialde bat, orduan eta hobea da hartan bizi diren biztanleen elikadura, eta, beraz, baita haien altuera ere. 3. behatokian duzu horren adibide bat.

Dena den, herrialdeen produktibitatea handitzen laguntzen duten faktoreak dauden bezalaxe, badaude produktibitatea **txikitzea** eragiten duten faktoreak ere. Adibidez, instalazio edo teknologia zaharkituak eta langileen prestakuntza kaskarra.

Produktibitatea eta **ekoizpena** (edo produkzioa) ez dira gauza bera. Kontzeptu horiek oso lotuta daude, baina ez dira sinonimoak. Zenbat eta unitate gehiago ekoitzi, orduan eta handiagoa izango da ekoizpena; baina ekoizpen-kantitate jakin baterako, zenbait produktibitate-maila izan daitezke, erabilitako bitartekoak zein diren. Ekoizpena neurri absolutua da (km, m...) eta produktibitatea, berriz, bi magnituderen arteko erlazioa (km/h, m/s, €/unitate).

2.2. Ekonomia-hazkundearen neurketa: BPGd-a

Ekonomia-hazkundearekin lotutako ekoizpena neurtzen duen magnitudea barne-produktu gordina da.

Barne-produktu gordina (BPGd) gizarte batek denbora jakin batean ekoitzi dituen ondasunen eta zerbitzuen balioa da.

Ekonomia-hazkundea **ehunekotan** neurtzen da, eta **denborazko segidatan,** funtsezko bi arrazoi direla eta:

- **Ekonomiaren bilakaera neurtzen du.** Aurreko aldi batzuekiko hobera edo okerrera egin duela neurtzea oso garrantzitsua da ekonomia ongi doan edo krisian dagoen jakiteko, bai eta zer bilakaera izan dezakeen jakiteko.
- **Alderaketak egiteko aukera ematen du.** Berez, BPGd-a datu isolatua da, baina ehunekotan adierazita aurreko urteekiko aldakuntza neurtzeko eta beste herrialde batzuekin alderatzeko aukera ematen du. Adibidez, herrialde bateko BPGd-a bilioi batekoa bada, eta beste batekoa, bi bilioikoa, argi dago bigarren herrialdea ekonomiaren aldetik indartsuagoa dela lehenengoa baino (gehiago ekoizten du); baina lehenengoaren BPGd-a % 5 eta bigarrenarena % 3 handitu dela badakigu, badirudi printzipioz ekonomia hobeto dagoela lehenengo herrialdean.

Gogoan izan

7. eta 8. unitateetan aztertuko dugu sakontasun handiagoz barne-produktu gordina (BPGd).

2.3. irudia. Nekazaritzako lanen mekanizazioa erabakigarria izan da mendebaldeko gizarteek gaur egun duten ongizatean. Industriarako eskulan asko aske uzteaz gain, makinen produktibitatea dela eta, etengabe hazten ari den biztanleria elikatzeko aukera ere eman du.

3. jarduera ebatzia. Ikasleen produktibitatea

Jon eta Leire Batxilergoko bi ikasle dira. 8 puntu eta 6 puntu lortu dituzte, hurrenez hurren, Ekonomiako azterketan. Jonek lau ordu eman zituen Ekonomia ikasten, eta Leirek, berriz, 2 ordu:

a) Kalkulatu bi ikasleen orduko ekoizpena eta produktibitatea, eta komentatu emaitzak ikaskideekin.

b) Aurreko azterketan, Jonek 5 lortu zuen eta Leirek, berriz, 9. Zein da bi ikasleen bilakaera akademikoa. Adierazi zifratan.

c) Aipatu bi ikasleen notetan eragin ahal izan duten zenbait faktore, eta esan faktore horiek produktibitatea handitzen duten edota ekoizpen-baliabideen kopurua handitzen duten.

d) Adierazi grafikoki Jonen EAMa Ekonomiako eta Matematikako notei dagokienez (Matematikan 6 ateratzetik 9 ateratzera pasatu da).

Soluzioa:

a) Jonen eta Leireren ekoizpena eta produktibitatea:

	Ikasketa-orduak	Ekoizpena (notak)	Produktibitatea (nota/orduak)
Jon	4	8	8/4 = 2 puntu/ordu
Leire	2	6	6/2 = 3 puntu/ordu

Jonen ekoizpena (8) handiagoa da Leirerena (6) baino, baina produktibitateari dagokionez, Leirek hobeto aprobetxatu du ikasketa-denbora (3 puntu/ordu) Jonek (2 puntu/ordu) baino.

b) Jonen ekoizpena handitu egin da eta Leirerena, berriz, txikitu. Edozein kantitatek aurreko aldi batekiko izan duen gehikuntza edo murrizketa ehuneko aldakuntzaren formula matematikoaren bidez lortzen da:

$$\text{Jonen notaren bilakaera} = \frac{8-5}{5} \cdot 100 = \%60 \qquad \text{Leireren notaren bilakaera} = \frac{6-9}{9} \cdot 100 = -\%33{,}3$$

Jonen errendimendua %60 handitu da eta Leirerena, berriz, %33,3 txikitu da.

c) Ikasketari dagozkion neurriak:

Ordu gehiago ikastea	*Ekoizpen-baliabideak handitzea*
Edukien eskemak egitea	*Produktibitatea hobetzea*
Ariketak garbira pasatzea	*Produktibitatea hobetzea*
Ikasteko lekua aldatzea	*Produktibitatea hobetzea*
Akademia batera joatea	*Ekoizpen-baliabideak handitzea*

d) Jonen EAMaren bilakaera.

Jonen notak gehieneko potentzialari dagozkiola jota adieraziko ditugu; hau da, baliabideen aprobetxamendua optimoa dela jota (2.4. irudia). Aprobetxamendua optimoa ez balitz izango, puntuak EAMaren azpitik egongo lirateke. EAMaren gainetik nota hobeak lortzeko, Jonek ikasketa-orduak handitu edo ikasteko teknika hobetu beharko lituzke.

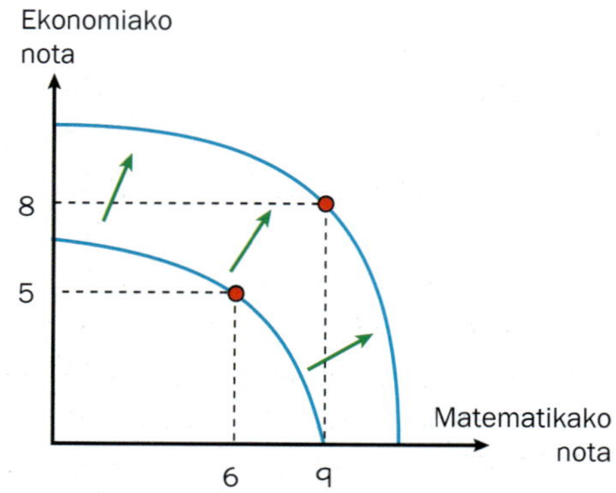

2.4. irudia. Jonek Ekonomian eta Matematikan notak lortzeko aukeren hazkundea.

Hausnartu

Etikoa al da gure ekonomia?

«Ekonomiako zifrak argi egon ohi dira, baina ez da gauza bera gertatzen erabaki ekonomikoen atzean dauden arrazoiekin. Hartu dezagun, adibide moduan, haragi-kontsumoa. Ekonomiaren ikuspegitik, oso logikoa da munduko zerealen ekoizpenaren % 40 eta munduan harrapatutako arrainen herena abereak hazteko erabiltzea. Asko gustatzen zaigu haragia eta baliabide asko erabiltzen ditugu azienda elikatzeko. Eskaintza onena egiten duenari saltzen zaio ondoren haragia, eta, beraz, herrialde aberatsekook kontsumitzen dugu, batez ere. Baina Nazio Batuen Erakundeak adierazi izan duenez, gosea desagerrarazteko, nahikoa izango litzateke azienda elikatzeko erabiltzen den aleen % 10 eta % 15 artean giza elikadurarako erabiltzea. Pertsona bakar batek kontsumituko lukeen haragia lortzeko erabiltzen den zereal eta soja-kopuruarekin hogei pertsona elika daitezke».

Jorge Riechmann: *Comerse el mundo. Sobre ecología, ética y dieta.* Ediciones del Genal, 2005 (egokitua).

2. behatokia. BPGd-aren bilakaera, adierazle moduan

Ikasleek beren aurrerapen akademikoak aurreko notekin alderatuta neurtzen dituzte, eta antzera jokatzen dute herrialdeek ere. Oso ohikoa da herrialde baten ekonomiaren hazkundea edo jaitsiera aurreko aldi batekiko ehunekotan adieraztea (aurreko urtearekikoa izaten da, eskuarki).

Horretarako, notak adierazteko erabiltzen den prozeduraren antzekoa erabiltzen da. Oso ongi nota ona da, berez, baina ez da hain ona lehen lortutakoa Bikain bazen.

Funtsean, informazioa osoagoa da denboran zehar izan duen bilakaera adierazten badu eta ez bada datu isolatu moduan adierazten. BPGd-a aurreko urtearekin alderatuta adierazten bada askoz informazio gehiago ematen du eta askoz logikoagoa da, BPGd-rako ez baitago gainditu edo ez gainditu adierazten duen erreferentzia-eskalarik. Denboran izan den bilakaera aztertzeaz gain, badu beste abantaila bat: hazkundea ehunekotan adierazten denez denbora-aldi desberdinen eta herrialde desberdinen arteko konparazioak egiteko aukera ematen du.

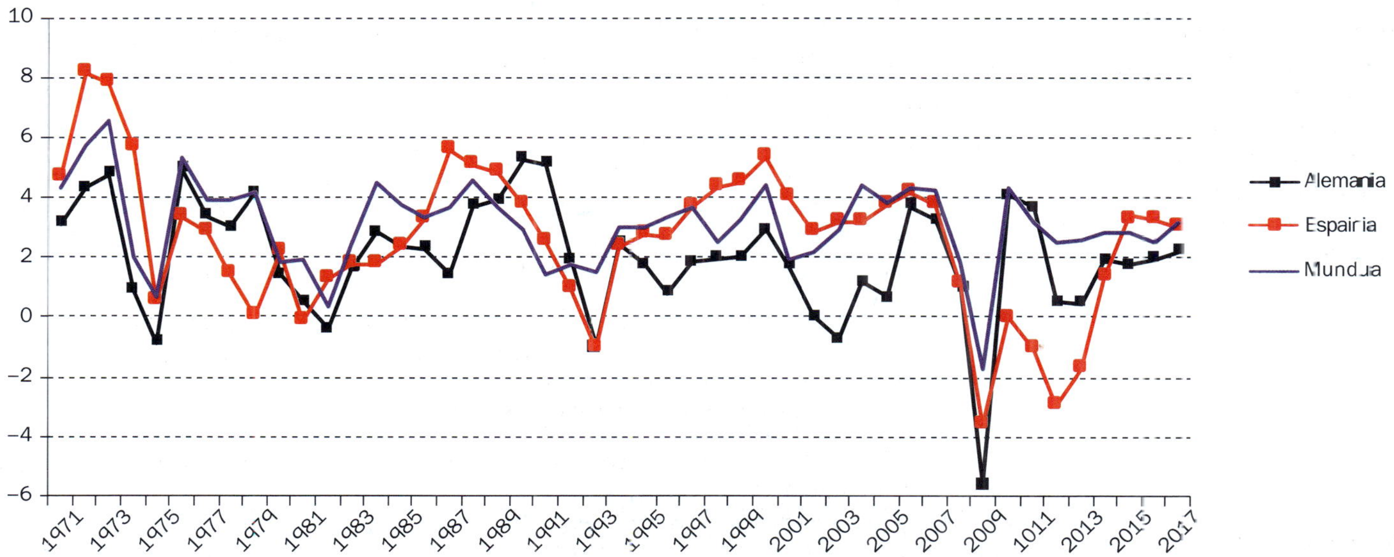

2.5. irudia. BPGd-aren bilakaera, ehunekotan, Espainian, Alemanian eta munduan (1971-2017). Iturria: Munduko Bankua (www.worldbank.org).

Hausnartu:

a) BPGd-ari dagokionez, eta grafikoan adierazitako urteetan, zer moduz bete ditu Espainiak bere eginbeharrak Alemaniarekin eta oro har munduarekin alderatuta? Jakinda alemaniar baten batez besteko diru-sarrerak espainiar batenak halako 1,5 direla, nabardurarik egingo al zenioke aurreko erantzunari?

b) Grafikoan igoerak eta jaitsierak ikusten dira. Zer ondorio atera daiteke grafikoan agertzen den bilakaerari buruz? Kontuan izanda grafikoan zenbait joera hautematen direla ondoz ondoko urteetan, posible al da hurrengo urteetako barne-produktu gordinaren bilakaera aurreikustea?

c) Espainian 2017ko BPGd-ak % 3,05eko igoera izan zuen 2016. urtekoarekiko. Zenbatekoa izan zen 2017ko BPGd-a, 2016koa 1.118.522 milioi eurokoa izan bazen? Eta zein izan zen 2015ekoa, jakinda 2016an BPGd-ak urteko % 3,28ko hazkunde-tasa izan zuela?

d) Espainiako BPGd-ak bilakaera positiboa ala negatiboa izan du 2016. eta 2017. urteen artean?

Jarduerak

6. Zer da ekonomia-hazkundea? Nola neurtzen da? Nola hobetzen dira herrialdeen ekoizpen-aukerak?

7. Zer dira produktibitatea handitzeko abian jartzen diren neurri ohikoenak?

8. Zer paralelismo ezar daiteke landaren mekanizazioaren eta gizarte modernoen ekonomiaren hazkundearen artean?

9. Zein da ekoizpenaren eta produktibitatearen arteko aldea? Azaldu adibide moduan zure zaletasun bat erabiliz, astero zenbait orduz egiten duzun zaletasun bat erabiliz, esate baterako.

10. Zergatik adierazten da ekonomia-hazkundea ehuneko moduan eta denbora-segidatan?

11. Orientabide moduan 3. jarduera ebatziko *c)* atalekο enuntziatua hartuta, adierazi ikasketako beste zenbait neurri eta teknika, eta esan horietako bakoitzak ekoizpen-baliabideak areagotzea dakarren edota, aldiz, produktibitatea handitzea dakarren.

12. Demagun herrialde bateko BPGd-a 90.000 milioi eurokoa izan zela 2019. urtean. Zein izan zen hurrengo urteko BPGd-a, 2020ko hazkundea % 3koa izan bazen?

3. Ekonomia-sistemak

Ba al zenekien...?

Kazetaritzan, irakasten da gertaera baten berri emateko, albiste batek **5 W** deritzenei erantzun behar diela: ***What, Who, When, Where, Why*** *(zer, nork, noiz, non* eta *zergatik).* Ekonomia-sistema bat deskribatzeko, oinarrizko galdera hauek egiten ditu ekonomia batek: ***Zer eta noiz? Nola?*** **eta** ***Norentzat ekoitzi?***

Baliabideak **urriak** direnez denon nahiekin alderatuta, gizarteek antolatu egin behar dute behar dituzten ondasunak eta zerbitzuak ekoizteko. Hori da, azken finean, **funtsezko arazo ekonomikoa:** arazo ekonomiko orori ematen zaion edozein erantzunek aukera-kostu bat du, beste gauza bati uko egitea ekarriko baitu. Ekonomialariok esaten dugun bezala «ezer ez da hutsaren truke».

Urritasunaren premisa horrekin, hauek dira edozein ekonomia-antolakuntzak konpondu beharreko **hiru arazoak** (2.2. taula):

Arazoa	Azalpena	Adibideak
Zer ekoitzi eta zer kantitatetan?	Gizarteek erabaki egin behar dute zer ondasun ekoitzi nahi dituzten eta zeini egiten dieten uko.	• Automobilak edo elikagaiak? • Gama altuko automobil gutxi batzuk edo automobil merke asko? • Nekazaritzako produktu gehiago edo industriako produktu gehiago?
Nola ekoitzi?	Enpresak baliabideak xahutu gabe ekoizten ahalegintzen dira, gizarte-alderdiak eta ingurumen-alderdiak ere errespetatuz.	• Makinak, langileak edo bien konbinazio bat? • Egoera okerrenean dauden kolektiboetako langileak ala ez? • Energia garbi baina garestia edo kutsatzailea baina merkea?
Norentzat ekoitzi?	Banaketak kontuan eduki behar du zer ekarpen egiten duten gizarteko kideek, baina baita zenbait balio ere, ekitatea eta elkartasuna, esate baterako.	• Jende guztiak eskuratu ahalko ditu ondasunak, edo ordaindu ditzaketenek soilik? • Egongo al da gutxieneko bat premia handiena dutenentzat?

2.2. taula. Ekonomia-antolakuntza ororen oinarrizko hiru arazoak.

Goian adierazitako arazo horiei erantzuteko modu desberdinek ekonomia-sistema desberdinak ekarri dituzte.

Ekonomia-sistema deritzo gizarte batek baliabide urrien bidez beharrak asetzeko eta, aldi berean, baliabideak biztanleriaren artean banatzeko formulak ezartzeko erabiltzen duen moduari.

Historian, bi ekonomia-sistema edo ekonomia-antolaketako forma nagusitu dira beste guztien gainetik, haien ekoizpen-efizientzia dela eta (2.3. taula): **merkatu-ekonomiako sistema** eta **plangintza zentralizatuko sistema.** Hirugarren sistema bat ere bada, aurreko bi sistema horiek konbinatzen dituena: **ekonomia mistoko sistema.**

	Esklabismoa	Feudalismoa	Merkantilismoa	Plangintza zentralizatua	Merkatu-ekonomia
Garaia	V. mendera arte	X.-XIV. mendeak	XVI. eta XVII. mendeak	XX. mendea	XVIII.-XXI. mendeak
Ekoizpena	Nekazaritza-ondasunak, artisautza. Merkataritza pixka bat		Merkataritzaren eta produktu manufakturatuen hazkundea	Herriarentzat onena dena, agintari zentralak erabakita.	Eskaintzaren eta eskariaren arabera
Ekoizteko modua	Esklaboak	Basailuak	Nekazariak, merkatariak, eta burgesak	Ekoizpen-planak	Soldatapekoak
Ekoizpenaren hartzaileak	Klase menperatzaileak		Noblezia, kleroa eta burgesia	Jende oro	Ordaindu dezakeen oro
Ezaugarriak	Klase menperatzaileak dira jabeak		Lehenengo kapital-pilaketak. Lehen bankuak	Jabetza publikoa. Burokrazia	Jabetza pribatua. Merkatuak agintzen du

2.3. taula. Ekonomia-sistemak historian zehar. Taulan adierazitakoei ekonomia mistoko sistema gehitu behar zaie (horren ezaugarriak aurrerago ikasiko ditugu, unitate honetan bertan).

3.1. Merkatu-ekonomiako sistema

Merkatu-ekonomiaren funtzionamenduaren oinarria espazio antolatu batzuk dira (**merkatuak**), non kontsumitzaileek eta ekoizleek ondasunak eta zerbitzuak trukatzen dituzten prezio baten truke. Truke horretan izaten diren salmentek eta prezioek erakutsiko diete enpresei berek hartutako erabakiek arrakasta izan duten edo porrot egin duten. Seinale sistema horrek alferrikakoa egiten dute kontsumitzaileen eta ekoizleen arteko komunikazio zuzena: **prezioek** eta **salmentek** berez *hitz egiten* dute eta merkatua bideratzen dute *esku ikusezin* bat balira bezala (2.6. irudia).

Enpresa bakoitzak bere interesaren arabera jokatzen du, itxuraz ordenarik ez duen modu batean.

↓

Enpresa *berekoien* multzoak leiha sortzen du.

Gure enpresak soldata txikiak ordaintzen baditu...	Gure enpresak gehiegi kobratzen badu...	Gure enpresak ez badu saltzen merkatuak eskatzen duena...
...beste enpresa batek kenduko dizkigu langileak eta porrot egingo dugu.	...beste enpresa batek merkeago salduko du eta porrot egingo dugu.	...beste enpresa batek egingo du eta porrot egingo dugu.

↓

Esku ikusezinak merkatua ordenatzen du.

2.6. irudia. Esku ikusezinaren funtzionamendua. Adam Smith ekonomialariak XVIII. mendean asmatutako kontzeptua da Estatuaren esku-hartzerik gabe merkatu-ekonomiak nola funtzionatzen zuen azaltzeko.

Ba al zenekien...?

Merkatuaren funtzionamendua erakusteko, *esku ikusezinaren* metafora Adam Smith-ek proposatu zuen *Nazioaren aberastasuna* (1776) lanean: «Harakinak, garagardogileak edo okinak ez dizkigute elikagaiak hornitzen onak direlako, baizik eta beraiei interesatzen zaielako (...). Guztiok gure kapitala erabiltzen saiatzen gara, ahalik eta balio handiena izan dezan. Oro har, ez du interes publikoa sustatzeko helburua, eta jakin ere ez daki noiz ari den hura sustatzen. Bere segurtasuna du helburu, bere onura baino ez. Eta hori egitean, **esku ikusezin** batek bultzatzen du bere helburuetan ez dagoen xedea sustatzera. Bere interesa bilatzean gizartearena ere sustatzen du, hori lortzen saiatuko balitz baino eraginkortasun handiagoz sustatu ere».

A. Estatuaren eginkizunak merkatu-ekonomian

Esku ikusezinak merkatua antolatzen duela, Estatuaren edo sektore publikoaren esku-hartzea, printzipioz, bi alderditara mugatzen da:

- **Esparru juridiko-instituzionala ezartzea.** Oinarrizko arauak eta legeak behar beharrezkoak dira familiek eta enpresek beren jarduerak egiteko, jarduera horietan inor kaltetuta suertatu gabe. Esate baterako: gutxieneko soldata, lanaldi mugatua, ingurumenaren babesa eta halakoak.
- **Ondasun publikoak hornitzea.** Hain zuzen ere, bi ondasun-motaz ari gara:
  - **Errentagarriak ez diren ondasunak.** Enpresa pribatuak eskaini ezin dituelako, edo eskaintzekotan oso prezio garestietan egingo lukeelako, Estatuak eskaintzen dituenak dira. Halakoak dira, adibidez, errepideak eta parkeak.
  - **Ondasun estrategikoak.** Zerbitzu batzuek demokraziaren funtzionamendu onerako garrantzi estrategikoa dutenez, sektore publikoak kudeatu behar ditu. Horren adibide dira armada, polizia eta justizia.

! Garrantzitsua

Merkatu-ekonomia huts-hutsa ez da inoiz ezarri, Ingalaterran XIX. mendeko aldi jakin batean izan ezik. Etapa horri kapitalismo basatia esaten zaio. Gaur egun, estatuaren esku-hartze txikia duen eredu horretatik hurbil dauden ekonomia batzuk Singapur, Zeelanda Berria, Australia eta Irlanda dira.

Jarduerak

13. Justiziak zergatik ezin du esku pribatuetan egon?

14. Nola da posible merkatua bera bakarrik erregulatzea enpresek beren interesen arabera jardunda ere?

15. Arrazoitu zergatik dauden hain parke gutxi, denek ados gauden arren gehiago egon behar duen ondasun-mota bat dela.

16. Nola lortzen dute enpresek merkatuari buruzko informazio fidagarria? Arrazoitu erantzuna.

17. Merkatu-ekonomia batean, Estatuak ekoitzi beharrekotzat uzten diren ondasunen zerrendan ez dira osasungintza eta hezkuntza sartzen. Zure ustez, zergatik gertatzen da horrela?

B. Merkatu-ekonomiaren hutsegiteak

Merkatu-ekonomiaren **abantaila** nagusia da pertsonek beren lehentasunen eta aukeren arabera kontsumitzen eta ekoizten dutela. Baina sistema orok ditu abantailak eta desabantailak, eta hau ez da salbuespena. Hauek dira, hain zuzen ere, merkatu-ekonomiaren **mugak** (2.7. irudia):

Merkatu-ekonomiaren mugak

Errentaren banaketa desorekatua
Denok gure lehentasunen arabera aukeratzen dugu, baina ez beti gure baliabideen arabera. Lehentasunak edo gustuak direnak direla, enpresek eskainitako ondasunen eta zerbitzuen prezioa ordaintzeko adinako diru-sarrerak dituztenek soilik adierazten dute beren iritzia merkatuan.

Zenbait enpresaren gehiegikeriak
Zenbait enpresak prezioa edo salmenta-baldintzak finkatzeko behar adina botere dute. Horrez gain, enpresen publizitate-kanpainek behar artifizialak sortzen dizkiete kontsumitzaileei, eta horrelakoetan, merkatuaren funtzionamendua ez da askea, enpresek sortzen baitute eskaria, eta ez kontsumitzaileek.

Ingurumena hondatzea
Ondasunen eta zerbitzuen ekoizpenarekin bat, merkatuak aintzat hartzen ez dituen zenbait ondorio negatibo sor daitezke; esaterako, kutsadura eta ingurumena hondatzea.

Ezegonkortasun ziklikoa
Merkatu-ekonomia ekimen pribatuaren esku dagoenez, eta ekimen hori aldakorra denez, sistemak krisiak izaten ditu aldian-aldian.

Ondasun ez-errentagarrien urritasuna
Dela urriak direlako, dela garrantzi estrategikoa dutelako, zenbait ondasun eta zerbitzu sektore publikoek kudeatu eta hornitu behar dituzte. Hala gertatzen da poliziarekin, armadarekin eta justiziarekin, esaterako.

2.7. irudia. Merkatu ekonomiaren mugak.

> ***Gogoan izan***
>
> **Merkatu-ekonomiaren hutsegiteei** buruz berriro hitz egingo dugu 7. unitatean.

Aipatutako arazo guztietatik, **errentaren banaketa desorekatua** da garrantzitsuena. Gizarte-arazo larrien iturria da, eta merkatu-ekonomiako sistemaren ezaugarri horrek jaso zituen kritika gehienak, sortu zenetik (XVIII. mendean), eta gaur egun ere eztabaida handiak sorrarazten jarraitzen du. Kritika horien lehenbiziko eragileak Marx eta haren jarraitzaileak izan ziren, XIX. mendean, eta geroago, XX. mendean, plangintza zentralizatuko sistema erabili zuten herrialdeak.

3. behatokia. Ekonomia-sistemak, praktikan: bi Koreak

Ekonomia, gizarte-zientzia izaki, ezin da laborategietan esperimentatu, baina historiak eman dizkigu zenbait adibide erreal: gerraren ondorioz zatitu eta guztiz desberdinak ziren sistema ekonomikoak abian jarri zituzten herrialdeenak.

Bigarren Mundu Gerra amaitu ondoren, Mendebaldeko Alemanian eta Austrian merkatu-ekonomia izan zuten, eta zenbait hamarkada geroago munduko nazio garatu eta aberatsenen artean zeuden. Eta herrialde horien parte izan ziren beste lurralde batzuk, hala nola Alemaniako Errepublika Demokratikoa eta Hungaria (Austriarekin lotuta zegoen Austria-Hungariako Inperioan), pobretu egin ziren plangintza zentralizatuko sistema zutela. Ekialdeko Europako herrialde horien eta beste batzuen kontraesan ekonomikoak agerian jarri zituen eragile nagusia **Berlingo harresiaren erorketa** izan zen (1989. urtean)

Elkarren aurkako sistemak dituen beste herrialde zatitu baten adibidea Korea da, oraindik orain, bi herrialdetan zatituta dagoena: Ipar Korea eta Hego Korea.

Alderatu bi herrialde horien datuak 2.4. taulan.

	Ipar Korea	Hego Korea
Biztanleria	24 milioi	51 milioi
Haurrak, emakumeko	1,91	1,17
Zoladuradun errepideak	%3	%92
Batez besteko garaiera	1,65-1,70	1,73
Militarren kopurua	1.190.000	630.000
Telefono mugikorreko lineak (2015)	3,2 milioi	58,9 milioi
Esportazioko gai nagusia	Ikatza (999,6 milioi dolar)	Zirkuituak (66.990 milioi dolar)
Janzkera	Oso arautua	Modara
BPGd (2013)	11.636 milioi	983.021 milioi
Bizi-itxaropena	71,69 urte	82,02 urte

2.4. taula. Ipar Korearen eta Hego Korearen arteko alderaketa (2016. urteko eurotan).

Hausnartu:

a) Zer balio du Ipar Koreak eta Hego Koreak biztanleko ekoizten dutenak?

b) Adierazi maila desberdinaren edo bizimodu desberdinaren adierazle diren zenbait desberdintasun.

c) Ikertu Interneten nolako aberastasuna zuen Korearen iparraldeak eta hegoaldeak 1955. urtean herrialdea zatitu aurretik?

3.2. Plangintza zentralizatuko ekonomia-sistema

Sistema hori zenbait ekonomia garrantzitsutan nagusia izan zen arren (Txinan eta Sobietar Batasunean, adibidez), gaur egun ia desagertuta dago munduan. Merkatu-ekonomiako sisteman ez bezala –non ikusi dugunez erabakiak familiek eta enpresek hartzen dituzten– plangintza zentralizatuko ekonomian, ekonomia-eragile nagusia **sektore publikoa** da, eta haren helburu nagusia ekitatea lortzea da, ekitatea **errentaren banaketa berdin** moduan ulertuta. Sistema horretan, Estatua, ekoizpen-baliabideen jabea izateaz gain, ekonomiaren funtzionamendu orokorraz arduratzen da, eta, horrenbestez, merkatuak ez du inolako eginkizunik baliabideen esleipenean.

> ***Ba al zenekien...?***
>
> Bigarren Mundu Gerraren ondoren mendebaldeko Berlinek gora dia izan eta leheneratu egin zen bitartean, kalkuluen arabera, harresia 1961. urtean egin aurretik Ekialdeko Alemaniako 3,5 milioi pertsona inguruk ihes egin zuten ekialdeko Berlinetik. Harresia Alemaniaren zatiketaren sinboloa izan zen, harik eta alemaniarrak kalera atera eta beren eskuekin harresia bota zuten arte 1989. urtean. Baina zatiketa horren sinbolo ez ezik Gerra Hotzaren eta, funtsean, bizitza eta ekonomia ulertzeko bi modu oso desberdin eta kontrajarriren (kapitalismoaren eta komunismoaren) sinboloa ere bazen. Hain kontrajarriak, ezen Munduko III. Gerra piztear izan baitzen behin baino gehiagotan.

A. Plangintza zentralizatua egiten duen organoa

Baliabideen esleipena **plangintza zentralizatua egiten duen organo** baten esku dago. Organo publikoa eta zentrala da eta jarduera ekonomiko guzti-guztia antolatzen du, enpresei edo familiei inolako tarterik utzi gabe. Merkatuaren berezkoak diren prezio, salmenta eta bestelako adierazlerik ezean, antolaketa **zenbait urtetarako plan ekonomikoen** bidez egiten da. Plan horietan herrialdeko ekonomiaren alderdirik txikiena ere zehaztuta dago: bai baliabideen esleipenak, bai enpresen ekoizpen-metodoak; bai eta langileen soldatak, elikagaien banaketa eta opor-aldia ere.

B. Plangintza zentralizatuko sistemaren porrota

Nahiz eta, hasieran, sistema hori aplikatu zuten herrialdeek arrakasta izan zuten enpleguaren, osasungintzaren edo hezkuntzaren alorreko oinarrizko beharrak asetzen, sistemak porrot egin zuen XX. mendearen amaieran, zenbait salbuespenekin (5. behatokian adieraziko dugun bezala). Hona hemen porrot hori eragin zuten faktoreetako batzuk (2.8. irudia):

Plangintza zentralizatuko ekonomia-sistemaren mugak

Pizgarririk eza
Prezioak eta soldatak Estatuak finkatzen zituenez, enpresek ez zuten elkarren arteko lehiarako ahaleginik egiten, eta langileen artean desmotibazioa eragin zuen.

Gehiegizko burokrazia
Ekonomia-sistema kontrolatzeko behar zen aparatu administratiboa *buztinezko oinak zituen erraldoi* bihurtu zen, geldotasuna eta efikaziarik eza nagusi zituen sistema.

Aurreikuspen-akatsak
Ekonomiaren bilakaera erakusten duten adierazle errealik ez zutenez –merkatu-ekonomiako prezioak edo salmentak adierazleen parekorik, esate baterako– planifikatzaileek ez zuten ekonomiaren martxari buruzko informazio fidagarririk, eta hori dela eta, ez zuten beti asmatzen aurreikuspenak egitean eta baliabideak esleitzean. Hala, plangintzak ez ziren errealitatera egokitzen, eta erreakzio-ahalmena urria zen.

2.8. irudia. Plangintza zentralizatuko ekonomia-sistemaren mugak.

4. behatokia. Pizgarriak, sistema ekonomikoaren arabera

Sobietar Batasunak Erresuma Batuan zuen enbaxadore batek (gogoan izan Sobietar Batasuna XX. mendean plangintza zentralizatuko sistema ezarri zuen herrialdeetako bat zela) hau galdetu zuen behin: «Nor arduratzen da ogiaren hornikuntzaz Londresen?». Hau izan zen erantzuna, zur eta lur utzi zuen erantzuna: «Inor ez».

Hausnartu:

a) Zergatik harritzen du enbaxadorea inor ez arduratzea ogiaren horniduraz? Arrazoitu erantzuna ekonomia-sistemen ikuspegitik.

b) Nola bermatzen dute londrestarrek, edo guk, ogiaren kantitatea eta kalitatea egokia izatea?

Jarduerak

18. Nola da posible publizitatea arazo bat izatea merkatu-ekonomietan?

19. Plangintza zentralizatuko ekonomia-sistemari zergatik ez dio eragiten merkatu-ekonomiari eragiten dion ezegonkortasun ziklikoak? Arrazoitu erantzuna.

20. Ikusi dugun bezala, plangintza zentralizatuko ekonomia-sisteman Estatuak hartzen ditu erabaki guztiak. Zure ustez, zer abantaila eta zer desabantaila ditu horrek? Arrazoitu erantzuna.

3.3. Ekonomia-sistema mistoa

Ba al zenekien...?

29ko Depresio Handia, burtsako tituluak etekin handiak lortzeko asmoz erosteak eragindakoa, Estatuak ekonomian esku-hartze handiagoa izateari hasiera eman zion krisia izan zen. Estatuaren esku-hartzea ezinbestekoa zen, ageri-agerikoa baitzen enpresek eta familiek ezingo zutela berek bakarrik krisia gainditu. Ordudanik, Estatuak ekonomian esku-hartzen du, goraldien eta beheraldien arteko trantsizioak ahalik leunenak izan daitezen.

Lehen ikusi dugu, zegokion lekuan, merkatu-ekonomiaren eragozpenetako bat dela aldian behin krisiak izaten direla; baina eragozpen hori ez zen ageriko egin 1929. urteko krisiaren ondoren etorri zen Depresio Handira arte. Ordura arte, merkatu-ekonomiako sistema aplikatzen zuten herrialdeek merkatuaren ekoizpen- eta banaketa-prozesuak arautu eta ikuskatu besterik ez zuten egiten, eta ahalik gutxien hartzen zuten esku: gutxieneko zenbait zerbitzu publiko ematen zituzten, ez besterik. Krisi hura gertatu ondoren, merkatuak jarraituko zuen baliabideen esleitzaile nagusi izaten, baina **Estatuaren esku-hartzea** aktiboagoa izango zen, bat ez etortzeak zuzentzeko. Sektore publikoak ekonomian duen esku-hartze mailak eztabaida handiak sortu ditu betidanik.

Estatuaren eginkizunak ekonomia mistoan

Gaur egun, Estatuak ekonomia-sistema mistoan dituen funtsezko eginkizunak merkatu-ekonomian egokituko litzaizkioketenak baino zabalagoak dira:

- **Esparru juridiko-instituzionala ezartzea.** Merkatu-ekonomietan duenaren oso antzekoa da.
- **Ondasun publikoak hornitzea.** Merkatu-ekonomiaz ari ginela, aipatu genituen errentagarriak ez diren ondasunak eta ondasun estrategikoak. Horiez gain, ekonomia mistoan Estatuek gizarte osorako interesgarriak diren beste zerbitzu publiko batzuk ematen dituzte; adibidez, hezkuntza eta osasungintza.
- **Errenta birbanatzea.** Jaiotzean pertsona guztiek ez dituzte aukera edo baliabide berdinak, eta horrexegatik, sektore publikoa alde sozioekonomikoak zuzentzen saiatzen da, denek izateko gutxieneko ongizate-maila bat. Eginkizun horren adibide dira erretiro-pentsioak, enpresei lanpostuak sortzeagatik ematen zaizkien diru-laguntzak, eta familia ugarientzako laguntzak.
- **Ezegonkortasun ziklikoa arintzea.** Merkatu-ekonomia ekimen pribatuaren mende dagoenez, hedaldiak eta atzeraldiak txandakatzen dira; eta, horrenbestez, Estatuaren zeregina da ziklo horien arteko trantsizioak ahalik leunenak izatea.

Ekonomia mistoa

- Ondasun publikoak (gizarte-interesa)
- Errentaren birbanaketa
- Ezegonkortasun ziklikoa arintzea.

Merkatu-ekonomia

- Esparru juridiko-instituzionala
- Ondasun publikoak (ez-errentagarriak eta estrategikoak)

2.9. irudia. Estatuaren funtzioak merkatu-ekonomian eta ekonomia-sistema mistoan.

Ekonomia-sistema mistoa merkatu-ekonomiaren eta plangintza zentralizatukoaren **erdibidean** dago nolabait, eta bi sistemen abantailak baliatzen saiatzen da. Horren haritik, herrialde aberatsetako gizarteek, Espainiak tartean, ongizate-estatua izenekoa sustatu zuten XX. mendean.

Ongizate-estatua ekonomia-sistema mistoaren kasu partikular bat da, eta Estatuak ekonomian duen esku-hartzea handia izatea eta gizarte-gastua handia izatea ditu bereizgarri.

	Merkatu-ekonomia	Ekonomia mistoa	Plangintza zentralizatua
ABANTAILAK	Familiek eta enpresek beren lehentasunen eta aukeren arabera kontsumitzen eta ekoizten dute.		Oinarrizko premiak aseta daude zenbait arlotan; hezkuntzan, osasungintzan eta empleguan, adibidez.
	Sektore publikoaren esku-hartze txiki-txikia.	Sektore publikoak merkatuaren orekarik ezak zuzentzeko esku-hartzen du.	
DESABANTAILAK	• Ezegonkortasun ziklikoa. • Ondasun ez-errentagarri urriak. • Ingurumena hondatzea. • Zenbait enpresaren gehiegikeriak. • Errentaren banaketa desorekatua.	Merkatu-ekonomiarenak edo plangitza zentralizatukoarenak izango dira, sektore publikoaren esku-hartzea zenbatekoa den.	• Aurreikuspen-akatsak. • Pizgarririk eza. • Burokrazia gehiegi.

2.5. taula. Ekonomia-sistemen abantailak eta desabantailak.

5. behatokia. Ekonomia mistoaren eta plangintza zentralizatukoaren mende bat

Atal honetan ikasitakoarekin eta hemen aurkeztutako kronologiarekin (2.6. taula), zenbait galderari erantzuten saiatuko gara.

1922	**Sobietar Batasunaren sorrera. Alderdi Komunistak gidatzen du eta plangintza zentralizatuko ekonomiaren lehen entsegua da.** Europa Lehen Mundu Gerratik oneratzen ari da.
1929	**Merkatu-ekonomiaren lehen krisi handia.** Munduak Depresio Handiaren ondorioak jasaten ditu. Merkatu-ekonomietan esku hartzearen aldeko teoriak sortzen dira.
1945	**Bigarren Mundu Gerraren amaiera (1939an piztu zen gerra).** *Gerra hotza* deritzona hasten da SESBren eta AEBren artean. Iraultza komunistaren garaipena Txinan. AEBk eta beste hamabi herrialdek NATO eratzen dute.
1955	**SESBk eta Ekialdeko Europako zazpi herrialdek Varsoviako Ituna sinatzen dute.** Merkatu-ekonomia zuten herrialdeetan merkatuetan esku-hartzea (ekonomia mistoa deritzona) arrakastatsua da eta aurrekaririk gabeko aberastasuna eta oparotasuna ekartzen du. Urtetako gatazken ondoren, Korea bitan zatitzen da: iparralde komunista, eta hegoaldea, kapitalista.
1957	**Europako Ekonomia Erkidegoaren sorrera Erromako Tratatuaren bidez.** Iraultza komunistaren garaipena Kuban. Mundua zenbait alditan gerran sartzear egon da, AEBren eta bloke sobietarraren arteko liskarren ondorioz; Europan Estatuak merkatu-ekonomian duen esku-hartzeari ongizate-estatua esaten zaio eta gizarte-babes handia du bereizgarri.
1973	**Munduko krisia Lurralde Petrolio Esportatzaileen Erakundearen blokeoaren ondorioz.** Energia garestitzeak bat-batean geldiarazten du ekonomia mistoko herrialdeek lortutako oparotasuna. Lehen erreformak Txinan, eta kanporantz pixka bat irekitzen hasten da.
1980	**Informatikaren sorrera.** Bloke sobietarra merkatu-ekonomiara egokitzen saiatzen da. Globalizazioa hasten da. Txinak erreformak egiten jarraitzen du merkatu-ekonomiarantz: zenbait prezio liberalizatu eta landa-enpresen eta enpresa txikien sorrera sustatzen du.
1989	**Berlingo harresiaren erorketa.** Bloke sobietarra hausten da. Errusiak merkatu-ekonomiari heltzen dio. Txinak komunismoa merkatuarekin bateragarri egiten duten erreformak egiten jarraitzen du: enpresa handiagoen sorrera sustatzen du eta bere balore-burtsa sortzen du. Kubak, orain arte SESBrekiko mendekotasun handia duenak, bere baliabideetatik bizi beharko du; aurrezki-tasa baxuak inbertsioak moteltzen ditu, eta, beraz, hazkundea. EEEren bilakaera Europar Batasunerantz.
2001	***Burbuila* teknologikoa lehertu egiten da burtsetan. Interneten hedadura.** Euroaren sorrera. Globalizazioak geldiezina dirudi, telekomunikazioen aurrerapena dela-eta, Internetena bereziki. Txinak enpresa publikoak sustatzen ditu, jabetza pribatua aitortzen du eta merkataritzako nazioarteko erakundeetan sartzen da. Munduko herrialdeak merkatar tza-bloketan biltzen dira, EBren arrakasta imitatu nahian.
2008	**Finantza-krisia, higiezinen burbuila lehertzeak eraginda.** Munduko krisiak agerian jartzen du herrialdeak elkarren mendekoak direla. Kubak enplegu-aniztasuna onartzen du, soldata-muga kendu eta norberaren konturako negozioak baimentzen ditu.
2012	**EBk ezinbestean aurrekontu-arloko itunak sendotu behar ditu, hegoaldeko herrialdeen zorpetze handiaren eraginez, Greziarena, besteak beste.** Txina etorkizuneko munduko potentzia ekonomiko moduan finkatzen da. Kubak, nahiz eta bizi-itxaropenean, osasungintzan eta hezkuntzan lurralde garatuen pareko adierazleak izan, ahultzen jarraitzen du, ekonomia zati batean liberalizatuta ere. Isolatuta, pobretuta eta diktadura baten pean, Ipar Koreak ideia komunistei eusten die irmo.

2.6. taula. Ekonomia-sistemen azken ehun urteetako kronologia.

Hausnartu:

a) Zer eragozpen jartzen da agerian aldian-aldian merkatu-ekonomietan? Adierazi datak eta horiekin lotutako gertaerak.

b) Zer lortu nahi du ekonomia-sistema mistoak. Zer-nolako lotura du ongizate-estatuarekin? Noiz sortu zen ongizate-estatua Europan?

c) Zein dira plangintza zentralizatuko ekonomiaren abantailak? Zein herrialdetan eta zer datatan izan zuen arrakasta?

d) Ikusi zer nolako bilakaera izan zuten plangintza zentralizatuko sistema onartu zuten herrialdeek. Zer ezaugarri komun dituzte? Adierazi zergatik izan den Txina salbuespen.

Jarduerak

21. Zeren araberakoa da ekonomia-sistema mistoaren desabantailak handiagoak edo txikiagoak izatea?

22. Zertan desberdintzen da sektore publikoaren esku-hartzea merkatu-ekonomian eta ekonomia mistoan?

KONTZEPTU-MAPA

Ekoizpen-baliabideak
- Baliabide naturalak
- Lana
- Kapitala

konbinatuz hau sortzen da:

Teknologia

Ekoizpen-aukerak
- **EAM**
- Ekoizpen-baliabide gehiago *(kantitatea)*
- Produktibitate handiagoa *(kalitatea)*

sustatzen dute

Ekonomia-hazkundea

- Baliabide-eskasia
- Aukera kostua
- Ekoizpen potentziala

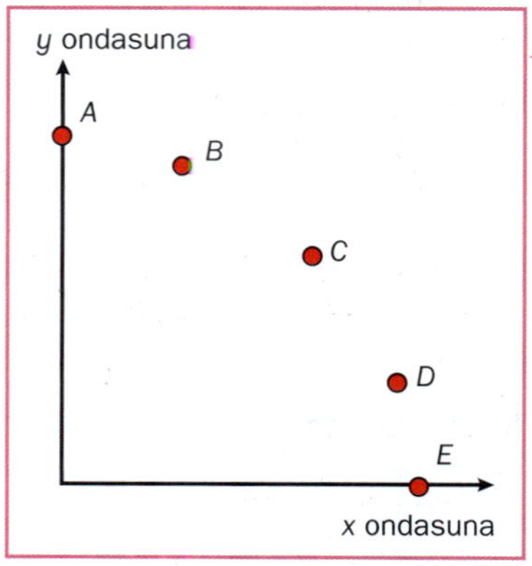

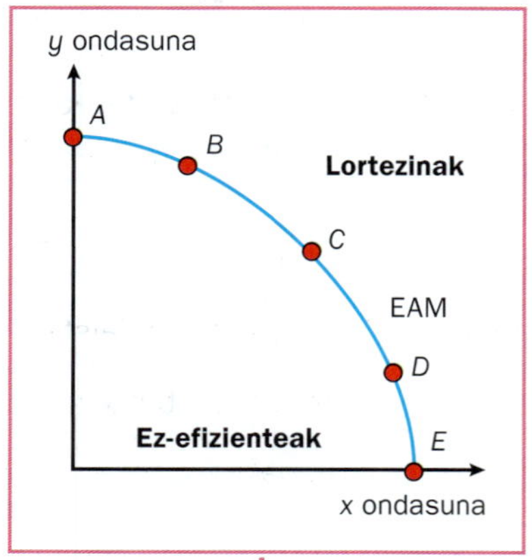

Oinarrizko antolakuntza-arazoak
- Zer ekoitzi? Zer kantitatetan?
- Nola ekoitzi?
- Norentzat ekoitzi?

Galdera horien erantzunek honetara garamatzate:

Ekonomia-sistemak
- Merkatukoa edo kapitalista
- Mistoa
  - Ongizate-estatua
- Plangintza zentralizatua

	Merkatu-ekonomia	Ekonomia mistoa	Plangintza zentralizatua
ABANTAILAK	Familiek eta enpresek beren lehentasunen eta aukeren arabera kontsumitzen eta ekoizten dute.		Oinarrizko premiak aseta daude zenbait arlotan; hezkuntzan, osasungintzan eta enpleguan, adibidez.
	Sektore publikoaren esku-hartze txiki-txikia.	Sektore publikoak merkatuaren orekarik ezak zuzentzeko esku-hartzen du.	
DESABANTAILAK	• Ezegonkortasun ziklikoa. • Ondasun ez-errentagarri urriak. • Ingurumena hondatzea. • Zenbait enpresaren gehiegikeriak. • Errentaren banaketa desorekatua.	Merkatu-ekonomiarenak edo plangintza zentralizatukoarenak izango dira, sektore publikoaren esku-hartzea zenbatekoa den.	• Aurreikuspen-akatsak. • Pizgarririk eza. • Burokrazia gehiegi.

1. Herrialde baten ekoizpen-aukerak honen araberakoak dira:

a) Ekoizpen-baliabideen kantitatea.

b) Erabilitako teknologia.

c) Langileen antolaketa.

d) Zuzenak dira *a)* eta *b)* aukerak.

2. Honela lortzen da ekonomia-hazkundea:

a) Ekoizpen-baliabideak areagotuz.

b) Ekoizpena hobetuz.

c) Aldaketa teknologikoak eginez.

d) Aukera guztiak zuzenak dira.

3. Zer metodo iradokiko zenioke telebistak ekoizten dituen enpresa bateko gerenteari, enpresaren ekoizpen-ahalmena handitzeko?

a) Telebisten prezioa igotzea.

b) Langileak kaleratzea, gastuak jaisteko.

c) Makina modernoagoetan inbertitzea.

d) Aukera guztiak zuzenak dira.

4. Honako galdera hauetako zeini ez diote erantzuten ekonomia-sistemek?

a) Ondasunen zer kantitate ekoitziko da?

b) Langile baino makina gehiago erabiliko al da ekoizpenean?

c) Noiz ekoitziko da merke eta noiz garesti?

d) Nork eskuratu ahal izango ditu ondasunak?

5. Salmentei eta prezioei buruzko zein esaldi dira zuzenak?

a) Merkatu-ekonomiako sistemaren oinarria dira.

b) Merkatua bideratzen dute, enpresen eta kontsumitzaileen arteko komunikazio zuzenik gabe.

c) Enpresei beren erabakien arrakastaren edo porrotaren berri ematen diete.

d) Aukera guztiak zuzenak dira.

6. Aukera hauetako zein ez da merkatu-ekonomien hutsegiteetako bat?

a) Burokrazioa.

b) Errentagarriak ez diren ondasunen urritasuna.

c) Ezegonkortasun ziklikoa.

d) Aukera guztiak okerrak dira.

7. Plangintza zentralizatuko sistemei buruzko zein adierazpen da zuzena?

a) Premia militarrak soilik estaltzen dira.

b) Plangintza zentralizatua egiten duen organoak beti uzten die tartetxo bat familiei eta enpresei.

c) Pizgarririk ez izatea arazo izan daiteke.

d) Ekoizpen-baliabideak ez dira inoiz Estatuarenak izaten.

8. Adierazi Estatuaren funtzio hauetako zein den funtsezkoa bai merkatu-ekonomiako sisteman bai ekonomia-sistema mistoan:

a) Ezegonkortasun ziklikoa arintzea.

b) Esparru juridiko-instituzionala ezartzea.

c) Zenbait urtetarako plan ekonomikoak egitea.

d) Errenta birbanatzea.

9. Europar Batasuneko herrialdeetan, haun da ekonomia-sistema nagusia:

a) Merkatu-ekonomia.

b) Plangintza zentralizatuko sistema, baina demokratikoa.

c) Ekonomia mistoa.

d) Ez dago nagusitzen den sistemarik.

10. Adierazpen hauetako zein ez da zuzena?

a) Salmentek beren erabakien arrakastaren edo porrotaren berri ematen diete enpresei.

b) EAMa beherantz eta ezkerrerantz lekualdatzen da BPGd-a handitzen denean.

c) Ezegonkortasun ziklikoa merkatu-ekonomiako sistemaren hutsegite bat da.

d) Eskura dagoen teknologiak ekoizpen-aukerak mugatzen ditu.

Ekoizpen-aukerak.

1. Zergatik esaten da EAMak ekonomia bateko aukera-kostuaren kontzeptua irudikatzen duela?

2. Nola handitzen dira herrialdeen ekoizpen-aukerak?

3. Zer adierazi nahi da langile batek beste batek baino produktibitate handiagoa duela esaten denean?

4. Zer egoerak azaltzen dute herrialde baten ekoizpen erreala ez etortzea bat herrialdearen ekoizpen potentzialarekin?

5. Ekoizpen-aukerei dagokienez:
   a) Zerk baldintzatzen ditu edozein herrialderen aukerak?
   b) Nola da posible natura-baliabide gutxi izan arren aberatsak diren herrialdeak eta natura-baliabide asko izan arren pobreak diren herrialdeak egotea?

6. Norantz lekualdatuko litzateke herrialde baten EAMa honako kasu hauetan? Arrazoitu erantzuna.
   a) Lehengaiak aurrezteko aukera ematen duten ekoizpen-metodo berriak asmatzea.
   b) Enpresaren instalazioak zaharkituta geratzea.
   c) Lan-indarra ugaritzea, immigrazioaren eraginez.
   d) Petrolio-hobi berriak aurkitzea.

7. Ekolandia izeneko herrialdean, dituzten baliabide guztiak bi ondasun ekoizteko erabiltzen dituzte: automobilak eta ordenagailuak.

	A	B	C	D	E
Automobilak	0	10	20	30	40
Ordenagailuak	1.000	750	500	250	0

   a) Zein da automobil bat ekoiztearen aukera-kostua?
   b) Adierazi, grafiko batean, ekonomia horren ekoizpen-aukeren muga.
   c) Grafikoko zer puntutan lortzen du Ekolandiak bere ekoizpen potentziala?
   d) Adierazi grafikoko puntu ez-efizienteren bat, eta, ondoren, azaldu zer faktorek eragotz dezaketen ekoizpen potentziala lortzea.
   e) Adierazi zergatik dauden lortezinak diren zenbait konbinazio eta seinalatu grafikoan.
   f) Adibide honetako ekoizpen-aukeren muga abiapuntu hartuta, azaldu zure ikaskideei kontzeptu ekonomiko hauek: baliabide-eskasia, aukera-kostua eta ekoizpen potentziala.

Ekonomia-hazkundea.

8. Zer faktoreren mende dago herrialde baten ekonomia haztea?

9. Adierazi zer abantaila dituen BPGd-a aurreko aldi batekiko aldakuntza moduan adierazteak.

10. Gozogile batek astean 6 egun egiten ditu lan, eta egunean zortzi ordu behar ditu, 48 tarta egiteko. Zer ekoizpen du astean? Zenbatekoa da gozogile horren ordu bakoitzeko produktibitatea?

11. Beheko taula honetan Ekolandiako BPGd-a agertzen da aurreko urtearekiko:

Urtea	19	20	21	22	23	24
BPGd-aren bilakaeraren %	–%3	%1	%5	%4	%2	%3

   a) Zein izan zen 21. urteko barne-produktu gordina 20. urtekoa 50.000 milioi eurokoa izan bazen? Eta 19. urtekoa?
   b) Adierazi grafiko batean taulako ehunekoak, eta zehaztu, beste daturik ezean, nola interpreta daitekeen Ekolandiako ekonomiaren bilakaera.

12. Taula honetan, zeramikako artisau-lantegi batean jarduten duten bi langilek egindako lana adierazten da. Urrian, eguneko lau orduko lanaldia zuten langile horiek:

	Urria
	Egunean egindako piezak
Eider	24 pieza
Jokin	20 pieza

   a) Zenbat pieza ekoizten dituzte lantegi horretan egunean?
   b) Kalkulatu lantegi horretako langile bakoitzaren orduko produktibitatea.
   c) Azaroan, enpresak kontratua aldatu eta lanaldia luzatu zion Eiderri, eta egunean zortzi ordu lan egiten hasi zen. Jokinek, berriz, aurreko lanaldi bera egiten jarraitu zuen. Hilabete horretan, Edurnek 32 zeramika-pieza egin zituen, eta Jokinek, berriz, 24. Egin aurrekoaren antzeko taula bat eta kalkulatu azaroko ekoizpena eta produktibitatea.
   d) Azaroko ekoizpena urrikoa baino handiagoa izan zen. Zer faktorek azaltzen dute hazkunde hori?
   e) Nola aldatu zen Eiderren produktibitatea haren lanaldia luzatu zenean? Zer kontzeptu ekonomikok adierazten du aldaketa hori?

13. Ordenatu ekonomia-hazkundea sustatzeko neurri hauek garrantziaren arabera. Hasi zure ustez garrantzitsuena den neurritik.
   a) Prestakuntza-ikastaroak ematea langileei.
   b) Teknologia-aurrerapenak lortzeko edo martxan jartzeko aukera emango duten inbertsioak sustatzea.
   c) Hitzarmenak sinatzea beste herrialde batzuekin, haien natura-baliabideak ustiatzeko.
   d) Langile kualifikatuen immigrazioa sustatzea.
   e) Atzerriko inbertitzaileak erakartzea, etekin handiak lortzeko aukeraz baliatuta.

Alderatu zure erantzuna zenbait ikaskideren erantzunekin. Zer arazori egin behar diete aurre gobernuek herrialdeetako ekonomia-hazkundea sustatzeko ahaleginean? Atera zure ondorioak.

Ekonomia-sistemak.

14. Ekonomia-sistemek zergatik ezartzen dituzte gizarteak asetzeko banaketa-formulak? Zer galderari erantzun behar die edozein ekonomia-sistemak?

15. Ekonomia-sistema modernoetan, sektore publikoak zergatik hartzen ditu bere gain errentagarritasun txikiko ondasunen hornidura, galera handiak izango dituela jakinda ere?

16. Plangintza zentralizatuko sisteman zergatik egin ziren aurreikuspen-akatsak plangintza zorrotzak eta baliabide-esleipen zehatzak egin arren?

17. Irakurri arretaz 3.1 ataleko esku ikusezinari buruzko testua eta erantzun galdera hauei:

a) Adam Smithen ustez, zein dira pertsonak erabakiak hartzera bultzatzen dituzten benetako motibazioak?

b) Pentsalari horren ustez, nola harmonizatuko lirateke interes publikoa eta interes pribatua?

c) Zertan datza testuan deskribatzen duen esku ikusezina?

d) Merkatu-ekonomiaren eragozpen nagusietako bat da zenbait enpresak gehiegikeriak egiten dituztela. Zure ustez, kasu horietan ere jardungo al luke esku ikusezinak? Arrazoitu erantzuna.

18. Erreparatu 32. orrialdeko 2.3 taulari, eta erantzun galdera hauei:

a) Zer sistema ekonomiko ahalegintzen da ahalik berdintasun handiena lortzen?

b) Sistemaren abantailak jasotzen dituztenentzat zer abantaila ekarri zituen sistema kapitalistak aurreko sistemekin alderatuta?

c) Nola sustatu zuen merkantilismoak kapitalismoaren sorrera?

d) Termino ekonomikoetan zer antzekotasun daude Antzinaroko esklaboen eta Erdi Aroko basailuen eta gaur egungo soldatapekoen artean?

19. Esan adierazpen hauek zuzenak ala okerrak diren

a) EAMak aukera-kostua adierazten du, bai eta ekonomia baten produktibitatea ere.

b) Ekoizpena handitzeak ez du zertan produktibitatea handitzea ekarri.

c) Herrialde baten BPGd-a beti dago EAMaren azpitik.

d) Edonola ere, esku ikusezinak erakunde publikoek baino hobeto babesten du interes publikoa.

e) Ekonomia mistoetan erabakiak enpresen eta Estatuen artean banatzen dira.

20. Testu honetan, Germaniako tribuen bizimodua adierazten da, Julio Zesarren garaian (K.a. I mendea):

«Randolfok lana eten egin zuen eta goldean bermatu zen, inguruko zelaiei erreparatzen zien bitartean. Urte horretan ere lurra eskuzabala izan zen, baina, agian, ez zuen horrenbesteko zorterik izango zozketan. Izan ere, urtero, aspaldi-aspalditik, Randolforen tribuan, herri-lurrak zozketatu egiten ziren komunitateko kide guztien artean, eta berak jada zorte ona izan zuen hiru urtean jarraian. Randolfo oso konplitua zen, eta ez zitzaion inoiz ahazten zuhaitz sakratuan eskaintzak egitea, eta, horregatik, jainko-jainkosek saritu egiten zuten, bere eskua bide onetik bideratzen baitzuten Taumaturgo aztiaren zaku magikotik bola ateratzerakoan. Tribuko kide guztiek denetik zertxobait egiten zuten, baina beste batzuk animalia-taldeak zaintzen, ehizan edo arrantzan ondo moldatzen ziren bezalatsu moldatzen zen Randolfo landan: trebetasun handiz erabiltzen zuen goldea, aitak erakutsi zion moduan, eta semeei erakutsiko zien moduan. Baina urte horretan aldaketak egon zitezkeen. Randolfok bazekien tribuko beste kide batzuek inbidiaz begiratzen ziotela tokatu zitzaizkion lurrengatik eta bera bezain konplituak edo konplituagoak izan zirela zuhaitz sakratuko betebeharretan. Lur txarrak tokatzen bazitzaizkion, xabalina, arkua eta habaila erabiltzeko trebeziaren mende egon beharko zuen, eta horretan besteak bezain trebea ez zela bazekien Randolfok. Salgai gutxi izateak izugarri mugatzen zituen tribuko beste kideekin trukean aritzeko aukerak, eta, gainera, beti gerta zitekeen batek ez izatea besteak behar zuena, eta alderantziz. Hala eta guztiz ere, beti zuten tribuaren funts komunera jotzea, baina aukera hori arriskutsua zen: uzta komuna beharren arabera banatzen zen, eta bazeuden berak baino seme-alaba gehiago zituzten familiak. Merkataritzan aritzea ere ez zen aukera ona, tribu lagun gehienek beraiek ekoizten zituzten produktu berak ekoizten baitzituzten».

Anxo Penalonga: *Sistemas económicos antiguos*

a) Zer ekoizten zuten testuan adierazitako tribuek? Zer kantitatetan? Nola ekoizten zuten? Norentzat?

b) Testuaren arabera, zer arazo sortzen ditu trukeak?

c) Bururatzen al zaizu testuan adierazten ez den eragozpenik?

d) Zertan dira desberdinak testuan deskribatutako antolaketa eta gure garaikoa?

e) Julio Zesar iristearekin bat, erromatarrek hiri txiki bat sortuko zuten inguruan. Zer aukera ekar diezazkioke horrek tribuko kideei?

- Idatzi argi dauzkazun eta zure ustez funtsezkoak diren unitateko bi ideia. Zerk lagundu dizu ideia horiek ikasten?
- Egin argi geratu ez zaizkizun unitateko alderdiei buruzko bi galdera.
- Idatzi unitate honetan sakonago aztertu nahiko zenituzkeen bi alderdi.

Interpretatzen ikasten: berrikuntza teknologikoa

Ikerketa eta garapena: gure muga-kurba zabaltzen

Ez dago nazioen historia, gizakiaren bizitza eta enpresen etorkina **berrikuntza teknologikoak** adina baldintzatzen duen faktorerik. Horrela bada, inolako zalantzarik gabe adieraz genezake, unitate honetan ikasitako tresna bat erabiliz, gizakiaren ekoizpen-aukeren mugaren hazkunderako muga bakarra gizakiaren beraren talentua eta irudimena direla.

Eta, halaber, berrikuntza teknologikoak abantaila ematen dio horretan aitzindari direnei. Berrikuntzak zerbait

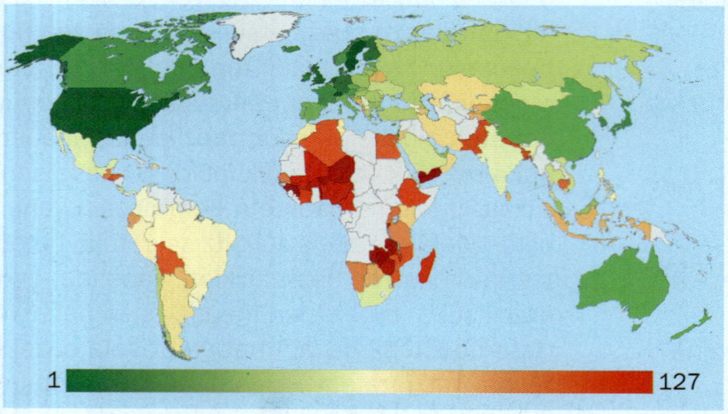

berria, desberdina eta seguruenik hobea besteak baino lehen sortzea esan nahi du. Horrek merkatu berriak, ekoizpen-prozesu berriak edo produktu berriak sortzeko aukera ematen du, eta berritzaileari –izan Estatu bat izan enpresa bat– gainerakoen aurretik jartzeko aukera emango dio. Izan ere, berrikuntzak aurrerapena dakar, baina arrisku berriak ere ekar ditzake, baita desberdintasunak ere.

Munduko berrikuntza-indizea *(Global Innovation Index)* munduko herrialdeak berrikuntza teknologikoari dagokionez duten arrakasta neurtzen ahalegintzen den adierazle bat da. Hori kalkulatzeko, laurogei aldagai baino gehiago izaten dira kontuan.

Ezkerreko mapan herrialdeek 2017ko munduko berrikuntza-indizearen rankingean duten posizioa adierazten da (iturria: *Datosmacro.com*)

Merkatu globalean, berritzeak lehiakideen aurretik joatea esan nahi du, Horregatik, enpresa handiek diru asko eta asko inbertitzen dute berrikuntzan. Esaterako, Amazonek, Espainian ikerketa publikoan eta pribatuan inbertitzen denaren erdia baino gehiago inbertitzen du.

Berrikuntzan gehien inbertitzen duten enpresak

Postua	Enpresa	I+D+Bko gastua (m. milioi)
1	Amazon	16.100
2	Alphabet	13.900
3	Intel	12.700
4	Samsung	12.700
5	Volkswagen	12.100
6	Microsoft	12.000
7	Roche	11.400
8	Merck	10.100
9	Apple	10.000
10	Novartis	9.600

Iturria: PriceWaterhouseCoopers.

Espainian berrikuntzan gehien inbertitzen duten enpresak

Rankinean duen postua	Enpresa	I+D+Bko gastua (milioiak))
151	Telefónica	1.000
227	Amadeus	600
488	Iberdrola	200
513	Grifols	200
530	Acciona	200
615	Indra	200
631	Abengoa	200
926	Almirall	100

Berrikuntza XXI. mendean

Giza ehunak sortzea	Harvardeko Unibertsitatea (AEB)
Gorputz-adar bionikoak	Twenteko Unibertsitatea (Herbehereak)
Bihotz artifiziala	Biomed (Erresuma Batua)
Gidari gabeko autoak	Google (AEB)
LED	Shuji Nakamura (Kaliforniako Unibertsitatea, AEB)
Segway	Dean Kamen (AEB)
Bio-bateria	Sony (Japonia)
Errealitate birtuala	Oculus, Vive eta Sony (AEB eta Japonia)
Grafenoa	Manchesterreko Unibertsitatea (Erresuma Batua)
3D inprimagailuak	Z Corporation (AEB)

Galderak:

1. Nola dago kokatuta Espainia, berrikuntza teknologikoari dagokionez, gure inguruneko herrialdeekin alderatuta? Eta gure enpresak?
2. Aztertu munduan ikerketan gehien inbertitzen duten enpresak. Zer ezaugarri komun dituzte?
3. Ba al duzu taulan (*Berrikuntza XXI. mendean)* adierazitako hamar berrikuntzaren baten berri? Aukeratu horietatik gizakiaren bizitza gehien aldatuko duela iruditzen zaizuna. Zergatik uste duzu hala izango dela? Egin emaitzei buruzko iruzkintxo bat.

Dilema: Merkatua edo komunismoa?

Batzar batean bildu zareten auzotarrak zarete. Izenaren hasieran bokala dutenak nekazariak dira, eta kontsonantea dutenak, berriz, abeltzainak. Nekazariek izenak dituen letra adina lursail dituzue (izena konposatua bada lehen hitzak soilik balio du). Abeltzainek izenak dituen letra adina ardi dituzue.

(A) aukera lursail eta abere guztiak partekatzea da, dena denena izateko eta gobernu zentralizatu batek erabakitzeko garrantzitsuak diren kontu guztiak. (B) aukera orain arte bezala jarraitzea da; hau da, bakoitzak bere lurrak lantzea edo bere ardiak zaintzea, askatasun osoz, bakoitzak duena duela ere. (C) aukera gobernu bat osatzea izango da. Bozketaz aukeratuko da, gehiengoz, eta ahalmena izango du lur edo ardi gehien dituenari haien zati bat kentzeko gutxien dutenei emateko.

Eztabaida:

Aukeratu hiru aukeretako bat: lurrak eta abereak partekatzea (A), bakoitzak askatasunez jardutea (B) edo bozketaz aukeratutako gobernu bat eratzea (C). Eman aukera horren aldeko argudioak bost kideko lantalde batean. Talde bakoitzak aukera bat hautatu beharko du, eta eztabaida batean defendatu beharko du beste aukera bat hautatu duen beste talde batekin.

Zinema-proposamena: *Good Bye, Lenin!*

Zuzendaria: Wolfgang Becker.

Aktoreak: Daniel Brühl, Katrin Sass, Chulpan Khametova, Alexander Beyer.

Sinopsia:

Emakume komunista sutsu bat koman sartzen da 1989an, Berlingo Harresia erori baino pixka bat lehenago. Zortzi hilabete geroago esnatzen da, eta semeak ahalegin guztiak egiten ditu gertatutakoaren berri izan ez dezan, horrek trauma larria eragingo diolakoan.

Hausnarketa-gakoak:

Merkatu-ekonomia, plangintza zentralizatuko ekonomia, burokrazia, komunismoa, militarismoa.

Galderak:

1. Zer ekonomia-sistema zuen harresiak banatutako bi Alemanietako bakoitzak?
2. Alex semearen ahaleginak hunkituta, amak ez dio esaten badakiela egia. Zer egingo zenukeen zuk haren lekuan?
3. Zer kritika egiten zaizkio ekonomia-sistema bakoitzari?
4. Proposatu filmerako beste titulu bat.

Bineta

3. Ekoizpena

Unitate honetan hau ikasiko duzu:

- Ekoizpen-funtzioa.
- Nola ekoitzi?
- Kostuak, sarrerak eta mozkinak.
- Enpresen helburuak.
- Gizarte-erantzukizun korporatiboa (GEK).
- Ekonomia-sektoreak.

Gaur egun, ezinezkoa da enpresarik gabeko mundu batean pentsatzea; izan ere, ezinbestekoak dira lanaren banaketak eta banaketa horrek eragindako espezializazioak mundu berri eta interdependente bat sortu zutenetik. Enpresek gizarteek eskatzen dutena ekoizten dute, baina beren jarduera egiten jarraitu ahal izateko nahikoa etekin lortzeko moduko kostuan egin behar dute hori.

Efizientziaz eta merke ekoiztea ezinbestekoa da, baina ez da nahikoa. Enpresak aberastasun- eta enplegu-iturri dira, eta gero eta gehiago ohartzen dira etekinak lortzea bezain garrantzitsua dela etekin horiek lortzeko modua. Gaur egun, enpresek gizarte- eta ingurumen-erantzukizuneko estrategiak hartzen dituzte beren gain, borondatez, denontzako mundu hobea lortzeko, nahiz eta etengabe aldatu.

Enpresak, ekonomia-sektoretan sailkatuta, bilakatu egiten dira denboraren joanean, eta gizarte- eta ekonomia-aldaketak islatzen dituzte.

Zer dakizu ekoizpenari buruz?
Zer ikasi nahi duzu?

Ba al dakizu zer den efizientzia?
Ba al dakizu zer diren eskala-ekonomiak?
Ba al dakizu zer helburu lortu nahi dituzten enpresek?

Auto merkeak, muntaketa-kateak eta soldata onak

Automobila luxuzko ondasuna zen garaian, Henry Ford aitzindaria izan zen. Automobila asmakizun itzela zen, eta asmakizun hori, aberatsen eskuetan jartzea ez ezik, biztanleria osoaren eskuetan jartzeko modua lortzen zuen ekoizlea aberastu egingo zen, zalantzarik gabe. Baina, nola ekoitzi edozein pertsonak ordaindu ahal izateko moduko auto merkeak? Fordi automobilen ekoizpena merkatzeko aukera eman zion teknika oso ezaguna da gaur egun: muntaketa-katea.

Lehenbiziko Ford T automobilak (*Tin Lizzie* esaten zien jendeak) 1908an saldu ziren, 850 dolarreko prezioan. Hamahiru orduko lana behar izaten zen haiek ekoizteko, garai hartarako guztiz iraultzailea zen ekoizpen-sistema batean: langileak lantegian batetik bestera mugitu ordez, produktu-aleak mugitzen ziren muntaketa-kate batean.

1924. urtean, efizientzia hobetzeari eta langileek muntaketa-katean lortutako esperientziari esker, fabrikazio-prozesurako denbora ordu eta erdira jaitsi zen, eta Ford T autoaren prezioa, berriz, 290 dolarrera.

Tin Lizzie autoak merkeak izateak ez du azaltzen Ford enpresako langileek zergatik kobratzen zuten soldata ona auto horiek muntatzeagatik. Izan ere, justu kontrakoa da: helburua autoa ahalik mozkin handiena lortuz saltzea bazen, ez zen logikoa langileei asko ordaintzea. Horretan ere Fordek etorkizun-sena izan zuen: ez zuen zuhurkeriaz jokatzen pertsonal-gastuetan, eta oso ondo ordaintzen zien langileei.

Horrela jokatuta, hiru abantaila lortzen zituen: batetik, Ford enpresako langileak lehiakideenak baino produktiboagoak ziren, eta langile onenak Forden fabrikan lan egiteko irrikan egoten ziren; bestetik, plantillaren fideltasuna lortzen zuen; eta, azkenik, autoa erosiko zuten bezeroak lor zitzakeen, langileek soldata hobeak zituztelako sektorean ordaintzen zirenak baino.

Hausnartu

1. Denboran bidaiatu duzu, 1908. urtera, eta Henry Forden ideiak ezagutzen dituzu, Fordek berak baino lehenago. Baina, zoritxarrez, kapital txikia duzu eta patinete-fabrika bat martxan jartzeko soilik iristen zaizu. Idatzi testu labur bat, zure ideiak nola aplikatuko zenituzkeen azaltzeko.
2. Forden langileak beste enpresa batzuetakoak baino produktiboagoak zirela esaten da testuan. Zure ustez zer esan nahi du horrek?
3. Henry Ford enpresaburu aitzindaria izan zen bere garairako. Bilatu gaur egun aitzindari diren beste enpresaburu batzuk, eta azaldu zergatik diren, zure ustez.

1. Ekoizpen-funtzioa

Ba al zenekien...?

XVIII. mendean, Adam Smithek lanaren banaketa, lanaren espezializazioa eta trukea (merkataritza) nazioen aberastasuna handitzen zuten alderdiak zirela adierazi zuen. Honelaxe zioen: «trebetasuna handitzen bada, denbora aurrezten da eta burua aske geratzen da makinak sortzeko».

Betidanik egon da lanaren banaketa. Banaketa hori handitzea funtsezkoa izan zen duela hamar mila urte nekazaritza-gizarteak sortzeko, bai eta XVIII. mendean, Industria Iraultza gertatzean, industria-gizarteak sortzeko ere.

Lanaren banaketa ekoizpen-jarduera bat ataza oinarrizkoagoetan zatitzea da, zenbait pertsonaren artean egiteko, norberaren gaitasunen arabera.

Lanaren banaketak langileen espezializazioa sustatu du, eta espezializazioak, berriz, produktibitatea handitzeko aukera eman du. Horrek soldata hobeak ekarri ditu eta, azken finean, aberastasuna sortzea. Baina **espezializazioak** interdependentzia ere sortu du, elkarren mendekotasuna. Pertsonek behar duten dena ekoizten ez dutenez, trukeak egin behar dituzte besteekin. Hau da, ez da nahikoa pertsonek eta enpresek kantitate handiak edo kalitate oneko produktuak ekoiztea: truke onuragarriak egin beharko dituzte gero beste pertsona eta enpresa batzuekin.

Honako hauek dira ondasunen eta zerbitzuen trukea errazten eta koordinatzen duten tresnak (3.1. irudia):

- **Dirua**. Denek onartutako ordaintze-modua denez, diruak ondasunak eta zerbitzuak elkartrukatzeko aukera ematen du, truke-sistemak dakartzan arazoak izan gabe.
- **Merkatuak**. Aurretik ezarritako leku ezagunak dira, erosleek eta saltzaileek trukeak egiteko lekuak.
- **Enpresak**. Ondasunen eta zerbitzuen ekoizpena osatzen duten atalak (atazak eta eginkizunak) koordinatzen dituzten erakundeak dira.

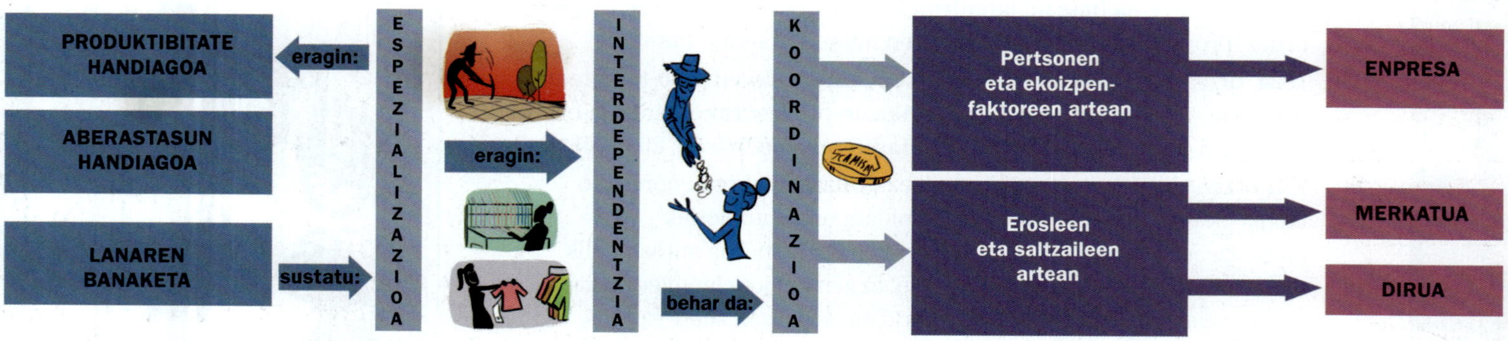

3.1. irudia. Lanaren banaketaren, aberastasuna sortzearen eta interdependentziak eragindako koordinazio-tresnen arteko erlazioa.

Hurrengo unitateetan trukea errazten duten tresnak aztertuko ditugu (merkatua eta dirua). Unitate honetan, berriz, enpresak ondasunak eta zerbitzuak ekoizteko betetzen duen funtzioa zer-nolakoa den aztertuko dugu.

Enpresa ondasunen eta zerbitzuen ekoizpena koordinatzen dituen erakunde espezializatua da.

Enpresen ekoizpen-funtzioa aztertzeko, hiru **ikuspegi** baliatzen dira: **ikuspegi ekonomikoa, ikuspegi utilitarioa** eta **ikuspegi teknikoa** (3.2. irudia).

Gogoan izan

Ikuspegi ekonomikotik, enpresen ekoizpenak ekonomian betetzen duen funtzioa errentaren fluxu zirkularraren bidez adierazten da. Kontzeptu hori, hain zuzen ere, 1. unitatean aztertu dugu.

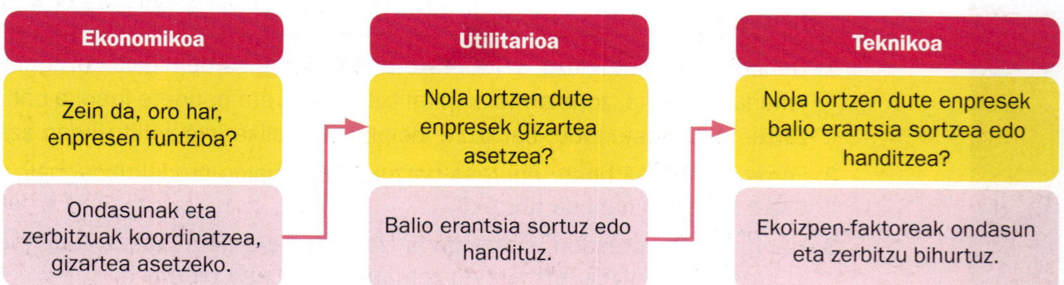

3.2. irudia. Ekoizpenari buruzko ikuspegiak.

1.1. Ikuspegi utilitarioa

Ikuspegi praktiko batetik, ekoizpena objektuei balioa gehitzen dien prozesu bat da, prozesu horren aurretik zuten erabilgarritasuna handitzen delako. Alkandora baten ekoizpena hartuko dugu adibide moduan: funtsean, alkandora osatzen duten lehengaiak oihala, haria eta botoiak dira; baina material horiek alkandora bihurtzeko, ekoizpen-jarduera bat egin behar da. Ekoizpen-jarduera horretan, prozesu jakin bat, eskulana eta makinak erabiliz, material horiek jantzia izateko erabilgarritasuna lortuko dute. Ekoizpenaren bidez, oihalari, hariari eta botoiei erabilgarritasun gehigarri bat ematen zaie, elementu horiek bakarka dituzten erabilgarritasunez gain. Ekarpen hori balio erantsia da, hain zuzen ere.

Ekoizpen-prozesuak gauzei ematen dien erabilgarritasun gehigarriari **balio erantsia** esaten zaio.

!! Adi

BEZa enpresek beren ondasun eta zerbitzuetan sortutako balio erantsia zergapetzen duen zerga da. Zerga hori ondasuna edo zerbitzua erabiltzen duenak ordaintzen du: azken kontsumitzaileak.
Zerga hori eta beste zerga batzuk sakonago aztertuko ditugu 9. unitatean.

1.2. Ikuspegi teknikoa

Ekoiztea ekoizpen-baliabideak (adibidez, eskulana, lehengaiak, makinak, energia eta zuzendaritza teknikoa) uztartzea da, teknologia jakin bat erabiliz, produktu bat lortzeko (ondasunak edo zerbitzuak izan daitezke). Esate baterako, artisau-teknologietan eskulana erabiltzen da, batez ere, eta teknologia robotizatuetan, berriz, automatizatutako makinak erabiltzen dira, bereziki.

Hala ere, enpresek fabrikazio-metodo berriak sortzera edo jada daudenak hobetzera bideratzen dute beren baliabideen zati bat. Teknologien eboluzioaren benetako eragilea ikerketan, garapenean eta berrikuntzan egiten den inbertsioa da (I+G+Bko inbertsioa esaten zaio), eta eboluzio hori produktu berri edo hobeak sortzean gauzatzen da.

I+G+B deritzo ekoizpen-metodo berriak eta produktu berriak sortzeko edo jada daudenak hobetzeko egiten den inbertsioari.

! Garrantzitsua

Ikerketan, garapenean eta berrikuntzan (I+G+B) egiten diren inbertsioen emaitza patenta daiteke; hau da, asmakizun baten ezaugarriak eta erabilgarritasunak erakunde publiko batean erregistra daitezke, haren ustiapen ekonomikorako eskubideak gordetzeko.
Patenteak xehetasun handiagoz aztertuko ditugu 5. unitatean.

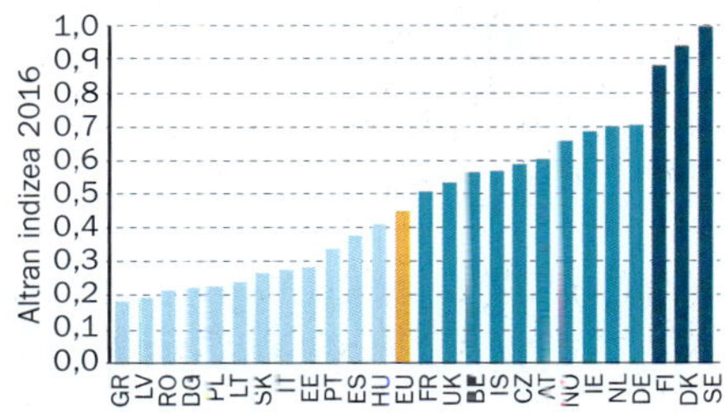

3.3. irudia. Berrikuntza-ahalmeneko Altran indizea, 2016ko hasieran. Indize horrek, antzeko beste indize batzuek bezala, herrialde bakoitzak I+G+Bn egiten duen inbertsioa, hotzen du teknologia berri bat garatzeko berrikuntzarako funtsezkoak diren beste lau osagairekin. Hauek dira osagai horiek: goi-mailako hezkuntza duten biztanleak, goi-mailako teknologien arloko lanpostuak, enpresetako ikertzaile-kopurua eta banda zabalerako sarbidea duten enpresak.

1. jarduera ebatzia. Zurginaren erabilgarritasuna eta teknika

Zurgin batek aulkiak egiten ditu eskuz. Aulki bakoitza 200 €-ko prezioan saltzen du. Unitate bakoitza egiteko, zenbait zurgintza-tresna eta lehengaiak (zura, oihala eta iltzeak) erabiltzen ditu. Lehengaien balioa 20 €-koa da, eta egunean 10 ordu egiten ditu lan (lanaren kostua orduko 10 €-koa dela kalkulatzen du). Zurgin horren ekoizpena ikuspegi utilitariotik eta ikuspegi teknikotik definituko ditugu.

Soluzioa:

- **Ikuspegi utilitarioa.** Lehengaiek (zura, iltzeak eta oihala), bakoitzak bere aldetik, ez dute esertzeko balio. Zurginaren ekoizpen-jarduera behar da lehengaiek erabilgarritasun hori izateko. Hala, ekoizpen-jardueran, balio gehigarri bat eransten zaio lehengaiek bakarka zuten balioari. Ekoizpenak erabilgarritasuna sortzen du, eta erabilgarritasunak, balioa. Aulkiak 200 €-ko prezioan saltzean, zurginak aulki bakoitzean 180 €-ko balioa gehitzen die 20 €-ko kostua izan duten lehengaiei.
- **Ikuspegi teknikoa.** Zurginak eskulana, lehengaiak eta zurgintza-tresnak uztartzen ditu, zenbait prozedura eta teknika aplikatuz. Funtsean, eskulangintzako teknologia da.

Jarduerak

1. Lanaren banaketa giza jarduera ororen bereizgarria da. Deskribatu zer ataza banatzen dituzten, kasu bakoitzean, funtzionamendu hobea izateko.

a) Talde-kirol bateko jokalariek (zuk jokatzen duzun bat edota ezagutzen duzun bat izan daiteke).

b) Zure institutuko irakasleek.

2. Deskribatu zer erabilgarritasun ematen duten ekoizpen-jarduera hauek: supermerkatu batek, arrain-kontserben fabrika batek, haur-parke batek eta kirol-albisteei buruzko webgune batek.

3. Arrazoitu zergatik diren beharrezkoak patenteak enpresek teknologia-aurrerapenak lortzeko.

2. Nola ekoitzi?

Enpresek erabakitzen dute zer ekoitzi, eta familiek, berriz, zer kontsumitu. Enpresek, merkaturatu nahi duten ondasuna edo zerbitzua hautatzen dutenean, ahalik unitate gehien ahalik kostu txikienean ekoitzi behar dituzte. Nola ekoitzi da ikuspegi teknikoaren ardatza; hau da, teknologia erabiliz zer prozesuren bidez bihurtuko diren ekoizpen-baliabideak ondasun edota zerbitzu.

Teknologia deritzo ekoizpen-baliabideak ondasun edo zerbitzu bat lortzeko uztartzeko moduari.

Hautatutako teknologia eskura dauden teknologia efizienteetatik merkeena izango da (3.4. irudia).

Ekoizpen-faktoreak
Lurra
(natura-baliabideak)
Lana eta kapitala
(ekipamenduak, instalazioak eta dirua)
Enpresa-ekimena

→

Ekoizpen-prozesua
Teknologia
(baliabideak uztartzeko modua)
1. Teknologia efizienteak hautatzea.
2. Teknologia efizienteetatik, merkeena hautatzea.

→

Azken produktuak
Ondasunak
Zerbitzuak

3.4. irudia. Ekoizpen-prozesua eta teknologia. Enpresek ondasunak eta zerbitzuak hornitzen dituzte, teknologia eta ekoizpen-faktore jakin batzuk erabiliz. Hautatutako teknologia eskura dauden teknologia efizienteetatik merkeena izango da.

A. Teknologia efizienteak

Ikuspegi arrazional batetik, ondasun jakin bat ekoizteko zenbait teknologia baldin badaude, enpresek efizientea den teknologia hautatuko dute; hau da, baliabide gutxien erabiltzen dituena.

A teknologia jakin bat B beste teknologia bat baino **teknikoki efizienteagoa** izango da, ekoizpen-baliabide gutxiago erabiltzen baditu ekoizpen-kantitate jakin bat lortzeko.

Esate baterako, erlojuak egiten dituen enpresa batentzat ez da efizientea izango A teknologia jakin bat erabiltzea 100 erloju bi makina eta 30 lanordu erabiliz ekoizteko, 100 erloju horiek B teknologia jakin bat aplikatuta eta bi makina eta 25 lanordu erabiliz ekoizteko aukera baldin badu.

3.5. irudia. Automobilen muntaketa-katea. Makinak hain efizienteak dira, ezen pertsonak ordeztu baitituzte lan astunenak eta errepikakorrenak egiteko. Badirudi enpresek gero eta produktibitate handiagoa lortzeko egiten duten espezializazioak eta robotizazioak ez duela mugarik.

B. Teknologia efizienteak eta ekonomikoak

Oro har, zenbait teknologia edo baliabide-konbinazio teknikoki efizienteak erabili ahal izaten dira. Aurreko adibidean, enpresak teknologia efizienteena (B teknologia) erabilita, 100 erloju ekoitz zitzakeen bi makina eta 25 lanordu erabilita; baina efizientzia-maila bera lortuko luke, adibidez, 100 erloju egingo balitu, makina bat soilik, 50 lanordu eta C teknologia erabilita. Bi teknologia horiek, B eta C, teknologia efizienteak dira, baina erabilitako baliabide-konbinazioa ez da berdina bietan: lehenbizikoan, makina gehiago erabiltzen dira, eta bigarrenean, berriz, lanordu gehiago. Baliabide-konbinazio desberdinak baliatzen dituzten teknologia efizienteen artean hautatu behar denean, erabilitako ekoizpen-baliabideen prezioa hartuko da kontuan. Eta, jakina, hautatutako teknologia eskura daudenetatik ekonomikoena izango da; hau da, merkeena.

Efizientzia ekonomikoa teknologia merkeena hautatzea da, teknikoki efizienteak diren teknologien artean, edo eskura daudenen artean.

Gaur egun, teknologia makinekin lotu ohi da, baina makinak ekoizteko aukeretako bat baino ez dira. Hala, eskulan merkea duten herrialdeetan, lan gehiago eta makina gutxiago erabiltzen dituzten teknologiak erabiltzen dira.

Produktibitatea ekoitzitako kantitatearen eta kantitate hori lortzeko erabilitako ekoizpen-baliabideen kantitatearen arteko erlazioa da.

2. jarduera ebatzia. New Seal enpresaren teknologia efizientea eta ekonomikoa

New Seal SA enpresak tenis-erraketak egiten ditu, A, B eta C teknologiak erabiliz, taula honetan adierazitakoarekin bat etorriz:

	Lana (orduak)	Kapitala (makinak)	Ekoizpena (erraketak)
A	5	1	100
B	5	2	100
C	4	2	100

a) Aztertu ea teknologia horietakoren bat ez den teknikoki efizientea, erabilitako ekoizpen-baliabideak kontuan hartuta.

b) Kalkulatu A teknologiako ekoizpen-faktoreen produktibitatea.

c) Kalkulatu A eta C teknologien guztizko kostua, jakinda lanaren kostua orduko 1.500 € dela eta makinen kostua, berriz, makinako 800 €.

d) Adierazi zein den teknologia merkeena.

Soluzioa:

a) B teknologia ez da teknikoki efizientea. Izan ere, 100 erraketa ekoizteko, A teknologiak erabiltzen duen lanordu-kopuru berdina erabiltzen du, baina makina gehiago erabiltzen ditu. Halaber, C teknologiaren aldean, B teknologia ez da efizientea, lanordu gehiago erabiltzen baititu. Lana eta kapitala faktoreen kostua zehaztu gabe, A eta C teknologiak efizienteak dira, ahalik ekoizpen-kantitate handiena lortzen baitute ahalik ekoizpen-faktore gutxien erabilita.

b) Ekoizpen-faktore baten produktibitateak adierazten du zenbatekoa den ekoizpen-faktore horren errendimendua lortutako ekoizpenarekiko. Hau da A teknologiaren produktibitatea:

$$\textbf{Lanaren produktibitatea } (P_L) = \frac{\text{ekoizpena } (Q)}{\text{lan-unitateak } (L)} = \frac{100}{5} = 20 \text{ erraketa/ordu}$$

$$\textbf{Kapitalaren produktibitatea } (P_K) = \frac{\text{ekoizpena } (Q)}{\text{kapital-unitateak } (K)} = \frac{100}{1} = 100 \text{ erraketa/makina}$$

c) A eta C teknologien kostua:

Teknologia	Efizientzia teknikoa	Lanaren kostua (1.500 €/ordu)	Kapitalaren kostua (800 €/makina)	Guztizko kostua (€)	Efizientzia ekonomikoa
A	● (berdea)	7.500 (5 · 1.500)	800 (1 · 800)	8.300	● (gorria)
C	● (berdea)	6.000 (4 · 1.500)	1.600 (2 · 800)	7.600	● (berdea)

d) Ikuspegi teknikotik, A eta C teknologiek efizientzia lortzen dute, ekoizpen-maila bera lortzen baitute. Ikuspegi ekonomikotik, ordea, C teknologia hautatu beharko litzateke, merkeena baita.

Jarduerak

4. Zein dira ekoizpen-faktoreen kategoriak?

5. Azaldu zertan diren desberdinak efizientzia eta produktibitatea, 2.B. atalean ageri den erlojuen adibidea erabiliz.

6. Zer irizpide hartzen dituzte aintzat enpresek beren produktuak ekoizteko teknologia hautatzean?

7. Oro har, zer erlazio ezar daiteke teknologia berrien eta produktibitatearen artean?

8. 2. jarduera ebatziari dagokionez:

a) Kalkulatu B eta C teknologien lana eta kapitala baliabideen produktibitatea.

b) Demagun C teknologia ez dela A teknologia bezain garbia eta ekologikoa. C teknologia hautatzen jarraituko al genuke? Zergatik?

3. Kostuak, sarrerak eta mozkinak

Helburu sozial edo ekonomikoak lortzea gero eta garrantzitsuagoa baldin bada ere, enpresek ekonomikoki independenteak izan behar dute, eta hori enpresa-mozkinaren bidez lortzen dute, hain zuzen ere.

Enpresa-mozkina *(Me)* enpresa batek bere jardueran ekoitzitako ondasunen edo zerbitzuen salmentagatik lortzen duen guztizko-sarreren (SG) eta ondasun eta zerbitzu horiek ekoizteko sortzen diren guztiko gastuen (KG) arteko aldea da.

$$Me = SG - KG$$

3.1. Guztizko sarrerak

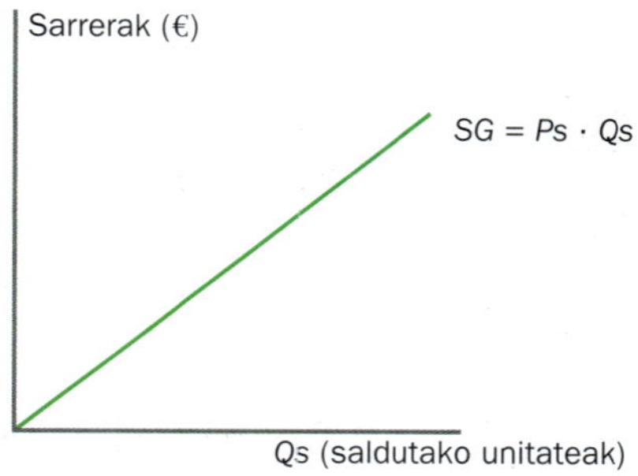

3.6. irudia. Diru-sarreren adierazpen grafikoa. Diagonala zerotik abiatzen da, hor hasten baita enpresa sarrerak lortzen.

Enpresek ekoizpen-prozesuan lortutako ondasunak eta zerbitzuak prezio baten truke saltzen dituzte, eta horrela, sarrerak lortzen dituzte.

Sarrerak enpresek beren ondasunen eta zerbitzuen salmentengatik lortzen duten dirubalioa dira.

Sarrerak kalkulatzeko, saldutako unitate-kopurua (*Qs*) bider dagokion salmenta-prezioa *(Ps)* egiten da.

$$SG = Qs \cdot Ps$$

Grafikoki, sarrerak diagonal baten bidez adierazten dira, gora egiten baitute salmentak handitu ahala (3.6. irudia).

3.2. Guztizko kostuak

1. unitatean azaldu dugu enpresek, ekoizteko, ekoizpen-faktoreak erabiltzen dituztela (funtsean, lurra, lana eta kapitala), baina faktore horiek erabiltzeagatik, ordaindu egin behar dutela (alokairuak, soldatak eta interesak, hurrenez hurren).

Ekoizpen-kostua deritzo gizarteak ondasun bat edo zerbitzu bat ekoizteko erabili diren baliabideei ematen dien balioari.

Kostuak honelakoak izan daitezke ekoitzitako kantitatearekiko: finkoak, aldakorrak, guztizkoak, batez bestekoak eta marjinalak (3.7. irudia).

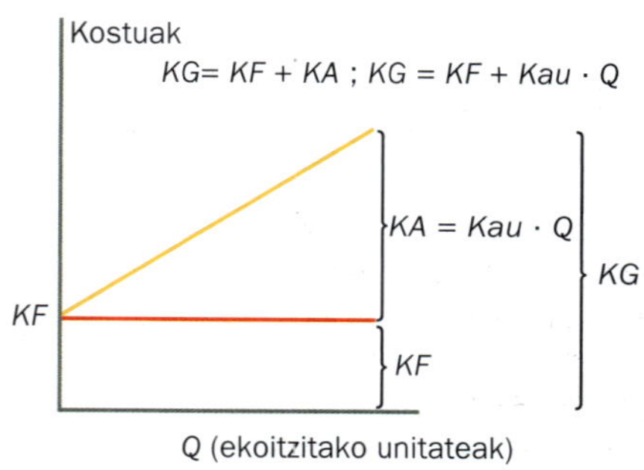

3.7. irudia. Kostuen adierazpen grafikoa. Kostu aldakorren diagonala kostu finkoen zuzenetik sortzen da, enpresak kostu finkoak bere gain hartu behar baititu, ekoitzitako kantitatea dena delakoa izanda ere.

- **Kostu finkoak *(KF)*.** Ekoitzitako kantitatea *(Q)* aldatuta ere aldatzen ez diren kostuak dira. Ekoitzitako kantitatea edozein dela ere balioa aldatzen ez duten baliabideak erabiltzean sortzen dira kostu horiek. Esate baterako, kostu finkoak dira lokal baten alokairua eta ekoizpen-instalazioen mantentze-gastuak. Kostu finkoak zuzen horizontal baten bidez adierazten dira, aldatzen ez den kantitatea baita.
- **Kostu aldakorrak *(KA)*.** Ekoitzitako kantitatearekiko *(Q)* proportzionalak dira. Adibidez, lehengaiak eta energia-kontsumoa. Kostu aldakorrak zuzen diagonal baten bidez adierazten dira, kostu horiek gora egiten baitute ekoizpena handitzean.

$$KA = Kau \cdot Q; \ Kau = \text{Kostu aldakorra unitateko}$$

- **Guztizko kostuak (KG).** Kostu finkoen eta kostu aldakorren batura dira:

$$KG = KF + KA$$

Batez besteko kostuak eta kostu marjinalak 3.3. atalean aztertuko ditugu.

3. jarduera ebatzia. Arrokabeitia informatika-enpresaren kostuak

Muntatzen duten ordenagailu bakoitzean, Arrokabeitia informatika-enpresan 200 € balio duten piezak eta 100 €-ko ordaindutako lana erabiltzen dituzte. Irailean, bost ordenagailu muntatu zituzten, eta salmenta-prezioa 700 €-koa izan zen. Urrian, Arrokabeitiak prezioa 800 €-ra igo zuen, eta ekoizpena, zazpi ordenagailura. Arrokabeitiak ekoizpen osoa saltzen duela eta hilean 800 €-ko alokairua ordaintzen duela jakinda:

a) Kalkulatu iraileko eta urriko guztizko kostuak, eta egin iraileko kostuen adierazpen grafikoa.

b) Kalkulatu guztizko sarrerak, eta egin iraileko sarreren adierazpen grafikoa.

c) Kalkulatu iraileko eta urriko enpresa-mozkina.

Soluzioa:

a) Kostu aldakorrak jakiteko, ekoizpen-faktore bakoitzeko unitateko kostua bider ekoitzitako kantitatea *(Qe)* egin behar da. Kostu finkoak ekoitzitako kantitatearen araberakoak ez direnez, enuntziatuan adierazitako kantitatea zuzenean aplikatuko dugu.

		Iraila			Urria		
Kostuak		k/u	*Qe*	Guztira	k/u	*Qe*	Guztira
Aldakorrak	Piezak	200	5	1.000	200	7	1.400
	Soldata	100	5	500	100	7	700
Finkoak	Alokairua			800			800
Guztizko kostuak				**2.300**			**2.900**

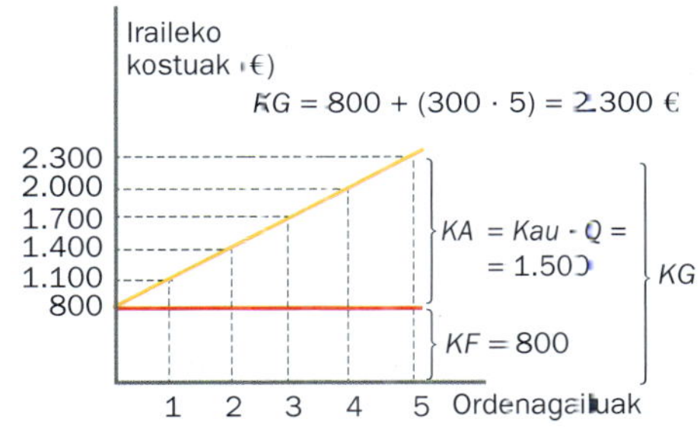

3.8. irudia. Arrokabeitia informatika-enpresaren iraileko guztizko kostuen adierazpen grafikoa. Kostu aldakorrak (diagonalean) kostu finkoen zuzenetik abiatzen dira beti.

Ordenagailu bakoitzak 300 €-ko kostu aldakorrak ditu (200 € piezatan + 100 € soldatan). Taula hau erabiliko dugu kostu aldakorrak grafikoki adierazteko (3.8. irudia):

Qe	1	2	3	4	5
KA	300	600	900	1.200	1.500

b) Sarrerak lortzeko, salmenta prezioa (Ps) bider saldutako kantitatea (Qs) egin behar da. Adibide honetan, saldutako kantitatea bat dator ekoitzitako kantitatearekin.

	Iraila			Urria		
Sarrerak	*Ps*	Qs	Guztira	Ps	Qs	Guztira
Ordenagailuak	700	5	**3.500**	800	7	**5.600**

Irailean, ordenagailu bakoitzeko sarrera 700 €-koa izan da. Taula hau erabiliko dugu guztizko sarrerak grafikoki adierazteko (3.9. irudia):

Qs	1	2	3	4	5
SG	700	1.400	2.100	2.800	3.500

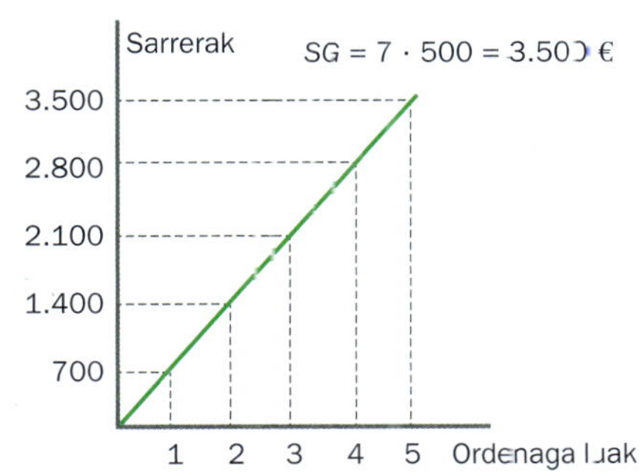

3.9. irudia. Arrokabeitia informatika-enpresaren iraileko guztizko sarreren adierazpen grafikoa. Sarreren diagonala zerotik abiatzen da, eta gora egiten du ordenagailuak saldu ahala.

c) Enpresa-mozkina kalkulatzeko, guztizko sarrerak *(SG)* ken guztizko kostuak *(KG)* egin behar da.

	Iraila	Urria
Mozkinak, guztira	3.500 – 2.300 = 1.200 €	5.600 – 2.900 = 2.700 €

Jarduerak

9. Zergatik izan ohi da mozkinak lortzea enpresen helburu nagusia?

10. Enpresaburuek nahiago dute mozkinak maximizatzea sarrerak maximizatzea baino. Zergatik?

11. Zertan dira desberdinak kostu finkoak eta kostu aldakorrak?

12. 3. jarduera ebatziko datuak erabiliz, adierazi grafikoki Arrokabeitia enpresaren urriko guztizko kostuak eta sarrerak.

3.3. Batez besteko kostuak eta kostu marjinalak

Enpresak mozkinak maximizatzeko aukera ematen dieten kantitateak lortzen saiatzen dira beti. Horregatik, enpresa batek unitate gehigarri bat ekoizten duen bakoitzean, unitate horrengatik lortuko duen sarrera ekoizpen-kostua baino handiagoa izango den aztertzen du. Esate baterako, lortuko den sarrera 0,80 €-koa bada, baina kostua 1 €-ekoa bada, ez du merezi unitate gehigarri hori ekoiztea; baina sarrera 1 €-ekoa bada eta kostua 0,80 €-koa, berriz, bai. Unitate gehigarri bat ekoizteko kostuari **kostu marjinala** esaten zaio, eta unitate gehigarri horren salmentarekin lortutako sarrerari, berriz, **sarrera marjinala**. Bi magnitudeen arteko aldea (sarreraren eta kostu marjinalaren artekoa) **errendimendu marjinala** da.

$$K_{ma} = \frac{\Delta KG}{\Delta Q} \quad ; \quad E_{ma} = S_{ma} - K_{ma} \quad ; \quad S_{ma} = \frac{\Delta SG}{\Delta Q}$$

Non K_{ma} = kostu marjinalak; Δ = gehikuntza; KG = guztizko kostuak; Q = kantitatea; S_{ma} =sarrera marjinalak; SG = guztizko sarrerak; E_{ma} = errendimendu marjinalak.

Bestalde, produktu-unitateko kostuak ere kalkula daitezke. **Batez besteko kostuak** edo **unitateko kostuak** produktu-unitateko kostuak dira ***(K_{bb})***. Zenbatekoak diren jakiteko, guztizko kostua zati ekoitzitako kantitatea egiten da.

$$K_{bb} = \frac{KG}{\text{Ekoitzitako unitate-kopurua}}$$

A. Errendimendu beherakorren legea

Jarduera askotan, une jakin batetik aurrera, errendimenduak asko murrizten dira, ekoizpen-baliabideen kantitatea handituta ere. Demagun nekazaritza-ustiategi batean lur-kantitate eta makina jakin batzuk daudela, eta langileak kontratatzea dela ekoizpena handitzeko aukera bakarra. Nekazarien kopuruak gora egiten duen heinean, ekoizpenak gora egingo du, baina une jakin batean, langile berriek ez dute lan egiteko lurrik eta makinarik izango. Orduan, ekoizpenak ez du gora egingo, eta behera ere egin dezake langileek elkarri *traba* egiten baldin badiote.

Portaera horri errendimendu beherakorren legea esaten zaio: ekoizpen-faktoreetakoren bat handitzean errendimendua positiboa izaten da, baina denborak aurrera egin ahala, errendimendu horrek gora egiteari utz diezaioke, eta hori ez ezik, behera ere egin dezake.

Errendimendu beherakorren legearen arabera, ekoizpen-baliabide baten kantitatea handituta ere, gainerakoak aldatzen ez badira, guztizko ekoizpenaren hazkundea gero eta geldoagoa izango da, eta une jakin batean, gora egiteari utzi ez ezik, behera ere egin dezake.

B. Eskala-ekonomiak

Errendimendu beherakorren legea bete egiten da baliabide bakar baten kantitatea handitzen bada; esaterako, aurreko ataleko nekazaritza-ustiategiaren kasuan gertatu bezala. Baina langile-kopurua handitu den unean ustiategian lur-azalera eta makina-kopurua handitu izan balira, ez zatekeen hori gertatuko. Tamaina handituta eta eskala handian ekoitzita, nekazaritza-ustiategiak batez besteko kostuak murriztuko zituen epe ertainean. Enpresek kostu finko berdina produktu-unitateen kopuru handiago baten artean banatzea lortzeari eskala-ekonomiak egitea deritzo. Eskala-ekonomiak dira herrialde bateko enpresa handiek internazionalizaziora jo behar izateko arrazoietako bat: hazi egin behar dute, beren kostuak murrizteko.

Enpresa bat gai baldin bada epe luzean kostu finkoa produktu-unitate askoren artean banatzeko, ekoizpena merkatzeko moduan, enpresa horrek **eskala-ekonomia** lortu duela esaten da.

Ba al zenekien...?

XIX. mendearen zati handi batean, ekonomialariek uste zuten **errendimendu beherakorren legeak** sistema kapitalistaren hondamena eragingo zuela. Hau argudiatzen zuten: lur-azalera –eta, beraz, nekazaritza-ekoizpena– konstantea bazen, langile-kopurua gero eta handiagoa izanda, langileek beren soldatak etengabe jaitsi beharko zituzten, lan egin ahal izateko. Horrenbestez, elikagai gutxiko –eta garestiko– eta soldata baxuko egoeran, langileak pobreziara kondenatuta egongo ziren, eta soldatak gehiago jaistea edo lan egitea ezinezko bihurtzean, liskarrak sortuko ziren, bai eta gerrak ere. Ekonomialari horiek huts egin zuten, ez baitziren gai izan makinen eta ongarrien erabilerak eragin zuen elikagai-ekoizpen handia iragartzeko.

Gogoan izan

Eskala-ekonomiek ez dute errendimendu beherakorren legea ezeztatzen, eskala-ekonomietan baliabide guztien kantitatea handitzen baita aldi berean, eta ez baliabide batena soilik.

! Garrantzitsua

Epe luzean, enpresetan kostu finkorik ez dagoela jotzen da, enpresek instalazio guztiak eta haien tamaina ekoizpen-premietara egokitu ditzaketelako, eta, horrela, eskala-ekonomiak lortuko lituzketelako. Epe laburrera, ordea, egokitzapen hori lortu arte, errendimendu beherakorren legea ezin saihestea izaten da normalena.

4. jarduera ebatzia. Kukumutxuren mozkinak eta errendimenduak

Kukumutxun elastikoak saltzen dituzte, aleko 5 €-ko batez besteko prezioan. Astean zehar, bezero gutxi izaten dituzte, eta saltzaile bakar bat egoten da, baina igandean hiru saltzaile gehiago egoten dira, bezero-kopurua laukoiztu egiten baita turisten bisiten ondorioz. Hauxe da igandeetako elastiko-salmentaren eta saltzaile-kopuruaren arteko erlazioa:

Saltzaile-kopurua	0	1	2	3	4
Elastikoak (Qs)	0	50	110	150	170

Kukumutxuko kostu finkoak eta aldakorrak, hurrenez hurren, 100 € eta saltzaileko 20€ direla jakinda:

a) Adierazi kostuak, sarrerak eta mozkinak taula batean, eta interpretatu emaitza.

b) Adierazi grafikoki ekoizpena eta errendimendu marjinala, eta azaldu emaitzak, errendimendu beherakorren legearen arabera.

Soluzioa:

a) Kukumutxuren kostuen eta sarreren taula (Qs = saldutako elastikoak):

Lana	Qs	KF	KA	KG	SG	Me°	Kbb	Sma	Kma	Ema	Guztizko Ema
Saltzaileak	Elastikoak			KF + KA	Ps · Qs	SG – KG	KG/Qs	ΔIT/ΔQ	ΔKG/ΔQ	Sma – Kma	Ema · ΔQ
0	0	100	0	100	0	–100	…	0	0	0	0
1	50	100	20	120	250	130	2,4	5	0,4	4,6	230
2	110	100	40	140	550	410	1,27	5	0,33	4,67	280,2
3	150	100	60	160	750	590	1,07	5	0,5	4,5	180
4	170	100	80	180	850	670	1,06	5	1	4	80

3.1. taula. Saltzaile bakar batekin, dendak 50 elastiko saltzen ditu. Bigarren saltzailea kontratatzean, saldutako elastiko-kopuruak gora egiten du, proportzio handiagoan, baina hirugarrena kontratatzean, errendimendua behera egiten hasten da, eta hori areagotu egiten da laugarrena kontratatzean. Errendimendu-jaitsiera azaltzen duten arrazoiak hauek dira: lokalaren tamaina finkoa da, eta ordainketak egiteko saltokiko terminal bakarra erabiltzen dute.

b) Kukumutxuren ekoizpenaren eta errendimendu marjinalaren adierazpen grafikoa:

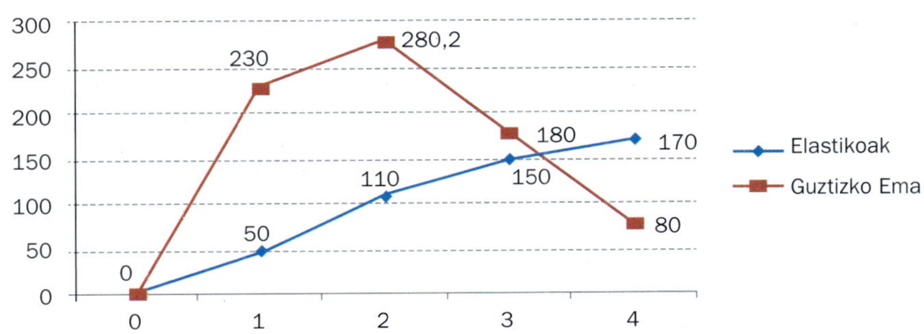

3.10. irudia. Kukumutxuren ekoizpenaren eta errendimendu marjinalaren adierazpen grafikoa. Grafikoak erakusten du hirugarren saltzailetik aurrera errendimendu beherakorren legea agerian jartzen dela. Errendimendu marjinalek behera egiten dute, saltzaileek (faktore aldakorrak) instalazio berak (faktore finkoak) partekatu behar dituztelako.

Jarduerak

13. Azaldu, zure hitzak erabiliz, errendimendu beherakorren legea.

14. Zer-nolako lotura dago kostuen eta eskala-ekonomien artean?

15. Nola laguntzen du errendimendu marjinalak enpresen ekoizpen-bolumen optimoa zehazten?

16. 4. jarduera ebatzian, bosgarren saltzailea jarrita, 173 elastiko salduko lirateke eta kostu aldakorrak 100 €-ra arte igoko lirateke. Hori aintzat hartuta:

a) Berregin 3.1. taula eta 3.10. irudia.

b) Interpretatu emaitzak.

4. Enpresen helburuak

Ba al zenekien...?

Badago mozkinak maximizatzeko helburua ez duen enpresa-mota bat. **Irabazi-asmorik gabeko enpresak** dira, eta gizarteari ondasun edo zerbitzu bat ematea da dute helburu.

Enpresak oinarrizko ekoizpen-unitateak dira. Hori dela eta, oso eginkizun garrantzitsua betetzen dute ekonomia-sistemen antolamenduan, familiek eskatzen dituzten ondasun eta zerbitzuak hornitzen baitituzte. Baina eginkizun garrantzitsu hori betetzeko, enpresek bizirik iraun behar dute. Horregatik, mozkinak maximizatzea aipatzen da beti lehenbizi, baina badaude beste helburu batzuk (3.2. taula):

Enpresen helburuak	Deskribapena	Adibidea
Mozkinak maximizatzea	Sarrerak handitzea eta gastuak murriztea izaten da arau gorena, baina lortu nahi den helburua ez da ekonomikoa izaten beti.	Enpresa batek saltzen duen produktuaren prezioa igotzea, edo hornitzaileekin negoziatzea, hornidura-kostuak murrizteko.
Egonkortzea eta haztea	Haztea da enpresa ororen joera naturala, jarduten ari den merkatuetako bezeroak ziurtatu ondoren. Denborak aurrera egin ahala, enpresak gero eta efizienteagoak izaten dira eta gero eta gehiago ekoizteko ahalmena dute, beren esperientziari esker, eta, horren ondorioz, merkatu gehiagotara hedatu behar dute, produktu-soberakinak saltzeko.	Sol Melià (hotelak), Roca (komunak), Endesa (elektrizitatea), Panda (softwarea) eta BBVA (banku-jarduera) enpresak jada jarduten duten merkatuetan beren presentzia handitzen ahalegindu dira, mozkin-maila jakin bat bermatzeko.
Enplegua eta aberastasuna sortzea enpresaren eragin-eremuan	Sarritan, industria-enpresa handiek enplegua sortu, eta azpikontratazio-prozesuak egiten dituzte, beren jardueraren eragin-eremuan, batez ere. Besteak beste, lan hauek **azpikontratatu** ohi dira: garbiketa-lanak, segurtasuna, makinen mantentze-lanak eta zerga-arloko aholkularitza.	Citroën, Seat eta Renault automobilgintzako enpresek bolanteak, eserlekuak eta beste osagai batzuk erosten dizkiete lantegiak dituzten eremuetako tokiko beste enpresa batzuei.
Gizarteen ongizatea hobetzea	Produktu berriak eta teknologia efizienteagoak bilatzeko ahaleginean, enpresek ekonomia-aurrerapena eragiten duten berrikuntzak sortzen dituzte.	Hasieran, zenbait asmakizun, hala nola automobila, hozkailua eta aspirina, luxuzko ondasunak ziren, baina gaur egun, neurrizko prezioan eros daitezke.

3.2. taula. Ekonomiaren ikuspegitik, enpresek eginkizun garrantzitsuak betetzen dituzte. Hala ere, bakarka hartuta, enpresen helburu nagusia bizirik irautea eta haztea da, beren jarduera egiten jarraitu ahal izateko, eta, horretarako, mozkinak maximizatzeak du lehentasuna.

Lexikoa

Azpikontratatzea. Beste enpresa batzuk kontratatzea, zenbait ataza edo eginkizun betetzeko.

1. behatokia. Enpresen helburuak zure hirian edo autonomia-erkidegoan

Enpresen helburuak garrantzitsuak dira, baina helburu horiek gauzatzeko moduak ere badu garrantzia. Gaur egun, gero eta enpresa gehiagok diseinatzen dituzte **gizarte-erantzukizuneko** estrategiak, gizartetik jasotzen duten eraginari eta gizarte- eta ingurumen-presioei erantzuteko.

Hausnartu:

a) Identifikatu zure hirian edo autonomia-erkidegoan aberastasuna edo enplegua sortzen duen inguruko enpresa bat.

b) Bildu enpresa horri buruzko informazioa (salmentak, langile-kopurua, etab.) eta enpresarekin lotutako azkenaldiko albisteren bat.

Jarduerak

17. Demagun merkatuan lider den bideo-jokoen enpresa baten burua zarela. Zer helburu izango zenituzke? Zer lehentasun-ordena izango lukete helburuek?

18. Ikusi dugu enpresek helburu bat baino gehiago izaten dutela eta, batzuetan, helburu horiek talka egin dezakete beren artean. Demagun enpresa bat prezio baxuen politika baliatuz hazten saiatzen dela. Aztertu dugun zer beste helbururekin egin dezake talka politika horrek? Eta, ahalik mozkin handienak lortze aldera, tokiko hornitzaileak erabili ordez nazioarteko hornitzaileak erabiltzen dituen enpresa baten politikak?

5. Gizarte-erantzukizun korporatiboa (GEK)

Gizarte-erantzukizun korporatiboa bere gain borondatez hartzean, enpresek beren etorkizunean inbertitzen dute eta borondatez hartzen duten konpromisoak etorkizunean errentagarritasuna handituko duela espero dute.

Gizarte-erantzukizun korporatiboa (GEK) enpresek gizarte- eta ingurumen-kezkak borondatez bere egitea da.

GEKa enpresa-etikatik eta -erantzukizunetik harago doa, gizartearen kezkak bere baitan hartzen baititu, enpresaren berezko kezkez gain. GEKari dagokionez, honako hauek bereiz ditzakegu: xede-taldeak (zein dituen helburu) eta jardun-esparruak (zein den kudeatutako erantzukizuna) (3.3. taula):

Xede-taldeak (zein dituen helburu)	Jardun-esparrua (zein den kudeatutako erantzukizuna)
• Langileak. • Hornitzaileak. • Hedabideak. • Bezeroak. • Iritzi publikoa. • GKEak eta antzekoak. • Bazkideak.	• Giza eskubideak. • Lanarekin eta enpleguarekin lotutako jardunbideak. • Osasunaren babesa. • Ingurumen-arazoak. • Iruzurraren eta ustelkeriaren aurkako borroka. • Kontsumitzaileen interesak. • Irudi korporatiboa.

3.3. taula. GEKaren xede-taldeak eta aplikazio-esparruak.

3.11. irudia. GEKa enpresaren eta haren gizarte- eta ingurumen-ingurunearen arteko elkarreraginaz arduratzen da.

5. jarduera ebatzia. GEKaren xede-taldeak eta arlo tematikoak

Lotu ezkerreko zutabeko neurriak GEKaren xede-taldearekin eta jarduketa-esparruarekin.

Soluzioa:

Neurriak	Xede-taldeak	Arlo tematikoa
Ingurumenarekin lotutako minimo batzuk ezartzea enpresa-elkarteentzat.	*Bazkideak*	*Ingurumen-arazoak*
Mozkinen ehuneko bat GKE bati ematea.	*GKEak eta antzekoak*	*Giza eskubideak*
Lanerako segurtasun-neurri zorrotzagoak legedian ezarritakoak baino.	*Langileak*	*Osasunaren babesa*
GEKeko jardunbideen emaitzei buruzko hileko txosten bat igortzea.	*Iritzi publikoa*	*Irudi korporatiboa*

2. *behatokia.* GEKa zure hirian edo autonomia-erkidegoan

Identifikatu gizarte-erantzukizun korporatiboko neurriak hartzen dituzten hiru enpresa. Ahal dela, hurbilekoak izan daitezela (zure herrikoak edo autonomia-erkidegokoak).

Hausnartu:

a) Adierazi enpresa bakoitzak hartutako GEKeko neurriak eta neurrion xede-taldea eta arlo tematikoa.

b) Demagun enpresa horietako baten jabea zarela eta enpresak oraindik ematen ez duen edo behar den neurrian ematen ez duen gizarte-onura bat eman nahi duzula. Zer neurri hartuko zenituzke gizarte-erantzukizun handiagoa zure gain hartzeko? Zer onura eta zer kostu izango lituzke zure enpresarentzat gizarte-erantzukizun gehigarri horrek?

Jarduerak

19. Nola bihurtzen dira enpresak enplegu- eta aberastasun-sortzaile beren eragin-eremuetan?

20. Kostuei eta pertsonalari dagokienez, zer abantaila ditu enpresa batentzat zenbait lan, hala nola segurtasuna eta garbiketa, azpikontratatzeak?

21. Zer dela-eta hartzen dute enpresek borondatez gizarte-erantzukizun korporatiboa beren gain?

22. Gaur egun, zer kezka-mota sartzen dira gizarte-erantzukizun korporatiboaren barruan?

6. Ekonomia-sektoreak

Beren helburuak alde batera utzita, enpresak lau ekonomia-sektoretan sailkatzen dira. Egiten duten ekoizpen-prozesuaren arabera bereizten dira, hain zuzen, sektoreak.

Ekonomia-sektoreak herrialde edo lurralde bateko ekonomia-jardueren multzoak dira, eta antzeko ekoizpen-prozesuak dituzten enpresak sailkatzen eta biltzen dira sektore horietako bakoitzean.

Hauek dira ekonomia-jardueren multzo edo sektore nagusiak:

- **Lehen sektorea.** Ekoizpen-katearen oinarria da, gainerako ekonomia-jarduerak egiteko aukera ematen duten natura-baliabideak erauzi edo biltzen baititu. Nekazaritza, abeltzaintza, meatzaritza eta arrantza lehen sektoreko jardueren ohiko adibideak dira. Europar Batasuneko diru-laguntzen murrizketa, produktuen prezio baxuak eta lanaren gogortasuna direla-eta lehen sektorean enplegatutako pertsonen kopuruak behera egin du apurka-apurka, eta Espainiako eta EBko beste herrialde batzuetako ekoizleak etengabe ari dira kexatzen administrazio publikoen babesik ezagatik.

- **Bigarren sektorea. Industria-sektorea** ere esaten zaio, eta lehengaiak produktu landu bihurtzen ditu, dela zuzenean kontsumitzeko, dela beste enpresa batzuek erabiltzeko. Eskulangintza, eraikuntza, industria eta energiaren arloa dira sektore horretako jarduera garrantzitsu batzuk. 1970eko eta 1980ko krisiaren eta Espainia EBn sartzearen ondorioz, Espainiako ekonomian garrantzi handia zuten azpisektore batzuetako enpresa asko itxi edo birmoldatu egin behar izan zituzten; esaterako, ehungintzakoak, ontzigintzakoak edo siderometalurgiakoak. Gaur egun, fakturazioari erreparatuta, automobilgintzaren azpisektorea eta eraikuntza dira Espainiako bigarren sektoreko jarduera nagusiak. Bestalde, **Espainiako industriak** honako **arazo** hauek ditu (3.4. taula):

Faktura energetikoa	Deslokalizazioa	Teknologia-defizita	Enpresen tamaina txikia
Salbuespen gutxi batzuk izan ezik, Mendebaldeko herrialdeek, Espainia barne, ez dute erregai fosil askorik. Horregatik, nahiz eta gero eta handiagoa izan energia berriztagarrien ekarpena (hala nola eguzki-energiarena eta haize-energiarena), baliabide berriztaezinak erabiltzeagatiko faktura handitu egiten da urtetik urtera.	Horrela esaten zaio enpresak beste herrialde batera lekualdatzeari, aurrezteko edo beste enpresekiko abantailak lortzeko. Bere garaian, Espainia herrialde enpresa-hartzaile izan zen, laneko kostu txikiak zirela-eta, baina, gaur egun, kostuak Europako inguruko herrialdeekin berdindu direnez, enpresa askok lekualdatzea erabakitzen dute, kostuetan aurrezteko.	Espainiak diru asko ordaindu behar izaten du atzerriko teknologia erabiltzeagatik (**patente** edo egile-eskubide moduan, batez ere), ahalmen txikia baitu teknologia hori bere kabuz sortzeko. Izan ere, EBko herrialdeen artean, azkenetakoa da I+D+Bko inbertsioan.	**ETEak** enplegu-sortzaile nagusiak dira, baina beren tamaina dela-eta, multinazionalek baino zailtasun handiagoak izaten dituzte finantziazioa lortzeko eta beren jarduerak **internazionalizatzeko**. Espainian enpresen % 90 ETEak direnez, zailtasun horiek are handiagoak dira EBko beste herrialde batzuetan baino.

3.4. taula. Espainiako bigarren sektoreak aurre egin beharreko arazoak.

3. behatokia. Deslokalizazio-prozesuak eta antzekoak

Enpresen deslokalizazioaren fenomenoa gure inguruneko ekonomia guztietan gertatu da: zenbait jarduera beste herrialde batzuetara eraman dituzte, hala nola jostailuen ekoizpena, liburuen inprimatze-lanak edo ehunen ekoizpena. Baina, 1960ko hamarkadan, deslokalizazioak Espainian jarduerak ezartzea ere ekarri zuen. Horregatik etorri ziren, esate baterako, automobilak muntatzeko fabrikak.

Hausnartu:

a) Identifikatu zure herrian edo autonomia-erkidegoan sortu eta beste herrialde batera deslokalizatu den enpresa bat, dela guztiz, dela zati batean. Zure ustez, zergatik lekualdatu da?

b) Orain, identifikatu zure herrian edo autonomia-erkidegoan kokatu den atzerriko enpresa bat. Zure ustez, zer arrazoi direla-eta kokatu da enpresa hori hemen?

c) Demagun gobernu-erantzukizunak dituzula. Saiatu beste herrialde batzuetako enpresak zure lurraldean kokatzea erraztuko luketen neurri batzuk asmatzen. Zure ustez, izango al lukete neurri horiek nolabaiteko kosturik zure lurraldeko herritarrentzat?

Lexikoa

Internazionalizazioa. Enpresa batek, bere herrialdeko merkatuetan jarduteaz gain, beste herrialde batzuetako merkatuetan jardutea da.

ETE. Enpresa txiki eta ertainak esan nahi duten siglak.

Patentea. Asmakizun bat ustiatzeko legezko eskubidea.

- **Hirugarren sektorea.** Ondasun ukigarrien erauzketarekin edo eraldatze-lanekin zerikusirik ez duten jarduerak sartzen dira sektore horretan. Gizarte baten garapena neurtzeko, hirugarren sektorean jarduten duten enpresen kopurua eta haien kalitatea hartzen dira kontuan, eta alde horretatik, Espainiako hirugarren sektoreak Mendebaldeko beste gizarte batzuen pareko bilakaera izan du. Horregatik, sektore hauetako enpresak dira gehiengoa: banku-jarduera, Internet, garraioa eta turismoa. Gaur egun, EBko gizarteen aberastasuna zenbait zerbitzuren eskari gero eta handiagoak eragiten du. Aisialdia, kultura eta osasuna dira zerbitzu horietako batzuk. **Espainiako hirugarren sektorearen** garapenean, oso eginkizun garrantzitsua izan dute elementu hauek (3.5. taula):

Turismoa	Zerbitzuak esternalizatzea	Autonomia-erkidegoak
Espainiak 70 milioi turista baino gehiago hartzen ditu urtero, eta Frantziarekin ari da lehian, munduko turismo-xede nagusia izateko.	Enpresa handiek lehenago plantillako langileekin betetzen zituzten zerbitzuak azpikontratatzen dizkiete beste enpresa txikiago batzuei; adibidez, garbiketa, segurtasuna eta arreta medikoa.	Eskumenak autonomia-erkidegoetara transferitzearen ondorioz, zenbait zerbitzuk hazkundea izan dute; esaterako, osasungintzak eta hezkuntzak

3.5. taula. Espainiako hirugarren sektorearen garapenean parte hartzen duten elementuak.

- **Laugarren sektorea.** Lehen hirugarren sektorean sartzen ziren jarduera batzuk dira, baina gero eta garrantzi handiagoa dutenez, berezko kategoria bat osatzeko lekua hartu dute. Oro har, jarduera intelektualetan edo **ezagutzaren ekonomian** oinarritutako jarduera guztiak dira; esaterako, goi-teknologiako industria, informazioaren teknologiak eta telekomunikazioak, eta zientzia-ikerketako zenbait modalitate. I+G+Brekin lotura handia duenez, Espainian, laugarren sektorearen garapena alor horretan egiten den inbertsioaren araberakoa da; beraz, Espainiaren zifrak Europako inguruko herrialdeenak baino dezente baxuagoak dira.

Ba al zenekien...?

Gizarte garatuetan, landako mekanizazioak eta produktibitateak biztanleria landatik hirietara joatea eragin dute. Gertaera horrek zerbitzu-eskaintza handitzeko premia ekarri du. Prozesu horri **tertziarizazio** esaten zaio.

4. behatokia. Enpleguaren historia Espainian, sektoreka

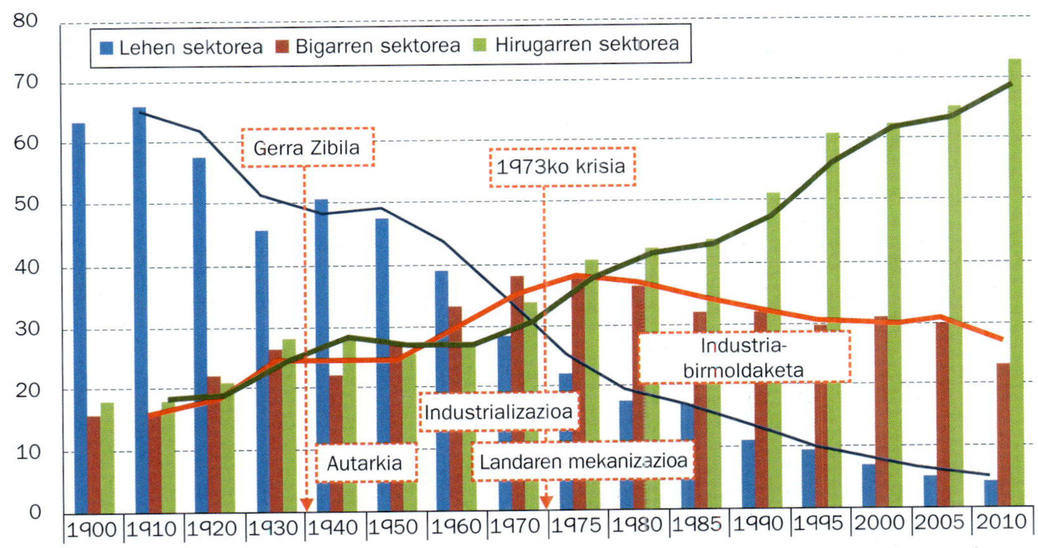

3.12. irudia. Biztanleria landunaren bilakaera sektoreka (1900-2010; guztizkoaren %a) (Iturria: INE).

Gakoak:

- **Autarkia (1940-1950).** Autohornikuntza, nazioarteak Franco jeneralaren diktadurari ezarritako isolamenduaren ondorioz.
- **Industrializazioa (1960-1975).** Diru-laguntza eta inbertsio publikoetan oinarritutako industriahazkundea. Hiri handien industria-gerrikoa eratu zen.
- **Landaren mekanizazioa (1965-1980).** Landa-lanetan, makinak erabiltzen hasi ziren, eskala handian.
- **Industria-birmoldaketa (1981-1995).** Industria publikoa desegin zuten, errentagarritasun urria zuelako. Prozesu hori bizkortu egin zen Espainia EBn sartzean.

Hausnartu:

Deskribatu zer-nolako aldaketak izan dituen Espainiako biztanleria landunak eskuineko zutabean deskribatutako prozesu historikoen ondorioz.

Jarduerak

23. Erabili hitz bat ekonomia-sektore bakoitzaren definizioa emateko.

24. Mendebaldeko gizarteetan, zergatik jarduten dute biztanle landun gehienek hirugarren sektorean?

25. Zer-nolako eragina du Espainiarentzat Europar Batasunean I+G+Bn gutxien inbertitzen duten herrialdeetako bat izateak?

26. Zer esan nahi du laugarren sektoreko jarduerek balio erantsi handia sortzen dutela?

Ekoizpen-faktoreak
Lurra, lana eta kapitala

→ **Ekoizpen-prozesua**
Teknologia

→ **Azken produktuak**
Ondasunak eta zerbitzuak

Ekoizpen-kostuak

$Me = SG - KG$

$ME = (Q_S \cdot P_S) - (KF + KA)$

Teknologia

Efizientzia teknologikoa + **Efizientzia ekonomikoa**

Kostua

Ekoizpen-kostuekin lotutako kontzeptuak

Errendimendu beherakorren legea
(azkeneko langileak lehenbizikoak baino ekarpen txikiagoa egiten du ekoizpenean)

Eskala-ekonomiak
(kostu finkoak ahalik eta produktu-unitate gehienen artean banatzea da)

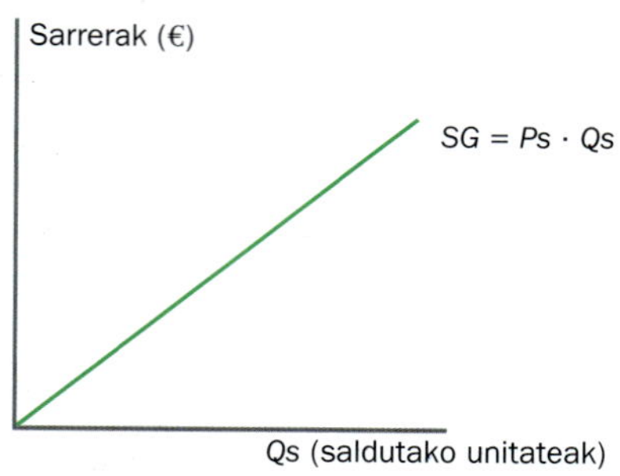

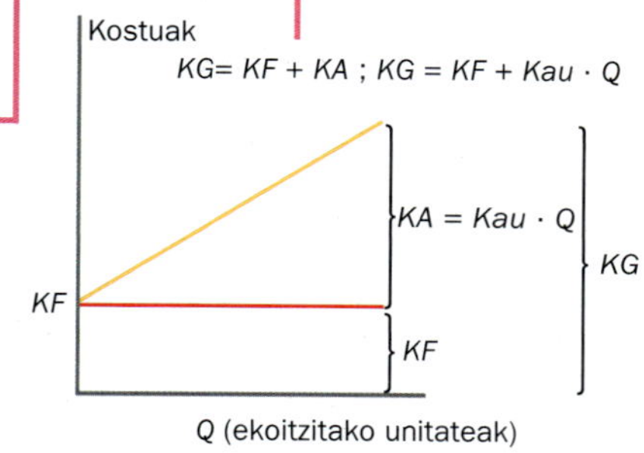

Enpresen helburuak

- Mozkinak maximizatzea
- Egonkortzea eta haztea
- Enplegua eta aberastasuna sortzea
- Gizarteen ongizatea hobetzea

Xede-taldeak (zein dituen helburu)

- Langileak
- Hornitzaileak
- Hedabideak
- Bezeroak
- Iritzi publikoa
- GKEak eta antzekoak
- Bazkideak

Gizarte-erantzukizun korporatiboa

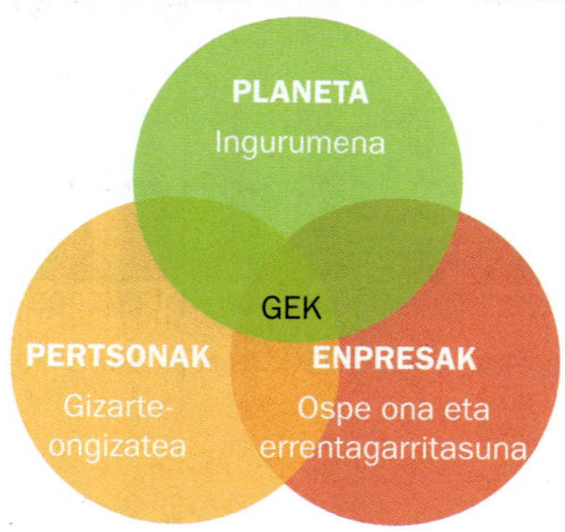

Jardun-esparrua (zein den kudeatutako erantzukizuna)

- Giza eskubideak
- Lanarekin eta enpleguarekin lotutako jardunbideak
- Osasunaren babesa
- Ingurumen-arazoak
- Iruzurraren eta ustelkeriaren aurkako borroka
- Kontsumitzaileen interesak
- Irudi korporatiboa

Ekonomia-sektoreak

- Lehen sektorea — Natura
- Bigarren sektorea — Eraldaketa
- Hirugarren sektorea — Zerbitzuak
- Laugarren sektorea — Ezagutzaren ekonomia

1. Jarraian ageri diren tresnetatik zeinek koordinatzen ditu pertsonen eta ekoizpen-faktoreen arteko trukeak?

a) Merkatuak.

b) Diruak.

c) Enpresak.

d) Aurreko erantzunetatik bi zuzenak dira.

2. Zer ikuspegik zehazten du ongien nola eraldatzen dituzten enpresek ekoizpen-faktoreak?

a) Ikuspegi ekonomikoak.

b) Ikuspegi utilitarioak.

c) Ikuspegi teknikoak.

d) Denak zuzenak dira.

3. Zein dira teknologia efizienteenak?

a) Merkeenak diren teknologiak.

b) Baliabide gutxiagorekin ekoizpen handiagoa lortzen duten teknologiak.

c) Besteek baino baliabide gehiago lortzen dituzten teknologiak.

d) Gutxien kutsatzen duten teknologiak.

4. Sasoiko bi langileren artean 800 kilo marrubi bildu dituzte, egunean zortzi ordu lan eginda. Zenbatekoa izango da produktibitatea?

a) 50 kg/langile/h.

b) 100 kg/langile/h.

c) 200 kg/langile/h.

d) 400 kg/langile/h.

5. Zer ezaugarri dagokie kostu aldakorrei?

a) Ekoizpenaren arabera aldatzen dira.

b) Haiekin lotuta dauden kostu finkoen arabera aldatzen dira.

c) Sarrerak baldintzatzen dituzte.

d) Finkoak baino baztergarriagoak dira.

6. Zer errendimendu hartzen dira kontuan ekoizpen-maila optimoa zehazteko?

a) Eskala-errendimenduak.

b) Errendimendu gorakorrak.

c) Errendimendu beherakorrak.

d) Errendimendu marjinalak.

7. Gizarte-erantzukizun korporatiboari (GEK) dagokionez, zein esaldi dira zuzenak?

a) GEKak gizartearen kezkak kontuan hartzen ditu.

b) GEKak enpresa-etika eta erantzukizuna islatzen ditu.

c) GEKaren arlo tematikoetako bat osasunaren babesa da.

d) Denak zuzenak dira.

8. Honako hauetatik zein dira bigarren sektorearen berezko arazoak?

a) Enpresen tamaina txikia.

b) Errentagarritasun txikia.

c) Teknologia-defizita.

d) Aurreko erantzunetatik bi zuzenak dira.

9. Enpresak atzerrira lekualdatzen dira abantailak lortzeko. Nola esaten zaio prozesu horri?

a) Deslokalizazioa.

b) Birlokalizazioa.

c) Internazionalizazioa.

d) Esternalizazioa.

10. Esaldi hauetatik zein da zuzena?

a) Diru-sarrerak zenbat eta handiagoak izan, orduan eta mozkin handiagoak lortzen dituzte enpresek.

b) Enpresek produktuei prezio altuak jarriz sortzen dute balioa.

c) Esternalizazioak enpresa txikien sorrera sustatzen du.

d) Eskala-ekonomiek ez dute errendimendu beherakorren legea ezeztatzen.

Ekoizpen-funtzioa.

1. Zergatik lotzen da lanaren banaketa aberastasuna sortzearekin?

2. Okin batek tartak saltzen ditu, tarta bakoitza 50 €-an. Tarta bat egiteko, honako hauek erabiltzen ditu:

- Lehengaiak (irina, azukrea eta kakaoa). Lehengaien kostua 15 €-koa da produktu-unitate bakoitzeko.
- Soldaten kostua orduko 10 € dela kalkulatzen du; baina tarta bakoitzerako 15 minutu erabiltzen ditu.
- Hornidurak (argia, ura eta gasa). Horien kostua 3 € da produktu-unitate bakoitzeko.

Definitu ekoizpena ikuspegi utilitarioa eta ikuspegi teknikoa aplikatuta.

Nola ekoitzi?

3. Hegoko Haizea enpresak A, B eta C teknologiak erabil ditzake torlojuak egiteko, taula honetan adierazitakoaren arabera:

Teknologia	Lana (orduak)	Kapitala (makinak)	Torlojuak
A	6	4	10.500
B	4	6	10.500
C	6	6	10.500

a) Arrazoitu hiru teknologia horietatik zein den efizienteena ikuspegi teknikotik.

b) Kalkulatu teknologia horietako bakoitzaren guztizko kostua, jakinda lanaren kostua orduko 500 € dela, eta makinen kostua, berriz, orduko 800 €.

c) Adierazi zein den aurreko teknologia horietatik efizienteena ikuspegi ekonomikotik.

Kostuak, sarrerak eta etekinak.

4. Behean adierazitakoak mekanika-lantegi baten hileko kostuak dira. Esan kostu finkoak ala aldakorrak diren.

- Lokalaren alokairua.
- Gasa.
- Mekanikarien soldata.
- Argia.
- Pintura, olioa eta beste kontsumigarri batzuk.
- Ura.
- Makinak.
- Ordezko piezak.

5. Joskintza-lantegi batek 10 alkandora saltzen ditu egunean. Alkandora bakoitza 40 €-an saltzen dutela jakinda, kalkulatu eguneko mozkina eta alkandorako mozkina, kostu hauek kontuan hartuta: eguneko soldatak (100 €), materialak (150 €) eta alokairua (30 €).

6. Fruta sasoian biltzeko jarduera adibide gisa erabilita, azaldu nola bete daitekeen errendimendu beherakorren legea.

7. Erantzun eskala-ekonomiei buruzko galdera hauei:

a) Zer dira?

b) Enpresa guztiek lor al ditzakete?

c) Zer lotura dago enpresen internazionalizazioaren eta eskala-ekonomien artean?

8. Azaldu nola lortzen dituzten eskala-ekonomiak autoekoizleek.

9. Hamar ontzi egiteko, eltzegile batek 2 kg buztin eta ordaindutako 2 lanordu erabiltzen ditu. Kiloko 0,40 € ordaintzen du buztina, eta lanaren kostua orduko 5 € da. Urtarrilean, 300 ontzi ekoitzi zituen, publikoarentzako salmenta-prezioa 12 €-koa izanda, eta 100 ale saldu zituen. Otsailean, prezioa 11 €-ra jaitsi zuen, eta ekoizpena 210 ontzira, baina 80 soilik saldu zituen. Martxoan, lehiaketa artistiko bat irabazi zuen eta eltzegileak prezioa 15 €-ra igo zuen eta 120 ale saldu zituen, 400 ekoitzita. Eltzegileak hilean 600 €-ko alokairua ordaintzen duela jakinda, kalkulatu honako hauek:

a) Guztizko kostuak.

b) Guztizko diru-sarrerak.

c) Enpresa-mozkina.

d) Adierazi martxoko guztizko kostuak eta sarrerak grafiko berean, eta interpretatu emaitzak.

10. Isladak SL enpresan ispiluak egiten dituzte, eta 45.000 saldu dituzte aurten. Ispiluen salmenta-prezioa 240 €-koa izan da ispiluko, kostu finkoak, 3.000.000 €, eta unitateko kostu aldakorra ispiluko 125 € euro. Hori jakinda:

a) Zenbateko mozkinak izan ditu enpresak?

b) Adierazi grafikoki kostuak eta sarrerak, eta interpretatu emaitzak.

11. Asimov argitaletxearen liburu-salmentek zein komisio-ordainketengatiko, dietengatiko eta sustapen-materialengatiko gastuek gora egiten dute saltzaileen kopuruak gora egin ahala, taulan adierazitako erritmoan:

Saltzaileak	1	2	3	4
Saldutako liburuak	500	1.000	1.500	2.000
Kostu aldakorrak	9.500	19.000	28.000	38.500

Liburu bakoitzaren salmenta-prezioa 40 € eta enpresaren gastu finkoak 600 € direla jakinda:

a) Adierazi taula batean kostu finkoak *(KF),* kostu aldakorrak *(KA),* guztizko kostuak *(KG)* eta batez besteko kostuak *(Kbb),* bai eta guztizko sarrerak *(SG),* guztizko mozkina *(MG),* sarrera marjinalak *(Sma),* kostu marjinala *(Kma)* eta unitate bakoitzeko errendimendu marjinala (*Ema*).

b) Adierazi grafikoki argitaletxearen ekoizpena eta guztizko errendimendu marjinala.

c) Interpretatu emaitzak errendimendu beherakorren legearen arabera.

d) Adierazi zer kausak eman ahal izan duten, zure ustez, errendimendu beherakorren legea betetzeko aukera.

12. Irakurri testu hau eta erantzun ondoren ageri diren galderei:

«1960ko hamarkadaren amaieran, Freixenet enpresak inbertsio handiak eginak zituen cava-ekoizpena hobetzeko (hozte-sistemadun andelak, mostoaren hartzidurarako; eta dekantazio-ontziak, botilak eragiketa bakar batean mugitzeko), eta cava-salmentak handitzeko beharra zuen, eskala-ekonomiak lortu ahal izateko. Baina Espainian, merkatua finkatuta zegoen jada, eta oso zaila zen bezero gehiago lortzea merkatu nazionaleko gainerako ardo apardunen ekoizleen kontura. Merkatu handia atzerrian zegoen, eta, horregatik, 1970eko hamarkadan, Freixenetek nazioarteko merkatuetara heltzeko gestioak indartu zituen. 1974an, Cordón Negro cava, beira beltz esmerilatuko botilan merkaturatzen zena, gehien esportatzen zen cava zen. 2000n, Freixenetek 48 milioi botila inguru saldu zituen, mundu osoan kontsumitzen den cavaren % 80 inguru. Gaur egun, Freixenet taldeak munduko 130 herrialde baino gehiagotara esportatzen du, eta marka nagusia da kalitatezko ardo apardunen marken artean, Champagnekoak barne hartuta».

a) Zergatik zuen Freixenet enpresak cava gehiago saltzeko beharra, eskala-ekonomiak lortu ahal izateko?

b) Zergatik ez da betetzen errendimendu beherakorren legea horrelako enpresetan?

c) Produktu-desberdintzea faktore guztiz erabakigarria izan da Freixenet markak arrakasta izateko. Hori diogunean zertaz ari gara?

d) Iraganean, Espainiako cavak etiketatzean, champagne deitura erabiltzen zen. Ba al dakizu zergatik utzi zioten hori egiteari?

Enpresen helburuak.

13. Unitateko 3.2. taula kontuan hartuta, adierazi zer helburu lortu nahi dituen Apple enpresa teknologikoak honako kasu hauetan:

a) iPhonea asmatzea, 2007an.

b) Mikroprozesadoreak enpresa txikiago batzuei erostea.

c) Osagai elektrikoak, memoria, ukimen bidezko pantailak eta beste osagai batzuk luxuzko sakelako telefono bihurtzea, iPhone telefonoa, adibidez.

d) iPhone telefonoa eta ordenagailuak ekoiztea, munduko eskaria asetzeko.

Gizarte-erantzukizun korporatiboa (GEK).

14. Sailkatu neurri hauek dagokien GEKeko jarduketa-arloetan:

a) Amatasun-bajako aldia luzeagoa izatea sektoreko hitzarmen kolektiboan xedatutakoa baino.

b) Tokian tokiko hornitzaileekin soilik lan egitea.

c) Mozkinen zati bat bezeroek hautatutako GKE bati ematea.

d) Energia elektrikoa sortzeko eguzki-paneletan inbertitzea.

e) GEKeko informazio-buletinak bidaltzea prentsari eta partikularrei.

f) Kontrolatutako iturrietatik soilik datorren zur ziurtatuarekin lan egitea.

g) Mozkinaren zati bat langileen artean banatzea.

15. Bilatu Interneten:

a) Zure herrian edo autonomia-erkidegoan azkenaldian enplegua sortu duten enpresak.

b) Zure herrian edo autonomia-erkidegoan boluntariotzako edo gizarte-intereseko jarduerak egiten dituzten enpresak.

c) Hautatu bi enpresa handi eta bilatu haiek gizarte-erantzukizunaren arloan hartu dituzten neurri nagusiak.

Ekonomia-sektoreak.

16. Sailkatu enpresa-jarduera honako hauek dagokien ekoizpen-sektorean, eta imajinatu jarduera bakoitzean behar den eskulana gutxituko lukeen berrikuntza teknologikoren bat:

a) Telefonotegi bat.

b) Etxebizitzen eraikuntza.

c) Irakaskuntza.

d) Laranjen bilketa.

e) Zeramikaren ekoizpena.

f) Arrantza.

g) Biomedikuntza.

17. Esan esaldi hauek zuzenak ala okerrak diren.

a) Enpresa bat teknikoki efizienteagoa izango da beste enpresa bat baino, teknologia merkeagoa erabiltzen badu.

b) Guztizko kostua ekoizpen-bolumenaren arabera aldatzen da, proportzio zuzenean.

c) Enpresak mozkinak maximizatzeko izan beharko lukeen ekoizpen-maila bat dator, beti, enpresaren ekoizpen-ahalmenarekin.

d) Errendimendu marjinalak adierazten du zer unitate gehigarrira arte lortzen dituzten enpresek mozkinak.

e) Gizarte-erantzukizun korporatiboaren jardun-arloak gizartearen kezken arabera aldatzen dira.

- Idatzi argi dauzkazun eta zure ustez funtsezkoak diren unitateko bi ideia. Zerk lagundu dizu ideia horiek ikasten?
- Egin argi geratu ez zaizkizun unitateko alderdiei buruzko bi galdera.
- Idatzi unitate honetan sakonago aztertu nahiko zenituzkeen bi alderdi.

Interpretatzen ikasten: Produktibitatea

Produktibitate deritzo ekoitzitako ondasun- eta zerbitzu-kantitatearen eta ekoizteko erabilitako baliabideen arteko erlazioari. Enpresen eta herrialdeen hazkunderako faktore garrantzitsuena da produktibitatea. Eta logikoa da: askoz errazagoa da jada badagoena hobetzea makina berriak erostea edo langile berriak kontratatzea baino. Oro har, makinen ahalmen osoa erabiltzen da ordezten diren arte; beraz, produktibitatearen hobekuntza lortzeko bidea langileen prestakuntza izaten da. Produktibitate-hobekuntza hori teknologia-aurrerapenen edo, besterik gabe, kapitalak metatzearen bidez lortzen da.

- **Lan egindako orduak.** Espainiako ekonomia besteak baino gehiago hazten da garai onetan (esaterako ekonomiaren martxa ona, 2004. urtera arte). Krisi-garaietan, ordea, Espainiako ekonomiak suntsitzen du enplegu gehien. Espainiako ekonomiaren ahulezia horren arrazoia da ekonomian oso garrantzi handia dutela kualifikazio gutxiko eskulan asko erabiltzen duten sektoreek, hala nola eraikuntzak eta turismoak. Enpresek negozioaren martxaren arabera kontratatzen dutenez, garai onetan kontratazio-kopuruak beste sektore batzuetakoak baino handiagoak izaten dira batez beste, baina krisi-garaietan, asko murrizten dira.

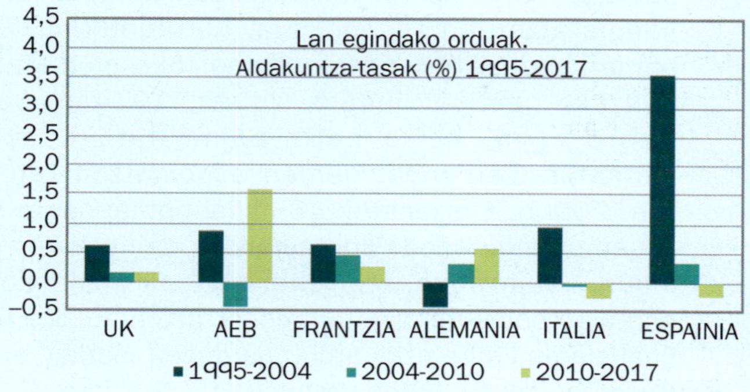

- **Lan egindako orduko produktibitatea.** Herrialde gehienetan, produktibitatea ekonomiaren martxaren araberakoa izaten da (gora egiten du garai onetan, eta behera, garai txarretan), baina Espainian ez da horrela gertatzen. Izan ere, enplegua suntsitzen denez, produktibitateak gora egiten du (langile gutxiagok atera behar dute aurrera ekoizpena). Gainerako herrialdeetan, berriz, produktibitatea txikiagoa da, jendea kaleratzera gutxiago jotzen delako eta enplegua banatzen delako, lanorduak gutxituz.

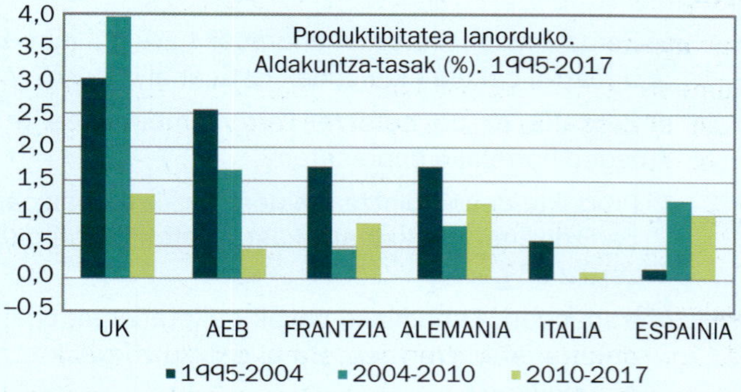

- **Faktoreen guztizko produktibitatea.** Lanaren produktibitateak ez du kontuan hartzen beste ekoizpen-faktoreen erabilera. Aurrerapen teknikoarekin (inspirazioarekin) lotutako produktibitate-hazkundea neurtzeko, faktoreen guztizko produktibitatearen (FGP) kontzeptua erabiltzen da. Neurri hori ***hazkunde adimendunarekin*** dago lotuta, eta ez ***hazkunde gogorrarekin*** (era guztietako kapitala metatuz lortzen den hazkundearekin).

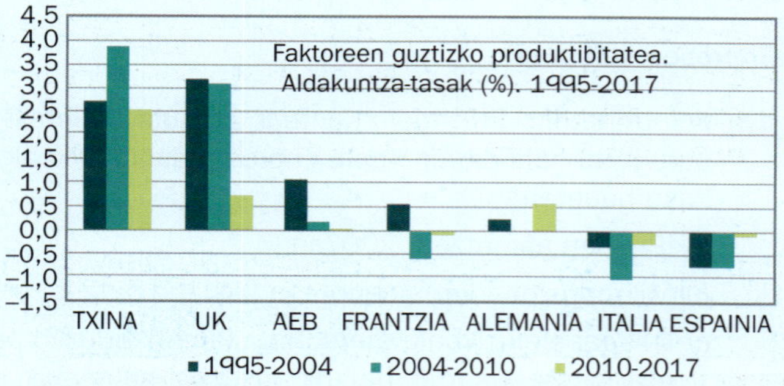

Galderak:

1. Espainian, 1995-2004 aldian, lan egindako orduen aldakuntza-tasa % 3,5 izan zen. Zer esan nahi du horrek?
2. Espainiaren ekonomia kualifikazio gutxiko eskulana behar duten sektoreen mende dago, hala nola turismoaren eta eraikuntzaren mende. Zer abantaila eta zer eragozpen sortzen ditu ezaugarri horrek?
3. Ez al da kontraesankorra Espainian krisi-garaian produktibitateak gora egitea? Azaldu.
4. Zertan dira desberdinak produktibitate-mota hori eta hazkunde gogorra izenekoa?

Dilema: Gehieneko muga alokairurako?

Alokairu sozialei dagokienez izan ezik, etxebizitzen alokairu pribatua ez dago araututa. Hiri batzuetan, etxebizitza-eskasia dela eta (alegia, eskaintza txikia), alokairuen prezioak izugarri igotzen ari dira, jabeen espekulazioaren ondorioz, ohartu baitira jabetzan dituzten etxebizitzen guneak errebalorizatu egin direla (hau da, eskari handia). Jabeek, kasu batzuetan, maizterren kontratuak berritzeko unea iristean, kalean uzten dituzte praktikan, eskatzen dizkieten alokairu-igoera neurrigabeen ondorioz. Jabeen interes pribatua dago, batetik, eta maizterrek etxebizitza arrazoizko prezioan izateko duten eskubidea, bestetik. Jabeak, bestalde, alokairutik lortutako diru-sarreren mende ere egon daitezke beren bizi-mailari eusteko. Izan ere, gerta liteke jabetzan duten etxebizitza alokatzea eta beste leku merkeago batean alokairuan bizitzen egotea.

Eztabaida:

Hona hemen bi aukera: batetik, merkatuari alokairuaren prezioak ezartzen uztea, mugarik gabe, eta, bestetik, gehienezko alokairuak legez ezartzea. Hautatu bi aukera horietako bat eta eman horren aldeko argudioak bost ikaskideko taldean. Taldeak erabakitakoa eztabaida batean defendatuko da, beste aukeraren alde egin duen talde baten aurka.

Zinema-proposamena: *Garai modernoak*

Zuzendaria: Charlie Chaplin.

Aktoreak: Charlie Chaplin, Paulette Goddard, Henry Bergman

Laburpena:

Filmean fabrika bateko langile baten zorigaiztoa kontatzen da. Langile hori lanetik baztertu egin dute, lan monotono eta errepikakorra egiteagatik izandako nerbio-krisi larri-larri bat pairatu ondoren.

Hausnarketa-gakoak:

Lanaren banaketa, espezializazioa, kate-ekoizpena, langabezia, ekonomia-krisia eta lan-gatazkak.

Galderak:

1. Zer industria- eta gizarte-alderdi ageri dira filmean?
2. Itxuraz komedia bat da, baina zer kritikatzen du filmak?
3. Zer gatazka-mota daude filmaren testuinguruaren atzean?
4. Enplegu bat lortzeko ahaleginak sortutako etsipenak gaur egun pentsaezinak diren lan-baldintzak onartzera bultzatzen ditu langilek. Deskribatu 1929tik lan-arloan izandako aurrerapenak (urte horretan gertatzen da filmean kontatutakoa).

Bineta

4. Merkatua

Unitate honetan hau ikasiko duzu:

- Merkatua eta eskaria.
- Eskaintza.
- Merkatuaren oreka.
- Prezio-elastikotasuna.

Milioika produktu eskualdatzen dira egunero merkatuetan. Erosleek eta saltzaileek kontrako estrategiak baliatzen dituzte trukeetan: erosleak ahalik gutxien ordaintzen saiatzen dira, eta saltzaileek, berriz, ahalik gehien kobratu nahi dute.

Hala ere, prezioa ez da kontuan hartu beharreko faktore bakarra. Modek, erosahalmenak eta beste ondasun batzuen prezioek baldintzatzen dute erosleen portaera. Saltzaileek, berriz, kontuan hartu behar dute zenbat kostatzen zaien ekoiztea, eta, horrez gain, batzuetan gutxiago irabazteak ere merezi lezakeela, beste helburu batzuk lortzen badira.

Erosleak zein zaintzaileak prezioen aldakuntzen eraginpean daude, baina, kontsumitzaile moduan, igotzen direnean eta igoera horiek baztertu nahi ez ditugun edo baztertu ezin ditugun produktuei eragiten dienean soilik kezkatzen gara.

Ba al dakizu zer den merkatua?
Zer ikasi nahi duzu?

Ba al dakizu zer den eskaintza?
Ba al dakizu zer den eskaria?
Ba al dakizu zer den prezio-elastikotasuna?

Gurutze Gorriaren paketeak, azenarioak eta txokolatea

«Azkenean, merkaturatzen dugun produktuaren onarpena hartzen da aintzat merkatuan, beste edozer baino gehiago. Azenarioak, txokolatea, zigarretak, gazta, urdaiazpikoa, margarina? Bigarren Mundu Gerrako preso aliatuek Gurutze Gorriak ematen zizkien paketeetako produktuak oso garrantzitsuak zirela pentsatuta ere, merkatuaren epai eztabaidaezina onartu behar izaten zuten egunero: lata bat urdaiazpikok libra-erdi margarina balio zuen; gazta zati baten truke, zazpi zigarreta ziren ordaindu beharreko prezioa; ogiak bi txokolate-zati balio zuen; eta azenarioek, berriz... Lata bat azenariok ez zuen ezertxo ere balio; beraz, preso guztiek jan egiten zituzten, zalantzatan ibili gabe.

1943an, Mühlbergeko (Alemania) gerra-presoen IV-B esparruan, Gurutze Gorriaren bidalketak zeruko mana ziren, eta presoek aldian behin jasotzen zituzten, denak berdin, ezer egin beharrik gabe. Dirua ere ez da beharrezkoa merkatua egoteko. Eta gerra-presoen esparruan, zigarretak truke gehienetan erabiltzen ziren. Zituzten gauzetatik, hori zen diruaren antzekoena: zatigarria, gordetzeko modukoa, eta denek onartua.

Egun batean, dena aldatu zen. Gerran, Italia alderdiz aldatu zen, eta alemaniarren etsai bihurtu zirenez, italiar presoak hasi ziren esparrura iristen. Haiek ere Gurutze Gorriaren paketeak jaso zituzten. Laster, gazta-zati bat hamar zigarretaz eta, batzuetan, hamabi zigarretaz trukatzen zen. Eta ogi baten truke, 3 txokolate-zati ere lor zitezkeen. Kanpamentuko merkatuak aztoratuta zeuden, prezio guztiak aldatzen ari ziren, eta, den-denetik txundigarriena, ez zen inoiz ezer falta saltokietan (…)».

(R A. Radford-en *Preso-esparru baten ekonomia-antolaketa* lanetik moldatua.)

Hausnartu

1. Zer eragin izan zuen italiarrak kanpamentura iristeak?
2. Testuko datuak kontuan hartuta, jakingo al zenuke zein ziren italiarren produktu gogokoenak? Nola ondorioztatu duzu?
3. Testuan, hau esaten da: «ez zen inoiz ezer falta saltokietan». Zure ustez, zer eragin izan zuten prezio-aldaketek hori horrela izateko?

1. Merkatua eta eskaria

Ba al zenekien...?

2. unitatean ikasi dugunez, ondasunak eta zerbitzuak merkatuaren bidez esleitzeari dagokionez, herrialde komunistak edo marxistak dira salbuespena. Herrialde horietan, botere zentral batek erabakitzen du esleipen hori, aldebakarretik. Sistema horrek Kuban, Ipar Korean eta Txinan soilik dirau, baina ñabardura askorekin.

Merkatua, berez, produktuak saltzeko eta erosteko leku fisikoa izan da orain arte. Baina, gaur egun, zenbait teknologiaren garapenari esker (posta, telegrafoa, telefonoa eta Internet, esate baterako), gure bizimodua asko erraztu da, eta, zenbaitetan, ez dugu leku fisiko jakin batera joan beharrik ere produktuak erosteko edo saltzeko. Fisikoa izan edo elektronikoa izan, merkatua da oraindik ere familiak, enpresak eta sektore publikoa harremanetan jartzeko lekua, ondasun- edo zerbitzu-trukeen inguruan ados jartzeko, dela erosle izanda, dela saltzaile izanda.

Merkatu esaten zaio eskaintzaileek (saltzaileek) eta eskatzaileek (erosleek) produktu edo zerbitzu jakin baten inguruan egindako salerosketa-jardueren multzoari.

Hori dela eta, merkatu orok hiru elementu ditu (4.1. irudia):

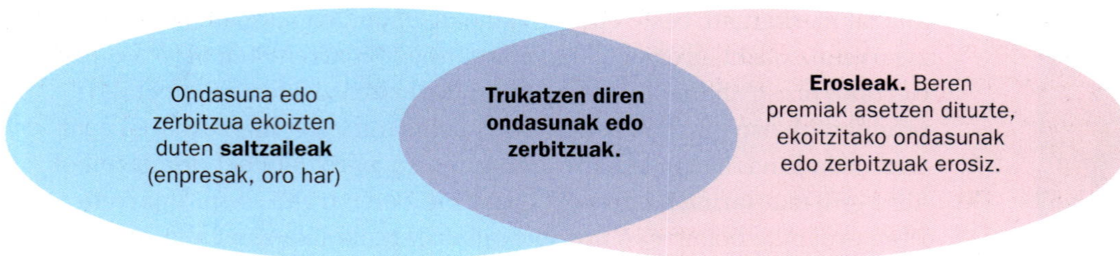

4.1. irudia. Merkatuen elementuak (saltzaile gehienak enpresak dira, eta kontsumitzaile gehienak, berriz, familiatan elkartutako erosleak).

Lexikoa

Ceteris paribus. Latinezko esamoldea da, eta hitzez hitz, hau esan nahi du: gainerako guztia berdina izanik. Ekonomian, hau adierazteko erabiltzen da: faktore bat kenduta, gainerakoak aldatzen ez direla.

Merkatu bakoitzari hartan trukatzen den produktuaren izena jartzen zaio; esate baterako, etxetresna elektrikoen merkatua, etxebizitzaren merkatua, musikaren merkatua, lan-merkatua eta abar. Hala eta guztiz ere, trukea egoteko, bi aldeek nahi dutenari eta eskaintzen dutenari buruzko posizionamendua egon behar du aldez aurretik. Esate baterako, freskagarri bat nahi dugunean, badakigu zenbat ordaintzeko prest gauden, gutxi gorabehera, eta kafetegiek eta dendek ere badakite zer prezio kobratu behar duten, lehiakideengana joan gaitezen nahi ez badute. Freskagarria nahi dutenak eskatzaileak dira, eta tabernak edo dendak, berriz, eskaintzaileak.

Ekonomiaren ikuspegitik, **eskaria** dagoela esaten da ondasun edo zerbitzu jakin bat erosi nahi denean, eta **eskaintza,** berriz, ondasun edo zerbitzu jakin bat saldu nahi denean. Aurrez aurreko ikuspegiak adierazten dituzte, batzuek merke erosi nahi dute-eta besteek garesti saldu nahi dutena:

- **Eskariak** kontsumitzaileen ikuspuntua adierazten du.
- **Eskaintzak** enpresen ikuspegia adierazten du.

1.1. Eskaria

Eskatzaileok edo erosleok merkatura jotzen dugu gure premiak asetzeko interesatzen zaizkigun produktuak erosteko.

Eskariak adierazten du eskatzaileak merkatuan ondasun baten zer kantitate erosteko prest dauden.

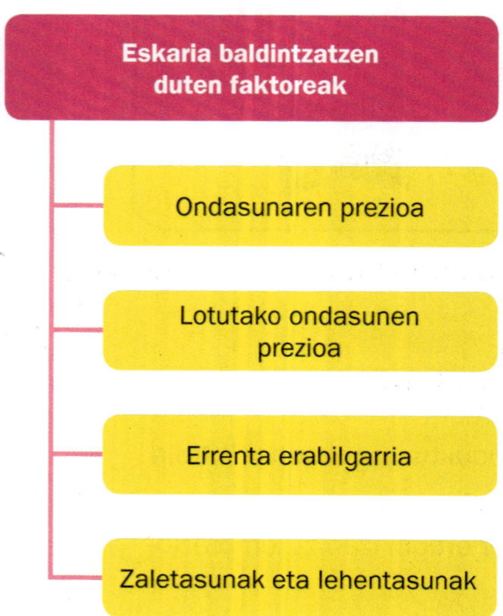

4.2. irudia. Eskariak erosleek erosi nahi duten produktu-kantitatea adierazten du.

Faktore askok eragiten dute ondasun batetik eskatzen den kantitatean, baina honako hauek dira adierazgarrienak: ondasunaren prezioa, lotutako ondasunen prezioa eta kontsumitzailearen zaletasunak eta lehentasunak (4.2. irudia). Sinplifikatzeko, lehenbiziko faktorea aztertuko dugu, **prezioa**, hori izaten baita garrantzitsuena, eta, ondoren, gainerako faktoreak aztertuko ditugu.

1.2. Eskariaren kurba

Beste ekonomia-kontzeptu batzuk bezala, eskaria modu sinplifikatuan aztertzen da, kontzeptu konplexua baita. Horregatik, prezioa izango da kontuan hartuko dugun faktore bakarra, eta gainerako faktoreak konstante geratzen direla hartuko dugu aintzat (***ceteris paribus*** irizpidea). Sinplifikazio horri eskariaren funtzioa esaten zaio.

Eskariaren funtzioak adierazten du erosle bat ondasun baten zer kantitate dagoen erosteko prest prezio jakin batean.

Eskariaren funtzioa honela adierazten da grafikoki (4.3. irudia):

- Ardatz-diagrama bat marraztuko dugu. Diagraman, ardatz bertikalean, ondasunaren prezioak adieraziko ditugu (P), eta ardatz horizontalean, berriz, eskatutako kantitateak (Q).
- Kontsumitzaileek eskatzen dituzten kantitateak (Q_1, Q_2, Q_3...) jarriko ditugu aintzat hartutako prezioekin (P_1, P_2, P_3...), eta zenbait puntu lortuko ditugu lerro horiek elkar ebakitzen duten lekuan (*A, B, C*...). Kontuan izan behar dugu ondasun baten eskaria alderantziz proportzionala dela haren prezioarekiko; hau da, kontsumitzaileak portaera arrazionala du, eta produktua zenbat eta merkeagoa izan, orduan eta gehiago kontsumituko du, eta alderantziz.
- Horrela lortutako puntuak elkartuta, eskariaren kurba marraztuko dugu.

Ondasun baten **eskariaren kurba** eskariaren funtzioaren adierazpen grafikoa da.

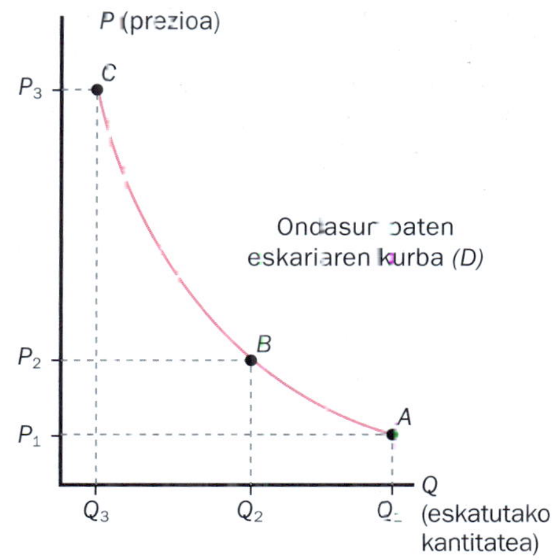

4.3. irudia. Eskariaren funtzioaren adierazpen grafikoa.

1. jarduera ebatzia. Sandwichen eskariaren kurba

Saioak sandwichak gogoko ditu. Izkinako dendan, 3 €-an erosten ditu eta sarritan joaten da hara lagunekin. Beste leku batzuetan, 4 edo 5 € ordaindu behar izaten ditu, baina gutxiagotan joaten dira leku horietara, garestiak direla uste dutelako, eta, gainera, batzuetan ogitartekoak erosten dituzte sandwichen ordez, beti merkeagoak direlako. Larunbatetan astean zehar baino sandwichen bat gehiago kontsumitzen dute, paga-eguna delako. Asteko eguna alde batera utzita, sandwich gehiago kontsumitzen dute 2 €/aleko eskaintza dagoenean. Hala ere, prezioak edozein direla ere, azkenaldian nahiago dituzte entsaladak, dieta orekatua egitea modan jarri delako. Saioak eta haren lagunek bezala, beste milioika kontsumitzailek portaera bera dute. Prezio bakoitzerako kontsumitzaileek zer plan duten bilduz gero, sandwichen merkatuaren eskaria adierazten duen taula egin daiteke, bai eta eskariaren kurba ere (4.4. irudia).

Sandwich bakoitzaren prezioa, eurotan (*P*)	1	2	3	4	5
Eskatutako sandwich-kantitatea (milioi aletan, *Q*)	250	180	130	100	80

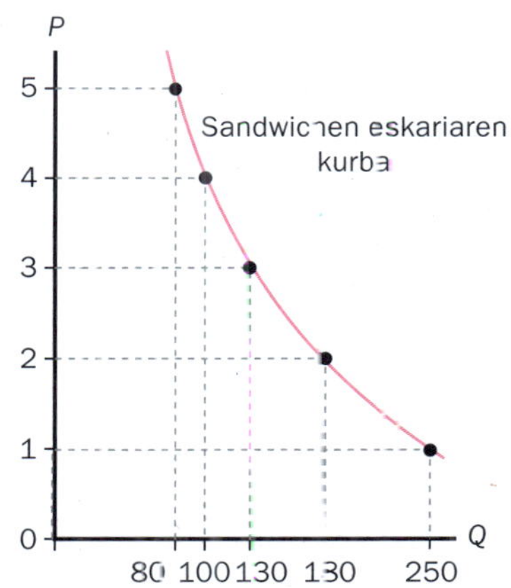

4.4. irudia. Sandwichen eskariaren kurba.

Zer faktoreren mende daude Saioaren eta haren lagunen kontsumo planak?

Soluzioa:

Saioaren eta haren lagunen planak prezioaren mende daude, batez ere. Haien kontsumoak gora egiten du prezioa jaistean (eta alderantziz), baina, batzuetan, beste faktore batzuk ere sartzen dira jokoan. Diru gehiago dutenean (errenta erabilgarriak gora egin du), sandwich gehiago kontsumitzen dituzte, baina prezioa garestia dela iruditzen zaienean, ogitartekoak kontsumitzen dituzte sandwichen ordez. Eta batzuetan, ez dute sandwichik jaten dieta orekatua egitea modan jarri delako.

Jarduerak

1. Zer hiru elementu behar ditu merkatu orok funtzionatu ahal izateko?

2. Eskariaren kurban, zergatik dute alderantzizko portaera prezioak eta kantitateak?

3. Nola lotzen dira eskariaren funtzioa eta kurba?

4. 1. jarduera ebatziari dagokionez:

a) Zer faktorek bultzatzen du entsaladen kontsumoa?

b) Zer-nolako eragina dute ogitartekoek sandwichen eskarian?

1.3. Eskaria baldintzatzen duten beste faktore batzuk

4.5. irudia. Kapitain Amerikaren zigilua. Ondasun batzuen moda ez da pasatzen; are gehiago, gure bizitzako parte bihurtzen dira. Komikian sortu zutenetik (1940) Marvel Studios-en film berrienetara arte, pertsonaiak gero eta ospe handiagoa lortu du. Gaur egun, haren irudia produktu askotan erabiltzen da: koloniak, eskola-materiala, ur-botilak, zigiluak...

Prezioaz gain, ondasun baten eskarian beste faktore batzuek ere eragiten dute. Honako hauek hain zuzen ere:

1. **Lotutako ondasunen edo zerbitzuen prezioa.** Ondasunek elkarren artean duten erlazioak ere baldintzatzen du kategoria bakoitzeko eskaria (4.1. taula).

Ondasun osagarriak
Elkarrekin doazen ondasunak dira; hau da, batera kontsumitzen direnak. Esaterako, inprimagailua eta tinta, oinetakoak eta lokarriak, automobila eta gasolina... Ezin da bat kontsumitu bestea kontsumitu gabe. Horren ondorioz, ondasun-bikote horietako osagai baten prezioak gora edo behera egiteak gorakada edo beherakada eragiten du eskatutako kantitatean, bai ondasunarenean, bai ondasun osagarrienarenean.
Ordezko ondasunak
Erabiltzean edo kontsumitzean, produktu horiek beraiek asetzen duten behar berbera asetzeko produktuak bazterrarazten dituzten produktuak dira. Horrelakoak dira, esaterako, udareak eta sagarrak, tea eta kafea, eta sakarina eta azukrea. Ordezko ondasun baten prezioak gora egiten badu, haren eskariak behera egingo du, beste ordezko ondasun baten mesedetan. Adibidez, azukrea eta sakarina ordezko ondasunak dira, elkar baztertzen dutelako; hau da, bat kontsumitzen badugu, bestea ez dugu kontsumitzen. Azukrearen prezioak gora eginez gero, sakarinaren eskariak gora egingo luke (prezio berean jarraitzen baldin badu), eta sakarinaren prezioak gora eginez gero, azukrearen kontsumoa bultzatuko luke.

4.1. taula. Ondasun-motak, elkarrekiko erlazioaren arabera.

2. **Errenta erabilgarria**. Erosahalmenak erosteko balia daitekeen diru-kantitatea baldintzatzen du, eta, horren ondorioz, kontsumitzaile batek eskatzen duen produktu-kantitatea ere bai. Dena den, errenta-gehikuntza orok ez du zertan eragin eskatutako ondasun eta zerbitzu guztien kantitatea handitzea, hori ondasun-motaren araberakoa izango baita. Ondasun jakin baten eskariaren eta errenta-gehikuntzaren arteko erlazioari erreparatuz, ondasunak hiru taldetan sailkatzen dira (4.2. taula).

4.2. taula. Ondasun-motak, eskatutako kantitatearen eta errentaren arteko erlazioa kontuan hartuta.

Behe-mailako ondasunak
Eskatzailearen errentak gora egitean gutxiago eskatzen diren ondasunak. Esaterako, errenta handitzean, mahaiko ardoaren edo garraio publikoaren ordez, kalitate handiagoko beste ondasun eta zerbitzu batzuk baliatzen dira; adibidez, sor-marka duen ardoa eta taxia, hurrenez hurren.
Ondasun arruntak
Ondasun-mota horretan, eskatutako kantitateak eskatzaileen errentaren proportzio berean egiten du gora. Ondasun eta zerbitzu gehienak kategoria horretakoak dira; esaterako, etxebizitza, etxetresna elektrikoak eta automobilak.
Luxuzko ondasunak
Errenta txikia denean, kantitate txikian kontsumitzen direnak, edo batere kontsumitzen ez direnak. Errentak gora egitean haien erabilera edo kontsumoa nabarmen igotzen da. Proportzioan, eskatutako kantitatearen gehikuntza handiagoa da eskatzaileen errentarena baino. Oro har, gizarte-ospea ematen diote kontsumitzaileari. Horrelakoak dira, esaterako, bitxiak eta luxuzko autoak.

3. **Kontsumitzailearen lehentasunak.** Prezioak edo errenta alde batera utzita, zaletasunek, lehentasunek eta modak ere eragina dute eskatzaileen portaeran.

Ba al zenekien...?

Askotan, moda baten jatorria enpresa handien publizitate-kanpainak dira. Izan ere, gure zaletasunak moldatu nahi izaten dituzte haien produktuak edo zerbitzuak eska ditzagun.

***1. behatokia.* Araua betetzen duen salbuespena: Giffen ondasunak**

Giffen ondasunek ez dute eskariaren legea betetzen (prezioa zenbat eta handiagoa izatean, orduan eta txikiagoa izatea eskaria), haien **eskaria handitu egiten** baita, **prezioak gora egin ahala,** erosahalmen errealak behera egitearen ondorioz. Prezioak gora egitean, hautatzeko ahalmena murriztu egiten da; beraz, produktu horretatik eskatutako kantitatea are gehiago handitzen da. Giffen ondasunen adibide tipikoa elikagai merkeenak dira, baliabide gutxien dituzten familien elikaduraren oinarria baitira.

Hausnartu:

a) Azaldu zer gertatuko litzatekeen familia horien eskariarekin, haien elikaduraren oinarria izaki beti jaten duten produktuaren prezioak gora egingo balu.

b) Giffen ondasunek kontsumitzaile-mota jakin batzuk soilik dituzte? Zergatik?

Lekualdaketak eskariaren kurban

Eskariaren kurban, ondasun baten prezioa zenbat eta handiagoa izan, orduan eta txikiagoa da eskatutako kantitatea, eta alderantziz (4.3. irudian ikusten den bezala). Ondasunaren prezio-aldaketen ondorioz gerta daitezkeen kantitate-aldaketak adierazten dituzten mugimenduak kurban bertan gertatzen dira, kurba aldatu gabe geratzen dela. Baina, eskaeraren portaeran eragiten duten gainerako faktoreetakoren bat aldatzean, kurba ezkerrerantz edo eskuinerantz lekualdatzen da (4.3. taula).

<table>
<tr><th colspan="2">Eskariaren kurbaren lekualdaketak</th><th></th><th></th></tr>
<tr><th>Eskatutako kantitateak behera egitea</th><th>Eskatutako kantitateak gora egitea</th><th></th><th></th></tr>
<tr><td>D-tik D'-ra
(Ezkerrera)
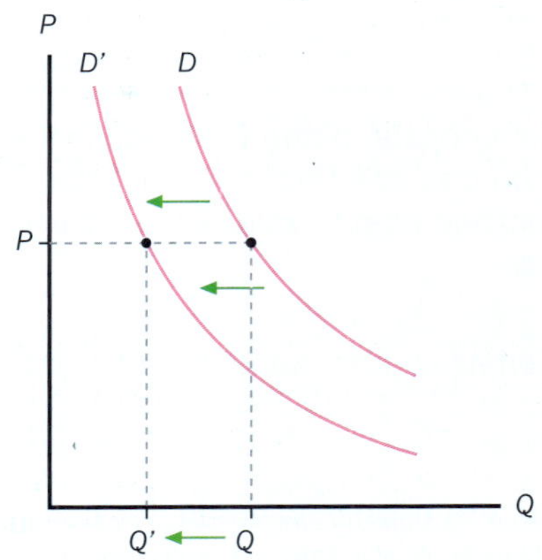
</td><td>D-tik a D"-ra
(Eskuinera)
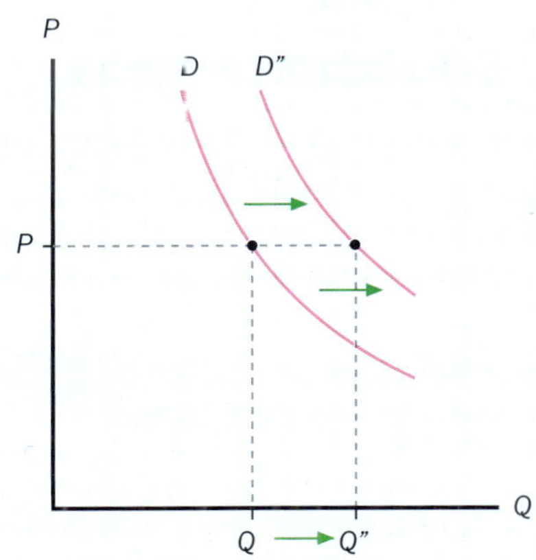
</td><td></td><td></td></tr>
<tr><td>• Ordezko ondasunen prezioak behera egitea.
Diesel-autoen prezioak behera egingo balu, gasolinazkoen prezioa aldatu gabe, gasolinazkoen eskariak behera egingo luke.
• Ondasun osagarrien prezioak gora egitea.
Demagun autoen prezioa ez dela aldatzen, baina gasolinaren prezioak gora egiten duela; orduan, gasolinazko autoen eskariak behera egingo luke, eta prezio bera izanda, diesel-autoen eskariak gora egingo luke.</td><td>• Ordezko ondasunen prezioak gora egitea.
Sakarinaren prezioak gora egingo balu, azukrearena aldatu gabe, jendeak, prezio berean, azukre gehiago kontsumitzea hautatuko luke.
• Ondasun osagarrien prezioak behera egitea.
Azukrearen ondasun osagarri baten prezioak behera egiten badu (esaterako, kafearen prezioak), ondasun osagarri horren eskariak gora egingo luke, eta, horren ondorioz, prezio berean, azukrearen eskariak ere gora egingo luke.</td><td>Lotutako ondasunen prezioa</td><td rowspan="3">Prezioaz gain, eskarian eragiten duten faktoreak</td></tr>
<tr><td>Errentak behera egitea.
«Gerrikoa estutzea» esamoldeak oso era adierazgarrian islatzen du kontsumoa baliabideetara egokitzeko beharra.</td><td>Errentak gora egitea.
Erabiltzaileen erosahalmena handitzen bada, produktu-kantitate handiagoa kontsumituko dute prezio berean.</td><td>Errenta erabilgarria</td></tr>
<tr><td>Moda pasatzea.
Beste denboraldi batzuetako arropa edo bideo-jokoak horren adibide onak dira.</td><td>Modan jartzea.
Moden behin-behinekotasunarekiko mendekotasun handiena duten produktuak jantziak, saritutako filmak eta udako abestiak dira.</td><td>Zaletasunak edo lehentasunak</td></tr>
</table>

4.3. taula. Eskariaren kurbaren lekualdatzeak, ezkerrera eta eskuinera.

Jarduerak

5. Adierazi ondasun hauen ondasun osagarri eta ordezko ondasun bana: bideo-jokoen kontsola bat, *smartphone* bat, lentilla batzuk, bizar-xafla batzuk eta lanpara bat.

6. Eman ondasun-kategoria hauetako hiruna adibide: behe-mailakoak, arruntak eta luxuzkoak.

7. Adierazi grafikoki zer-nolako eragina izango duten honako kasu hauek diesel-autoen eskariaren kurban:

a) Diesel-autoen prezioak gora egitea.

b) Gasolinaren prezioak gora egitea.

c) Auto elektrikoak modan jartzea.

d) Dieselaren aurkako legedia onartzea.

2. Eskaintza

> **Gogoan izan**
>
> Aurreko unitateetan, honako hauek ikasi ditugu: herrialde edo enpresa baten ekoizpen-aukerak beren ekoizpen-faktoreen kantitatearen eta kalitatearen araberakoak izango direla, eta enpresa-mozkinak kalkulatzeko, sarrerak ken gastuak egin behar dela.

Atal honetan, eskaintzaileen portaera aztertuko dugu; hau da, merkatuaren funtzionamendua saltzaileen ikuspegitik. Oro har, saltzaileak enpresak izaten dira.

Eskaintzak adierazten du enpresak ondasun baten zer kantitate ekoizteko prest dauden.

Enpresek produktuak eskaintzen dituzte merkatuan, diruaren truke. Ahalik etekin handiena lortzea da enpresen helburu nagusietako bat, eta produktuen truke kobratu ahal izango duten prezioa faktore erabakigarria izango da zer kantitate ekoitziko duten erabakitzeko. Eskainitako kantitatean eragiten duten beste faktore batzuk ekoizpen-baliabideen kostua eta enpresa-helburuak dira.

2.1. Eskaintzaren kurba

Eskaintzaren funtzioak adierazten du nola aldatzen den ondasun baten eskainitako kantitatea, eskaintzan eragiten duten faktoreen arabera. Prezioa izan ezik faktore guztiek konstante badiraute, eskaintzaren funtzioari eskaintza-prezioa funtzioa esaten zaio. Eskaintza-prezioa funtzioa da ekonomia-analisietan gehien erabiltzen dena.

Eskaintzaren funtzioak adierazten du produktu edo zerbitzu bat zer kantitatetan ekoitziko luketen enpresek prezio bakoitzean.

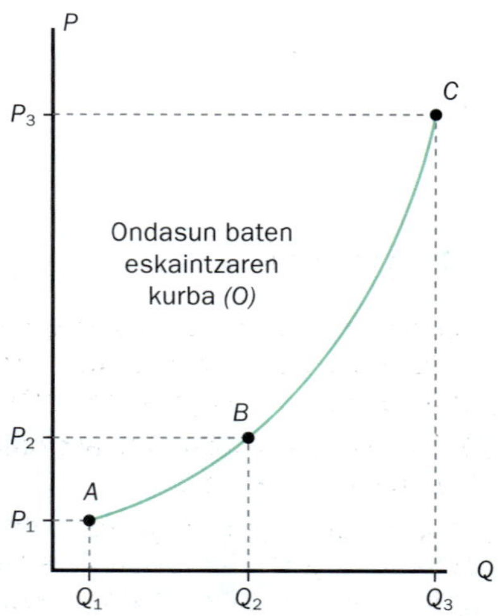

4.6. irudia. Eskaintzaren funtzioaren adierazpen grafikoa. Merkatuan lor dezaketen prezioa zenbat eta handiagoa izan, orduan eta kantitate handiagoa eskaintzen dute enpresek.

Eskariaren funtzioan bezala, eskaintza-prezioa funtzioa ere ekonomia-eredu bat denez, eskaintzaren funtzioan, ondasun baten eskainitako kantitatearen eta faktore bakarraren arteko erlazioa aztertzen da, eta gainerako faktoreak konstante geratzen direla hartzen da aintzat (*ceteris paribus* irizpidea). Eskaintzaren funtzioa aztertzean, aldagai moduan erabili ohi den faktorea **prezioa (P)** izaten da. Beraz, aurrerantzean, eskaintzaren funtzioa edo haren adierazpen grafikoa (eskaintzaren kurba) aipatzen dugunean, eskaintza-prezioa funtzioaz ari garela ulertu behar da, eta gainerako faktoreek –ekoizpen-baliabideen kostua eta enpresa-espektatibak– konstante jarraitzen dutela (4.6. irudia). Eskaintzaren funtzioa grafikoki adierazteko prozedura aurreko atalean eskariaren kurba adierazteko erabilitako prozeduraren oso antzekoa da.

Ondasun baten **eskaintzaren kurba** eskaintzaren funtzioaren adierazpen grafikoa da.

2. jarduera ebatzia. Sandwichen eskaintzaren kurba

Demagun taula honetan ageri direla sandwich-denden salmenta-planak:

Sandwich bakoitzaren prezioa, eurotan (*P*)	1	2	3	4	5
Eskainitako sandwichen kantitatea (milioika aletan, Q)	0	80	130	150	200

a) Adierazi eskaintzaren kurba grafikoki.

b) Zer-nolako portaera du eskariaren kurbaren aldean?

Soluzioa:

a) 4.7. irudian, kurbaren adierazpen grafikoa dago.

b) Eskaintzak eskariaren kontrako portaera du; izan ere, sandwichen prezioa zenbat eta handiagoa izan, merkatuari orduan eta kantitate handiagoa eskaintzeko prest daude enpresak, eta alderantziz.

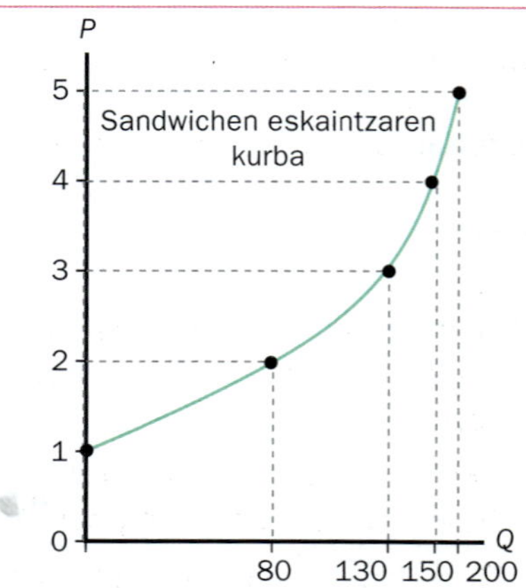

4.7. irudia. Sandwich-saltzaileen eskaintzaren kurbaren adierazpen grafikoa.

2.2. Eskaintza baldintzatzen duten beste faktore batzuk

Prezio da enpresek eskaini nahi duten kantitatea erabakitzeko faktore erabakigarria, baina ez da bakarra. Prezioaz gain, ondasun baten eskaintza faktore hauen araberakoa da (4.4. taula):

Ekoizpen-kostuak	Ekoizpen-baliabideen **kostuak gora egiten** badu, **etekinak txikitu egiten** dira, eta, horren ondorioz, baliteke enpresek eskaintza murriztu behar izatea, gutxiago gastatzeko. Ekoizpen-kostuetan eragiten duten aldagaietako batzuk hauek dira: langileen soldatak, zergak eta makinak. Erabiltzen den teknologiak edo baliabide-konbinazioak ere eragina du, jakina, kostuetan, teknologia batzuetan eskulanaren erabilera intentsiboagoa egiten baita, eta beste batzuetan, berriz, makinena. Enpresek ekoizpen-baliabideen igoeraren kostu hori bezeroei jasanaraz diezaiekete, ondasunen eta zerbitzuen prezioa igoz, baina aukera hori ez da beti posible izaten, eta, gainera, bezeroak galtzeko arriskua dago.
Enpresa-helburuak	Enpresa batek merkatuan eskaintzen dituen unitateen kopurua **espektatiben** araberakoa ere izan daiteke, eta horrek eragina du enpresa-**helburuetan**. Ez da gauza bera gora egiten ari den merkatu hasiberri baterako ekoiztea (esaterako, telekomunikazioen merkatua) edo merkatu tradizional baterako ekoiztea (esaterako, larruaren eta oinetakoen merkatua). Lehenbizikoan, enpresa-espektatibak oso handiak dira, eta bigarrenean, berriz, mugatuak. Gora egiten ari diren merkatuetan, lehenbiziko helburua ekoizpena eta salmenten kopurua maximizatzea izaten da, denbora egongo baita gero etekinak maximizatzeko, enpresa merkatu horretan finkatu eta sendotzen denean.

4.4. taula. Eskaintza baldintzatzen duten faktoreak.

Lekualdaketak eskaintzaren kurban

Prezio-aldaketek eskaintzaren kurban bertan eragiten dituzte mugimenduak, kurba aldatu gabe. Gainerako faktoreen aldaketek, berriz, eskaintzaren kurba ezkerrerantz edo eskuinerantz lekualdatzea eragiten dute (4.5. taula).

Eskaintzaren kurbaren lekualdaketa			
Eskainitako kantitateak behera egitea	**Eskainitako kantitateak gora egitea**		
Otik O'-ra (ezkerrera) 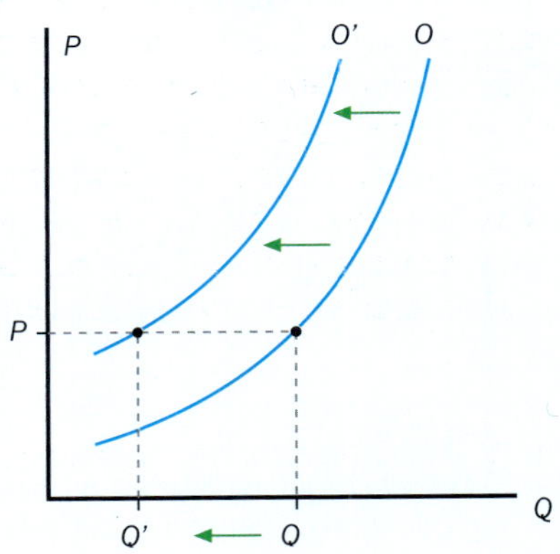	*Otik O"-ra* (eskuinera) 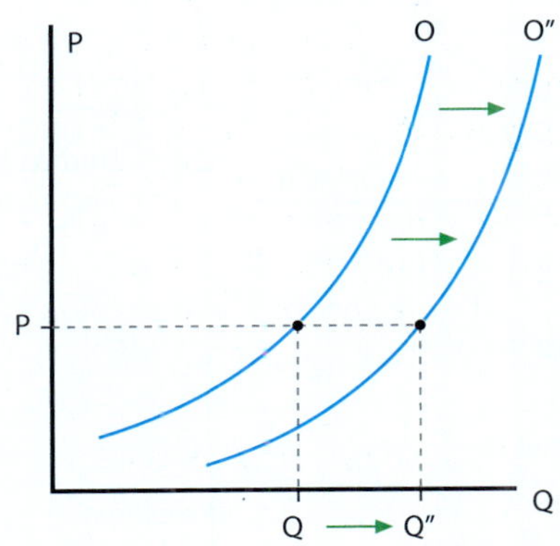		
Ekoizpen-faktoreen kostuak gora egitea.	Ekoizpen-faktoreen kostuak behera egitea.	**Ekoizpen-kostuak**	**Prezioaz gain, eskaintzan eragiten duten faktoreak**
Esate baterako, mozkinak maximizatzea.	Esate baterako, merkatu-kuota eskuratzea.	**Enpresa-helburuak**	

4.5. taula. Eskaintzaren kurbaren lekualdaketa, ezkerrera eta eskuinera.

> ***Gogoan izan***
>
> **Gastuak** dira enpresak mozkinak lortzeko egin behar duen ordainketa oro, ordaintzean zerbait ukigarria lortu gabe.
>
> Ekoizpen-prozesuarekin lotutako gastuei **kostu** esaten zaie.
>
> Ordainketak enpresan geratzen den zerbait ukigarria (makinak, ordenagailua, etab.) erosteko badira, **inbertsioak** egin direla esaten da.

Jarduerak

8. Eskaintzaren kurban, ez al da kontraesana kantitateak gora egitea prezioak gero eta gehiago igotzean? Eman adibide bat.

9. Azaldu nola eragiten duten enpresa-helburuek produktu bat merkatuan eskaintzerakoan.

10. Eskaintzaren kurban, zer eragin du ekoizpen-faktoreen kostuak behera egiteak?

11. xx. mendearen amaieran, eta sakelako kalkulagailuen merkatua bereganatzeko helburuz, Casio enpresa japoniarrak milioiak eta milioiak inbertitu zituen kalkulagailuak ekoiztearen kostuak murrizteko, merkatua etorkizunean inbertsioa berreskuratzeko aukera emateko adina haziko zelako itxaropena baitzuen. Denborak arrazoia eman zion Japoniako markari: hasieran etekin txikiagoak izan arren, epe luzera, esperientzia-kurbari esker, kostu-abantaila handiagoak izan zituen, eta sektoreko lider bihurtu zen.

Azaldu Casio enpresaren erabakiak, eskaintzaren ikuspegitik.

3. Merkatuaren oreka

Merkatuan bat egiten dute erosleek eta saltzaileek, bakoitzak bere kontsumo-planak eta ekoizpen-planak dituela, dagozkien eskariaren eta eskaintzaren kurba eta guzti. Erosleek eta saltzaileek helburu kontrajarriak dituztenez, hasierako bi egoera hauek gertatzen dira: **gehiegizko eskaintza** eta **gehiegizko eskaria**:

a) Gehiegizko eskaintza (4.8. irudia).

Prezio jakin batean (P_2), kontsumitzaileek eskatzen duten produktu-kantitatea (Q_1) txikiagoa da enpresek eskaintzen dutena baino (Q_2).

Kontsumitzaile askok ez dute erosten, prezioak garestiak iruditzen zaizkielako.

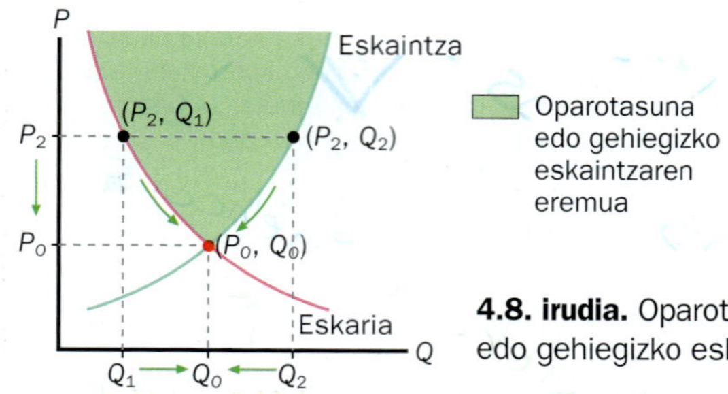

4.8. irudia. Oparotasuna edo gehiegizko eskaintza.

Ekoitzitako guztia saltzen ez dutenez, enpresek prezioa jaistea erabakitzen dute (P_2-tik beherako prezioa eskaintzen dute). Baina denek ezin dute edo ez dute nahi aplikatu jaitsiera hori, eta batzuk merkatutik irteten dira (eskainitako kantitatea Q_2 baino txikiagoa da).

Prezioak behera

Prezioak jaistean, kontsumitzaileek kantitate handiagoa eskatzen dute (eskatutako kantitatea Q_1 baino handiagoa da).

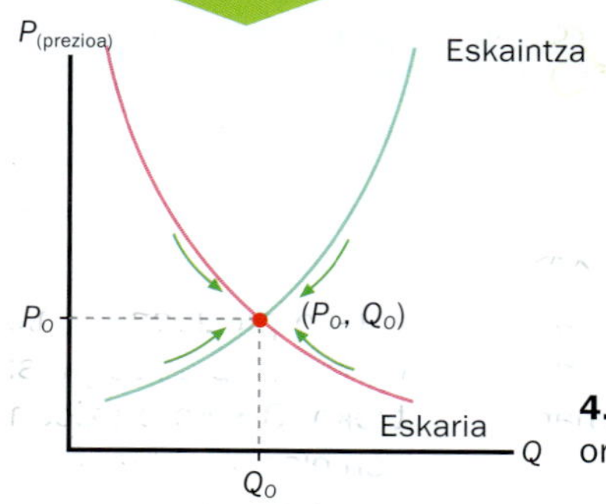

4.9. irudia. Merkatua oreka-egoeran.

Une jakin batean, bi kurbek elkar gurutzatuko dute puntu batean. Puntu horri oreka-puntua esaten zaio (P_0, Q_0), eta hor, erosleak nahiz saltzaileak ados egongo dira prezioarekin eta trukatutako kantitatearekin (4.9. irudia).

Prezioak gora

b) Gehiegizko eskaria (4.10. irudia).

Prezio jakin batean (P_1), kontsumitzaileek eskatzen duten produktu-kantitatea (Q_2) handiagoa da enpresek eskaintzen dutena baino (Q_1).

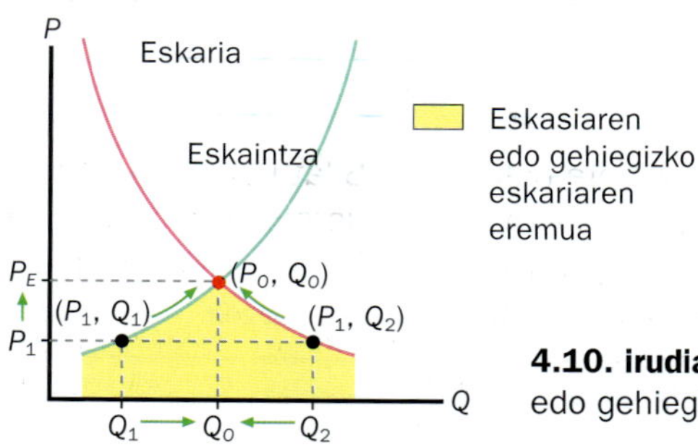

4.10. irudia. Eskasia edo gehiegizko eskaria.

Kontsumitzaile asko geratuko dira ase gabe, eta horietako batzuk prest egongo dira ondasun jakin horrengatik prezio handiagoa ordaintzeko.

Enpresek, etekin-espektatibak erakarrita, kantitate handiagoa eskaintzen dute (Q_1 kantitatea baino gehiago) eta prezioa igotzen dute (P_1 baino garestiago).

Asegabeko kontsumitzaile guztiek prezio-igoera onartuko ez dutenez, eskatutako kantitateak behera egiten du (eskatutako kantitatea Q_2 baino txikiagoa izango da).

Merkatuaren oreka izeneko puntuan egiten dute bat kontsumitzaileen eta enpresen planek; beraz, trukea biak asetzeko modukoa izaten da.

Eskaintzaileen eta eskatzaileen planek bat egiten duten prezioari eta kantitateari **oreka-prezioa (P_0)** eta **oreka-kantitatea (Q_0)** esaten zaie, hurrenez hurren. Puntu horretan, ez dago gehiegizko eskaintzarik, ez eta asegabeko eskaririk ere; eta, beraz, merkatuan, dena trukatuko da.

Gogoan izan

XVIII. mendean, Adam Smithek merkatuaren funtzionamendua deskribatu zuen, esku ikusezinaren metaforaren bidez: kontsumitzaileen eta enpresen arteko oreka beste inork esku hartu gabe lortzen da, magia balitz bezala.

3. jarduera ebatzia. Sandwichen merkatuaren oreka

Kontsumitzaileei eta enpresei sandwichak erosteko eta saltzeko dituzten asmoei buruz galdetuta, 4.6. taula egin da. Hor adierazten da, hain zuzen ere, zer kantitate dauden prest batzuk eskatzeko eta besteak eskaintzeko prezioaren arabera. Esate baterako, lehen ilaran, 5 €-ko prezioan, kontsumitzaileek 80 milioi sandwich erosiko lituzkete, eta enpresak, berriz, 200 milioi sandwich eskaintzeko moduan egongo lirateke prezio horren truke.

a) Deskribatu kontsumitzaileen eta enpresen portaera sandwichen prezioak gora edo behera egin ahala.

b) Zer preziotan gertatzen da gehiegizko eskaria?

c) Zer-nolako portaera du merkatuak Sandwichen prezioa 4 €-koa denean? Eta 3 €-koa denean?

d) Taulako datuak erabiliz, adierazi sandwichen merkatua grafiko batean.

Sandwicharen prezioa	Eskatutako sandwichen kantitatea (milioi ale)	Eskainitako sandwichen kantitatea (milioi ale)	Merkatuaren egoera	Prezioen erreakzioa
5 €	80	200	Gehiegizko eskaintza	↓
4 €	100	150		
3 €	130	130	Oreka	Neutroa
2 €	180	80	Gehiegizko eskaria	↑
1 €	250	0		

4.6. taula. Eskaintza eta eskaria sandwichen merkatuan.

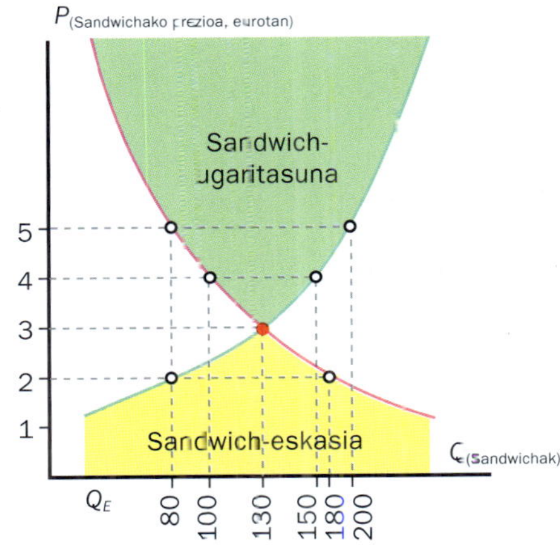

4.11. irudia. Sandwichen merkatua oreka-egoeran.

Soluzioa:

a) Prezioa zenbat eta handiagoa izan, orduan eta kantitate handiagoa eskatuko dute kontsumitzaileek. Enpresek, berriz, prezioa zenbat eta handiagoa izan, orduan eta kantitate handiagoa eskainiko dute, eta alderantziz.

b) Gehiegizko eskaria kontsumitzaileek eskatutako kantitatea enpresek eskainitakoa baino handiagoa denean sortzen da. Gure jardueran, sandwicha 1 edo 2 €-an dagoenean gertatzen da.

c) 4 €-ko prezioan, gehiegizko eskaintzako egoera dago, eta enpresek prezioa jaitsi egin beharko dute, soberakinak saltzeko. 3 €-ko prezioan, berriz, kontsumitzaileen eta enpresen planak bat datoz; beraz, hori izango da truke-prezioa edo oreka-egoera.

d) Emaitza 4.11. irudian ageri da.

2. behatokia. Artearen merkatua

Oro har, ondasun bat zenbat eta urriagoa izan, orduan eta balio handiagoa izaten du. Artelanen merkatua da horren adibide onona. Artista bat hiltzen denean (esaterako, pintore bat), haren margolanen balioa handitu egin ohi da, eta ez, ezinbestean, artistaren kalitateagatik (zer kalitate duen jakina da lehenagotik ere).

Hausnartu:

a) Eskaintzaren eta eskariaren aldetik, azaldu zergatik duten balio handiagoa artista baten margolanek, artista hil ondoren.

b) Bilatu errekorrezko prezioan saldu den margolan bat. Zure ustez, zergatik erabaki zuen erosleak margolan hori erosten horrenbeste diru gastatzea?

c) Margolanak enkanteetan saldu ohi dira. Zer abantaila du salmenta-sistema horrek horrelako produktuetarako?

d) Zer kasutan gerta liteke artista batek mozkin txikiagoak lortzea margolan gehiago eginda?

Jarduerak

12. Nola erreakzionatzen dute ekoizleek produktu jakin baten eskaintza gehiegizkoa bada?

13. Zergatik desagertzen dira sobera dauden produktuak eskaintza-eskarien legeak ondo funtzionatzen duen merkatu batean? Lotu zure erantzuna merkealdietan gertatzen denarekin.

14. Zure hitzak erabiliz, azaldu noiz esaten den merkatua orekan dagoela.

15. 3. jarduera ebatziari dagokionez, zer preziotan gertatzen da gehiegizko eskaintza? Zer-nolako portaera du merkatuak sandwichen prezioa 2 €-koa denean?

4. Prezio-elastikotasuna

Gogoan izan

Elastikotasunak neurtzen du zenbat aldatzen den eskatutako edo eskainitako kantitatea haietan eragiten duten faktoreak aldatzean. Dena dela, unitate honetan, faktore horietatik, **prezioa** aztertuko dugu.

Herrialdeko okin guztiek ogiaren prezioa % 30 igotzea erabakiko balute, ondasun horren eskatutako kantitatea apenas murriztuko litzateke, eskariaren legeak asko murriztu beharko lukeela adierazi arren. Baina zinemek erabakiko balute txartelen prezioa % 30 igotzea, orduan bai, zinemen salmentak asko jaitsiko lirateke. Zergatik? Zinemarako sarrerak baztergarriak direlako, ogia ez bezala, ogia premiazko elikagaia baita, ezinbestekoa familia guztientzat. Bestalde, ogi gehiago jango al genuke, prezioa % 30 jaitsiko balitz? Ez, kantitate berdina erosiko genuke gutxi gorabehera, egunero antzeko kantitatea jaten baitugu. Zinemarako sarreren prezioa % 30 jaitsiko balitz, ordea, ilara handiak sortuko lirateke filmak ikusteko. Izan ere, horixe gertatzen da ikuslearen egunean.

Eskaintzaren aldean, prezio-aldaketek enpresei ere eragiten diete, neurri handiagoan edo txikiagoan. Demagun ogiaren prezioa % 30 igotzen dela gobernuaren dekretu baten bidez; okindegiak ogi gehiago saltzen saiatuko lirateke, jendeak ogia jan behar baitu. Zinemarako sarrerak dekretu bidez % 30 garestituko balira, ordea, gerta liteke zinema-aretoak hutsik geratzea, eta enpresek ez lituzkete saio gehiago antolatuko edo zinema-areto berriak irekiko, bai baitakite ez dituztela sarrera gehiago salduko.

Aurreko bi adibideetan antzeko prezio-aldaketak izan badira ere, erreakzio desberdinak izaten dira bai erosleen bai saltzaileen aldetik. Zer dela-eta gertatzen da hori? Eskatutako eta eskainitako kantitateak prezio-aldaketak gertatzean zer-nolako erreakzioa duten neurtzeko, **elastikotasuna** kontzeptua erabiltzen da.

Elastikotasuna eskariaren ikuspegitik zein eskaintzaren ikuspegitik azter daiteke. Sakon aztertuko ditugu eskariarekin lotutako alderdiak, eta labur eskaintzari buruzkoak. Izan ere, batean eta bestean, planteamendu teorikoak ia berdinak dira.

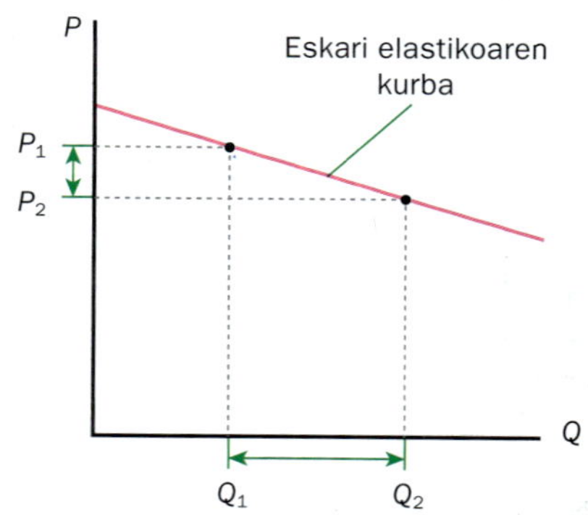

4.12. irudia. Eskari elastikoa. Eskatutako kantitatea asko aldatzen da prezioak aldatzean.

4.1. Eskariaren prezio-elastikotasuna

Eskariaren prezio-elastikotasuna (E_p) kalkulatzeko, eskatutako kantitatearen *(Q)* portzentajezko aldaketa zati prezioaren *(p)* portzentajezko aldaketa egiten da:

$$\text{Eskariaren } E_p = \left| \frac{\frac{Q'-Q}{Q} \cdot 100}{\frac{p'-p}{p} \cdot 100} \right| = \left| \frac{\text{Eskatutako kantitatearen } (Q) \text{ aldaketa } (\%)}{\text{Prezioaren } (p) \text{ aldaketa } (\%)} \right|$$

Eskariaren prezio-elastikotasunak ondasun baten prezioa aldatzean eskatutako ondasunen kantitatea zenbat aldatzen den neurtzen du.

Prezioa eta eskatutako kantitatea alderantziz proportzionalak direnez (prezioa jaisten bada, eskatutako kantitateak gora egiten du, eta alderantziz), elastikotasuna (E_p) negatiboa da, beti. Beraz, termino absolututan aztertzen da elastikotasuna, matematika-ikurra kontuan hartu gabe. Emaitzen arabera, aztertutako ondasunak hiru eskari-mota hauetako batekin lot ditzakegu:

a) **1eko prezio-elastikotasuna ($E_P = 1$).** Eskatutako kantitatea eta prezioak proportzio berean aldatzen badira, enpresaren guztizko diru-sarrerak ez dira aldatzen. Bizitza errealean, ia ezinezkoa da horrelako elastikotasuna duten ondasunak aurkitzea.

b) **Eskari elastikoa ($E_P > 1$).** Kasu horretan, eskatutako kantitatea prezioa baino proportzio handiagoan aldatzen da; horrenbestez, diru-sarrerak handitu egingo dira prezioak jaistean, eta txikitu egingo dira prezioak igotzean. Produktu-kategoria horretakoak dira luxuzko ondasunak. Produktu horiek gabe erraz moldatu gintezke kontsumitzaileok prezioek gora eginez gero (4.12. irudia).

c) **Eskari ez-elastikoa edo zurruna ($E_P < 1$).** Eskatutako kantitatearen aldaketa txikiagoa da prezioen aldaketa baino. Horrenbestez, eskaria prezioak baino proportzioa txikiagoan aldatzen bada, diru-sarrerek behera egiten dute prezioak jaistean, eta alderantziz. Kategoria horretakoak dira oinarrizko ondasunak, hala nola esnea, sendagaiak eta ogia (4.13. irudia).

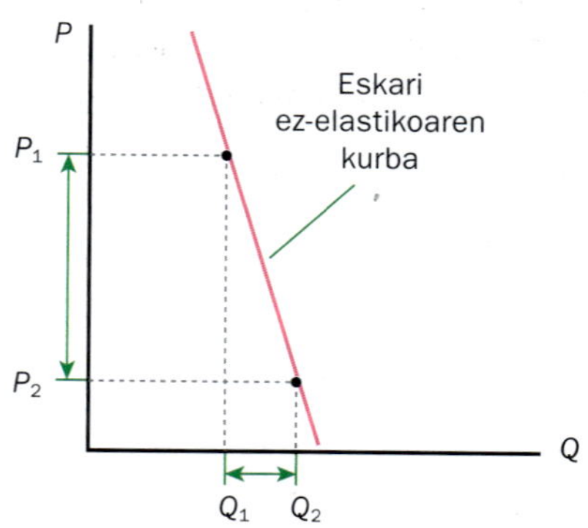

4.13. irudia. Eskari ez-elastikoa. Eskatutako kantitatea antzekoa da, prezioa asko aldatuta ere.

4. jarduera ebatzia. Arizona jatetxeko menuen prezio-elastikotasuna

Arizona jatetxeak hiru eguneko menu-mota ditu: arrunta (A), berezia (B) eta rantxera (R). 4.15. irudian ageri dira enpresaren salmenta-datuak. Orain, enpresak prezioak % 10 aldatzea erabaki du:

a) Demagun prezioak % 10 igotzen dituela. Kalkulatu prezio- eta salmenta-aldaketak, eta eskariaren prezio-elastikotasuna.

b) Eta prezioak % 10 jaitsiko balitu?. Kalkulatu prezio- eta salmenta-aldaketak, eta eskariaren prezio-elastikotasuna.

c) Eskariaren prezio-elastikotasunari dagokionez, zer ondorio atera daitezke A, B eta R menuei buruz?

Soluzioa:

C32 fx

	C	D	E	F	G	H	I	J	K	L	M	N
1							SOLUZIOA					
2						a)			b)			
3						+% 10			- % 10			
4		A	B	R	A	B	R	A	B	R		
5	Prezioa (Ps)	2	3	4	2,2	3,3	4,4	1,8	2,7	3,6		
6	Salmentak (Qs)	90	50	30	81	46	24	99	54	36		
7	Guztira (Ps · Qs)	180	150	120	178,2	151,8	105,6	178,2	145,8	129,6		
8					0,2	0,3	0,4	-0,2	-0,3	-0,4	Aldakuntza (€)	
9					-9	-4	-6	9	4	6	Aldakuntza (unitateak)	
10					% 10	% 10	% 10	-% 10	-% 10	-% 10	Aldakuntza (prezioak)	
11					-% 10	-% 8	-% 20	% 10	% 8	% 20	Aldakuntza (salmentak)	
12					1	0,8	2	1	0,8	2	Eskariaren elastizitatea	
13	Diru-sarrerak guztira (€)		450			435,6			453,6			
14												
15												
16												
17												

Hoja1 +

Listo 110 %

4.14. irudia. Arizona jatetxearen salmentei eta sarrerei buruzko datuak.

a) Adibide gisa, B menurako datuen kalkuluak adieraziko ditugu:

- Prezio-aldaketa = 3,30 – 3 = 0,30 €.
- Salmenta-aldaketa = 46 – 50 = –4.
- Prezio-aldaketa (%) = (3,30 – 3)/3 = 0,10 · 100 = % 10.
- Salmenta-aldaketa (%) = (46 – 50)/50 = –0,08 · 100 = –% 8.
- Eskariaren prezio-elastikotasuna = |Salmenta-aldaketa (%)/ /Prezio-aldaketa (%)| = |–0,08/0,10| = 0,8.

b) Adibide gisa, B menurako datuen kalkuluak adieraziko ditugu:

- Prezio-aldaketa = 2,7 – 3 = –0,30 €.
- Salmenta-aldaketa = 54 – 50 = 4.
- Prezio-aldaketa (%) = (2,7 – 3)/3 = –0,10 · 100 = –% 10.
- Salmenta-aldaketa (%) = (54 – 50)/50 = 0,08 · 100 = % 8.
- Eskariaren prezio-elastikotasuna = |Salmenta-aldaketa (%)/Prezio-aldaketa (%)| = |0,08/–0,10| = 0,8.

c) B menuaren salmentak ez dira apenas aldatzen prezioa aldatzean, haien eskaria ez-elastikoa delako, eta horrek adierazten du bezeroen leialtasuna izan dezakeela. R menuaren salmentak, berriz, asko aldatzen dira prezioa aldatzean; beraz, haien eskaria elastikoa da. A menuaren prezioak aldatzean, sarrerak ez dira aldatzen: haren eskariaren prezio-elastikotasuna 1 da (ia ezinezkoa errealitatean).

Jarduerak

16. Zergatik da garrantzitsua enpresaburu batentzat eskariaren prezio-elastikotasuna aztertzea?

17. Nola lotuko zenituzke luxuzko ondasunak eta ondasun elastikoak? Eman horren adibide bat.

18. 4. jarduera ebatziari dagokionez, adierazi grafikoki rantxera menuaren (R) eskariaren kurba, eta kalkulatu menu arruntaren (A) eskariaren prezio-elastikotasuna, jakinda prezio-igoera eginez gero 30 unitate gutxiago salduko liratekeela.

Hausnartu

Daukaguna al gara?

Atzean gelditu dira markek produktu baten ekoizlea identifikatzeko balio zuten garaiak. Gaur egun, estatus-zeinu (gizarte-ospea) bihurtu dira, marka horiek eskuratzen dituztenentzat. Printzipioz, ezin da zalantzan jarri ezezagun bati buruz izaten dugun lehen iritzia hark gidatzen duen autoagatik edo daraman alkandoragatik eratzea. Gizakiak gara, eta beste informaziorik izan ezean, kanpoko itxurek pertsonei buruzko xehetasunak adierazten dituzte. Baina kezkagarria da azaleko irizpide hori bizimodu bihurtzea. Ez gara hobeak besteek baino gauza gehiago edo hobeak erosi ahal izateagatik; aberatsagoak izango gara, baina hori besterik ez.

Eskariaren prezio-elastikotasunaren faktoreak

Mozkinak maximizatze aldera, enpresek merkatuan eskaintzen duten ondasunaren edo zerbitzuaren eskariaren prezio-elastikotasuna aztertzen dute. Hauek dira eskariaren prezio-elastikotasuna aztertzeko aintzat hartzen diren faktoreak.

- **Ondasun-mota.** Premiazko edo oinarrizko ondasunak ez-elastikoagoak izaten dira, eta luxuzko ondasunak, berriz, eskari elastikoa dute, baztergarriak baitira.
- **Ordezko ondasunak egotea.** Ordezko ondasunek eskari elastikoa izaten dute; izan ere, haietako bat garestitzen bada, ihes-efektua gertatzen da, eta kontsumitzaileak erabilgarritasun edo funtzio bera duen beste produktu bat kontsumitzera aldatzen dira.
- **Ondasunean gastatzen den errenta-proportzioa.** Ondasun bat eskuratzeko zenbat eta errenta-proportzio handiagoa gastatu, orduan eta eragin handiagoa izango du prezio-igoerak. Horrenbestez, prezioa zenbat eta gehiago igo, orduan eta erabatekoagoa izango da kontsumo-jaitsiera, eta orduan eta elastikoagoa izango da eskaria.
- **Kontuan hartzen den denbora-epea.** Oro har, eskaria elastiko bihurtzen da epe luzera. Izan ere, prezio-igoera baten ondoren igarotako denbora-epea zenbat eta handiagoa izan, orduan eta errazago aurkituko dituzte kontsumitzaileek beste aukera edo ordezko produktu batzuk.

	Enpresa batek produktuen prezioak aldatzen baditu, honako hauek gerta daitezke:		
Eskatutako kantitatea	Asko aldatzea.	Prezioen proportzioan aldatzea	Gutxi gorabehera berdina izatea.
Sarrerak	Gora egitea prezioak handitzean, eta alderantziz.	Berdin geratzea	Gora egitea prezioak handitzean, eta alderantziz.
Aldaketekiko sentikortasuna	Handia	Batere ez	Txikia
Eskariaren prezio-elastikotasun mota	**Elastikoa** ($E_p > 1$)	$E_p = 1$	**Ez-elastikoa** ($E_p < 1$)
Adibideak	Luxuzko ondasunak; esaterako, kirol-autoak eta aisialdi-bidaiak	Ez dago	Premiazko ondasunak; gasolina (epe laburrera), ogia eta sendagaiak kasu.

4.15. irudia. Eskariaren prezio-elastikotasuna, aplikatuta.

4.2. Eskaintzaren prezio-elastikotasuna

Enpresak, kontsumitzaileak bezala, sentikorrak dira prezio-aldaketekiko. Eskaintzaren funtzioa aztertzean ikasi dugunez, mozkinak handitze aldera, enpresek gero eta gehiago ekoizten dute, kontsumitzaileei kobratu diezaiekeen prezioak gora egin ahala. Baina horrelako egoera gertatuz gero, zer kantitate osagarri eskainiko dute merkatuan? Kantitate hori zehazteko, eskaintzaren prezio-elastikotasuna kontzeptua baliatzen da.

$$\text{Eskaintzaren } E_p = \left| \frac{\dfrac{Q' - Q}{Q} \cdot 100}{\dfrac{p' - p}{p} \cdot 100} \right| = \left| \frac{\text{Eskainitako kantitatearen } (Q) \text{ aldaketa } (\%)}{\text{Prezioaren } (p) \text{ aldaketa } (\%)} \right|$$

Eskaintzaren prezio-elastikotasunak ondasun baten prezioa aldatzean ondasunaren eskainitako kantitatea zenbat aldatzen den neurtzen du.

3. *behatokia.* Denboran zeharreko elastikotasun aldakorra

Petrolioa planetako ondasun ezinbestekoenetako bat da. Beraz, epe laburrera erraza da ondorioztatzea eskari ez-elastikoko ondasuna izango dela. Bestalde, berriztagarria ez denez eta lehenago edo geroago agortuko denez, petrolioaren prezioak gora egitea da ohikoena, eta ez jaistea. Izan ere, sarritan izaten dira hedabideetan gure autoetako edo berokuntza-sistemetako andelak betetzea garestitu direlako albisteak. Eta badakigu ondasun horren eskasia dagoela, baina, hala ere, hornikuntza bermatuta dagoela dirudienez, mesfidati gara, eta uste ohi dugu merkataritza-interesak edo ezkutuko interesak egon daitezkeela igoera bakoitzaren atzean. Izan ere, batzuetan, arrazoia oso sinplea da: petrolioa ekoitzi eta esportatzen duten herrialdeak (LPEE) ados jarri direla ekoizpena murrizteko eta merkatuan upel gutxiago eskaintzeko. Hala, bat-bateko eskasia-egoera sortzen dute, merkatuaren zati batek baztertu ezin dezakeena, eskari ez-elastikoko ondasuna baita (4.16. irudia).

Baina, **epe luzera,** garestitzea gertatzean, egoera bestelakoa izan daiteke (4.17. irudia), zenbait faktoreren ondorioz:

- Lehen errentagarriak ez ziren erauzte-guneak errentagarri bihurtzen dira, eta LPEEtik kanpo dauden ekoizle berriak agertzen dira eta beren produktua eskaintzen dute merkatuan.
- Kontsumitzaileak beren mendekotasuna murrizten saiatzen dira (esaterako, auto txikiagoak, elektrikoak edo hibridoak erosten dituzte, edo gasa erregai solidoz ordezten dute).
- Herrialde inportatzaileek beren erreserbak erabiltzen dituzte eta beste hornitzaile batzuk bilatzen dituzte.

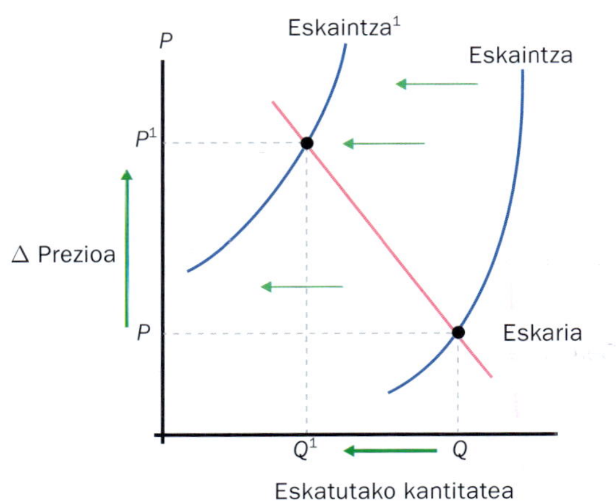

4.16. irudia. Petrolioaren eskaria epe laburrera. Eskainitako kantitatea murriztean, oreka lekualdatzen da, eta, horren ondorioz, prezioak gora egiten du, eta saldutako kantitateak, berriz, behera. Eskariaren kurba ez-elastikoa denez, prezio-igoerak sobera konpentsatzen du salmenta-beherakada hori, eta ekoizleen sarrerek gora egiten dute.

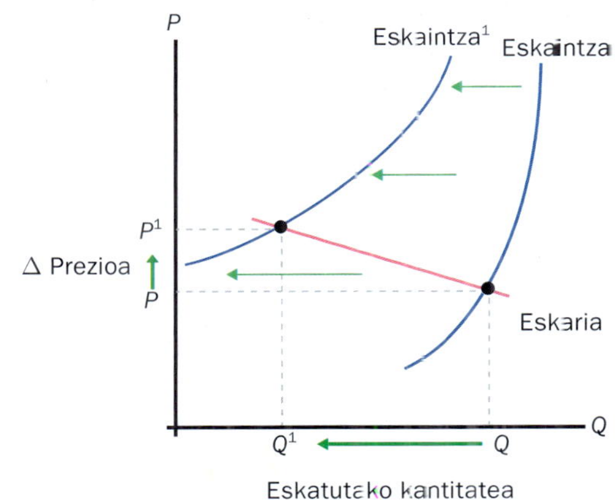

4.17. irudia. Petrolioaren eskaria epe luzera. Eskariaren eta eskaintzaren kurbak elastikoago bihurtzen dira. Hori dela eta, ekoizpena murrizteko erabakiak eragiten duen prezio-igoera askoz txikiagoa da kurba ez-elastikoa izan ez gero izango litzatekeena baino. Horrenbestez, prezio-igoerak ez du salmenta-beherakada konpentsatzen, eta ekoizleen guztizko sarrerek behera egiten dute.

Hausnartu:

a) Zergatik jar liteke ados herrialde petrolio-ekoizle batzuk, ekoizpena murrizteko? Adierazi grafikoki.

b) Aurreko galderan adierazitako egoeran, zer gertatuko litzateke petrolioaren prezioekin epe laburrera? Eta epe luzera? Zergatik?

c) Elastikotasunari dagokionez, nola azalduko zenituzke epe laburrerako eta epe luzerako emaitzen arteko aldea?

d) Zure ustez, eskubidea al dute ondasun estrategikoen herrialde ekoizleek ekoizpena murriztea adosteko? Edonola ere, zer arrisku dute epe luzera?

Jarduerak

19. Ba al du zentzurik du enpresek eskaintza murrizteak? Eman arrazoiak.

20. Nola kalkulatzen dute enpresek zer kantitate gehigarri eskaini behar den merkatuan prezioa igotzean?

21. Zergatik dira elastikoak ordezko ondasunak?

22. Zer-nolako erlazioa dago elastikotasunaren eta ondasun batean gastatzen den errenta-proportzioaren artean?

KONTZEPTU-MAPA

MERKATUA

- *Motak*
  - Ondasunak eta zerbitzuak
  - Ekoizpen-baliabideak
- *Elementuak*
  - Erosleak (kontsumitzaileak)
  - Produktua
  - Saltzaileak (enpresak)

ESKARIA

- Aldaketak eskariaren kurban
- Eskatutako ondasunaren prezioa

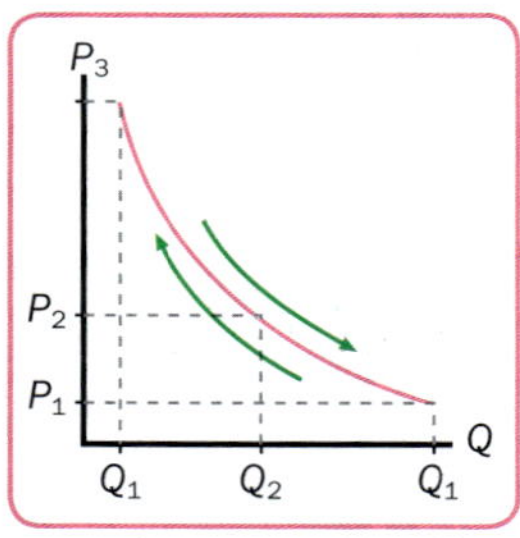

- Lotutako ondasunen prezioa (osagarriak eta ordezkoak)
- Errenta erabilgarria (ondasun arruntak, behe-mailakoak eta luxuzkoak)
- Zaletasunak edo lehentasunak

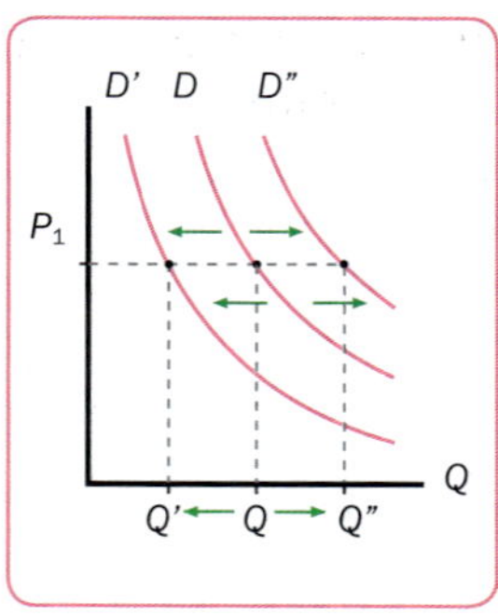

Merkatuaren oreka

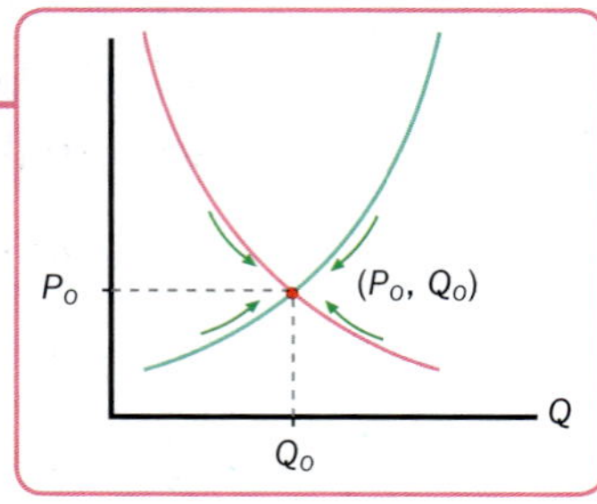

ESKAINTZA

- Aldaketak eskaintzaren kurban
- Eskainitako ondasunaren prezioa

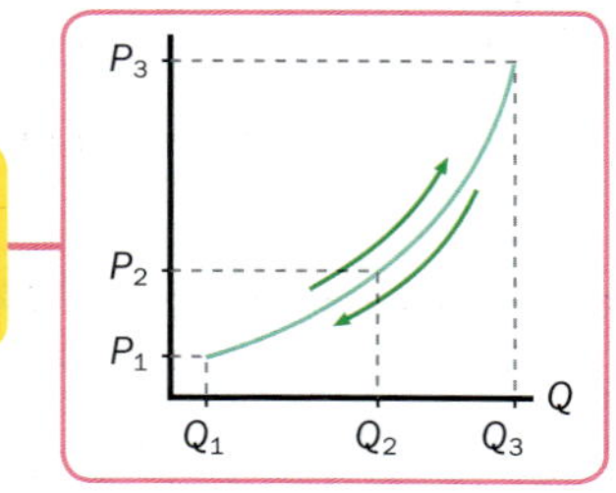

- Ekoizpen-kostuak
- Enpresa-helburuak

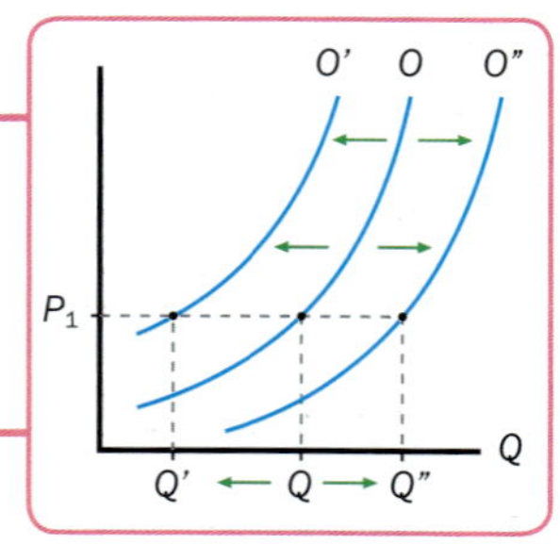

ESKARIAREN PREZIO-ELASTIKOTASUNA

- $E_P < 1$ (ondasun ez-elastikoak)
- $E_P = 1$
- $E_P > 1$ (ondasun elastikoak)

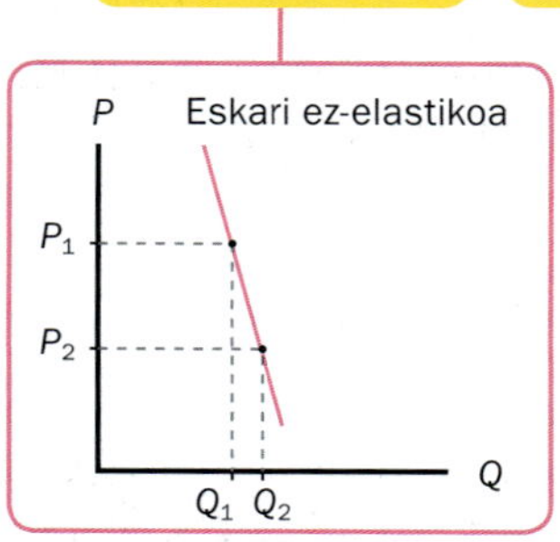

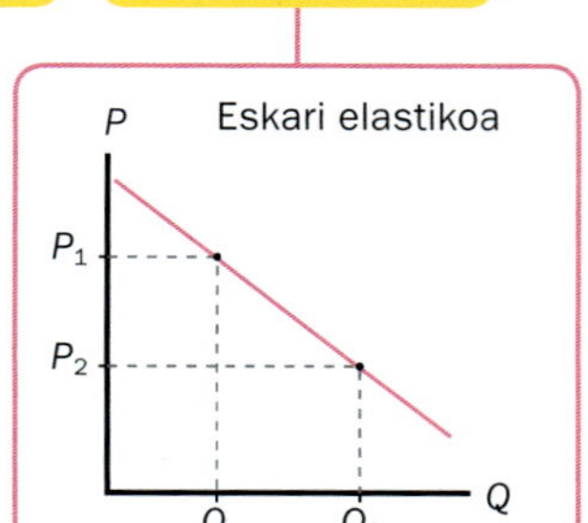

1. Zer adierazten dute eskariaren eta eskaintzaren kurbek?

a) Erosleen eta saltzaileen planak.

b) Kontsumitzaileen lehentasunak.

c) Kontsumitzaileen erosketak eta enpresen salmentak.

d) Denak okerrak dira.

2. Hauetako zein dira eskatutako kantitatea baldintzatzen duten faktoreak?

a) Ekoizpen-kostuak.

b) Enpresa-mozkinak.

c) Ondasun osagarrien prezioa.

d) Aurreko erantzunetatik, bi zuzenak dira.

3. Zerk eragiten du kafearen eskariaren kurba eskuinera lekualdatzea?

a) Tearen prezioak behera egiteak.

b) Kafea modan jartzeak.

c) Kafearen prezioak behera egiteak.

d) Kafearen prezioak gora egiteak.

4. Ondasun batzuen kontsumoa errenta eskuragarriaren proportzio berean handitzen da. Zein dira?

a) Ordezko ondasunak.

b) Luxuzko ondasunak.

c) Ondasun arruntak.

d) Ondasun ez-elastikoak.

5. Zer faktorek baldintzatzen du eskaintza?

a) Ondasunaren prezioak.

b) Ekoizpen-kostuek.

c) Enpresa-helburuek.

d) Denak zuzenak dira.

6. Zerk eragiten du mugimendu bat kafearen eskaintzaren kurban?

a) Tearen prezioak behera egiteak.

b) Kafearen prezioak gora egiteak.

c) Ekoizpen-faktoreen kostuek behera egiteak.

d) Aurreko erantzunetatik, bi zuzenak dira.

7. Noiz ez dago merkatu bat oreka-egoeran?

a) Gehiegizko eskaria badago.

b) Erosle gehiegi badaude.

c) Ekoizle gehiegi badaude.

d) Denak zuzenak dira.

8. Gehiegizko eskariko egoeran...

a) prezioek behera egiten dute, soberakinak saltzeko.

b) soberakinak daude beti.

c) ekoizleek ekoizpen-baliabideen prezioa jaisten dute.

d) ohikoena prezioak igotzea izaten da.

9. Produktu baten eskariaren prezio-elastikotasuna 1 baino handiagoa bada, nolakoa da ondasun horren eskaria?

a) Goi-mailakoa.

b) Arrunta.

c) Elastikoa.

d) Ez-elastikoa.

10. Esaldi hauetatik, zein da okerra?

a) Behe-mailako ondasunak lotuta daude errenta erabilgarriaren aldaketekin.

b) Gehiegizko eskaintzako egoeran, prezioen joera goranzkoa da.

c) Prezioek gora egiteak ekoizle berriak merkatuan sartzera bultzarazten ditu.

d) Eskariaren prezio-elastikotasuna alda daiteke denborak aurrera egin ahala.

Merkatua eta eskaria.

1. Zein da merkatu tradizionalen eta Interneteko merkatuaren arteko alde nagusia?

2. Zure ustez, zergatik esaten da eskaintza eta eskaria direla «merkatuen bela mugitzen duten haizeak»?

3. Demagun Gabonetako loteriako sari nagusia irabazten duzula. Arrazoitu zer eragin izango lukeen horren sari potoloa irabazteak ondasunen zure ohiko kontsumoan.

4. Adierazi zer motatako mugimendua edo lekualdaketa duen kafearen eskariaren kurbak, aldaketa hauetakoren bat gertatuz gero. Kopiatu taula hau zure koadernoan eta osatu.

	Mugimendua		Lekualdaketa	
Aldaketak	Gora	Behera	Ezkerrera	Eskuinera
Kafearen prezioak gora egitea				
Tearen prezioak behera egitea				
Esnearen prezioak gora egitea				
Kafea edatearen aldeko publizitate-kanpaina				
Tea edatearen aldeko publizitate kanpaina				
Errenta erabilgarriak behera egitea				
Kafearen prezioak behera egitea				

Eskaintza.

5. Zer-nolako eginkizuna betetzen du teknologiak enpresek merkatuei eskaintzen dieten kantitatean?

6. Enpresentzat, merkatuan interesa duen produktu baten kantitateak eskaintzean, zer erlazio-mota dago prezioaren eta kantitatearen artean? Azaldu.

7. Adierazi grafikoki produktu jakin baten eskaintzaren kurba, taula honetako datuak kontuan hartuta:

	Urtarrila	Otsaila	Martxoa
Eskainitako kantitatea	300	210	400
Prezioa	10	8	12

8. Zer-nolako lotura du eskaintzaren kurbak enpresaren ekoizpen-ahalmenekin?

9. Adierazi bi zutabetan eskaintzan eta eskarian eragiten duten faktoreak.

10. Irakurri testua arretaz eta erantzun ondoren ageri diren galderei:

Pedro Canal Eto betidanik txunditu izan zuten maisu handien lanek arte-merkatuan izaten zituzten prezio izugarriek; esaterako, Van Goghen eta Picassoren lanek. Horrenbestez, egun batean, pintore arrunta izan ordez, artista izango zela erabaki zuen. Lehenbiziko bi urteetan bizpahiru margolan baino ez zituen saldu, anaiari gainera, baina zortea aldatzen hasi zitzaion margolan abstraktuak igogailuak apaintzeko erabiltzen hasi zirenean.

Moda harrigarri horren ondorioz, bizi-maila izugarri hobetu zitzaion eta 20.000 euro ere jaso zituen lan bakoitzeko (hasieran, 50 euro edo gutxiago kobratzen zituen). *Hola* aldizkariaren azalean ere atera zuten, artekorronte berri baten aitzindaritzat aurkeztuta: abstraktigogailismoa.

Egun zoriontsuak ziren Pedro Canal Etorentzat pintzelen artean pasatakoak, eta bere ekonomia-egoera berriari esker lasai-lasai bizi zitekeen: taxiz joaten zen batetik bestera, metroan joan beharrean, eta astero joaten zen zinemara, hilean behin joan ordez.

Bere arte-ekoizpena handitzeko, Pedrok zenbait hilabete eman zituen hiriko goi-aldean zuen ganbaratik irten gabe. Bezeroek eta arte-merkatariek sarritan bisitatzen zuten, eta bere lan abstraktuak erraz saltzen zituen. Jateko eta pintzelak, olio-pinturak eta mihiseak eskuratzeko baino ez zuen lana eteten.

Hala ere, abstraktigogailismoa nagusitu ahala, gero eta pintore gehiagok imitatzen zuten Pedroren lanen estiloa, eta urtebete igaro eta gero, lanen prezioa jaitsi egin behar izan zuen, saldu ahal izateko. Sasoi txarrak zetozelakoan, Pedrok aste batzuetako atsedena hartzea erabaki zuen, etorkizunari buruz hausnartzeko. Kontuan hartu behar zuen merkatua aseta zegoela pintzelez egindako abstraktigogailismo estiloko obrez, eta, horrez gain, estilo horren barruan, beste teknika bat sortu zela, pintzelak erabili ordez, ikatz-ziriak erabiltzen zituena. Joera berri horretako lehenbiziko obrak oso-oso garesti saltzen ari ziren, eta, zalantzarik gabe, hor zegoen etorkizuna.

a) Zer faktorek azaltzen du zenbait jenioren lanen balio ekonomiko izugarria, Van Gogh eta Picasso pintoreena, adibidez?

b) Zergatik egin zuten gora Pedro Canal Etoren koadroen prezioek?

c) Errenta-hazkundearen ikuspegitik, zer ondasun-mota da metroa? Eta zinema? Arrazoitu zure erantzuna.

d) Zergatik egin dute behera Pedro Canal Etoren planen prezioek?

e) Zer ondasun-mota da ikatz-ziria pintzelekiko?

f) Eskaintzan eragiten duten faktoreetatik zein ari da Pedro Canal Eto kontuan hartzen, ikatz-ziriaren teknika erabiltzea hausnartzen ari baldin bada?

11. Adierazi zer mugimendu- edo lekualdaketa-mota gertatzen den bolalumen ekoizleen eskaintzaren kurban aldaketa hauek gertatzen badira: tintaren prezioak behera egitea, soldatek gora egitea, ekoizpen-teknologia hobetzea, bolalumen prezioak behera egitea, ahalik merkatu-kuotarik handiena bereganatzeko estrategiak erabiltzea, eta plastikoaren prezioak behera egitea.

Merkatuaren oreka.

12. Zer-nolako portaera dute kontsumitzaileek eta enpresek gehiegizko eskaintzako egoera batean?

13. Zergatik igotzen dira prezioak gehiegizko eskaria dagoenean? Nola erreakzionatzen dute enpresek?

14. Eskariari eta eskaintzari dagokienez, noiz lortzen da oreka merkatu batean?

15. Esan esaldi hauek zuzenak ala okerrak diren. Arrazoitu erantzuna.

a) Errentan gertatzen diren aldaketek eragina dute eskaintzaren kurban.

b) Lotutako ondasunen prezioak gora egiten badu, eskariaren kurba eskuinerantz lekualdatzen da.

c) Etorkizunerako espektatibak eskaintza baldintzatu dezaketen faktoreetako bat dira.

d) Errenta eskuragarriak gora egitean, eskatutako kantitateak gora egiten du, ondasun-mota guztietan.

e) Merkatua oreka-egoeran dagoenean, ez dago produktu-oparotasunik, ezta produktu-eskasiarik ere.

16. «Inozo batek soilik nahasten ditu balioa eta prezioa» Antonio Machadoren esaldia da. Zer esan nahi du benetan?

17. Binilozko diskoen merkatuan, kontsumitzaileen eta disko-etxeen planak taula honetan jasotakoak dira:

Prezioa eurotan	20	15	10	5	3
Eskatutako disko-kantitatea	100	200	300	400	550
Eskainitako disko-kantitatea	500	400	300	100	0

a) Deskribatu kontsumitzaileen eta enpresen portaera, diskoen prezioak gora edo behera egin ahala.

b) Zer preziotan gertatzen da gehiegizko eskaria? Eta gehiegizko eskaintza?

c) Zer-nolako portaera du merkatuak diskoaren prezioa 15 € denean? Eta 5 € denean? Eta 10 € denean?

d) Aipatutako datuak kontuan hartuta, adierazi grafikoki binilozko diskoen merkatuaren oreka.

Prezio-elastikotasuna.

18. Zergatik esaten da prezio-elastikotasunak erosleen eta saltzaileen sentikortasuna neurtzen duela?

19. Lotu ekonomia-prentsatik ateratako izenburu hauek unitatean ikasitako ekonomia-kontzeptuekin:

a) «Gariaren uzta txarrak prezio-aldaketak eragingo ditu».

b) «Politikari batek modan jarri du Lugon uda ematea».

c) «Petrolioaren prezioa berriz igo da».

20. Aste guztietan, saltzaile batek hamabost bonboi-kaxa saltzen ditu 2 €/unitateko prezioan, eta 100 litro ur, litroa 0,30 €-an.

a) Kalkulatu prezioen eta eskatutako kantitateen portzentajezko aldaketa, bai eta prezio-elastikotasuna eta lortuko lituzkeen sarrerak ere, honako aukera hauek baliatuz gero:

- Bonboi-kaxen prezioa unitateko 1,8 €-ra jaitsiz gero, 18 kutxa saltzen dira. Ur-litroaren prezioa litroko 0,27 €-ra jaitsita, 104 litro saltzen dira.
- Bonboi-kaxen prezioa unitateko 2,40 €-ra igoz gero, 11 kutxa saltzen dira. Ur-litroaren prezioa litroko 0,33 €-ra igoz gero, 96 litro saltzen dira.

b) Taulatik lortutako datuak kontuan hartuta, arrazoitu bi produktu horietatik zeinetan aplika dezakeen merkatariak prezio-igoera, salmentetan eragin adierazgarririk izan gabe.

21. Aire zabaleko udako zinema batean, sarrerek 10 €-ko prezioa dute, eta 200 pertsona inguru joaten dira zinemara prezio horretan. Zinemaren jabeak diru-sarrera handiagoak lortu nahi ditu, sarreren prezioa % 30 igota. Eskariaren prezio-elastikotasuna 1,2 dela jakinda, zer gomendatuko zenioke zinemaren jabeari, sarreren prezioa igotzea ala jaistea?

- Idatzi argi dauzkazun eta zure ustez funtsezkoak diren unitateko bi ideia. Zerk lagundu dizu ideia horiek ulertzen?
- Egin argi geratu ez zaizkizun unitateko alderdiei buruzko bi galdera.
- Idatzi unitate honetan sakonago aztertu nahiko zenituzkeen bi alderdi.

Interpretatzen ikasten: Nekazaritzako prezioak

Nekazaritza-ondasun gehienen merkatuen ezaugarriak paradoxikoak dira: nekazariek lana ondo egin eta uzta ona izanda ere, dirua galtzeko arriskua dute. Eskaintza ugaria bada, prezioak baxuak izaten dira, lehia handiaren ondorioz. Baina uzta urria izan bada, prezioak ez dira inoiz altuak izaten, banatzaileek beste herrialde batzuetako produktuak inportatzen dituztelako. Portaera horri ***armiarmaren teorema*** esaten zaio ekonomian. Azaltzeko, nekazaritza-ondasun tipiko baten adibidea erabiliko dugu: patata, hain zuzen ere. Nekazariek patataren ***gurpil zoroa*** esaten diote; hain zuzen, uzta dena delakoa izanda ere, emaitza behin eta berriz errepikatzen da: jatorrian, prezioak ekoizpen-kostutik behera daude beti.

Nekazaritza-ondasun gehienak bezala, patatak galkorrak dira; beraz, ekoizten den kantitatea ekoizten dela, epe labur batean saldu behar dira, uzta osoa galdu nahi ez bada. Baina uzta ona denean, ekoizleek merkeegi saldu behar izaten dute, uzta ona izango baitzen eskualdeko beste ekoizleentzat ere, bederen. Beste aldaera batzuk erein ditzakete, baina, horrelakoetan, merkatuan onarpen txikia duen produktu bat saldu beharko lukete. Faktore horiek guztiak direla eta, nekazari gutxik erabakitzen dute patata landatzea, eta, horren ondorioz, hurrengo urteko uzta urria izango dela aurreikusten da; beraz, prezio onak lortzeko modukoa. Mozkinek erakarrita, denek landatzen dute patata hurrengo urteari begira, eta eskaintzak asetasun-aldia eragiten du beste behin merkatuan, eta patataren gurpil zoroa berriro abiatzen da.

Hala ere, ekoizpen- edo klimatologia-arazoek ez dute ia eraginik izaten produktuaren merkataritza-banaketan: merkatuak patataz ondo hornituta daude beti, beste eskualde edo herrialde batzuetatik berehala inportatzen dituztelako.

Patata goiztiarraren ekoizpena atzeratu eta patata berantiarraren ekoizpenarekin bat eginez gero, merkatua ase egiten da eta gehiegizko eskaintza dago. Gehiegizko eskaria gertatzen bada, berriz, merkatuek ez dute arazorik izaten horri aurre egiteko: zenbait ehunka mila tona inportatzen dira Frantziatik, Portugaletik edo beste herrialderen batetik, eta kito arazoa. Nolanahi ere, patataren prezioa ez da inoiz izaten nekazariei patata ekoiztera bultzatzeko bezain altua.

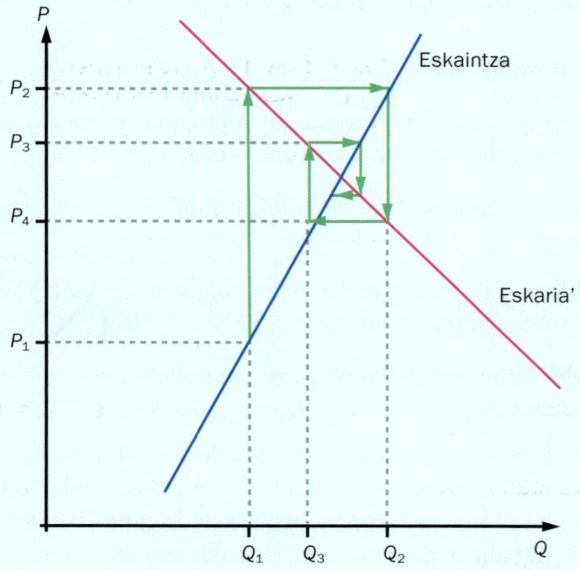

Armiarmaren teoremaren adierazpen grafikoa. Eskaintza konstantea izanik, eskatzaileak Q_1 kantitatea P_1, prezioan kontsumitzeko prest daude; baina, ekoizleek mozkinak lortzen saiatzeko egiten duten ahaleginaren eta eskariaren presioaren ondorioz, goranzko mugimendua gertatzen da prezioen mailan P_2 preziora arte. Hor, kontsumitzaileak Q_2 kantitatea kontsumitzeko prest egongo lirateke, berriro merkatua orekatuta dago. Beraz, eskariaren funtzioa gorantz lekualdatzean, igoerak daude prezioen mailan. Eskatutako kantitateei dagokienez, berriz, gehiago eskatzen dira lehenbizi, eta, ondoren, jaitsiera dago, prezioaren doikuntzagatik.

Galderak:

1. Zer ondasun-mota da patata, behe-mailakoa, arrunta ala luxuzkoa?
2. Nolakoa da patataren eskariaren prezio-elastikotasuna? Zer eragin du horrek prezio-aldaketetan?
3. Zergatik izan daiteke kaltegarria nekazarientzat uzta ona izatea?
4. Zergatik ez da prezioa gehiegi igotzen, uzta txarra denean?
5. Batzuetan, patata-ekoizleek, mozkinak lortzeko, uztaren zati bat oparitzen dute. Nola azaltzen da kontraesan hori?
6. Demagun patata-ekoizle handi batzuk elkartu egiten direla, beren produktua Asiara esportatu ahal izateko. Arrakasta izanez gero, zer-nolako eragina izan zezakeen ekimen horrek patataren gurpil zoroan?

Dilema: Sendagaien prezioa arautzea?

Demagun merkatu ibiltari batera joan zarela, jendea tratuan aritzen den horietako batera, eta gustatzen zaizun bizikleta bat ikusi duzula. Saltzaileari galdetu diozu ea zer preziotan salduko dizun, eta saltzaileak hau erantzun dizu: «Zenbat eskaintzen didazu?». Galderak badu tranpa. Saltzaileak lor dezakeen preziorik onena zu ordaintzeko prest zauden preziorik altuena da. Kontua da saltzaileak ez dakiela zein den prezio hori, eta, zuhurra denez, jakin nahi du, eta horregatik egiten dizu galdera hori.

Orain, imajinatu ez duzula bizikleta bat erosi behar, baizik eta tratamendu mediko bat. Konpainia farmazeutikoek prezio desberdinak kobratzen dituzte sendagai berdinengatik, eta herrialdearen arabera egiten dute bereizketa, aurreko kasuan aipatutako arrazoi beragatik. Ordaintzeko prest zauden guztia kobratu nahi dute. Eta gurea herrialde aberatsa dela dakitenez, gehiago ordainduko dugu. Ahalik diru gehien kobratzeak aukera ematen die ikertzeko eta medikuntza inoiz baino gehiago garatzeko. Baina, aldi berean, mozkin handiak lortzen dituzte, eta jende asko geratzen da tratamendu onak eskuratu ezinik. Ez da arazo sinplea. Zer egin beharko lukete gobernuek?

Eztabaida:

Hautatu bi aukera horietako bat (konpainia farmazeutikoak behartzea herrialde aberatsetan beren prezioak murriztera, edo gaur egungo egoerari eustea), eta egin horren alde bost ikasleko talde batean. Taldeak nagusitzen den aukera defendatu beharko du, beste aukeraren alde egin duen talde baten aurka.

Zinema-proposamena: *Entre pillos anda el juego*

Zuzendaria: John Landis.

Aktoreak: Eddy Murphy, Dan Aykroyd, Jamie Lee Curtis, Don Ameche, Randolph Bellamy

Sinopsia:

Apustu krudel batean, bi handikik bi pertsona akuriak balira bezala erabiltzen dituzte. Baina pertsona horiek, zenbateraino manipulatu eta gutxietsi dituzten jakitean, mendekua hartuko dute.

Hausnarketa-gakoak:

Eskaintza, eskaria, merkatuak, informazio pribilegiatua

Galderak:

1. Nola pentsatzen zuten handikiek laranja-zukuaren merkatua bereganatzea?
2. Eskaintzaren eta eskariaren aldetik, nola lortzen dute protagonistek handikien planak zapuztea eta, aldi berean, aberats bihurtzea?
3. Filmean gertatutakoa ikusita, zer behar da balore-burtsan aberasteko?

Bineta

5. Merkatu-motak

Unitate honetan hau ikasiko duzu:

- Merkatua eta lehia.
- Lehia perfektuko merkatua.
- Lehia monopolista.
- Oligopolioa.
- Monopolioa.

Askarian banana batzuk jan nahi baditugu, edozein dendatan aurki ditzakegu, baina Kanarietako platanoak nahi baditugu, agian ez ditugu nonahi aurkituko. Aukera-sorta txikiagoa da telefono-konpainiaz aldatu nahi badugu, gureak bat-batean eta abisatu gabe tarifak igotzea erabaki duelako; izan ere, telefono-konpainia gutxi batzuk baino ez ditugu aukeran aldaketa hori egin ahal izateko. Eta, azkenik, Donostiatik Bilbora trenez joan nahi izanez gero, Euskotren dugu aukera bakarra, ez baitago ibilbide hori egiten duen beste trenbide-konpainiarik.

Aukera asko kasu daude batzuetan, eta ez dago inolako aukerarik beste batzuetan; produktu adina merkatu daude. Enpresek asko errazten dute gure bizimodua, baina, maiz, ez gara ohartzen zergatik duten hain funtzionamendu desberdina batzuek eta besteek, eta ez dakigu zenbateraino baldintzatzen dituzten gure erabakiak.

Gure herrialdeetako legedia jendea enpresen boteretik eta eraginetik babesten saiatzen da, baina dena errazagoa izango litzateke, erosketak egitean eta kontsumo-erabakiak hartzean ardura handiagoz jokatuko bagenu.

Zenbat merkatu-mota ezagutzen dituzu?
Zer ikasi nahi duzu?

Ba al dakizu zer diren lehia perfektuko merkatuak der?
Ba al dakizu zer diren oligopolioak?
Ba al dakizu zer diren monopolioak?

Likeak, inpaktuak eta mezuak

Instagrameko zure kontuan nabigatzen ari zarela, *story* batean ikusi duzu rock-talde batek jaialdi ezagun batean parte hartuko duela. Arropa-marka baten iragarkia ere ikusi duzu. Ez da halabeharra. Enpresek dirutza inbertitzen dute, bai zer zaletasun dituzun jakiteko, bai jendeari beren produktuak erostearen onurez konbentzitzeko. Agian *instagramer* baten edo musikan jarduten duen *youtuber* baten jarraitzaile bihurtu zara, agian zure posta elektronikoko helbidea eman duzu arropa-zozketa baterako edo, besterik gabe, *like* batean klik egin zenuen halako batean. Enpresek horren berri dute. Eta beren produktuentzako eskaria sortzen saiatuko dira, kontsumitzaileen gustuak eta zaletasunak haien neurrira egokituz.

Ohartzen al gara zenbat publizitate-inpaktu jasotzen dugun egunean, edo zenbateraino eragiten duten inpaktu horiek gure erabakietan? Ez, ez gara ohartzen; baina iragarkien eta ikus-entzuleen arteko zenbakizko erlazioa ezar daiteke. Marketineko profesionalek batez besteko kopuru hau adierazten dute: hiru mila publizitate-inpaktu egunean, hiri batean bizi eta zenbait hedabide kontsultatzen dituen norbaitentzat. Guztira, urtean milioi bat inpaktura heltzen da kopuru hori.

Nolanahi ere, desoreka handia dago hedabide batzuen eta besteen eraginean: egunean jasotako hiru mila asmu horietatik, telebistaz jasotako laurogeita hamarrak dira eraginkorrenak, kontsumitzaile askok gogoratzen dituztenen % 50 baitira. Eta telebista ikusten ez baduzu? Berdin da, YouTuben edo Facebooken jarriko dituzte iragarkiak. Edo, bestela, sakelako telefonora bidaltzen dizkizuten iragarkietan: ez duzu ihes egiteko modurik. Beraz, ez daukazu zure osasun mentalaz arduratu beharrik «Ni ez naiz inozoa», «Zabaldu zoriona» edo «Gidatzea gogoko al duzu?» esaldiak MediaMarkt, Coca-Cola eta BMW enpresekin lotzen badituzu.

Hausnartu

1. Produktu batzuen merkatuetan, publizitate asko dago (hala nola telefonia-enpresen merkatuan), eta beste batzuetan, berriz, ez dago ia publizitaterik (esaterako, letxugaren merkatuan). Zure ustez, zergatik gertatzen da hori?
2. Herri bateko bi diskoteketako baten jabea zara. Publizitate-kanpaina bat martxan jartzea bururatu zaizu, bezero gehiago bereganatzeko, baina kanpaina garesti samarra da. Zer beste alternatiba bururatzen zaizkizu bezero gehiago lortzeko edo zure irabaziak handitzeko?
3. Sare sozialek zure nabigazio-ohituren jarraipena egiten dute. Zure ustez, zer da hori, zure pribatutasunaren inbasioa ala gehien interesatzen zaizun publizitatea jasotzeko abantaila bat?

1. Merkatua eta lehia

Eskaintza-eskarien legearen funtzionamendu askeak lehia perfektuko merkatuak sorrarazten ditu. Merkatu horietan, enpresa bakar batek ere ez du prezioan eragina izateko moduko boterik. Egoera ideal edo *perfektua* da, eta enpresa guztiak merkatuko prezioak onartuta lehiatzen dira.

Lehia perfektuko merkatuetan enpresak prezio-onartzaileak dira eta eskaintza-eskarien legearen funtzionamendu askearen arabera jarduten dute.

Baina oso merkatu gutxik funtzionatzen dute eredu horren arabera. Izan ere, merkatu gehien-gehienetan, enpresa bat edo bat baino gehiago prezioan eragina izateko egoeran egoten da, dela bere markaren indarrari esker, dela publizitateari esker, dela, besterik gabe, merkatuaren berezko ezaugarriei esker.

Lehia ez-perfektuan, enpresa guztiak ez dira baldintza berdinetan lehiatzen, enpresa batek edo batzuek eragin nabarmena izan dezakete-eta prezioan.

Ba al zenekien...?

Lehia perfektuko merkatuaren ezaugarriak eta funtzionamendua **Adam Smithek** deskribatu zituen, jada XVIII. mendean, baina, praktikan, oso merkatu gutxik funtzionatzen dute eredu horren arabera.

1.1. Merkatuen ezaugarriak

Merkatu guztiek berezko zenbait ezaugarri dituzte. Hauek dira kontuan hartzeko ezaugarri nagusiak:

- **Enpresa-kopurua.** Faktorerik garrantzitsuena da, prezio-ezarpena baldintzatzen duen ezaugarria baita.
- **Eragina prezioan.** Ezaugarri horrek lotura zuzena du enpresa-kopuruarekin. Alderantzizko erlazioa da: enpresa-kopurua zenbat eta handiagoa izan, orduan eta txikiagoa izango da enpresen eragina prezioan, eta, alderantziz, enpresa-kopurua zenbat eta txikiagoa izan, orduan eta ahalmen handiagoa izango dute prezioan eragiteko.
- **Desberdintzea**. Produktu batek kontsumitzaileak bereizteko moduko ezaugarriren bat baldin badu (neurgarria izan, zein neurtezina izan), produktu **berezitua** edo **desberdindua** dela esaten da; bestela bada, berriz, produktua **homogeneoa** izango da. Esate baterako, gasolinaren merkatua nahiko homogeneoa da; izan ere, inork ezer esaten ez badigu, nork jakingo luke zer petrolio-enpresak ekoitzi duen gasolina jakin bat?
- **Lehiaren intentsitatea**. Enpresek merkatuan aritzeko erabiltzen dituzten tentsio-mailak nahiz merkataritza-politikek osatzen dute, hain zuzen, lehiaren intentsitatea. Merkataritza-politikak, eskuarki, komunikabideetan egindako publizitate-kanpaina garestiak izan ohi dira, eta mota askotakoak izan daitezke: prezioen gerra, lehiakideen iragarkiak imitatzea, norberaren produktuaren ezaugarriak nabarmentzea, etab.
- **Gardentasun-maila**. Saltzaileek nahiz erosleek produktu jakin baten inguruan egiten diren transakzio guztien prezioari buruz duten informazio-kantitatea adierazten da gardentasun-mailaren bidez.
- **Sartzeko eta irteteko askatasuna**. Merkatu batean sartzea edo handik irtetea ez da erraza. Enpresa batek beste enpresa batzuek jada jarduten duten merkatu batean sartzeko edo handik irteteko izaten dituen oztopoei **merkatu-hesiak** esaten zaie. Kontzeptu garrantzitsua denez, arreta handiagoz aztertuko dugu hurrengo atalean.

! Garrantzitsua

Merkatu bat **homogeneoa** izango da, produktuak elkarren artean trukagarriak badira; hau da, bakoitzak besteak ordezka baditzake, kalitatean, diseinuan edo funtzioan alderik ez dagoelako.

Jarduerak

1. Zergatik diote ekonomialariek zenbait merkatu-mota *perfektuak* direla, horrelakoak hain urriak izanda?
2. Zein da lehia perfektuko merkatuen eta lehia ez-perfektuko merkatuen arteko funtsezko aldea?
3. Zer esan nahi du produktu bat ekoizten eta banatzen duen enpresa batek % 16ko merkatu-kuota duela?
4. Ekarri gogora sarri erabili ohi dituzun hiru marka-produktu. Azaldu zergatik dituzun nahiago marka horietako produktuak beste batzuetakoak baino.

Lehia-mota	Lehia perfektua	Lehia ez-perfektua		
		Lehia monopolista	Oligopolioa	Monopolioa
Deskribapena	Enpresa bakar batek ere ez du prezioan eragina izateko adinako ahalmena; beraz, enpresa guztiak berdintasunezko baldintzetan aritzen dira lehian.	Merkatu-mota horretan, enpresa askok antzeko produktuak eskaintzen dituzte, baina lehia perfektuko merkatuan ez bezala, enpresek produktuak desberdintzen dituzte, ezaugarriren baten bidez, bezeroak leial bihurtzeko. Hori dela eta, nolabaiteko eragina izan dezakete prezioan.	Horrelako merkatuan, enpresa gutxi batzuek jarduten dute, baina nahikoa tamaina dute prezioan eragina izateko, baten batek eskaintza aldatzea erabakitzen badu.	Lehia ez-perfektuko muturreko adibidea da. Monopolioaren ezaugarria da leh arik ez dagoela. Enpresa bakar batek ekoizten du ondasuna edo zerbitzua, erabat; beraz, ahalmen osoa du prezioan eragiteko edo ekoitzi behar den kantitatea erabakitzeko.
Adibideak	Asteroko azokak eta arraina saltzeko lonjak, balore-burtsak	Lurrinen merkatuan, enpresa askok antzeko produktuak saltzen dituzte, baina bakoitzak bere produktua desberdintzen du besteen produktuekiko, markaren, ontziaren edo esklusibotasunaren (prezioa) bidez.	Oligopolioen adibide dira petrolioaren merkatua edo telefonia mugikorrarena.	Estatuko Altadis enpresa publikoak (lehen Tabacalera zenak) tabakoaren banaketa kontrolatzen du Espainian, eta berak bakarrik finkatzen du prezioa.
Enpresa-kopurua	Asko	Asko	Gutxi	Bat
Eragina prezioan	Batere ez	Pixka bat	Handia	Erabatekoa
Desberdintzea	Ez	Bai	Ez	Ez du axola
Lehiaren intentsitatea	Oso handia	Oso handia	Handia	Ez dago
Gardentasun-maila	Erabatekoa	Ez dago	Ez dago	Ez dago
Sartzeko eta irteteko askatasuna	Erabateko askatasuna	Erabatekoa, desberdintzea izan ezik	Ez	Ez

5.1. taula. Merkatu-motak.

1. jarduera ebatzia. Merkatu-kuota

Enpresa baten merkatu-kuota kalkulatzeko, zatiketa hau egiten da: produktu jakin baten merkatuan enpresak izan dituen salmentak zati merkatuan izan diren guztizko salmentak. Enpresa baten merkatu-kuota zenbat eta handiagoa izan, orduan eta kontrol handiagoa izango du merkatu horretan. Salmenta-kopurua, berriz, handia izanda ere, neurri erlatiboa da eta guztizkoarekin alderatu behar da. Adibidez, A argitaletxeak ikasliburuak ekoitzi eta banatzen ditu. Batxilergoko 1. mailako Ekonomiako liburuaren 20.000 ale saldu dituzte, eta argitaletxe guztiek (A argitaletxea barne) Batxilergoko 1. mailako Ekonomiako liburuaren 50.000 ale saldu dituzte. Zein da A argitaletxearen merkatu-kuota?

Soluzioa:

$$\text{Merkatu-kuota} = \frac{\text{Enpresa baten salmentak}}{\text{Salmentak guztira}} \cdot 100 =$$

$$= \frac{20.000}{50.000} \cdot 100 = \%\ 40$$

A argitaletxeak % 40ko merkatu-kuota du, eta horrek adierazten du argitaletxe horretakoak direla saltzen diren Batxilergoko 1. mailako Ekonomiako 100 liburutik 40.

1. behatokia. Lehia eta Internet

Hotelak, liburuak, bidaiak, aseguruak, ordezko piezak, jantziak, musika, ordenagailuak... Gaur egun, Interneti esker, denbora errealean eskuratzen dugu interesatzen gaituzten produktuei buruzko informazioa. Baina informazio hori Interneteko bilatzaileek ematen digute. Eta gauza jakina da enpresek ordaindu egiten dietela bilatzaileen jabeei, bilaketen emaitzetan lehenbizi agertzeko.

Hausnartu:

a) Zertan da onuragarria eta, aldi berean, kaltegarria Internet merkatuen lehia-mailarako?

b) Demagun Interneterako zenbait bilatzaile sortzen direla merkatuan, Googleren antzeko ahalmena eta prestazioak dituztenak. Zer eragin izango luke horrek kontsumitzaile eta enpresentzat?

1.2. Merkatu-hesiak

Merkatu-hesiak sartzeko edo irteteko hesiak izan daitezke. Enpresa berriei merkatuan sartzea eragozten diete lehenbizikoek. Bigarrenek, berriz, merkatutik irtetea eragozten diete merkatuan ari diren enpresei. Hesiek oso eginkizun garrantzitsua dute: batetik, sartzeko hesiek mugatu egiten dute merkatu bateko lehiakideen kopurua, eta, bestetik, irteteko hesiek behartu egiten dituzte enpresak jardunean jarraitzen, nahiz eta galerak izan.

Gogoan izan

Enpresa batek, merkeago ekoizteko, kostu finkoa produktu-unitate gehiagoren artean banatzea lortzen badu **eskala-ekonomia** lortu duela esaten da. Besteak beste, hori da enpresak internazionalizatzeko arrazoietako bat: enpresak jarduten duen merkatua zenbat eta handiagoa izan, orduan eta aukera gehiago izango ditu kostu finkoa unitate-kopuru handiago baten artean banatzeko.

A. Sartzeko hesiak

Merkatuan jada sendotuta dauden enpresek ahaleginak egiten dituzte lehiakide berriak sar ez daitezen.

Sartzeko hesiak enpresa berriak merkatu batean sartzea eragozten edo zailtzen duten faktoreak dira.

Hauek dira sartzeko hesi ohikoenak:

- **Kostu-abantailak.** Enpresa bat sektoreko gainerako enpresak baino merkeago ekoizteko gai baldin bada, publikoarentzako salmenta-prezio merkeagoa ere eskaini ahal izango du. Eta, horren ondorioz, enpresa horren lehiakideek, hark bezain merke saltzeko gai ez direlako, nekez irauten baldin badute merkatuan, are zailagoa izango da merkatuan irautea lehen aldiz jarduten duten enpresa berrientzat. Normalean, kostu-abantaila hori hiru modutan lor daiteke: baliabideak optimizatuz, teknologia hobea erabiliz edo **eskala-ekonomiak** lortuz. Besteek baino merkeago ekoiztea lortu duten enpresak kostuetan liderrak direla esaten da.

  Kostuetan lider izatea lehiakideak baino kostu txikiagoak izatea eta posizio horri eustea da. Hori lortzeak aukera ematen du sektoreko batez besteko mozkinak baino handiagoak lortzeko.

- **Produktu-desberdintzea.** Produktuen kalitatea, diseinua edo funtzioak bereziak direlako, kontsumitzailea fidelizatzea lortzen denean izaten da.

  Produktu desberdinduak kontsumitzaileek beste produktuen aldean desberdintzat jotzen dituztenak dira, lehiakideenak izan edo ez.

  Produktu-desberdintzea garrantzitsua den merkatu batean sartzeko edo posizionatzeko, inbertsio handiak egin behar izaten dira publizitatean; izan ere, bezeroa leial bihurtzeko, beharrezkoa da kontsumitzaileak berezitasun horretaz ohartzea eta enpresa jakin baten produktuen ohiko bezero edo erabiltzaile bihurtzea.

  Fidelizatzea bezero bat marka, produktu edo zerbitzu bati leial izatea lortzea da.

  Bezeroa fidelizatzea prozesu luzea da, eta, horregatik, merkatuan jada finkatuta dauden enpresek abantaila dute sartu berrien aldean. Esate baterako, kola-freskagarrien merkatuan, Coca-Cola® eta Pepsi® konpainiek publizitate-kanpaina izugarriak egiten dituzte, eta beren produktuak desberdintzen dituzte, markaren, logotipoaren eta ontziaren kolorearen bidez. Inbertsioen helburua bezeroen fideltasuna edo leialtasuna ez galtzea da, markak jada oso ezagunak dira eta.

Ba al zenekien...?

Ekoizleek beren produktuak identifikatzeko erabiltzen dituzten izenak dira **markak**. Marka baten erabilera esklusiboa izateko, legez erregistratu behar da, patenteak, logotipoak edo diseinuak bezala. ® edo ™ ikurrak (*Registered* edo marka erregistratua, eta *Trade mark* edo merkataritza-marka) marka baten izenaren ondoan agertzen badira, hori ez da egiten apeta hutsagatik; aitzitik, marka hori, legez, beste inork ezin dezakeela erabili adierazteko erabiltzen da.

- **Kapital-inbertsioak.** Zenbait merkatu-motatan sartzeko, oso inbertsio handiak egin behar dira, eta inbertsio horiek berez dira ia gainditu ezinezko hesiak. Hori industria-enpresen ezaugarri tipikoa da, makina astunak edo instalazio espezializatuak erabiltzen dituztelako ekoizpen-prozesuetan. Horren adibide dira automobilgintzako sektorea, eraikuntza eta ontziolak.

Produktu jakin bat eskuratzeko esklusibotasuna izatea edo lege-xedapenak ere oztopoak izan daitezke enpresa berriak merkatuan aritzeko, baina faktore horiek monopolioen bereizgarriak dira, eta aurrerago aztertuko ditugu.

B. Irteteko hesiak

Enpresak, pertsonak bezala, zorpetu egiten dira inbertsioak egiteko, eta oso espezializatuak edo garestiak badira, arazoak sor daitezke inbertsioak gainetik kendu nahi izanez gero.

Irteteko hesiak enpresa batek merkatu jakin batetik irteteagatik jasan beharko lituzkeen kostuak dira, edo inbertitutakoaren zati bat ez berreskuratzeak sortuko lizkiokeen galerak.

Esate baterako, hiri bateko hiriguneko supermerkatuak banaketa-negozioari utzi nahiko balio, lokala erraz eraldatu dezake, edo saldu. Baina zer egin dezake kamioien xasisen muntaketarako lerroa duen enpresa batek? Ziur asko, enpresa lehiakideren bati saltzea izango da aukera bakarretako bat, eta, gainera, oso litekeena da enpresa lehiakide horrek horrelako instalaziorik behar ez izatea, jada badituelako. Instalazioak erosteko diru asko ordaindu behar izan duen enpresa batentzat aukerak askoz ere mugatuagoak dira, ziur asko, eta, agian, ezin izango dio instalazio espezializatu hori beste norbaiti saldu, inbertitutakoaren zati bat behintzat berreskuratzeko. Agian, kamioiak ekoizten jarraitu beharko du, inbertsio espezifiko eta garesti hori birziklatzea ezinezkoa zaiolako.

Ba al zenekien...?

Iragar al dezake munduko merkatuan lider den enpresa batek kontsumitzaileek dagoeneko ez dakiten zerbait? Liderrek egin ohi duten publizitatean, originaltasunak garrantzia handiagoa du produktuaren ezaugarriek edo abantailek baino. Enpresa liderrek nagusi izaten jarraitzen dutela nabarmentzeko erabili ohi dute publizitate-mota hori.

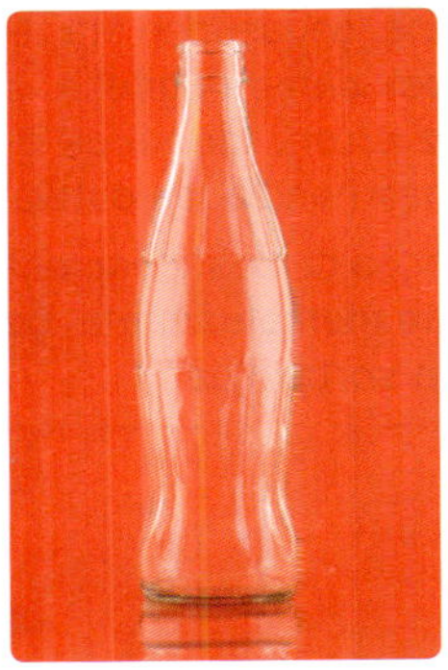

2. jarduera ebatzia. Sartzeko hesiak

Adierazi sartzeko zer hesiri egin behar dieten aurre lehen zutabean adierazitako enpresek edo sektoreek:

Sektoreak edo enpresak	Erantzuna: hesi-motak
Hegazkinen ekoizpena	*Kapital-inbertsioak*
Cartier	*Produktu-desberdintzea (marka)*
Ikea	*Kostu-abantailak*
Armani	*Produktu-desberdintzea (marka)*
McDonald's	*Kostu-abantailak*
Obra publikoen eraikuntza	*Kapital-inbertsioak*

2. behatokia. Ryanair enpresaren lidergoa kostuetan

Ryanair *low-costeko* hegazkin-konpainiarik ospetsuena da munduan, eta hegaldietarako txartelak merke saltzen ditu, merke ekoizten duelako: liderra da kostuetan hegazkin-konpainien sektorean.

Ryanair enpresak erregaiak eta mantentze-lanak hornitzaile bakar bati erosten dizkio; beraz, erregai-kantitate handiak erosten ditu, eta zerbitzu-bolumen handia kontratatzen du. Halaber, bere langileei prestakuntza homogeneoa emanda kostuak aurrezten ditu.

Merkataritza-estrategiari dagokionez, Ryanair enpresak merkataritza elektronikoko plataforma bat du, oso ahalmen handikoa, eta horri esker, aurreztu egiten du fakturaziorako langileetan eta bitartekaritza-gastuetan.

Azkenik, hegaldia alderdi osagarri guztietatik (bagajea, otorduak, lekuen erreserba...) bereizten du, eta zerbitzu horiengatik ordaintzeko aukera ematen die gastu hori egin nahi dutenei.

Hausnartu:

a) Ryanairrek, hegazkinak erostean, denak batera erosten dizkie Airbus edo Boeing enpresei. Prezioa negoziatzean, hori egitea zer da, abantaila ala oztopoa? Zergatik? Zer beste estrategia baliatzen ditu Ryanairrek kostuak aurrezteko?

b) Produktu bat zure bezero guztiei prezio berean saltzen badiezu, denek zenbateko bera ordaintzen dute produktuarengatik, nahiz eta bezero batzuk produktu horrengatik besteak baino gehiago ordaintzeko prest egon zitezkeen. Hori al da Ryanair enpresaren estrategia?

c) Ryanairren estrategiako zer neurri izan daitezke merkatuan lehiakide berriak sartzeko hesiak?

d) Ibilbide laburretarako, Ryanairrentzako mehatxua abiadura handiko trena da, eta ez beste hegazkin-konpainiak. Zergatik?

Jarduerak

5. Zer-nolako lotura dute eskala-ekonomiek kostuetan abantailak lortzearekin?

6. Colax enpresak gerezi-zaporeko kola-freskagarriak ekoizten ditu, eta merkatuan sartu eta posizionatu nahi du. Nola lor dezake bezeroak leial bihurtzea?

7. Azken hogeita hamar urteetan, behera egin du mundu osoan jarduten duten automobilgintzako enpresen kopuruak. Sartzeko hesiei dagokienez, zergatik gertatu da hori, zure ustez?

2. Lehia perfektuko merkatua

> **! Garrantzitsua**
>
> **Lehia askearen abantailak:**
>
> - Teknologia-berrikuntzak eta -aurrerapenak sustatzen ditu, ekoizteko bitarteko efizienteagoak lortu nahi baitira.
> - Publikoari ondasun eta zerbitzu gehiago jartzen die eskura, prezioak murriztu egiten baitira.
> - Langileen soldata errealek gora egiten dute, ondasunen eta zerbitzuen prezioek behera egitean, soldatak igo ez arren, langileek erosteko ahalmen handiagoa dutelako.
> - Errazagoa da beste enpresa batzuk sartzea merkatuan, eta, beraz, enplegua sortzen da.

Sartzeko erraztasuna da merkatu-mota honen bereizgarria. Ezaugarri hauek ditu:

- **Enpresa asko.** Sartzeko askatasuna dagoenez, ekoizle eta enpresa asko etekinak daudenean sartzen dira merkatuan, baina kuota txikia lortzen dute guztizkoarekiko, oso txikiak direlako.
- **Enpresa prezio-onartzaileak.** Enpresa hain txikiak direnez, haietako bakar batek ere ez du prezioan eragiteko ahalmen handirik (eskaintzaren eta eskariaren funtzionamendu askearen arabera finkatzen dira prezioak). Enpresa horiek zer kantitate ekoitzi baino ezin dute erabaki, kontsumitzaileak ordaintzeko prest dauden prezioaren arabera. Horregatik, enpresa horiei prezio-onartzaile esaten zaie.
- **Produktu-desberdintzerik gabeko merkatua.** Ekoizle batetik bestera ez da alderik egoten kalitatean, diseinuan edo produktuen prestazioetan. Ekoizlearen marka edo bermea ez da garrantzitsua eta, batzuetan, ez dira bilgarrian ere agertzen. Marka batekiko fideltasunik ez dagoenez, erraz samarra da ekoizle berri batentzat merkatu-kuota txiki bat bizkor bereganatzea.
- **Lehia handia.** Produktu-desberdintzerik ez dagoenez, erraza da merkatuan sartu eta merkatu-kuota lortzea, baina horrexegatik da erraza, halaber, kuota galtzea. Publizitateak eraginkortasun handirik ez duenez –zer iragarriko dugu, marka edo bermea garrantzitsuak ez badira?–, enpresek prezioan lehiatzen dute, eta kostuak murrizten saiatzen dira.
- **Prezio-gardentasuna.** Merkatu-mota honetan, erosleek nahiz saltzaileek produktuek merkatuan duten salmenta-prezioari buruzko informazio guztia dute. Produktuak garestiegi saltzen saiatzen diren saltzaileek arriskua dute produktuaren ale bakar bat ere ez saltzeko.
- **Sartzeko eta irteteko askatasuna.** Ez dago lege-mugarik jarduera egin ahal izateko, eta ekoizpen-ondasunetan (makinak, ordenagailuak, lur-sailak, lokalak edo dirua) egin beharreko inbertsioak txikiak izaten dira, beste enpresa-sektore batzuetarako inbertsioen aldean. Jarduera bertan behera uzteko edo beste modu batean bideratzeko kostuak ere txikiak dira.

Lehia perfektuko merkatuaren bilakaera

Merkatu-mota horren bilakaeran aldi hauek bereiz daitezke (5.1. irudia):

Hazkundea
Saltzaileek ezohiko mozkinak lortzen badituzte (ohikoak baino handiagoak), ekoizle edo saltzaile berriak sartzen dira merkatuan, jada finkatuta dauden enpresei imitatzen dietenak.

▶

Asealdia
Saltzaile berriak sartzean, ondasunaren eskaintzak gora egiten du. Desberdindu gabeko produktuak direnez, gehiegizko eskaintza sortzen da, eta saltzaileek prezioak jaisten dituzte, soberakinak saldu ahal izateko. Horren ondorioz, mozkinek behera egiten dute.

▶

Geldialdia
Gehiegizko eskaintzaren ondorioz, ez-ohiko mozkinen aldia amaitu egiten da eta zenbait enpresa merkatutik irteten dira, jarduera errentagarriago batzuetan aritzeko. Gainerako enpresek ekoizpen-prozesuak egokitzen dituzte, edo merkatuan jarraitzeko aukera emango dieten beste formula batzuk bilatzen. Egoera horretan ere elkarri imitatzen diote enpresek, eta prezioek behera egiten dute berriro.

▶

Egonkortzea
Enpresa gehiago irteten dira merkatutik; geratzen diren gutxiek bezeroak berreskuratzen dituzte, eta berriz etekinak izaten hasten dira, eskaintzak behera egiten duelako eta prezio-gerrak amaitu direlako. Enpresek aldi horretan lortzen dituzten sarrerei sarrera normalak esaten zaie, enpresaburuak gutxieneko saria izateko aukera ematen dutelako.

5.1. irudia. Lehia perfektuko merkatu baten bilakaera.

Merkatu homogeneoa denez eta produktuak oso antzekoak direnez, publizitatean inbertitzeak ez du zentzu handirik, kontsumitzaileari marka bat edo bestea berdin zaiolako eta merkeena erosten duelako, besterik gabe. Horrelako kasuetan, ekoizleak publizitate-kanpaina bateratuak egiteko elkartzen dira, produktuaren kontsumoa handitzen saiatzeko. Esate baterako, azukre-ekoizleak elkar litezke beren produktua sustatzeko, eslogan honen bidez: «Gozatu bizitzaz; hartu azukrea». Marka nabarmendu ordez produktua nabarmentzen duen publizitate-mota horri publizitate **generikoa** esaten zaio, eta lehia perfektuko merkatuen bereizgarria da.

3. jarduera ebatzia. Tomateen merkatu perfektua

Azaldu lehia perfektuko merkatuaren ezaugarriak, adibide moduan tomateen merkatua erabiliz.

Erantzuna:

a) **Enpresa asko.** Labore erraz-erraza denez, eta kostu txikikoa, gainera, nekazari askok ekoizten dituzte tomateak.

b) **Enpresa prezio-onartzaileak.** Nekazari baten tomateak gainerako nekazarien tomateen berdin-berdinak direnez, inork ezin ditzake besteak baino prezio handiagoak eskatu.

c) **Produktu-desberdintzerik gabeko merkatua.** Kontsumitzaileek kolorea, neurria, freskotasuna eta beste ezer gutxi bereizten dute. Ez du axola bertako tomateak edo atzerrikoak izatea, hemengoak, Kantabriakoak edo Almeriakoak.

d) **Lehia handia.** Produktu batetik bestera alde handirik ez dagoenez, nekazariek prezioan lehiatzen dute, eta horixe da kontsumitzaileek erosteko kontuan hartzen duten faktore nagusia.

e) **Prezio-gardentasuna.** Nekazari guztiek dakite zer preziotan eta zer baldintzatan saltzen ari diren tomateak merkatuan.

f) **Sartzeko eta irteteko askatasuna.** Edozein nekazari da gai, berez, tomateak ekoizteko, inbertsio handirik eta gastu handirik egin gabe, eta laborez aldatzeko zailtasunik ere ez du.

3. *behatokia.* Negoziazioa lehia perfektuan

Arropa, janaria eta beste artikulu batzuk saldu ohi dituzten asteroko tokiko azokatxoak lehia perfektuaren adibide ezin hobeak dira. Minimerkatu horietan, saltzaileak desberdindu gabeko produktuak saltzeko lehian ari direnez, negoziatzea ohikoa da, prezioa baita funtsezko elementua. Erosleak prezio guztiak jakiteak ematen dion abantaila baliatzen du eta eskaintza onena egiten duenarengana joaten da. Saltzailea, salmenta bermatzeko, tratua egiten saiatuko da, jakin badakielako bere salgaia saldu gabe geratuko dela, erosleak lehiakideari erosten badio.

Hausnartu:

a) Zer-nolako ahalmena izaten du azokatxo bateko saltzaile batek prezioak lehiakideen prezioen gainetik igotzeko? Zergatik?

b) Demagun plaza batean arropa- eta janari-saltzaile asko daudela, baina horietatik bik soilik saltzen dituztela zigiluak eta kromoak. Zertan da desberdina haien egoera gainerako saltzaileekiko?

c) Demagun arropa-saltzaile bat zarela merkatuan. Zer egingo zenuke zure lehiakideengandik desberdintzeko?

d) Udalak tokiko azokatxoaren tamaina mugatzea erabaki du: saltzaileek lizentzia bat eskuratu beharko dute, lizentziak mugatuak izango dira eta zozketa bidez emango dira. Zer-nolako eragina izan dezake neurri horrek saltzaileentzat eta bezeroentzat?

5.2. irudia. Esperientziak erakusten du erosleak prest daudela gehiago ordaintzeko produktu desberdindu batengatik desberdindu gabeko produktu batengatik baino. Desberdintze horren jatorria **arrazoi objektiboak** izan daitezke (esaterako, Rías Baixas ardoa mahaiko ardo arrunt bat baino garestiagoa da, kalitate hobekoa delako eta, gainera, kalitate hori aitortuta dagoelako Europan, jatorri-deituraren bidez, elikagai-kalitatearen bereizgarria baita), bai eta **arrazoi subjektiboak** ere (adibidez, ur minerala saltzen duten marken arteko desberdintzea publizitateak eragindakoa da batez ere).

Jarduerak

8. Ez al diozu inoiz galdetu zeure buruari zergatik dauden hiru solarium duela sei hilabete hiru ile-apaindegi zeuden kalean? Edo zergatik dauden orain delicatessen-dendak lehen pizzeriak zeuden lekuan? Egun batean aukera oso onak ziruditen negozio batzuk negozio txar bihurtzen dira handik gutxira.

a) Zer ezaugarri dituzte enpresa berrien sarrera eta irteera ugari dituzten merkatuek?

b) Zergatik amaitzen dira mozkinak hain bizkor merkatu horietan?

9. Erantzun lehia perfektuko merkatuari buruzko galdera hauei:

a) Zergatik esaten da enpresak prezio-onartzaileak direla?

b) Beste enpresa-sektore batzuetan bezala, inbertsioak egin behar dira, baina, hala ere, sartzeko hesirik ez dagoela esaten da. Zergatik?

c) Zer aukera daude mozkinek behera egiten dutenean?

d) Zergatik ez dute enpresek beren marken publizitaterik egiten?

3. Lehia monopolista

5.3. irudia. Kirol-oinetakoen merkatua lehia monopolistako merkatuen adibide da. Enpresek asko zaintzen dute marka-irudia, bezeroek enpresaren produktuek lehiakideen produktuekiko dituzten aldeak ikus ditzaten.

Hauek dira lehia monopolistaren ezaugarri nagusiak:

- **Enpresa asko.** Enpresa bakoitzaren merkatu-kuota merkatu osoarekiko nahiko txikia den arren, handiagoa da lehia perfektuko merkatuko enpresek dutena baino. Lehia monopolistako merkatuan, enpresa batek badu nolabaiteko tartea prezioa igotzeko, besteekiko merkatu-kuota galdu gabe. Beste aldaketa batzuek, txikiak baldin badira –logotipoak aldatzea edo ontzia aldatzea, adibidez–, ez dute bezerorik galtzea ekarri ohi. Hori gertatzen da, esate baterako, ardoaren merkatuarekin: mahaiko ardoa baino garestiagoak dira jatorri-deituraren babesa duten ardoak, Getariako Txakolina, Errioxa, Ribera eta Rías Baixas jatorri-deiturakoak, adibidez.
- **Produktu-desberdintzea (sartzeko hesia).** Produktuek behar berberak asetzen dituzte, baina ez dute elkar guztiz ordezten; hau da, ez dira ordezko produktu perfektuak, zenbait kalitate-maila, diseinu, marka eta abar daudelako. Produktua homogeneoa ez bada eta beste produktuetatik bereizten duen ezaugarriren bat badu, produktu-desberdintzea dagoela esaten da. Adibidez, Kanarietako platanoak gainerako bananak baino garestiago saltzen dira. Orban marroi txiki batzuk dituzte azalean, eta ekoizleek ezaugarri hori baliatu zuten zenbait publizitate-kanpainatan, beren produktua beste eskualde edo herrialde batzuetako bananetatik bereizteko.

3.1. Lehia monopolistako merkatuen funtzionamendua

Merkatu-mota horren funtzionamendua soil-soila da. **Publizitatearen** bitartez, enpresak **beren produktuak desberdintzen** saiatzen dira, kontsumitzailea beste produktu batzuen truke ordainduko lukeena baino gehiago ordaintzeko prest egon dadin.

Lehia monopolistako merkatuan erabiltzen den publizitate-mota lehia perfektuko merkatuan erabiltzen denaren guztiz bestelakoa da: lehia perfektuko merkatuan, publizitaterik egiten bada, enpresek elkarrekin eta modu anonimoan egiten dute, eta lehia monopolistan, berriz, sormen handiko publizitatea da, erakargarria, enpresa iragartzaileak erabiltzaileen leialtasuna lortu behar du eta.

Baina badira publizitaterik egin beharrik ez dutenak ere: **tokiko eremuan** jarduten duten lehia monopolistako enpresak dira horren adibide. Esate baterako, dentistek eta gasolina-zerbitzuguneek zerbitzu edo produktu berbera eskaintzen diote bezero-multzo berberari. Eta nola lortzen dute, orduan, sektorean desberdintzea? Batez ere, trebetasunari esker, lehenengoek, eta kokapenari esker, bigarrenek. Dentista batentzat, publizitaterik onena bezeroek ahoz aho zabaltzea da. Eta zerbitzuguneak, berriz, ia ez du ezer egin behar sarbide onak eta zirkulazio handia duen errepide baten ondoan badago. Behar den lekuan dago, ez dago bestelako sekreturik.

4. behatokia. Publizitate-murrizketak

Espainiako Publizitatearen Lege Orokorrak espresuki debekatzen ditu honako hauek: pertsonaren duintasunaren aurka egiten duen publizitatea edo balioak eta eskubideak urratzen dituena (haur, gazte eta emakumeei dagokienez, batez ere); iruzurrezko publizitatea; publizitate desleiala; publizitate subliminala; zenbait produkturi buruzko publizitatea; eta produktu jakin batzuei buruzko xedapenak urratzen dituena.

Hausnartu:

a) Produktu batzuen publizitatea (tabakoa eta alkohola, kasu) debekatuta dago. Zergatik?

b) Espainian ezin da publizitate konparatiboa egin, ez bada irizpide objektibo edo neurgarriren bat erabiltzen. Ezin da «A B baino hobea da» esan, baina «Ak Bk baino 1 € gutxiago balio du» esan daiteke. Logikoa iruditzen al zaizu hori? Zergatik?

c) Ba al dakizu zer den publizitate subliminala? Ikertu Interneten publizitate-mota horri buruz, eta asmatu adibide bat alegiazko freskagarri-marka baterako.

3.2. Monopolista txikiak

Kontsumitzaileak produktuak bereiztea lortzen denean, publizitate-ahaleginek kontsumitzailearen leialtasunari eustea eta bezero berriak lortzea izan ohi dute helburu. Kontsumitzailearen leialtasuna dutenez, enpresa horiek nolabaiteko aukera dute produktuaren ezaugarriak edo prezioa hein batean aldatzeko. Eta, hain zuzen ere, horregatik esaten da lehia-merkatu batean jarduten duten monopolista txikiak direla enpresa horiek, eta **lehia monopolista** esaten zaio lehia-mota horri

Zenbait elementu monopolista egoteak (egile-eskubideak, marka erregistratuak, kostu-abantailak eta abar) aukera ematen die saltzaileei produktuen prezioak aldatzeko, bezeroen leialtasunari esker. Etxetresna elektrikoen edo jatorri-deitura duten nekazaritza-produktuen merkatuak dira lehia monopolistako merkatuen adibideak.

5. behatokia. Zerbait desberdinaren bila

1978an, Casa Tarradellas Kataluniako masia bat zen, hestebeteengatik ezaguna. Bere produktuen banaketa mugatua zen, eta lehian jardun behar zuen txerrikien artisau-produktuak eskaintzen zituzten inguruko beste masia batzuekin. Merkatu lehiatsu horretan bereizteko, Josep Tarradellas sortzaileak bazekien produktu esklusibo bat behar zuela, Kataluniako gainerako masiek izango ez zuten produktu bat. Tarradellasen hitzetan, «helburua zerbait desberdina eskaintzea zen, dendetan zeuden produktuen desberdina». Casademont Gironako harakintza-enpresa fuetaren merkatuaren liderra bazen ere, Tarradellasek fuet-mota berezi bat ekoitzi zuen, txerriaren hesteetako beste zati bat erabiliz. Fuet-mota hori zatitu egiten zen tolestean, eta soinu berezi bat sortzen zuen. *Espetec* deitu zion produktuari ('klaska' esan nahi du katalanez), izena patentatu, beste inork erabil ez zezan, eta kamioi txiki bat erabiliz saltzen hasi zen. Berehala, *espeteca* Casa Tarradellasen produktu bereizgarri bihurtu zen. Erabaki horrekin eta beste batzuekin bete-betean asmatu zuen: enpresak 1.000 milioi euro inguru fakturatuko ditu 2017an. Sekulako arrakasta, duela 35 urte Bartzelonatik 80 kilometrora zegoen masia txiki bat besterik ez zen batentzat.

Hausnartu:

a) Hasieran, zer merkatu-motatan ari zen lehian Casa Tarradellas?

b) Zergatik uste zuen Tarradellasek oso garrantzitsua zela lehiakideengandik desberdintzea?

c) Nola lortu zuen azkenean?

d) Demagun toki horretako 1970eko hamarkadako beste ekoizle bat zarela, Casa Tarradellasen lehiakidea. Zer egingo zenuke desberdintze-estrategia horri aurre egiteko?

4. jarduera ebatzia. Produktu-desberdintzea

Erreparatu lehen zutabeko merkatu edo produktuei, eta identifikatu zer elementuk desberdintzen dituen gainerakoekiko.

Merkatua edo produktua	Soluzioa: desberdintzeko elementua
Botilatutako ur minerala	*Marka eta botilaren diseinua*
Padróngo piperrak	*Jatorri-deitura*
Zara	*Marka eta arroparen diseinua*
Detergenteak	*Marka eta erabiltzeko modua*
Lurrinak	*Marka eta ontziaren diseinua*
iPhonea	*Marka, diseinua eta teknologia*

Jarduerak

10. Erabili adibide bat lehia perfektuaren eta lehia monopolistaren arteko aldea azaltzeko.

11. Zergatik ez da jatetxe onen edo denda onen publizitaterik ikusten?

4. Oligopolioa

Hauek dira merkatu-mota horren ezaugarri bereizgarriak:

- **Enpresa gutxi.** Merkatu-kuota osoa enpresa gutxi batzuen artean banatzen da. Horregatik, enpresa horietako baten merkataritza-politikak eragin handia du gainerako enpresen erabakietan.
- **Merkatu homogeneoa.** Mota horretako merkatuko produktuak, behar bera asetzeaz gain, trukagarriak dira elkarren artean (hau da, ordezko produktu perfektuak dira).
- **Kapital-inbertsio handiak (sartzeko hesia).** Merkatu oligopolistetan ondasunak eta zerbitzuak ekoizteko behar diren inbertsioak eta teknologiak enpresa handi-handien esku daude soilik.

5.4. irudia. Publizitatean pertsona ospetsuak erabiltzea eraginkorra da, baina garestia; beraz, salmenta-hazkundeak baliabide horrek sortutako gastua ordaintzeko modukoa izan beharko du. Iragarleak pertsona ospetsuaren izen ona bere produktuarekin lotu nahi du.

Oligopolioen funtzionamendua

Edozein enpresa oligopolistaren ekintzek eragina dute lehiakideen mozkinetan, norberaren emaitzak hobetzeko merkataritza-ahaleginek kalteak eragiten dituzte-eta besteen emaitzetan. Elkarreragin-maila altu hori dela eta, baliteke enpresa oligopolistek elkarren artean lehiatzea merkatua bereganatzeko, edo ez lehiatzea. Lehenbiziko kasuan, kolusiorik gabe jarduten dute, eta bigarrenean, berriz, kolusioz.

> Merkatu oligopolisten arloan, enpresen arteko lehia askearen kalterako hitzarmen oro da **kolusioa.**

A. Kolusiorik gabe

Enpresak prezioak finkatzen saiatzen dira, kontuan hartuta zenbat sal dezaketen eta lehiakideek zer-nolako erreakzioak izan ditzaketen. Hiru estrategia balia daitezke horretarako:

- **Aurrea hartzeko merkataritza-politikak.** Enpresa bakoitza lehiakideek zer egingo duten igartzen saiatzen da, horren arabera jarduteko.
- **Prezio-gerrak.** Enpresa oligopolista batek salmenta-prezioa jaisten badu, besteek jaitsi gabe, haren merkatu-kuotak eta diru-sarrerek gora egingo dute, gainerako enpresen kontura. Aitzitik, enpresa guztiek proportzio berean jaisten badute prezioa, kontsumitzaileak izango dira egoera horren onuradun bakarrak. Adibidez, Espainian komunikazioak liberalizatu zirenetik, telefonia mugikorreko enpresek prezioen, oparien eta sustapenen gerra etengabean jardun izan dute, bezeroak lortzeko, eta, bereziki, lehiakideen bezeroak bereganatzeko.
- **Prezioen lidergoa.** Estrategia horrekin, merkatuan lider den enpresak prezioa eta eskaintzaren gainerako baldintzak finkatzen ditu, eta merkatu oligopolistako beste enpresek onartu egiten dituzte, negoziaziorik gabe. Esate baterako, Espainian, gasolinaren merkatua merkatu oligopolista da: gasolina-zerbitzuguneak dituzten enpresak 30 inguru diren arren Repsol enpresak nagusitasunezko posizioa du, berak duelako gasolina-zerbitzugune gehien, eta, horren ondorioz, gainerako enpresentzako jarraibideak ezartzen ditu. Monopolio-erregimenean jarduten du ia, badakielako gainerakoek bere merkataritza-politika imitatuko dutela, baina agintariek zehapena ezartzeko arriskua du, posizio nagusi hori kontsumitzaileen kalterako erabiltzen badu (adibidez, artifizialki eragiten badu prezioak altuak izatea).

Irtenbide horiek ez dira, ordea, mesedegarriak enpresarentzat. Aurrea hartzeko merkataritza-politikaren ondorioz, enpresak etengabeko ziurgabetasun-giroan bizi dira; prezio-gerrek mozkinek izugarri behera egitea eragin dezakete, eta, azkenik, ez da beti egoten posizio nagusia duen enpresa oligopolista bat prezioen lidergoa izateko (gainera, legez kanpo jokatzearen muga-mugan dago jarduteko modu hori).

Ba al zenekien...?

Jada 1776an, Adam Smithek oligopolioko merkatuaren funtzionamendua azaldu zuen. Honela zioen *Nazioen aberastasuna* lanean: «Industria berean jarduten duen jendea elkartzen denean, oso gutxitan geratzen dira publikoaren aurkako konspirazioren bat asmatzeari edo prezioak igotzeko amarruren bati buruz hitz egin gabe. Zerbait ospatzeko edo jairen baten aitzakiaz biltzen direnean ere egiten dituzte horrelakoak. Guztiz ezinezkoa da bilera horiek lege baten bidez debekatzea, eta, aldi berean, lege hori askatasunarekin eta justiziarekin bat etortzea. Baina legeak ezin badu eragotzi industria bereko jendea zenbaitetan biltzea, ez luke ezer egin behar bilkura horiek errazteko, bederen, eta are gutxiago bilerok beharrezko bihurtzeko».
Adam Smith aitzindaria zela argi eta garbi frogatzen du gaur egungo legedi orotan aintzat hartzen dela kontsumitzaileek kalterik ez jasatea lehiarik ezagatik. **Espainiako Lehiaren Defentsarako Legeak** hau xedatzen du: «erabat debekatuta daude lehiakideek prezioak zein ekoizpen- edo salmenta-kuotak adosteko akordioak egitea, bai eta merkatuak elkarren artean banatzea ere».

B. Kolusiozkoa

Enpresak lankidetzan aritzen badira, elkarrekin lehiatu beharrean, kartela osatzen dutela esaten da. Era horretan jokatzean, enpresek zenbait buruko monopolio moduan jarduten dute, eta hori kontsumitzailearen kalterako da. Horregatik, gobernuek lehia askea babesten dute, eta horrelako akordioak debekatzen dituzten legeak ezartzen dituzte.

Kartelak enpresen elkarketa informalak dira, merkatuko lehiakideak gutxitzeko edo paretik kentzeko sortutakoak, baina enpresa bakoitzak bere independentziari eusten diola.

Kartelak edo kolusio-akordioak bi modutan gauzatzen dira:

- **Prezioa alde batera utzita lehiatuz.** Enpresen lehia diseinuan, kalitatean edo beste edozein faktoreren inguruan izaten da, baina aldez aurretik elkarrekin adostutako prezioa errespetatzen dute.
- **Merkatu-banaketa eginez.** Merkatua zati berdinetan bana daiteke, edo geografia-eremuka. Halaber, gerta liteke enpresa bakoitzarentzako ekoizpen-kuotak adostea.

Praktikan, oso zaila da kartela dagoela frogatzea, baina batzuetan akordio irregular jakin batzuk egin direla frogatzen da, eta, zigortzeko, isun ekonomikoak ordainarazten zaizkie enpresa arau-hausleei. Duela urte gutxi batzuk, errukitasun-programa jarri da abian: isuna kentzen zaio kartel batean parte hartu eta kartela izan badela salatzen duenari.

6. behatokia. Presoaren dilema

Presoaren dilema deritzo pertsonek, arrazoiz jokatuz, aukera onena aukeratu beharrean onena ez dena aukeratzen duten egoerari. Demagun Bonniek eta Clydek banku bat lapurtu duten susmoak daudela eta banan-banan itauntzen dituztela: ez dago froga materialik; beraz, aitorpena lortu ezean, armak edukitzea egotzi ahal izango diete soilik, eta urte bakarrerako joango dira espetxera (5.2. taulako A laukia). Batak bestea salatzen badu, salatzailea libre geratuko da eta besteari 10 urteko zigorra ezarriko diote (B edo C laukiak). Eta biek lapurreta besteak egin duela aitortzen baldin badute, berriz, 5 urteko zigorra ezarriko diote bakoitzari (D laukia). Taulan adierazita daude aukera guztiak.

		Bonnie			
		Isilik		Clyde salatu	
Clyde	Isilik	A	1 urte - Bonnie 1 urte - Clyde	B	Aske - Bonnie 10 urte - Clyde
	Bonnie salatu	C	Aske - Clyde 10 urte - Bonnie	D	5 urte - Bonnie 5 urte - Clyde

5.2. taula. Presoaren dilema (polizia-esparruko bertsioa).

		Coca-Colaren publizitate-gastua			
		Aldatu gabe		Handituta	
Pepsiren publizitate-gastua	Aldatu gabe	A	5 milioi - Coca-Cola 5 milioi - Pepsi	B	8 milioi - Coca-Cola 1 milioi - Pepsi
	Handituta	C	1 milioi - Coca-Cola 8 milioi - Pepsi	D	2 milioi - Coca-Cola 2 milioi - Pepsi

5.3. taula. Presoaren dilema (enpresa-esparruko bertsioa).

Biek modu arrazionalean jokatu dute, baina, hala ere, bost urte igaro beharko dituzte kartzelan, bat igaro beharrean. Horrela jokatzen dute enpresa handiek. Demagun Coca-Cola eta Pepsi merkatua kontrolatzen duten bi enpresa direla. 5.3. taularen arabera, enpresa horiek beren produktuak publizitate-gastua aldatu gabe saltzea adosten badute, biak antzeko mozkinak lortuko dituzte (A laukia). Enpresa batek akordio hori hautsi, eta publizitate-kanpaina bat abiatuko balu besteak horrelakorik egin gabe, mozkin handiagoak lortuko lituzke, eta lehiakideak, txikiagoak (B edo C laukiak). Bi enpresek akordioa hautsi eta publizitate-gastua handituko balute etekin txikiagoak izango lituzkete (D laukia). Enpresek beste oligopolisten kanpainak imitatzen dituztelako gertatzen da hori. Horren ondorioz, publizitate-gastua handitzen da, baina sarrerak ez: kanpaina batek bestea neutralizatzen duenez, inork ez ditu erabiltzaile gehiago eskuratzen lehiakideen kontura.

Hausnartu:

a) Bonnie edo Clyde izanez gero, aitortuko al zenuke?

b) Merkatu oligopolistetan, enpresek zer dela-eta imitatzen dituzte lehiakideen publizitate-kanpainak? Eman al ditzakezu errealitateko hiru adibide?

c) Herri bateko bi oilasko-erretegiek beren negozioen errentagarritasuna hobetu nahi dute, eta, horretarako, egurrezko parrila batean inbertitzea aztertzen ari dira. Egin presoaren dilemako taula. Zure ustez, zer gertatuko da? Zer egoera izango litzateke onuragarriena enpresentzat? Eta kontsumitzaileentzat?

Jarduerak

12. Oligopolioan, zer arazo du aurrea hartzeko merkataritza-politikak?

13. Merkatu oligopolistetan, zer enpresarentzat da onuragarria prezio-gerrak egotea?

14. Zer dilemari egin behar diote aurre merkatu oligopolistako enpresek?

15. Zure ustez, kolusioaren aurkako errukitasun-programari zergatik esaten zaio kalean *Judasen musua*?

5. Monopolioa

Merkatu monopolistan, enpresa bakar batek asetzen du eskari osoa, eta erabateko ahalmena du erabakitzeko zenbat ekoitziko duen, eta zer preziotan. Merkatuan sartzeko hesi bereziak daude merkatu-mota honen jatorriaren atzean:

- **Baliabide bat eskuratzeko esklusiba izatea.** Enpresa batek ondasun edo zerbitzu jakin bat lortzeko ezinbesteko ekoizpen-faktoreren bat kontrolatzen badu, berak bakarrik eskaini ahal izango du produktu edo zerbitzu hori. Adibidez, Almadénen (Ciudad Real) munduko merkurio-meatoki bakarretako bat dago, eta Espainiako estatuak izan du hura ustiatzeko esklusiba 1918tik 2007ra arte.
- **Lege-eskubideak izatea.** Jatorri pribatukoak edo publikokoak diren kontuan hartuta, lege-eskubideak honela sailkatzen dira (5.4. taula):

Patenteak	Lege-babesa lortzeko formula bat da. Patenteen bidez, industrian aplika daitekeen asmakizuna egin duenari aitortzen zaio hura esklusiban ustiatzeko eskubidea, denbora jakin baterako. Eskubide hori asmatzailearena da, eta asmakizuna saltzeko, emateko edo oinordetzan uzteko askatasuna izango du. Enpresa batek patente baten esklusiba baldin badu, monopolio-erregimenean jardungo du. Espainiako patente unibertsalen adibideak dira Chupa-Chups® gozokiak eta lanbasa.
Administrazio emakidak	Askotan, sektore publikoak ondasun jakin bat ekoizteko edo zerbitzu jakin bat emateko eskubidearen esklusiba du. Administrazio-emakiden bidez, sektore publikoak enpresa bati lagatzen dio eskubide horren ustiaketa aldi baterako, zenbateko baten truke eta jardueraren funtzionamendu ona bermatzeko zenbait baldintza betetzen baditu. Esate baterako, autonomia-erkidegoek lizentziak ematen dizkiete bidaiarien garraio-enpresei, linea jakin batzuk ustiatzeko. Emakida enpresa bakar batek eskuratzen badu, monopolio-egoera sortzen da. Beste adibide bat zenbait erakunde publikotako taberna- eta jatetxe-zerbitzuak dira. Hasierako ordainketa baten eta zerbitzuak prezio jakin batean ematearen truke, baldintza onenak eskaintzen dituzten enpresek monopolio txiki baten moduan jarduten dute erakundearen emakidak irauten duen bitartean.

5.4. taula. Monopolioak sorrarazten dituzten lege-eskubideak.

- **Emandako zerbitzuaren ezaugarriak.** Batzuetan, zenbait zerbitzuren ezaugarriak direla eta, ez da komeni merkatu berean enpresa bat baino gehiago aritzea. Adibidez, uraren eta argiaren hornidura efizienteagoa da zerbitzua enpresa bakar batek ematen badu, enpresa gehiago egotea baliabideak xahutzea izango litzatekeelako. Demagun etxe batera bi linea elektriko heltzen direla, bakoitza enpresa batena, edo ur-hartune bakoitzean hiru hodi-multzo daudela, bakoitza konpainia batena. Ez da zentzuzkoa, inolaz ere. Enpresa bakar bat badago, hornidura-kostuak murriztu egiten dira. Horrelako monopolioari **monopolio naturala** esaten zaio. Horrelakoa da, esate baterako, Espainiako trenbide-sarea: RENFE konpainiarena da.
- **Kostu-abantailak.** Enpresa batek lehiakideek baino kostu txikiagoan ekoizten badu, merkatuan nagusitu egingo da. Adibidez, Intel konpainiak ordenagailu pertsonalen % 80ren mikroprozesadoreak saltzen ditu, eta praktikan, monopolio moduan jarduten du, kostu txikiak dituelako. Teknologia aurreratuko mikroprozesadore bat (Intel Core edo Xeon, adibidez) garatzeko behar den inbertsioa 15.000 milioi euro ingurukoa dela kalkulatzen da, baina behin mikroprozesadorea garatu eta lantegiak eraiki edo berritu ondoren, unitate bakoitza ekoizteko prezioa oso txikia da, euro-zentimo gutxi batzuk baino ez. Eskala-ekonomiei esker lortzen da abantaila kostuetan. Intelek, posizio nagusia duenez, lehiakideak merkatutik kanporatu ditzake, bakarrik geratzeko; baina, hori eginez gero, monopolioaren aurkako legeei aurre egin beharko lieke.

5.5. irudia. Ikerketan, garapenean eta berrikuntzan (I+G+B) egiten diren inbertsioen ondorioz, asmakizunak sortu ohi dira. Baina asmakizun horiek esklusiban ustiatu ahal izateko, legez erregistratu behar dira, patente moduan.

7. behatokia. Google zigortzen?

2018ko udan, Europako Batzordeak 5.000 milioi euro ordaintzeko agindu zion Googleri, Internet bidezko bilatzailearen nagusitasuna finkatzeko, enpresa horren beraren Android aplikazioa bidegabe bultzatzegatik. Hori eginez, boikota ezartzen zien lehiakideei, eta hori kaltegarria zen *smartphoneen* erabiltzaileentzat.

Hausnartu:

a) Zure ustez, zer lege baliatu zituzten Europar Batasuneko agintariek Googleri zigor hori ezartzeko?

b) Zergatik pentsatzen du Europar Batasunak Googleren estrategia erabiltzaileentzat kaltegarria dela?

c) Interneteko bilatzaileen merkatuaren zer ezaugarrik errazten du monopolio naturalen sorrera?

5. jarduera ebatzia. Urria dena garestiagoa da

Zenbait kasutan, monopolioan jarduten dutenentzat hobe da gutxiago saltzea, gehiago irabazteko. Ekoizpenaren zati bat gordetzea ez da inolako arazoa monopolistentzat, ez baitago haiek saltzen ez dutena salduko duen lehiakiderik (noski, ekoizleek legerik urratu gabe gorde edo pilatu ditzaketen produktuez ari gara).

Jarduteko modu horri **eskasia artifiziala** sortzea esaten zaio: eskaintzaren aldetik eskasia-egoera sortzea, gehiegizko eskaria egon dadin. Praktikan, ekoizpena pilatzea da, merkaturatzean balio handiagoa izan dezan.

Baina, eskasia artifiziala sortzeko ahalmena monopolioen berezko ezaugarria izanda ere, beste merkatu-mota batzuetako enpresak ere saiatzen dira ezaugarri horri bereganatzen. Lehenik eta behin, eskasia artifiziala sortzeko ahalmena beren eskuetan soilik dagoelako, eta bigarrenik (enpresa oligopolisten kasuan, batez ere), erraz saihestu ditzaketelako legez kanpoko lankidetzan aritzeko tentaldian erortzeak eta, beraz, lehia askearen defentsarako legeak urratzeak eragin ditzakeen arazoak.

Lehia monopolistan jarduten duten enpresek, berriz, produktu-desberdintzea baliatzen dute (esate baterako, markaren, diseinuaren edo teknologiaren bidez), prezioan nolabaiteko eragina izateko.

Erreparatu marka hauei, eta identifikatu zer merkatu-motatakoak diren eta nola sortzen duten eskasia artifiziala.

Soluzioa:

Enpresa	Produktua	Merkatu-mota	Eskasia artifiziala sortzeko modua
Disney	Haurrentzako animaziozko filmak	*Oligopolioa*	*Ekoizpena zenbait urtez behin soilik eskura daiteke*
Ferrari	Luxuzko autoak	*Oligopolioa*	*Urteko ekoizpena mugatua da, 6.000 unitatekoa*
Rolex	Luxuzko erlojuak	*Lehia monopolista*	*Ekoizpena mugatua da*
Nintendo	Bideo-jokoak eta kontsolak	*Oligopolioa*	*Ekoizpena merkaturatu eta gutxira soilik dago eskuragarri*
Hermes	Luxuzko poltsak	*Lehia monopolista*	*Itxaron-zerrenda dago*

Ba al zenekien...?

EBko herrialdeei dagokienez, **Europako Batzordea** arduratzen da lehia kontsumitzaileen kalterako mugatzen dituzten akordioak ikertzeko eta zigortzeko.

Espainian, **Merkatuen eta Lehiaren Batzorde Nazionalak (CNMC),** Gobernuaren mendeko erakundeak, ditu arlo horretako ardurak: esparru nazionaleko merkatuetan benetako lehia eraginkorra babestea, bermatzea eta sustatzea, eta agintariek lehia horren defentsan jarduten dutela zaintzea.

CNMC COMISIÓN NACIONAL DE LOS MERCADOS Y LA COMPETENCIA

Jarduerak

16. De Beers Hegoafrikako enpresa bat da eta diamanteen mundu-eskaintzaren zati handi bat kontrolatzen du.

a) Diamanteak erosten dituztenentzat, zer ondorio ditu De Beersen monopolioa egoteak? Eta diamanteak banatzen dituzten beste enpresa txikiago batzuentzat?

b) Zergatik biltegiratzen du De Beers enpresak ekoizten dituen diamanteen zati bat?

c) Munduko banatzailerik handiena den neurrian, zer legeri egin beharko die aurre De Beers enpresak horrelako jardunbideagatik?

d) Diamante sintetikoak diamante naturalen alternatiba bihurtu dira. Hori gertatzeko, zer-nolako eragina izan dezake monopolio bat egoteak?

17. Isaac Peral XIX. mendeko zientzialari espainiarrak urpeko ontzia asmatu zuen. Azaldu zer lege-prozedurari jarraitu beharko liokeen asmakizun horri etekin ekonomikoa lortzeko.

18. Hiri-hondakinen bilketa adibidetzat erabiliz, azaldu zer diren administrazio-emakidak.

19. Zer-nolako eragina du ondasun baten eskaintza-motak merkatu monopolistetako produktuen prezioan?

20. Eskaintza enpresa bakar baten eskuetan egonda, salmentak eskariaren araberakoak dira; beraz, prezioak baxuak badira, salmentek gora egiten dute, baina gerta liteke enpresak nahiago izatea unitate gutxi prezio altuan saltzea, unitate asko prezio baxuan saltzea baino. Adierazi nola eragingo duen enpresa monopolista batek prezioetan produktu hauetan, mozkinak handitzeko:

a) Tabakoa. Eskari ez-elastikoko ondasuna da eta oso ordezko produktu gutxi ditu.

b) Posta-zigiluak. Eskari elastikoko ondasuna da, eta ordezko produktu asko ditu, hala nola WhatsAppa, eta telefono mugikorraren bidez testu-mezuak bidali, telefono-deiak egin edo argazkiak bidaltzea.

KONTZEPTU-MAPA

Merkatu-motak

Merkatuen ezaugarriak	Lehia perfektua	Lehia monopolista	Oligopolioa	Monopolioa
Kontzentrazio-maila (enpresa-kopurua)	Enpresa asko	Enpresa asko	Enpresa gutxi	Enpresa bakarra
Enpresen eragina prezioan	Batere ez	Pixka bat	Handia	Erabatekoa
Desberdintze-maila	Produktu homogeneoak saltzen dira	Produktu desberdinduak saltzen dira	Produktu homogeneoak saltzen dira.	Ez du axola
Lehiaren intentsitatea	Oso handia	Oso handia. Merkataritza-politiketan produktua lehiakideenetik bereizten saiatzen dira	Handia	Ez dago lehiarik
Gardentasuna	Erabatekoa	Ez dago	Ez dago	Ez dago
Sartzeko eta irteteko askatasuna	Ez dago sartzeko edo irteteko hesirik	Askatasuna dago sartzeko (produktua berezituta) eta irteteko	Hesi handiak daude sartzeko (kapital-ondasunen inbertsioa) eta irteteko	Hesi handiak daude sartzeko eta irteteko

Merkatuen ezaugarriak

\+ **Enpresa-kopurua** −

Lehia perfektua
Eskaintza-eskarien legearen arabera funtzionatzen du

Lehia monopolista
Enpresek nolabaiteko ahalmena dute baldintzetan edo prezioetan eragiteko, kontsumitzailearen leialtasunari esker

Oligopolioa
Enpresen jarduera gainerako oligopolisten merkataritza-politikek baldintzatzen dute

Monopolioa
Enpresa batek prezioa, kantitateak eta baldintzak ezartzeko ahalmena du

1. Lehia ez-perfektuko merkatuei dagokienez, honako esaldi hauetatik, zein da zuzena?

a) Ez dute eskaintzaren eta eskariaren joko askearen arabera funtzionatzen.

b) Produktuak homogeneoak dira beti.

c) Enpresa batek edo batzuek eragina dute prezioan.

d) Aurreko guztiak zuzenak dira.

2. Merkatu-mota batean, enpresa askok jarduten dute lehian, intentsitate handiz eta ia publizitaterik gabe. Zer merkatu-mota da hori?

a) Lehia perfektuko merkatua.

b) Lehia monopolistako merkatua.

c) Oligopolioa.

d) Monopolioa.

3. Baldintza berdinetan, ezaugarri jakin bat zenbat eta nabarmenagoa izan, orduan eta kontrol handiagoa dute enpresek merkatuaren gainean. Zein da ezaugarri hori?

a) Errentagarritasuna.

b) Merkatu-kuota.

c) Antzinatasuna merkatuan.

d) Aurreko guztiak okerrak dira.

4. Lehia perfektuko merkatuan, azkenean, geldialdia gertatzen da. Zergatik?

a) Gehiegizko eskaintza egoten delako.

b) Mozkinak desagertzen direlako.

c) Saltzaile berriak sartzen direlako.

d) Aurreko guztiak zuzenak dira.

5. Lehia monopolistan, zein da sartzeko hesi nagusia?

a) Kostu-abantailak.

b) Kapital-inbertsioak.

c) Produktu-desberdintzea.

d) Enpresen tamaina.

6. Lehia monopolistan, enpresek prezioan eragina izateko aukera dute...

a) ... kontsumitzailearen leialtasuna dutelako.

b) ... eskala-ekonomiak dituztelako.

c) ... prezio baxuenak dituztelako.

d) Denak zuzenak dira.

7. Ezaugarri hau merkatu oligopolisten bereizgarria da:

a) Sartzeko hesi handiak daude.

b) Prezio-gerra lehiatzeko aukera bat da.

c) Kolusioa egon daiteke zenbait kasutan.

d) Denak zuzenak dira.

8. Monopolio bihurtzeko, enpresa batek...

a) ... eskala-ekonomiak balia ditzake.

b) ... sartzeko lege-hesiak sor ditzake.

c) ... kolusiozko akordioak egin ditzake.

d) Aurreko erantzunetatik bi zuzenak dira.

9. Nola deritzo asmatzaile batek asmakizun baten ustiapena enpresa bati aldi baterako lagatzeari?

a) Administrazio-emakida.

b) Patentea.

c) Lidergoa kostuetan.

d) Denak okerrak dira.

10. Esaldi hauetatik, zein da zuzena?

a) Monopolio naturalen jatorria aurretik emandako lege-eskubideak dira.

b) Kartela da merkatu oligopolistako enpresa guztiek baliatu behar izaten duten formula.

c) Lehia perfektuko enpresa guztiek lehia monopolistan lehiatu nahiko lukete.

d) Kostu-abantailak irteteko hesia dira oso inbertsio handiak egin dituzten enpresentzat.

Merkatua eta lehia.

1. Zer-nolako lotura dago merkatu batean jarduten duen enpresa-kopuruaren eta prezioen artean?

2. Zenbait enpresaren publizitatearen helburua, hala nola Danone, El Corte Inglés eta Levi's enpresen publizitatearena, beren bezeroen leialtasunari eustea da, hura ez galtzeko. Zergatik?

3. Altzarien sektoreko Suediako Ikea multinazionala jarduten duen sektorean kostuetan liderra dela esaten dugunean, zer adierazi nahi dugu?

4. Merkatu edo produktuak kontuan hartuta, adierazi zer elementuk desberdintzen duen hauetako bakoitza lehiakideengandik: Central Lechera Asturiana, Zara, Corte Inglés, Rayo Vallecano, NCT (musika-taldea).

5. Enpresek legez babesten dituzte merkaturatzen dituzten markak. Zergatik?

6. Telebistan ikusten diren publizitate-iragarki batzuetan ez da marka jakin bat iragartzen; produktu edo zerbitzu bat iragartzen da modu orokorrean. Zer-nolako merkatuetan jarduten dute publizitate-mota hori ordaintzen dutenek? Zergatik ez dituzte beren markak iragartzen?

7. Hedabideetan edo Interneten, bilatu unitatean aipatu den merkatuan sartzeko hesi bakoitzarekin (kostu-abantailak, produktu-desberdintzea edo kapital-inbertsioak) lotutako benetako enpresa baten adibidea.

Lehia perfektuko merkatua.

8. Zure herriko edo hiriko bideo-jokoen kontsolen, hortzetako pastaren eta okindegien merkatuak kontuan hartuta, identifikatu merkatu horien ezaugarriak, 3. jarduera ebatzian tomateen merkatuarekin egin dugun moduan.

9. Zergatik ez da posible mozkin handiak lortzea epe luzera lehia perfektuko merkatuan?

10. Irakurri testu hau eta erantzun testuaren ondoren dauden galderei:

«1980ko hamarkadan, txikizkako salmentarako sistema guztiz berritzaile bat zabaldu zen: *todo a cien* izeneko dendak. Artikulu-mota jakin batzuk bakoitza bere prezioan saltzen espezializatuta zeuden denda tradizionaletan ez bezala, *todo a cien* izeneko dendek guztiz kontrako irizpidea erabili zuten: artikulu-mota asko saltzea prezio bakar batean. Eskaintza askotarikoa eta harrigarria zen: eskolako materialak, mahai-tresnak, opariak, erremintak, kaseteak eta imitaziozko bitxiak. Ia den-dena ehun pezetako prezioan saltzen zen. Izugarrizko arrakasta izan zuten denda horiek eta, zalantzarik gabe, hain eskaintza bitxia egiteko arriskua hartu zuten lehenbiziko enpresaburuek mozkin handiak lortuko zituzten. Jakina, lehia berehala hasi zen. Irabaziek erakarrita, eta bestelako negozio-moten aldean martxan jartzeko kostuak urriak zirela kontuan hartuta, saltzaile berriak sartu ziren merkatuan halako denda eta produktuen eskaria asetzeko. Enpresa asko eta asko sortu ziren, eta kale berean bi edo hiru *todo a cien* ere jarri zituzten. Produktu-mota horien eskaintza ugaritzeak lehia bizitzea ekarri zuen, eta gainerako saltzaileek prezioak are gehiago jaitsi behar izan zituzten. Geroago, antzeko formulak erabili ziren, prezio-tartea handituz (*todo a quinientas, todo a mil...*; hau da, dena bostehunean, dena mila pezetan...) edo produktu-mota gehiago eskainiz (jostailuak, informatika-materiala); baina formula horiek ere imitatu egin zituzten. Azkenik, merkatu-asealdia iristean, mozkinen ordez, galerak izaten hasi ziren, eta enpresa askok merkatutik irten behar izan zuten, beste jarduera batzuetan aritzeko. Hori gertatu zenean, merkatuan jarraitu zuten enpresek irauteko aukera izan zuten, bezeroak berreskuratu eta berriz mozkinak izan zituztelako, eskaintza jaitsi eta prezio-gerrak amaitu baitziren».

a) Zer formula izan zen *todo a cien* denden arrakastaren oinarria?

b) Zergatik jaitsi behar izan zituzten prezioak enpresaburuek lehia handitzean?

c) Adierazi negozio-mota horren bilakaeraren faseak.

d) Adibide honetan, zertan gauzatu zen merkatuan sartzeko eta merkatutik irteteko askatasuna?

e) Gaur egun, zer enpresa-motak ordeztu dituzte testuan adierazitakoak bezalako enpresa gehienak?

Lehia monopolista.

11. Aurreko unitatean, ikasi dugu eskariaren prezio-elastikotasunak neurtzen duela nola aldatzen den eskatutako edo eskainitako kantitatea prezio-aldaketak gertatzean. Alda al dezake lehia monopolistako saltzaile batek produktu baten prezioa haren salmentetan eragin handirik izan gabe? Zer prezio-elastikotasun motari dagokio portaera hori?

Oligopolioa.

12. Zer da kolusioa? Zer-nolako lotura du kontzeptu horrek merkatu oligopolistarekin?

13. Zer-nolako konfigurazioa izan behar du merkatu oligopolista batek hartan parte hartzen duten enpresek prezioen lidergoko estrategiari jarraitzeko?

14. Testu hau arretaz irakurri ondoren, erantzun gero ageri diren galderei:

«Ekonolandian, bidaiarien aireko garraioaren sektorea hiru enpresak osatzen dute. Hegazkin-txartelak antzeko prezio eta baldintzetan eskaintzen dituzte hirurek. Jada badira urte batzuk enpresen artean akordio tazitu bat dagoela: Aberia enpresak merkatu-arauak finkatzen ditu, eta besteek haren erabakiak imitatzen dituzte. Enpresa horietako batek, Airspanek, hegazkin-txartelen prezioa ustekabean jaistea erabaki du, aurtengo Aste Santuko kanpainarako».

ig:@_SVNCHO_

a) Zer motatako merkatua da Ekonolandiako bidaiarien aireko garraioa? Arrazoitu zure erantzuna.

b) Legezkoa al da enpresa horiek zuten akordio tazitua? Nola esaten zaio akordio horri?

c) Zure ustez, zer-nolako erreakzioa izango dute gainerako enpresek Airspanen estrategia-aldaketaren aurrean?

d) Zer-nolako erreakzioa izango zuten gainerako enpresek, akordioa Aberia enpresak hautsi izan balu?

e) Zure ustez, legezkoa izango al zen Aberia enpresak eta gainerako hegazkin-konpainiek prezioak batera jaisteko akordioa? Zergatik?

f) Airspanek prezioak jaitsi beharrean publizitatearen bidez lehiatzea erabakiko balu, Aberia lehiakidearen izena aipatu ahalko al luke?

15. Demagun bi herrialdek soilik ekoizten dutela munduan beloteno izeneko minerala. Mineral horrek gaur egungo mikroprozesadoreen abiadura hirukoiztu dezake.

a) Zer egin dezakete prezio altua izateari eusteko?

b) Zer eragin izango luke horrek kontsumitzaileentzat?

c) Zer egin dezakete herrialde inportatzaileek aurreko hori eragozten saiatzeko?

16. Zure lantaldeko kideok telefonia mugikorraren oligopolioa osatzen duzue. Zuetako bakoitza enpresa baten ordezkaria da. Merkatuen eta Lehiaren Batzorde Nazionalak (CNMC) informazio-espedientea ireki dizue, elkarren artean prezioak adostu dituzuela eta publizitatean soilik lehiatzen zaretela susmatzen duelako. Zure ikaskideekin batera, zuen prezioak bat etortzearen arrazoia azaltzeko argudioak adostu beharko dituzu, bai eta zuen errugabetasuna frogatzeko balio dezaketen beste argudio batzuk ere.

Monopolioa.

17. Zertan dira berdinak eta zertan desberdinak patenteak eta administrazio-emakidak?

18. Demagun gai zarela burusoiltasunaren aurkako erremedio bat aurkitzeko. Zer egin beharko zenuke zure asmakizunari etekin ekonomikoa ateratzeko?

19. Udalak emakida berrituko omen dio Parking SAri (udalparkimetroak kudeatzen ditu). Zer esan nahi du horrek?

20. 5. jarduera ebatzian ikasitakoa kontuan hartuta, identifikatu zer merkatu-motatan aritzen diren marka hauek eta nola sortzen duten eskasia artifiziala produktu haueko ekoizleek: Playstation edizio mugatua (bideo-jokoen kontsola), Booking (hotel-erreserbak online), Champions League (kirol-lehiaketa), Ferrero Rocher (bonboiak), Harley-Davidson (motozikletak).

21. Adierazi, zure ustez, zer merkatu-eredu dagokien Espainian produktu hauei: automobilak, laranjak, sakelako telefonoak, tabakoaren banaketa, Ribera del Duero jatorri-deiturako ardoa, bidaiarien aireko garraioa, tonika-freskagarriak, ordenagailuetarako sistema eragileak, testuliburuak, petrolioa, jostailuak, *streaming* bidezko telebista.

22. Esan esaldi hauek zuzenak ala okerrak diren. Arrazoitu erantzuna.

a) «Merkatu-mota jakin batean saltzaile asko egonez gero, horietako bakar batek ere ez du izango prezioan eragiteko ahalmen handirik».

b) «Merkatu oligopolistan, enpresak kontsumitzaileen erreakzioei aurrea hartzen saiatzen dira».

c) «Liburu baten idazleak, egile-eskubideei esker, monopolio-egoera eskuratzen du.»

d) «Kontsumitzaileek berezitutzat edo desberdindutzat jotzen dituzten produktu guztiak ez-homogeneoak dira, baina kontsumitzaileak ez ditu berezten produktu ez-homogeneo guztiak».

e) «Lehia perfektuko merkatuan, kontsumitzaileek finkatzen dute prezioa».

23. Lotu lehenbiziko eta bigarren zutabeko elementuak, esaldi koherenteak osatzeko.

Monopolio naturalak...	... publizitatearen bidez aritzen dira lehian.
Lehia perfektuan...	... aukera ematen die saltzaileei beren produktuen prezioak aldatzeko.
Publizitateak...	... lehia perfektuko merkatuetan soilik betetzen da.
Produktu berezituak/ desberdinduak...	... kontsumitzaileen zaletasunak eta lehentasunak mo da ditzake.
Oligopolioak...	... merkatuaren berezko ezaugarrien ondorioz sortzen dira.
Eskaintza-eskariaren legearen funtzionamendu askea...	... enpresa bakar batek ere ez du eragin handia prezioan.
Monopolio-elementuak izatea...	... ohikoak dira lehia monopolistako merkatuetan.

24. Lotu ekonomia-prentsatik ateratako izenburu hauek unitatean ikasitako ekonomia-kontzeptuekin:

a) «Gero eta publizitate gehiago dago haurrentzako ordutartean».

b) «Lehiaren Batzorde Nazionala petrolio-enpresei zehapenak jartzea aztertzen ari da».

c) «Renfek tren-txartelen prezioa igoko duela jakinarazi du».

d) «Lehiaren Batzorde Nazionalak isuna jarri die hegazkin-konpainiei, Aste Santuan prezioak adosteagatik».

- Idatzi argi dauzkazun eta zure ustez funtsezkoak diren unitateko bi ideia. Zerk lagundu dizu ideia horiek finkatzen?
- Egin argi geratu ez zaizkizun unitateko alderdiei buruzko bi galdera.
- Idatzi unitate honetan sakonago aztertu nahiko zenituzkeen bi alderdi.

Interpretatzen ikasten: Lehia monopolista

Aspaldi, duela denbora asko, animazioa eskulangintzako lana zen eta ehunka marrazkilarik jarduten zuten horretan. Film baterako eszenak banan-banan marrazten zituzten, fotogramaz fotograma. Filmeko segundo bakoitzerako, 12 fotograma marraztu behar izaten zituzten. Pertsona batek marrazki bizidunen film bat bakarrik egiteko ideian pentsatze hutsa erokeria zen. Hori egitea bururatu zitzaion Richard Williams animazio-marrazkilariari *The Thief and the Cobbler* filma egiten saiatu zenean (*Aladdin* filmaren bertsio bat *Aladdin* baino lehenagokoa). Williamsek 28 urte eman zituen ahalegin horretan, eta ez ezin izan zuen lana amaitu.

Baina gaur egun den-dena aldatu da. Teknologia-aurrerapenei esker, orain, mundu osoan, milaka eta milaka estudio handi edo txiki elkarren aurka lehiatzen dira, berdintasunez. Eta animazioa, 3Dko animazioa, batez ere, nonahi dago, telebistan, bideo-jokoetan, zineman eta publizitatean, eta mundu-merkatu erraldoia sortu da.

Espainiako animazio-sektorearen zenbait zifra			
Fakturazioa	510 milioi euro	Ekoizpen-gune nagusiak	Madril, Bartzelona, Coruña, Valentzia
Esportazioak	317 milioi euro		
Enplegu zuzena	6.675 lanpostu	Merkatuaren hazkundea	% 12 urtean
Enpresak	250	Munduko merkatuaren tamaina	18.700 milioi dolar (2018)

2017an, Chelok eta Lolak animaziozko edukiak ekoizteko enpresa bat sortzea erabaki zuten, munduko merkatuetan lehiatzeko. Beren hurrengo ekoizpena *Unicorn Wars* filma izango da. Peluxezko bi hartz dira protagonistak, eta adarbakarrak ehizatzen dituzte, haien odolari esker beti gazte izateari eusten diotelako. Film luze hori aurretik arrakasta handiz ekoitzi zuten film labur batean oinarritzen da. Hemen duzu enpresaren fitxa profesionala:

> **www.abano.es** — abano producións

Contact person
Chelo Loureiro
Producer
chelo@abano.es
+34 698 129 557

Lola Riudoms
Gerente
lola@abano.es
+34 610 806 027

Avenida Xoan Carlos I, 18, 6º B
15670 Culleredo. A CORUÑA. SPAIN
+34 981 33 06 77
chelo@abano.es

ABANO PRODUCIÓNS S.L. Is a company dedicated to the audiovisual production since 2007.
The record of the company is supported by the professional path of the management team, with wide experience in the cultural industries and very concretely in the production of animation projects. Our experience ranges from feature films to shorts, documentaries and TV series in all techniques: 2D, 3D, S3DM, stop motion... With a substantial number of international awards.
The editorial line of this professional is primarily films which include some animation and fantastical elements and which are aimed at a wide range of audiences from children to adults.

20

PORTFOLIO
Patchwork (In production)
Animated short film
The neverending wall (In production)
Animated short film
Breadcrumbs (2016) Fiction feature film
Decorado (2016) Animation shortfilm
- Quinzaine Realisateurs Cannes
- Award Festival Annecy
- Toronto Film Festival
- Curtas Vila do Conde
- Tenerife Shorts
- Best Spanish Shortfilm 3Dwire Festival
- Public Award Milano Film Festival
- AUDIENCE AWARD en ANIMANIMA, Serbia
- Best Animation Shortfilm Vila do Conde Internat.Festival
- Public Award "Niepoort" Vila Do Conde Internat.Festival

FIND US AT:
MIPCOM
CARTOON MOVIE
MIFA
VENTANA SUR
CARTOON FORUM
BERLIN

TV PRODUCTION	CINEMA PRODUCTION	NEW MEDIA & MOBILE	DISTRIBUTION	THIRD-PARTY DISTRIBUTION	ANIMATION SERVICES	MERCHANDISING AGENT	VISUAL FX	OTHER
×	×				×			

Iturria: **http://www.abano.es/nuestras-producciones**

Galderak:

1. Unitatean ikasitakoaren arabera, zer merkatu-mota da animazioko filmen ekoizleen merkatua? Zergatik?
2. Zergatik daude gaur egun hainbeste enpresa animazioaren sektorean, enpresa handi gutxi batzuk egon beharrean?
3. Munduko fakturaziotik zer ehuneko dagokie Espainiako enpresei? Zer du interesgarri animazioaren sektoreak, beste sektore batzuen aldean ekonomia-hazkundearen alderditik?
4. Erreparatu Cheloren eta Lolaren Abano enpresaren fitxari. Zer animazio-teknika erabiltzen dituzte? Zer merkatutan jardun nahi dute, bideo-jokoen ala zinemaren merkatuan? Aurkitu eta ikusi Interneten enpresaren lanetako bat gutxienez. Zer iruditu zaizu deigarri?

% 70 10:30 AM

Dilema: Nor da erruduna?

Liburuek, filmek edo musikak egile-eskubideei buruzko legeen babesa dute. Lege horien arabera, egileek ordainsari bat jasotzeko eskubidea dute, saltzen duten kopia bakoitzeko. Obra bat pirateatzean, egileak ez du kobratzen; beraz, ez du bere obra sortzeagatiko saria. Sortzeko pizgarri ekonomikorik gabe, denborak aurrera egin ahala, logikoa de gero eta gutxiago sortzea. Hain zuzen, Espainian, hori gauza jakina da, baina hala ere, munduan legez kanpoko deskarga gehien egiten diren herrialdeetako bat da. Espainian, 2015eko uztailean Zigor Kodea erreformatu ondoren, zigorra ezartzen zaie legezko jabeen baimenik gabe edukiak partekatzen dituztenei, baina ez eduki horiek (telesailak, filmak...) beren ordenagailuetara deskargatzen dituztenei. Europar Batasuneko beste herrialde batzuetan ordea, partekatzeagatik zein deskargatzeagatik jasotzen dute zigorra erabiltzaileek.

Eztabaida:

Hautatu Espainiako legea (banatzaileak zigortzen ditu) edo Alemaniakoa (erabiltzaileak zigortzen ditu), eta eman hautatzen duzunaren aldeko argudioak bost ikaskideko talde batean. Taldean irabazten duen jarrera (adostasunez edo gehiengoz) defendatuko du taldeak azken eztabaida batean, beste aukeraren alde egin duen talde baten aurka.

Zinema-proposamena: *El show de Truman*

Zuzendaria: Peter Weir.

Aktoreak: Jim Carrey, Ed Harris, Laura Linney, Noah Emmerich.

Sinopsia:

Jaiotzetik bertatik, pertsona bat *reality show* paregabe baten protagonista da: ez daki bere bizitza osoa telebista-plato erraldoi batean gertatzen dela.

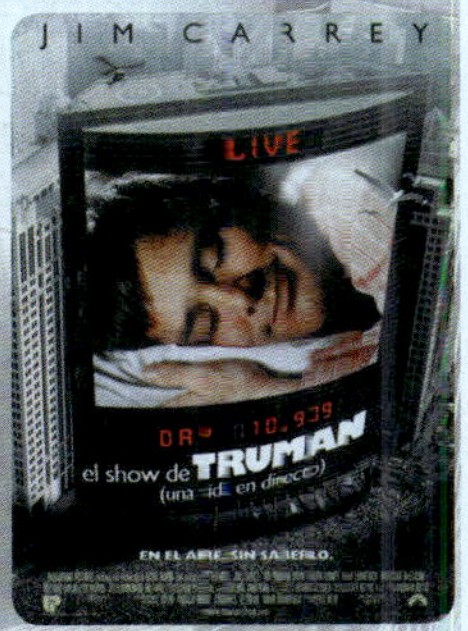

Hausnarketa-gakoak:

Publizitatea, kontsumismoa, markak.

Galderak:

1. Zergatik nahi du protagonistak bizitza itxuraz perfektu batetik ihes egin?
2. Nola finantzatzen da *El Show de Truman?*
3. Zergatik egin nahi diote boikota *reality*ari telesail horretan parte hartzen duten aktore batzuek?

Bineta

6. Lan-merkatua

Unitate honetan hau ikasiko duzu:

- Lan-merkatua.
- Produktibitatea eta soldatak.
- Langabezia.
- Enplegu-estatistikak.
- Enplegu-politikak.
- Lan-merkatuaren bilakaera.

Merkatu guztietatik, lan-merkatua da ez-perfektuena, ez baitaude berdinak diren bi langile edo berdinak diren bi lanpostu. Langileen eta lanpostuen arteko alde horiek soldata-desberdintasun handiak eragin ditzakete, baina badaude gutxieneko muga batzuk, soldatak duinak direla bermatzeko. Izan ere, langile bakoitzak bere giza kapitala metatzen du, bere prestakuntzari eta esperientziari esker, eta, oro har, zenbat eta produktiboagoa izan, orduan eta irabazi handiagoak ditu. Baina ezerk ez du bermatzen lanpostu ona lortuko denik edo soldata ona irabaziko denik.

Langabezia gizarte garatuen arazo nagusia da, eta bereziki larria da Espainian. Arazo horri aurre egiteko, gobernuek langabezia-motak eta langabeziaren kausak aztertzen dituzte, bai eta estatistikak ere, dagozkion neurriak hartzeko. Baina gobernuek enplegu-politikaren bidez xedatzen dutena xedatuta ere, norberaren ardura da lan-merkatuaren joerak eta aukerak identifikatzea, norberaren nahiekin eta gaitasunekin bat datorren laneko bizi-proiektu bat diseinatzeko.

Zer dakizu lan-merkatuari buruz?
Zer ikasi nahi duzu?

Zer dira enplegu-politikak?

Zer erlazio dago soldaten eta hezkuntzaren artean?

Ba al dakizu zein diren etorkizuneko enplegu-sorgune nagusiak?

06_Lan-merkatua

Superlangileak, langabeak eta tituluak

Superlangileak dira lehiarik ez duten langile bakarrak. Arrakasta handiko aktoreek, hala nola Scarlett Johanssonek, ez dute askorik kezkatu beharrik izan ditzaketen lehiakideengatik: hain gaitasun handia dute beren arloan lan egiteko, ezen erraz lor baititzakete lan- eta soldata-baldintza onak. Izan ere, horrelako profesionalek, oso kualifikatuak eta urriak direnez, behar adina negoziazio-botere dute bere kasa jarduteko, bitartekorik behar gabe.

Langile *normalok*, ordea, gure baliabide guztiak erabili behar ditugu lanerako gaitasunak hobetzeko. Eta Espainian, are gehiago, langabezia kroniko eta handia baitugu beste herrialde garatu batzuen aldean. Albistegietan, ia egunero entzuten ditugu langabe asko eta asko daudela, edo unibertsitateko titulua lortu berri duten askok atzerrira emigratu behar izan dutela. Ohartzen al gara lan on bat lortzea ez dela ausazko zerbait, eta ez genukeela hori zortearen eskutan utzi beharko?

Arazo horren konponbideetako bat prestakuntza da. Hamarna milaka pertsonak lortzen dute urtero DBHko titulua, baina gutxiagok dute Batxilergoko titulua, edo heziketa-ziklo bat, eta askoz gutxiagok, berriz, unibertsitate-titulu bat.

Hemendik urte gutxi batzuetara, beste askorekin lanpostu bat lortzeko lehian elkarrizketaren bat egiten dizutenean, zer erantzungo duzu, galdera hau egiten badizute: «Zer duzu zuk besteek ez dutena»?

Hausnartu

1. Testuaren arabera, zer dira *superlangileak*?
2. Lan egitea asko kostatzen zaigu denoi. Hala ere, pertsona batzuek soldata askoz handiagoak lortzen dituzte egindako lanagatik, beste lanbide batzuetakoek baino. Zure ustez, zer faktorek eragiten dute lanbide batean beste batean baino soldata handiagoa lortzeko?
3. Imajinatu urte batzuk barru laneko elkarrizketa bat egiten ari zarela. Zer erantzungo zenioke testuaren amaierako galderari?

1. Lan-merkatua

! Garrantzitsua

Ez nahasi besteren konturako langileak autonomo edo norberaren konturako langileekin. Lehenbizikoak enpresaren plantillakoak dira eta beste batzuen kontura egiten dute lan, eta bigarrenek, berriz, norberarentzat egiten dute lan.

Ekonomiaren ikuspegitik, soldata lanaren prezioa da, eta eskaintzak eta eskariak lan-merkatuan batera duten funtzionamenduaren arabera finkatzen da.

Soldata besteen kontura egindako lanaren ordainsaria da.

Baina, praktikan, soldata hori baino askoz gehiago da. Familien sarrera-iturri nagusia da; beraz, honako zirkunstantzia partikular hauek baldintzatzen ditu soldatak, besteak beste:

- Langileen errealizazio pertsonala eta profesionala.
- Familien bizi-maila.

Soldatak familien **bizi-maila** baldintzatzen du, eta familien bizi-mailak, berriz, herrialdearen bizi-maila. Hori dela eta, lan-merkatua beti da ekonomia-gaurkotasuneko gaia. Lan-merkatuan, ondasunen merkatuetan ez bezala –enpresak dira telebistak, lanparak eta abar eskaintzen dituztenak; eta banakoak edo familiak dira, berriz, eskatzaileak–, enpresek eskatzen dute lana eta familiek jarduten dute eskaintzaile gisa.

1.1. Lan-eskaintza eta -eskaria

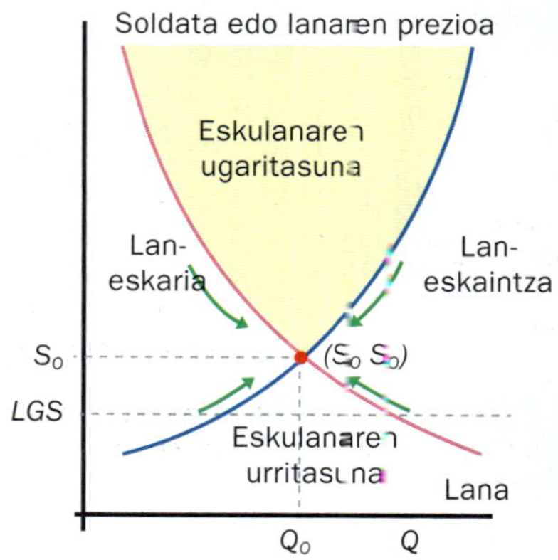

6.1. irudia. Lan-merkatuaren oreka. Eskaintzaren eta eskariaren jokoa edozein izan da ere, lanbide guztietako soldatek Gobernuak xedatutako LGSa errespetatu behar dute.

Langileek eskainitako eta enpresek eskatutako lan-kantitateari dagokion soldata-mailan lortzen da lan-merkatuaren oreka. Soldata-maila hori eskaintzaren eta eskariaren jokoaren bidez sortzen da, eta orekako soldata esaten zaio.

Orekako soldata deritzo eskaintzaren eta eskariaren joko askearen bidez lan-merkatuaren oreka lortzen duen soldatari (6.1. irudia).

Lan-eskaintza edo, bestela esanda, familiek eskaintzen duten lan-kantitatea honako faktore hauen araberakoa da:

- **Biztanleriaren ezaugarriak.** Zahartzea, lan egiten duten edo egin nahi duten pertsonen kopurua, prestakuntza, etab.
- **Soldata-maila.** Zenbat eta handiagoa izan soldata, orduan eta jende gehiago egongo da prest lana egiteko edo lanordu gehiago egiteko, eta alderantziz. Hala ere, erlazio hori ez da konstantea eta aldaezina: soldatak nahiko altuak direnean, pertsona askok nahiago dute lanordu gutxiago egin, denbora libre gehiago izateko.

Lan-eskaria edo enpresek eskatzen duten lan-kantitatea, berriz, honako faktore hauen araberakoa da:

- **Ekoitzitako ondasunaren edo zerbitzuaren prezioa.** Zenbat eta altuagoa izan enpresek beren produktuak saltzeko ezar dezaketen prezioa, orduan eta gehiago mereziko dio langileak kontratatzea, ekoizpena handitzeko.
- **Langileen produktibitatea.** Geroago aztertuko ditugun beste faktore batzuez gain, langileen kualifikazioak, prestakuntzak eta esperientziak eragina dute egiten duten lanean. Langileei esker lortzen duen ekoizpena kontuan hartuta, enpresek erabakiko dute merezi dien ala ez langileak kontratatzea.
- **Soldata-maila.** Soldaten zenbatekoak gora egiten badu, kostuek ere gora egingo dute, eta enpresak langile gutxiago kontratatzeko prest egongo dira, eta alderantziz.

Jarduerak

1. Zer-nolako eragina du soldata-mailak lan-eskaintzan eta lan-eskarian?
2. Zer-nolako lotura dago enpresek beren produktuak saltzeko ezartzen duten prezioaren eta langileen kontratazioaren artean?

1.2. Lan-merkatua, lehia ez-perfektuko merkatua

Lehen adierazitakoa kontuan hartuta, lan-merkatuaren funtzionamendua **lehia perfektuko merkatu** batena izango litzateke: lana ondasun trukagarria izango litzateke, eta berdin izango lioke langile bat edo beste bat kontratatzea. Baina lan-merkatuak lehia **ez-perfektuko merkatuak** dira, bi faktore hauek direla-eta: lan-merkatuan egiten den esku-hartzea eta lana ondasun desberdindua izatea, ez-homogeneoa.

> **Lexikoa**
>
> **Lanbide arteko gutxieneko soldata (LGS).** Gutxieneko soldata da Espainian, lanbidea dena delakoa izanda ere. Hitzarmen kolektiboetan (enpresen eta langileen arteko akordioak, lanbide eta sektoreka), gutxieneko soldatak ere finkatzen dira, baina LGSa errespetatu behar dute.

A. Lan-merkatuan egiten den esku-hartzea

Lanaren merkatua ez da askea, esku-hartzea baitago, interes publikoko arrazoiengatik. Ez dago gehieneko muga soldatetarako, baina badaude gutxieneko soldatak.

- **Lanbide arteko gutxieneko soldata (LGS)** gobernuek finkatzen dute, urtero, enpresen gehiegikeriak eragozteko eta langileen bizimodu duina bermatzeko, lanbide-mota dena delakoa izanda ere.
- **Gutxieneko soldatak** sindikatuek eta enpresek adosten dituzte, hitzarmen kolektiboetan, lanbide-motaren arabera, baina, nolanahi ere, LGSa errespetatu behar dute beti.

B. Lana ondasun desberdindua da

Langileak ez dira robot berdin-berdinak, eta enpresetako lanpostuak ere ez dira berdinak. Horren ondorioz, soldata-desberdintasunak azaltzen dituzten zenbait faktore daude: faktore batzuk objektiboak dira, beste batzuk oso subjektiboak dira, eta, azkenik, badaude oso zalantzazko etikako edota legez kanpoko jardunbideak (6.1. taula):

Faktoreak	Aldeak giza kapitalean	Konpentsatzen diren lan-baldintzak	Aldeak talentuan edo trebetasunetan	Efizientziazko soldatak	Diskriminazioa
Deskripzioa	Prestakuntza eta esperientzia duen jendeak, oro har, soldata hobeak izaten ditu.	Baldintza gogorragoetan lan egiten duten langileei gehiago ordaintzen zaie.	Gizartea prest dago soldata hobeak ordaintzeko gizarte-aitortza edo -ospe handia duten lanengatik.	Batzuetan, enpresek batez besteko soldatatik gora ordaintzen dute, langileak motibatzeko.	Kolektibo batzuek beste batzuek baino soldata hobeak lortzen dituzte, ikasketa-maila bera izanda eta lan berdina egiteagatik.
Adibidea	Ingeniari batek administrari batek baino gehiago kobratu ohi du.	Gaueko lana, txandakako lana, lan arriskutsua, hizkuntzak, jantziak...	Zirujauak, artistak, futbolariak, zuzendariak, telebistan ateratzen diren pertsona ospetsuak...	Ohikoak izaten dira oso kualifikazio handiko langileak ez galtzeko.	Gizonek emakumeek baino % 20 gehiago irabazten dute, batez beste.

6.1. taula. Soldata-desberdintasunak eragiten dituzten faktoreak.

Jarduerak

3. Zer eginkizun betetzen dute hitzarmen kolektiboek soldatak finkatzerakoan?

4. Grafikoan, zenbait herrialderen 2018ko langabezia-tasa adierazi da. Datu horiek kontuan hartuta, erantzun galdera hauei:

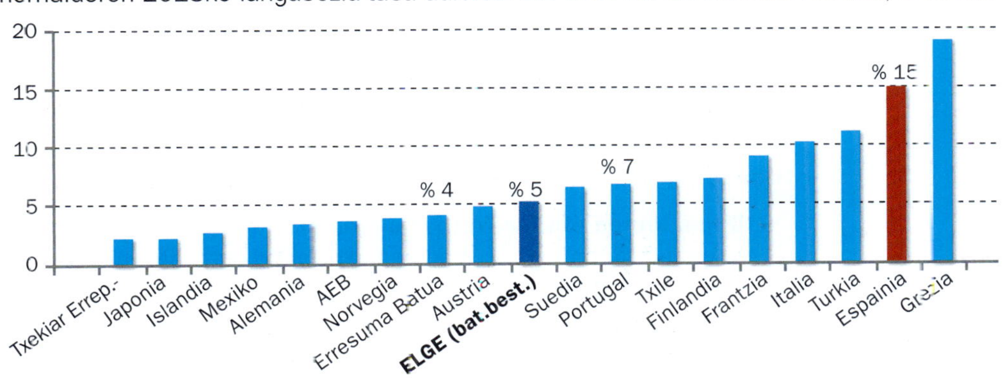

Iturria: ELGE (Langabezia-tasa harmonizatua, 2018)

a) Erresuma Batuan, langabezia-tasa % 4koa da, eta Espainian, berriz, % 15ekoa. Zer adierazten du horrek?

b) Espainia aberatsagoa bada, nola azaltzen da Portugaleko langabezia-tasa txikiagoa izatea?

c) Ekonomialari batzuen ustez, Europako langabezia-tasa altuak gutxieneko soldata handiko eta langabezia-prestazio handiko politika publikoen ondorio dira. Zer adierazi nahi dute zehazki?

Lanbide-heziketa
Arautua
Lanbide-heziketan sartzeko, aurretik DBH (teknikari titulua atera nahi bada) edo Batxilergoa (goi-mailako teknikariaren titulua lortu nahi bada) egin behar da. Hau da heziketa-ziklo horien helburua: lan- eta teknologia-aldaketetara egokitzeko aukera emango duen prestakuntza balioaniztuna eta birziklagarria ematea. Badago helduentzako modalitate erdipresentzial bat ere, onlineko hezkuntza-plataformen bidez.
Lanerako prestakuntza
SEPEk eta Lanbidek kudeatzen dute. Prestakuntza-mota hori langabezian daudenentzat zein lehen lanpostuaren bila dabilenentzat da.
Etengabeko prestakuntza
Langile landunentzako prestakuntza da. Azken urteotan, enpresek asko handitu dute beren langileak trebatzeko ahalegina.

6.2. taula. Lanbide-heziketa.

AEB	12.424
Alemania	10.863
Espainia	8.189
Argentina	4.058
Turkia	3.715
Indonesia	1.480

6.3. taula. Unibertsitatetik kanpoko ikasleko urteko gastua 2016an, dolarretan (Iturria: ELGE).

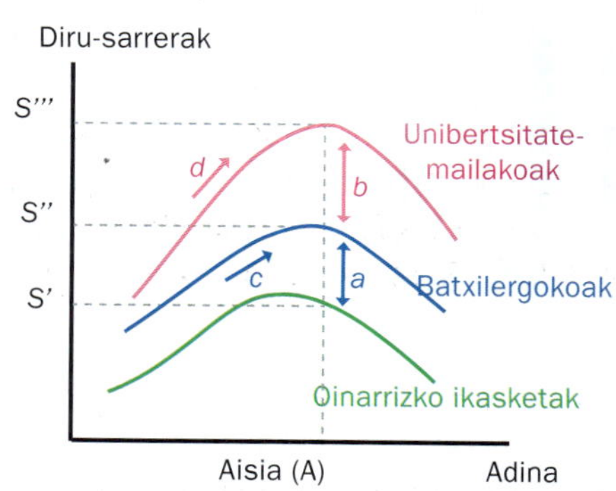

6.2. irudia. Ikasketa-mailaren eta sarrera-mailaren arteko erlazioaren eredua (Manuel Salas Velascoren lanetik moldatua).

2. Produktibitatea eta soldatak

Baldintza berdinetan, langile batek beste batek baino gehiago ekoizten badu, produktiboagoa dela esaten da. Era berean, iraganean baino ekoizpen hobea lortzen duten langileak produktiboago bihurtu direla esaten da. Enpresek gehiago ordaintzen diete produktiboagoak direnei, enpresek ere mozkin handiagoak lortzen dituztelako langile horiei esker.

Lanaren produktibitateak lortutako ekoizpenaren eta erabilitako lan-kantitatearen arteko erlazioa neurtzen du.

Hauek dira langileen produktibitatean eragiten duten **faktoreak**:

- **Giza kapitala.** Oro har, zenbat eta handiagoa izan langile baten prestakuntza eta esperientzia, orduan eta handiagoa izango da haren produktibitatea.
- **Erabilitako ekoizpen-ondasunak**. Langile asko ez dira trukagarriak, eta ekoizpen-ondasun asko ere ez.
- **Teknologia-aurrerapenak.** Oro har, teknologia-aurrerapenen ondorioz, lana faktorea kapital-faktoreez (makinak) ordezten ari dira ekoizpen-prozesuetan. Hori dela eta, langileak gero eta prestakuntza hobea lortzen ahalegintzen dira, makinez ordezkagarriak izatea eragozteko.

A. Giza kapitala

Giza kapitala titulu akademikoen edo laneko antzinatasuneko ziurtagirien bilduma bat baino askoz gehiago da. Jakina, faktore **objektibo** batzuk hartzen ditu bere baitan, hala nola prestakuntza eta esperientzia, baina beste batzuk **subjektiboak** dira; esaterako, heziketa, lanerako ohitura, fidagarritasuna, ekimena, karisma, sormena, irmotasuna eta zintzotasuna.

Giza kapitala pertsonek prestakuntzari eta esperientziari esker metatzen dituzten ezagutzen, gaitasunen eta jarreren multzoa da.

Herrialde bateko giza kapitala handitzeko, baliabideak jarri, eta prestakuntza-ekintzak egin behar dira langilearen bizitza osoan zehar, baina agerikoa da inbertsio ona dela ekonomiaren ikuspegitik: herrialde aberatsek inbertitzen dute gehien hezkuntzan (6.3. taula). Izan ere, herrialde aberatsen eta pobreen artean giza kapitala medio dauden produktibitate-aldeek zerikusi handia dute batzuen eta besteen arteko soldata-desberdintasunetan. Herrialde aberatsek asko inbertitzen dute beren herritarren hezkuntzan; herrialde pobreek, ordea, arazo handiak dituzte hori egiteko.

Diru-sarrerak eta ikasketa-maila

Zenbat eta altuagoa izan ikasketa-maila, orduan eta handiagoa izango da produktibitatea, eta, beraz, baita langileen diru-sarrerak ere, norberaren edo besteen konturakoak izan (6.2. irudia). Hauek dira diru-sarreren eta ikasketa-mailen arteko erlazioaren ezaugarriak:

- **Diru-sarreren eta ikasketa-mailaren arteko erlazio zuzena.** Ikasketa-maila zenbat eta altuagoa izan, orduan eta handiagoak izango dira sarrerak ($S''' > S'' > S'$), eta, gainera, edozein adinetan, sarrera handiagoak dituzte ikasketa-maila altuagoak dituztenek.
- **Aisiaren inflexio-puntua *(A)*.** Sarrerek gora egiten dute adinean aurrera egin ahala, maila gorena lortzen dute *(A)* puntuan, eta, gero, behera egiten dute, langileek, nolabaiteko maila lortuta, nahiago dutelako aisiaz gozatzea sarrerak handitzen jarraitzea baino.
- **Gehikuntzaren aldea gorakorra da.** Ikasketa-maila zenbat eta altuagoa izan, orduan eta gehiago handitzen da maila desberdinen arteko soldata-aldea ($b > a$).
- **Kurba itxiagoa maila altuetan.** Ikasketa-maila zenbat eta altuagoa izan, orduan eta bizkorrago egiten dute gora diru-sarrerek adinean aurrera egin ahala (*d* kurba *c* kurba baino itxiagoa da).

B. Erabilitako ekoizpen-ondasunak

Zenbait makina, garraiobide, instalazio eta abar beste batzuk baino produktiboagoak dira, eta, aldi berean, langilearen produktibitatea areagotzen dute. Kalitate hobeko ondasunak erabiltzea I+G+Bren araberakoa izaten da, jarduera horren bidez asmatzen baitira ekoizpen-metodo berriak edo hobeak.

C. Teknologia-aurrerapenak eta soldatak

Teknologia-aurrerapenek **gurpil zoroaren** moduko eragina izaten dute kualifikaziorik gabeko langileengan. Izan ere, haien produktibitate txikiagoa dela-eta soldata txikiagoak jasotzen dituztenez, langile horiek kontratatzeko eskariak behera egiten du (makinez ordezten dituzte) eta langile kualifikatuen eskariak gora egiten du. Horren ondorioz, kualifikazio txikieneko langileen soldatek eta enpleguak behera egiten dute (6.3. irudia).

> **Hausnartu**
>
> **Soldata-arrakala**
>
> Sektore eta ikasketa-maila baliokideak alderatuta, Espainian, 30 urteko emakume batek gizon batek baino % 4,69 gutxiago irabazten du. Baina adin horretatik aurrera, alde horrek gora egiten du eta % 17,21ekoa izatera ere hel daiteke. Zure ustez, zein dira aldea hain handia izatearen arrazoiak?

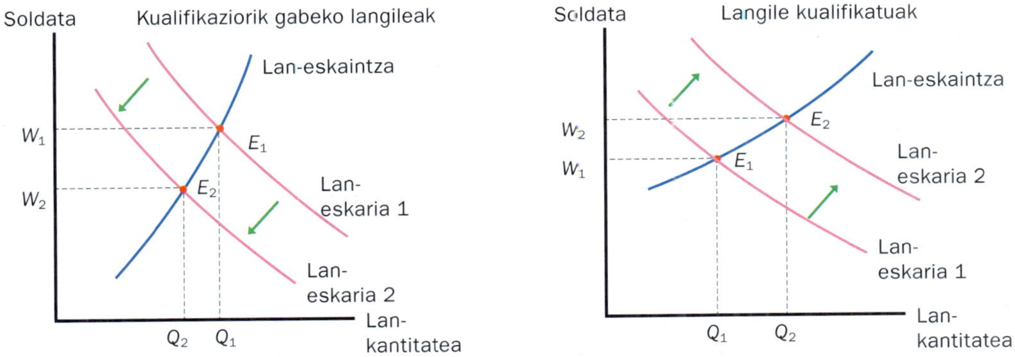

6.3. irudia. Langile kualifikatuen eta kualifikaziorik gabekoen lan-eskaintzaren eta lan-eskariaren arteko erlazioa.

1. behatokia. Soldatak, ikasketa-maila eta langabezia

Bi grafiko hauetan, ikasketa-maila soldatarekin eta langabeziarekin erlazionatzen da.

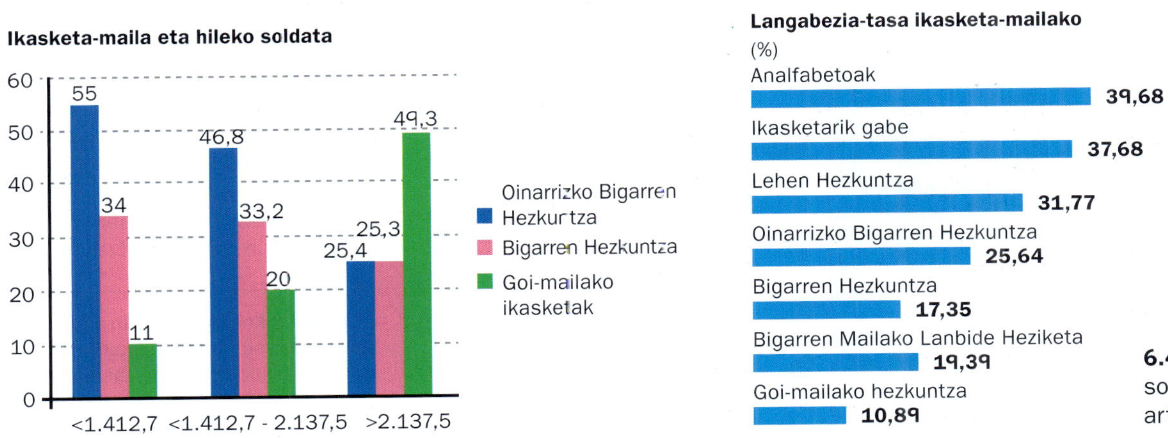

6.4. irudia. Ikasketa-mailaren, soldataren eta langabeziaren arteko erlazioa (Datuak: INE).

Hausnartu:

a) Zer ikasketa-maila lortu dute soldata-tarte txikieneko eta soldata-tarte handieneko langileek?

b) Zer-nolako erlazioa dago ikasketa-mailaren eta hileko soldataren artean? Eta ikasketa-mailaren eta langabezia-tasaren artean?

c) Soldataz gain, zer beste alde daude, zure ustez, kualifikazio-maila handiagoko eta txikiagoko lanen artean?

d) Grafikoak adierazten du badaudela kualifikazio-maila altuko baina soldata baxuko langileak. Zure ustez, zergatik gertatzen da hori?

Jarduerak

5. Adierazi nola bultzatzen duen I+G+Bk langileen produktibitatea.

6. Zer adierazten du giza kapitala terminoak?

7. Zer zuzeneko erlazio ezar daiteke herrialde bateko produktibitatearen, giza kapitalaren eta aberastasunaren artean?

8. Zer iritzi duzu soldata-arrakalari buruz? Nola konponduko zenuke?

3. Langabezia

Lanik eza (langabezia, alegia) gizarte garatuen arazo larrienetako bat da. Horregatik, gobernu ororen helburua da langabeak babestea, bai eta **enplegua sortzea** ere. Espainian, langabeziaren arazoa are **larriagoa** da, 1970eko hamarkadatik irauten duelako. Eta, hain zuzen ere, arazo horri dagokionez, Europan, Espainia da langabezia-tasa altuenetakoak dituen herrialdeetako bat.

Hausnartu

Diskriminazio positiboa

Lan-merkatua oso lehiakorra da, eta, askotan, ez ditu alderdi etikoak aintzat hartzen. Demokrazietan, ordea, justizia, berdintasuna, ekitatea eta antzeko balioak garrantzitsuak dira. Zenbait pertsona-taldek besteekiko bidegabekeria-egoera pairatzen dutenez, legeek zehazki babestu egiten dituzte. Hori da **diskriminazio positiboa.**

Lan-merkatuan, badira langabezia handiagoa izaten duten zenbait **talde**: 16 urtetik 24 urtera bitarteko gazteak, ezgaituak, 45 urtetik gorako emakumeak, eta iraupen luzeko langabeak (lanik gabe urtebetetik gora daramaten pertsonak). Horregatik, gobernuek pizgarriak ematen dizkiete talde horietako langileak kontratatzen dituztenei.

3.1. Langabezia-motak

Langabezia-egoera guztiak ez dira berdinak, zenbait mota baitaude. Kausen arabera, lau langabezia-mota daude: ziklikoa edo koiunturazkoa, urte-sasoikoa, frikzionala eta egiturazkoa (6.4. taula):

	Deskribapena	Zuzentze-neurriak
Ziklikoa edo koiunturazkoa	Merkatua baliabideak esleitzeko eragile nagusitzat duten ekonomietan, enpresa-jarduera ekimen pribatuaren gorabeheren mende dago, eta, horren ondorioz, **hedaldiak** eta **atzeraldiak** izaten dira ekonomian. Langabezia ziklikoak nabarmen egiten du gora atzeraldietan, eta, hedaldietan, berriz, behera egiten du.	Horrelako langabeziaren eragina murrizteko, sektore publikoa ziklo ekonomikoen arteko **trantsizioa arintzen** saiatzen da, lan-eskaintza ez dadin asko aldatu koiuntura ekonomikoa dela eta.
Urte-sasoikoa	Jarduera batzuek urte-sasoi batzuetan bakarrik behar dute eskulana, eta horrexek eragiten du urte-sasoiko langabezia. Esate baterako, Espainian, turismoaren goi-denboraldian, nabarmen egiten du behera langabezia-tasak.	Langabezia-mota horren aurka egiteko ohiko neurrietako bat ekoizpen-egitura **dibertsifikatzea** da, urte-sasoiko jarduerekiko ahalik eta mendetasun txikiena izateko.
Frikzionala	Pertsonak beren **borondatez langabezian egotea** da; hots, lanean jarduteko gaitasuna izanik, astia hartu nahi dutenak, lehen egiten ari zirena baino lan hobea lortzeko, esate baterako.	**Laneko bitartekaritzaren merkatua** hobetzea (Lanbide, SEPE, ABLEak, giza baliabideen aholkularitzak, etab.), langileak eta enpresak harremanetan errazago jartzeko.
Egiturazkoa	Enpresaburuek proposatzen duten **lan-eskaintza** eta **langileek eskatzen duten lana guztiz bat ez etortzeak** eragiten du langabezia-mota hori. Egiturazko langabezia, funtsean, langileak lanpostu hutsak betetzeko gaitasun tekniko egokia ez izatearen eta lanpostu jakin bat betetzeko eskatzaile gehiegi egotearen ondorio da. Egiturazko langabezia da **kezka handiena** sortzen duen langabezia-mota, denboran iraun egiten du eta. Eskualde batzuetan gertatzen da, edo zenbait jarduera-adarretan. Egitura ekonomikoa desegokia delako sortzen da, atzera egiten ari diren ekoizpen-jarduerak daudelako, batez ere.	**Aldaketa teknologikoarekin** oso lotuta dago egiturazko langabezia: aldaketa teknologikoa gertatzean, zenbait ekoizpen-jarduera zaharkituta geratzen dira, eta, ehun produktiboa erritmo egokian ez bada birsortzen, jarduera horiek egiten diren eremuetan ez da aukerarik izango enplegu berriak sortzeko, eta atzeraldia izango dute ekonomian. Jakina, herrialde batean atzeraldian dauden jardueren bolumena zenbat eta handiagoa izan ekonomia-jarduera osoarekiko, orduan eta handiagoa izango da egiturazko langabezia. Eskulanaren **prestakuntzarako eta birziklapenerako** ekimenak, epe luzera, lagungarriak dira langabezia-mota hori murrizteko, lan-indarra eskari handiagoa duten sektoreetara bideratzeko aukera ematen baitute.

6.4. taula. Langabezia-motak.

6.5. irudia. Emakumezko langile batzuk fabrika batean XX. mendearen erdialdean. Emakumea lan-munduan sartzea izan zen, eta da, herrialde garatuek lortutako ongizatearen eta aberastasunaren arrazoietako bat.

3.2. Langabeziaren kausak

Ez dago adostasunik langabeziaren kausak adierazterakoan, baina bi teoria-multzo kontrajarri daude: teoria neoklasikoa eta teoria keynesiarra (6.5. taula).

Teoriak	Deskribapena	Gomendioak
Neoklasikoa	Langabeziarik ez litzateke egongo, **eskaintza-eskarien legeak** askatasunez funtzionatuko balu. Gehiegizko eskulan-eskaintzako egoeran, soldatek behera egingo lukete, eta enpresek sobera dauden langileak kontratatuko lituzkete. Baina lan-merkatuak ez du funtzionamendu askea, zenbait eragilek esku hartzen baitute, interes publikoko arrazoiengatik: batetik, gobernuek lanbide arteko gutxieneko soldata (LGS) ezartzen dute, enpresaburuen gehiegikeriak eragozteko; eta, bestetik, sindikatuek gutxieneko soldatak negoziatzen dituzte, lanbide-motaren arabera, hitzarmen kolektiboen bidez. Bestalde, kaleratze-kostuak egoteak hesi baten moduko eragina du, produktibitate txikieneko langileak ordeztu nahi badira.	**Lan-merkatua malgutzea**; hau da kontratatzeko eta kaleratzeko oztopoak eta kostuak desagerraraztea.
Keynesiarra	Arazoaren oinarria da gizarteek **ez dutela eskatzen** eskuragarri dauden langile guztiak okupatuta egoteko adina ondasun eta zerbitzu.	**Sektore publikoak** ekonomian esku hartu behar du, enplegua sortzeko.

6.5. taula. Langabeziaren kausei buruzko azalpen teorikoak.

2. behatokia. Lan-merkatuaren malgutze eztabaidagarria

Enpresaburu batzuk **lan-merkatua malgutzearen** aldekoak dira. Langileak kaleratzeko edo merkeago kontratatzeko trabak kentzeak, diote, aukera emango lieke kostuak murrizteko eta beren produktibitatea hobetzeko. Produktibitatea hobetzeak enpresaburuen egoera hobetuko luke, eta, horri esker, enpresaburuek diotenez, kaleratu dituzten baino langile gehiago kontratatu ahal izango lituzkete.

Hausnartu:

a) Langabeziaren kausei buruzko zer teoriatakoa da argudio hori?

b) Zergatik ez daude ados langileak lana malgutzearekin?

c) Hautatu Europako herrialde bat, han lan egiteko. Zenbatekoa da hango batez besteko soldata? Eta gutxieneko soldata? Zenbateko kostua du han langile bat kaleratzeak? Alderatu zure ikerketaren emaitzak Espainiako emaitzekin, eta komentatu.

Jarduerak

9. Zer langabezia-motak sortzen du kezka gutxien? Zeinek kezka gehien? Zergatik?

10. Turismoa da Espainiako ekonomiaren eragile nagusietako bat, baina sasoiko jarduera denez, urte-sasoiko langabezia sorrarazten du. Zer konponbide proposatzen dira langabezia-mota horri aurre egiteko?

11. Langabeziaren kausak azaltzen saiatzen diren teoriak erabat kontrajarriak dira. Aipatu eta deskribatu bat ez etortzeak.

12. Zergatik sustatzen dute herrialde gehienek diskriminazio positiboa lan-arloan?

13. Grafikoan, Espainiako langabezia-tasaren bilakaera erakusten da, 1975etik 2017ra. Grafikoan oinarrituta, erantzun galdera hauei:

a) Zergatik egin zuen gora langabeziak diktadura amaitu ondoren?

b) Nola lagundu zuen eraikuntzak langabezia-arazoa arintzen?

c) BPGd-a gorantz egiten hasi zen 2012tik aurrera. Zer nolako eragina izan zuen gertaera horrek enpleguan?

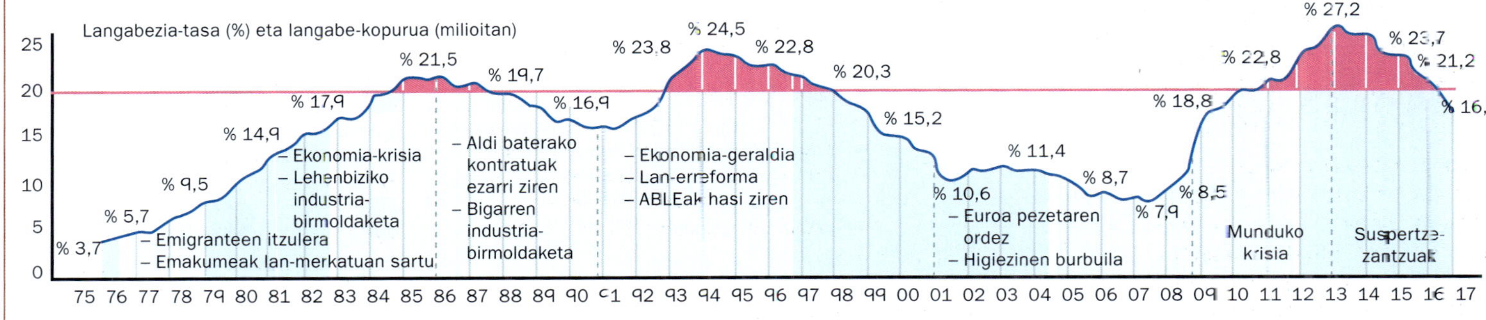

4. Enplegu-estatistikak

Ba al zenekien...?

'Estatistika' hitza latinezko *status* hitzetik dator (*egoera* esan nahi du hitz horrek). Kontzeptu hori Alemanian erabili zuten lehen aldiz, XVIII. mendean, Estatuaren administraziorako datu eta dokumentu erabilgarrien bilketa adierazteko.

Lan-merkatu ororen erreferentzia nagusia merkatua elikatzen duen biztanleria da. **Biztanleria** eremu geografiko jakin batean bizi diren pertsona guztien kopurua da. Baina biztanle guztiek ez dute berdin parte hartzen ekoizpen-prozesuetan, eta, azterketa errazteko, biztanleak **talde homogeneotan** banatu ohi dira.

4.1. Biztanleria-taldeak

Ekoizpen-prozesuan duen parte-hartzeari erreparatuta, honako biztanleria-talde hauek daude: **lanerako adina duen biztanleria,** biztanleria **aktiboa** eta biztanleria **ez-aktiboa** (6.6. irudia).

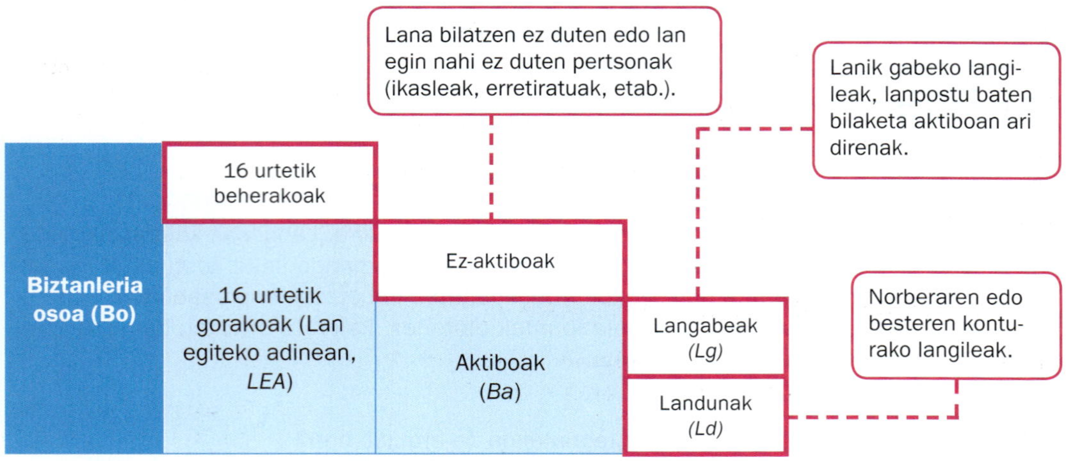

6.6. irudia. Biztanleria-taldeak lanaren ikuspegitik.

Biztanleria oraintsu azaldutako kategorietan bilduta dagoela, **enplegu-estatistikak** egiten dira. Enplegu-estatistikak funtsezko tresna dira sektore publikoarentzat, gizarte-babeseko neurriak egituratzeko erabiltzen baitituzte. **Estatistikako Institutu Nazionala (INE)** eta **Estatuko Enplegu Zerbitzu Publikoaren (SEPE)** edo autonomia-erkidegoko enplegu-zerbitzuaren (Lanbide da, Euskal Autonomia Erkidegoan) menpeko enplegu-behatokiak arduratzen dira estatistika horiek egiteaz.

4.2. Enplegu-tasak

Enplegu-estatistiketan, adierazle espezifiko batzuk erabiltzen dira: **enplegu-tasak**. 6.6. taulan jasotakoak dira:

				Lan egin dezakete	Lan egin nahi dute	Lanean ari dira
Tasak	Jarduera-tasa (Jt)	$Jt = \frac{\text{Biztanleria aktiboa}}{\text{16 urtetik gorakoak}} \cdot 100 = \frac{Ba}{LEA} \cdot 100$	Herrialde batean lan egin dezaketen pertsona guztiak.	🟢	🟢	
	Okupazio-tasa (Ot)	$Ot = \frac{\text{Landunak}}{\text{16 urtetik gorakoak}} \cdot 100 = \frac{Ld}{LEA} \cdot 100$	Lan egin nahi, eta lana dutenak.	🟢	🟢	🟢
	Langabezia-tasa (Lt)	$Lt = \frac{\text{Langabeak}}{\text{Biztanleria aktiboa}} \cdot 100 = \frac{Lg}{Ba} \cdot 100$	Lan egin nahi bai, baina lanik ez dutenak.	🟢	🟢	🔴

6.6. taula. INEk enplegu-estatistiketan erabiltzen dituen tasak.

4.3. Enplegu-estatistikak

Aurreko atalean ikusitako kontzeptuak eta tasak enpleguari buruzko zenbait estatistika eta informazio-iturritan erabiltzen dituzte. 6.7. taulan daude jasota:

Biztanleria Aktiboaren Inkesta (BAI)	Hiru hilean behin, **INEk** inkesta bat egiten du 65.000 etxetan, enpleguari buruzko datuak biltzeko. Inkesta hori, estatistikarako, 180.000 pertsona ingururi elkarrizketa egitearen parekoa da.	INE Instituto Nacional de Estadística
Gizarte Segurantzako afiliazioaren kopuruak	**Gizarte Segurantza** erakunde publikoa da, eta langilearen eta haren familiaren osasun-asistentzia eta gizarte-prestazio nahikoa bermatzen ditu. Prestazio horiek jasotzeko eskubidea izateko, langileak izena emanda egon behar du Gizarte Segurantzan, eta hileko kuota batzuk ordaindu behar dira langileak lanean dihardunean. Horrenbestez, informazioa erregistratutako kontratuen kopurutik eta ezaugarrietatik lortzen da. Herrialde batek sortzen duen enplegu-mota, erakunde horretan jasotako kontratu-motak adierazitakoa (behin-behinekoak/finkoak, nekazaritza/industria/zerbitzuak...), aldaga erabakigarria da **enplegu-politikak** erabakitzeko.	SeguridadSocial
SEPEko datuak	Langabezia neurtzen duen erakundea da SEPE (EAEn Lanbideren bidez egiten du), eta erakundean izena emanda dutenak soilik hartzen ditu kontuan **(erregistratutako langabezia)**. Ez du aintzat hartzen lanerako gaitasuna eta gogoa baduen baina izena emanda ez dagoen biztanle-kopuru handi bat. Pertsona horiei **langabe adoregabeak** esaten zaie. Estatistiketan ez dira agertzen enplegu-eskatzaile moduan eta biztanleria ez-aktiboaren barruan sartzen dira.	Servicio Público de Empleo Estatal SEPE

6.7. taula. Enplegu-estatistiken iturriak.

1. jarduera ebatzia. BAIko estatistikak

BAIk urte jakin bateko hirugarren hiruhilekorako hartutako datuak (milaka pertsonatan) kontuan hartuta, honako taula hau egin dugu:

Hirugarren hiruhilekoa (3H)			
	Guztira	Gizonak	Emakumeak
16 urtetik gorako biztanleria	38.912,4	18.920,1	19.992,3
Aktiboak	22.854	12.272	10.582
• Landunak	19.528	10.662,4	8.865,6
• Langabeak	3.326	1.609,6	1.716,4
Ez-aktiboak	16.058,4	6.648,1	9.410,3

Kalkulatu eta interpretatu:

a) Espainiako biztanleria osoaren jarduera-tasa 3. hiruhilekoan.

b) Emakumeen langabezia-tasa 3. hiruhilekoan.

c) Gizonen okupazio-tasa 3. hiruhilekoan.

d) Langabe guztien portzentajezko aldaketa 3. eta 2. hiruhilekoen artean, jakinda 2. hiruhilekoan langabeen kopurua 3.161.900 pertsonakoa izan zela.

Soluzioa:

a) **3Hko guztizko jarduera-tasa:** biztanleria osoko 100 pertsonatik, 58 biztanleria aktibokoak dira:

$$Jt \text{ (bi sexuak), 3H} = \frac{22.854}{38.912,4} \cdot 100 = \%\ 58,73$$

b) **3Hko emakumeen langabezia-tasa:** biztanleria aktiboko 100 emakumetik, 16 langabezian daude:

$$Lt \text{ (emakumeak), 3H} = \frac{1.716,4}{10.582} \cdot 100 = \%\ 16,22$$

c) **3Hko gizonen okupazio-tasa:** lan egiteko adinean dauden 100 gizonetik, 56k lana dute:

$$Ot \text{ (gizonak), 3H} = \frac{10.662,4}{18.920,1} \cdot 100 = \%\ 56,35$$

d) **Langabeen ehunekoaren aldaketa 3. hiruhilekoan, 2. hiruhilekoko langabeekiko:** 2. hiruhilekoan langabezian zeuden 100 pertsonako, 5 gehiago daude 3. hiruhilekoan:

$$\text{Langabezia, 2H} - \text{3H} = \frac{\text{3Hko lang.} - \text{2Hko lang.}}{\text{2Hko langabezia}} \cdot 100 =$$

$$= \frac{3.326 - 3.161,9}{3.161,9} \cdot 100 = \%\ 5,19$$

Jarduerak

14. Aipatutako enplegu-estatistiketatik, zein da, zure ustez, erabakigarriena pentsioen eta ongizate-estatuaren jasangarritasunari eusteko? Arrazoitu erantzuna.

15. SEPEko eta BAIko datuei erreparatuta, bietako zeinetan izango da altuena langabezia-tasa? Zergatik?

5. Enplegu-politikak

Adierazleak eta estatistikak aztertu ondoren, gobernuek dagozkien neurriak hartzen dituzte, langabezia murrizteko eta, aldi berean, langabezian daudenak babesteko. Horri enplegu-politikak esaten diogu.

> **Enplegu-politika** deritzo ekonomia jakin bateko langabezia murriztea helburu nagusi duten neurrien multzoari.

Enplegu-politika osatzen duten neurrien sorta handia (6.8. taula) honako parametro hauen arabera sailkatzen da:

- **Politika-mota.** Langabezia zuzeneko lanpostuak sortuz edo lanpostu-kopurua handituz prebenitzeko neurriak **neurri aktiboak** dira. Langabeziaren ondorioak arintzeko hartzen direnak, berriz, neurri **pasiboak** dira.
- **Hartzaileak.** Hauek dira: **enpresak** (lan-eskaria), **biztanleria aktiboa** (lan-eskaintza), eta kategoria horren barruan, **langabeak.**

Politika-mota	Hartzaileak		Helburua	Neurriak
Aktiboak	Enpresak (lan-eskaria)		Ekonomia-jarduera sustatzea	• Inbertsio publikoak, lanpostuak sortuta (esaterako, obra publikoak, azpiegiturak hobetzea...). • Enpresa txiki eta ertainentzako laguntzak, enpresa berriak sortzeko; enplegua sortzeagatiko zerga-pizgarriak; diru-laguntzak eta laguntza ekonomikoak gazte ekintzaileentzat. • Diru-laguntza publikoak enpresentzat, lana aurkitzeko zailtasun bereziak dituzten taldeetako pertsonak kontratatzeko (adibidez, emakumeak, gazteak, 45 urtetik gorakoak...). • I+G+Bko (ikerketa, garapena, berrikuntza) teknologia berriak sartzeko laguntzak, enpresen produktibitatea handitzeko eta atzerriko enpresekiko lehiakortasuna hobetzeko.
	Biztanleria aktiboa (lan-eskaintza)	**Landunak eta langabeak**	Langileen produktibitatea handitzea	• Hezkuntza-sistemak merkatuen premietara egokitzea (adibidez, titulazio ofizial berriak, aldaketak ikasketa-programetan...). • Lanbide-heziketa laneratzeko zailtasunak dituzten langileentzat (adibidez, egiturazko langabezia-egoeran dauden langileak, lanbide-birziklapena behar dutenak...), eskola-lantegien eta ikastaroen bidez; etengabeko prestakuntza lanean ari diren langileentzat...
			Biztanleria aktiboa murriztea	• Biztanleria aktiboa murriztea; esaterako, erretiro aurreratuak sustatzea, eta erretiroa hartu duten langileen ordez gazteak kontratatzea, gazteen langabezia murrizteko. • Derrigorrezko hezkuntzaren adina luzatzea, lan-merkatuan sartzeko adina geroratzeko. • Enplegua banatzea, lanaldia murriztuz. • Aparteko orduak eta langile batzuen enplegu-aniztasuna desagerraraztea. • Lan-merkatua malgutzea, eta, horretarako, lanaldi partzialeko lana sustatzea, onuragarria izan baitaiteke zenbait enpresa eta langilerentzat.
Pasiboak		**Langabeak**	Langabeen ekonomia- eta gizarte-egoera hobetzea	• Langabezia-tasa desberdinak dituzten eremuetako langileen artean laneko mugikortasuna errazteko laguntzak. • Lan-bitartekaritzako zerbitzuak hobetzea (eskaintzaren eta eskariaren artean egiten dute bitartekaritza-lan hori): SEPE, Lanbide eta beste erakunde batzuk). • Langabezia-prestazioak; baliabiderik gabeko familientzako laguntzak; prestazio osoaren kobrantza aurreratzeko aukera, enpresa berriak sortzeko.

6.8. taula. Enplegu-politikako neurriak, politika-motaren eta neurrien hartzaileen arabera.

3. behatokia. Langabezia, globalizazioa eta soldatak

Azken urteotan, gora egin du langile kualifikatuen eta kualifikaziorik gabeko langileen soldata errealaren arteko aldeak (6.7. irudia). Hauek dira horren arrazoiak: merkatuak globalizatu egin dira (nazioartekoak dira, herrialde-esparrukoak edo tokikoak izan ordez), lehia asko handitu da, eta, beraz, lehiari aurre egiteko, espezializazioak eta produktibitateak gora egin dute.

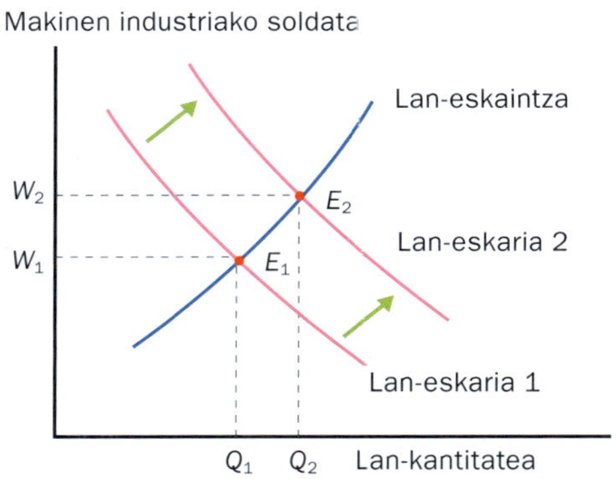

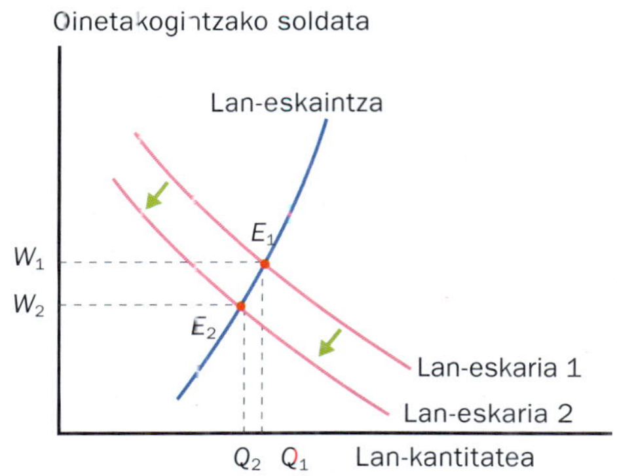

6.7. irudia. Globalizazioa eta langabezia oinetakogintzan.

6.8. irudia. Gazte ekintzailea. Bere lanpostua sortzea erabakitzen duen langile batek ez du preziorik, eta horregatik, administrazio publikoek enpresa-ekimenak sustatzen dituzte eta diru-laguntzak ematen dizkiete gazte horiei, gizarte-egoera ahuleko taldeetako gazteak badira, batez ere.

Hausnartu:

a) Globalizazioak espezializazioa handitzea dakar. Baina, zer dakar espezializazioak, ekoizpenaren kantitatearen eta kalitatearen aldetik?

b) Globalizazioaren eta nazioarteko merkataritzaren aurretik, makinen eta oinetakoen sektoreetako soldata errealak berdinak ziren. Zer eragin izan dute fenomeno horiek bi sektore horietako langileengan?

c) Zure ustez, nola aldatu ditu globalizazioak ehungintzako langileen baldintzak? Eta programatzaile informatikoen baldintzak? Arrazoitu zure erantzuna, makinen sektoreko eta oinetakogintzako langileei buruz ikasitakoan oinarrituta.

2. jarduera ebatzia. Langabezia eta zuzentze-neurriak

Sailkatu langabeziari aurre egiteko neurri hauek, politika-moten, neurri-hartzaileen eta bete nahi den helburuaren arabera:

Soluzioa:

	Politika-mota	Hartzaileak	Helburua
Erretiro-adina 60 urtera aurreratzea.	Aktiboa	Landunak eta langabeak	Biztanleria aktiboa murriztea.
25 urtetik beherakoen kontratazioarako laguntzak ematea.	Aktiboa	Enpresak	Ekonomia-jarduera sustatzea.
Langabezia-prestazioaren ordainketa aurreratzea, enpresa bat sortzeko.	Pasiboa	Langabeak	Langabeen ekonomia- eta lan-egoera hobetzea.
Heziketa-zikloetako ikasketak enpresa-errealitatera egokitzea.	Aktiboa	Landunak eta langabeak	Langileen produktibitatea handitzea

Jarduerak

16. Egiturazko langabeziari aurre egiteko, zentzuzkoa al da teknologia berriekin lotutako jardueretarako pizgarriak ematea? Azaldu.

17. Adierazi non eragiten duten enplegu-politikako neurri hauek (lan-eskaintzan ala lan-eskarian): enplegu-bulegoak sortzea, enpresa sortzeagatiko diru-laguntzak ematea, kontratatzeagatiko hobariak ematea, erretiroak erraztea, langabezia-prestazioak ematea, aldi baterako kontratuak kontratu mugagabe bihurtzeagatiko hobariak ematea, prestakuntza-ikastaroak antolatzea eta lan-malgutasuna sustatzea.

18. Sailkatu langabeziari aurre egiteko neurri hauek politika-motaren, neurrien hartzaileen eta lortu nahi den helburuaren arabera: derrigorrezko ikasketak 18 urtera arte luzatzea, informatika-ikastaroak antolatzea 55 urtetik gorako langabeentzat, gazteak kontratatzeko zerga-pizgarriak ematea eta baliabiderik gabeko familiei laguntzak ematea.

6. Lan-merkatuaren bilakaera

Munduko Bankuaren datuen arabera, gaur egun zortzi urte dituzten hamar haurretik zortzik egun oraindik ez dauden jardueretan egingo dute lan helduak direnean. Are gehiago, gaur egungo lanbideen erdiak desagertzeko arriskuan daudela kalkulatzen da, automatizazioa gero eta handiagoa baita jarduera horietan. Lanbide seguruenak makinez ordezteko zailenak direnak dira, eta horien barruan, kualifikazio-maila altuenekoak. Izan ere, langileak zenbat eta kualifikatuagoak izan, orduan eta zailagoa da haiek ordeztea.

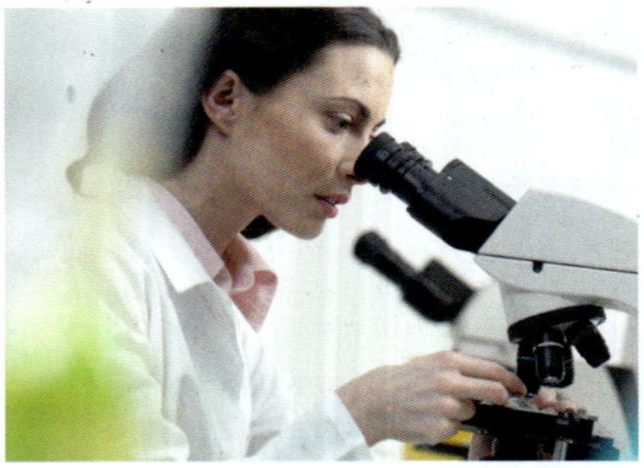

6.9. irudia. Ikerketa laborategi farmazeutiko batean. Makinen produktibitateak eskulana beste okupazio batzuetara aldatzea eragin du.

6.1. Enplegu-joerak

Europar Batasunean, badira zenbait faktore gizarteak etorkizunean egingo dituen eskaerak zein izango diren identifikatzen laguntzen dutenak. Eta gizartearen eskariak izango direnez, horiek enplegua sortuko dute.

Enplegu-joerak gizartearen eskari berriak identifikatzen dituzten ildo orokorrak dira. Eta, izan ere, eskariak berriak direnez, ahalmen handia dute enplegua eta negozio-aukerak sortzeko.

Enplegua sortzeko ahalmena duten sektore guztien atzean, teknologia dago, dela zuzenean, dela zeharka.

- **Aisiaren industria.** Teknologia berriak sartzeak lanorduak murriztea dakar. Hori dela eta, aisiaren industriaren eskariak gora egin du.
- **Ekonomia berdea.** Gero eta handiagoak dira produktu eta zerbitzu ekologikoekin lotutako eskaria eta inbertsioak, eta, horren ondorioz, gero eta gehiago dira ingurumen-sektorearekin zuzenean lotutako industriak eta lanpostuak.
- **Ekonomia zirkularra.** Ekonomia zirkularra baliabideak aprobetxatzeko sistema-multzo bat da, kontsumoa murrizteari, eta produktuak berrerabiltzeari eta birziklatzeari garrantzia ematen dion sistema. Aurreikuspenen arabera, ekonomia zirkularrak hiru milioi lanpostu sortuko ditu Europar Batasunean 2030. urtean, eta lanpostu horietatik, 160.000 Espainian izango dira.
- **Zaintza-zerbitzuak.** Digitalizazioak, zientziarekin, teknologiarekin, ingeniaritzarekin eta matematikarekin lotutako enpleguak eskatzeaz gain, eta, arraroa badirudi ere, teknologia-eduki gutxiko baina giza osagarri handiko lanpostuen eskaria ere handitzen du.
- **Bizi-kalitatea.** Gizarte garatuen errenta-handitzeak eta kultura-mailak, sarritan teknologiarekin lotutako produktibitatearen ondorio direnak, enplegu-aukera berriak sortzen ditu, hiri-inguruneetan, batez ere.

Ba al zenekien...?

14. unitatean gehiago sakonduko dugu garapen iraunkorrarekin lotutako **ekonomia zirkularraren** inguruan.

6.2. Enplegu-aukerak

Epe luzerako enplegu-joerek adierazitako ildo orokorrak ezaugarri hauek dituzten ekonomia-jardueretan gauzatzen dira:

- Asegabeko gizarte-premiak betetzen dituzte.
- Eskaria dago, eta eskaintza baino askoz handiagoa da.
- Tokiko ekoizpen- edo prestazio-esparrua dute.
- Lanpostuak sortzeko ahalmen handia dute.

Ezaugarri horiek dituzten ekonomia-jarduerei enplegu-sorgune esaten zaie.

Enplegu-sorguneak tokiko esparruan garatutako ekonomia-jarduerak dira, enplegua sortzeko ahalmen handia dutenak, haien eskaria handia delako.

Enplegu-sorgune berriak garatzen diren tokiko esparruak 6.9. taulan jasota daude.

Lotutako joera	Tokiko esparrua	Lotutako lanak	Okupazio-taldeak
Zaintza-zerbitzuak	Eguneroko bizitza	Osasun-, familia-, lan- edo hezkuntza-arrazoiengatik mendekotasuna duten pertsonen zaintzarekin lotutakoak.	1. Etxez etxeko zerbitzuak • 2. Haurren arreta • 3. Informazioaren eta komunikazioaren teknologia berriak • 4. Zailtasunak dituzten gazteentzako laguntzak.
Bizi-kalitatea	Eguneroko bizitza	Etxeko eta hirietako bizi-kalitatea areagotzearekin lotutakoak.	5. Etxebizitzen hobekuntzak • 6. Segurtasuna • 7. Garraio kolektibo globalak • 8. Hiri-espazio publikoen aprobetxamendua • 9. Hurbiltasuneko merkataritza • 10. Energiaren kudeaketa.
Aisiaren industria	Kultura eta aisia	Denbora libreaz gozatzearekin lotutakoak: bidaiak, kirolak eta kultura.	11. Turismoa • 12. Ikus-entzunezkoen sektorea • 13. Kultura-ondarea • 14. Tokiko kultura-garapena • 15. Kirola.
Ekonomia berdea. Ekonomia zirkularra.	Ingurumena	Gizartearen ingurumen-kezkekin lotutakoak.	16. Hondakinen tratamendua • 17. Uraren kudeaketa • 18. Naturaguneen babesa eta mantentze-lanak • 19. Kutsaduraren eta harekin lotutako instalazioen arauketa eta kontrola.

6.9. taula. EBren esparruan identifikatutako enplegu-sorgune berriak. *Hazkundeari, lehiakortasunari eta enpleguari buruzko liburu zurian* daude jasota (*Delors txostena* izenburuz ezagunagoa da liburu zuri hori).

4. behatokia. Soldatak, karguak eta okupazio-sektoreak

Gaur egun, okupazio-sektorearen eta karguaren araberako soldata-egitura sexuaren arabera bereizita kalkulatzen da, behar bezain adierazgarriak diren laginak erabiliz (6.10. taula).

Urteko batez besteko irabazia, jarduera-sektoreko

	Guztira	Emakumeak	Gizonak
D. Energia-hornikuntza	50.992,09	44.147,19	52.959,98
K. Finantza-jarduerak	42.684,65	36.939,55	49.257,63
J. Informazioa eta komunikazioak	32.448,31	28.834,47	34.475,06
B. Erauzketa-jarduerak	32.400,69	35.133,36	31.968,58
O. Administrazio Publikoa	29.134,91	27.547,36	30.712,29
C. Manufaktura-industria	26.698,42	22.261,93	28.256,20
M. Jarduera profesionalak	26.520,32	21.942,88	31.967,20
E. Ur-hornikuntza	26.319,91	23.184,64	27.154,16
Q. Osasun-jarduerak	25.955,32	23.655,12	33.723,10
H. Garraioa eta biltegiratzea	23.611,32	22.176,39	24.010,10
P. Hezkuntza	22.289,73	21.622,53	23.662,96
F. Eraikuntza	22.163,46	20.361,67	22.460,86
L. Higiezinen sektoreko jarduerak	20.899,35	17.809,07	25.172,74
G. Merkataritza	19.781,40	16.726,51	22.826,01
R. Arte-jarduerak	17.525,18	15.209,43	19.367,34
N. Administrazio-jarduerak	16.139,11	13.309,47	19.749,55
S. Beste zerbitzu batzuk	15.782,15	13.687,57	20.195,94
I. Ostalaritza	14.125,34	12.608,92	15.907,90
Jarduerak, guztira	23.156,34	20.131,41	25.924,43

Urteko batez besteko irabazia, karguko

	Guztira	Emakumeak	Gizonak
A. Zuzendariak eta gerenteak	50.530,80	43.718,01	54.142,69
C. Beste teknikari eta profesional batzuk	37.049,91	33.419,81	40.077,02
B. Teknikariak eta profesionalak	30.653,34	29.084,27	34.293,42
D. Teknikariak; laguntzako profesionalak	28.585,99	25.160,98	31.206,15
I. Babes- eta segurtasun-zerbitzuak	28.018,41	24.404,20	28.589,60
M. Ins. eta mak. fink. oper., eta munt.	23.470,74	18.149,90	25.395,99
L. Industrietako langile kualifikatuak	22.664,36	16.611,88	23.476,74
E. Publik. arret. buleg. ez diren lang.	21.517,90	19.628,23	24.711,85
K. Eraikuntzako langile kualifikatuak	20.061,31	16.069,47	20.191,67
N. Mak. mugik. gidariak eta operadoreak	20.009,83	16.894,43	20.161,12
J. Nekazaritzako langile kualifikatuak	18.773,13	Errep. gabe	18.996,56
F. Pub. arretarako bulegoetako lang.	18.163,65	16.928,51	21.272,55
P. Nek., arrantz. eta eraikuntzako lang.	15.946,65	13.463,67	16.754,25
H. Osasun-zerbitzuetako langileak	15.445,45	14.558,05	18.877,78
G. Jatetxe-zerbitzuetako langileak	14.617,52	13.613,26	16.260,68
O. Zerbitzuetako langileak, kualif. gabe	12.826,40	11.517,33	16.028,07
Okupazioak, guztira	**23.156,34**	**20.131,41**	**25.924,43**

6.10. taula. Batez besteko irabazia, jarduera-sektoreko eta karguko. (Iturria: INEren soldata-egituraren inkesta 2016).

Hausnartu:

a) Zer ezaugarri komun dituzte tauletako goiko aldeko karguek eta okupazio-sektoreek? Eta beheko aldekoek?

b) Arte-jarduerak soldata baxueneko tartean daude, baina, sarritan, ikasketa-aldi luzea egin behar da jarduera horietan aritzeko. Hala ere, ez da jarduera horiek egiteko prest dagoen jenderik falta. Nola da posible kontraesan hori?

c) Hautatu zer okupazio-sektoretan eta lanpostutan jardun nahi duzun. Zer ikasi beharko zenuke horretan aritzeko?

Jarduerak

19. Enplegu-aukerak detektatzerakoan, zergatik dira garrantzitsuak enpleguaren epe luzerako joerak?

20. Zer ezaugarri izan behar ditu lan-mota batek enplegu-sorgunetzat hartzeko?

KONTZEPTU-MAPA

Eskarian eragiten duten faktoreak
- Ekoitzitako ondasunaren edo zerbitzuaren prezioa
- Langileen produktibitatea
  - *hauek sustatzen dute:*
    - Giza kapitala.
    - Erabilitako ekoizpen-ondasunak.
    - Teknologia-aurrerapenak.
- Soldata-maila

Lan-merkatua

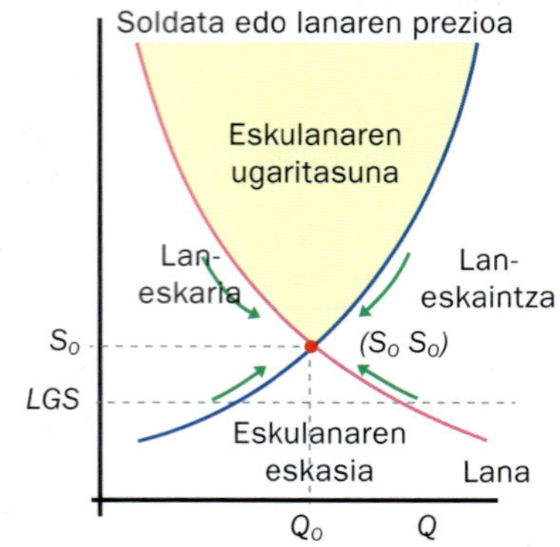

Diru-sarreren eta ikasketa-mailen arteko erlazioa

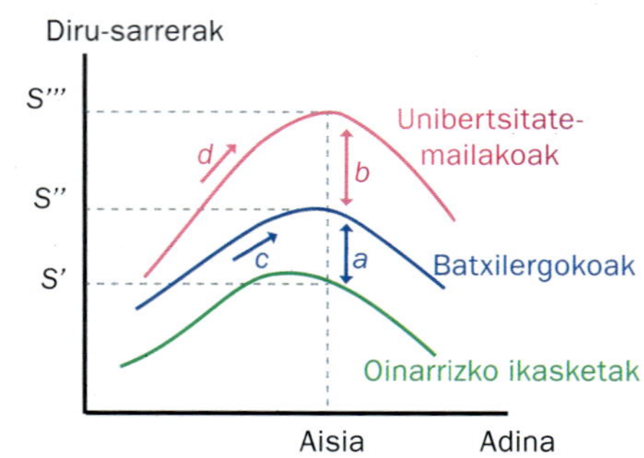

Eskaintzan eragiten duten faktoreak
- Biztanleriaren ezaugarriak
- Soldata-maila

Ez-perfekzioak
- Esku hartutako merkatua da
- Lana ondasun desberdindua da

Langabezia
- **Estatistikak**
  - BAI
  - Gizarte Segurantza
  - SEPE
- **Enplegu-politikak**
  - **Aktiboak**
    - Ekonomia-jarduera suspertzea.
    - Langileen produktibitatea handitzea.
    - Biztanleria aktiboa murriztea.
  - **Pasiboak**
    - Langabeen ekonomia- eta lan-egoera hobetzea.
- **Langabezia-motak**
  - Frikzionala
  - Urte-sasoikoa
  - Ziklikoa
  - Egiturazkoa
- **Teoriak**
  - Neoklasikoa
  - Keynesiarra

Enplegu-sorgune berriak

A. Zaintza-zerbitzuak
1. Etxez etxeko zerbitzuak.
2. Haurren arreta.
3. Informazioaren eta komunikazioaren teknologia berriak.
4. Zailtasunak dituzten gazteentzako laguntzak.

B. Bizi-kalitatea
5. Etxebizitzen hobekuntzak.
6. Segurtasuna.
7. Garraio kolektibo globalak.
8. Hiri-eremu publikoen aprobetxamendua.
9. Hurbileko merkataritza.
10. Energiaren kudeaketa.

C. Aisiaren industria
11. Turismoa.
12. Ikus-entzunezkoen industria.
13. Kultura-ondarea.
14. Tokiko kultura-garapena.
15. Kirola.

D. Ekonomia berdea. Ekonomia zirkularra
16. Hondakinen tratamendua.
17. Uraren kudeaketa.
18. Naturaguneen babesa eta mantentze-lanak.
19. Kutsaduraren eta harekin lotutako instalazioen arauketa eta kontrola.

1. Lan-eskaria...

a) ... prezioen batez besteko mailaren araberakoa da.

b) ... soldata-mailen araberakoa da.

c) ... langileen produktibitatearen araberakoa da.

d) Aurreko erantzunetatik, bi zuzenak dira.

2. Zergatik da ez-perfektua lan-merkatuaren funtzionamendua?

a) Enpresak direlako eskatzaileak.

b) Esku-hartzea dagoelako merkatu horretan.

c) Lana ondasun trukagarria delako.

d) Aurreko erantzunetatik, bi zuzenak dira.

3. Zer faktore direla-eta da lana ondasun desberdindua?

a) Giza kapitalaren desberdintasunak.

b) Diskriminazioa egotea.

c) Konpentsatzen diren lan-baldintzak.

d) Denak zuzenak dira.

4. Zer langabezia-motak ditu gorabehera handienak ekonomiaren hedaldien eta atzeraldien ondorioz?

a) Langabezia ziklikoak.

b) Urte-sasoiko langabeziak.

c) Langabezia frikzionalak.

d) Egiturazko langabeziak.

5. Teoria keynesiarretan langabeziaren kausei buruz adierazitakoari dagokionez, zer esaldi dira zuzenak?

a) Arazoa gehiegizko eskulan-eskaintza da.

b) Sektore publikoak esku hartu behar du ekonomian, enplegua sortzeko.

c) Gizarteek ez dute behar adina ondasun- eta zerbitzu-kantitate eskatzen.

d) Aurreko erantzunetatik, bi zuzenak dira.

6. Zein da egiturazko langabeziari aurre egiteko neurri egokiena?

a) Urte osoan egin daitezken jarduerak bultzatzea.

b) Kontratazio mugagabea sustatzea.

c) Teknologia-aurrerapenekin lotutako jardueretarako pizgarriak ematea.

d) Autoenplegua sustatzea.

7. Zein da langabeziari aurre egiteko neurri egokiena?

a) Kontratazioa sustatzea.

b) Langileei prestakuntza ematea.

c) Teknologia-aurrerapenekin lotutako jardueretarako pizgarriak ematea.

d) Langabezia-motaren araberakoa da hori.

8. Enplegu-estatistikei dagokienez, zer da zuzena?

a) Adierazle jakin batzuk erabiltzen dituzte.

b) Estatistikak egiteko, biztanleria talde homogeneotan sailkatu behar da.

c) Langabezia-mota guztiak aztertzen dituzte.

d) Denak zuzenak dira.

9. Enplegu-joerei dagokienez, zer da garrantzitsua?

a) Enplegua sortzeko ahalmen handia duten jarduerei buruzko orientabideak ematen dituzte.

b) Analisiak epe laburrera eta epe luzera egiten dituzte.

c) Tokiko esparrua hartzen duten jarduerak adierazten dituzte.

d) Teknologia-maila handiko jarduerak soilik adierazten dituzte.

10. Diru-sarrerei eta ikasketa-mailei dagokienez, zein esaldi ez da zuzena?

a) Ikasketa-maila zenbat eta altuagoa izan, orduan eta handiagoak dira soldata-aldeak.

b) Diru-sarrerak bizkorrago handitzen dira goi-mailako ikasketak dituztenen artean.

c) Ikasketa-maila zenbat eta altuagoa izan, orduan eta soldata-maila altuagoa izaten da, beti.

d) Erlazio zuzena dago diru-sarreren eta ikasketa-mailaren artean.

Lan-merkatua.

1. Lan-merkatuan, nor dira eskaintzaileak eta eskatzaileak?

2. Eskaintza-eskarien legearen arabera funtzionatzen duten beste merkatu batzuen aldean, zer du bereizgarri lan-merkatuak?

3. LGSak langileek bizi-maila duina izatea bermatzea du helburu. Baina pentsio askoren zenbatekoak (erretiro-pentsioak, ezgaitasun-pentsioak, alarguntza-pentsioak...) LGSa baino askoz txikiagoak dira. Zer iritzi duzu horri buruz?

4. Zergatik negoziatzen dituzte langileek lan-baldintzak elkarrekin, banaka egin ordez?

5. Zer eragin du LGSak lan-merkatuan? Zer arazo ekar dezake LGSak lan-merkatuan lehen aldiz sartu nahi dutenentzat?

6. Iparlandian, denak daude hilean 3.000 €-ko soldataren truke lan egiteko prest, baina biztanleriaren erdiak soilik egingo luke lan 1.500 €-ko soldataren truke. Enpresek, ordea, pertsona guztiak kontratatuko lituzkete 1.500 €-ko soldata ordainduta, baina biztanleriaren erdia soilik, 3.000 €-ko soldata ordaindu behar izanez gero.

a) Adierazi grafikoki lan-eskaintza eta lan-eskaria. Demagun lerro zuzenak direla.

b) Zenbatekoa izango litzateke oreka-puntuko soldata?

c) Demagun Iparlandiako gobernuak 2.000 €-ko gutxieneko soldata ezartzen duela. Zer eragin izango luke horrek enpleguan? Eta gutxieneko soldata 2.500 €-koa balitz?

Produktibitatea eta soldatak.

7. Teknologia-aurrerapenek kualifikazio gutxieneko langileen soldatak jaistea eragiten dute. Zergatik?

8. Erreparatu arretaz 6.2. irudiari eta erantzun galdera hauei:

a) Zer adinetan gainditzen du edozein ikasketa-mailak unibertsitate-ikasketen maila?

b) Zergatik egiten dute behera sarrerek adin jakin batetik aurrera?

c) Zer ikasketa-maila dute sarrera handiagoak bizkorrago lortzen dituztenek?

9. Langileak kontratatzerakoan, zergatik da produktibitatea faktore garrantzitsua enpresentzat?

10. Adierazi zer faktorek eragiten dituzten soldata-aldeak kasu hauetan:

a) Saturnino, gaueko txandan jarduten duen segurtasun-jagolea, batetik, eta Koldo, egunez jarduten duen segurtasun-jagolea, bestetik.

b) Karmele multinazional bateko kontuen exekutiboa da, baina lanpostu horri dagokion batez besteko soldata baino gutxiago jasotzen du.

c) Karlak Oskarren ikasketa-maila eta lan-mota berberak ditu, baina % 25 gutxiago irabazten du.

d) Arturo, hogeita hamar urteko esperientzia duen medikua, batetik, eta Markos, mediku hasiberria, bestetik.

e) Patri, *Berria* egunkariko kazetaria, batetik, eta Koldo, izkinako janari-dendako apal-betetzailea, bestetik.

f) Lukas, Lehen Mailako futbolaria, batetik, eta Julio, supermerkatu bateko kutxazaina, bestetik.

Langabezia.

11. Ekoizpen-prozesuen ezaugarriak alde batera utzita, zer langabezia-mota dago lotuta ekonomiaren gorabeherekin? Zergatik? Zure ustez, jasotzen duzun prestakuntzak hobetzen al ditu enplegu eta soldata hobeak lortzeko aukerak?

12. Azaldu zer logika duten neurri hauek, adierazten diren langabezia-motei aurre egiteko:

a) Urte osoan egin behar diren jardueretarako pizgarriak ematea, urte-sasoiko langabeziari aurre egiteko.

b) Kontratatziorako pizgarriak ematea krisi-garaietan, koiunturazko langabeziari aurre egiteko.

c) Kontratu mugagabeak sustatzea, langabezia frikzionalari aurre egiteko.

d) Prestakuntza balioaniztuna sustatzea, egiturazko langabeziari aurre egiteko.

13. Zer langabezia-motatan sailkatuko zenituzke pertsona hauek?

a) Marta; udazkenean, turroi-fabrika batean egiten du lan, eta ez du lan egiten gainerako hilabeteetan.

b) Galder; metaleko arotza da eta langabezian dago krisiagatik.

c) Miren; lana utzi du Administrazioa eta Finantzak goi-mailako zikloa egiteko.

d) Jon; langabezian dago, hizkuntzekin arazoak dituelako.

Enplegu-estatistikak.

14. Zer helburu dute enplegu-estatistikek?

15. Zertan dira desberdinak jarduera-tasa eta langabezia-tasa?

16. Zure ustez, zergatik da kezkagarria langabezia adoregabetua deritzona?

17. Lan-merkatuarekiko harremana kontuan hartuta, zenbait biztanleria-mota daudela ikusi dugu. Sailkapen horri jarraituz, adierazi zer taldetakoak diren:

a) Jon, Historian lizentziaduna; lan egin nahi du baina ez dabil lan bila.

b) Carla, Zuzenbidean lizentziaduna; notariotzarako oposizioak egiten ari da.

c) Ana, Mugarik Gabeko Medikuak GKEan lan egiten du.

d) Marko egoitza-txartela duen immigrantea da eta eraikuntzan egiten du lan.

e) Usua, ile-apainketako erdi-zikloko ikaslea; Lanbiden izena emanda du.

f) Alberto, futbolari profesionala. Bajan dago aldi baterako, menisko-haustura dela eta.

g) Xabier, Batxilergoko ikaslea. Oraindik ez du lan egiten.

18. Hona hemen urte jakin bateko bigarren hiruhilekoko BAIko datuak:

	2. hiruhilekoko BAI (milaka pertsona)		
	Guztira	Gizonak	Emakumeak
LEA*	38.835,4	18.884,1	19.951,3
Aktiboak	22.834,1	12.202,2	10.631,9
• *Landunak*	19.344	10.528,3	8.815,7
• *Langabeak*	3.490,1	1.673,9	1.816,2
Ez-aktiboak	16.001,3	6.681,9	9.319,4

* LEA: lan egiteko adinean dagoen biztanleria.

a) Kalkulatu eta interpretatu Espainiako biztanleria osoaren jarduera-tasa 2. hiruhilekoan.

b) Kalkulatu eta interpretatu gizonen langabezia-tasa 2. hiruhilekoan.

c) Kalkulatu eta interpretatu emakumeen okupazio-tasa 2. hiruhilekoan.

d) Kalkulatu portzentajezko zer aldaketa izan den biztanleria aktiboan 1. hiruhilekotik 2. hiruhilekora, jakinda 1. hiruhilekoko biztanleria aktiboa 21.455.000 pertsonak osatzen zutela.

19. Istaria eta Aresia elkarren ondoan dauden herrialdeak dira, mendikate beraren inguruan kokatuak. Hala ere, Aresia Istaria baino askoz aberatsagoa da, eta herrialde horretako biztanleak askoz hobeto bizi dira. Azaldu gertaera hori honako taula hau baliatuz:

	Istaria		Aresia	
	Gizonak	Emakumeak	Gizonak	Emakumeak
16 urtetik gorakoak (milakoak)	6.100	6.800	1.800	1.900
Landunak	3.200	1.100	950	1.000
Langabeak	600	300	200	250

Enplegu-politikak.

20. Erreparatu 6.10. taulari. Generoaren araberako lan-desberdintasunei dagokienez, zer alde ikusten duzu soldatetan? Eta grafiko honetan adierazitako langabezia-tasetan?

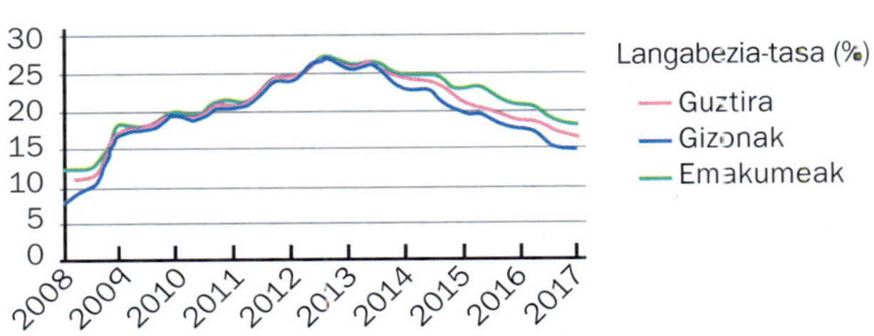

21. Sailkatu, politika-motaren, neurrien hartzaileen eta lortu nahi den helburuaren arabera, langabeziari aurre egiteko neurri hauek: errepideak eraikitzea; prestazio osoaren kobrantza aurreratzea, enpresa berriak sortzeko; eta lanaldi partzialeko lana sustatzea.

22. Esan esaldi hauek zuzenak ala okerrak diren. Arrazoitu erantzuna:

a) Soldatak eskaintza-eskarien legearen arabera aldatzen dira, aske.

b) Teknologia-aurrerapenen ondorioz, makinez ordeztu ezin daitezkeen langileen eskariak gora egiten du.

c) Langileen prestakuntza desegokia da langabezia ziklikoaren kausa.

d) Giza kapitala langileek lortutako ikasketa-mailen araberakoa da.

e) Soldata-maila langileen produktibitatearen araberakoa da.

Lan-merkatuaren bilakaera.

23. Zer esparru aipatzen dira enplegu-sorgunetzat?

24. 6.9. taulako datuak kontuan hartuta, erantzun galdera hauei:

a) Unitatean aipatutako enplegu-joeretatik zeinetan sortuko dira, zure ustez, lanpostu gehien datozen urteetan? Zergatik?

b) Adierazi joera horrekin lotuta izan nahiko zenukeen lanpostu bat, eta bilatu Interneten unibertsitateko edo Lanbide Heziketako zer prestakuntza eta titulazio behar diren lan horretan aritzeko.

c) Zer ikastaro edo zer lan-mota egin zenezake jada, lanbide horren nondik norakoak ikasteko?

25. Lotu ekonomia-gaietako prentsatik aterata ko izenburu hauetako bakoitza unitatean ikasitako kontzeptu batekin.

a) «LGSa eguneratu egin da, bizi-kostuaren igoera gehituta».

b) «Kualifikaziorik gabeko langileen eskariak beherantz egiten jarraitzen du».

c) «EBk ohartarazi du Espainian soldatak produktibitatea baino gehiago igotzen ari direla».

d) «Bizi-itxaropenak gora egiteak lan-aukera berrietarako bide ematen du».

e) «Afiliazioak gora egin du ostalaritzan, eta behera, berriz, eraikuntzan».

f) «Gobernuak kontratazioetarako pizgarriak ematen jarraitzen du, ziklo-aldaketa arintzeko».

g) «Gazteen langabeziak behera egin du, baina behinbehinekotasunak, gora».

- Idatzi argi dauzkazun eta zure ustez funtsezkoak diren unitateko bi ideia. Zerk lagundu dizu ideia horiek ulertzen?
- Egin argi geratu ez zaizkizun unitateko alderdiei buruzko bi galdera.
- Idatzi unitate honetan sakonago aztertu nahiko zenituzkeen bi alderdi.

Interpretatzen ikasten: Lan-estatistikak

Enplegu-tasak kalkulatzeko, biztanleria talde homogeneotan sailkatzen badugu, oinarrizko enplegu-estatistikak lor daitezke, baina askoz estatistika-mota gehiago daude. Estatistika interesgarrienak datu horiek langileen *enplegagarritasuna* hobetzeko faktore garrantzitsuekin *gurutzatzean* sortzen dira; esate baterako, prestakuntza, langileko kostua, nazionalitatea eta sexua.

1. Langabezia autonomia-erkidegoka. Espainiako batez besteko langabezia-tasa handiagoa eta txikiagoa duten lekuak erakusten ditu.

Langabezia-tasa, 2017 (%)

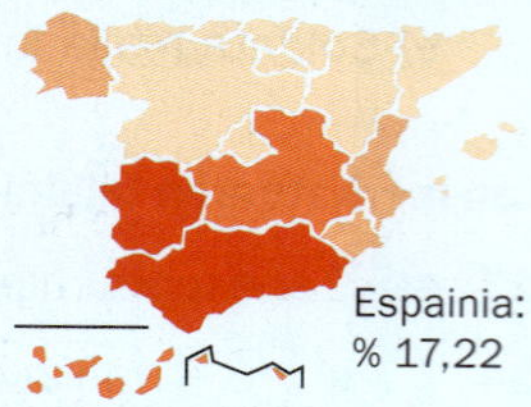

2. Langabezia prestakuntzaren arabera. Langabeziak lotura zuzena du ikasketa-mailarekin, eta eragin desberdina du generoaren arabera.

Langabeak, prestakuntzaren eta sexuaren arabera, 2017 (milakoak)

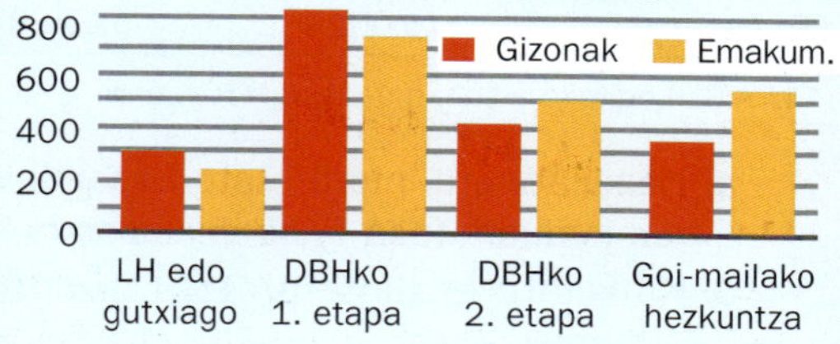

3. Kostu garbia langileko. Enpresak Gizarte Segurantzan ordaindutako kotizazioak kentzen dira, autonomia-erkidegoen arteko alderaketak egin ahal izateko.

Kostu garbia langileko, 2016, €-tan

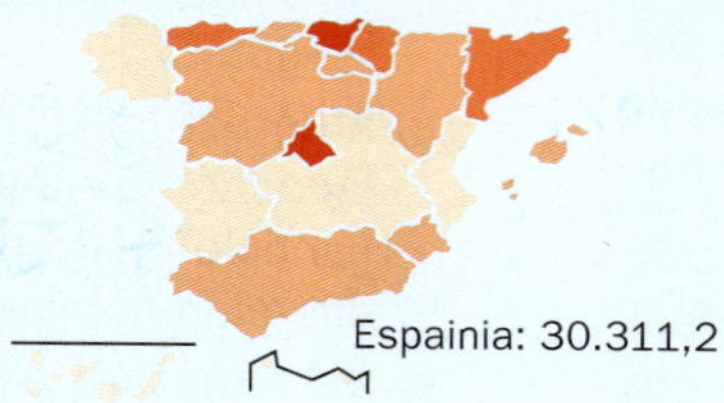

Urteko batez besteko irabazi handienak dituzten jarduerak. 2015	Euro/urte
Energia elektrikoaren, gasaren lurrunaren eta aire girotuaren hornikuntza	**51.920**
Finantza- eta aseguru-jarduerak	41.547
Informazioa eta komunikazioak	33.046

Urteko batez besteko irabazi txikienak dituzten jarduerak. 2015	Euro/urte
Beste zerbitzu batzuk	16.034
Administrazio-jarduerak eta zerbitzu laguntzaileak	15.949
Ostalaritza	**13.977**

4. Jarduerak/irabazia. Jarduera errentagarrienei buruzko orientabideak ematen saiatzen da, langileek beren prestakuntza edo enplegagarritasuna planifikatu ahal izateko.

5. Landunak eta soldatakoak. Garrantzitsua da, bi taldeen arteko aldea norberaren konturako langileek (autonomoek) markatzen baitute, batez ere.

Landunak eta soldatakoak, 2017

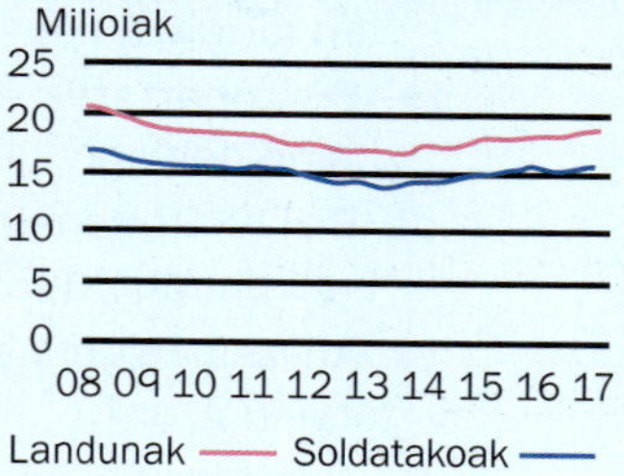

Urteko irabazi gordinaren banaketa, 2016

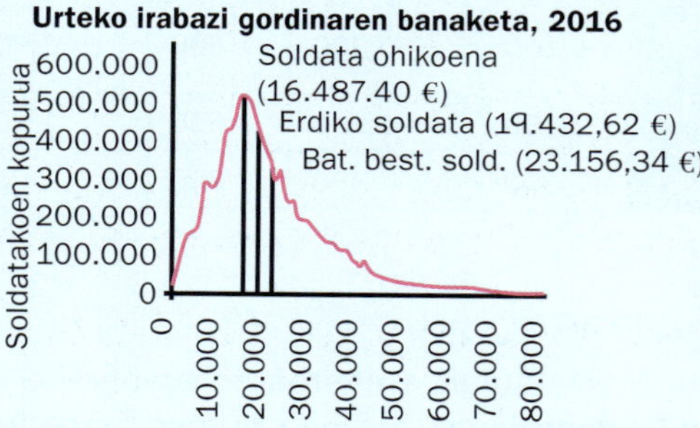

6. Soldata-egitura. Langileko urteko irabazi gordinari buruzko kalkuluak ematen ditu, lanaldi-motaren, generoaren, ekonomia-jardueraren eta okupazioaren arabera sailkatuta.

Galderak:

1. Nolakoa da zure autonomia-erkidegoko langabezia-tasa, Espainiako batez bestekoa baino handiagoa ala txikiagoa? Eta nolakoak dira soldatak?
2. Karlak ingeniaritza elektrikoa ikasi nahi du; Mariok, estatistika eta enpresako gradu bat; eta Robertok administrazio-laguntzaile izan nahi du. Tauletako informazioa kontuan hartuta, soldata ona lortzeko aukerarik ba al dute, zure ustez? Zergatik?
3. Soldataren banaketari dagokionez, zein izango litzateke hileko soldata gordina, soldata ohikoena izango balitz? Eta batez bestekoa izango balitz?
4. Zenbat autonomo edo norberaren konturako langile daude Espainian? Pentsatu al duzu inoiz zu zeu zure nagusia izateari buruz?
5. Utziko al zenuke zure hiria beste autonomia-erkidego batean diru gehiago irabazteko?

Dilema: Eta egunen batean zer egiterik ez balego?

Duela 200 urte baino gehiago, Ned Ludd ezizeneko gazte batek ehungintzako makina batzuei su eman zien, eskulana makinez ordeztearen aurka protestatzeko. Horrela hasi zen mugimendu ludita, makinismoaren aurkakoa. Denborak ez zien arrazoia eman matxinatuei, eta makinei eta teknologiari esker, gizakiak, gaur egun, gure arbasoak bi mende zuten bizimodua baino askoz bizimodu hobea dute, errenta baxuak dituztenek ere bai. Hala ere, badago iraultza robotiko berria zerbait desberdina dela usten duenik. Adimen artifizialak gai dira gidatzen ikasteko, gure zaletasunak igartzeko, hizkuntzak itzultzeko... Zer gertatuko litzateke makinek benetan guk egiten dugun guztia egingo balute? Denok langabezian geratuko ginateke? Gerta al liteke egunen batean makinak gure kontra matxinatzea ere, baldarrak eta alferrak garela eta gure kasa ezer egiteko gauza ez garela leporatuta? Edo, guztiz alderantziz, izango al dira beti makinek egin ezin dituzten lanbideak?

Mehatxu horren aurrean, erabaki behar duzue zeren alde zaudeten. Debekatu egin behar al dira robot aurreratuenak, gizaki guztiak lanik gabe geratzea eragozteko? Zein da zure iritzia?

Eztabaida:

Hautatu bi aukera horietako bat (alegia, robotak langileak erabat ordeztuko dituzten ala ez dituzten ordeztuko), eta egin horren alde bost ikasleko talde batean. Taldeak nagusitzen den aukera defendatu beharko du eztabaida batean, beste aukeraren alde egin duen talde baten aurka.

Zinema-proposamena: *Los lunes al sol*

Zuzendaria: Fernando León.

Aktoreak: Javier Bardem, Luis Tosar, José Ángel Egido, Nieve de Medina.

Sinopsia:

Industria-birmoldaketak eraginda, lagun langabe batzuk beren bizitzak berregiten ahalegintzen dira, bai lanbide-esparruan, bai esparru pertsonalean, beren idealei eusten saiatuta.

Hausnarketa-gakoak:

Hitzarmen kolektiboa, langabezia, birmoldaketa, lan-gatazkak, sindikatuak, lehiakortasuna.

Galderak:

1. Filma Espainian 1980ko hamarkadan izandako industria-birmoldaketetako batean girotuta dago. Zer langabezia-mota sortu zuten horrelako neurriek?
2. Protagonistak guztiz eszeptikoak dira laneko elkarrizketekiko. Zure ustez, zergatik da horrela? Enplegu-politikako zer neurri izango lirateke egokienak pertsona horiek berriz laneratu ahal izateko?
3. Enpresa bat bazenu, filmeko protagonistak kontratatuko al zenituzke?

Bineta

7. Estatuaren eginkizuna

Unitate honetan hau ikasiko duzu:

- Merkatuaren hutsegiteak
- Politika makroekonomikoa
- Ikuspegi makroekonomikoa

Merkatua tresna bikaina da baliabideak esleitzeko eta gizarte modernoen eskariak asetzeko, baina, aldi berean, nahi ez diren egoerak sortzen ditu. Merkatuaren hutsegiteak esaten zaie: gizarte-desorekak areagotzen ditu; enpresa handien alde egiten du; kutsadura sortzen du; gizarte-interes handiko ondasunak ekoitzi gabe uzten ditu, errentagarritasun txikikoak badira; eta ekonomia errusiar mendi bihurtzen du, bolada onen eta txarren mende.

Egoera horiek zuzentzen saiatzeko, eta interes publikoa lortu nahian, Estatuek ekonomian esku hartzen dute. Esku-hartze horietan hartzen dituzten neurriek, oro har, politika makroekonomikoa osatzen dute. Zer neurri hartu behar diren jakiteko, aldagai makroekonomikoak hartzen dira kontuan; hau da, ekoizpena, prezioak eta enplegu-tasak.

Zer dakizu Estatuak ekonomian betetzen duen eginkizunari buruz?

Zer ikasi nahi duzu?

Ba al duzu merkatuaren hutsegiteren baten berri?

Ba al dakizu zertaz arduratzen diren politika makroekonomikoak?

Ezagutzen al duzu aldagai makroekonomikorik?

07_Estatuaren eginkizuna

Aa

Ikasgelak, irakasleak eta itsasargiak

Hainbat aldiz egiaztatu ahal izan da erabiltzaile-kopuruak prestazioen kalitatea arriskuan jar dezakeela, eta zerbitzu publikoak ez dira salbuespena. Zer gertatuko litzateke zure hezkuntzaren kalitatearekin, ikasgelan hamar ikasle gehiago egongo balira? Eta hamar gutxiago baleude? Ziur asko, ikasle gutxiago egonez gero, arreta handiagoa eta, horrenbestez, hezkuntza hobea izango zenuke, eta, alderantziz, ikasle gehiago egongo balira, hezkuntza txarragoa izango zenuke. Hezkuntza ondasun publiko ez-garbia da, ondasuna kontsumitzeko dagoen lehiaren mende baitago.

Hala ere, ekonomialariok badakigu «ezer ez dela doan» eta hautapen guztiek bere aukera-kostua dutela. Ikasgela bakoitzean ikasle gutxiago balego, arreta hobea jasoko zenuke irakasleengandik, baina irakasle gehiago kontratatu beharko lirateke, eta, horrenbestez, diru gutxiago egongo litzateke ikasgela espezializatuetan, materialetan, irakasle-laguntzaileetan eta beste bitarteko batzuetan gastatzeko.

Ditugun baliabideetarako, zein izango litzateke ikasgela-tamaina optimoa? Hori da ekonomiaren funtsa eta eginkizuna: urriak diren baliabideak administratzea, optimizatzeko.

Ondasun publiko garbiekin, ordea, ez dago asetze-arazo hori. Ondasun publiko garbiak erabiltzaile-kopurua dena delakoa izanda ere erabat baliatu daitezkeen ondasunak dira; esaterako, itsasoan itsasontziak gidatzen dituen itsasargi baten argia, bista onak izatea, kutsatu gabeko airea izatea arnasteko, eta planetak teleskopio baten bidez ikustea. Hornitzen direnean, denok gozatzen dugu ondasun publiko garbiez.

Hausnartu

1. Espainiar Estatuak esku hartzen du, hezkuntza era unibertsalean eta doan ematen dela bermatzeko. Zer aldatuko litzateke, Estatuak hori egingo ez balu?
2. Errealitatean zenbat ordaintzen du familia batek, ikasleak ikasketak ikastetxe pribatu batean egiten baditu?
3. Ikuspegi ekonomikotik, zertan dira desberdinak itsasargi baten argia eta zure ekonomiako irakaslearen eskola bat?

> ***Gogoan izan***
>
> 2. unitatean, **merkatuaren hutsegiteak** aipatu ditugu, merkatu-ekonomiak ekonomia-sistema gisa dituen akatsak aztertzean.

1. Merkatuaren hutsegiteak

Esku ikusezina Adam Smithek merkatuaren funtzionamendu askea azaldu eta defendatzeko sortutako metafora egokia da oro har, baina xehetasunetara joz gero, baditu akatsak. Izan ere, merkatuak egoera txarrak ere eragiten ditu: gizarte-desberdintasunak, zenbait enpresaren posizio menderatzailea, kutsadura eta langile-klasearekiko gehiegikeriak. Ondorio kaltegarri horiek merkatuaren kontrolik gabeko funtzionamenduak eragiten ditu eta merkatuaren hutsegiteak deritze.

> **Merkatuaren hutsegitea** merkatuaren funtzionamenduaren ondorio kaltegarria da, eta merkatuak eskura dituen baliabideak efizientziaz esleitzen ez dituenean gertatzen da.

Eta **Estatuak** merkatuaren ondorio txarrak zuzentzeko esku hartu arren, arintzea baino ez du lortzen. Funtsean, hauek dira merkatuaren **hutsegite** nagusiak:

I. Ondasun ez-errentagarrien eskasia.
II. Ekoizpenaren kanpo-eraginak (negatiboak).
III. Errentaren banaketa desorekatua.
IV. Lehia ez-perfektua.
V. Ziklo ekonomikoen ezegonkortasuna.

Hutsegiteak eragozteko, Estatuak esku hartu, eta lau **funtzio** betetzen ditu: hornitzailea, araugilea, birbanatzailea eta egonkortzailea. Hurrengo ataletan, hutsegite horietako bakoitza zertan datzan ikusiko dugu, eta sektore publikoak nola esku-hartzen duen, zuzentzen ahalegintzeko.

	Lehiakidea kontsumoan	Ez-lehiakidea kontsumoan
Baztergarria	• Ondasun pribatuak • Elikagaiak • Arropa • Etxebizitza	• Monopolio naturalak • Patenteak • Kable bidezko telebista
Ez-baztergarria	• Baliabide komunak • Itsas zabaleko arrantza • Auzo-mendiak • Ondasun publiko ez-garbiak	• Itsasargia • Urtegia • Suhiltzaileak • Ondasun publiko garbiak

Ondasun bat **baztergarria** da, ondasun hori eskaintzen duenak kontsumitzaile parasitoak kanpo utz baditzake.

Ondasun bat **ez-baztergarria** da, ondasun hori eskaintzen duenak kontsumitzaile parasitoak kanpo utzi ezin baditu.

Kontsumoaren aldetik, ondasun bat **lehiakidea** da, pertsona batek baino gehiagok ezin badute kontsumitu aldi berean.

Kontsumoaren aldetik, ondasun bat **ez-lehiakidea** da, pertsona batek baino gehiagok kontsumitu badezakete aldi berean.

7.1. taula. Kontsumitzeko lehiaren eta kontsumitzaile parasito edo bizkarroiak kanpo uztearen arteko erlazioa.

1. jarduera ebatzia. Ogiaren merkatuaren hutsegiteak

Adam Smith ekonomialariak XVIII. mendean esan bezala, okinak bere onura lortzeko duen interesak sustatzen du ogiaren negozioa, eta edozein erakunde publikok baino hobeto egiten du, gainera. Merkatu-sistemetan, onena sektore publikoak gutxieneko batzuk ezartzeko soilik esku hartzea izango litzateke. Esate baterako, lizentziak eta irekiera-ordutegiak, osasun-arauak eta gutxieneko soldatak ezartzeko. Baina hori ez da nahikoa: sektore publikoak ogiaren merkatua zuzenean kontrolatzen ez duenez, gerta liteke okinek gehiegikeriak egitea beren onura lortu nahian, eta **ados jartzea** gehiegizko prezioak kobratzeko, edo **ingurumenari** kalte egiten dioten ekoizpen-prozesuak erabiltzea, kostuak aurrezteko. Bestalde, merkatua boladen –oparotasun-aldiak, batzuetan, eta eskasia-aldiak, beste batzuetan– menpe dagoenez, gerta liteke, **ekonomia-krisialdi** batek eraginda, okindegiek langileak kaleratu behar izatea, edo negozioa itxi behar izatea, horrek dakartzan arazo guztiekin. Azkenik, gerta liteke pertsona guztiek ez izatea ogia, ez izatea oinarrizko elikagai hori erosteko **behar adina diru**, edo herri txikietan ogia eskuratzerik ez izatea, ogia dendetara helarazteko **errepiderik** ez egoteagatik.

Testuan, gerta litezkeen arazo batzuk aipatu dira. Merkatuaren zer hutsegite dagokio arazo horietako bakoitzari?

Soluzioa:

Merkatuaren hutsegitea	Arazoa
I. Ondasun ez-errentagarrien eskasia.	*Hirietara heltzeko errepiderik ez egotea*
II. Ekoizpenaren kanpo-eragin negatiboak.	*Ingurumenari kalte egiten dion ekoizpena*
III. Errentaren banaketa desorekatua.	*Zenbait herritar ogia eskuratu ezinik geratzea*
IV. Lehia ez-perfektua.	*Gehiegizko prezioak ogiaren prezioan*
V. Ziklo ekonomikoen ezegonkortasuna.	*Ekonomia-krisialdia, okindegiak ixtean*

1.1. Ondasun ez-errentagarrien eskasia

Merkatuak, berez, gizarteak eskatzen dituen ondasun eta zerbitzu guztiak hornitu beharko lituzke, baina ez da horrela izaten beti. Egoera jakin batzuetan, merkatua ez da gai zenbait eskaerari erantzuteko, **gizarte-eskaerei** erantzuteko, adibidez

Esate baterako, merkatuak errepide errentagarriak soilik eskainiko lituzke, ibilgailu askok eta askok erabiliko lituzketenak, inbertsioa berreskuratu eta mozkinak lortu ahal izateko. Baina gizarteak eskualdeko errepideak ere eskatzen ditu. Inbertitzaile partikularrak horrelako inbertsioak ordaintzeko prest egoten ez direnez, Estatuak hartzen du bere gain eskualdeko errepideak hornitzea, zati batean bada ere.

Inbertitzaile partikular batentzat errentagarriak ez baina herrialdearentzat beharrezkoak diren ondasunei **ondasun ez-errentagarriak** esaten zaie.

Ia ezinezkoa da ondasun horiek ordaindu ez dituztenek erabil ditzaten eragoztea; beraz, ondasunetan inbertitutakoa berreskuratzea ezinezkoa denez, sektore pribatuak ez du ondasun horietan inbertitzen. Hori dela eta, ondasun ez-errentagarriak **urriak** dira beti, haien eskariarekiko **eskasia** dago.

HUTSEGITEA	I. ONDASUN EZ-ERRENTAGARRIEN ESKASIA	ESTATUAREN FUNTZIOA	HORNITZE-FUNTZIOA
SEKTORE PUBLIKOAREN ESKU-HARTZEA		Ondasun publikoak hornitzea	

Ekimen pribatuak gizarteak eskatzen dituenak baino ondasun eta zerbitzu gutxiago eskaintzen baditu, Estatuak ematen ditu, azkenean, ondasun eta zerbitzu horiek, interes publikokoak direlako. Ondasun horiez gain, Estatuak beste ondasun eta zerbitzu batzuk ere ematen ditu: herrialde baten funtzionamendu onerako estrategikoak direnez, administrazio publikoak berak kudeatu beharrekoak diren ondasunak eta zerbitzuak.
Azken finean, ondasun eta zerbitzu publikoen hornidura honako hauen bidez gauzatzen da:

- **Ekoizpen propioa** (justizia, polizia, armada, hezkuntza...).
- Enpresa pribatuei **erosita**, biztanleen artean doan banatzeko (argiteria, errepideak, zubiak...)..
- **Diru-laguntza** partzialak edo osoak (osasungintza, sendagaiak, etxebizitza sozialak...).

1. behatokia. Kontsumitzaile parasitoak

Pertsona batzuk ez daude prest onuragarriak zaizkien ondasun edo zerbitzu kolektibo batzuen truke ordaintzeko: **kontsumitzaile parasitoak** dira. Hau da kontsumitzaile parasitoaren ezaugarri bereizgarria: ez du ondasun bat kontsumitzeagatik ordaintzen, zerbitzu hori erabiltzetik kanpo ezin delako utzi, eta nahiago izaten du besteek ordaindutakoaz baliatu. Beraz, gainerakoak parasitatuta suertatzen dira. Kontsumitzaile parasito edo *bizkarroi* horiek merkatua desitxuratu egiten dute, Estatuak beren onurarako jardutea lortzen baitute, ondasun kolektiboak kontsumitzen dituztelako, ekoizpenean parte hartu gabe.

Demagun jabekide batzuen gehiengoa ados dagoela pista asfaltatu bat finantzatzeko ekarpena egiteko. Gehienak prest daude behar den dirua jartzeko, baina bik ez dute nahi, interesa izanda ere, jakin badakitelako pista eginez gero ezin izango zaiela ukatu pista hori erabiltzea. Azkenean, auzokideek eskatuta, foru-aldundiak esku hartzen du, behar diren lursailak desjabetzen ditu, eta pista egiteko obrak bere gain hartzen ditu.

Hausnartu:

a) Hasieran, merkatuaren zer hutsegite planteatzen da pistaren kasuan?

b) Nola esku hartzen du Estatuak merkatuaren akatsa konpontzeko?

c) Foru-aldundiak egiten badu errepidea, nork galtzen du azkenean?

7.1. irudia. Bizitzako arlo guztietan daude **kontsumitzaile parasitoak** edo *bizkarroiak* (*free riders*, ingelesez): parte-hartzerik izan ez duten lanetan sinatzen duten ikasleak, beste batzuek gonbidatuko dituztela jakinda gehiago jaten duten jankideak, itsasontzietako polizoiak, etab.

Jarduerak

1. Zer-nolako lotura du eskura dauden baliabideen esleipenak merkatuaren hutsegiteekin?
2. Zer arrazoi direla-eta hornitzen ditu Estatuak ondasun publikoak?
3. Sailkatu elementu hauek, 7.1. taulan adierazitako lau irizpideen arabera (lehiakidea/ez-lehiakidea, baztergarria/ez-baztergarria): ilunabar bat, osasungintza publikoa eta Microsoften Windows sistema eragilea.

1.2. Ekoizpenaren kanpo-eraginak

Gogoan izan

14. unitatean, ingurumena eta garapen jasangarria (edo iraunkorra ere esaten zaiona) sakonago aztertuko ditugu.

Enpresen ekonomia-jarduerek jarduera egiten dutenez bestelakoei eragiten dizkieten ondorioak sortzen dituzte, baina, ondorio horiek neurtzea zaila denez, ez dira enpresek ekoitzitako produktuen eta emandako zerbitzuen prezioetan islatzen. Ondorio horiei kanpo-eraginak esaten zaie.

Kanpo-eraginak ekonomia-jardueraren eraginez sortutako ondorioak dira, jarduera egiten dutenez bestelakoei eragiten dietenak, eta ez dira islatzen ekoitzitako ondasunen eta zerbitzuen prezioan.

A. Kanpo-kostua

3. unitatean ikusi genuen enpresa batek produktu bat ekoizten duenean ekoizpen-baliabideak erabiltzeari lotutako kostuak sortzen dituela (soldatak, alokairuak eta interesak besteak beste), eta kostu horiek produktuak salduz berreskuratzen ahalegintzen dela, irabazi-marjinaren bidez.

Barne-kostuak enpresak bere ekonomia-jarduera egitean dituen kostuak dira. Baina, maiz, ekoizpen-jarduerak baditu enpresak berak ordaintzen ez dituen ondorio kaltegarriak ere; esate baterako, enpresa batek egurra erabiltzen badu, egurra lortzeko moztutako baso bat leheneratzeak dakartzan kostuak.

Horrelako ondorioei kanpo-kostuak edo kanpo-eragin kaltegarriak esaten zaie, enpresaren jardueraren ondorioz enpresaz bestelako pertsonek jasan beharreko kanpo-eraginak, horren truke ezer lortu gabe. **Esate baterako,** lantegi baten tximiniatik jaurtitako keak inguruan bizi direnen bizi-kalitatea kaltetzen du; industria batek ibaira isurtzen dituen hondakinek, nahiz eta ibaia urrun egon, herritarrei eragiten die zeharka, aisialdirako izan litekeen leku bat galtzen delako eta ura araztu behar delako; baliabide ez-berriztagarriak agortzeak kalte egingo die hurrengo belaunaldiei; eta abar.

Kanpo-kostua (edo kanpo-eragin kaltegarria) esaten zaio ekonomia-jarduera batek hura egiten duen pertsonari ez besteei eragiten dien kostuari.

Enpresek ez dituzte aintzat hartzen ondorio horiek guztiak, eta ez dira saltzen dituzten produktuen prezioan islatzen. Horrenbestez, merkatuak ez die egoki adierazten kontsumitzaileei zein diren benetan ondasun horren kostuak, barne-kostuak soilik hartzen baitira kontuan, eta ez kanpo-kostuak.

Hausnartu

Ingurumen-politikako neurri guztiek kutsadura gaitz-erditzat jotzen dute; izan ere, ez dute kutsadura erabat desagerrarazten, eta jada egindako kalteagatiko ordain ekonomikoa lortzen saiatzen dira, ez besterik. Neurri horien eraginkortasuna zalantzan jartzen da etengabe, ez dutelako arazoa konpontzen, eta, gainera, haiek aplikatzea garestia delako. Baina gizarteak jakitun izan behar du guztiguztiona dela ingurumena ez hondatzearen erantzukizuna. Jada nabaritzen ditugu ingurumenean sortutako kalteen ondorioak; esate baterako, klima-aldaketa, euri azidoa, eta airearen eta uraren poluzioa. Beraz, pentsa ezazue zer-nolako planeta jasoko duten gure oinordekoek ez badugu arazoaren errora jotzen, aldi berean konponbideak eman beharrean, gaur egun egiten dugun moduan.

2. behatokia. Enpresak eta kutsadura

Kontsultatu grafiko hau. Enpresek kutsaduraren arazoari aurre egitean hartu behar dituzten erabakiak azaltzen dira:

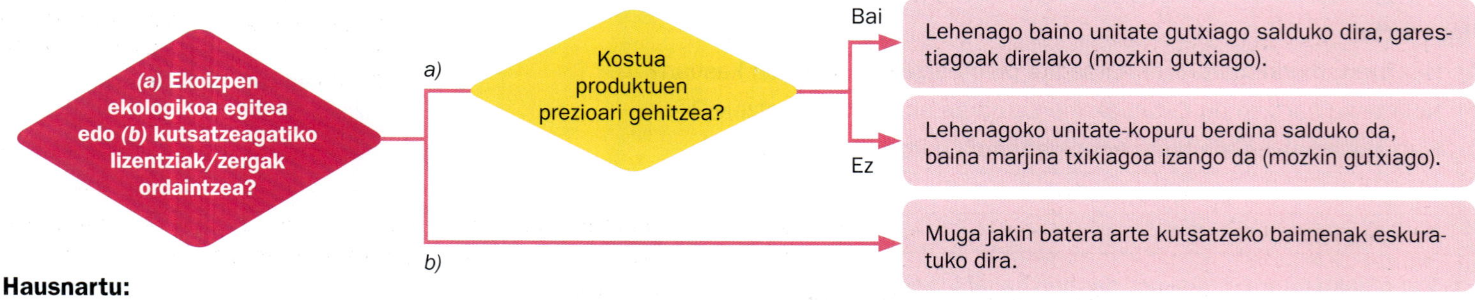

Hausnartu:

a) Azaldu grafikoa aukera-kostuari dagokionez.

b) Enpresa batek kutsatzen duela jakingo bazenu, haren produktuak erosten jarraituko al zenuke? Sustatuko eta sinatuko al zenuke protesta-kanpaina bat sare sozialetan?

B. Kanpo-onurak

Bestalde, kanpo-onurak edo kanpo-eragin onuragarriak ere izan daitezke; alegia, ekonomia-jarduerak gauzatzen direnean, beste enpresa batzuei edo jendeari ondorio onuragarriak eragitea.

Kanpo-onura (edo kanpo-eragin onuragarria) ekonomia-jarduera bat egiten duten pertsonek ez besteek jardueraren ondorioz jasotzen dituzten onurak dira.

Kanpo-eragin onuragarrien kasu adierazgarriena **teknologia eta berrikuntzak** orokortu eta **merkeago bihurtzea** da. Nahiz eta, hasieran, teknologia-aurrerapen eta zientzia-asmakizun batzuk enpresa bakar batek aurkitu eta merkaturatu, gerora beste enpresa batzuek teknologia eta berrikuntza horiek kostu txikiagoan ekoiztea lortuko dute, eta gizarte osoarentzat izango da onuragarria hori.

Esate baterako, azido azetilsalizilikoa, hizkuntza arruntean aspirina esaten dioguna, Bayer enpresa farmazeutiko alemanak aurkitu zuen duela ehun urte baino gehiago. Garai hartan, produktu garestia zen, baina, gaur egun, hainbat eta hainbat enpresak merkaturatzen dute konposatu hori, eta gizarte osoak baliatzen du asmakizun hori, oso prezio merkean baliatu ere.

7.2. irudia. Espainian, itsasoko parke eolikoak oso garestiak dira, itsasertz-plataformak, oro har, 20 km baino ez dituelako. Energia eolikoa eta eguzki-energia errentagarriak dira jada, baina bide handia dago egiteko. Instalazioak oso espezializatuak dira, eta haien mantentze-lana, oso garestia.

HUTSEGITEA	II. EKOIZPENAREN KANPO-ERAGIN KALTEGARRIAK	ESTATUAREN FUNTZIOA	ARAUTZE-FUNTZIOA

SEKTORE PUBLIKOAREN ESKU-HARTZEA	Garapen jasangarria lortzen saiatzea (ingurumen-politika)

Kutsaduraren aurka egiteko, administrazio publikoaren jardukete× kutsadura debekatzea edo murriztea dute ardatz. Hauek dira neurri nagusiak:

- **Kutsatzen duten jarduerak debekatzea.** Neurriak berak adierazten duenez, isurketa kutsagarriekiko zero tolerantzia izatea da.
- **Gehienezko atalaseak.** Muga batzuk ezartzen dira, enpresa batek sor dezakeen gehieneko maila bat, eta enpresaren batek hortik gora kutsatzen baldin badu, zigorra jasoko du. Gobernuek kutsadurari aurre egiteko gehien erabiltzen duten metodoa da. Metodo horren eragozpena da kostu handia dakarrela atalase horiek zehazteak eta enpresak kontrolatzeak.
- **Unitate-zergak.** Zenbat kutsatu, hala ordaintzen da: zenbat eta gehiago kutsatu, orduan eta zerga handiagoak ordaintzen dira. Esate baterako, airera igortzen den sufre dioxido kilo bakoitzeko, 0,50 € ordaindu behar dira. Zerga horiek oso erakargarriak dira, bidezkoak direlako (gehien kutsatzen dutenek ordaintzen dute gehien); baina, errealitatean, ez dira oso bideragarriak, garestia delako horrelako zergak ezartzea, langile espezializatuak eta independenteak behar dira-eta enpresa guztietan, igortzen duten kutsadura neurtzeko.
- **Kutsadura-baimenak.** Kutsatu ahal izateko, baimen bat lortu behar da. Baimen horretan azalduko da zein den substantzia kutsatzaile bakoitzaren igorpen-muga, baimenaren indarraldia, lekua eta abar.

Espainian, **ingurumen-politikak** bere baitan hartzen ditu autonomia-erkidegoek ingurumena zaintzeko eta garapen jasangarria lortzeko martxan jartzen dituzten ekintzak.

Hau da **garapen jasangarria:** «pertsonen egungo premiak asetzen dituen hazkundea, etorkizuneko belaunaldiek beren premiak asetzeko ahalmena arriskuan jarri gabe».

Hausnartu

Ba al dugu benetan kontzientzia ekologikorik?

Denok dakigu ingurumenari kalterik egiten ez dieten ekoizpen-prozesuak ezartzeak produktuen kostua handitzea dakarrela, eta, beraz, baita salmenta-prezioa handitzea ere. Prest al gaude ekologia zaintzen duten enpresen produktuak erosteko, nahiz eta garestiagoak izan?

Jarduerak

4. Zure hitzak erabiliz, eman kanpo-eragina kontzeptuaren definizioa.

5. Identifikatu kasu hauetako bakoitzarekin lotutako kanpo-eragin onuragarriak: zure auzoan institutu bikain bat dago, insomnioa duen auzokide bat duzu eta talentu handia duen kaleko musikari bat dago.

6. Kutsaduraren aurka egiteari buruzko atalean proposatutako neurrietatik, hautatu zure ustez eragozpen gutxien sortzen duen neurria.

7. Hautatu ekologia-hondamen batekin lotutako prentsa-izenburu bat, eta azaldu zure ikaskideei zer neurri har zitezkeen horrelakoak prebenitzeko.

1.3. Errentaren banaketa desorekatua

Gogoan izan

Ekitate-printzipioarekin bat etorriz, Estatuak zuzentze-jarduerak betetzeko egin behar dituen gastuak herritar guztiek finantzatu behar dituzte, bakoitzak bere ekonomia-ahalmenaren arabera.

Merkatu-ekonomiaren abantaila nagusietako bat da familiek eta enpresek beren lehentasunaren eta ahalmenaren arabera hautatu ahal izatea, baina merkatuak abantaila horixe du ahulgune nagusia ere. Kanpoko esku-hartzerik gabe, merkatuak gizartean jada badagoen **desberdintasuna erreproduzituko** luke, eta egoera ahulenean dauden gizarte-taldeen pobrezia areagotu egingo luke.

Bestalde, aberatsen eta pobreen arteko desberdintasuna gizarte-arazo larrien iturria da. Horregatik, Estatua errentaren banaketa pertsonalean edo geografikoan dauden desberdintasunak murrizten saiatzen da, gehien dutenetik gutxien dutenera transferituta, **ekitate-printzipioarekin** bat etorriz.

HUTSEGITEA	III. ERRENTAREN BANAKETA DESOREKATUA	ESTATUAREN FUNTZIOA	BIRBANATZE-FUNTZIOA
SEKTORE PUBLIKOAREN ESKU-HARTZEA		Desoreka sozioekonomikoak zuzentzea	

Errentaren banaketa pertsonalean edo geografikoan dauden aldeak murrizte aldera, legeak eta neurriak ematen dira, errenta hori birbanatzeko. Esku-hartze hori **zerga-politikaren** bidez aplikatzen da, batez ere, eta **estatuko aurrekontu orokorretan (EAO)** jasotzen da. Dirua **(sarrera publikoak)** pertsona eta erakunde zerga-ordaintzaileek ordaindutako zergen bidez biltzen da. Baina guztiok ez dugu berdin ordaintzen: errentaren banaketa hobea helburu duen sistema demokratikoan, **zerga** gehienak **gehikorrak** dira; hots, zenbat eta diru gehiago izan edo irabazi, orduan eta zerga gehiago ordaintzen da. Funtsak bildutakoan, Estatuak erabakitzen du zertarako erabiliko dituen **(gastu publikoak)**, zenbait lehentasun kontuan hartuta; hau da, birbanatu egiten ditu merkatuaren funtzionamendu askeak aurretik herritarren artean esleitutako funtsak.

Errentaren birbanaketa esaten zaio Estatuak, ekitate-printzipioa betez, merkatuak aurretik ekonomia-ahalmen handiko herritarrei esleitutako funtsak birbanatzeko egiten duen prozesuari.

Hortaz, Estatuak, esaterako, seme-alabentzako ikasketa-bekak ematen dizkienean urtean guztira 15.000 €-tik beherako diru-sarrerak dituzten familiei, herrialdeko errenta birbanatzen ari da. Sektore publikoak baditu errenta hobeto banatzeko beste zenbait neurri ere: gutxieneko soldataren legea, enpresak sortzeko diru-laguntzak eta gizarte-politika, esate baterako.

2. jarduera ebatzia. EAOko gastu errealak eta transferentziak

Estatuko aurrekontu orokorretan, bi gastu-mota daude (9. unitatean aztertuko ditugu):

- **Zuzeneko gastuak edo gastu errealak**. Gastu horien bidez, estatuak inbertsioak egiten ditu eta estatuaren funtzionamenduaren berezko gastuak ordaintzen ditu.
- **Zeharkako gastuak edo transferentziak.** Egoera ahulenean daudenen artean birbanatzen da aurretik ekonomia-ahalmen handiagoa duten zerga-ordaintzaileei atxikitako errenta.

Identifikatu zer motatakoa den Estatuak estatuko aurrekontu orokorretan egiten duen gastu hauetako bakoitza, bai eta nor den azken onuraduna ere:

Funtzionarioen soldatak, enplegua sortzeagatiko diru-laguntzak, erretiro-pentsioak, errepideak egitea, enpresa sortzeagatiko diru-laguntzak, langabezia-prestazioak.

Soluzioa:

Gastua	Gastu-mota	Onuraduna
Funtzionarioen soldatak	*Erreala*	*Herrialdea oro har*
Enplegua sortzeagatiko diru-laguntzak	*Transferentzia*	*Enpresak*
Erretiro-pentsioak	*Transferentzia*	*Familiak*
Errepideak egitea	*Erreala*	*Herrialdea oro har*
Enpresa sortzeagatiko diru-laguntzak	*Transferentzia*	*Enpresak*
Langabezia-prestazioak	*Transferentzia*	*Familiak*

Hausnartu

Sarritan, aipatzen da kontsumitzaileak **subiranotasuna** gauzatzen duela bere erosketaren botoaren bidez. Denok gara kontsumitzaile, baina denok ez dugu botoa ematen. Nork du subiranotasuna, auzia Ferrari autoak erostea edo espazioan turismoa egitea bada? Subiranoak gara zerbait nahi izateari dagokionean, baina ez horrenbeste zerbait erosteko orduan.

1.4. Lehia ez-perfektua

Ingurune lehiakorrak enpresak, etengabe, produktuen eta zerbitzuen kalitatea hobetzera eta prezioak egokitzera bultzatzen ditu. Baina, aurreko unitateetan ikasi dugunez, lehiarik ez izateak edo lehia ez-perfektuko egoerak izateak enpresek **gehiegikeriaz jokatzea** eragin dezakete, dela prezioak ezartzerakoan, dela merkatuan jartzen duten produktu-kopuruan, eta, horrenbestez, kontsumitzaileen premiak asetzea bigarren mailako zerbait bihurtzen da horrelakoetan.

HUTSEGITEA	IV. LEHIA EZ-PERFEKTUA	ESTATUAREN FUNTZIOA	ARAUTZE-FUNTZIOA
SEKTORE PUBLIKOAREN ESKU-HARTZEA		Lehia askearen defentsa	

«Merkatuak lehiaz aritzeak gizarte osoari abantailak badakarzkio ere, batzuetan, zenbait ekonomia-eragileren interes partikularrak ez datoz bat lehia askearen oinarri diren printzipioekin; izan ere, lehia mugatzen duten jarduerak egiteak dakarzkien etekinak handiagoak izan daitezke eskaintzaren eta eskariaren legearen funtzionamendu asketik lor ditzaketen etekinak baino». Hitz horiek erabiltzen citu Lehiaren Batzorde Nazionalak (*Comisión Nacional de la Competencia*) **lehiaren defentsak** erakunde publikoen lehentasuneko jarduna izan behar duela defendatzeko. Hona hemen erakunde horren eginkizunak:

- Lehiaren defentsaren alorreko prozedura guztiak **abiarazi** eta ebaztea. Prozedura bere ekimenez edo hirugarren baten salaketaz abiaraz dezake.
- Merkatuen lehiari buruzko **arbitrajea**, kontsultak eta lehia sustatzeko jarduerak egitea.
- Erakundearen ekintzetan gardentasuna **sustatzea** eta gizartearekiko erantzukizunez jardutea.
- Merkatuetako lehia-egoerari buruzko txostenak **egitea**, bai eta diru-laguntza publikoak emateak dituen eraginak aztertu eta ebaluatzekoak ere.

Guztiz debekatuta dago akordioak eta hitzarmenak egitea prezioak edo beste merkataritza-baldintza batzuk ezartzeko, ekoizpena mugatzeko edo merkatua elkarren artean banatzeko.

Lehia askearen defentsak administrazio publikoek merkatuen funtzionamendu orokorra bermatzeko egiten dituzten ekintzak hartzen ditu bere baitan, eta merkatuen onurak gizarte osora heltzea du xede.

3. behatokia. Informazio asimetrikoa

Truke-harreman batean, aldeetako batek besteak baino informazio gutxiago badu, informazio gutxien duenaren kaltetan izaten da, informazio osoa izanez gero hartuko ez lituzkeen erabakiak hartzen baititu.

Adibide klasikoetako bat ibilgailuen tailer mekanikoena da. Matxura bat dugunean, autoa tailer batera eramaten dugu, baina, normalean, ez dugu matxuraren larritasuna eta konponketaren kalitatea baloratzeko behar adinako ezagutza. Tailerrek ezjakinak garela badakitenez, gerta liteke autoak benetan dituenak baino matxura konplexuagoak eta garestiagoak dituela esatea guri, edo behar adina jakinda beharrezkotzat joko ez genituzkeen konponketak egitera bultza gaitzakete. Bezero askok, tailerrek ezagutza eta informazio horietan abantaila dutela jabetuta, nahiago izaten dute kasuan kasuko automobilaren kontzesionario ofizialera joan: oro har, garestiagoak izaten dira, baina bezeroek fidagarriagoak direla pentsatu ohi dute.

Informazioaren antzeko asimetriak gertatzen dira beste merkatu askotan, hala nola, osasun-arretan, burtsaren merkatuan, etxeko konponketetan eta abar luze batean.

Hausnartu:

a) Zergatik da informazio asimetrikoa merkatuaren hutsegite bat?

b) Zer-nolako eginkizuna dute Estatuak emandako titulu akademikoek informazioa asimetrikoko arazoak gainditzeko? Eman adibide zehatz bat.

d) Nola laguntzen du Internetek informazioaren asimetriak sortzen duen merkatuaren hutsegitea saihesten? Eman hiru adibide.

Gogoan izan

Lehia askearen abantailak:

- Teknologiaren berrikuntzak eta aurrerapenak sustatzen ditu, ekoizteko bitarteko efizienteagoak lortu nahi baitira.
- Publikoari ondasun eta zerbitzu gehiago jartzen die eskura, prezioak murriztu egiten baitira.
- Langileen soldata errealek gora egiten dute, ondasunen eta zerbitzuen prezioek behera egitean. Soldatak igo ez arren, langileek erosteko ahalmen handiagoa dute.
- Errazagoa da beste enpresa batzuk sartzea merkatuan, eta, beraz, enplegua sortzen da.

1.5. Ziklo ekonomikoen ezegonkortasuna

Ekonomiak zikloak ditu. Jarduera batek portaera ziklikoa izatea ez da, berez, arazo, hurrengo fasea aurrekoa baino hobea bada. Baina ohikoena da ziklo on baten atzetik ziklo txar bat etortzea, eta hori gertatzen da, hain zuzen, merkatu-ekonomiekin.

Ziklo ekonomikoak ekonomia-jardueran izaten diren gorabeherak dira, txandaka atzeraldiak eta hedaldiak dakartzatenak.

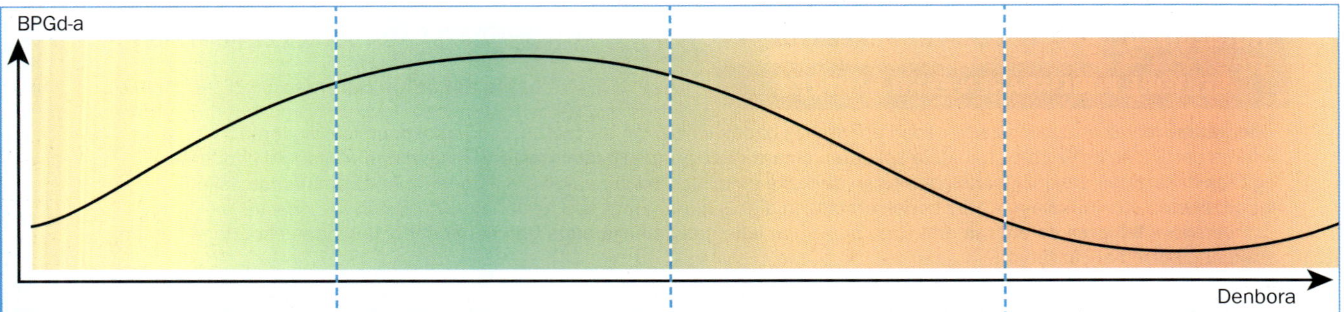

Ziklo ekonomikoaren faseak	Hedaldia	Goieneko aldia	Atzeraldia	Depresioa edo hondoa
Ekoizpena (BPGd-a)	↑	↑↑	↓	↓↓
Enplegua	Okupazio-tasen hazkundea.	Langabezia-tasa baxuak, ia enplegu betea.	Langabezia-tasen hazkundea.	Oso langabezia-tasa altuak.
Enpresak eta familiak	Ekoizpen-ekipamenduetarako inbertsioek gora egiten dute. Errentaren hazkundeak kontsumoa suspertzea sustatzen du.	Kontsumoak inbertsio gehiago eta kontsumo handiagoa sustatzen ditu. Ekoizpen-ahalmenaren erabilera gertu dago maila gorenetik.	Salmentek eta kontsumoak behera egiten dute, eta lehenbiziko enpresak ixten dituzte.	Ekipamenduak gutxiegi erabiltzen dira, kontsumoa eta salmentak baxuak dira, eta enpresa ugari ixten dira.

! Garrantzitsua

Ez esku hartzearen aldekoak direnei (Adam Smithen oinordekoak) **neoliberalak** esaten zaie; eta esku hartzearen aldekoak direnei, berriz, **neokeynesiarrak** (Estatuak merkatuaren mekanismo naturala zuzentzeko esku hartu behar zuela esan zuen lehen ekonomialariaren omenez, John Maynard Keynes britainiarraren omenez, alegia).

Zikloen egonkortasunik eza edo **ezegonkortasun ziklikoa** da merkatuaren hutsegiterik larriena, zuzenean eragiten baitie herrialde bateko lanpostuen kopuruari eta ezaugarriei. Atzeraldietan ekonomia-jardueran izan ohi den jaitsierak soldatan eragiten du, eta hori da familia gehienen diru-sarreren iturri nagusia, eta, askotan, bakarra. *Behi argalak* datozenean, gabezia-urteak datozenean, eta enpresek salmentak direla-eta kostuak murriztu behar dituztenean, lana edo eskulana da murrizten den lehen ekoizpen-baliabidea.

Atzeraldia datorrenean, **sektore publikoak** bi jarrera hauetako bat izan dezake:

1. **Ez esku hartzea**, espero izanda merkatua bere kasa aterako dela krisitik eta ekonomia-jarduera handitu egingo dela.
2. **Esku hartzea**, ondasunak eta zerbitzuak kontsumituz edo ekoitziz. Esku-hartze mota horren bidez, Estatuak artifizialki handiarazten ditu ekonomia-jardueraren mailak, ondasunen eta zerbitzuen eskari pribatuaren gabezia orekatzeko, eta jardun horrekin enpresaburuak eta kontsumitzaileak sustatzen ditu.

HUTSEGITEA	V. ZIKLO EKONOMIKOEN EZEGONKORTASUNA	ESTATUAREN FUNTZIOA	EGONKORTZE-FUNTZIOA
SEKTORE PUBLIKOAREN ESKU-HARTZEA		Ziklo ekonomikoen arteko trantsizioak arintzea	

Merkatu-ekonomiako sistemaren lehen krisi handitik, 1929ko Depresio Handia krisi ospetsutik, sektore publikoaren erantzukizuna dela jotzen da –eta, horrenbestez, gobernuena–, **hazkunde jarraitua** izateko neurriak hartzea, ziklo ekonomikoen gorabeherak arintzeko edo ahalik gehien murrizteko, besteak beste. Gobernuaren eginkizun horrek eta aurrerago ikusiko ditugun beste batzuek osatzen dute **politika makroekonomikoa** deritzona.

Ekonomia egonkortzeko funtzioak Estatuak ziklo ekonomikoen arteko trantsizioak arintzeko egiten dituen jarduketen multzoa hartzen du bere baitan.

4. *behatokia.* Ziklo ekonomikoaren aldiak

Grafiko honetan, Espainiako barne-produktu gordinak 2006-2017 aldian izan duen bilakaera adierazten da. Hori kontuan hartuta...

Hausnartu:

a) Zergatik aldatzen da grafikoaren portaera urte batetik bestera?

b) Merkatuaren zer hutsegite adierazten du lehenbiziko grafikoak?

c) Ziklo ekonomikoaren zer aldi hasi zen Espainian 2008an?

d) Identifikatu ziklo ekonomikoaren aldiak.

e) Zure ustez, zer motatako gizarte-gastuak handitzen dira gehien krisi-garaietan?

f) Espainiako estatuak ekonomian egindako esku-hartzeari dagokionez, nolakoa da, zure ustez, neoliberala ala neokeynesiarra?

g) Berreskuratu al ditu Espainiak krisiaren aurreko ekoizpen-mailak? Zer arazo du Espainiak gaur egun?

h) Ekonomia-teoriaren arabera, zikloko zer alditan dago Espainia gaur egun?

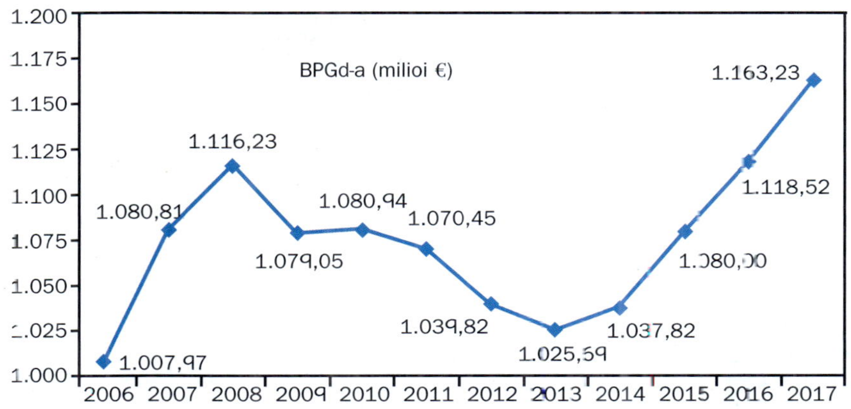

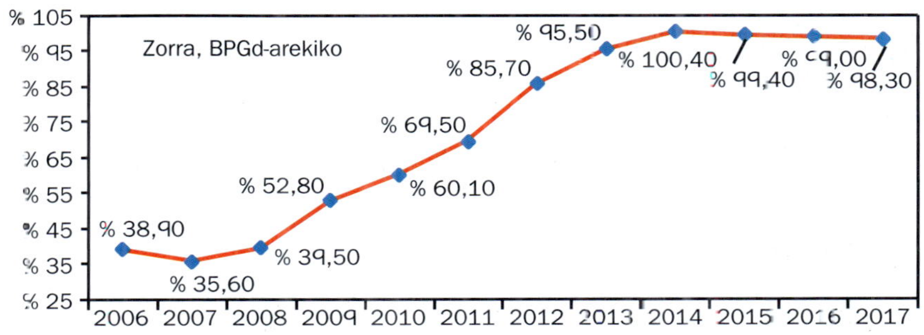

3. jarduera ebatzia. Ekonomia suspertzea

1929ko Depresio Handia Ameriketako Estatu Batuetan hasi zen, baina haren eraginak 1930eko hamarkadan iraun zuen mundu osoan. J. M. Keynes ekonomialariaren ideia interbentzionistei jarraituz, Ameriketako Estatu Batuetako sektore publikoak obra publiko zibil handiak eraikitzeko plan bat garatu zuen, krisi-egoera alderantzikatzeko. Anbizio handiko plan horri *New Deal* esan zioten. Besteak beste, urtegiak, errepideak eta zubiak eraiki zituzten, eta hainbat zingira lehortu zituzten garai horretan. Estatuak bere gain hartu zuen langileak kontratatzea eta eraikuntza-enpresei ordaintzea, obra asko eta asko egiteko. Obra horiek «guztiz beharrezkoak» ez baziren ere, herrialdearen ekonomia berreskuratzeko oinarriak ezarri zituzten, susperraldia izan baitzen urte batzuk geroago.

Garai berean, Alemanian ere, Lehen Mundu Gerran garaitua izan zen herrialdean ere, sektore publikoak esku hartu zuen, nazien agintepean, eta gobernuaren gastua armamentu-ekoizpenean kontzentratu zuen. Armak ekoitzi eta ekipamendu militarrak eraiki zituzten eskala handian, eta horrek indar armatuek garrantzi handia hartzea ekarri zuen, eta Lehen Mundu Gerratik ezezaguna zen oparotasun-maila lortu zen.

a) Zertan da desberdina bi herrialdeek egin zuten esku-hartze mota?

b) Azaldutakoa kontuan hartuta, deskribatu Alemaniak bizitako egoera, ziklo ekonomikoari dagokionez.

Soluzioa:

a) AEBk gastu zibilean egin zuen esku-hartzea, eta Alemaniak, berriz, gerra-industrian.

b) Ekonomiaren susperraldirako erreferentzia Lehen Mundu Gerraren aurreko mailak badira, horrek zera adierazten du: une hartan lortu zen maila gorena ziklo ekonomiko bat osatzen duten hiru aldiak (atzeraldia, hondoa eta hedaldia) igaro ondoren soilik berreskuratu ahal izan zela, hogei urte baino geroago.

Jarduerak

8. Azaldu nola justifikatzen duen sektore publikoak errentaren banaketa desorekatua zuzentzen saiatzeko egiten duen esku-hartzea.

9. Zer lotura du errentaren birbanatze-funtzioak estatuko aurrekontu orokorrekin?

10. Zer dira ekonomia-aldiak? Zergatik hartzen da ezegonkortasun ekonomikoa merkatuaren hutsegite nagusietakotzat?

11. Zure ustez, zergatik sustatu zuen Europar Batasunak bere estatu kideetako monopolio publiko handiak desagertzea? Zure ustez, bidezkoa al da neurri hori kasu guztietan?

12. Atzeraldi-garaietan, zer alternatiba ditu sektore publikoak?

2. Politika makroekonomikoa

Aipatu ditugu Estatuak merkatuaren hutsegiteak zuzentzen saiatzeko erabiltzen dituen bitartekoak. Baina, hutsegite horiek orainean berehala zuzentzeaz gain, Estatuak etorkizunari begira ere antolatu behar du ekonomia. Izan ere, epe luzera, Estatua ekonomia-hazkundea lortzen saiatzen da, produktibitatea hobetuz edo ekoizpen-faktoreen kantitateak handituz, 2. unitatean ikasi dugun moduan.

Estatuak ekonomia gidatzeko, merkatuaren hutsegiteak zuzentzeko eta ekonomia-hazkundea sustatzeko hartzen dituen neurriei eta egiten dituen esku-hartzeen multzoari **politika makroekonomikoa** deritze.

Merkatuaren hutsegitea	Estatuaren esku-hartzea	Estatuaren funtzioa	Tenporalitatea	Politika makroekonomikoa
I. Ondasun ez-errentagarrien eskasia	Ondasun publikoak hornitzea	Hornitze-funtzioa		**Koiunturala**
II. Kanpo-eraginak (negatiboak)	Garapen jasangarria lortzea	Arautze-funtzioa		**Koiunturala**
III. Errentaren banaketa desorekatua	Desberdintasun sozioekonomikoak zuzentzea	Birbanatze-funtzioa	Epe laburra	**Koiunturala**
IV. Lehia ez-perfektua	Lehia askearen defentsa	Arautze-funtzioa		**Koiunturala**
V. Ziklo ekonomikoen ezegonkortasuna	Ziklo ekonomikoen arteko trantsizioak arintzea	Egonkortze-funtzioa		**Koiunturala**
	Erreformatzea, herrialdeko produktibitatea hobetzeko	Hazkundea sustatzea	Epe luzea	**Egiturazkoa**

7.2. taula. Estatuaren esku-hartzeak eta politika makroekonomikoak.

Aipatutako tenporalitatearen arabera, bi motatako politika makroekonomikoak bereizten dira: koiunturala, epe laburrera, eta egiturazkoa, epe luzera.

2.1. Politika makroekonomiko koiunturala

Politika ekonomiko koiunturalari **politika makroekonomiko** esaten zaio jendartean, baina epe laburrerako neurriak soilik hartzen ditu bere baitan.

Politika makroekonomikoa (koiunturala) Estatuak ekonomian epe laburrean esku hartzeko baliatzen dituen moduak dira, ekoizpenarekin, enpleguarekin eta prezioekin lotutako ekonomia-helburuak lortzeko.

Politika koiuntural guztiek berehalako egoera bati egin nahi diote aurre, **epe laburrean**; beraz, denbora-epe labur batean eraginkorrak izatea espero da. Esaterako, hilabete batzuen epean edo, gehienez jota, urtebeteko epean. Honako hauek dira (7.3. taula):

	**Zerga-politika**	Estatuak ekonomia-jarduera areagotzeko edo murrizteko xedez abian jarritako ekintzen multzoa da. Horretarako, **zerga-bilketa** eta **gastu publikoaren aplikazioa** baliatzen ditu. Politika-mota oso garrantzitsua denez, sakon aztertuko dugu 9. unitatean.
	**Moneta-politika**	Herrialdeko banku zentralak hartzen dituen neurrien multzoa da, eta **prezioen egonkortasunari** eusteko hartzen dira, batez ere. Horretarako, zenbait aldagai baliatzen dira; esaterako, zirkulazioan dagoen **diru-kantitatea** eta **diruaren prezioa.** Politika hori sakonago aztertuko dugu 10. unitatean.
	**Kanpo-politika**	Estatuak beste herrialde edo ekonomia batzuekiko transakzioak kontrolatzeko egiten dituen esku-hartzeen multzoa da; adibidez, herrialdeko monetak beste herrialde batzuetako monetekiko duen **truke-tasan** eragiteko esku-hartzeak, edota **inportazioak** murrizteko nahiz **esportazioak** sustatzeko neurriak.
	**Errenta-politika**	**Prezioen egonkortasuna** lortzea du xede, **inflazioa** kontrolatzeko. Prezioak neurriz gain igotzen direnean, produktu ezegonkorrenen prezioak kontrolatzen saiatzen da Estatua. Horrez gain, aukera du funtzionarioen soldatetan eragiteko, edo enpresei gutxieneko edo gehieneko soldatei buruzko gomendioak emateko.

7.3. taula. Politika koiunturalak. Aipatutakoak gorabehera, Espainian kanpo- eta moneta-politika ez dira zuzenean kudeatzen, herrialdea Europar Batasuneko kide delako 1986tik eta euroa diru bakartzat hartu duelako.

2.2. Egiturazko politika makroekonomikoa

Badira beste neurri-mota batzuk, zehatz-mehatz ekonomiaren arlokoak izan gabe, lagungarriak direnak ekonomiak epe luzera hazkundea izateko. Oro har, **egiturazko politika** esaten zaie.

Neurri horien artean, honako hauek nabarmentzen dira:

- **Ekonomia-sektore bat modernizatzeko edo berrantolatzeko neurriak:** berregituratzeko laguntzak, inbertsioak teknologian, errentagarritasun txikiko enpresa publikoak ixtea...
- **Lurralde baten garapenerako baldintzak sortzeko neurriak:** inbertsioak azpiegituretan eta garraioetan, enpresak sortzeko pizgarriak...
- **Enpresak nazionalizatzeko edo pribatizatzeko neurriak:** enpresa pribatuak erostea edo enpresa publikoak sektore pribatuari saltzea.
- **Oinarrizko erreformak egiteko neurriak:** aldaketak hezkuntza-sisteman, lehiaren araudian, lan-baldintzetan, pentsio-sisteman...
- **Orientabidezko plangintzarako neurriak:** planak egitea, etorkizunerako helburuak eta lehentasunak finkatzeko, eta ekonomia-jarduketak zenbait urtez gidatzeko.

Politika koiunturalean bezala, Espainia EBren barruan dagoenez, egiturazko politikako neurrietako asko Europar Batasuneko erakunde eskudunek hartzen dituzte, herrialde kideen integrazioa errazte aldera.

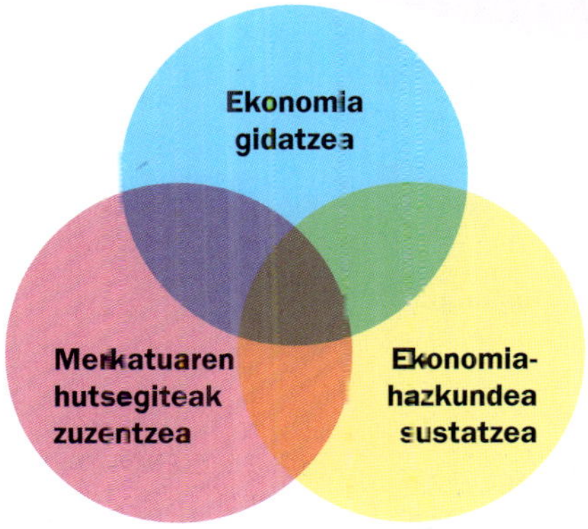

7.3. irudia. Politika makroekonomikoaren helburuak.

4. jarduera ebatzia. Egiturazko politikako neurriak

Sailkatu gobernuaren erabaki hauek, neurri-mota eta politika makroekonomikoko mota adierazita:

Correos posta-zerbitzua sektore pribatuari saltzea, funtzionarioei soldata izoztea, zergak jaistea, Ceutan eta Melillan enpresak sor daitezen sustatzea, garapen iraunkorrerako 2030 Agenda abiatzea, esportazioetarako pizgarriak ematea, siderurgia modernizatzeko laguntzak sortzea, diru gehiago inprimatzea.

Soluzioa:

Gobernuaren erabakiak	Neurria	Politika-mota
Correos posta-zerbitzua sektore pribatuari saltzea	*Enpresak pribatizatzea*	*Egiturazkoa*
Funtzionarioei soldata izoztea	*Errenta-politika*	*Koiunturala*
Zergak jaistea	*Zerga-politika*	*Koiunturala*
Ceutan eta Melillan enpresak sortzea sustatzea	*Lurralde bat garatzea*	*Egiturazkoa*
Garapen iraunkorrerako Agenda 2030 abiatzea	*Orientabidezko plangintza*	*Egiturazkoa*
Esportazioetarako pizgarriak ematea	*Kanpo-politika*	*Koiunturala*
Siderurgia modernizatzeko laguntzak sortzea	*Sektore bat modernizatzea*	*Egiturazkoa*
Diru gehiago inprimatzea	*Moneta-politika*	*Koiunturala*

7.4. irudia. Enpresen nazionalizazioa zuhurtz a handiz egin behar da. Indarrez edo merkatu-baliotik behera ordainduta egiten baldin bada, gerta liteke beste enpresa batzuek alde egitea, kapitalek atzerrira ihes egitea, eta gobernuan konfiantza galtzea.

5. behatokia. Aldaketak pentsio-sisteman

2012. urtera arte, erretiroa hartzeko adina 65 urtekoa zen. Baina 2013. urtetik aurrera, urtero-urtero, hilabete gehitzen ari zaio adin horri, eta 2020tik aurrera, bi hilabete gehituko zaizkio. Apurka-apurkako gehikuntza hori 2027an amaituko da, eta urte horretatik aurrera, 67 urte izan beharko dira erretiratzeko eta dagokion pentsio publikoa jasotzeko, legeak ezarritako gutxieneko urte-kopurua kotizatu bada.

Hausnartu:

a) Pentsio-sisteman horrelako erreforma egitea, zer motatako neurria da? Zer politika-motatan sartzen da?

b) Gizartean agerikoa egin den kezka da etorkizunean pentsioak ordaintzeko behar adina diru egongo den ala ez. Testuinguru horretan, zer zentzu du horrelako neurri batek?

Jarduerak

13. Zertan bereizten dira politika makroekonomiko koiunturaleko neurriak eta egiturazko politika makroekonomikokoak?

14. Zergatik da garrantzitsua Espainiarentzat zerga-politikaren kontrol zuzena izatea? Berdin al da EBko beste herrialdeetan?

15. Zergatik eragin dezake enpresa baten nazionalizazioak neurri hori hartzen duen gobernuan konfiantza galtzea?

16. Zer-nolako lotura du EBk herrialde kideen politika makroekonomikoarekin?

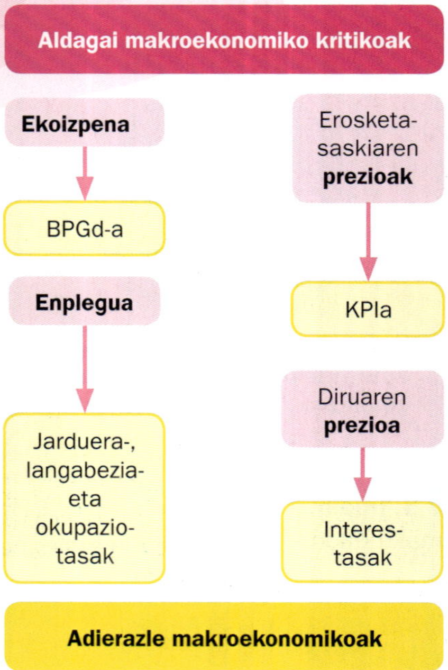

7.5. irudia. Adierazleek ekonomiaren osasuna aztertzen dute, ekonomiaren aldagai kritikoen bilakaera neurtuz: ekoizpena, enplegua, erosketa-saskiaren prezioa eta diruaren prezioa.

3. Ikuspegi makroekonomikoa

Orain arte, ekonomia-jarduerarekin lotutako gaiak aztertu ditugu, familien, enpresen eta sektore publikoaren portaeraren bidez. Ekonomia mikroekonomiaren ikuspegitik aztertu dugu. Baina, hemendik aurrera, ekonomia-jardueraren funtzionamendu globala aztertuko dugu, makroekonomiaren bidez.

Makroekonomiak ekonomiaren portaera orokorra aztertzen du. Portaera hori familien, enpresen eta sektore publikoaren elkarreraginen emaitza da.

Makroekonomiak ekonomia oro har aztertzen du, eta mikroekonomiak, berriz, ekonomiaren multzo horretako zatiak. Ekonomia-eragileek batera jardutean, magnitude batzuk sortzen dira, **aldagai makroekonomikoak** deritzotenak. Aldagai horiek **ekonomia-adierazleen** bidez azter daitezke.

3.1. Aldagai makroekonomikoak

Aldagai makroekonomiko batzuk funtsezkoak dira ekonomiaren martxa neurtzeko eta ekonomian eragiteko, bolada txarren ondorio kaltegarriak ahalik gehien murrizten saiatzeko, batez ere. Hauek dira:

- **Ekoizpena.** Kezka handiena sortzen duen alderdia da, eragin handia baitu ekonomia ororen aberastasunean eta lanpostu-kopuruan. Ekoizpen-maila handia bada, hazkundea dago, eta, horrenbestez, lanpostuak sortzen dituzten enpresa gehiago. Enpresek eta langileek gehiago irabazten badute, kontsumoaren eta inbertsioen gorakadak enpresa berriak eta lanpostu gehiago sortzea eragingo du. Eta horrela funtzionatzen jarraituko du ekonomiak.
- **(Erosketetara joateko) prezioak.** Eguneroko bizitzako kontua da. Zenbatetan jasan dugu ondasun baten edo zerbitzu baten prezio-igoeraren eragina?
- **(Maileguan eskatzen den) diruaren prezioa.** Prezioetatik, batek kezka handia sortzen du, hain handia, ezen berezko kategoria ematen baitzaio: diruaren prezioa edo, bestela esanda, zer-nolako kostua duen dirua maileguan eskatzeak. Zenbat pertsona bizi dira interes-tasaren aldaketak beren hipotekan edo mailegu aldakorrean duen eraginaren mende?
- **Enplegu-mailak**. Ekonomia-kezka nagusietako bat da, bai herrialde baten ongizate orokorraren ikuspegitik, bai familien eta pertsonen ikuspegitik. Izan ere, hainbat familiarentzat soldata da aberastasun-iturri bakarra.

6. behatokia. Errezeta ekonomikoak ez dira unibertsalak

Zergatik ezin dira herrialde pobreetan aplikatu herrialde aberatsetan funtzionatu duten ekonomia-neurriak? Ekonomian, medikuntzan ez bezala, ez dago errezeta unibertsalik, eta normala da herrialde batean funtzionatzen duenak beste batean ez funtzionatzea. Praktikan, era guztietako faktore ez-ekonomiko askok baldintzatzen dute ekonomia-hazkundea: faktore kulturalek, erlijiosoek, politikoek, etab. Esate baterako, Japonian, lanean denbora asko ematea autorrealizazio-iturri izatearen ondorioz, herrialdea munduko ekonomia indartsuenetako bat izatera iritsi da, natura-baliabide urriak izanda ere. Japoniako lan-ikuspegi hori herrialdearen historia-, erlijio- eta kultura-garapenaren ondorio da. Horregatik, japoniarrei ez zaie egunsentitik gauera arte lan egitea inporta, eta, izan ere, enpresa askok oporrak hartzera behartu behar izaten dituzten beren langileak.

Hausnartu:

a) Bilatu Interneten Japoniako kulturari eta ohiturei buruzko bideoak. Lanaren bidez errealizazio pertsonala lortzeaz gain, identifikatu Japoniaren ekonomia-garapenean eragin positiboa izan zezaketen kultura-ezaugarriak. Eta, alde horretatik, aipatu gurean ekonomia garatzeko lagungarriak izan diren usadio edo ohiturak.

b) Ekonomialari ospetsu batek hau esan zuen: «Herrialde baten aberastasuna kalkulatzeko, nahikoa izan liteke semaforoak errespetatzen dituzten gidarien eta oinezkoen ehunekoa neurtzea». Zure ustez, zer esan nahi zuen? Ados al zaude?

3.2. Ekonomia-adierazleak

Termometroek edo **ekonomia-adierazleek** (hala nola BPGd-ak, KPIak, interes-tasek edo jarduera-, langabezia- eta okupazio-tasek) aldagai makroekonomikoak neurtzen dituzte eta oso erabilgarriak dira, honako hauek egiteko aukera ematen baitute:

- Familien, enpresen eta sektore publikoaren portaera **zenbakiz kuantifikatzea**.
- Erkidego edo herrialde desberdinen **egoera alderatzea**.
- Gobernuen **politika makroekonomikoa gidatzea**; izan ere, adierazleak aztertu ondoren, politikak adierazleetan eragiten saiatzen dira.
- **Adierazleek denboran izandako bilakaera aztertzea:** adierazleak denbora-epe desberdinetan alderatzeak aukera ematen du nola aldatu diren aztertzeko. Horretarako, portzentajezko aldakuntza-tasaren formula baliatzen da.

Inflazioa kontrolpean badago	Langabezia-tasek behera egiten badute	Ekonomia-hazkundea badago	(Maileguan eskatzen den) diruaren prezioa jaisten bada
• Gure aitona-amonen erretiro-pentsioek ez dute erosahalmena galduko. • Familiak errazago iritsiko dira hilaren amaierara. • Enpresek ez dute kezkatu beharko lehengaien eta beste ekoizpen-baliabide batzuen prezioen etengabeko gorabeherengatik.	• Familien diru-sarrerek gora egingo dute. • Kontsumoa handitu egingo da. Hori dela eta, enpresek ekoitzitako produktuen eskariak gora egingo du, eta enpresek langile gehiago kontratatu beharko dituzte, edo enplegu mugagabe gehiago sortu. • Gobernuak langabezia-prestazio gutxiago ordaindu beharko ditu, eta diru hori beste zerbaiterako erabili ahal izango du, hala nola osasungintzarako eta hezkuntzarako.	• Ondasunen eta zerbitzuen ekoizpenak gora egingo du, eta, horrenbestez, enpresen mozkinek ere bai, eta, agian, burtsan inbertitzeko une egokia izan daiteke. • Gobernuek zerga eta gizarte-kotizazio gehiago kobratuko dituzte, eta, horren ondorioz, diru gehiago izango dute azpiegituretan edo gizarte-babeseko neurrietan erabiltzeko. • Familiek diru gehiago izango dute gastatzeko; beraz, haien bizi-kalitatea eta ongizatea hobetuko da.	• Familientzat eta enpresentzat errazagoa izango da mailegu edo hipoteka bat lortzea. • Interes-tasa aldakorreko hipoteka bat dutenek gutxiago ordainduko dute. • Inbertsioek gora egingo dute, enpresei merezi izango die-lako dirua maileguan eskatzea.

7.4. taula. Ekonomia-adierazleek familientzako eta enpresentzako informazio baliagarria ere ematen dute.

5. jarduera ebatzia. Ekonomia-aldagaiak eta -adierazleak

Lotu prentsako izenburu hauek aldagai makroekonomikoekin eta dagokien adierazleekin.

«Gasolinaren prezioa igo da berriz», «Hazkundea geldotu egin da», «Langabeziak gora egin du ostalaritzan», «Hipoteken kostuak behera egin du».

Soluzioa:

Prentsa-izenburua	Aldagai makroekonomikoa	Ekonomia-adierazlea
«Gasolinaren prezioa igo da berriz»	*(Erosketa-saskiaren) prezioak*	*KPIa*
«Hazkundea geldotu egin da»	*Ekoizpena*	*BPGd-a*
«Langabeziak gora egin du ostalaritzan»	*Enplegua*	*Jarduera-, langabezia- eta okupazio-tasak*
«Hipoteken kostuak behera egin du»	*(Maileguan eskatzen den) diruaren prezioa*	*Interes-tasak*

Jarduerak

17. Zertan dira desberdinak mikroekonomiaren azterketa eta makroekonomiaren azterketa?

18. Ekonomia-adierazleei dagokienez...

a) Zer lotura dute aldagai makroekonomikoekin? Zer erabilgarritasun dute?

b) Zer funtzio betetzen dute herrialde bateko gobernuarentzat?

c) Zer alderaketa-mota egin daitezke haiei esker?

Ba al zenekien...?

Ekonomia-adierazleak *termometroak* bezalakoak direla esaten da, tresna mediko horrek pertsonen osasun-egoera zehazteko betetzen duen antzeko funtzioa betetzen baitute ekonomia-adierazleek. Gizakien gorputzaren zeinuak tenperatura eta arnasketa dira, eta makroekonomiarenak, berriz, ekoizpena, (erosketetara joateko) prezioak, (maileguan eskatzen den) diruaren prezioa eta enplegua.

KONTZEPTU-MAPA

Merkatuaren hutsegiteak	Estatuaren esku-hartzea	Estatuaren funtzioa
I. Ondasun ez-errentagarrien eskasia	Ondasun publikoak hornitzea	Hornitze-funtzioa
II. Kanpo-eraginak (negatiboak)	Garapen jasangarria lortzen saiatzea	Arautze-funtzioa
III. Errentaren banaketa desorekatua	Desberdintasun sozioekonomikoak zuzentzea	Birbanatze-funtzioa
IV. Lehia ez-perfektua	Lehia askearen defentsa	Arautze-funtzioa
V. Ziklo ekonomikoen ezegonkortasuna	Ziklo ekonomikoen arteko trantsizioak arintzea	Egonkortze-funtzioa

Politika makroekonomikoak

- *Epe laburrera* — **Koiunturalak**
  - Zerga-politika
  - Moneta-politika
  - Kanpo-politika
  - Errenta-politika
- *Epe luzera* — **Egiturazkoak**
  - Ekonomia-sektoreen modernizazioa
  - Lurralde-garapena
  - Enpresak nazionalizatzea/pribatizatzea
  - Oinarrizko erreformak
  - Orientabidezko plangintza

Aldagai makroekonomikoak	Ekonomia-adierazleak
Ekoizpena	BPGd-a
(Erosketetara joateko) prezioak	KPIa
(Maileguan eskatzen den) prezioaren dirua	Interes-tasak
Enplegu-mailak	Jarduera-, langabezia- eta okupazio-tasak

1. Zein da merkatuaren hutsegite bat?

a) Lehia.

b) Errentaren banaketa desorekatua.

c) Ziklo ekonomikoen egonkortasuna.

d) Aurreko erantzunetatik, bi zuzenak dira.

2. Zein dira kontsumitzaile parasitoak kanpo uztea lortzen duten ondasunak?

a) Kontsumoaren aldetik lehiakideak direnak.

b) Kontsumoaren aldetik ez-lehiakideak direnak.

c) Baztergarriak direnak.

d) Ez-baztergarriak direnak.

3. Gaur egungo ingurumen-politikek honako ezaugarri hau dute bereizgarri:

a) Jada egindako kalteagatiko ordaina lortzea dute xede.

b) Kutsadura prebenitzeko dira.

c) Gutxieneko kutsadura-mugak ezartzen dira.

d) Aurreko erantzunetatik, bi zuzenak dira.

4. Enpresa batentzat, zein da kutsadura-baimen bat ordaintzearen aukera-kostua?

a) Mozkin handiagoak lortzea, baina isuna jasotzeko arriskua izatea.

b) Produktuen prezioa garestitzea, kostu-igoera kontsumitzaileei jasanarazteko.

c) Galtzen dituen mozkinak, produktuen prezioak igo ezean.

d) Gehiago kutsatzea.

5. Lehia perfektuan...

a) enpresa bakar batek jarduten du merkatuan.

b) enpresak prezioak finkatzen ditu, lehiakideekin adostuta.

c) enpresak prezioak finkatzeko ahalmena du.

d) enpresak ez du prezioak finkatzeko ahalmenik.

6. Zein da Estatuaren birbanatze-funtzioaren jatorria?

a) Merkatuak erreproduzitu egiten ditu gizartean jada badauden desberdintasunak.

b) Estatuak egin behar dituen gastuak herritar guztiek finantzatu behar dituzte, berdintasunez.

c) Ekitate-printzipioak erosahalmen handiagoa duten herritarren alde egiten du.

d) Aurreko erantzunetatik, bi zuzenak dira.

7. Ezaugarri hauetatik, zein da ziklo ekonomikoen bereizgarria?

a) Herrialde bateko lanpostu-kopurua murrizten dute.

b) Beti daude gutxiegi erabilitako baliabideak.

c) Aldi on baten ondoren, aldi txar bat izaten da.

d) Estatuek ez dute inoiz parte hartzen ekonomia suspertzeko lanean.

8. Zein da etorkizuneko hazkundearen oinarria jartzeko helburua duen politika makroekonomikoa?

a) Zerga-politika.

b) Egiturazko politika.

c) Politika koiunturala.

d) Egonkortze-politika.

9. Estatuaren funtzioetatik, zeini dagokio ziklo ekonomikoen arteko trantsizioak arintzea?

a) Egonkortze-funtzioari.

b) Arautze-funtzioari.

c) Hazkunde-funtzioari.

d) Aurreko erantzun guztiak okerrak dira.

10. Esaldi hauetatik, zein da okerra?

a) Praktikan, EAOko zenbait gastu errenta birbanatzeko dira.

b) Kanpo-eragin guztiek merkatuaren hutsegite bat islatzen dute.

c) Portzentajezko aldakuntza-tasak aukera ematen du aztertzeko zer-nolako bilakaera izan duen denboran aldagai makroekonomiko batek.

d) Merkatuek zailtasunak dituzte ondasun ez-errentagarriak hornitzeko.

Merkatuaren hutsegiteak

1. Ondasun publiko batzuei «ez-errentagarri» esaten zaie. Zergatik?

2. Zeri deritzo garapen iraunkor edo jasangarria? Zer-nolako lotura du kanpo-eraginekin?

3. Isuri kutsagarrien mugei dagokienez, ingurumen-politikako neurriak oso argiak dira, baina hala ere, oso zaila da kutsadurari aurre egitea. Zergatik?

4. Jada ekoizten eta kutsatzen ari diren enpresentzat ingurumena errespetatzen duen prozesu bat instalatzearen kostua 75.000 €-koa bada, zenbateko isunak jarriko zenizkieke enpresa horiei kutsatzeagatik?

5. Unitate-zergek oso egokiak dirudite kutsadurari aurre egiteko, baina aplikatzeko zailenak dira. Zergatik?

6. Oro har, zertan dira berdinak eta zertan dira desberdinak gehieneko kutsadura-atalaseak eta kutsadura-baimenak?

7. Sektore publikoari eusteko, zertan dira lagungarriak zerga gehikorrak? Zer printzipio dago finantzaketa desberdin horren atzean?

8. Nola erabiltzen ditu Estatuak estatuko aurrekontu orokorrak errenta birbanatzeko?

9. Aipatu lehiaren kontra egiten duten ohiko hiru jardunbide.

10. Deskribatu nola laguntzen duten enpresek ekonomia-jarduera suspertzeko ziklo ekonomikoaren hedaldian.

11. Kanpo-eraginei dagokienez, zer esan nahi du merkatuak ekoizpen-kostu errealei buruzko «informazio zuzena ez diela ematen» kontsumitzaileei?

12. Idatzi gutxienez bost zerbitzu publikoren izenak zerrenda batean, eta sailkatu 7.1. taulako irizpideen arabera.

13. Zer arazori egin beharko lieke aurre administrazio publikoak errepide bat pribatizatu nahiko balu, bide-zorua hobetzeko eta mantentzeko? Eta suhiltzaileen zerbitzua pribatizatu nahiko balu?

14. Lehia askearen arabera funtzionatzen duten merkatuetan:

a) Zer-nolako eragina du enpresa-kopuruak lehian?

b) Zergatik dira aurrerapen teknologikoaren iturri?

c) Zer onura lortzen dituzte langileek?

d) Zergatik egiten du gora bezero izan daitezkeenen kopuruak?

15. Zergatik izan daiteke informazioaren asimetria arazoa merkataritza-harremanetan?

16. Neurri hauek kontuan hartuta:

- Autobide bat eraikitzea.
- Kontratazioengatik diru-laguntzak ematea ekonomia-krisialdi baten hasieran.
- Gutxieneko soldatari buruzko legeak aldatzea, gutxieneko soldata igotzeko.
- Doako unibertsitate-irakaskuntza.
- Zergak jaistea.
- 35 orduko lanaldia langile guztientzat.
- Etiketa ekologikoa erabiltzeko derrigorrezkotasuna ibilgailuentzat.
- Ekonomia zehapena enpresei, jardunbide monopolistak egiteagatik.

Identifikatu:

a) Neurriarekin lotutako merkatuaren hutsegitea.

b) Estatuak betetzen duen funtzio-mota (hornitze-funtzioa, arautze-funtzioa, egonkortze-funtzioa edo birbanatze-funtzioa).

c) Sektore publikoaren esku-hartzea.

17. Merkatuaren zer hutsegite zuzendu nahi du sektore publikoaren esku-hartzeak kasu hauetan?

a) Gasolioaren zergak igotzea diesel-ibilgailuei.

b) Herrialdeko bide-sarea handitzea.

c) Erretiratuen pentsioak eguneratzea.

d) Hegazkin-konpainiak ikertzea, prezioak adostu dituztelako.

e) Itsas pasealeku bat eraikitzea.

f) Ikasteko beken zenbatekoak handitzea.

g) Zergak jaistea, ekonomia suspertzeko.

h) Bankuak bezeroei informazio gehiago ematera behartzea.

18. Bi esaldi-pare hauetan, esan zein esaldi iruditzen zaizun zuzenena. Gero, defendatu zure iritzia, kontrakoa pentsatzen duen ikaskide baten aurrean:

1. esaldi-parea:

a) Estatuak ekonomia-jardueran esku hartu behar du, ziklo ekonomikoen portaera arautuz.

b) Estatuak bere funtzioak ahalik eta gehien murriztu behar ditu, eta merkatuari utzi behar dio ekonomia-jardueretatik sortzen diren arazoak konpontzen.

2. esaldi-parea:

a) Zergek errenta birbanatzeko balio dute.

b) Zergek ekonomia-hazkundea mugatzen dute, zergak nahitaez ordaindu beharrak ekonomia-eragile lehiakorrenak desmotibatzen baititu.

Politika makroekonomikoa.

19. Zure hitzak erabiliz, eman politika koiuntural guztien definizioak.

20. Demagun epe luzerako hazkunde-plan bat dela hemendik hamar urtera lanpostu egonkorra eta/edo ondo ordaindua izatea. Hori dela eta, egiturazko politikatzat har daiteke. Zer helburu eta lehentasun sartuko zenituzke, helburu hori lortzeko zure orientabidezko plangintzan? Zehaztu datak, epeak eta exekuzio-lekuak ere.

21. Sailkatu Gobernuaren erabaki hauek, politika makroekonomikoaren aldetik (neurria eta politika-mota):

a) 2025 Plana sortzea, erregai fosilen kontsumoa murrizteko.

b) Diruaren zirkulazioa murriztea.

c) Ontziolen sektorea berregituratzea.

d) Makinen esportazioentzako pizgarriak ematea.

e) Funtzionarioen soldata igotzea.

f) Hegazkin-konpainiak nazionalizatzea.

g) BEZa aldatzea.

h) Errenta-maila jakin batetik behera dauden autonomia-erkidegoetarako azpiegituretan inbertitzea.

22. Nola lortzen dute herrialdeek beren produktibitatea hobetzea?

Ikuspegi makroekonomikoa.

23. Zein dira ekonomiaren bilakaera neurtzen duten ekonomia-aldagaiak eta -adierazleak?

24. Lotu ekonomia-prentsatik ateratako izenburu hauek unitatean ikasitako aldagai makroekonomikoekin eta adierazleekin.

a) «Herrialdea krisialditik irteten ari da».

b) «Hipotekak garestitu egin dira otsailean».

c) «Etxetik kanpo afaltzea garestiagoa da duela urtebete baino».

d) «Gazteen langabeziak behera egin du».

25. Esan esaldi hauek zuzenak ala okerrak diren:

a) «Merkatua efizientea izan arren, merkatuak eskatzen duena baino ondasun gutxiago hornitu ditzake».

b) «Salmenta-prezioak beti adierazten du ondasun edo zerbitzu baten benetako kostua, enpresari arrazoizko irabazi-marjina utzita».

c) «Kanpo-eraginek Estatuak eragozten saiatu behar dituen kostuak sortzen dituzte».

d) «Ikuspegi ekonomiko batetik aztertuta, gizarte-babeseko gastua handia izateak ekonomiaren hazkundea bultzatzen du, langileen produktibitatea handitzeko pizgarria baita»

e) «Egiturazko politiken helburua ekonomia egonkortzea da».

26. Irakurri testu hau, eta erantzun ondoren dauden galderei:

«Historian zehar, Estatuak ekonomian izan duen esku-hartzeak etapa hauek izan ditu:

- **Estatu protekzionista.** XVIII. mendean zehar, nagusi izan zen politika protekzionista. Garai hartako protekzionismoari merkantilismoa esaten zitzaion, eta botere ekonomikoa metal bitxiak pilatzean zetzan. Dena den, traba handiak ezartzen zitzaizkion merkataritza askeari, eta horrek merkatuaren efizientzia murriztu eta aberastasuna sortzea oztopatzen zuen.
- **Estatuaren protagonismorik eza.** Honetan datza, funtsean: merkatuari autonomia osoa ematea, bere kasa erregula dadin. Estatuaren eginkizuna bigarren mailakoa da, eta merkatuak asetzen ez dituen oinarrizko behar kolektibo batzuk asetzen ditu (osasuna, hezkuntza, justizia, enpleguaren arauketa, ordena publikoa eta abar), bai eta inbertsio handia eskatzen dutenak ere (trenbideak, energia elektrikoa, ur-hornidura eta abar).
- **Estatu protagonista.** XX. mendeko hogeita hamarreko hamarkadako Depresio Handiak ekarri zuen krisiaren ondoren, eta Keynes ekonomialariaren teoriak oinarri hartuta, Estatua ekonomian esku hartzen hasten da, merkatu askeko ekonomiaren krisi ziklikoak eragozteko. Krisi-garaian, Estatua arduratzen da ondasunen eta zerbitzuen eskari pribatuaren eskasia orekatzeko adinako gastua egiten.
- **Ekonomia mistoa.** Gaur egun, ekonomia-sistema nagusiak ekonomia mistokoak dira. Merkatuak baliabideak esleitzeko dituen abantailak eta Estatuaren esku-hartzeak dakarren oreka eta ongizatea uztartzen saiatzen da. Merkatuaren hutsegiteak dira sektore publikoaren esku-hartzea zenbatekoa izango den baldintzatzen duten faktoreak, baina, oro har, bi planteamendu daude: neoliberala (Estatuak ahalik gutxien esku hartzea defendatzen du) eta neokeynesiarra (guztiz aurkakoa defendatzen du)».

a) Zer beste eginkizun esleitu zion sektore publikoari planteamendu keynesiarrak?

b) Nola gauzatzen da Estatuaren esku-hartzea krisi ekonomikoko garaian?

c) Zertan bereizten da ekonomia mistoko ekonomia-sistema eta plangintza zentralizatuko sistema, 2. unitatean ikasi duguna?

27. Identifikatu estatuko aurrekontu orokorretako zer gastu-mota den hauetako bakoitza, eta adierazi nor den onuraduna, hala badagokio:

a) Aldi baterako kontratua kontratu mugagabe bihurtzeagatiko diru-laguntza.

b) Portuen eraikuntza.

c) Lanerako ezintasunagatiko pentsioa.

d) Eraikin publikoetarako hornidura-gastuak.

e) Bitarteko funtzionarioen soldatak.

f) I+G+Bn inbertitzeagatiko diru-laguntzak.

- Idatzi argi dauzkazun eta zure ustez funtsezkoak diren unitateko bi ideia. Zerk lagundu dizu ideia horiek ikasten?
- Egin argi geratu ez zaizkizun unitateko alderdiei buruzko bi galdera.
- Idatzi unitate honetan sakonago aztertu nahiko zenituzkeen bi alderdi.

Interpretatzen ikasten: Ziklo ekonomikoa

Krisi batean, aldagai makroekonomiko garrantzitsuak **ekoizpena, enplegua** eta **prezioak** dira, baina herrialde bakoitzak bere berezitasunak ditu. Eurogunean, prezioak Europar Batasunaren moneta-politikaren bidez kontrolatuta egonda, ekoizpenaren bilakaerak adierazten du ziklo ekonomikoko unean uneko fasea. Espainian, arreta berezia eman behar zaie langabeziari buruzko datuei; izan ere, hedaldietan kezkagarriak dira jada, baina bikoiztu egiten dira atzeraldietan.

1. BPGd-a

Espainiak ziklo ekonomiko bat osatu du, 2008an krisiaren aurretik zegoen ekoizpen maila gainditu baitu.

BPG
(milioi euro)

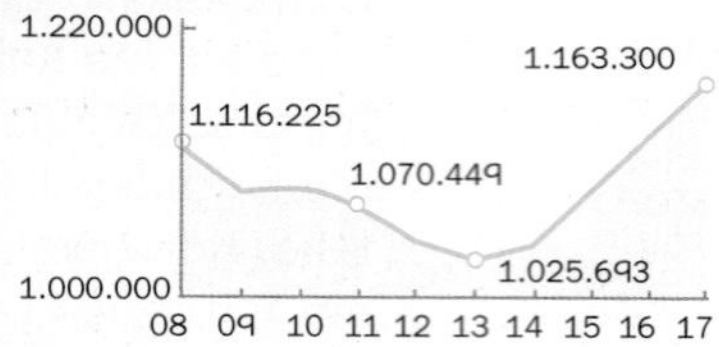

EKONOMIA-HAZKUNDEA
%

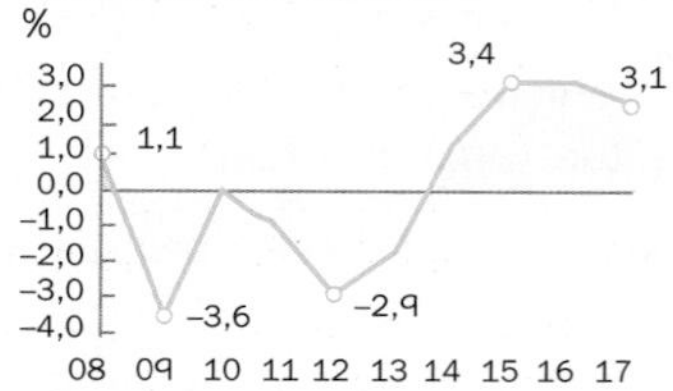

2. EKONOMIA-HAZKUNDEA

Lehenbiziko urteetako beherakaden ondoren, 2014ko hazkunde positiboa zikloaren **inflexio-puntua** izan zen.

3. BIZTANLEKO BPGd-a

Hori kalkulatzeko BPGd-a zati biztanle-kopurua egin behar dugu. Lortzen den datuak adierazten digu ia hamarkada bat behar izan dela krisiaren aurreko sarrera-maila berreskuratzeko.

PER CAPITA BPGd-a
euro

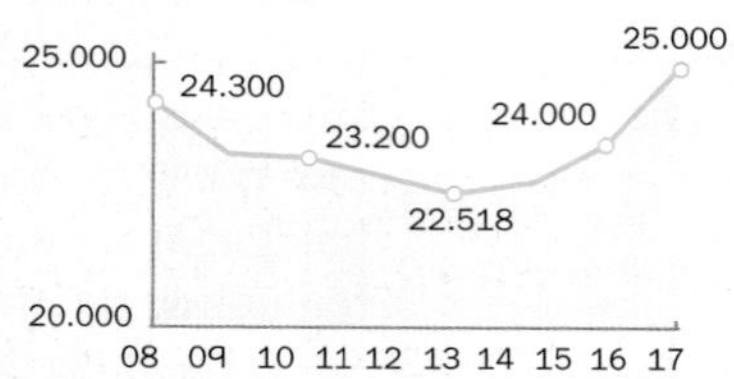

LANGABEZIA
(milakoak)

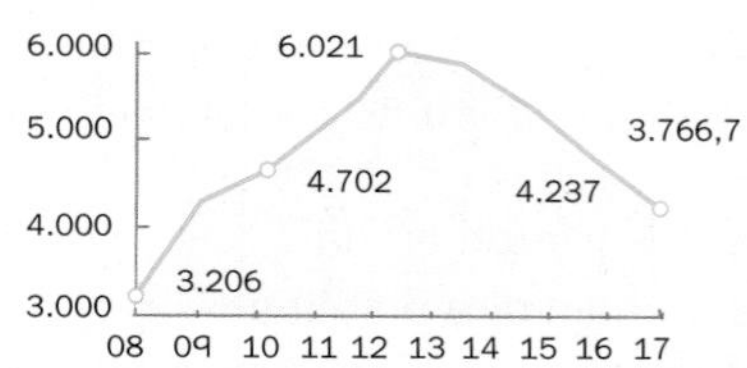

4. LANGABEEN KOPURUA

Ekoizpen-maila berreskuratu den arren, enplegua ez da suspertu, eta krisia hasi zenean baino langabetu gehiago daude. Erreparatu kurbari: BPGd-aren kurbaren kontrakoa da.

5. ZOR PUBLIKOA

Krisialditik irteteko, Espainia zorpetu egin da, ekonomia suspertzeko, eta, lortu badu ere, prezioa oso altua da: krisiaren aurretik, Espainiak 35 € zor zituen irabazten zituen 100 €-ko. Gaur egun, 98 € zor ditu, irabazten dituen 100 €-ko.

ZOR PUBLIKOA
(milioi euro)

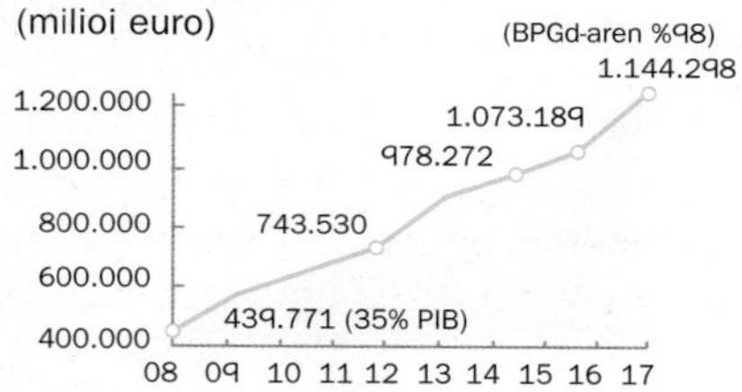

DEFIZIT PUBLIKOA
(BPGd-aren %)

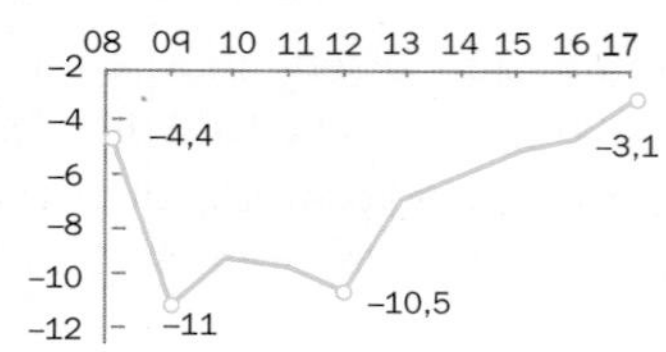

6. DEFIZIT PUBLIKOA

Herrialde batek sarrerak baino gastu handiagoak baditu, defizita sortzen da, eta horixe gertatu da Espainia zorpetu, eta ordaindu beharreko interesen kopuruak gora egin ahala.

7. BEHIN-BEHINEKOTASUN TASA

Enpleguaren kalitatea neurtzen du, zenbat kontratu mugagabe egiten diren kontuan hartuta. Susperraldian, enplegua sortu da, baina aldi baterakoa.

BEHIN-BEHINEKOTASUN TASA
(ehunekotan)

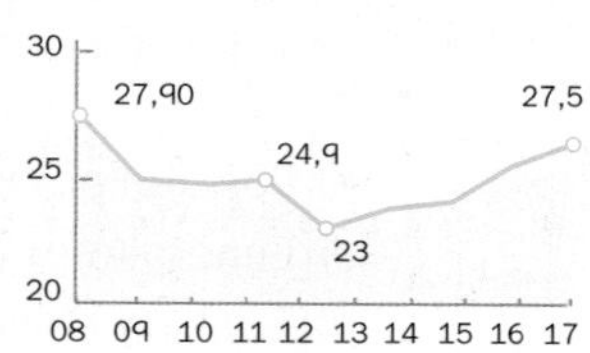

LANGABEZIA-TASA
(ehunekotan)

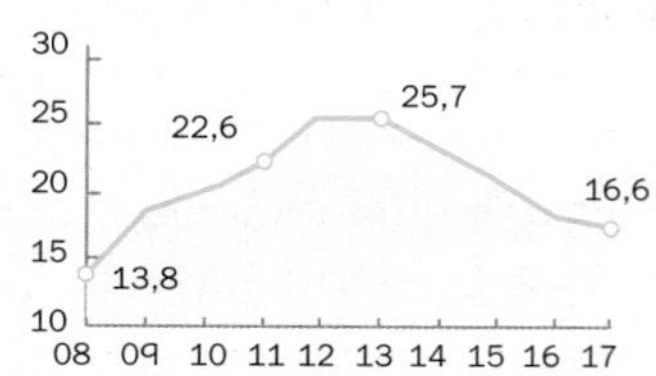

8. LANGABEZIA-TASA

Langabezia-tasak, langabetuen kopuruan gertatzen diren aldaketak islatzeaz gain, lan egiteko adinean egonda lan egin nahi duten pertsonenak ere islatzen ditu.

Galderak:

1. Zer lotura ikusten duzu BPGd-aren grafikoaren eta langabezia-tasaren artean? Eta BPGd-aren grafikoaren eta langabetu-kopuruaren artean. Interpretatu emaitzak.
2. Zer lotura dago defizit publikoaren eta zor publikoaren artean? Eta defizit publikoaren eta BPGd-aren artean?
3. Krisia hasi zenean, enpleguaren behin-behinekotasuna jaisten hasi zen, pixkanaka. Zergatik gertatu zen hori, zure ustez?
4. Erreportajean, zikloaren *inflexio-puntua* aipatzen da. Zer adierazten du esamolde horrek?

Dilema: dieselaren aurkako gurutzada

Herritarrak gero eta kontzientziatuago daude klima-aldaketaren larritasunari eta kutsadurak osasunean eragiten dituen ondorioei buruz. Hori dela eta, Espainiako hiri handi batzuk, hala nola Bartzelona eta Madril, datozen urteetan diesel-autoen zirkulazioa neurri batean debekatzeko aukera aztertzen ari dira. «Dieselaren aurkako gurutzada» horren kontra azaldu dira automobilgintzaren industria eta erabiltzaile asko. Honako arrazoi hauek argudiatzen dituzte: auto-flotaren zati handi bat suntsitzeak kostu handia izango du gaur egun diesela erretzen duen auto bat duenarentzat (eta horien artean daude jardueretarako autoa erabiltzen duten autonomo gehienak), eta kostu ekologiko handia izango ere izango du. Horrez gain, adierazten dute munduko auto guztiak ordezteko behar adina bateria elektriko lortzea ezinezkoa izango dela, eta, gainera, diesel-autoek gasolina-autoek baino CO_2 gutxiago isurtzen dutela.

Zure herriko edo hiriko gobernuan ere eztabaida horretan ari dira. Proposamena mahai gainean dago. 2006 aurreko diesel-auto guztien zirkulazioa debekatu nahi da, energiaren aldetik besteak bezain efizienteak ez direlako. Bestalde, elektrikoak ez diren auto guztiak, diesel edo gasolina motordunak izan, behin betirako debekatuko dira 2028an.

Eztabaida:

Egin bi aukera horietako baten alde (diesel-autoen zirkulazioa debekatzea edo auto horiei zirkulatzen uzten jarraitzea) eta argudiatu bost ikaskideko talde batean. Taldeak nagusitzen den aukera defendatu beharko du, kontrako iritzia duen beste talde baten aurka.

Zinema-proposamena: *Dilema*

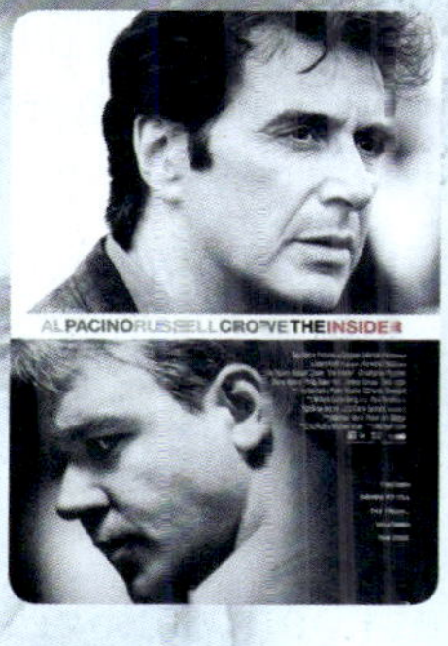

Zuzendaria: Michel Mann.

Aktoreak: Al Pacino, Russell Crowe, Christopher Plummer, Diane Venora.

Sinopsia:

Filmean, tabakoaren industriaren botere izugarria aztertzen da, bai eta telebista-kateen funtzionamendua ere. Telebista-kateen funtzionamendua, hain zuzen ere, eztabaidagarria izan daiteke, haien finantza-interesak jokoan badaude.

Hausnarketa-gakoak:

Lehia ez-perfektua, enpresa-etika eta merkatuaren hutsegiteak

Galderak:

1. Zer merkatu-mota osatzen dute tabako-konpainiek?
2. Merkatuaren zer hutsegite ikus daiteke filmeko argumentuan ageri diren enpresa-sektoreetan? Adierazi labur-labur.
3. Zer dilemari egin behar dio aurre zientzialari ohiak? Eta telebista-kateak?

Bineta

8. Adierazleak eta oreka makroekonomikoa

Unitate honetan hau ikasiko duzu:

- Hazkundea eta ekoizpena.
- Ekonomia, oro har.
- Kontsumoa.
- Inbertsioa.
- Aurrezkia.

Ekonomiaren adierazleei esker, badakigu zer ekoizten duen herrialdeak. Bai eta herrialdeak zenbat gastatzen, kontsumitzen edo irabazten duen ere. Adierazle horien guztien multzoak kontabilitate nazionala osatzen du, eta hari esker dakigu ekonomia ondo doan, hartutako neurriek ongi funtzionatzen duten edo neurri berriak hartu behar diren.

Baina ekonomian milaka milioiko zifrez dihardugun arren, zenbakiak besterik ez dira. Adierazleek, hala nola barne-produktu gordinak (BPGd), ez digute esaten gosaria goxoa dagoen edo erosi berri dugun mugikorrak aurrekoak baino funtzionalitate gehiago dituen ala ez.

Besteak beste, BPGd-ak ez du produktuen kalitatea, aberastasunaren banaketa edo kutsadura neurtzen, esate baterako. Baina BPGd-a familiak, enpresak eta sektore publikoa gastatzeko prest daudenaren mende dago.

Familien kontsumoa da gastuen partida handiena, gastuaren bi heren baita, eta haren atzetik enpresa-inbertsioa dago.

Eta enpresek familiek nahi dutena ekoitzi ahal izan dezaten, finantziazioa behar da, familien aurrezkietatik datorren finantziazioa, hain zuzen ere.

Zer dakizu BPGd-az?
Zer ikasi nahi duzu?

Ba al dakizun nola kalkulatzen den BPGd-a?

Ba al dakizu zer elementuk osatzen duten eskari agregatua?

Ba al dakizu zer eginkizun duten kontsumoak, inbertsioak eta aurrezkiak herrialde bateko ekonomian eta zurean?

Zifrak, gurpilak eta amonaren pentsioa

Komunikabideetan barne-produktu gordina eta beste ekonomia-adierazle batzuez jarduten dutenean euroak milaka milioika aipatzen dituzte. Halakoetan, zero askotxo direla iruditzen zaigu, etxean hiruzpalau zeroko zifrak soilik erabiltzen baititugu maizen. Eta ekonomia ondo doan edo gaizki doan ere esaten digute, eta horrelakoetan ere gurekin zerikusi handirik ez duela iruditzen zaigu, bizimodua ateratzeko lan bat lortzea nahikoa iruditzen zaigu eta.

Baina zifra soilak izanda ere, kontua da kopuru horien atzetik milioika pertsonaren eta enpresaren erabakiak daudela, eta erabaki horiek herrialdearen bizitzan eragiten dutela, eta, azkenean, gurean ere bai. Herrialdeak hazkundea badu, ondasunen eta zerbitzuen ekoizpena handitzen da eta, beraz, errazagoa da lana topatzea, enpresek plantillak handitzen dituztelako. Eta, hala, gurea bezalako familiek gastatzeko diru gehiago dutenez, pertsonek bizi-kalitate eta ongizate handiagoa dute.

Enpresek gehiago saltzen dute, eta irabazi handiagoak dituztenez, enplegua sortzen dute, eta enpresa berriak ere sortzen dira. *Ekonomiaren gurpila* abian dago: kontsumoak inbertsioa erakartzen du; inbertsioak, kontsumoa (enpresetan lortzen baitituzte familiek diru-sarrerak, kontsumitzeko erabiltzen duten dirua, alegia); eta horrela, hurrenez hurren.

Horrez gain, zerga gehiago biltzen denez eta Gizarte Segurantzari egiten zaizkion kotizazioak handiagoak direnez, gobernuek diru gehiago izango dute amonaren pentsioa eguneratzeko, zure anaia nagusiaren langabezia ordaintzeko eta zure arreba edo ahizpa txikiaren hezkuntza hobetzeko. Eta enpresa bat sortu dutenei diru-laguntzak emateko ere bai. Hori guztia eta beste hainbat gauza daude BPGd-aren zifra hotz eta izugarri horien atzetik.

Hausnartu

1. Deskribatu, zure hitzekin, zer den *ekonomiaren gurpila*.
2. Barne-produktu gordina oso adierazle garrantzitsua den arren, badira gure ongizate kolektiboan eragiten duten eta adierazle horretan agertzen ez diren errealitateak. Jar al dezakezu adibiderik?
3. Barne-produktu gordinaren zenbaki handiek gure etorkizuneko bizitzari buruzko informazio asko ematen diguten arren, jende gehienak zergatik ez dio erreparatzen horri, zure ustez?

1. Hazkundea eta ekoizpena

Gogoan izan

Ekoizpena handitzeari buruz (hau da, herrialdeen eta enpresen hazkunde ekonomikoari buruz) 2. eta 3. unitateetan jardun dugu, hurrenez hurren.

Pertsonak zentimetrotan hazten dira; herrialdeak, ekoizpenean. Herrialdeen ekoizpena barne-produktu gordinaren (BPGd) bidez neurtzen da.

Barne-produktu gordina (**BPGd**) herrialde batean denbora aldi batean (eskuarki, urtebete) ekoizten diren azken ondasun eta zerbitzuen balioa da, dirutan neurtua.

Ezaugarria	Moneta bat erabiltzen da neurtzeko	Ondasun berrien transakzioak neurtzen ditu	Azken ondasunak soilik kontabilizatzen ditu	Barruan ekoitzitakoa neurtzen du	Denbora-aldi bati egiten dio erreferentzia
Deskribapena	Ondasun eta zerbitzu guztiak eurotan neurtzeko aukera ematen du.	Ondasun eta zerbitzu berriei dagozkien transakzioak soilik kontabilizatzen ditu.	Tarteko ondasunen balioa jada sartuta dago.	Aztergai duen herrialdearen mugen barruan ekoitzitakoa baloratzen da, enpresaren nazionalitatea edozein dela ere.	Denbora-tarte konstanteek zenbait lurralderen eta zenbait aldiren arteko konparazioak egiteko aukera ematen du.
Adibidea	Sagarrak, mugikorrak, saioak... Berdin dio, dirutan duten balioa neurtzen da.	Ez dira kontuan hartzen trukea eta bigarren eskuen salerosketak.	Auto baten prezioaren barruan sartuta dago motorrarena, bolantearena...	Espainian jarduten duen atzerriko enpresa baten ekoizpena Espainiako BPGd-an jasotzen da.	BPGd-a kalkulatzeko erabili ohi den aldia urtebete da.

8.1. taula. BPGd-aren ezaugarriak. Azken ondasunei eta tarteko ondasunei buruz 1. unitatean jardun dugu.

1.1. BPGd-aren kalkulua

! Garrantzitsua

Praktikan, BPGd-a hiru metodoen bidez kalkulatzea ez da 1. jarduera ebatzian bezain erraza. Eredu soil-soila da, eta hemendik aurrera zenbait elementu eta ñabardura erantsiko dizkiogu. Hasteko, sakon azalduko dugu barne-produktu gordina kalkulatzeko erabiliena den metodoa: **gastuaren metodoa**.

Merkatu-ekonomia batean, ekonomia-eragileak gastatzeko prest daudenari egokitzen diote enpresek ekoizpena. Eta BPGd-ak herrialde bateko ekonomia-eragileek ekoitzi edo erosi dituzten ondasun eta zerbitzu guzti-guztien balioa neurtzen duenez, ongi adierazten du ekonomiaren bilakaera.

Hiru metodo daude BPGd-a kalkulatzeko:

- **Gastuaren metodoa**. Familiek kontsumitutakoaren, enpresek inbertitutakoaren eta administrazio publikoak gastatutakoaren batura da.
- **Errentaren metodoa**. Ondasunak eta zerbitzuak ekoizteagatik familiek eta enpresek jasotako errenten (soldatak, etekinak, alokairuak eta interesak) batura da.
- **Balio erantsiaren metodoa**. Enpresa bakoitzak ondasunen eta zerbitzuen ekoizpenari eransten dion balioa batuz lortzen da.

***1. jarduera ebatzia.* Irislandiaren BPGd-a, gastuaren, errentaren eta balio erantsiaren metodoen bidez**

Irislandian, arrantza-ontziek harrapatutakoa lonjan saltzen dute 50 milioi euroan (M€); eta lonjak uharteko biztanleei saltzen die arraina 75 M€-an. Ekonomia horretan zirkulatzen duen dirua 75 M€ da, arrantza-ontzien eta lonjaren salmenten emaitza. Diru-kantitate hori honela banatzen da: 60 M€ langile guztien soldatak ordaintzeko, eta 15 M€, arrantza-ontzien eta lonjaren jabeen artean banatzeko, etekin moduan. Kalkulatu Irislandiak ekoizten duenaren balioa, gastuaren, errentaren, enpresen salmenten eta enpresen balio erantsiaren metodoak erabiliz.

Soluzioa:

	Arrantza-ontziak	Lonja	Azken kontsumitzaileak	Soldatak	Enpresen etekinak	BPGd-a (ekoizpena)
Gastua	---	---	75 M€	---	---	75 M€
Errenta	---	---	---	60 M€	15 M€	75 M€
Salmentak	50 M€	75 M€	---	---	---	125 M€
Balio erantsia	50 M€	25 M€	---	---	---	75 M€

Balio erantsiaren metodoaren bidez kalkulatuta, arrantzak 50 M€ erantsi zituen ekoizpenera, eta lonjak, berriz, 25 M€ (75 €-an saldu zuen 50 M€-an erosi zuena).

Agerian geratzen da, ekoitzitakoaren balioa zehazteko, **salmentak** erabiltzen dituen metodoa ez dela egokia, bi aldiz kontabilizatzen delako.

A. Gastuaren metodoa

Merkatu-ekonomietan, ekoizten den guztia kontsumitzen edo erosten denez, BPGd-ak azken ondasunen ekoizpena neurtzen du **gastu** guztiak batuz; hau da herrialdeko ekonomia-eragile guztiek (enpresek, familiek eta sektore publikoak) herrialdearen barruan egindako azken ondasun eta zerbitzuen erosketa guztiak. Ez da ahaztu behar herrialde askotako ekonomiak elkarrekin lotuta daudela: atzerritarrek gure herrialdean erosten dute, eta guk, haienean. BPGd-a balio hauek osatzen dute: kontsumoak ***(C)***, inbertsioak ***(I)***, gastu publikoak ***(G)***, esportazioek ***(X)*** eta inportazioek ***(M)***. Balio horiei makromagnitude esaten zaie, makroekonomiaren berezkoak direlako eta errealitate makroekonomikoa neurtzeko erabiltzen direlako.

$BPGd_{mp} = C + I + G + (X - M)$ $_{mp}$: merkatu-prezioan

! Garrantzitsua

Merkatu-prezioan adierazpenak esan nahi du BPGd-an sartzen diren ondasunen eta zerbitzuen erosketek haietan egindako gastu guztiak sartuta dituztela (BEZa eta beste zerga batzuk).

2. jarduera ebatzia. Ekonolandiako BPGd-a

Beheko taulan Ekonolandiak 02 urtean zituen magnitude ekonomikoak (milioi €-tan) ikus ditzakezu.

a) Kalkulatu 02 urteko $BPGd_{mp}$.

b) Jakinik 01 urteko $BPGd_{mp}$ 1.240 milioi eurokoa izan zela, adierazi zer-nolako aldakuntza izan duen ekonomiaren hazkundeak?

c) Zein izango litzateke ekonomia horren $BPGd_{mp}$-aren balioa, kanpoarekiko muga guztiak itxiko balitu?

Gastu publikoa	100 M€
Kontsumo pribatua	950 M€
Esportazioak	100 M€
Inportazioak	17 M€
Enpresa-inbertsioa	200 M€

Soluzioa:

a) $BPGd_{mp}=C+I+G+(X-M)$; $BPGd_{mp}=950+200+100+(100-17)=$ $= 1.333$ milioi €

b) $$Ald_{BPGd_{02}-BPGd_{01}}=\frac{BPGd_{02}-BPGd_{01}}{BPGd_{01}}\cdot 100=\frac{1.333-1.240}{1.240}\cdot 100=\%7,5$$

Herrialdeak %7,5eko hazkundea izan du. 01 urtean ekoizten/gastatzen ziren 100 €-ko 107,5 € ekoizten/gastatzen dira 02 urtean

c) Kanpo-sektorea desagertuko balitz, $BPGd_{mp}$-aren formula honela geratuko litzateke:

$BPGd_{mp} = C + I + G$; $BPGd_{mp} = 950 + 200 + 100 = 1.250$ milioi €.

1. behatokia. Biztanleko BPGd-a edo per capita BPGd-a

Biztanleko BPGd-a, per capita BPGd-a ere esaten zaiona, herrialdeko BPGd-a herrialde horretako biztanle-kopuruaren artean zatitzearen emaitza da. 2017. urtean, Espainiako biztanleko BPGd-a 25.000 €-koa izan zen (8.1. irudiko %100ari dagokio). Autonomia-erkidego gehienak batez bestekoaren azpitik daude, baina badira gainditzen dutenak ere.

Hausnartu:

a) Irudiari erreparatuta, adierazi zein izan zen gure autonomia-erkidegoari dagokion biztanleko BPGd-a.

b) Zein izan zen Espainiako BPGd-a biztanleak 46.548.342 baziren?

c) Ikertu zein izan den Espainiako biztanleko BPGd-a, bai eta zure autonomia-erkidegokoa, eta adierazi ea bizi-maila hobetu edo okertu egin den oro har, 8.1. irudian adierazitakoarekin alderatuta.

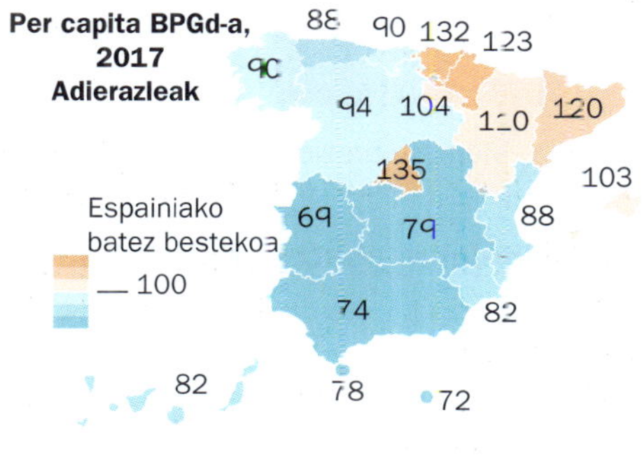

8.1. irudia. Biztanleko BPGd-aren banaketa, autonomia-erkidegoka.

Jarduerak

1. Erantzun 8.1. irudiarekin lotutako honako galdera hauei:

a) Euskal Autonomia Erkidegoan biztanleko BPGd-a Valentziako Erkidegokoa baino handiagoa baldin bada, Euskadik Valentziak baino gehiago ekoizten duela esan nahi al du?

b) Errenta hobeto banatuta al dago Madrilgo Erkidegoan Andaluzian baino?

c) Ehunekotan eta espainiar batekiko, zer esan nahi du aragoiar batek % 110 irabazten duela?

2. Adierazi ea BPGd-ak jarduera hauek neurtzen dituen ala ez: Suediako enpresa batek Espainian ekoitzitakoa, automobil baten parte den bolantea, GKE bateko boluntarioak, tabako-kontrabandoa, Espainiako enpresa batek Portugalen ekoitzitakoa, Italian egin baina Espainian saldu den praka-parea.

1.2. Kontabilitate nazionala

Merkatu-prezioaren araberako BPGd-ak guztira ekoitzitakoa kuantifikatzen du, baina beste makromagnitude batzuek adierazten dute herrialdeak ekoizteko duen **modua**. Herrialde batean denbora-aldi jakin batean egiten diren jarduera ekonomikoak jasotzen dituzten makromagnitudeen multzoari (BPGd-a barne) kontabilitate nazionala deritzo.

Kontabilitate nazionala esaten zaio herrialde baten barnean aldi jakin batean egiten diren ekonomia-jarduerei buruzko informazioa jaso eta jakinarazten duten adierazleen multzoari.

Kontabilitate nazionalari esker, gobernuko arduradunek jakin dezakete ekonomiaren alorrean abian jarritako neurrien emaitzak bat datozen beraiek espero zituztenekin; desbideratzerik edo hutsegiterik badago, zuzendu egin ditzakete; eta beste aurreikuspen batzuk egin ere bai.

Makromagnitudea	Laburdura	Deskribapena
Faktore-kostuaren araberako BPGd-a	$BPGd_{fk}$	Enpresek ekoitzitakoaren balioa da, kontuan hartu gabe azken kontsumitzaileei kobratu behar dizkieten zeharkako zergak (Zhz) eta administrazio publikoetatik jaso dituzten diru-laguntzak (DI).
Faktore-kostuaren araberako nazio-produktu gordina	$NPGd_{fk}$	Herrialdearen BPGd-a da, atzerriko enpresek barruan ekoitzitakoa kentzen baitu (afe) eta enpresa nazionalek kanpoan ekoitzitakoa gehitzen (fne).
Nazio-errenta edo nazio-produktu garbia	$NE = NPGb_{fk}$	Amortizazioak (Am) kentzen ditu, ekoizpen-ekipamenduen andeatzea, alegia. Andeatzea zenbatekoa den jakiteak ekoizpen-ekipamenduek zer ekarpen egiten duten eta noiz ordeztu behar diren jakiteko aukera ematen du.
Errenta pertsonal erabilgarria	EPE	Familiek irabazten dutena eta benetan eskuragarri dutena ez da berdina, Estatuaren birbanatzeko esku-hartzearen ondorioz: Zerga zuzenak (Zz), Enpresen banatu gabeko etekinak (Ebg), Gizarte Segurantzako kotizazioak (GS) eta Tr (Estatuaren transferentziak; adibidez, pentsioak, laguntzak...).

8.2. taula. Makromagnitude nagusiak.

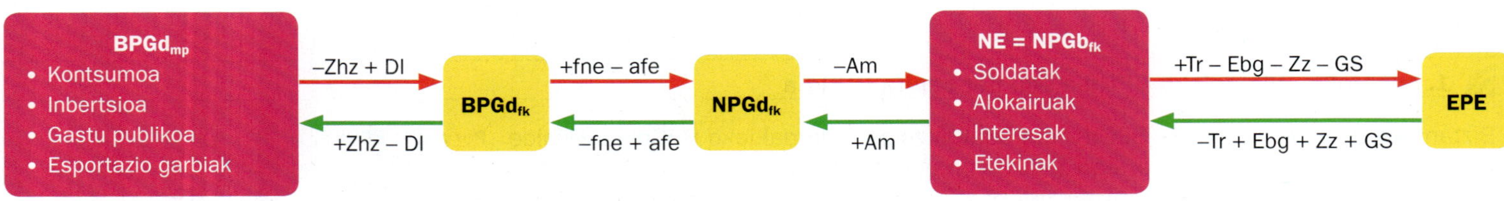

8.2. irudia. Merkatu-prezioen araberako BPGd-etik errenta pertsonal erabilgarrira.

3. jarduera ebatzia. Kontabilitate nazionala praktikan

	A	B
1	**Magnitudea**	**Balioa**
2	Herrialdeko enpresen ekoizpena kanpoan (fne)	200 M€
3	Atzerriko enpresen ekoizpena herrialdean (afe)	133 M€
4	Zeharkako zergak (Zzh)	220 M€
5	Zerga zuzenak (Zz)	100 M€
6	Amortizazioak (Am)	75 M€
7	Gizarte Segurantzako kotizazioak (GS)	150 M€
8	Enpresentzako diru-laguntzak (DI)	20 M€
9	Enpresen banatu gabeko etekinak (Ebg)	10 M€
10	Pentsioak (Tr)	40 M€
11		

8.3. irudia. Ekonolandiako makromagnitudeak M€-tan.

Ekonolandiako $BPGd_{mp}$ 1.333 milioi euro (M€) direla jakinda, 8.3. irudian adierazitako makromagnitudeak kontuan hartuta eta 8.2. irudiaz lagunduta, kalkulatu:

a) Faktore-kostuaren araberako barne-produktu gordina ($BPGd_{fk}$).

b) Faktore-kostuen araberako nazio-produktu garbia ($NPGd_{fk}$).

c) Nazio-errenta (NE).

d) Errenta pertsonal erabilgarria (EPE).

Soluzioa:

a) $BPGd_{fk} = BPGd_{mp} - Zhz + DI = 1.333 - 220 + 20 = 1.133$ M€.

b) $NPGd_{fk} = BPGd_{fk} + fne - afe = 1.133 + 200 - 133 = 1.200$ M€.

c) $NE = NPGb_{fk} = NPGd_{fk} - Am = 1.200 - 75 = 1.125$ M€.

d) $EPE = NE + Tr - Ebg - Zz - GS = 1.125 + 40 - 10 - 100 - 150 = 905$ M€.

1.3. BPGd nominalaren eta errealaren arteko aldea

Orain arte aztertu dugun BPGd-ari **BPGd nominala** esaten zaio eta azken ondasun eta zerbitzuak dagokion urtean zuten prezioez biderkatzearen emaitza da. Horregatik, beste modu honetan ere esaten zaio: **BPGd-a prezio korronteetan**.

Baina alditako barne-produktu gordina alderatzerakoan, ekoitzitako kopurua izan daiteke aldatzen dena, edo prezioa, edo biak. Kopurua ez bada aldatzen eta prezioek gora egiten badute, BPGd-a handitu egiten da, baina horrek ez du esan nahi ondasunen eta zerbitzuen balioa handitzen denik. BPGd-a prezioek gora egin dutelako igo da, ez ekoizpenaren balioa handitu delako.

Horrelako arazorik ez izateko, ekonomialariek beste adierazle bat kalkulatzen dute: **BPGd erreala.** Urte jakin batzuetako ondasunen eta zerbitzuen kantitatea erabiliz kalkulatzen da hori ere, baina, BPGd nominalean ez bezala, oinarri edo erreferentzia moduan erabiltzen den urteko prezioez biderkatzen da. Horrela, prezioen igoeraren eragina kentzen da. Balio nominaleko BPGd-a (edo eguneko prezioetan adierazitakoa) balio errealetara (edo prezio konstanteetara) pasatzeari deflaktatze deritzo (deflaktatzea inflazioak magnitude edo balio batean duen eragina kentzea da).

BPGd erreala BPGd nominal deflaktatua da.

Ba al zenekien?...?

Urte jakin bateko ekoizpenaren balioa kalkulatzeko, nahikoa da ondasun edo zerbitzu bakoitza urte horretan saldu zen prezioaz biderkatzea, baina hori ez da nahikoa BPGd-aren zenbait denbora-alditako bilakaera aztertu nahi badugu. Ekonomian inflazio-prozesuak gertatzen direnez, zenbait aldiren arteko konparazioa egin nahi badugu, beharrezkoa da inflazioaren eragina kentzea.

4. jarduera ebatzia. BPGd erreala eta BPGd nominala

Herrialde batean 04, 08 eta 12 urteetan, 80, 90 eta 110 milioi upel saldu ziren hurrenez hurren, aleko 20, 40 eta 45 €-ko prezioan (herrialde horretan saldu zen produktu bakarra hori izan zela joko dugu). Kalkulatu urte bakoitzeko BPGd nominala, BPGd erreala 04 urtearekiko eta BPGd errealaren aldakuntza 04 eta 12 urteen artean.

Soluzioa:

Urtea	Prezioa	Kopurua	Guztira	BPGd nominala	BPGd erreala (*)
04	20	80	1.600	1.600	1.600 (80 · 20 €)
08	40	90	3.600	3.600	1.800 (90 · 20 €)
12	45	110	4.950	4.950	2.200 (110 · 20 €)

(*): milioi €-tan eta 04 urtearekiko (horregatik, urte horretako prezioa hartuko dugu oinarri).

BPGd-aren aldakuntza erreala kalkulatzeko, ehuneko aldakuntzaren formula ezaguna erabiliko dugu:

$$Ald_{BPGd12-BPGd04} = \frac{BPGd_{12} - BPGd_{04}}{BPGd_{04}} \cdot 100 \qquad Ald_{BPGd12-BPGd04} = \frac{2.200 - 1.600}{1.600} \cdot 100 = \%37,5$$

Beraz, 04 eta 12 urteen artean, BPGd-aren aldakuntza erreala %37,5 izan zen.

Jarduerak

3. Amortizazioak ekoizpen-ekipamenduen andeatzea neurtzen du. Zenbat eta andetuago egon, orduan eta produktibitate txikiagoa edukiko dute eta ordeztetik hurbi ago egongo dira. Horrela bada, eta jakinda NPGb-a andeatze hori kontuan hartzen duen makromagnitudea dela, zergatik da garrantzitsua, zure ustez, herrialdeko ekoizpen-ekipamenduek galdu duten balioa zenbat den jakitea?

4. Zer alde dago produktu nazional gordinaren eta barne-produktu gordinaren artean?

5. Zergatik deflaktatzen da BPGd nominala? Nola kalkulatzen da deflaktazio hori?

6. Irislandiako merkatuan lehenengo urtean 500.000 kg arrain saldu ziren, kiloko 10 €-ko batez besteko prezioan. Bigarren urtean, arrain-kantitate berbera saldu zen baina, 12 €-an.

a) Kalkulatu bi urteetako BPGd nominala eta BPGd erreala, lehenengo urtea oinarri hartuta.

b) Zer aldakuntza izan dute prezioek lehenengo eta bigarren urteen artean? Eta BPGd errealak?

1.4. BPGd-aren mugak

BPGd-aren erabileran eta interpretazioan zenbait muga agertzen dira. Hona hemen garrantzitsuenak (8.4. irudia):

1. BPGd-ak **ez ditu kontuan hartzen ekonomia batek ekoitzitako azken ondasun eta zerbitzu guztiak.** Jarduera asko ez dira aitortzen: sektore publikoak ez du haien berri, eta, beraz, ez da agertzen egiten direnik. Estatuaren begietatik at egiten diren jarduerei **ezkutuko ekonomia** deritze.

2. BPGd-ak **ez du neurtzen ondasunen eta zerbitzuen trukean dirurik erabiltzen ez den jarduerarik.** Horrelakoak dira etxeko lanak, borondatezko lanak eta truke-eragiketak. Oso jarduera garrantzitsuak diren arren, ez dira BPGd-an agertzen, ez baitira merkatutik igarotzen. Eta pentsa, esaterako, zer gertatuko litzatekeen ekonomia batean etxeko lanik egongo ez balitz; alegia, inor prest egongo ez balitz ordaina dirutan jaso gabe egiteko?

3. BPGd-ak, beste ekonomia-adierazle batzuek bezalatsu, **ez ditu kanpo-eraginak adierazten;** alegia, ez ditu islatzen ekonomia-jardueraren ondoriozko onurak eta kostuak; esate baterako, teknologia-aurrerapena (positiboa) eta kutsadura eragitea (negatiboa).

4. BPGd-ak **ez du neurtzen nola banatzen den aberastasuna biztanleen artean.** Nahiz eta per capita BPGd-a kalkulatu (hau da, herrialde bateko BPGd-a zati biztanle kopurua) biztanleriaren ongizatearen neurriren bat izateko, ez dugu jakingo benetan nola banatuta dagoen, adierazle horrek batez besteko hutsa egiten baitu. Per capita BPGd-a handi samarra izanda ere, gerta liteke banaketa oso desorekatua izatea; alegia, gutxi-gutxi batzuk oso aberatsak izatea, eta gainerakoak, gehien-gehienak, pobreak.

5. BPGd-ak **ez du neurtzen ekoitzitako ondasunen eta zerbitzuen kalitatea.** BPGd-aren zifrak zenbaki hutsak dira, ez besterik, ez dute kontuan hartzen ekoizten dena elikagaiak diren, liburuak, armak edo beste edozer gauza. Eta ezaugarri horrek zenbait alditako ekoizpenaren kalitatea neurtzea eragozten du. Hona hemen **adibide** soil bat: laurogeita hamarrekoko hamarkadaren erdialdean, telefono mugikorrak handi-handiak ziren, oso astunak, eta telefono-deiak soilik egin zitezkeen arren oso garestiak ziren (1.000 € inguru gaur egungo prezioetan); gaur egun, gauza askoz gehiago egin daitezke mugikorrekin, baina hainbeste diru balio dutenak gama altuko *smartphoneak* dira, eta gutxi batzuk, gainera. Hau da, garai hartan, telefono mugikor batek gehiago eransten zion BPGd-ari gaur baino, nahiz eta ematen zituen prestazioak mugatuak izan. Bestalde, BPGd-ak ez du adierazten ekoizpenak denboran iraun egiten duen ala ez. Adibidez, petrolioa ekoizten duten herrialdeen BPGd-a oso altua izan ohi da, lehengaia garestia delako, baina BPGd-aren zifrek ez dute adierazten baliabide hori agortu egingo dela, eta hala da.

8.4. irudia. BPGd-ak ekonomia-adierazle moduan dituen mugak.

GGIren maila	GGIren postua, 2017		GGI 2017	Bizi-itxaropena jaiotzean (urteak)	Hezkuntzaren batez bestekoa (urteak)	Postu-aldaketa 2008tik 2017ra
Oso altua	1	Norvegia	0,953	82,3	17,9	=
	3	Australia	0,939	83,5	16,2	–1
	5	Alemania	0,936	81,2	17,0	=
	28	Espainia	0,891	83,3	17,9	+2
Altua	54	Bahamak	0,807	75,8	12,8	–3
	89	Peru	0,750	75,2	13,8	–15
Ertaina	110	Paraguay	0,702	73,2	12,7	–2
	130	India	0,640	68,8	12,3	+4
Baxua	149	Nepal	0,574	70,6	12,2	–4
	189	Nigeria	0,354	60,4	5,4	–1

8.3. taula. Dena ez da BPGd-a. Barne-produktu gordinak ez du bizi-kalitatea neurtzen, eta, horregatik, badira beste indize batzuk, hezkuntza eta bizi-itxaropena neurtzen dituztenak, esaterako. Aldagai horiek eta erosteko ahalmenaren arabera homogeneizatutako BPGd-ak osatzen dute **giza garapenaren indizea (GGI)**. Indize hori Garapenerako Nazio Batuen Programak (UNDP) osatzen duen adierazle bat da. 14. unitatean helduko diogu, berriro GGIari.

Hausnartu

Nola neurtzen dira sentsazioak? Eta sentimenduak? Ekonomiari ere gauza bera gertatzen zaio: ezin du neurtu zenbakitan adierazi ezin dena. Adibidez, **etxeko lana** ongizate-gizartearen oinarrietako bat da, baina ezin da ekonomiaren alderditik neurtu.

5. jarduera ebatzia. Irislandiako makromagnitudeen kalkulua

03 urtean Irislandiako EPEa 38 milioi €-koa (M€) izan zen. 8.4. taulako magnitudieak oinarri hartuta eta 8.5. irudiaz agun- duta, kalkulatu:

a) Faktore-kostuen araberako nazio-produktu gordina ($NPGd_{fk}$).

b) Faktore-kostuen araberako barne-produktu gordina ($BPGd_{fk}$).

c) Barne-produktu gordina merkatu-prezioetan ($BPGd_{mp}$).

d) 01, 02 eta 03 urteetako BPGd nominala, eta 8.5. irudiko datuekin, 03 urteko aldakuntza BPGd nominala 02 urteare- kiko.

e) 02 eta 03 urteetako BPGd erreala, 8.5. irudiko datuekin.

EPE	Errenta pertsonal eskuragarria	38
fne	Irislandiaren ontzidia kanpoan	15
afe	Atzerriko ontzidia Irislandian	20
Zhz	Zeharkako zergak	15
Zz	Zerga zuzenak	22
Am	Ontzien eta nabeen andeatzea	11
GS	GSko kotizazioak.	6
DI	Diru-laguntzak ontzidiari	12
Ebg	Etekin banatu gabeak	0
Tr	Pentsioak	10

8.4. taula. Irislandiako datu makroekonomikoak (M€-tan).

Soluzioa:

a) $NPGb_{fk}$ = EPE – Tr + Ebg + Zz + GS = 38 – 10 + 0 + 22 + 6 = = 56 M€.
$NPGd_{fk} = NPGb_{fk}$ + Am = 56 + 11 = 67 M€

b) $BPGd_{fk} = NPGd_{fk}$ – fne + afe = 67 – 15 + 20 = 72 M€.

c) $BPGd_{mp} = BPGd_{fk}$ + Zhz – DI = 72 + 15 – 12 = 75 M€.

d) BPGd nominalaren aldakuntza 03 eta 02 artean (8.5. irudia).

$$\text{Ald N}_{BPGd03 - BPGd02} = \frac{BPGd_{03} - BPGd_{02}}{BPGd_{02}} \cdot 100 = \frac{75 - 59{,}5}{59{,}5} \cdot 100 = \%26$$

e) BPGd erreala 02 eta 03 artean (8.5. irudia).

	A	B	C	D	E	F	G	H
1							Soluzioa	Soluzioa
2	Urtea	Prezioa	Milioi tm	Prezioa	Milioi tm	Guztira	BPGd nominala	BPGd erreala (*)
3	1	9	4	4	4	52	52	52
4	2	10	4,25	4	4,25	59,5	59,5	55,25
5	3	10	5	5	5	75	75	65
6							(*) 01 urteko prezioak	

8.5. irudia. Irislandiako kantitateer eta prezioen bilakaera.

2. *behatokia.* BPGd-aren indize alternatiboak

Giza garapenaren indizea (GGI) BPGd-aren alternatiboak diren indizeetako bat da. Badira arreta hain ekonomikoak ez diren fak- toreetan jartzen duten beste indize batzuk, zoriontasunean eta ekologian jartzen dutenak, adibidez. Baina zoriontasuna zerbait erlatiboa da eta ingurumen-onurak neurtzeko zailak dira, eta, horrez gain, ez dira zehatzak eta epe luzerakoak dira.

Hausnartu:

a) Bilatu Interneten BPGd-aren alternatiboa den indize bat. Ida- tzi haren funtzionamendua azaltzen duen testu bat eta ko- mentatu haren emaitzen bat. Zergatik iruditzen zaizu egokia adierazle hori?

b) Asmatu BPGd-aren alternatiboa den indize bat eta neurtu ha- ren balioa hiru herrialdetan: Ekuador, Espainia eta Danimar- ka. Horretarako, kontsultatu behar dituzun datuak Munduko Bankuaren webgunean (**https://datos.bancomundial.org/indicador**). Zer aldagai erabiltzea erabaki duzu? Zer ehuneko esleitu dizkiozu zure formulan? Zer izen jarri diozu zure indi- zeari? (Originala izan behar du).

Jarduerak

7. Duela 20 urte telebistak bereizmen ertaineko irudiak zi- tuzten *kutxa* handiak besterik ez ziren, haietan telebista- kanalak soilik ikus zitezkeen eta gaur egungoen halako biko prezioa zuten. Erabili adibide hori BPGd-ak ekoizpena- ren kalitatea ez duela neurtzen azaltzeko.

8. Zergatik da ezkutuko ekonomia guri guztioi eragiten digun arazoa?

9. Azaldu per capita BPGd-aren erabilgarritasunak eta mugak.

2. Ekonomia, oro har

7. unitatean, gobernuaren politika makroekonomikoak eta ekonomiaren aldagai kritikoak aztertu ditugu. Unitate honetan, BPGd-an sakondu dugu, eta kontabilitate nazionalaren bidez nola neurtzen den azaldu. Aldagai kritikoak, BPGd-a besteak beste, politika makroekonomikoen eraginpean daude daude, baina baita **merkatuaren barne-indarren** eraginpean ere.

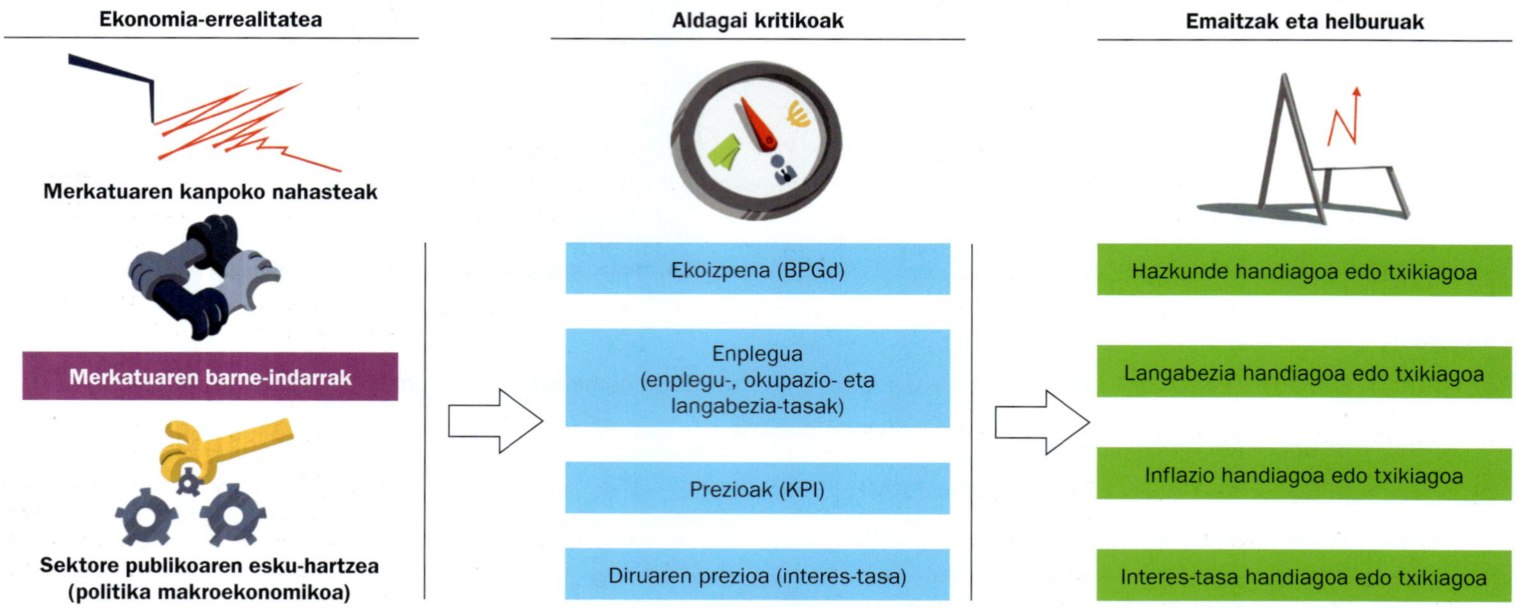

Fig. 8.6. Herrialde bateko errealitate ekonomikoan merkatuaren kanpoko nahasteek, merkatuaren barne-indarrek eta ekonomia ororen politika ekonomikoek (ekoizpena, enplegua eta prezioa) eragiten dute.

Merkatuaren barne-indarrak, hau da, herrialde bateko ekonomia-eragileek dituzteN portaerak, herrialde horretako ekonomiaren eskaintza- eta eskari-kurbetan islatzen dira. Kurba horiek **agregatuak** direla esaten da bi magnitude horietan herrialde baten barruan jarduten duten ekonomia-eragile guztien –izan nazionalak, izan atzerrikoak– banako eskariak eta eskaintzak batuta edo agregatuta agertzen direlako.

> **Merkatuaren barne-indarrak** herrialde bateko ekonomia-eragileen portaeraren araberakoak dira, eta eskaintza eta eskari agregatuaren joko askean adierazten dira.

Ez dira nahasi behar orain adierazten ari garen magnitude agregatuak eta 4. unitatean ikasi genuen **eskaintza eta eskaria**. Unitate horretan, hain zuzen ere, merkatu jakin batzuen portaera aztertu genuen; esate baterako, automobilen merkatuarena edo etxetresna elektrikoena. **Eskaintza eta eskari agregatuak**, berriz, ez dute azaltzen nola funtzionatzen duen merkatu isolatu batek. Aitzitik, merkatuak oro har nola funtzionatzen duen azaltzen dute; hau da, ondasunen eta zerbitzuen guztirakoak aztertzen ditu, ekonomia-eragileek banaka eskaintzen edo eskatzen dituzten ondasunen eta zerbitzuen batura eginez, eskaintzak eta eskariak agregatuz, alegia. Aurreko horiek bezalaxe, prezioak ere agregatu egiten dira, batez besteko maila bat ezartzeko.

> **Prezioen batez besteko maila** deritzogu ekonomia bateko ondasunen eta zerbitzuen prezioen batez besteko haztatuari.

Merkatu makroekonomikoan, bat egiten dute eskatzaileek (enpresak, familiak, sektore publikoa eta kanpo-sektorea) eta eskaintzaileek (enpresak, direla bertakoak direla atzerrikoak), bakoitzak bere gastu-planak eta ekoizpen-planak dituela. Zaila da epe laburrean herrialde bateko ekoizpen-ahalmena aldatzea, eta, beraz, herrialdearen eskaintza agregatua aldatzea. Baina ez da gauza bera gertatzen eskari agregatuarekin: ekonomia-eragileen portaeraren eta espektatiben araberakoa da, eta edozein unetan alda daiteke. Hortaz, eta enpresek ekoizpena merkatuak nahi duenari egokitzeko, oso egokia izaten da eskari agregatua zenbatekoa den jakitea; alegia, jakitea ekonomia-eragileak zenbat gastatzeko prest dauden eta zer ondasun eta zerbitzutan gastatzeko prest dauden.

Ba al zenekien?...?

1936. urtean, Keynesek, *Diruaren teoria orokorra liburuan,* hau adierazi zuen: «Bizi garen ekonomia-gizartearen hutsegite larrienetakoa da ez duela enplegu betea eskaintzeko ahalmenik, eta aberastasunaren eta errentaren banaketa guztiz arbitrarioa dela eta oso desberdin banatuta dagoela».

@ Interneten

Espainian, egoera makroekonomikoa zein den jakiteko erreferentziazko webgunea **www.ine.es** webgunea da, **Estatistikako Institutu Nazionalarena**. Webgune horretako prentsa-arloan argitaratzen dira datu eta txosten ofizialak eta haiek egiteko erabili diren irizpideak.

2.1. Eskari agregatua eta haren kurba

Prezio-maila jakin bat izanik, honako hau da eskari agregatua: ekonomia-eragileak –direla bertakoak direla atzerrikoak– herrialde baten barruan egiteko prest dauden guztirako gastua.

Ekonomia bateko **eskari agregatua** deritzo, prezioen batez besteko maila jakin bat izanik, familiek, enpresek eta sektore publikoak ekonomia horretan egiten duten gastu osoari, kontuan izanda esportazioen saldo garbia ere.

$$AD = C + I + G + (X - M)$$

Eskari agregatuaren grafikoa **eskari agregatuaren kurba** da (8.7. irudia), eta ekonomia-eragileak prezioen maila bakoitzean erosteko prest dauden produktu-kantitatea adierazten dute. Prezioak zenbat eta txikiagoak izan, orduan eta handiagoa izango da eskari agregatua, eta alderantziz. Prezioen batez besteko mailak eragiten du ekonomia-eragileek eskari agregatu handiagoa edo txikiagoa eragitea. Gastu edo eskari agregatua beste faktore hauek ere baldintzatzen dute: ekonomian zirkulatzen ari den diruak, ekonomia-eragileen errenta-mailak eta sektore publikoak ezartzen dituen zergak.

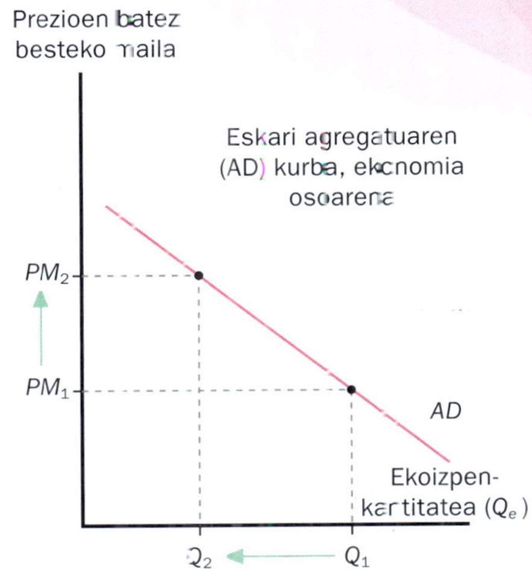

8.7. irudia. Eskari agregatuaren funtzioaren adierazpen grafikoa.

2.2. Eskaintza agregatua eta haren kurba

Hauek dira eskaintza agregatuan eragiten duten faktoreak:

- **Prezioen batez besteko maila.** Faktore nagusia da. Enpresak saltzen dituen ondasunen eta zerbitzuen prezioek behera egiten badute, pizgarri gutxiago ditu ekoizteko, eta, beraz, produktu gutxiago eskainiko ditu merkatuan. Eta alderantziz.
- **Ekoizpen kostuak.** Enpresak ekoizteko erabiltzen dituen baliabideen prezioak gora egiten badu, etekinek behera egingo dute, etekinak murriztu egingo dira, eta enpresek ekoizpena murriztuko dute kostuak murrizteko. Eta alderantziz.
- **Enpresa-espektatibak.** Enpresak merkatuari eskaintzen dizkion aleen kopurua enpresaren beraren espektatiben araberakoa ere bada. Eta espektatiba horiek enpresa-helburuak ere baldintzatzen dituzte. Esate baterako, Txinak –kontuan izanda 1.400 milioi biztanle dituela eta gaur egun merkatu-ekonomiara zabaltzen ari den herrialdea dela– espektatiba on-onak izango ditu. Baina zer espektatiba izango ditu etengabe arazo sozialak eta politikoak dituen herrialde batek?

Gogoan izan

Ekoizpen-kostua ekoizpen-baliabideen kostuen eta erabiltzen den teknologiaren (hau da, baliabide horiek konbinatzeko moduaren) arteko batura da.

Eskaintza agregatuak adierazten du zer ekoizpen-kantitate saltzeko prest leudekeen enpresak batez besteko prezio eta ekoizpen-kostu jakin batzuetan.

Eskaintza agregatua grafikoki adierazten duen kurbari eskaintza agregatuaren kurba deritzo eta enpresak prezioen batez besteko maila bakoitzean saltzeko prest dauden ekoizpen-kantitatea erakusten du. Prezioak zenbat eta handiagoak izan, orduan eta handiagoa izango da eskaintza, eta alderantziz. Erreparatu arretaz eskaintza agregatuaren kurbari (8.8. irudia). Kurbaren malda handituz doa ekoizpen-ahalmena errendimendu osorantz hurbiltzen den heinean. Prezioa asko igo izanagatik, eta, hortaz, etekin handiagoak lortzeko enpresa-espektatibak handitu izanagatik, une batetik aurrera enpresei oso zaila egiten zaie ekoizpena handitzea, ekoizpen-ahalmenaren maximora iritsi baitira. Horrenbestez, eta prezioak igo arren, enpresek ezin dute produktu-kantitate handiagoa eskaini merkatuan.

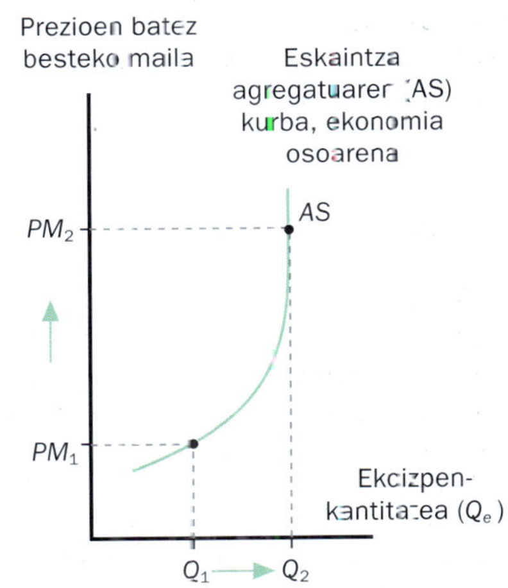

8.8. irudia. Eskaintza agregatuaren adierazpen grafikoa. Faktore hauek eragiten dute eskaintza agregatuan: prezioen batez besteko mailak, ekoizpen-kostuek eta enpresa-espektatibek.

Jarduerak

10. Zer alde dago eskari agregatuaren eta 4. unitatean ikasitako eskari mikroekonomikoaren artean?

11. Zertan dira desberdinak eskaintza agregatuaren kurba eta eskaintza mikroekonomikoaren kurba?

12. Zergatik jakin nahi izaten dute enpresek eskari agregatuaren bilakaera?

13. Azaldu nola baldintzatzen dituen prezioen batez besteko mailak eskari eta eskaintza agregatuak.

2.3. Oreka makroekonomikoa

Eskaintza eta eskari agregatuen (AS eta AD) kurben forma eta portaera 4. unitatean ikasitako eskaintza eta eskari mikroekonomikoen berdina da. **Eskaintza gehiegizkoa** denean, enpresek prezioak jaitsi behar izaten dituzte biltegietan duten ekoizpenari irteera emateko, eta alderantziz: **gehiegizko eskaria** badago, produktuaren prezioak gora egingo du eta ekoizpenak ere bai, merkatua asetzeko. Azkenean, **merkatu makroekonomikoaren oreka** –hau da, ez produktu jakin batena bakarrik, herrialde bateko ondasunen eta zerbitzuen merkatuena baizik– erosleen eta enpresen planek bat egiten dutenean lortzen da, AD eta AS kurbek elkar ebakitzen dutenean, alegia (8.9. irudia). Enpresen, kontsumitzaileen eta sektore publikoaren portaerak eskaintza eta eskari agregatuen kurbak lekualdatzen dituzte, eta ekoizpenaren, enpleguaren eta prezioaren maila aldatzen dute. Horrenbestez, oreka makroekonomikoa lortzen denean, funtsezko bi alderdi jartzen dira agerian:

a) **Erabiltzen ez diren baliabideak daude.** Praktikan, ekoizpena nahi dena baino txikiagoa izaten da, erabiltzen ez diren baliabideak daudelako; esate baterako, langabezian dagoen eskulana.

b) **Egonkortasuna aldi baterako da soilik.** Lortutako oreka egoki-egokia izan arren, jakin badakigu ekonomiak portaera ziklikoa izaten duela (goraldiak eta atzeraldiak tartekatzen dira ekonomia orotan), eta, horregatik, badakigu lehenago edo geroago garai txarrak etorriko direla.

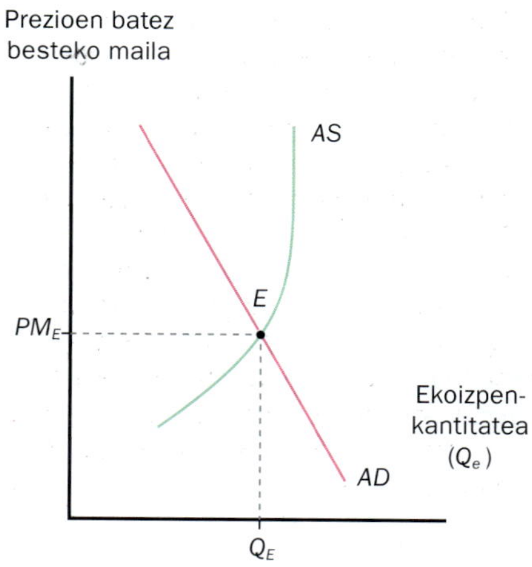

8.9. irudia. Oreka makroekonomikoa.

Oreka makroekonomikoaren ezaugarri horiek direla eta, ezinbestekoa da Estatuak ekonomian esku hartzea, gehiago edo gutxiago.

Oreka makroekonomikoa faktore hauen elkarrekintzaren orotarako emaitza izango da: merkatuaren barne-indarren, Gobernuaren ekonomia-politikaren eta merkatuaren kanpoko nahaste kontrolaezinen eta iragarrezinen elkarrekintzarena.

6. jarduera ebatzia. BPGd-a eta eskari agregatua

Bietarako formula berbera erabiltzen denez, gauza bera al dira eskari agregatua eta BPGd-a?

Soluzioa:

Ez; eskari agregatua ekonomia-eragileak erosteko prest dauden azken ondasun eta zerbitzuen balioa da, eta BPGd-a, berriz, benetan erositako ondasunen eta zerbitzuen balioa. Hau da, eskari agregatuak gastu-espektatibak adierazten ditu, eta, BPGd-ak, berriz, gauzatutako gastua, benetan egindako gastua, alegia.

Baina zer gertatzen da merkatu-ekonomian, enpresak ekonomia-eragileek eskatzen duten guztia ekoizteko prest dauden merkatuan? Bada eskatzen den ondasunen eta zerbitzuen kantitatea ekoizten den kantitate berbera dela, behin enpresek ekoizpena ekonomia-eragileek eskatzen dutenera egokitu eta gero. Horrenbestez, emaitza bera lortzen da bi magnitudeak kalkulatzen direnean. Horregatik, bi kontzeptuak, eskatutako kantitatea eta ekoitzitako kantitatea sinonimotzat erabili ohi dira, maiz, makroekonomian.

3. *behatokia.* Espainiako BPGd-a deskonposatzen

Taula honetan Espainiako 2017. urteko BPGd erreala duzu adierazita, milioi eurotan, 2010eko merkatu-prezioetan.

BPGd-aren osagaiak, eskariaren arabera	Balioa, 2010eko prezioetan	BPGd-aren osagaiak, eskaintzaren arabera	Balioa, 2010eko prezioetan
Kontsumo pribatua	658.488	Nekazaritza	31.335
Gastu publikoa	227.699	Industria	190.375
Inbertsioa	246.141	Eraikuntza	64.751
Esportazioak	400.216	Zerbitzuak	771.006
Inportazioak	366.225	Zeharkako zergak	108.852

Hausnartu:

a) Kalkulatu $BPGd_{mp}$-aren balioa, eskaintzaren eta eskariaren arabera? Zer balio lortzen duzu bietan? Zergatik da horrela?

b) Eskaintzaren araberako $BPGd_{mp}$-aren balioa kalkulatzean zergatik eransten dizkiogu zeharkako zergak?

c) Jakinda Espainiara etorri ziren turistek egindako kontsumoaren balioa 51.587 milioi eurokoa izan zela, kalkulatu zenbatekoa izan zen BPGd-ari egindako ekarpena.

Zerga garbiak = Zeharkako zergak (Zzh) –
– Enpresentzako diru-laguntzak (DI)

3. Kontsumoa

Aurreko atalean ikusi dugun bezala, ekonomia-eragileen eskari agregatuak egiten dio presioa enpresek egiten duten eskaintza agregatuari. Beraz, oso garrantzitsua da zehatz-mehatz aztertzea nola jarduten duten eskari agregatuaren osagaiek, behar bezala ulertzeko zerk eragiten duen ekonomia-eragileek gehiago edo gutxiago gastatzea. Makromagnitude horren osagai nagusia **kontsumo pribatua** da, eta, horren atzetik, enpresa-inbertsioa. Kontsumo pribatua izaten da, herrialde garatuetan, eskari agregatuan pisu handiena duen osagaia (kontsumo osoaren bi heren da, batez beste). Kontsumo pribatuak familiek edo kontsumitzaileek honako hiru ondasun-kategoria hauetan egiten dituzten gastuak jasotzen ditu:

- Ondasun iraunkorrak: telebista, automobila...
- Ondasun galkorrak: elikagaiak, jantziak, botikak...
- Zerbitzuak: garraioa, hezkuntza, komunikazioa, osasungintza...

Familiek edo kontsumitzaileek beste ondasun batzuk ekoizteko erabiliko ez diren **azken ondasunetan egiten duten gastuari** esaten diogu kontsumoa. Esate baterako, zuk ordenagailu eramangarri bat erosten baduzu, gastu hori kontsumo (C) moduan jasotzen da; baina enpresa batean ordenagailu eramangarria, zeharka, beste ondasun batzuk ekoizteko erabiltzen denez, enpresa-inbertsioan (I) kontabilizatzen da.

Beheko taula honetan jasotzen dira familien kontsumo-erabakiak baldintzatzen dituzten faktore nagusiak.

Urtean erabilgarri dagoen errenta	Herrialde bateko kontsumoan gehien eragiten duen faktorea da. Zenbat eta errenta handiagoa, orduan eta kontsumo handiagoa, eta alderantziz. Kontsumo-eskaria errentaren bolumenaren araberakoa da. Errentak oso txikiak izanda ere, bada kontsumo-eskaria, **kontsumo autonomoa** deritzona, ia ezer ez duenak ere kontsumitu egin behar baitu, bizirauteko.
Errenta iraunkorra	Familia batek izango lukeen errenta, behin-behineko edo aldi baterako gertaeren eragina kenduta (ustekabeko irabaziak edo galerak, adibidez). Errentaren aldaketak iraunkor samarra badirudi (esaterako, lanpostu-igoera bada), kontsumitzaileek errenta-handitzearen zati handi bat kontsumitu ohi dute. Aitzitik, gorabehera bakana bada, loteria-sari txiki bat jasotzea kasu, kontsumo-ohiturak ez dira askorik aldatuko.
Bizi-zikloaren hipotesia	Hipotesi honek dio bizitza osoan kontsumo bera egin ahal izateko aurrezten dutela pertsonek. Esate baterako, askoren ametsa da erretiroa lasai hartzeko moduko errenta izatea, eta, horregatik, aurreztu egiten dute erretiratzen direnean jasoko duten pentsio ofiziala osatzeko, lanean dihardutenean jasotzen den errenta baino txikiagoa izaten baita.
Aberastasunaren eragina	Demagun bi kontsumitzailek diru-kopuru berbera irabazten dutela urtean baina batek 100.000 € dituela bankuan eta besteak ez duela aurrezkirik. Lehenengoak, soldataz gain, badu kontsumitu ahal izateko aberastasuna, eta besteak, berriz ez. Kontsumoa eta aberastasuna lotzen dituen faktore horri **aberastasunaren eragina** deritzo.

8.5. taula. Kontsumoa baldintzatzen duten faktoreak.

Jarduerak

14. Zer lotura dute ziklo ekonomikoek oreka makroekonomikoarekin? Zergatik izaten da saihestezina Estatuak ekonomian esku-hartzea askotan oreka makroekonomikoa egokia izan arren?

15. Zergatik da familien kontsumoa funtsezko alderdia herrialde garatuetako ekonomia-jardueran?

16. Adierazi honako egoera hauek nola aldarazten dituzten kontsumo-planak:

a) Loteria nazionaleko sari bat jasotzea.

b) Erretiro-adina 70 urtera arte atzeratzea.

c) Funtzio publikorako oposizio bat gainditzea, langabezian zenbait urte egon ondoren.

d) Kontratu mugagabe bat izatea, aldi luze batez aldi baterako kontratuak izan ondoren.

Hausnartu

Arrazoizko moduan kontsumitzen al dugu?

Nahiz eta kontsumitzaileen elkarteek gomendatu maileguak premia dagoenean soilik eskatzea, eta kontuan hartuta zer interes ordaindu behar diren eta zer aurrezte-gaitasun dugun, estatistikek erakusten dute oso zorpetuta bizi garela. Autoak erosteko kredituek, bidaiatzekoek... zuhurtzia ahaztea eragiten digute. Kontuan eduki behar da norberaren egoera pertsonalak edo lanekoak okertu egin daitezkeela etorkizunean: lana galtzea, ezusteko konponketak, istripuak eta abar.

8.10. irudia. Bizitzaz gozatu ala aurreztu? Gaur kontsumitzeari uko egin aurrezteak merezi izango duelako etorkizunean, ala gaur kontsumitu etorkizunak zer ekarriko digun ez dakigulako? Bizitzarekiko dugun jarrera da, beste ezer baino gehiago, baina ekonomia hutsaz ari garela, errealitateak erakusten digu aurreztea lortzen duten herrialdeak direla aberatsenak.

4. Inbertsioa

Eskari agregatuaren beste osagai garrantzitsu bat enpresa-inbertsioa da, bolumen handia du-eta.

Gogoan izan

Kontsumo-ondasunen eta kapital-ondasunen arteko aldea 1. unitatean ikusi genuen.

Enpresen ikuspegitik, **inbertitzea** zeharka giza beharrak asetzen dituzten ondasunak (kapital-ondasunak) eskuratzea da; alegia, beste ondasun batzuen ekoizpenean laguntzen duten ondasunak eskuratzea.

Enpresa-inbertsioak bi funtzio nagusi ditu ekonomia orotan:

a) **Eskariari *tira* egiten dio**; hau da, eskaria handitzen da enpresa batek inbertsio-ondasunak edo kapital-ondasunak erosten dituenean. Horrek, epe laburrean, ekonomia osoko ekoizpenari eta enpleguari eragiten dio. Horrelako ondasunak ekipamendua handitzeko edo andeatu egin diren edo zaharkituta geratu diren ekipamenduak ordezteko eskuratzen dira.

b) Herrialde bateko **instalatutako ekoizpen-ahalmena handitzen du** ondasun-kapitalak pilatzen baitira (errepideak, makinak, eraikinak, ekipamenduak...), eta, beraz, epe luzerako ekonomia-hazkundea sustatzen du.

A. Inbertsio-motak

Enpresen inbertsioa lau kategoria handitan banatzen da:

Plantan eta ekipamenduan egindako inbertsioa	Eraikuntza	Jabetza intelektuala	Izakinen aldakuntza
Ondasun iraunkorrak eskuratzea helburu duena da; hots, zenbait urtetan enpresaren ekonomia-jarduera gauzatzen lagunduko duten ondasunak eskuratzeko inbertsioak dira. **Ondasun ukigarriak** izan daitezke (makinak, ordenagailuak, garraio-elementuak, eraikinak...) edota **ondasun ukiezinak** (aplikazio informatikoak, meatzaritzako zundaketak, administrazio-emakidak...).	Bereziki eraikuntzarako diren ondasunetan eta ekipamenduan inbertitutakoaren batura da (garabiak, hormigoi-makinak, kamioiak...), dela etxebizitzak egiteko, dela obra zibilerako (azpiegiturak dira: zubiak, errepideak, portuak...). Berez, eraikuntza-enpresek **plantan eta ekipamenduan** egindako inbertsioa da. Teorian, lehen atalean sartu beharko litzatekeen inbertsioa da, baina hain da handia haren bolumena eta garrantzia, bere epigrafea baitu.	Oro har, **patenteak** dira, jatorria I+D+Gko prozesuetan dutenak, bai eta jabetza-eskubideak ere.	Ekoizpena saldu beharrean **biltegiratzea** beste inbertsio modu bat da, enpresek bermatu egiten dutelako saltzeko edo kontsumitzeko prest dauden produktuak izango dituztela ekoitzi ondorenean ere. Ohiko portaera da etorkizunean salmenta hobeak izango direla aurreikusten denean, edo ekonomia-hedaldiaren hasiera denean.

B. Inbertsioa baldintzatzen duten faktoreak

Hauek dira inbertsioa baldintzatzen duten faktore garrantzitsuenak:

Zikloari lotutako sarrerak	Kostuak		Erabilitako ekoizpen-ahalmena	Etorkizuneko espektatibak
	Diruaren prezioa	Zergak		
Inbertitzea interesgarria izango da sarrera handiagoak lortzen badira, enpresak gehiago salduko badu, alegia. Eta hori herrialdearen ziklo ekonomikoaren fasearekin lotuta dago, herrialdeak bizi duen fasearekin. Adibidez, kontsumo-ondasunen merkatuan eskariak gora egiten badu, enpresek plantan eta ekipamenduan inbertituko dute (kapital-ondasunak) ekoizpena handitzeko; eta merkatuko eskaria txikia bada, berriz, enpresek ez dute ekoizpena handitzeko beharrik izango, eta kapital-ondasunetan inbertitzeko eskaria ere txikiagoa izango da.	Maileguan hartutako dirua erabiliko bada inbertitzeko, kontuan hartu behar da zein den diruaren prezioa, hau da, zenbatekoa den **interes-tasa**. Maileguen interes-tasa handia bada, urriak izango dira interesak ordaintzeko adinako errentagarritasuna sortuko duten inbertsioak.	Gastua direnez, enpresa-etekina murrizten dute zergek. Edozein enpresak kontuan izan behar du etekinen zati bat, lortzen baldin badu, zergak ordaintzeko erabili beharko duela. Beraz, zenbat eta altuagoak izan zergak, orduan eta urriagoak izango dira nahikoa errentagarritasun lortuko duten inbertsioak.	Enpresa baten ahalmena merkatuaren eskariari erantzuteko dituen ekoizpen-instalazioen araberakoa da. Instalazioen errendimendua erabatekoa bada, merkatuaren eskariari erantzuteko ahalmenik ezak inbertsioa ekarriko du. Baina erabiltzen ari ez den ekipamendurik edo baliabiderik badago, litekeena da beharrezkoa ez izatea inbertsiorik egitea.	**Konfiantza** funtsezkoa da. Adibidez, enpresek uste badute herrialde bateko ekonomia-egoerak okerrera egingo duela inflazioaren edo gatazka politikoen eraginez, litekeena da han ez inbertitzeko erabakia hartzea nahiz eta etekinak lortzea segurua iruditu orain. Eta, aldiz, ekonomia-adierazleek egonkortasuna izango dela edo ekonomiak susperraldia izango duela adierazten badute, inbertitzeko une egokia dela pentsatuko dute.

C. Inbertsioaren eragin biderkatzailea

Inbertsioak eragin biderkatzailea du herrialde baten ekoizpenean. Enpresa batek ekipamendu berriak erosten baditu, haren erabakiak domino-efektua du ekonomia osoan: inbertsio berriek ekoizpen handiagoa dakarte, eskura errenta gehiago egotea, kontsumo handiagoa eta beste inbertsio batzuk. Gastua eta ekoizpena handitzea joera honekin lotuta dago: langileek eta enpresaburuek zenbat eta errenta handiagoa eduki (soldataren bidez, lehenengoek, eta mozkinen bidez, bigarrenek), orduan eta ondasun eta zerbitzu gehiago kontsumitzeko duten joerarekin.

Kontsumitzeko joera marjinalak (KJM) pertsonek errenta handiagoa dutenean zenbat ondasun eta zerbitzu gehiago kontsumitzen dituzten neurtzen du.

Kontsumitzeko joera marjinala zenbat eta handiagoa izan, orduan eta agerikoagoak egingo dira inbertsioaren ondorioak ekonomia osoan, eta, alderantziz.

Inbertsioaren biderkatzailea deritzo inbertsioa handitzean ekonomiak oro har izaten duen errenta-hazkundeari.

Adierazpen matematiko honen bidez zenbatzen da inbertsioaren kateak guztirako errentan eragiten duen hazkundea:

$$\text{Errentaren guztirako hazkundea} = \text{Hasierako inbertsioa} \cdot \frac{1}{1 - \text{KJM}}$$

8.11. irudia. Autobide bat hiri-ingurunea zeharkatzen. Azpiegiturak behar-beharrezkoak dira herrialdeen garapen ekonomikorako, edozein jarduera egiteko edota hiriguneek funtzionatzeko aukera ematen dute-eta. Portuak, autobideak, aireportuak edo abiadura handiko tren-azpiegiturak etorkizuneko inbertsioak dira.

7. jarduera ebatzia. Eragin biderkatzailea praktikan

Kontsumitzeko joera marjinala % 90ekoa duen herrialde batean, A enpresak garabi bat erosi dio B enpresari 1.000 €-an. B enpresak salmentaren truke jasotako euroen % 10 aurreztu du, eta gainerakoarekin C enpresari garabiak egiteko makinak erosi dizkio. C enpresak salmentaren truke jasotako euroen % 10 aurreztu du, eta gainerakoarekin, ordenagailuak erosi ditu, makina gehiago egiten jarraitzeko. Eta horrela, ondoz ondo.

a) Adierazi grafiko bidez ekonomia horretan inbertsioak duen kate-eragina.

b) Kalkulatu ekonomia horretan zenbat handitzen den guztira errenta.

Soluzioa:

a) Hau da adierazpen grafikoa:

b) $\Delta \text{ Errenta} = 1.000 \cdot \frac{1}{1 - 0{,}90} = 10.000$ €

4. *behatokia.* Eragin biderkatzailea XXI. mendean

Inbertsioari aplikatutako eragin biderkatzailearen eredua Keynesek garatu zuen joan den mendeko hogeita hamarreko hamarkadan, eta ekonomiako beste zenbait aldagaitarako ere balio du (adibidez, Estatuaren gastuetarako edo esportazioetarako). Ideia horiek praktikan jarri ziren, arrakastaz, gainera, XX. mendearen bigarren erdialdean, baina ez dira erabiltzen gaur egun.

Hausnartu:

a) Multinazionalek XXI. mendearen hasieran izan zuten goraldiak nola sustatu zuen eragin biderkatzaileak indarra galtzea?

b) Dena dela ere, nola eragin dezake enpresek ekonomiaren etorkizunean konfiantzarik ez izateak inbertsioaren eragin biderkatzailean?

Jarduerak

17. Zer eginkizun dute familiek enpresa-inbertsioetan?

18. Liburu honek kopiarako babesa du, egile-eskubideetan oinarrituta. Azaldu nola diren, egile-eskubideak ere, enpresa-inbertsioaren atal, automobilak edota lanparak diren bezalaxe.

19. Aztertu inbertsioaren portaera honako kasu hauetako bakoitzerako:

a) Instalazioak errendimendu osoan egotea, erabiltzen ari ez den baliabiderik gabe.

b) Kontsumo-ondasunak handitzea.

c) Zergak handitzea.

d) Ekonomia hedatze-fasean egotea.

e) Diruaren prezioa jaistea.

5. Aurrezkia

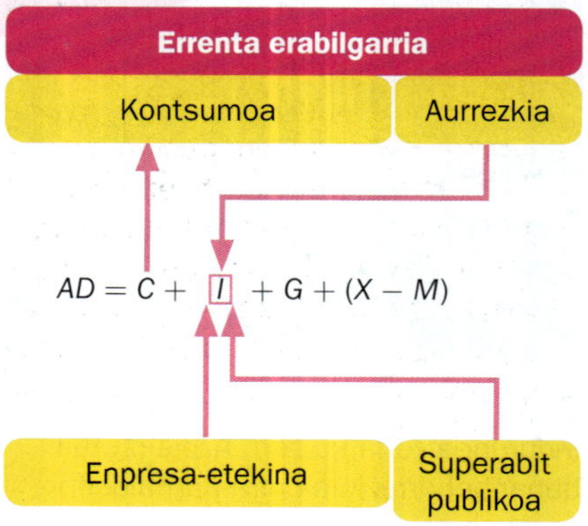

8.12. irudia. Pertsonen errenta erabilgarriaren eta eskari agregatuaren arteko erlazioa. Aurrezkiaren bolumenak enpresa-inbertsioarena baldintzatzen du.

Kontsumoarekin eta inbertsioarekin batera, bada hirugarren magnitude bat, eskari agregatuaren atal ez den arren garrantzitsu-garrantzitsua dena edozein herrialdetako ekonomiarako: aurrezkia.

Familien aurrezkia errenta erabilgarritik kontsumitzen ez den zatia da, eta, beraz, aurrezkia errenta erabilgarria ken kontsumoa da.

Oro har, eta herrialdea edozein dela ere, familien aurrezkia da, enpresen etekinekin eta superabit publikoarekin batera, **enpresa-inbertsioa** posible egiten duena, dela herrialdean bertan, dela atzerrian. Hain zuzen ere, familiek, enpresek eta sektore publikoek dirua eskaintzen dute kapitalen merkatuan, 8.12. irudian ikusten den bezala.

5.1. Inbertsioaren zikloa

Aurrezkia funtsezkoa izaten da **inbertsioaren zikloa** deritzonari hasiera emateko, nahiz eta enpresek baduten beren burua finantzatzeko aukera ere inbertsioak egiteko (8.13. irudia).

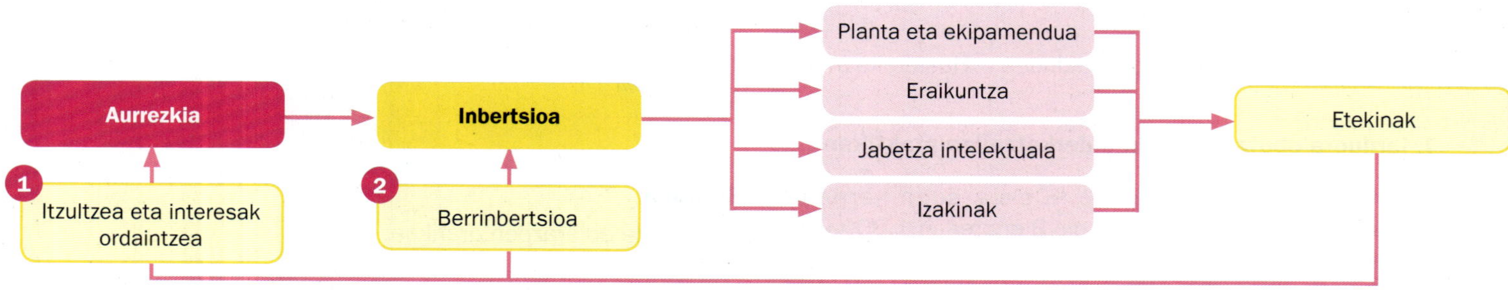

8.13. irudia. Inbertsioaren zikloa. Enpresek besteren baliabideetatik (1) edo baliabide propioetatik (2) lortzen dute inbertitzeko behar duten dirua. Lortutako etekinek berrinbertitzeko (2) aukera ematen dute, bai eta besteren baliabideak itzultzeko eta interesak ordaintzeko ere.

5.2. Herrialdeak aurrezkiaren aurrean

Herrialde bat gai bada egungo kontsumoari uko egiteko, aurreztu eta, gero, inbertitzeko, azkar handituko da haren ekoizpena eta soldata-maila, eta *mirari ekonomikoa* gertatu dela esango da. Aitzitik, herrialdeak errentaren zati handiena kontsumitzen badu, inbertsio txikia egiten badu plantan eta ekipamenduan, produktibitate txikiagoa izango du eta soldata askoz eskasagoak aurkakoa egiten dutenek baino.

Mirari ekonomikoa esaten zaie normalaz kanpoko ekonomia-hazkundea dakarten prozesuei.

Jakina, pertsona baten kontsumoa zein aurrezkia pertsona horrek jasotzen duen errentak baldintzatzen du. Izan ere, zenbat eta errenta handiagoa, orduan eta ehuneko handiagoa erabiliko da aurrezteko, eta alderantziz. Errenta txikia duten familiek beren beharrak asetzeko erabili behar izaten dituzte diru-sarrera gehienak, eta, beraz, ia ezinezkoa izango zaie aurreztea.

Dena dela, familiek errenta pertsonal erabilgarriaren arabera hartzen dituzte erabakiak, eta, beraz, Estatuak badu aukera kontsumoa handitu edo txikitzeko, zenbait neurri hartuz. Esate baterako, zergak aldatuz edo PFEZren konturako atxikipenak aldatuz lor dezake hori.

! Garrantzitsua

Hauek dira familiek aurrezteko dituzten arrazoi batzuk:

- Etorkizuneko bizi-maila hobetzea.
- Familia-ondarea handitzea.
- Erretiroa bermatzea.
- Sor litezkeen gastuei aurre egitea.

5. *behatokia.* Ekonomia-lokomotorrak

Besteak arrastean eramateko indarrari edo harekiko mendekotasunari deitzen diote ekonomialariek ekonomia-lokomotorra, herrialde bati edo sektore bati buruz ari direnean. Zenbait sektoreren osasunaren erabat mende dauden enpresa edo *bagoi* asko daudelako esaten zaio horrela. Eta lokomotorra deitzen zaio, halaber, herrialde-multzo bateko lehen potentzia ekonomikoa den herrialdeari ere.

Hausnartu:

a) Zure ustez, zein sektore dira Espainiako ekonomiaren lokomotorrak? Berrikusi 3. unitateko 6. atala, ekonomia-sektoreei buruzkoa.

b) Zure ustez, zer herrialde dira Europar Batasuneko lokomotorrak? Eta mundukoak?

5.3. Kontsumitzeko eta aurrezteko joera marjinala

Makroekonomia ekonomia osoak duen portaera aztertzeaz arduratzen denez, garrantzi handia ematen dio kontsumo pribatuak errenta-aldaketekiko duen erantzunari. Baina pertsonok ez dugu berehala kontsumitzen erabilgarri dugun errenta, haren zati bat etorkizunean kontsumitzeko gordetzen dugu.

Kontsumitzen ez dena aurreztu egiten denez **aurrezteko joera marjinala (AJM)** pertsonek errenta-unitate gehigarri bat dutenean aurrezten duten kantitate osagarria da.

Errenta pertsonal erabilgarriari gehitzen diogun euro bakoitza kontsumoaren eta aurrezkiaren artean banatzen da. Herrialde garatuetan, **kontsumitzeko joera marjinala (KJM)** %90 eta %98 artekoa izaten da, eta, beraz, aurrezteko joera marjina a %10 eta %2 artekoa. Garapenbidean dauden herrialdeetan, berriz, kontsumitzeko joera marjinala ia % 100ekoa izaten da.

$$\text{Errenta pertsonal eskuragarria} = \text{Kontsumoa} + \text{Aurrezkia}$$

$$\text{KJM} = \frac{\text{Kontsumo-gehikuntza}}{\text{Errenta-gehikuntza}} \cdot 100 = \frac{\Delta C}{\Delta Y} \cdot 100$$

$$\text{AJM} = \frac{\text{Aurrezki-gehikuntza}}{\text{Errenta-gehikuntza}} \cdot 100 = \frac{\Delta A}{\Delta Y} \cdot 100$$

Pertsonek erabilgarri duten euro bakoitzeko ehuneko bat erabiltzen dute kontsumorako, eta gainerakoa aurreztu egiten dute. Beraz:

KJM + AJM = 1

8. jarduera ebatzia. Kontsumitzeko joera marjinala praktikan

Demagun herrialde batean kontsumitzeko joera marjinala (KJM) %80koa dela:

a) Errenta 1.000 €-tik 1.500 €-ra igotzen bada, kalkulatu errenta-gehikuntza, kontsumo-gehikuntza eta aurrezki gehikuntza, eta KJMa eta AJMa.

b) Errentak handitzen jarraitzen badu, zer gertatuko litzateke, zure ustez, KJMarekin?

Soluzioa:

a)

Errenta (*Y*)		Kontsumoa (*C*)		Aurrezkia (*A*)		KJM	AJM
Y	ΔY	*C*	ΔC	*A*	ΔA	$\frac{\Delta C}{\Delta Y} \cdot 100$	$\frac{\Delta A}{\Delta Y} \cdot 100$
1.000	500	800	400	200	100	$\frac{400}{500} \cdot 100 = \%80$	$\frac{100}{500} \cdot 100 = \%20$
1.500		1.200		300			

b) Kontsumitzeko joera marjinala (KJM) jaitsiko litzateke. Izan ere, maila jakin bat lortu ondoren, kontsumo-premiak guztiz estalita daude, eta posible da errentaren proportzio handiagoa aurrezteko erabiltzea. Eta horixe gertatzen da, hain zuzen ere, herrialde aberatsetan.

! Garrantzitsua

Inbertsioak, azkenean, langileengana eta enpresaburuengana iristen dira, soldata eta etekin moduan, hurrenez hurren. Horien zati bat gastatu egiten dute eta gainerakoa aurreztu egiten dute. Horrenbestez, **inbertsioaren eragin biderkatzaileak** bere burua elikatzen du. Horregatik da oso garrantzitsua aurrezkia, inbertsioen bidez, herrialdearen ekoizpen-ahalmena handitzeko.

8.14. irudia. Etxebizitza bat hipoteka-mailegu bidez erosteak eragiten du Espainiako familien zorren zatirik handiena (Europako gainerako herrialde gehienetan ez bezala, haietan ohikoena alokairuan bizitzea baita). Espainian, 2014. urtetik aurrera berriro igotzen hasi da etxebizitzaren prezioa, higiezinen krisiaren ondorioz zenbait urtez jaisten egon ondoren.

Jarduerak

20. Asteko pagaren zer zati aurrezten duzu? Kopuru finkoa baldin bada, adierazi zein den zure KJMa eta AJMa.

21. Zure etxean norbaitek aurrezten al du aurreko orrialdeko *Garrantzitsua* koadroan aipatutako arrazoiren bat dela eta? Hor adierazitako zein arrazoirengatik hasiko zenuke zuk aurrezki-plan bat?

22. Zer lotura dago aurrezkiaren, kontsumoaren eta enpresa-inbertsioaren artean?

23. Zergatik ez dute gehiago aurrezten errenta-maila baxuko familiek, egoera horretatik ateratzeko?

24. Zertan datza inbertsioaren zikloa?

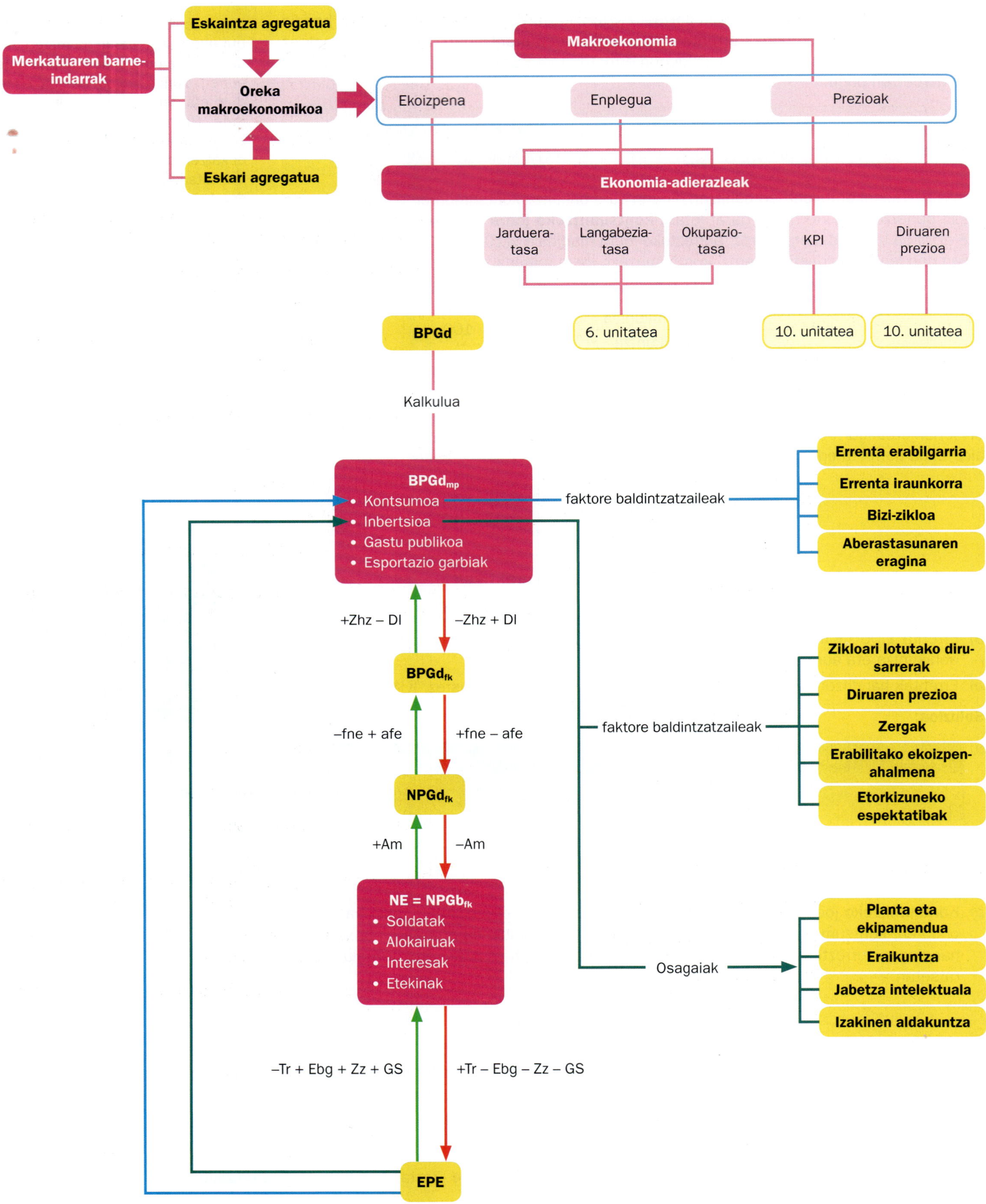
Merkatuaren barne-indarrak
Eskaintza agregatua
Oreka makroekonomikoa
Eskari agregatua
Makroekonomia
Ekoizpena
Enplegua
Prezioak
Ekonomia-adierazleak
Jarduera-tasa
Langabezia-tasa
Okupazio-tasa
KPI
Diruaren prezioa
BPGd
6. unitatea
10. unitatea
10. unitatea
Kalkulua
$BPGd_{mp}$
• Kontsumoa
• Inbertsioa
• Gastu publikoa
• Esportazio garbiak
faktore baldintzatzaileak
Errenta erabilgarria
Errenta iraunkorra
Bizi-zikloa
Aberastasunaren eragina
+Zhz – DI
–Zhz + DI
$BPGd_{fk}$
–fne + afe
+fne – afe
faktore baldintzatzaileak
Zikloari lotutako diru-sarrerak
Diruaren prezioa
Zergak
Erabilitako ekoizpen-ahalmena
Etorkizuneko espektatibak
$NPGd_{fk}$
+Am
–Am
$NE = NPGb_{fk}$
• Soldatak
• Alokairuak
• Interesak
• Etekinak
Osagaiak
Planta eta ekipamendua
Eraikuntza
Jabetza intelektuala
Izakinen aldakuntza
–Tr + Ebg + Zz + GS
+Tr – Ebg – Zz – GS
EPE

1. Metodo hauetako zein ez da baliozkoa BPGd-aren kalkulua egiteko?

a) Salmenten metodoa.

b) Gastuaren metodoa.

c) Errentaren metodoa.

d) Balio erantsiaren metodoa.

2. Partida hauetako zein behar da $BPGd_{fk}$-aren eta $BPGd_{mp}$-aren arteko aldera kalkulatzeko?

a) Amortizazioak.

b) Zeharkako zergak.

c) Enpresentzako diru-laguntzak.

d) Aurreko erantzunetatik, bi zuzenak dira.

3. Zer da nazio-errenta?

a) Herrialde batek irabazten duena, banatu gabeko etekinak, Gizarte Segurantzako kotizazioak eta Estatuko transferentziak kendu aurretik.

b) $NPGb_{fk}$.

c) $NPGd_{fk}$-ari transferentziak kentzearen emaitza.

d) Denak zuzenak dira.

4. Zer da BPGd erreala?

a) Inflazioa kenduta duen BPGd-a.

b) Nazio-errenta.

c) $BPGd_{fk}$-ri deitzeko beste modu bat.

d) Denak zuzenak dira.

5. Hauetako zein da BPGd-aren muga bat?

a) Kanpo-efektu positiboen berri ematen du.

b) Ondasun teknologikoen kalitatea soilik neurtzen du.

c) Aitortutako jarduerak kontabilizatzen ditu.

d) Aurreko erantzunetatik, bi zuzenak dira.

6. Eskari agregatua eta BPGd-a bat etortzen dira, honengatik:

a) Prezioen batez besteko maila berdina delako.

b) Batek gastu-espektatibak adierazten dituelako eta besteak, berriz, benetan gastatutakoa.

c) Biek oreka makroekonomikoa adierazten dutelako.

d) Enpresa jarduerak kontuan izaten dituztelako.

7. Hauetako zein da bizitza osoan zehar kontsumo-kantitatea uniformea izateko joera bultzatzen duena?

a) Urte bakoitzeko errenta erabilgarria.

b) Errenta iraunkorra.

c) Bizi-zikloaren hipotesia.

d) Aberastasunaren eragina.

8. Zein da enpresa-inbertsioaren eginkizun nagusia?

a) Ekoizpen-ahalmena handitzea.

b) Eskaintzatik tira egitea.

c) Prezioak igotzea.

d) Aurreko erantzunetatik, bi zuzenak dira.

9. Hauetako zein da familien aurrezki-kantitatea baldintzatzen duen magnitudea?

a) EPEa.

b) Enpresa-inbertsioa.

c) Kontsumoa.

d) Aurreko erantzunetatik, bi zuzenak dira.

10. Adierazpen hauetako zein da okerra?

a) EPEari dagokionez, kontsumitzen ez dena aurreztu egiten da.

b) Inbertsioaren eragin biderkatzaileak inbertsioa katean handitzen du inbertsioa sortzen den herrialdean bertan.

c) Inbertitzean, enpresek kontuan izan behar dute zergek zer eragin duten beren irabazietan.

d) Kontsumoan eragiten duen faktoreetako bat aurreztutako aberastasuna da.

Hazkundea eta ekoizpena.

1. Taula honetan 02 urteko zenbait magnitude ekonomiko daude adierazita, milioi eurotan (M€):

Estatuaren gastua	2.000 M€
Familien kontsumoa	6.500 M€
Aurrezki pribatua	650 M€
Esportazioak	3.000 M€
Inportazioak	1.007 M€
Enpresa-inbertsioa	2.000 M€
Zergak	1.500 M€

a) Kalkulatu 02 urteko $BPGd_{mp}$-aren balioa.

b) Jakinda 01 urtean $BPGd_{mp}$-a 12.310 milioi eurokoa izan zela, zer aldakuntza izan du ekoizpenak?

2. Zein da kontabilitate nazionalaren helburua?

3. Zergatik ez datoz bat $BPGd_{fk}$ eta $BPGd_{mp}$-a?

4. Zergatik ez dator bat errenta pertsonal eskuragarria herritarrek irabazten dutenarekin?

5. Hona hemen zenbait alderdi, milioi eurotan (M€) adierazita:

Enpresa-etekinak	2.000 M€
Zeharkako zergak	1.600 M€
Familien kontsumoa	6.000 M€
Diru-laguntza ofizialak	600 M€
Esportazioak	1.000 M€
Inportazioak	300 M€
Soldatak	5.000 M€
Gastu publikoa	1.300 M€
Alokairuak	1.000 M€
Interesak	2.000 M€
Enpresa-inbertsioa	3.000 M€

a) Kalkulatu $BPGd_{mp}$-aren eta $BPGd_{fk}$-ren balioak.

b) Zergatik ez datoz bat faktore-kostuaren araberako NPGb-a eta nazio-errenta?

6. Herrialde batean laranjak eta limoiak saltzen dituzte. 01, 02 eta 03 urteetan, 100.000, 120.000 eta 150.000 kilo laranja saldu ziren, kiloko 1, 1,20 eta 1,50 €-ko prezioan, hurrenez hurren. Hiru urte horietan, limoien salmenta 60.000, 70.000 eta 80.500 kilokoa izan zen, eta salmenta-prezioa kiloko 0,80, 0,90 eta 1,10 €. Kalkulatu hiru urte horietarako:

a) Produktu bakoitzaren ekoizpena.

b) BPGd nominala.

c) BPGd erreala, 01 urtea oinarri hartuta.

d) BPGd errealaren aldakuntza 01 eta 03 urteen artean.

7. Hona hemen zenbait alderdi, milioi eurotan (M€) adierazita:

$BPGd_{mp}$	90.000 M€
Zerga zuzenak (PFEZ)	11.600 M€
Gizarte Segurantzako kotizazioak	10.900 M€
Faktore nazionalen errenta atzerrian	16.000 M€
Amortizazioak	12.000 M€
Atzerriko faktoreen errenta, herrialdeko lurraldean	12.000 M€
Zeharkako zergak	8.000 M€
Diru-laguntza ofizialak	2.000 M€

a) Kalkulatu $NPGd_{mp}$-a, $NPGb_{mp}$-a eta nazio-errenta.

b) Zenbatekoa da biztanleko errenta lurralde horrek 700.000 biztanle baditu?

8. Herrialde batek enpresaburu bakarra du, autonomoa, eta bere produktuak 1.210 €-an erosten ditu (%21 BEZa barne). Jakinda BEZa zeharkako zerga dela, kalkulatu herrialde horretako $BPGd_{mp}$-a eta $BPGd_{fk}$.

9. Herrialde batean BPGd-a handitu dela jakinda, gerta al daiteke herrialde horrek hazkunderik ez izatea?

10. Demagun Ekonolandian bi enpresa soilik daudela: batek irina ekoizten du, berak landatu eta biltzen duen gariarekin, eta besteak, berriz, ogia egiten du. Irina egiten duen enpresak 20 milioi €-an saltzen dio irina ogia egiten duenari, eta ogi-fabrikak 50 milioi €-ko salmenta egiten die ogia erosten duten azken kontsumitzaileei. Ekonomia horretan zirkulatzen duen dirua 50 milioi € da guztira, irina eta ogia saltzearen ondoriozkoa.

Kopuru hori honela banatzen da: 40 milioi euro, langileen soldata ordaintzeko erabiltzen dira, eta 10 milioi euro irin-fabrikaren eta ogi-fabrikaren jabeek banatzen duten etekina da.

Kalkulatu ekonomia horrek ekoizten duenaren balioa, gastuaren metodoa, errentaren metodoa, enpresen salmenten metodoa eta balio erantsiaren metodoa erabiliz. Komentatu emaitzak.

11. Zergatik ez da nahikoa enpresen salmenten batura egitea BPGd-a kalkulatzeko? Jarri adibide bat.

12. Erantzun kontabilitate nazionalarekin lotutako galdera hauei:

a) Zer dira kapital-ondasunak? Nola eragiten dute kontabilitate nazionalean?

b) Zure ustez, zer antzekotasun eta desberdintasun daude kontabilitate nazionalaren eta enpresa baten kontabilitatearen artean?

c) Azaldu nola eragiten dien kontabilitate nazionalak zerga zuzenei eta zeharkako zergei.

Ekonomia, oro har.

13. Zer da prezioen batez besteko maila?

14. Herrialde batek bere ekoizpena handitzen duen heinean zergatik handitzen da eskaintza agregatuaren kurbaren malda?

15. Zer faktoreren mende dago eskari agregatuaren kurba mugitzea edo lekualdatzea? Eta eskaintza agregatuaren kurba mugitzea edo lekualdatzea?

16. Zergatik adierazten dute, finean, kantitate berbera eskari agregatuak eta BPGd-ak?

17. Adierazi zer eragin duten gertakari hauek BPGd-an. Arrazoitu erantzuna.

a) Ekoizpen-prozesuak merkatzea.

b) Prezioen batez besteko maila igotzea, inflazioaren eraginez.

c) Gastu publikoa jaistea.

d) Esportazioak handitzea.

e) Lehengaien kostua jaistea.

f) Diruaren prezioa jaistea.

g) Inportazioak handitzea.

h) Petrolioaren prezioak gora egitea.

i) Zergak jaistea.

j) Ekipamendu-ondasunetako inbertsioa murriztea.

18. Adierazi, grafiko baten bidez, nola aldatzen den eskari agregatuaren kurba, ekonomia-eragileren baten gastu-handitzearen eraginez. Nola eragiten dio aldaketa horrek oreka makroekonomikoari, eskaintza agregatua aldatzen ez baldin bada?

Kontsumoa. Inbertsioa. Aurrezkia.

19. Zergatik esaten da izakinen aldakuntza inbertsio-mota bat dela?

20. Aurrezkiari dagokionez:

a) Gomendagarriena %10 aurreztea dela esaten dute. Betetzen al duzu helburu hori?

b) Zer motatako larrialditarako gustatuko litzaizuke aurrezkiak izatea?

c) Ba al duzu zure aurrezkiak gordetzeko kontu-korronterik?

d) Nahiz eta aurrezteko ohiturarik ez izan, zerbaitengatik aurreztea merezi al du, zure ustez?

21. Enpresa-inbertsioa garrantzitsua da epe luzerako hazkundea lortzeko. Zergatik?

22. Zer-nolako lotura dago kontsumoaren eta aberastasunaren artean?

23. Ekonomia batean, aurrezteko joera marjinala %7koa da. Zure ustez, zenbatekoa izan da hasierako inbertsioa, gastua 23.000 € handitu bada guztira?

24. Demagun kontsumorako joera marjinala %95ekoa duen herrialde batean, enpresa batek inbertsio-ondasunak eskatzen dituela, 40.000 €-koak, hain zuzen.

a) Kalkulatu zenbat handituko den gastua, guztira, ekonomia horretan.

b) Demagun, gehienez ere %10eko zerga ordaindu behar dela erosketa edo eskuratze bakoitzean. Nola eragingo lioke sektore publikoaren neurri horrek guztirako gastuari?

25. Lotu ekonomia-egunkarietatik ateratako izenburu hauek unitatean ikasitako kontzeptu ekonomikoekin:

a) «Inflazio altuak BPGd-a ahultzen du».

b) «Etxebizitza berrien prezioak igotzen jarraitzen du».

c) «Beltzean egiten den lanak ezkutuan jarraitzen du».

d) «Ekonomia geldialdian dago».

e) «Ekonomiak hazten jarraitu du beste hilabete batez, enpresen konfiantzak eraginda».

26. Esan esaldi hauek zuzenak ala okerrak diren. Arrazoitu erantzuna.

a) Nazio-errenta herrialde batek zeharkako zergak eta gizarte-kotizazioak kendu ondoren orotara irabazten duena da.

b) BPGd erreala BPGd nominala baino handiagoa da beti.

c) Teknologia-aurrerapenek eskaintza agregatuaren kurba ezkerrerantz lekualdatzen laguntzen dute.

d) Herrialde bat zenbat eta garatuagoa izan, orduan eta aurrezteko joera marjinal handiagoa izango du.

e) Gastu publikoa handitzeak herrialdearen ekonomia osoan gastua askoz ere gehiago handitzea eragin dezake.

27. Aztertu ea honako gertaera hauekin kontsumoa, inbertsioa eta aurrezkia handitu ala txikitu egiten diren, oro har:

a) Prezioen batez besteko maila jaistea.

b) Diruaren prezioa igotzea.

c) Etorkizuneko espektatibak hobetzea.

d) Gobernuak zergen jaitsiera onartzea.

e) Inflazioak %5 egitea gora.

- Idatzi argi dauzkazun eta zure ustez funtsezkoak diren unitateko bi ideia. Zerk lagundu dizu ideia horiek ikasten?
- Egin argi geratu ez zaizkizun unitateko alderdiei buruzko bi galdera.
- Idatzi unitate honetan sakonago aztertu nahiko zenituzkeen bi alderdi.

Interpretatzen ikasten: kontu nazionalak

Oro har, kontu nazionalak gastuaren eta balio erantsiaren ikuspegitik aurkezten dira. Enpresa-sektoreen ekarpenaren azterketak berebiziko garrantzia du: haien bilakaera neurtzen da, bai eta zein diren jaitsiera eta igoera handienak dituztenak ere, horren arabera jarduteko. Funtsezko beste aztergaia herrialdeak finantzatzeko duen ahalmena da, dela herrialde moduan finantziazioa lortzekoa, dela norbanakoek finantziazioa lortzekoa.

MERKATU-PREZIOEN ARABERAKO BPGd-a, 2017

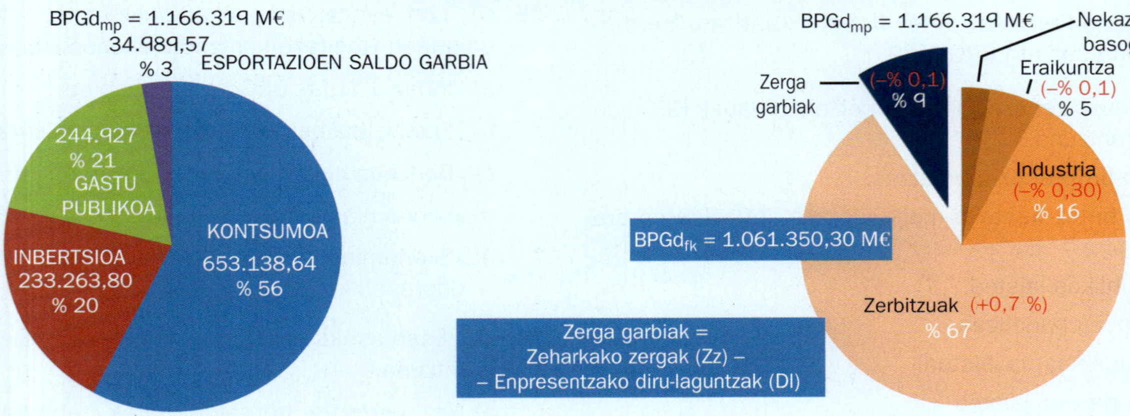

$BPGd_{mp}$-ak ekoitzitakoa neurtzen du, gastuen, enpresen eta sektore publikoaren gastuaren bidez, eta $BPGd_{fk}$-ak, berriz, enpresen ekoizpenaren bidez egiten du. Bi magnitudeak berdindu egiten dira Estatuak ekonomian duen esku-hartzearen eragina kentzen bada: $BPGd_{mp} = BPGd_{fk}$ + zerga garbiak.

AURREZKIA ETA FINANTZATZEKO AHALMENA EDO PREMIA

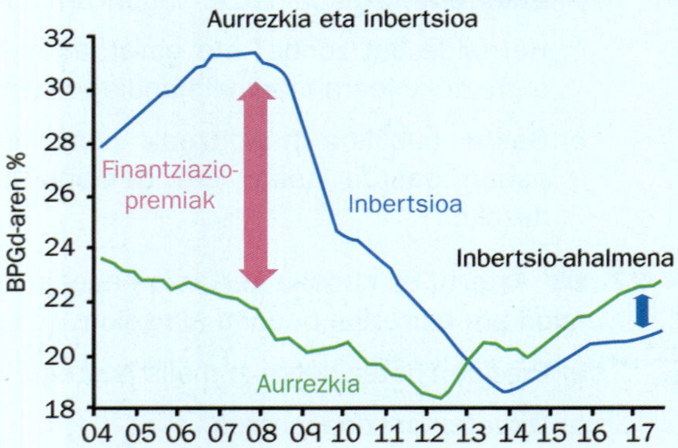

Finantzatzeko ahalmena (+) edo premia (–)

Milioi euro

Sektorea	2017	2018	Aldea
Familiak	–3.063	17.544	–20.607
Administrazio publikoak	–36.233	–50.401	14.168
Finantza-erakundeak	28.139	22.289	5.850
Finantzakoak ez diren sozietateak	34.238	34.397	–159
Guztira	**23.081**	**23.829**	**–748**

Aurrezkia errenta erabilgarritik kontsumitzen ez den parte bat da. Aurrezteko ahalmenak, BPGd-aren ehuneko moduan neurtuta, behea jo zuen 2012an, eta, gaur egun, goranzko bidean doa eta gai da inbertsioa finantzatzeko ere. Goiko grafikoetan finantziazio-ahalmena edo -premia erakusten da, banakakoa.

Galderak:

1. Nork bultzatzen dute gehien BPGd-a? Zer enpresa-sektorek egiten dio ekarpen handiena BPGd-ari?
2. Zenbatekoa da Espainiako sektore publikoak ekonomian duen esku-hartzea, eurotan?
3. Zer ekarpen egin zion barne-produktu gordinari eraikuntzak 2016. urtean?
4. Zure ustez, zergatik egin zuen behera inbertsio-mailak 2008tik aurrera?
5. Zer gertatu da familien finantziazio-gaitasunarekin 2016 eta 2017 artean? Eta administrazio-publikoen finantziazioarekin?

% 49 10:30 AM

Dilema: Beltzean lan egin ala ez?

Espainia, Europar Batasuneko herrialdeen artean, ezkutuko ekonomia handiena duten herrialdeetako bat da. Legez kanpo egiten den lan bakoitzak kalte egiten dio Estatuaren diru-kutxari: zerga eta kotizazio gutxiago jasotzen ditu; irakasleak, pentsioak, errepideak, langabezia-subsidioak eta abar ordaintzeko erabiltzen den dirua, hain zuzen ere. Iruzur egitea legez kanpokoa da, baina bostetik batek egiten badu, beren ustez bidezkoa delako izango da.

Izan ere, beltzean lan egiten duena ez da konponketa bat egin eta fakturarik egiten ez duen iturgina soilik, baita legezko lanik lortu ezin ez duen etorkina ere, baita baliaezintasuneko pentsioa galdu gabe gaizki ordaindutako lan bat eskuratu ezin duen familia ugariko aita ere, baita ikasketak ordaintzeko lantxoak egiten dituena ere.

Eztabaida:

Hautatu bi aukeretako bat (beltzean lan egitea ez da inoiz bidezkoa; bidezkoa izan daiteke norberaren egoeraren arabera) eta arrazoitu bost kideko talde batean. Taldeak bi aukeratako bat hautatu, eta aurkakoa erabaki duen beste batekin eztabaitu beharko du.

Zinema-proposamena: *Qué bello es vivir*

Zuzendaria: Frank Capra.

Aktoreak: James Stewart, Donna Reed, Lionel Barrymore, Thomas Mitchell.

Sinopsia:

Jainkoaren esku-hartzeak bigarren aukera bat ematen dio bere familiak bizi-asegurua kobra ahal izan zezan bere buruaz beste egin nahi zuen gizon bati.

Hausnarketa-gakoak:

BPGd-aren mugak.

Galderak:

1. Zer testuinguru historikotan gertatzen da filmaren ekintza?
2. Zer hiri iruditzen zaizu indartsuena ekonomiaren aldetik Pottersville edo Bedford Hills? Bietako zeinetan gustatuko litzaizuke bizitzea?
3. BPGd-aren zein mugarekin lotuko zenuke filma?

Bineta

9. Estatuaren kontuak

Unitate honetan hau ikasiko duzu:

- Zerga-politika.
- Estatuko aurrekontu orokorrak.

Irakasle gehiago ikastetxeetan, epaile gehiago epaitegietan, polizia gehiago kaleetan, ohe gehiago ospitaleetan, parte-hartze handiagoa misio humanitarioetan... Estatuek sarrerak behar dituzte, herritarrek eskatzen dituzten zerbitzuak eta prestazioak eman ahal izateko. Sarrera horiek zergen bidez lortzen dira, batez ere.

Baina estatuen aurrekontua mugatua da, milioi asko eta askokoa bada ere. Aurrekontu horretan, estatuko aurrekontu orokorretan, hain zuzen ere, adierazten dira urtero zer lehentasun dituen Gobernuak ekonomia- eta gizarte-arloetan.

Estatuek, ordezkatzen dituzten gizarte demokratiko eta solidarioen printzipioekin bat etorriz, aberastasuna birbanatzen dute, gizarte bidezkoago bat lortzeko; esate baterako, bere adinekoak zaintzen dituen eta lan-bolada txar bat izaten ari direnei laguntzen dien gizarte bat.

Zer dakizu estatuko aurrekontu orokorrei buruz?
Zer ikasi nahi duzu?

Ba al dakizu zer den zerga-politika?

Ba al dakizu zer den errentaren birbanaketa?

Ba al dakizu zertan diren desberdinak defizit publikoa eta zor publikoa?

Zergak, gurpilak eta hauteskundeak

Zenbat diru bildu behar du Estatuak zergen bidez? Zertan gastatu behar du diru hori? Horiek dira, hain zuzen ere, zerga-politikak erantzun beharreko bi galdera nagusiak.

Adibidez, Gobernuak gehiago gastatzea edo zergak jaistea erabakitzen badu, familiek diru gehiago izango dute eta gehiago kontsumituko dute. Kontsumoak gora egitean, enpresek inbertitu egingo dute gehiago ekoizteko, eta, horretarako, langile gehiago kontratatuko dituzte, eta langabeziak behera egingo du. Martxan dagoen ekonomiaren gurpila da, zerga-politikaren alde ona, ekonomialariok zerga-politika hedatzailea deritzoguna. Gobernuek aireportuak eta abiadura handiko trenak egiten dituzte, jendeak zerbitzu publiko hobeak jasotzen ditu edo, besterik gabe, diru gehiago du gastatzeko, eta denok gustura.

Baina, ezer ez da doan. Zergak jaistean edo gastua handitzean, gerta liteke Estatua aurrekontua estaltzeko gai ez izatea, eta zorpetzera jo behar izatea. Gaur egungo zor publikoa etorkizuneko herritarrek ordaindu beharko dute; adibidez, zuk. Beraz, ekonomia hazten ez bada, zerga-politika murriztailearen unea iritsiko da, lehenago edo geroago, eta hor zergek gora egiten dute, eta gastu publikoak, behera. Jendeak diru gutxiago izaten du eta gutxiago kontsumitzen du, eta enpresek gutxiago inbertitzen dute: zerga-politikaren alde txarra da hori.

Gobernuei ez zaie batere gustatzen une hori heltzea. Ulergarria da: zerga-politika hedatzaileek hauteskundeak irabazten laguntzen dute, eta zerga-politika murriztaileek, berriz, hauteskundeak galtzea dakarte.

Hausnartu

1. Zerga-politika zer den hitz gutxi batzuekin laburbildu beharko bazenu, zer esango zenuke?
2. Gobernuak zerga-politika hedatzailea martxan jartzen badu, zer eragin izango luke horrek zugan, zehazki? Eman adibide batzuk. Eta zerga-politika murriztailea martxan jarriko balu?
3. Zergatik esaten dugu zerga-politika hedatzaile baten ondoren, ekonomia hazten ez bada, zerga-politika murriztaile bat izaten dela? Zer gertatuko litzateke hazkundea behar adinakoa balitz?

1. Zerga-politika

Kanpo- eta moneta-politikari buruzko erabakiak hartzeko eskumena Europar Batasunari dagokionez, zerga-politika da herrialde kideek duten tresna nagusia beren herrialdeetako ekonomian esku hartzeko.

Lexikoa

Ahalmenekoa. Nahita egiten dena.
Zerga-tasa. Kantitate jakin baten gainean aplikatzen den ehunekoa, ordaindu behar den zergaren zenbatekoa kalkulatzeko.

Zerga-politika deritzo sektore publikoak sarrera publikoak bilduz eta birbanatuz egiten duen jarduketari, Estatuak finkatutako helburuak lortzeko.

Ekonomia-aldagai nagusiek (ekoizpena, prezioak eta enplegua) zehazten dute, dagozkien ekonomia-adierazleen bidez (BPGd-a, KPIa, diruaren prezioa, enplegu-tasa eta langabezia-tasa), zenbat **sarrera** lor daitezkeen (batez ere, zergak bilduz) eta zer **gastu** diren beharrezkoak Estatuak finkatutako helburuak lortzeko. Baina den-dena ez dira zenbaki hutsak: zerga-politika aplikatzean, beste faktore batzuk ere hartzen dira kontuan; esate baterako, zer-nolako erreakzioa izango duen biztanleriak hartzen diren erabakiekiko (gobernuak eragin politikoen mende daude) eta zer neurri aplikatuko diren iruzurraren aurka.

Espainiako deszentralizazioa dela-eta, funtsezkoa da autonomia-erkidegoen, udalen eta Gizarte Segurantzaren inplikazioa, zerga-politika herritarren eta lurraldeen premietara ahalik ongien egokitzeko.

Gobernuek honako tresna hauek dituzte beren ekonomia-helburuak lortzen saiatzeko: ahalmeneko zerga-politikak eta egonkortzaile automatikoak.

1.1. Ahalmeneko zerga-politikak

Garrantzitsua

Ahalmeneko politikak Gobernuaren borondatearen arabera gauzatzen dira, eta **egonkortzaile automatikoek ziklo ekonomikoaren arabera** funtzionatzen dute.

Ahalmeneko zerga-politikak gobernuek sarreretan edo gastuetan nahita eragin nahi dutenean aplikatzen dituzten politikak dira; hau da, gobernuaren ekimenez aktibatu behar diren zerga-politikak dira, ez baitaude araututa.

Oro har, ahalmeneko zerga-politiken helburua **ekonomia-jardueraren erritmoari** eustea da, eta oso garrantzitsuak dira krisi-garaietan, asko laguntzen dute-eta ondasunen eta zerbitzuen ekoizpen-maila gehiegi jaits ez dadin lortzen.

Hauek dira ahalmeneko zerga-politika **nagusiak** (9.1. irudia):

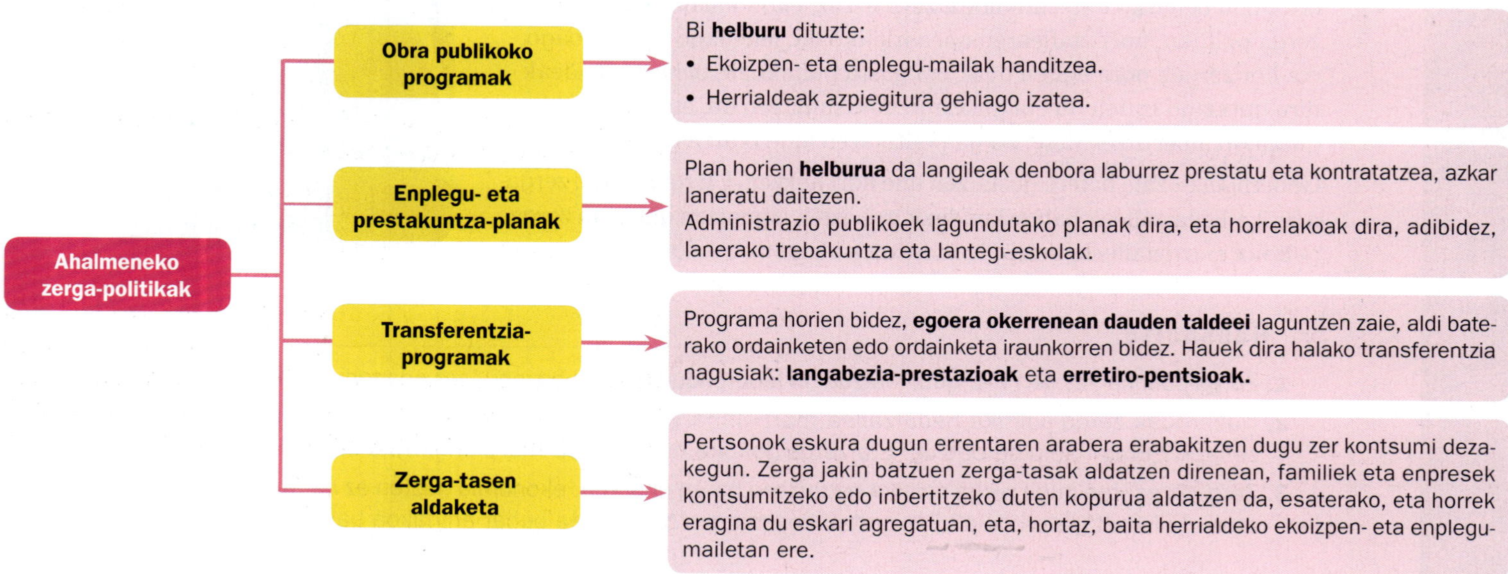

9.1. irudia. Ahalmeneko zerga-politika nagusiak.

Denbora asko behar izaten da ahalmeneko zerga-politiken eragina gauzatzeko, eta, gainera, ez dira beti behar bezala ezartzen. Horrez gain, nahi bezalako efektua sortzen denean, ez da erraza zehazten politika jakin batek zenbaterainoko eragina izan duen horretan, faktore asko baitaude tartean. Horregatik, **egonkortzaile automatikoak** ere erabiltzen dira.

1.2. Egonkortzaile automatikoak

Egonkortzaile automatikoak herrialde jakin bateko ekoizpen-mailarekin batera handitzen edo murrizten diren diru-sarrera edo gastu publikoak dira. Egonkortzaile automatikoak baliatuta, hedaldiko ekonomia-zikloaren eta atzeraldikoaren arteko trantsizio-faseak laburragoak eta ez hain traumatikoak izatea lor daiteke. Honako hauek dira egonkortzaile automatiko **nagusiak** (9.1. taula):

Zerga proportzionalak	**Zerga-tasa** beti **berdina** da, ez da aldatzen errenta-mailak gora egin ahala. Sozietateen gaineko zerga (SZ) eta balio erantsiaren gaineko zerga (BEZ) dira zerga proportzionalen bi adibide.
Zerga gehikorrak	**Zerga-tasak gora egiten** du, tartez tarte, errenta-mailak gora egin ahala. Adibidea: pertsona fisikoen errentaren gaineko zerga (PFEZ).
Gizarte-kotizazioak	Langileek eta enpresek **Gizarte Segurantzari** egiten dizkioten ekarpenak dira, erakunde horrek ematen dien gizarte-babesaren truke.
Langabezia-prestazioak	Estatuak ezinbestean langabezia-egoeran daudenen gizarte- eta ekonomia-premiak asetzeko ematen dituen **diru-laguntzak** dira.

9.1. taula. Egonkortzaile automatikoak.

Nolanahi ere, zerga gehikorrak proportzionalak baino **eraginkorragoak** dira, zerga gehikorren tasa sarrerak handitu ahala handitzen baita, eta horrek aukera ematen du errenta-tarte desberdinetan jarduketa selektiboagoak egiteko.

1. jarduera ebatzia. Zerga gehikorrak eta proportzionalak

Zerga gehikorretan, hala nola PFEZn, zerga-tasa aldatu egiten da errenta handitu ahala. Zerga proportzionaletan, hala nola SZn, zerga-tasa bera aplikatzen da, lortutako mozkina dena delakoa izanda ere.

Bakarnek 25.000 € irabazten ditu urtean, eta PFEZ ordaindu behar du, eta Kaiolak SAk zenbateko hori bera lortzen du mozkinetan, baina SZ ordaindu behar du. Demagun datu horiek soilik ditugula:

a) Kalkulatu zenbat ordaindu beharko luketen Bakarnek eta Kaiolak SAk zergetan, 9.2. taulan adierazitako datuen arabera.

	Errenta-tarteak	Zerga-tasa
PFEZ	1 - 10.000 €	% 10
	10.001 - 20.000 €	% 15
	20.001 - 30.000 €	% 25
SZ	Mozkinak	% 25

9.2. taula. PFEZren eta SZren zerga-tasak.

b) Zergatik ematen dute zerga gehikorrek zerga proportzionalek baino eraginkortasun handiagoz jarduteko aukera?

Soluzioa:

a) **Bakarne.** Bakarneren errenta deskonposatuko dugu, guztizko zenbatekora iristeko behar adina tartetan:

	Errenta	Zerga-tasa	Zenbatekoa
1 - 10.000 €	10.000 €	% 10	1.000 €
10.001 - 20.000 €	10.000 €	% 15	1.500 €
20.001 - 30.000 €	5.000 €	% 25	1.250 €
	25.000 €	**Guztira**	**3.750 €**

Kaiolak SA. Ez dago tarterik. Zerga-tasa guztizko errentaren gainean aplikatuko dugu zuzenean.

Mozkina	Zerga-tasa	Zenbatekoa
25.000 €	% 25	**6.250 €**

b) Esate baterako, Gobernuak errenta jakin bat kobratzen dutenen alde egin nahiko balu, aldaketak egin ditzake PFEZren tarteetan. Zerga proportzionaletan, berriz, zerga-tasa berdina da, bai Kaiolak SA enpresarentzat (25.000 €-ko mozkinak lortu ditu), bai eta 250.000 € lortuko lituzkeen enpresa batentzat ere.

Jarduerak

1. Zergatik da zerga-politika Estatuaren tresna nagusia estatuko ekonomian esku hartzeko?

2. Azaldu, labur-labur, nola eragiten duen herrialde bateko zergen zerga-tasaren aldakuntzak familien eta enpresen erosahalmenean.

3. Jarduteko moduari dagokionez, zertan dira desberdinak ahalmeneko zerga-politikak eta egonkortzaile automatikoak?

4. Zertan dira desberdinak zerga proportzionalen eta zerga gehikorren zerga-tasak?

1.3. Zerga-politika motak

Ekonomian izaten duten eraginak kontuan hartuta bi **zerga-politika mota** bereizten dira: zerga-politika murriztailea eta zerga-politika hedatzailea (9.3. taula).

Zerga-politika hedatzaileetan, gastu publikoak (1) gora egiten du, eta enpresek ekoizpena handitzen dute, Gobernuaren gastuari erantzuteko, eta langile gehiago kontratatzen dituzte. Bestalde, zergak murrizten dira (2), eta familiek kontsumitzeko eta enpresek inbertitzeko eskuragarri dagoen diru-kantitateak gora egiten du.

Zerga-politika murriztailean alderantziz jarduten da: gastu publikoa (3) murrizten da, eta zergak (4), handitu.

Hedatzailea	Gastu publikoa (1) ↑ Zergak (2) ↓	Errenta ↑	Kontsumoa Inbertsioa ↑	Eskari agregatua ↑	Ekoizpena Enplegua Prezioak ↑
Murriztailea	Gastu publikoa (3) ↓ Zergak (4) ↑	Errenta ↓	Kontsumoa Inbertsioa ↓	Eskari agregatua ↓	Ekoizpena Enplegua Prezioak ↓

9.3. taula. Zerga-politiken, hedatzaileen zein murriztaileen eraginak.

> **! Garrantzitsua**
>
> Politikak egokiak baldin badira, ez dute zertan eraginik izan prezioetan, baina hori ez da ohikoena. **Zerga-politika hedatzaileak inflazioa** eragin ohi du, eta **murriztaileak**, prezioak **bere horretan geratzea** eta, batzuetan, **deflazioa,** prezioek behera egitea, alegia. Hori arazo larria da ekonomiarako, kontsumitzaileek eta enpresek kontsumitzeari edo inbertitzeari uzten baitiote, etorkizunean prezioak gaur baino baxuagoak izango direlakoan, eta, horrenbestez, ekonomia-jarduera are gehiago geldotzen da.

1.4. Zerga-politika eta ekonomia-zikloak

Zergak **automatikoki egokitzen zaizkie** ekonomia-zikloaren faseari. **Ekonomia-hedaldian,** ekoizpena handitzen da eta, beraz, baita zergetatik lortzen diren diru-sarrerak ere (esaterako, BEZaren bidez lortzen direnak), eta alderantziz gertatzen da atzeraldietan. Hedaldietan, gainera, langile aktibo gehiago dago, eta horrek berekin dakar kotizazioen bidez lortutako zenbatekoa handiagoa izatea. Hortaz, osasuna eta pentsioak ordaintzeaz gain, soberakin bat metatzen da, **atzeraldia** iristean langabezia-prestazioak ordaintzeko, esate baterako. Atzeraldian, gogoz kontra lanik gabe dauden langileen egoera ekonomiko eskasa arintzen saiatzen dira langabezia-prestazioen bidez.

9.2. irudia. Zerga-politika eta ekonomia-zikloen arteko lotura. Sarrera eta gastu publikoen portaera identifika daiteke ziklo ekonomikoko aldietan.

> ***Hausnartu***
>
> Estatuari osasungintzan itxaron-zerrendak laburtzeko eskatzen zaionean, justizia arindu ahal izateko, epaile gehiago jartzeko eskatzen zaionean, edo kaleetan polizia gehiago egotea eskatzen zaionean, **zergak igotzeko** eskatzen ari gara, gure eskaerei erantzuteko, edo jada badagoen **gastua hobeto birbanatzeko.**

Jarduerak

5. Esaten da egonkortzaile automatikoak motelgailu modukoak direla, ekonomia ondo zein gaizki dabilenerako. Zer esan nahi du horrek benetan?

6. Zer eragin du zerga-politika murriztaile batek ekoizpenean, enpleguan eta prezioetan?

7. Zer gertatzen da Gobernuak gastu publikoa handitzen duenean?

8. Nola laguntzen du langile batek *ekonomia egonkortzen* langabezia kobratzen duenean, lanean ari zenean urte batzuk kotizatu ondoren?

2. jarduera ebatzia. Lafferren kurba

Gastu publikoa handitzean ez bezala, zergak igotzeak ekonomia-jarduera geldotzen du; hau da, familien kontsumoak eta enpresen inbertsioek behera egiten dute. Zergak jaisten badira, berriz, kontsumoak eta inbertsioek gora egiten dute.

Lehenbiziko kasuan, bildutakoaren kopuruak behera egiten du, eta bigarrenean, berriz, gora. Hori dela eta, dilema hau sortzen zaie gobernuei: merezi al du zergak jaistea eta bilketa txikiagoa izatea, ekonomia-jarduera handiagoa izatearen truke? Edo hobe da zergak igotzea eta diru gehiago biltzea, ekonomia-jardueraren kontura? Onena zerga-maila optimoa lortzea izango litzateke, bi aldagai horiek optimizatzeko. Lafferrek deskribatu zuen zerga-maila, bere izena daraman kurbaren bidez (9.3. irudia).

a) Zergak jaistean eta igotzean, nahi ez diren ondorio batzuk ere izan daitezke. Zein dira ondorio horiek?

b) Zergatik ez dira gobernuak saiatzen Lafferren kurbak adierazten duen batez besteko zerga-tasa zein den jakiten?

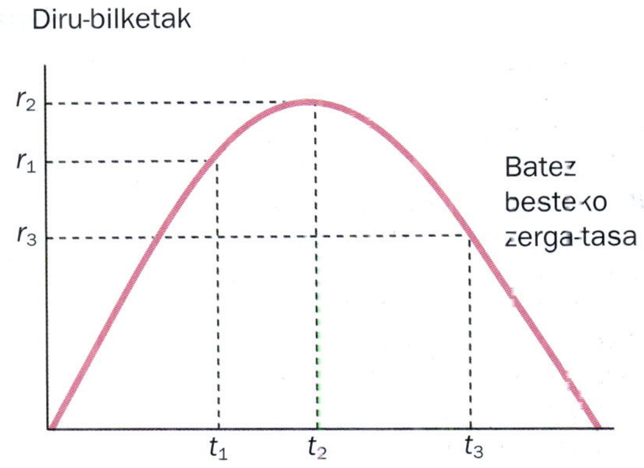

9.3. irudia. Lafferren kurba. Herrialde batean bildutako diruaren eta zergen batez besteko zerga-tasaren arteko erlazioa

Soluzioa:

a) Zergak jaisteak sarrera publikoen beherakada ekar dezake. Baina zergak igotzeak ere diru gutxiago biltzea eragin dezake, ekoizpen-jarduerarako motibazioa ken dezakeelako, eta zerga-iruzurra bultzatu.

b) Demagun gobernu batek urte batean zergak igotzen dituela, eta hurrengoan, jaitsi egiten dituela, asmatu ez duela pentsatzen duelako. Gero, hirugarren urtean, berriz igotzen ditu, uste duelako orduan dagoela igotzeko ekonomia-egoera egokia. Ziur asko, Gobernu horrek arazo larriagoa sortuko luke konpondu nahi duena baino. Batetik, ezegonkortasun-giro bat sortuko luke, eta hori oztopo handia izango litzateke familien eta enpresen planetarako. Eta, bestetik, etengabeko ziurgabetasun-giroa nagusituko litzateke herrialdean, ezinezkoa izango litzatekeelako hurrengo urtean zergek gora ala behera egingo duten jakitea. Gobernu batek hiru urteko epean horrelako erabakiak hartuko balitu, zertan ari den ez dakielako itxura emango luke, eta, horrez gain, kostu politiko handia ordaindu beharko luke, jendeak ez baititu ondo hartzen zergak igotzeko neurriak.

1. behatokia. Zenbateko kostua du zerbitzu publikoei eusteak?

Presio fiskala Estatuak zergetatik eta gizarte-kotizazioetatik lortzen dituen sarreren eta BPGd-aren arteko zatidura da; hots, herrialde batek Estatuari eusteko ordaintzen duenaren eta ekoizten edo irabazten duenaren arteko erlazioa.

$$\text{Presio fiskala} = \frac{\text{Estatuari eusteko kostua}}{\text{Herrialdeak irabazten/ekoizten duena}} \cdot 100 =$$

$$= \frac{\text{Zergetatik eta langileen kotizazioetatik lortutako sarrerak}}{\text{BPGd-a}} \cdot 100$$

Gurasoei edo lagunei galdetuz gero, ziur asko zerga asko ordaintzen direla esango digute denek. Beste herrialde batean galdetuz gero, erantzun bera lortuko genuke, bai gu baino gehiago ordaintzen dutenei galdetuta (frantziarrak, adibidez), bai gutxiago ordaintzen dutenei galdetuta (irlandarrak, esate baterako). Zergapekoak berdinak dira mundu osoan: jakin badakite beren sarreren zati bat ordaindu behar dutela zergetan, baina onura zuzenean lortzen ez dutenez, ez dute oso argi izaten ordaindu duten hori ondo erabiltzen ari den ala ez. Nolanahi ere, zerga gehikorrek aukera ematen dute egoera onean dauden gizarte-taldeetatik diru gehiago bildu eta egoera okerrenean dauden pertsonen artean birbanatzeko. Zerga-mota horren adibidea da pertsona fisikoen errentaren gaineko zerga: zenbat eta handiagoa izan zerga-ordaintzailearen ekonomia-ahalmena edo errenta-maila, orduan eta handiagoa da zerga-tasa.

Hausnartu:

a) Espainian, 2017an, presio fiskala %33,9koa izan zen. Nola interpretatzen da ehuneko hori?

b) Espainian presio fiskala Frantzian eta Europako beste herrialde batzuetan baino txikiagoa bada, zergatik kexatzen dira espainiarrak ordaintzen dituzten zergengatik?

c) Zer zerga-politika mota lotzen da presio fiskal txikiago batekin?

d) Zer-nolako eragina du kontsumoan eta inbertsioan presio fiskal txikiago batek? Eta errentaren birbanaketan?

2. Estatuko aurrekontu orokorrak

Zerga-politikaren sarrera- eta gastu-asmoak **aurrekontu** batean adierazten dira. Espainiar estatuan, zerga-politikako tresnak estatuko aurrekontu orokorretan gauzatzen dira. Aurrekontu horiek Ogasunak dagokion urtean izango dituen gastuen eta sarreren zerrenda zehatza dira, eta bat etorri behar dute **Estatuaren plan ekonomikoarekin.** Plan horretan, hain zuzen, ekonomia-helburuak eta ekonomia osoaren bilakaerari buruzko aurreikuspenak zehazten dira.

! Garrantzitsua

Autonomia-erkidegoek erabiltzen dituzten aurrekontuen egitura eta aurrekontu-sailak eta estatuko aurrekontu orokorretakoak oso antzekoak dira. Eta aurrekontuak dituzten arren, oso garrantzitsuak dira administrazio zentralak egiten dizkien transferentziak (transferentzia korronteak zein kapital-transferentziak), transferitutako eskumenak baliatzeko.

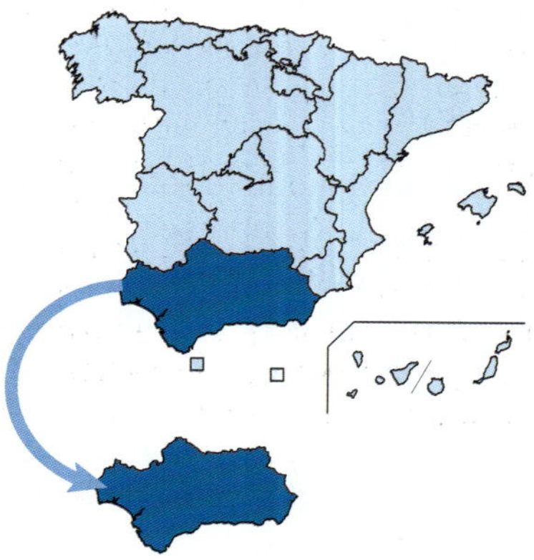

Estatuko aurrekontu orokorrak herrialde batek Estatuaren jarduketen, planen eta finantziazio-iturrien arabera egiten dituen gastu- eta sarrera-aurreikuspenak dira.

Hurrengo ataletan, estatuko aurrekontuetan jasotzen diren sarrera- eta gastu-mota orokorrak aztertuko ditugu. Horrez gain, azalduko dugu zer ondorio izan ditzakeen ekonomian herrialde batek lortutako sarrerak baino gehiago gastatzeak. **Aurrekontua osatzen duten sailen** zerrenda baten adibidea 9.4. taulan adierazi duguna izan daiteke.

Sarrerak	Gastuak
Gizarte-kotizazioak	**Arruntak**
Tributuak	• Ondasunen eta zerbitzuen erosketak. • Funtzionarioen soldatak.
• Zergak. • Tasak.	
Beste sarrera batzuk	**Inbertsioa**
• Transferentzia korronteak. • Ondareagatiko sarrerak. • Inbertsio-ondasunen besterentzea. • Kapital-transferentziak.	Azpiegiturak. **Transferentziak** eta **diru-laguntzak**

9.4. taula. Badaude estatuko aurrekontu orokorreko sailak sailkatzeko beste irizpide batzuk, baina hau da ohikoena: sarrerak jatorriaren arabera sailkatzea, eta gastuak, aplikazioaren edo helburuaren arabera.

2.1. Estatuko aurrekontu orokorretako gastu publikoak

Gastu publikoa administrazio publikoak egiten dituen gastuen multzoa da. Estatuari dagokionez, **nola gastatzen duen** kontuan hartuta, gastu publikoak honela sailkatu ditzakegu: gastu arruntak, inbertsio-gastuak, eta transferentziak eta diru-laguntzak (9.5. taula).

		Adibideak
Gastu arruntak	Gizarteari **zerbitzu publikoak** ematea helburu duten gastu orokorrak dira: osasungintza, hezkuntza, justizia, herrialdearen defentsa eta beste hainbat.	Funtzio publikoan jarduten duten pertsonen soldatak. Enpresa pribatuei erositako ondasunak eta zerbitzuak.
Inbertsio-gastuak	Herrialdeko ekoizpen-ahalmenari eustea edo hura handitzea helburu dutenak dira. Gastu handiena **azpiegiturek** dakarte.	Errepideen, ospitaleen, ikastetxeen, aireportuen, portuen eta abarren eraikuntza.
Transferentziak eta diru-laguntzak	Estatuak zergetatik, gizarte-kotizazioetatik eta abarretatik baliabideak lortzen ditu, eta premia handienak dituzten pertsonei edo enpresei helarazten dizkie. Pertsonei ematen bazaizkie, **transferentzia** esaten zaie; enpresei ematen bazaizkie, berriz, **diru-laguntza**.	**Transferentziak:** erretiro-pentsioak, ezgaitasun-pentsioak, ikasteko bekak, langabezia-prestazioak... **Diru-laguntzak:** enpresak sortzeagatik, kapital-ondasunetan inbertitzeagatik, lanpostuak sortzeagatik...

9.5. taula. Estatuko aurrekontu orokorretako gastu publikoen sailkapena.

Nork gastatzen du	Estatuak, autonomia-erkidegoek, tokiko erakundeek, Gizarte Segurantzak
Nola gastatzen da	Gastu errealak, inbertsioa, transferentziak eta diru-laguntzak
Non gastatzen da	Justizia, pentsioak, osasungintza...

9.6. taula. Estatuko aurrekontu orokorretako gastu publikoen sailkapena.

2. *behatokia.* Aurrekontu-sailen interpretazioa eta bilakaera

Ikusi dugun gastu-sailkapena sinpleena da, baina orokorrena ere bai. Beste irizpide bat izan daiteke gastuak beren xedearen arabera sailkatzea; hau da, politikak edo **oinarrizko zerbitzuak** kontuan hartuta. Hona hemen batzuk:

Politikak	2017ko aurrekontua		2018ko aurrekontua		Aldakuntza 2017-2018 (%)
	Milioi €	Guztizko-aren %	Milioi €	Guztizko-aren %	
Justizia	1.726	0,5	1.781	0,5	3,2
Defentsa	7.561	2,2	8.067	2,3	6,7
Herritarren segurtasuna	7.912	2,3	8.418	2,4	6,4
Kanpo-politika	1.522	0,4	1.581	0,4	3,9
Oinarrizko zerbitzu publikoak	**18.721**	**5,4**	**19.847**	**5,6**	**6,0**
Pentsioak	139.647	40,5	144.834	40,9	3,7
Beste prestazio ekonomiko batzuk	13.512	3,9	14.388	4,1	6,5
Gizarte-zerbitzuak	2.408	0,7	2.512	0,7	4,3
Enpleguaren sustapena	5.499	1,6	5.716	1,6	3,9
Langabezia	18.318	5,3	17.712	5,0	–3,3
Etxebizitza	474	0,1	473	0,1	–0,2
Kudeaketa eta administrazioa: Gizarte Segurantza	4.096	1,2	3.467	1,0	–15,4
1. Gizarte-babeserako eta -sustapenerako jarduketak	**183.954**	**53,3**	**189.102**	**53,4**	**2,8**
Osasuna	4.093	1,2	4.251	1,2	3,9
Hezkuntza	2.524	0,7	2.600	0,7	3,0
Kultura	803	0,2	838	0,2	4,4
2. Lehentasunezko ondasun publikoen ekoizpena	**7.420**	**2,1**	**7.689**	**2,1**	**3,6**
Gizarte-gastua (1 + 2)	**191.374**	**55,4**	**196.791**	**55,5**	**2,8**

Aurrekontu-sailak ehunekotan adierazten dira aurrekontuaren guztizkoarekiko. Halaber, adierazten da zer aldaketa izan duen aurrekontu-sailak aurreko urteko aurrekontutik, ehunekotan hori ere. Hala, azkar jakin daiteke zer pisu duen aurrekontu-sail bakoitzak guztizkoan eta zer bilakaera izan duen urtetik urtera.

Aurrekontu-sail bakoitzaren pisuak aukera ematen du zenbait herrialdetako aurrekontuak alderatzeko. Aurrekontu-sail bakoitzak urtetik urtera izandako bilakaerak, berriz, Gobernuaren asmoak eta lehentasunak erakusten ditu.

Hausnartu:

a) Zer aurrekontu-sail da handiena? Eta txikiena?

b) Nolakoa izan zen hezkuntzarako aurrekontuaren aldakuntza bi urteen artean? Zenbatekoa izango litzateke hezkuntzarako gastua 2019an, Gobernuak igoera-ehuneko bera aplikatuko balu?

c) Aurreko urteko zenbatekotik izandako gehikuntza kontuan hartuta, zer politikari eman zaio lehentasuna?

d) Langabeziarako aurrekontu-sailak behera egin du. Zer adierazten du horrek?

e) Identifikatu zer gastu diren erreal ak eta zein transferentziak.

Hausnartu

Espainian, egungo helburu nagusietako bat, agian garrantzitsuena, ongizate-estatuak **Gizarte Segurantzaren** bidez ematen duen babesari eustea da; **erretiro-subsidioei** eta **-pentsioei** eustea, batez ere. Etorkizunean agian pentsio horiek ezin izango direla ordaindu pentsatzeak kezka handia eragiten du, gaur egun.

Erretiro pentsioak ordaintzeko diru-iturria langile aktiboen kotizazioak dira. Europar Batasunean gaur egun, erretiratu bakoitzeko lau langile daude, baina 2050. urterako bi soilik izango direla aurreikusten da. Egindako kalkuluen arabera, jaiotza-tasaren jaitsierak eta bizi-itxaropenaren luzatzeak egungo erritmoan jarraitzen badute, Espainiako estatuak gaur egun erabiltzen duen zenbatekoa halako bi erabili beharko du pentsioak ordaintzeko, eta, agerikoa denez, egoera horri eustea oso zaila izango litzateke.

Jarduerak

9. Zertan dira desberdinak gastu arruntak eta inbertsio-gastuak? Eta transferentziak eta diru-laguntzak?

10. Sailkatu estatuko aurrekontu orokorretatik ateratako gastu-sail hauek:

a) Zure institutuan erabilera anitzetarako pabiloi bat eraikitzea.

b) Irakasleen soldatak.

c) Enpresa pribatuei idazkaritzarako erositako administrazio-material kontsumigarriak.

d) Enpresa batentzako diru-laguntza, langileak kontratatzeagatik.

e) Irakasle baten erretiro-pentsioa.

2.2. Estatuko aurrekontu orokorretako sarrera publikoak

Sektore publikoak baliabide batzuk behar ditu dagozkion eginkizunak betetzeko, **diru-sarrera publikoak** deritzen baliabideak. Estatuak bide hauek ditu sarrera horiek lortzeko: gizarte-kotizazioak, tributuak eta beste sarrera batzuk.

> ***Gogoan izan***
>
> **Zergak** eta **tasak** tributuak dira, hau da, administrazio publikoak herritarrei eta enpresei exijitzen dien diru-prestazioa. Tributuen helburua gastua finantzatzea eta herrialdeko ekonomia-jarduera kontrolatzeko beharrezko baliabideak lortzea da.

- **Gizarte-kotizazioak.** Gizarte Segurantzan afiliatutako langileek egiten dituzten ekarpenak dira, beharra sortzen zaienean haiek eta beren familiek zenbait prestazio jasotzeko eskubidea izan dezaten: gaixotuz gero, ezgaitasunen bat izanez gero, erretiroa hartuz gero... Espainian, azken urteetan, handitu egin da gizarte-kotizazioen bolumena, eta uste da etorkizunean sail horren zenbatekoa tributuetatik lortzen denarekin parekatuko dela.

- **Tributuak.** Aurrekontuetako diru-sarrera publikoen iturri nagusia dira; jasotako guztiaren erdia, hain zuzen. Zergapekoak ordainetan zerbait jasotzen duen edo ez aintzat hartuta, honela sailkatzen dira (9.7. taula):

<table>
<tr><th colspan="6">Zergak</th><th>Tasak</th></tr>
<tr><td colspan="6">Zergak administrazio publikoek exijitutako ordainketak dira, zergapekoek ordainetan ezer jaso gabe; hau da, zergak ordaintzen dituenak ez du berehalako onurarik lortzen ordainketaren truke.</td><td rowspan="5">Erabiltzaileak onura dakarkion zerbitzu publiko bat erabiltzeagatik edo jarduera bat egiteagatik ezartzen diren ordainketak dira (erakusketa publiko baten sarrera, unibertsitate publikoko matrikula...).</td></tr>
<tr><td colspan="3">Zuzeneko zergak</td><td colspan="3">Zeharkako zergak</td></tr>
<tr><td colspan="3">Norberak duenari edo irabazten duenari ezartzen zaizkio (diru-sarrerak, enpresa-etekinak eta jabetzak). Aintzat hartzen dute zergapeko pertsonaren edo enpresaren ekonomia-egoera.</td><td colspan="3">Egintza jakin batzuei ezartzen zaizkie, hala nola ondasunen eskualdatzeari eta kontsumoari, zergapeko pertsonaren edo enpresaren ekonomia-egoera aintzat hartu gabe.</td></tr>
<tr><td>OZ</td><td>PFEZ</td><td>SZ</td><td>OEZ/EJDZ</td><td>BEZ</td><td>ZB</td></tr>
<tr><td>Partikularren jabetzei ezartzen zaie.</td><td>Ekoizpen-baliabideen errentei aplikatzen zaie (soldatak, alokairuak eta interesak).</td><td>Enpresek lortzen dituzten irabaziei aplikatzen zaie.</td><td>Beste partikular batzuei ondasunen bat erosi dieten partikularrei ezartzen zaie.</td><td>Ondasunen eta zerbitzuen kontsumoari ezartzen zaio.</td><td>Ondasun eta zerbitzu jakin batzuei ezartzen zaizkie: alkoholari, gasolinari, tabakoari...</td></tr>
</table>

9.7. taula. Espainiar estatuko zergak. **OZ** (ondarearen gaineko zerga), **PFEZ** (pertsona fisikoen errentaren gaineko zerga), **SZ** (sozietateen gaineko zerga), **OEZ/EJDZ** (ondare-eskualdaketen eta egintza juridiko dokumentatuen gaineko zerga). **BEZ** (balio erantsiaren gaineko zerga), **ZB** (zerga bereziak).

- **Beste sarrera batzuk.** Diru-bilketari dagokionez, askoz garrantzi txikiagoa dute gainerako sarrera publikoek baino. Hauek dira atal horretako sarrera garrantzitsuenak (9.8. taula):

Transferentzia korronteak	Ondare bidezko sarrerak	Besterentzeak eta inbertsioak	Kapital-transferentziak
Ez dira inbertsio-proiektuetan gauzatzen, eta beste erakunde batzuetan dute jatorria (Trafikoa, Gizarte Segurantza), edo **EGFn.**	Estatuko ondasunek ematen dituzten errentak dira; esaterako, enpresa publikoen mozkinak (Altadis, Renfe, Correos...).	Estatuaren jabetzakoak diren ondasunak, hala nola enpresa publikoak, salduta lortutako sarrerak. Zenbait enpresa garrantzitsu (Repsol, Telefónica, Iberia...) publikoak ziren hasieran, baina pribatizatu egin zituzten gero.	EBko egiturazko funtsetan dute jatorria, eta inbertsio proiektuak finantzatzeko dira. Horrelakoak dira **EGEFetik** eskuratutako funtsak.

9.8. taula. Beste sarrera publiko batzuk. **EGF** (Europako Gizarte Funtsa) eta **EGEF** (Eskualde Garapeneko Europako Funtsa) Europar Batasuneko funtsak dira, eta hauek dira haien helburu nagusiak, hurrenez hurren: enplegua sortzea eta EBn egoera ahulenean dauden eskualdeetan inbertsioak egitea. Inbertsio-proiektuak, besteak ez bezala, kapital-ondasunetan gauzatzen direnak dira; hau da, azpiegitura, instalazio, makina eta abarretan.

Jarduerak

11. Zer ezaugarrik bereizten dituzte zuzeneko zergak zeharkako zergetatik? Zertan dira desberdinak zergak eta tasak?

12. Zergatik sailkatzen da edari alkoholdunen gaineko zerga zeharkako zergen taldean? Arrazoitu erantzuna.

13. Zer lotura dago tributuetako zerga-egitatearen eta zerga-oinarriaren artean?

Tributuen elementu komunak

Tributu guztiek elementu komun hauek dituzte:

- **Subjektu pasiboa.** Tributua ordaindu behar duen pertsona.
- **Zerga-egitatea.** Tributua ordaintzeko betebeharra sortzen duen arrazoia.
- **Zerga-oinarria.** Zerga-egitatearen kuantifikazio ekonomikoa.
- **Likidazio-oinarria.** Zerga-oinarrian legeak onartzen dituen murriztapenak aplikatu ondoren ateratzen den emaitza.
- **Kuota osoa.** Likidazio-oinarriari zerga-tasa aplikatzean ateratzen den emaitza (baldin eta zenbateko finko bat ez bada).
- **Kuota likidoa.** Kuota osoari legeak onartzen dituen kenkariak aplikatu ondoren ateratzen den emaitza.
- **Kuota diferentziala.** Kuota likidoari atxikipenak deskontatu eta isunak aplikatu ondoren ateratzen den emaitza da, halakorik egitea badagokio. Emaitza zerga-ordaintzailearen kontrakoa (ordaindu egin beharko du) edo aldekoa (itzuli egingo diote) izango da.

3. jarduera ebatzia. BEZaren tributu-elementuak

Adierazi, eskema batean, tributuen elementuen artean dagoen lotura. Esan tributuetako zer elementu ordaintzen ditugun kafetegi bateko terrazan 2 €-ko kafe bat hartzen baldin badugu, pertsona partikular edo pertsona fisiko gisa. Balio erantsiaren gaineko zergaren zerga-tasa ostalaritzan: % 10. Ez dagokio murriztapenik, kenkaririk, atxikipenik eta isunik aplikatzea.

Soluzioa:

Erantzuna eskuinean dago, 9.4 irudian.

3. *behatokia.* Gizarte Segurantzaren aterpea

Gizarte Segurantza biztanleria osoari prestazioak ematen dizkion funts moduko bat da. Funts horren kotizatzaile nagusiak enpresak eta langileak dira, baina ez dira funtsaren onuradun bakarrak. Onuradunen arabera, hiru prestazio-multzo bereiz daitezke: unibertsalak, kontributiboak eta sozialak.

Prestazioak	Onuradunak
Unibertsalak	Biztanleria osoa
Kontributiboak	Kotizatzaileak
Sozialak	Bazterketa-arriskuan dauden pertsonak

Espainiako gizarte-ongizateko prestazioak eta onuradunak. Kotizatzaileak (biztanleria landuna) prestazio kontributiboen onuradunak dira, Gizarte Segurantzan dagozkion kuotak gutxieneko denbora-aldi jakin batean ordaintzen badituzte.

Prestazio horiek guztiak finantzatzeko, honako baliabide hauek erabiltzen dira: langileek ordaintzen dituzten gizarte-kotizazioak, batetik, eta pertsona guztiok ordaintzen ditugun zergak, bestetik.

Hausnartu:

a) Onuradunak nor diren kontuan hartuta, adierazi zer prestazio-taldetakoa den hauetako bakoitza: osasungintza, langabezia-prestazioa, hezkuntza, erretiro-pentsioa eta jangela sozialak.

b) Oro har, gero eta handiagoa da prestazio kontributibo bat eskuratzeko eskatzen den kotizazio-aldia. Zure ustez, zergatik ari da hori gertatzen?

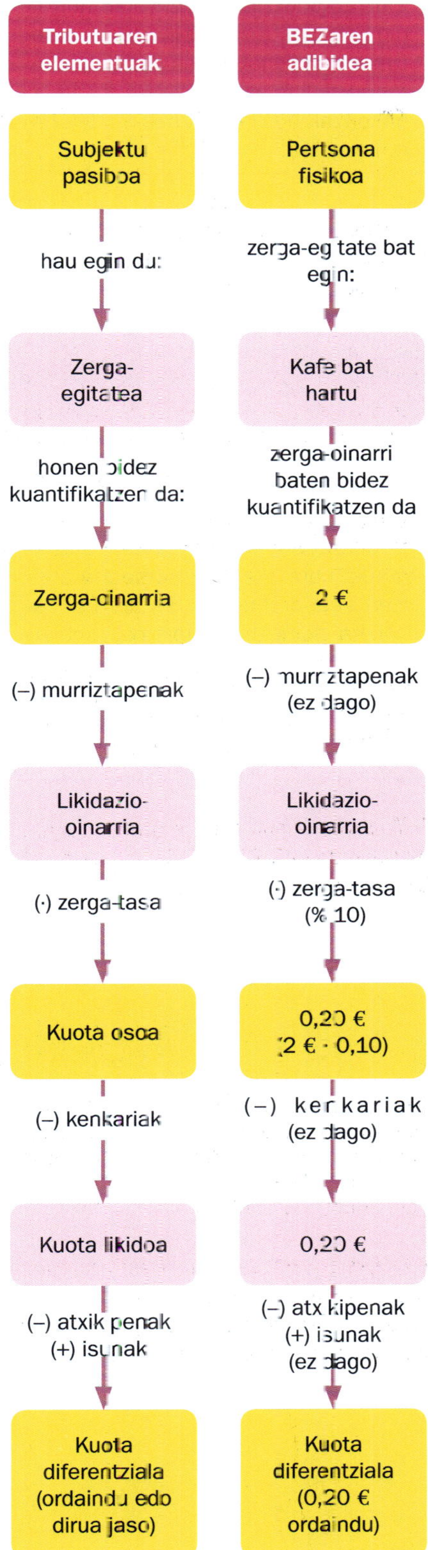

9.4. irudia. Tributuetako elementuen arteko lotura, eta pertsona fisiko batek ordaindu beharreko BEZaren elementuak.

2.3. Errentaren birbanaketa

Lexikoa

Ekitate-printzipioa. Printzipio horrek dio Estatuak zuzentze-jarduerak betetzeko egin behar dituen gastuak herritar guztiek finantzatu behar dituztela, bakoitzak bere ekonomia-ahalmenaren arabera.

Gogoan izan

7. unitatean ikusi dugunez, Estatua merkatuaren zenbait hutsegite arintzen saia daiteke. Errentaren birbanaketa, adibidez, sektore publikoaren eginkizun garrantzitsuenetako bat da, eta horren bidez, errenten banaketa-desberdintasunak eragindako merkatuaren hutsegitea zuzentzen da.

Gastu publikoen atalean sartzen den guztia ez da, berez, gastua. **Transferentziak** eta **diru-laguntzak** gastuen atalean kontabilizatzen dira, baina, benetan, sektore publikoak modu berezi batean kudeatzen dituen diru-kantitateak dira. Horiei dagokienez, hau egiten du sektore publikoak:

1. **Dirua biltzen du,** ekonomia-ahalmen handiena duten pertsonek ordaintzen dituzten zergen bidez.
2. **Dirua transferitzen die** zuzenean premia handiena duten pertsonei, aurretik finkatutako irizpide batzuen arabera.

Sektore publikoaren esku-hartze hori gabe, merkatuak areagotu egingo luke gehien dutenen eta gutxien dutenen artean jada badagoen desoreka. Estatuak, **ekitate-printzipioan** oinarrituta, bere gain hartzen du merkatuak errentaren banaketa desberdina dela-eta eragindako desoreka arintzeko eginkizuna.

Errenta birbanatzeko funtzioa herrialde ororen gastu-politikaren oinarrizko elementua da. Zerga gehikorrak aplikatzea edo pentsio baxuenak errebalorizatzea dira errentaren banaketa orekatuagoa izateko neurrietako batzuk.

Errentaren birbanaketa esaten zaio Estatuak, **ekitate-printzipioa** betez, merkatuak aurretik ekonomia-ahalmen handiko herritarrei esleitutako funtsak birbanatzeko egiten duen prozesuari.

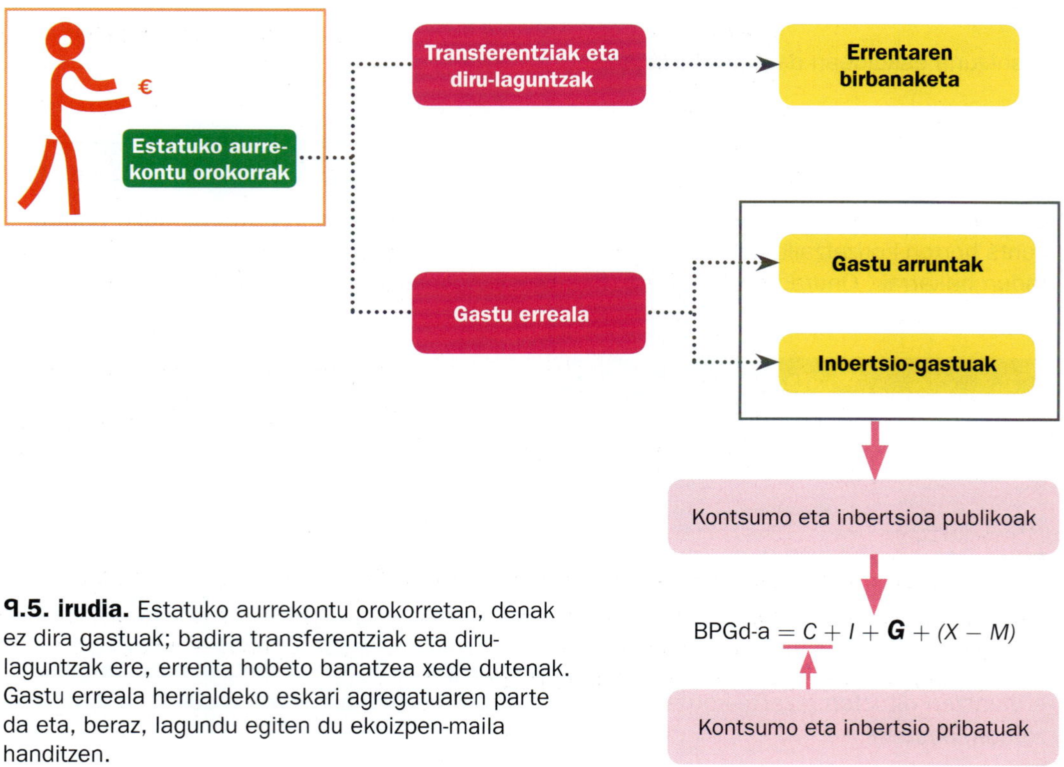

9.5. irudia. Estatuko aurrekontu orokorretan, denak ez dira gastuak; badira transferentziak eta diru-laguntzak ere, errenta hobeto banatzea xede dutenak. Gastu erreala herrialdeko eskari agregatuaren parte da eta, beraz, lagundu egiten du ekoizpen-maila handitzen.

Unitatean ikasi dugunez, estatuko aurrekontu orokorren faktore garrantzitsuenetako bat zenbatekoak dira, gobernuak aurrekontuen arloan dituen helburuak adierazten baitituzte: gastu publikoa handia bada, ekonomia hedatzen laguntzen du (zerga-politika hedatzailea), eta gastuari eusteak, berriz, ez (zerga-politika murriztailea). 9.3. taulan aztertu ditugu horren ondorioak.

Baina badago kontuan hartu beharreko beste faktore bat ere: **aurrekontu-saldoa**; hau da, sarreren eta gastuen arteko aldea (hurrengo atalean aztertuko dugu).

4. jarduera ebatzia. Gastu errealak eta transferentziakoak hezkuntza publikoan

Sektore publikoak 7.000 € baino gehiago gastatzen ditu urtero Batxilergoko ikasle bakoitzeko, eta batzuei, gainera, ikasteko bekak ematen dizkie.

a) Azaldu zer gastu-mota egiten duen Espainiako sektore publikoak, gastu errealen eta transferentzien ikuspegitik.

b) Aurreko galderaren bide beretik, azaldu zer gastu-mota diren sektore publikoarentzat hezkuntza-gastuak eta ikasteko bekak.

Soluzioa:

a) Ikasteko bekei dagokienez, aurretik lortutako kalifikazio akademikoetan oinarrituta ematen direnez, Espainiako sektore publikoak ez du ezer jasotzen beken truke. Ikasleko gastuari dagokionez, sektore publikoak zerbait jasotzen du gastu horren truke: herritarren hezkuntza. Beraz, ikasteko bekak transferentziak dira, eta ikasleko gastua, berriz, gastu erreal bat.

b) Estatuak hezkuntzan egiten duen gastuaren truke, herritarrok prestakuntza hobea dugu, eta horrek produktibitatea hobetzen duenez, etorkizunean ekarpen handiagoa egin ahal izango diogu sektore publikoari, zergen eta gizarte-kotizazioen bidez. Ikasteko beken kasuan, berriz, sektore publikoak errenta birbanatu baino ez du egiten: bitartekari gisa jarduten du, eta alde batean jartzen du beste batetik kentzen duena. Bekak jasotzen dituztenek prestakuntza hobetuko dutelakoan jarduten da, baina ez dago bermatuta horrela izango denik.

4. behatokia. Gini indizea da desberdintasunaren adierazlea

Gini indizeak herrialde bateko ekonomia-desberdintasunak neurtzen ditu, sarrerak biztanleriaren artean nola banatzen diren kontuan hartuta. Berdintasun perfektuaren diagonalak (ikusi grafikoa) banaketa perfektua adierazten du: biztanleriaren % 20k diru-sarreren % 20 jasotzen du; biztanleriaren % 40k sarreren % 40 jasotzen du, eta horrela jarraitzen da % 100era iritsi arte. Diagonala kurba bihurtzen bada (Lorenzen kurba), desberdintasunak areagotu egingo dira A eremuak gora eta B eremuak behera egin ahala, eta alderantziz. Herrialde bakoitzean, Gini indizearen balioa 0 eta 1 artean dago. 0tik gertuko balioek adierazten dute aberastasuna banatuagoa dagoela, eta, horrenbestez, A eremua B eremua baino askoz txikiagoa izango da. Muturreko kontrako kasua Gini indizean 1eko balioa duen herrialdea da, eta hori bat dator grafikoko erabateko desberdintasunaren lerroarekin. Hori gertatuz gero, egoera hau izango litzateke herrialdean: pertsona batek herrialdeko diru guztia izango luke, eta ez litzake B eremurik egongo.

GINI INDIZEA

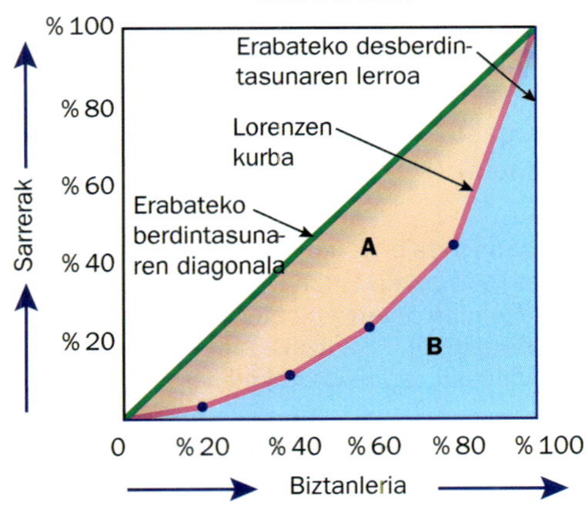

Iturria: Eurostat.

GINI INDIZEA: ESPAINIA ETA EUROGUNEA

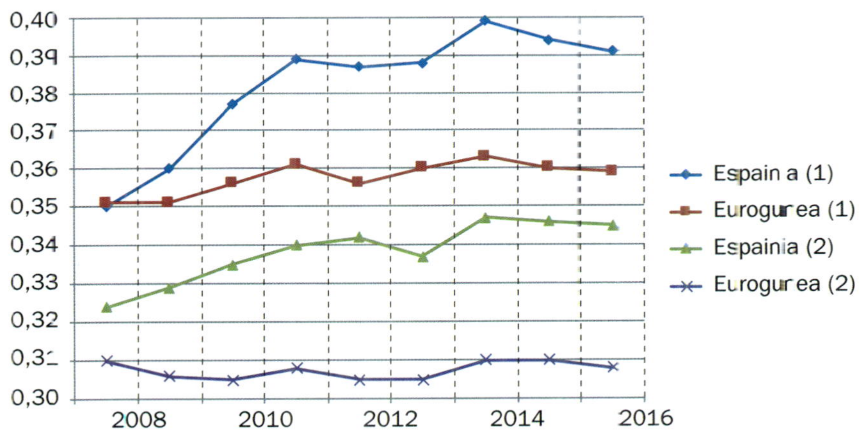

Hausnartu:

a) Desberdintasunari dagokionez, zer ondorio atera daitezke Espainiarako eta Eurogunerako?

b) (1) segidak adierazten du zer jasotzen duen errenta eskuragarriak zergen gehi pentsioen ondoren, eta (2) segidak, berriz, gauza bera adierazten du, baina gainerako gizarte-prestazioak gehituta (langabezia, ezintasuna, etxebizitza...). Hori dela-eta, zer ondorio atera daiteke gizarte-babesaren mailari buruz?

Jarduerak

14. Zer lotura dute estatuko aurrekontu orokorrek merkatuaren hutsegiteekin eta errenta-birbanaketarekin?

15. Transferentziek ez dute laguntzen barne-produktu gordina handitzen, baina badira horretan laguntzen duten gastu publikoak. Eman horren bi adibide.

16. EAOko bi aldagaik adierazten dute zer zerga-politika aplikatu nahi duen herrialde bateko gobernuak? Zein dira?

17. Gini indizea 0,45 da AEBn, 0,35 Espainian, eta 0,27 Frantzian. Zer esan nahi du horrek?

2.4. Aurrekontu-saldoa

! Garrantzitsua

Aurrekontuak egoera hauek izan ditzake:

Oreka: Sarrerak = Gastuak
Defizita: Sarrerak < Gastuak
Superabita: Sarrerak > Gastuak

Oreka-egoera duen aurrekontuari **zero defizita** esaten zaio.

Estatuaren kontuak edozein familiaren kontuak bezalakoak dira: ez dago arazorik sarrerak gastuak baino handiagoak direnean, baina dena aldatzen da lortzen diren sarrerak baino gehiago gastatzen denean, **zorpetzera** jo behar delako. Orduan, jasotako mailegua itzultzeaz gain, interesak ere ordaindu beharko dira. Lehenbiziko egoera **superabita** da, eta bigarrena berriz, **defizita.**

Defizit publikoa jasotako sarrerak baino gehiago gastatzean sortzen da, eta, oro har zirkulazioan dagoen diru-kantitatea handitzea dakar, ekoizpen- eta enplegu-mailak igotzeko helburuz.

Ba al zenekien...?

Gastuaren zenbatekoan (zorpetzea ere izan daiteke hori finantzatzeko modua) datza ekonomia ulertzeko teorien arteko alde nagusietako bat: neokeynesiarrek Estatuaren esku-hartze aktiboaren alde egiten dute, eskari agregatua suspertzeko; neoliberalek, berriz, Estatuaren esku-hartzeak ahalik txikiena izan behar duela pentsatzen dute.

Ekonomian, bi defizit-mota daude: ziklikoa eta egiturazkoa.

- **Defizit ziklikoa.** Ekonomia-zikloan halabeharrez gertatzen diren atzeraldietan sortzen da. Aldi batean soilik irauten du. Izan ere, Estatuak esku hartzen du, ekonomia suspertzeko eta ekonomia-eragileen konfiantza berreskuratzeko. Horretarako, zorpetu egiten da, eskari agregatua susta dadin. Horregatik, hazkunde-aldietan desagertu egin ohi da defizit hori, Estatuak sarrera handiagoak lortzen baititu (zergen edo gizarte-kotizazioen bidez) eta gastuak murrizten baititu (diru-laguntza gutxiago emanez eta obra publikoetarako programetan murrizketak eginez), ekoizpenaren eta enpleguaren gorakada baliatuta. Esan daiteke defizit ziklikoa berez sortzen dela edozein ekonomiatan.
- **Egiturazko defizita.** Defizit iraunkorra da, eta ia enplegu beteko egoeretan ere iraun ohi du. Egiturazko defizita oztopo handia da ekonomia-garapenerako, Estatuak etengabe hartu behar baititu bere gain zorraren kostuak.

2.5. Defizit publikoaren finantzaketa

Diru-sarrerak gastuei aurre egiteko nahikoak ez badira, Estatuak murrizketak egin ditzake aurrekontuan, defizita sor ez dadin; edo bestela, zorpetu egin daiteke, epe laburrean edo luzean ekonomiaren onbideratzea ekar dezaketen gastu baliagarriak egiteko. Defizit publikoa finantzatzeko, Estatuak aukera hauek ditu (9.6. irudia):

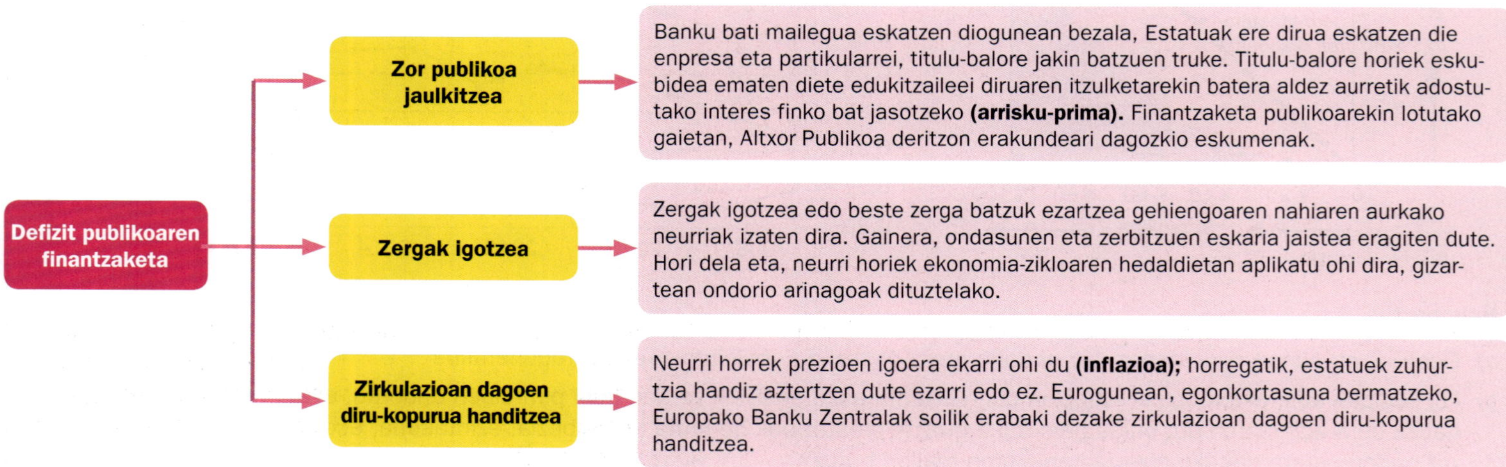

9.6. irudia. Defizit publikoa finantzatzeko bideak.

Gogoan izan

11. unitatean, estatuen zor publikoaren analisia eta funtzionamendua sakon aztertuko ditugu.

Jarduerak

18. Zergatik ez da defizit ziklikoa arazotzat hartzen? Arrazoitu erantzuna.

19. Noiz bihurtzen da defizit ziklikoa egiturazko defizit?

20. Zer lortu nahi dute estatuek zorpetzen direnean?

21. Zerga-igoerei buruz idatzi gabeko arau batek dio gobernuek agintaldia hastean egiten dituztela; inoiz ez agintaldiaren amaieran. Zure ustez, zergatik da horrela?

5. behatokia. Zorraren urtegia betetzen duen ura

Ibai batek elikatutako urtegi bat metafora egokia izan daiteke **zorra** eta **defizita** ez nahasteko. Ibaian urtegirantz egunero dabilen ura defizita izango litzateke, eta urtegian metatzen den ur guztia, berriz, zorra. Herrialdeek BPGd-aren bidez neurtzen dute zenbat irabazten duten, eta gure metaforan urtegiak adieraziko luke zenbateko ahalmena duen herrialde bakoitzak zorra hartzeko (eta hori oso lotuta dago BPGd-arekin). Baina urtegiak gainezka egin dezake, zorra ordainduz joaten ez bada.

Hausnartu:

a) Zer ondorio izango lituzke lehorte luze batek defiziterako eta zorrerako?

b) Ekonomiaren ikuspegitik, zertan ariko da herrialde bat, urtegiko uhateak irekitzen baditu?

c) BPGd-aren, defizitaren eta zorraren aldetik, Alemaniako urtegia Espainiakoa baino handiagoa dela esaten da? Zer esan nahi du horrek?

d) Demagun uraren maila asko igotzen dela, urtegiak gainezka egiten duela eta hormak pitzatzen hasten direla. Horrelako egoeran dagoen herrialde batean, zer ari da gertatzen zorrarekin eta zor hori ordaintzeko ahalmenarekin?

! Garrantzitsua

Hipoteken krisiaren (2008) eta **Euroguneko krisiaren** (2010) ondorioz, Europako gobernu asko gehiegi zorpetu ziren, ekonomia suspertzeko. Baina ekonomiarako pizgarriek ez zituzten nahi ziren ondorioak eragin. Horregatik, **aurrekontuen urrezko araua** adostu zuten Euroguneko herrialdeek zero defizita lortzeko konpromisoa hartu zuten, salbuespen justifikatu batzuk salbu.

5. jarduera ebatzia. Defizita, superabita eta zorra Espainian

Hegazkin baten kutxa beltzak hegaldien gorabeherak erregistratzen dituen moduan, gastu eta sarrera publikoen arteko erlazioak herrialdean ekonomiaren bilakaera islatzen du. Ekonomiaren bilakaerak, berriz, lotura du gertaera historikoekin:

Zor, gastu eta sarrera publikoen bilakaera, 1980-2017 (BPGd-aren %)

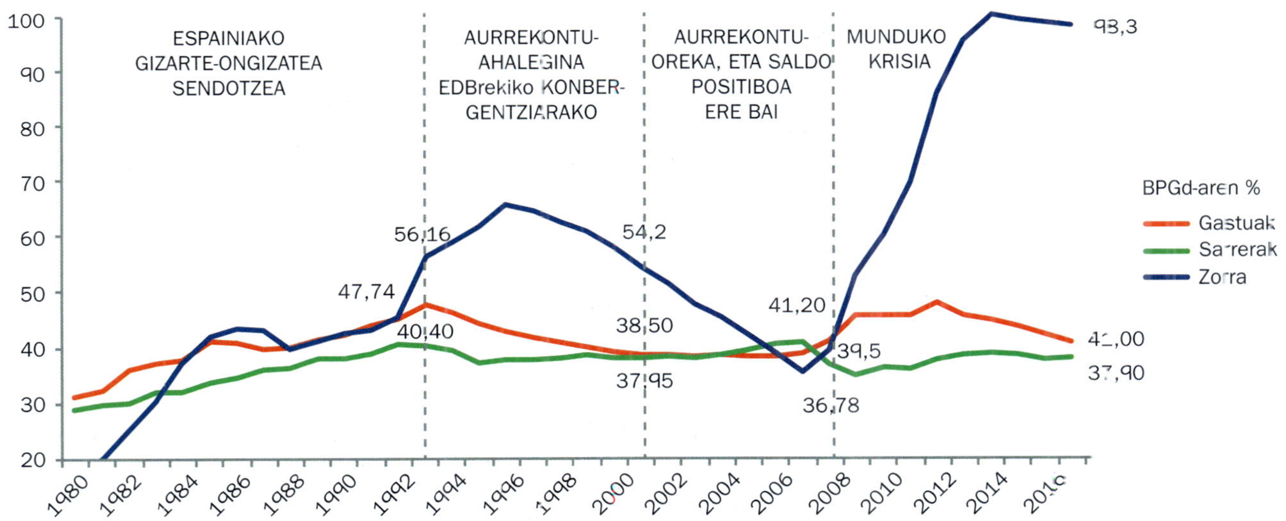

a) Zer defizit-mota da nagusi Espainiako ekonomian? Arrazoitu erantzuna.

b) Zergatik handitu ziren asko gastuak krisialdia iristean?

c) Oro har, zer urtetan handitu zen asko zorra? Zergatik?

d) Azken urteotan, Espainiak zenbateko hobeak izan ditu gastuen eta sarreren atalean, baina izugarri zorpetzearen kontura lortu du hori. Zer eragin du horrek etorkizuneko belaunaldientzat?

Soluzioa:

a) Espainiako ekonomiako defizit nagusia egiturazko defizita da. Superabit-egoera, sarrerak gastuak baino handiagoak izatea alegia, urte gutxi batzuetan soilik lortu zen, krisiaren aurreko urteetan, hain zuzen ere.

b) Krisialdia iristean, gastuak handitu egin ziren, gizarte-prestazioetarako eta langabezia-prestazioetarako eskaerek gora egitearen ondorioz. Sarrerek, berriz, behera egin zuten, diru-kantitate txikiagoa bildu baitzen zergen eta gizarte-kotizazioen bidez.

c) Zorra krisialdian handitu zen asko, zenbait urtetako defizita metatzearen ondorioz.

d) Zorpetzeak oztopoak sortzen ditu herrialdeen hazkunderako, eta arazoak sortzen ditu herritarrei zerbitzuak eta ongizatea ematerakoan ere. Interesak eta zorraren kapitala itzultzeko ordaindu behar den zenbatekoak aukera-kostua du, diru hori ezin baita beste zenbait gauzatarako erabili; adibidez, gizarte-laguntzak emateko edo errepideak, ospitaleak eta ikastetxeak eraikitzeko.

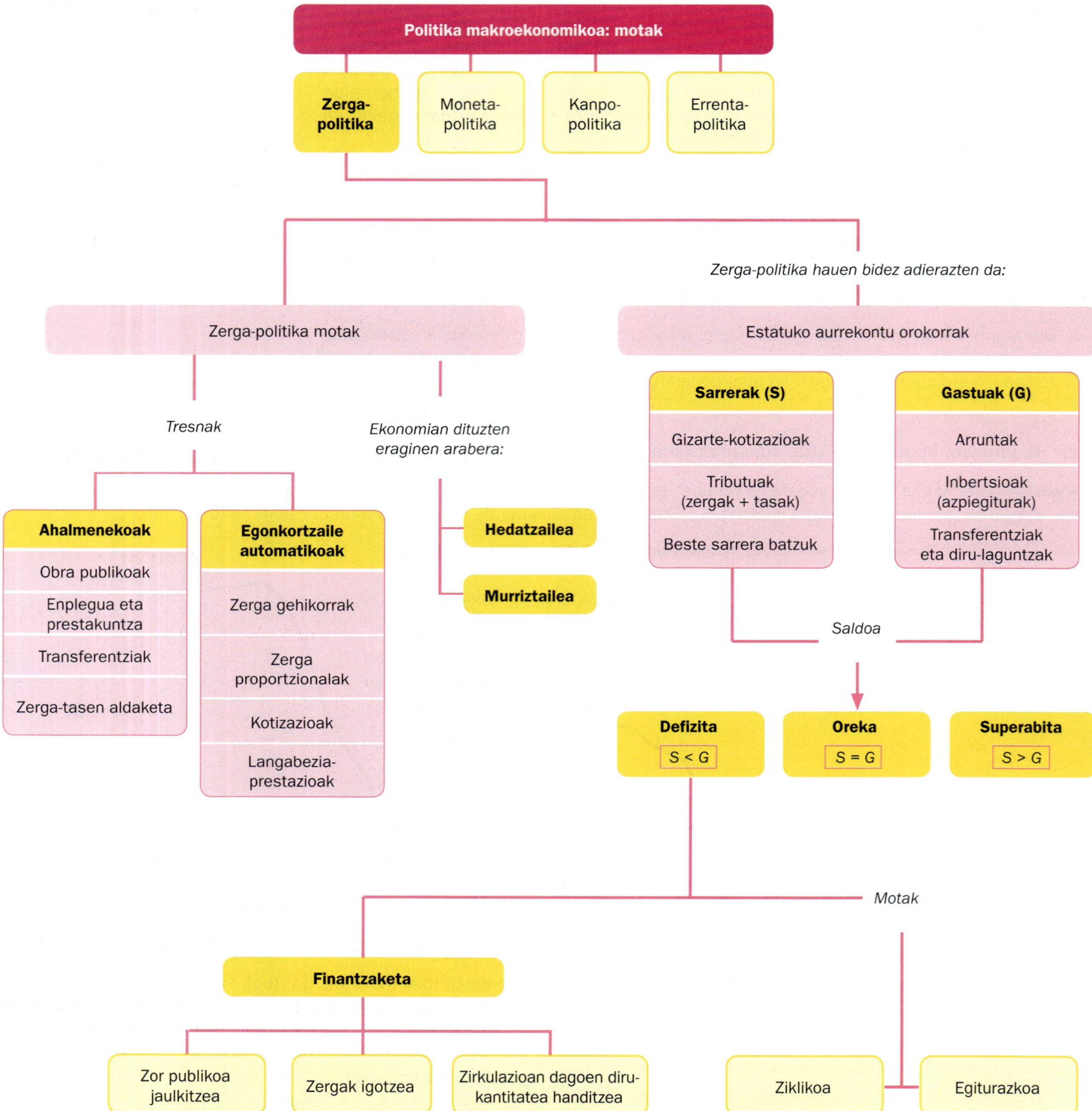
Politika makroekonomikoa: motak
Zerga-politika
Moneta-politika
Kanpo-politika
Errenta-politika
Zerga-politika motak
Tresnak
Ahalmenekoak
Obra publikoak
Enplegua eta prestakuntza
Transferentziak
Zerga-tasen aldaketa
Egonkortzaile automatikoak
Zerga gehikorrak
Zerga proportzionalak
Kotizazioak
Langabezia-prestazioak
Ekonomian dituzten eraginen arabera:
Hedatzailea
Murriztailea
Zerga-politika hauen bidez adierazten da:
Estatuko aurrekontu orokorrak
Sarrerak (S)
Gizarte-kotizazioak
Tributuak (zergak + tasak)
Beste sarrera batzuk
Gastuak (G)
Arruntak
Inbertsioak (azpiegiturak)
Transferentziak eta diru-laguntzak
Saldoa
Defizita
S < G
Oreka
S = G
Superabita
S > G
Motak
Finantzaketa
Zor publikoa jaulkitzea
Zergak igotzea
Zirkulazioan dagoen diru-kantitatea handitzea
Ziklikoa
Egiturazkoa

1. Zein dira ahalmeneko zerga-politikak?

a) Prestakuntza-planak.

b) Zerga gehikorrak.

c) Zerga proportzionalen zerga-tasa igotzea.

d) Aurreko erantzunetatik, bi zuzenak dira.

2. Langabezia-prestazioak egonkortzaile automatikoak dira. Zergatik?

a) Ez dutelako inolako loturarik ziklo ekonomikoekin.

b) Txikiagoak direlako ekonomiaren hedaldi-garaietan.

c) Handiagoak direlako ekonomiaren atzeraldi-garaietan.

d) Aurreko erantzunetatik, bi zuzenak dira.

3. Zer-nolako zerga-politika da gastu publikoa handitzea?

a) Hedatzailea.

b) Murriztailea.

c) Moneta-politika.

d) Denak okerrak dira.

4. Tributu bat ordaintzeagatik zuzeneko onuraren bat lortzen badugu, zer da hori?

a) Prestazio bat.

b) Zuzeneko zerga bat.

c) Tasa bat.

d) Zerga proportzional bat.

5. Hauetako zein sartzen dira gastu publikoen atalean, transferentzien kategorian, nahiz eta ez diren, berez, gastuak?

a) Funtzionarioen soldatak.

b) Ikasteko bekak.

c) Errepideen eraikuntza.

d) Aurreko erantzunetatik, bi zuzenak dira.

6. Zer aurrekontu-sailek dute eragin berezia errentaren birbanaketan?

a) PFEZk.

b) BEZak.

c) Langabezia-prestazioek.

d) Enpresentzako diru-laguntzek.

7. Langabeziarik gabeko herrialde batek defizit publikoa badu urte batzuez, nolakoa izango da ziur asko, defizit hori?

a) Ziklikoa.

b) Egiturazkoa.

c) Iraunkorra.

d) Kronikoa.

8. Zer egin dezakete herrialdeek, Espainiak kasu, beren defizit publikoa finantzatzeko?

a) Zor publikoa jaulki.

b) Zirkulazioan dagoen diru-kantitatea handitu.

c) Zergak jaitsi.

d) Aurreko erantzunetatik, bi zuzenak dira.

9. Nahi ez den zer ondorio eragin dezake zirkulazioan dagoen diru-kantitatea handitzeak?

a) Defizit publikoa handitzea.

b) Zor publikoa garestitzea.

c) Zergak igotzea.

d) Prezioak igotzea.

10. Esaldi hauetatik, zein da okerra?

a) Zerga guztiak tributuak dira, baina tributu guztiak ez dira zergak.

b) Zerga gehikorren bidez, jarduketa selektiboagoa egiteko aukera dago zerga proportzionalen bidez baino.

c) Zerga-politika murriztaileak prezioen geraldia eragin dezake.

d) Zergak igotzeak beti suspertu egiten du enpresek gehiago irabazteko ahalegina egitea.

ARIKETAK

Zerga-politika.

1. Ahalmeneko zerga-politikako zer tresnari dagokio Estatuak hartutako neurri hauetako bakoitza?
   a) Ospitale bat eraikitzea.
   b) PFEZren zerga-tasa igotzea.
   c) Prestakuntza-ikastaroak antolatzea lanean dihardute langileentzat.
   d) Langabezia-prestazioa ordaintzea.
   e) Aireportu bat handitzea.
   f) Enpresa txiki eta ertainen zerga-tasa jaistea.
   g) Erretiro-pentsioak handitzea.

2. Alemanian, presio fiskala % 49koa da. Zer esan nahi du esaldi horrek?

3. Zer gertatuko litzateke Estatua errentaren banaketa hobetzen saiatuko ez balitz?

4. Gobernuak gastu publikoa murriztea edo zergak igotzea erabakitzen badu:
   a) Nola deritzo zerga-politika mota horri?
   b) Zer-nolako kate-eraginak gertatzen dira ekonomian?
   c) Zergatik izan daiteke arazoa prezioen geraldia edo beherakada gertatzea?

5. Krisi-garaietan, gizarte-gastuak dira beharrezkoenak, baina garrantzi handia ematen zaie beste gastu batzuk egiteari, hala nola obra publikoko programak garatzeari. Zergatik egiten da hori?

Estatuko aurrekontu orokorrak.

6. Zer gastu-taldetakoak (gastu arruntak, inbertsioak edo transferentziak eta diru-laguntzak) dira Estatuak hartutako neurri hauek:
   a) Alarguntza-pentsioen ordainketa.
   b) Obra publikoen eraikuntza.
   c) Osasungintza-materialetarako gastua.
   d) Ikasteko bekak.
   e) Enplegua sortzeagatiko diru-laguntzak.
   f) Funtzionarioen kontratazioa.
   g) Langabezia-prestazioa.
   h) Enplegua sortzeagatiko laguntzak.

7. Nola adierazten dira estatuko aurrekontu orokorretan zein diren lehentasunezko arloak Gobernuarentzat?

8. Zure koadernoan, lotu lehen zutabeko kontzeptuak bigarren zutabeko definizioekin:

Defizit publikoa	Aurrekontuaren desoreka-egoera, gastu publikoa lortutako sarrerak baino gutxiago denean sortzen dena.
Zuzeneko zergak	Errenta birbanatzeko erabiltzen den aurrekontuaren atala, ordainetan beste prestaziorik ez dakarrena; adibidez, subsidio bat edo prestazio bat.
Zeharkako zergak	Familien edo enpresen errentei ezartzen zaizkien zergak dira.
Tasa	Estatuak ekonomia-jardueran esku hartzeko baliatzen dituen bitartekoen eta tresnen multzoa, finkatutako helburuak lortze aldera.
Politika ekonomikoa	Ondasun edo zerbitzu publiko jakin batzuk erabiltzeagatiko tributua.
Superabit publikoa	Banakoen kontsumoari ezartzen zaizkion zergak.
Transferentzia	Aurrekontuaren desoreka-egoera, diru-sarrera publikoak gastu publikoa baino gutxiago direnean sortzen dena.

9. Unitate honetako 9.7. taulako zer tributurekin lotuko zenituzke egitate edo eragiketa hauek?
   a) Gasolindegi batean erregaia hartzea.
   b) Partikular batek errenta bat jasotzea, alokairuengatik edo interesengatik.
   c) Freskagarri bat kontsumitzea terraza batean.
   d) Enpresa batek mozkinak lortzea.
   e) Hiri-autobus publikoan bidaiatzea.
   f) Etxebizitza baten salerosketa notarioaren aurrean sinatzea.
   g) Higiezin-ondasun asko jabetzan izatea.

10. Zer da zor publikoa? Herrialde batentzat, zer aukera-kostu du zor publikoaren bidez finantzatu behar izateak?

11. Zergatik dira herrialdeak hain zuhurrak, beren jarduerak dirua jaulkiz finantzatzerakoan?

12. Herrialde aberats gehienetan, errenta altuenek ordaintzen duten zerga-tasa % 50 ingurukoa da. Zure ustez, zergatik ez da handiagoa ehuneko hori? Arrazoitu zure erantzuna.

13. Gobernuek nahiago dute zergak ziklo ekonomikoaren hedaldian igotzea. Zergatik?

14. Zure ustez, beti lortzen al du zerga-politikak errenta hobeto banatzea? Zer-nolako lotura du pertsonen ahalmen ekonomikoak Estatuak egiten duen errenta-birbanaketarekin?

15. Zergak egokitu egiten dira ekonomiaren hedaldiko eta atzeraldiko zikloen arteko trantsizioak arintzeko. Azaldu nola jarduten duten zergek eragin hori lortzeko.

16. Demagun hurrengo Gobernuko Ekonomia ministroa zarela eta errenta hobeto birbanatzeko helburua duzula. Zer arazori egin beharko zenioke aurre, zerga proportzionalen zerga-tasa soilik aldatzeko aukera izango bazenu?

17. Esan esaldi hauek zuzenak ala okerrak diren. Arrazoitu erantzuna.

a) Aurrekontu-defizita ez da zertan kaltegarria izan ekonomiarako.

b) Zerga-politika hedatzaileak inflazioa eragin dezake.

c) Hau da zergen eta tasen arteko alde nagusia: zergetan, ordaintzaileek zerbait lortzen dute ordaindutakoaren truke, eta tasetan, ez.

d) Estatuko aurrekontu orokorretan ageri den gastu publikoa eskari agregatuaren osagaietako bat da.

e) Gastu publikoak behera egiteak zuk lanpostua galtzea eragin dezake.

f) Zero defizita, lortzen diren sarrerak baino gehiago gastatzen ez den neurrian, onuragarria da beti.

18. Arrazoitu zergatik izaten diren gaurkotasun-albisteak unitate honetan ikasi ditugun gaiekin lotutako izenburu hauek:

a) «Gobernuak ETE-en zerga-tasa jaitsiko du».

b) «Tabakoaren gaineko zergak igoko dira berriz».

c) «Presio fiskalak gora egin du Espainian».

d) «Gobernuak gastua handituko du, ekonomia suspertzeko».

e) «Zor publikoaren jaulkipen berriek eragin negatiboa izango dute estatuko aurrekontu orokorretan».

19. Ikertu Interneten:

a) Aurtengo estatuko aurrekontu orokorretako gastu- eta sarrera-sail nagusiak zein diren jakinda, jar zaitez Ekonomia ministroaren lekuan eta...

- ... adierazi nondik lortuko diren sarrerak, eta azpimarratu zein izango diren garrantzitsuenak.
- ... ikaskideen aurrean, argudiatu zer arrazoik bultzatu duten zure Gobernua gastu-sail jakin batzuk handitzera edo txikitzera.
- ... imajinatu Diputatuen Kongresuan zaudela, eta defendatu estatuko aurrekontu orokorrak, kontrako iritzia duten ikaskideen aurrean.

b) Kontsultatu hedabideak eta bildu autonomia-erkidegoan egiten ari diren obra publikoko programei buruzko informazioa.

20. Katixak urtean 32.000 € irabazten ditu eta pertsona fisikoen errentaren gaineko zerga ordaindu behar du. New Deal SA enpresak, berriz, zenbateko bera lortzen du mozkinetan, baina sozietateen gaineko zerga ordaindu behar du. Datu horiek soilik jakinda, kalkulatu zenbat ordaindu beharko luketen Katixak eta New Deal SA enpresak zergetan, honako taula honetako parametroak kontuan hartuta:

	Errenta-tarteak	Zerga-tasa
PFEZ	1 - 18.000 €	% 15
	18.001 - 30.000 €	% 20
	30.001 - 48.000 €	% 25
SZ	Mozkina	% 25

21. Adibide banaren bidez, azaldu zertan diren desberdinak gastu arruntak eta inbertsio-gastuak, batetik, eta transferentziak eta diru-laguntzak, bestetik.

22. «Sarrera publikoak» kategoriako «Beste sarrera batzuk» atalean, zer kategoriatan sailkatuko zenituzke Estatuaren sarrera hauek?

a) EBren funtsak, Espainiako zenbait eskualdetan errepideak egiteko.

b) Correos posta-zerbitzuaren salmenta edo pribatizazioa.

c) Trafikoko isunen bidez bildutako dirua.

d) AVE trenbide-sarearen mozkinak.

e) EBren funtsak, Espainian prestakuntza-ikastaroak egiteko.

23. 1. urtearen amaieran, krisialdia hasi zen Penintsulandian, eta herrialdeak zor publikoa jaulki behar izan zuen: 30.000 milioi euro, % 5eko urteko interes-tasarekin. Diru horrekin, inbertsioak egin zituen 2. urtean, eta 230.000 milioi euroko sarrerak lortu zituen 3. urtean. Urte horretan, superabita zor publikoa ordaintzeko erabili zuen.

Interpretatu zorraren, defizitaren eta superabitaren bilakaera taulan adierazitako urteetan, kontuan hartuta 1. urtean 200.000 milioi euroko aurrekontu orekatua abiapuntua izan dela.

Aurrekontu orokorra		
Urtea	Sarrerak	Gastuak
1	200.000 €	200.000 €
2	200.000 €	228.500 €
3	230.000 €	200.000 €

- Idatzi argi dauzkazun eta zure ustez funtsezkoak diren unitateko bi ideia. Zerk lagundu dizu ideia horiek ulertzen?
- Egin argi geratu ez zaizkizun unitateko alderdiei buruzko bi galdera.
- Idatzi unitate honetan sakonago aztertu nahiko zenituzkeen bi alderdi.

Interpretatzen ikasten: Estatuko aurrekontu orokorrak

Urtero, estatuko aurrekontu orokorrak eztabaidarako eta onarpenerako aurkezten dira. Estatuko kontu batzuk interesa sortzen dute urtero, aurrekontu-sail garrantzitsu batzuen bilakaera adierazten dutelako (esaterako, sarrerena) edo Estatuaren kezka nagusiak adierazten dituelako; adibidez, defentsan gehiago gastatzen den hezkuntzan baino. Beste kontu batzuek, berriz, aurreko urteekiko berrikuntza bereziren bat dakartenean soilik nabarmentzen dira. Esate baterako, aurrekontu hauetan –**2018. urtekoak** dira–, **pentsioak eguneratzea** Espainiako historian egindako gehikuntzarik handiena izan zen.

AURREKONTU-SAIL NAGUSIAK

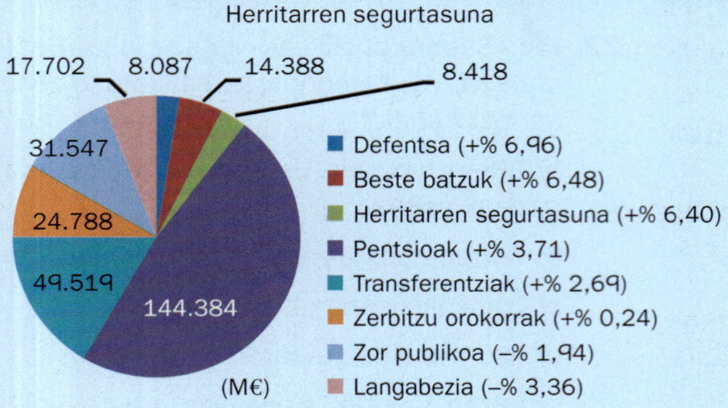

«Esleitutako zenbatekoek gora egin dute ia aurrekontu-sail guztietan».

2. IGO DIREN GASTUAK

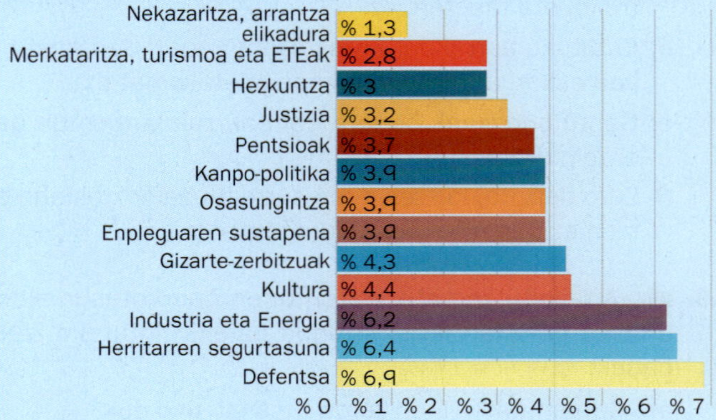

«Ia gastu guztiak igo egin dira aurrekontu-sail guztietan».

3. INBERTSIOA AUTONOMIA-ERKIDEGOETAN

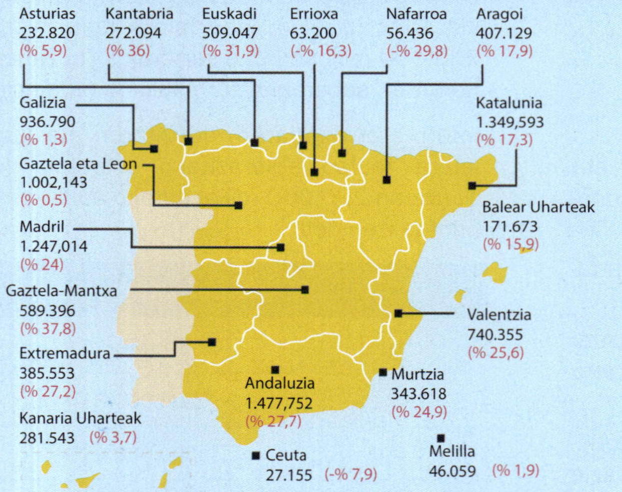

«Diru gehiago inbertitzeko ia autonomia-erkidego guztietan».

4. ZERGEN BIDEZKO SARRERAK

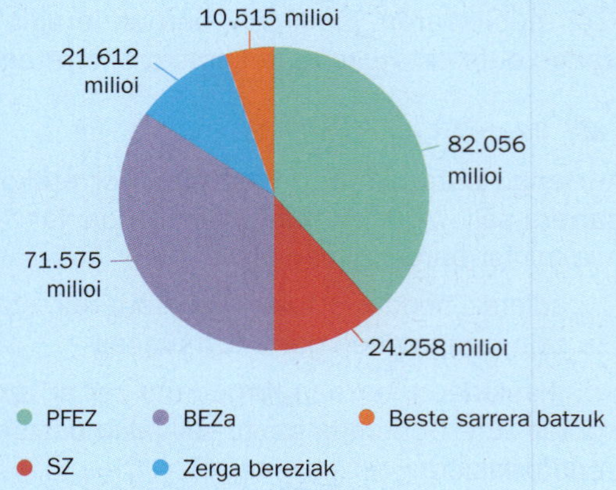

«PFEZk diru-sarrera nagusia izaten jarraitzen du».

Galderak:

1. Zer esan nahi du pentsioek estatuko aurrekontu orokorren % 40 hartzen dutela?
2. Zergen bidezko sarrerei dagokienez, zer ehuneko dagokio PFEZri guztizkoan?
3. Adierazi zenbatekoa izan zen inbertsioa autonomia-erkidegoan 2017an.
4. Gobernuak 2018an aplikatu zuen gehikuntza-ehuneko bera aplikatu izan balu 2019an, zenbatekoa izango zen inbertsioa autonomia-erkidegoan?

Dilema: Zerga-amnistia?

2012. urtean onartutako lege batek aukera eman zien diru beltza edo zerga-paradisuetan ezkutatutako dirua zutenei diru hori erregularizatzeko, azaleratutako zenbatekoaren % 10 soilik ordainduta. Konstituzio Auzitegiak konstituzio-kontrakotzat jo zuen lege hori, baina, hala eta guztiz ere, zerga-amnistia hori baliatu zutenen izenak legeen babesa zuten, informazio hori ezkutuko informaziotzat jotzen baita, salbuespen batzuk kenduta; esate baterako, agintariei laguntzen bazaie, delituak ikertzen edo jazartzen.

Zergak beti garaiz eta behar bezala ordaindu dituztenek bidegabetzat jotzen dute zerga-iruzurra egin dutenek beherapenak lortzea legez kanpokoa legezko bihurtzeko. Hori dela eta, amnistiatu direnen izenak publiko egiteko eskatu dute, besterik ez bada gizartearen gaitzespena izan dezaten.

Izan ere, zerga-betebeharrak bete ez dituztenen artean politikariak, enpresaburuak eta pertsona ospetsuak daudela uste da. Amnistiatuen zerrendak anonimoa izaten jarraitu behar duela uste dutenek, berriz, argudiatzen dute erakunde publikoen sinesgarritasuna dagoela jokoan. Diote ez dela bidezkoa Estatuak agindu duena ez betetzea, pertsona horiek, ziur asko, ez luketelako amnistia baliatu izango, beren izenen berri emango zela jakin izan balute.

Eztabaida:

Hautatu bi aukera horietako bat (zerga-amnistia ematea edo ez), eta argudiatu aukera horren alde bost ikasleko talde batean. Taldeak nagusitzen den aukera defendatu beharko du, kontrako iritzia duen beste talde baten aurka.

Zinema-proposamena: *John Q*

Zuzendaria: Nick Cassavetes.

Aktoreak: Denzel Washington, Robert Duvall, James Woods, Anne Heche, Kimberly Elise.

Sinopsia:

Michael, Johnen semea, oso gaixo dago. Johnek ez du semearentzako tratamendu mediko egokia ordaintzeko dirurik edo baliabiderik, baina kosta ahala kosta salbatzen saiatuko da.

Hausnarketa-gakoak:

Ongizate-estatua, osasungintzako eredua, aukera-kostuak, dilema moralak.

Galderak:

1. Nork ordaintzen ditu tratamendu medikoak filmean ageri den osasun-sisteman? Eta Espainiako osasun-sisteman?
2. Zer kritikatzen du benetan filmak?
3. Errealitatean, pertsona gehiago daude organo-transplante baten beharrean eskuragarri dauden organo kopurua baino. Hori dela eta, zenbait herrialdetan organoen merkatuak sortu dira. Zure ustez, zergatik da legez kanpokoa giza organoak saltzea?

Bineta

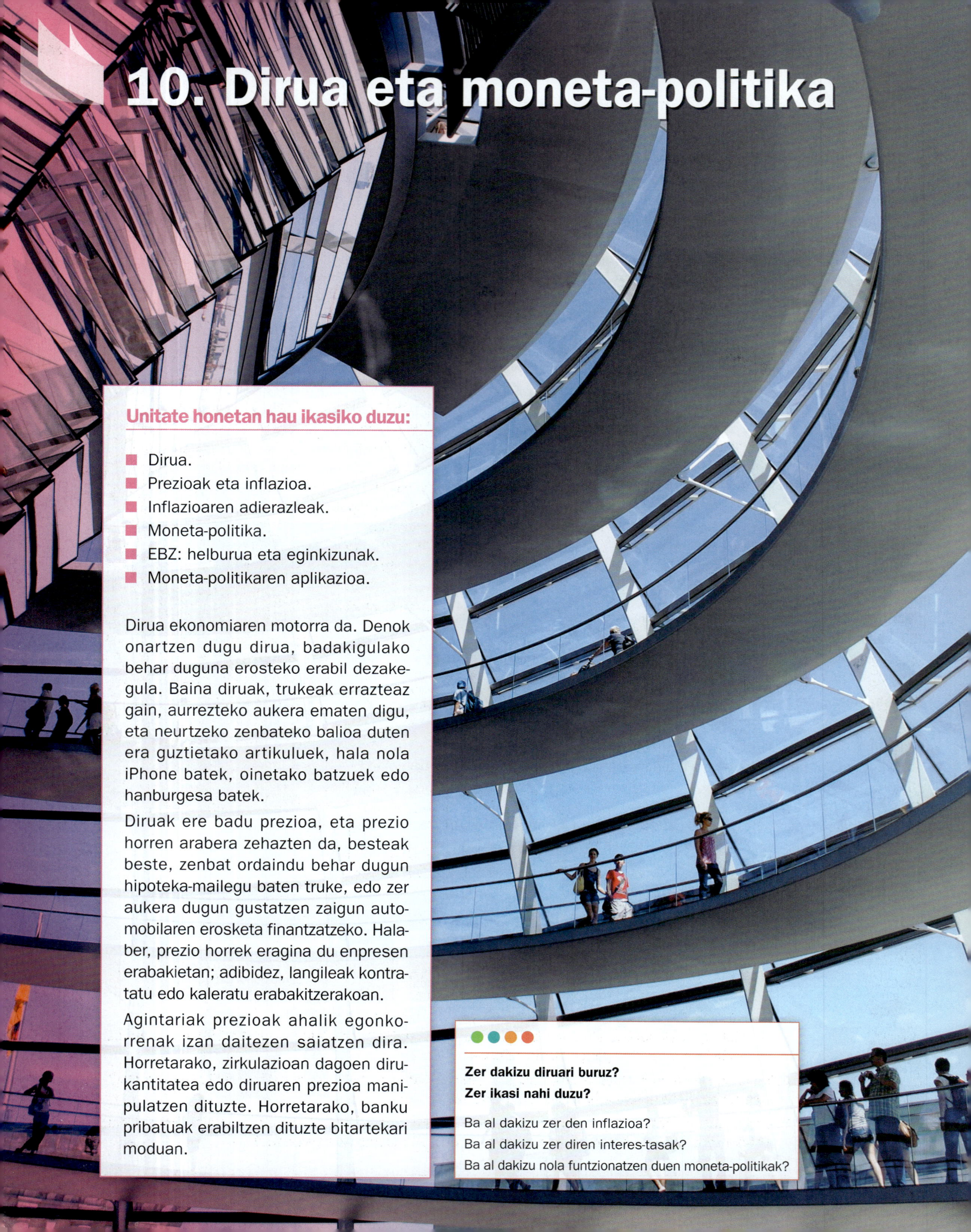

10. Dirua eta moneta-politika

Unitate honetan hau ikasiko duzu:

- Dirua.
- Prezioak eta inflazioa.
- Inflazioaren adierazleak.
- Moneta-politika.
- EBZ: helburua eta eginkizunak.
- Moneta-politikaren aplikazioa.

Dirua ekonomiaren motorra da. Denok onartzen dugu dirua, badakigulako behar duguna erosteko erabil dezakegula. Baina diruak, trukeak errazteaz gain, aurrezteko aukera ematen digu, eta neurtzeko zenbateko balioa duten era guztietako artikuluek, hala nola iPhone batek, oinetako batzuek edo hanburgesa batek.

Diruak ere badu prezioa, eta prezio horren arabera zehazten da, besteak beste, zenbat ordaindu behar dugun hipoteka-mailegu baten truke, edo zer aukera dugun gustatzen zaigun automobilaren erosketa finantzatzeko. Halaber, prezio horrek eragina du enpresen erabakietan; adibidez, langileak kontratatu edo kaleratu erabakitzerakoan.

Agintariak prezioak ahalik egonkorrenak izan daitezen saiatzen dira. Horretarako, zirkulazioan dagoen diru-kantitatea edo diruaren prezioa manipulatzen dituzte. Horretarako, banku pribatuak erabiltzen dituzte bitartekari moduan.

Zer dakizu diruari buruz?
Zer ikasi nahi duzu?

Ba al dakizu zer den inflazioa?
Ba al dakizu zer diren interes-tasak?
Ba al dakizu nola funtzionatzen duen moneta-politikak?

Aa

Koloretako paperak, billeteak eta trukea

Denok erabiltzen dugu dirua gure eguneroko bizitzan, baina, hala ere, oso gutxitan pentsatzen dugu zein harrigarria den hala izatea. Milioika pertsona mundu osoan gau eta egun lan egiten, berez inongo baliorik ez duten paper-puska batzuk irabazteko. Izan ere, zer egin daiteke billete batekin, zerbait erostea ez bada? Paperezko hegazkin bat?

Hori bai, koloretako paperak dira eta arreta eta xehetasun handiz egindako marrazkiak eta grabatuak dituzte, billeteak faltsutzea eragotzi behar baita, diruak esleitu diogun funtzioa betetzea nahi badugu. Edonork legezko dirua sortu ezin duenez, dirua ondasun urria da, eta eskaintza mugatu horregatik dute balioa erabiltzen ditugun billeteek. Diruak ez luke ezer balioko, edonork etxean margotzerik izango balu. Eta hori dela-eta dugu konfiantza koloretako paper horietan, eta zerbait magikoa balitz bezala ematen ditugu, norbaitek freskagarri bat zerbitza diezagun edo ehunka pertsonak lan gogorra eginez ekoitzi duten auto baten giltza eman diezagun.

Izan ere, horixe da diruaren sekretua: konfiantza. Konfiantzarik ez balego, jendeak dirua truke-bitartekotzat onartuko ez balu, diruak gauzak erosteko balio duela sinetsiko ez bagenu, nazioarteko merkataritzak, merkatuek, enpresek, bankuek... horiek guztiek ez lukete izateko arrazoirik, eta trukea erabili beharko genuke berriro truke-bitartekotzat. Praktikan, dirua gaur erabiltzen dugun moduan erabiltzeari uztea historian seiehun urte atzera egin eta Erdi Arora itzultzea bezala izango litzateke.

Eta orain, billete bat ikusten duzunean, begiratu ondo, isil-isilik «zure mundu osoa nigan konfiantza izatearen mende dago» esaten ari zaizu-eta.

Hausnartu

1. Imajinatu zer ondorio eragingo litzatekeen ekonomian, gobernu batek honako neurri hauek hartuko balitu:
   a) Aurrerantzean, mahai-zapiak erabiliko dira diru gisa.
   b) Herrialde osoan, biztanle adina billete egongo da, kopuru hori soilik.
   c) Billete guztiek balio desberdina izango dute: batek 4,25 €-koa, beste batek 11,38 €-koa... eta ez dira bi billete berdin egongo herrialde osoan.
2. Testu hau kontuan hartuta, erraza izango al zen gizadiarentzat billeteak diru gisa erabiltzea? Zergatik? Zure ustez, zer diru-forma erabiliko ziren antzina?
3. Demagun billeterik ez dagoen urre-txanponak baino ez dauden herrialde bateko agintaria zarela. Nola lortuko zenuke billeteen erabilera ezartzera herritarren mesfidantza gainditzuz?

1. Dirua

! Garrantzitsua

11. unitatean, xehetasunez ikasiko dugu nola sortzen diren banku-dirua eta bonuak.

Dirua trukeak errazten dituen tresna aparta da, eta antzinako trukearen eragozpenak gainditzen ditu. Pertsona guztiek ordainketa-bitartekotzat onartutako zerbait izateak herrialdeen eta pertsonen espezializazioa sustatu du, pentsa ezinezko modu batean. Izan ere, diruak trukeak errazten ditu, denek dakite-eta jasotzen duten dirua erabili ahal izango dutela, behar dutena erosteko.

Dirua oro har onartutako truke-bitartekoa edo ordainketa- eta kobrantza-bitartekoa da.

Diruak **oinarrizko hiru funtzio** betetzen ditu (10.1. taula):

1. funtzioa. Truke-bitartekoa	2. funtzioa. Kontu-unitate komuna	3. funtzioa. Balio-gordailua
Diruari esker, trukea gainditu ahal izan zen, eta merkataritza eskala handian egin ahal izan zen. Pertsonok eta herrialdeok espezializatzeko aukera izan dugu, produktiboagoak izateko.	Dena neur daiteke dirutan. Ondasunen eta zerbitzuen balioa neurtzeko neurri-unitate komuna baliatzeak aukera ematen du haien arteko alderaketak eta multzokatzeak egiteko, bestela ezin ezinezkoa izango litzatekeen hori egiteko.	Dirua gorde daitekeen bitarteko iraunkorra da, eta aukera ematen du hura erabiltzeko erabakia geroratzeko. Baina balio horrek behera egiten du denborak aurrera egin ahala, **inflazioaren** ondorioz (geroago ikusiko dugu hori).

10.1. taula. Diruaren funtzioak.

1.1. Diru-motak

Ba al zenekien...?

«El Banco de España pagará al portador la cantidad de mil pesetas».

Antzinako billeteen esaldi horrek adierazten zuen billetea kreditu-titulua zela, eta edukitzaileari ahalmena ematen ziola haren balioa gauzatzeko hura jaulki zuen bankuan, Espainiako Bankuan, alegia.

Iraganean, diruak berez zuen balioa (urrea, zilarra, garagardoa, gatza, kobrea...), edo leku seguruan gordetako urrearen frogagiriak erabiltzen ziren. Gaur egun, erabiltzen dugun diruaren balioaren oinarria konfiantza da. Diru fiduziarioa deritzo horrelakoari.

Hau da **diru fiduziarioaren** (latineko *fiducia* hitzetik dator: konfiantza) oinarria: pertsonok hura denok oro har onartutako truke-bitartekotzat erabili ahal izango dugulako konfiantza.

Gaur egun, **diru-mota** hauek onartu ohi dira konfiantzazko dirutzat (10.2. taula): legezko dirua, banku-dirua eta beste aktibo likido batzuk publikoaren eskuetan (BAL).

Legezko dirua	Herrialdeetako banku zentralek jaulkitako legezko billeteak eta txanponak dira. Espainia **eurogunean** sartu diren Europar Batasuneko (EB) herrialdeetako bat da; hau da, euroa monetatzat hartu duten herrialdeetako bat. Hori dela eta, **Europako Banku Zentrala (EBZ)** da Espainian zirkulazioan dagoen diru-kantitatea jaulkitzen eta kontrolatzen duen erakundea.
Banku-dirua	Nolabait, modu birtualean soilik dago, «bankuan dagoelako». Legezko dirua banku edo aurrezki-kutxa batean gordetzen dugunean, fisikoki desagertu, eta banku-diru bihurtzen da. • **Ageriko gordailuak eta aurrezki-gordailuak.** Lehenengoei *kontu korronte* ere esaten zaie, eta bigarrenei, berriz, *libreta*. Duela urte batzuk, bi gordailu-mota horien eskuragarritasuna eta interes-tasa erabat desberdinak ziren. Gaur egun, ordea, banku-produktuen eskaintza oso zabala eta dinamikoa denez, zaila da kontu korrontea eta libreta ongi bereiztea. Oro har, bi gordailu-mota horiek aukera ematen diote titularrari dirua berehala eskuratzeko, bai zuzenean eskudirutan jasoz, bai txekeak nahiz txartel magnetikoak erabiliz. • **Epe finkorako gordailuak (edo ezarpenak).** Titularrak, ordainsari baten truke, gordailua epe jakin baterako egiteko konpromisoa hartzen du, eta ezin izango da gordailua lehenago eskuratu, penalizaziorik jaso gabe. Bankuen alorrean, gordailu-mota hori da erakunde horien bezeroei interes handiena ematen diena.
Beste aktibo likido batzuk publikoaren eskuetan (BAL)	Epe laburrean berreskuratu daitezkeen eta ia arriskurik ez duten gordailu ez-bankarioak dira. BALen aktibo nagusia **bonu publikoak** dira; hau da, erakunde publikoek bermatutako baloreak, interes-tasa finko bat ematen dutenak.

10.2. taula. Diru-motak.

1. behatokia. **Kriptomonetak: etorkizuneko dirua?**

Kriptomonetak moneta birtualak dira. Trukatu daitezke eta beste edozein moneta tradizional bezala erabil daitezke, baina ez dituzte gobernuek edo finantza-erakundeek jaulkitzen eta kontrolatzen. Partikularrek edo *meatzariek* sortzen dituzte, digitalki, algoritmo konplexuak desenkriptatzeagatik saritzat lortu dituztelako.

10.1. irudia. *Bitcoina* da kriptomonetarik ezagunena.

Hausnartu:

a) Aztertu berri ditugun diru-motak kontuan hartuta, zer taldetan sailkatuko zenituzke kriptomonetak?

b) Inbertituko al zenituzke zure aurrezki guztiak kriptomonetetan? Zergatik?

1.2. Diru-agregatuak

A Maila makroekonomikoan, ekonomia jakin batean zirkulazioan dagoen dirua hobeto aztertzeko, multzoak ezartzen da, diruaren likidezia-maila aintzat hartuta. Multzo horiei diru-agregatu deritze.

Diru-agregatu deritzo zenbait diru-mota biltzen dituen magnitudeari.

Ekonomia jakin batean zirkulazioan dagoen dirua –alegia, **diru-eskaintza**– aztertzeko erabiltzen diren diru-agregatuak 10.2. irudian ageri dira.

Hau da diru-eskaintzaren kategoriarik handiena, beste guztiak barnean biltzen dituena: aktibo likidoak publikoaren eskuetan (ALP). Diru-agregatuak banku zentralek erabiltzen dituzte, ekonomia osorako helburuak erabakitzeko erreferentzia gisa.

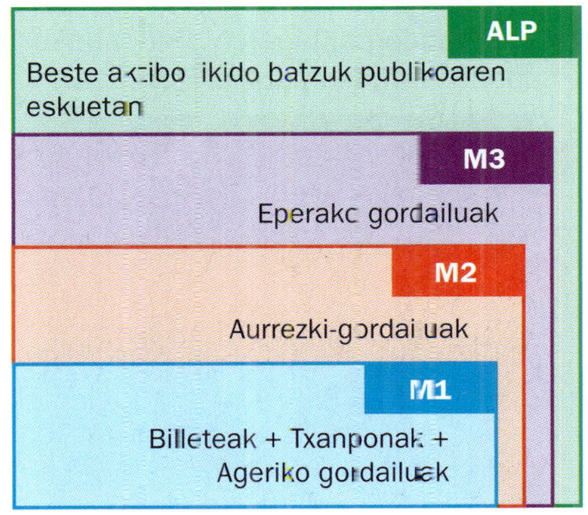

10.2. irudia. Diru-agregatuak.

1.3. Interes-tasa

Pertsona batek edo enpresa batek (bankuak, aurrezki-kutxak...) norbaiti dirua **(kapitala)** maileguan uzten dionean, mailegu-hartzaileak kapital hori gehi **interes** batzuk itzuli behar ditu; hau da, zerbait ordaindu behar du lortu duen maileguaren truke. Gaur egun maileguak beti dirutan egiten direnez, interesa dirua maileguan eskatzeagatiko prezioa dela esaten da; horregatik, interesari **diruaren prezioa** ere esaten zaio hizkera arruntean.

Interesa edo diruaren prezioa dirua alokatzearen kostua da.

Dirua maileguan ematen dutenek –mailegu-emaileek, alegia– uste dute merezi diela une honetan gastatzeari uko egitea, etorkizunean, mailegua itzultzen dietenean, gehiago kontsumitu ahal izateko.

Interes-tasa ezartzeko, honako **faktore** hauek hartzen dira kontuan:

- **Eragiketaren arriskua.** Mailegu bat ematen denean, beti dago itzuliko ez dizueten arriskua. Hortaz, interes-tasa ezartzean, aintzat hartzen dira eskatzailearen ezaugarriak. Zenbat eta **kaudimen** handiagoa frogatu, orduan eta errazagoa izaten da mailegua lortzea. Alde horretatik, badago kontraesan bat: maileguak lortzeko erraztasun handiagoak dituzte behar gutxien dutenek.
- **Likidezia.** Aktiboek ia baliorik galdu gabe legezko diru bihurtzeko duten ahalmena ere aintzat hartu beharreko faktorea da. Zenbat eta likidoagoa izan aktibo bat, orduan eta interes gutxiago sortzen du, eta zenbat eta likidezia txikiagoa izan, orduan eta interes handiagoa sortzen du, mailegu-emailearen eskuragarritasuna mugatzen baita.
- **Maileguaren iraupena.** Mailegua itzultzeko epea zenbat eta luzeagoa izan, orduan eta zailagoa da aurreikustea zer egoeratan egin beharko dion aurre mailegu-hartzaileak itzulketari. Hortaz, zenbat eta iraupen luzeagoko mailegua izan, orduan eta interes-tasa handiagoa eskatzen du mailegu-emaileak.

! Garrantzitsua

Ez nahasi diruak *kalean* duen prezioa (zenbateko kostua duten partikularrentzat banku pribatuetako maileguek) eta **diruaren prezio ofiziala** (zenbateko kostua duten moneta-agintariek banku pribatuei ematen dizkieten maileguak).

Alde garrantzitsu horri buruz jardungo dugu unitate honetako 4. atalean.

Jarduerak

1. Historiako zenbait garaitan, gatza eta garia diru gisa erabili zituzten. Zure ustez, zergatik ez ziren finkatu salgai horien erabilera hori?
2. 50 € dituzu merkataritza-gune batean eguna pasatzeko. Hiru aukera dituzu: dirua aurreztu, film bat ikusten gastatu edo lagunak bazkaltzera gonbidatu (sarreraren halako bi balio du). Zer funtzio betetzen du diruak bi aukera horietako bakoitzean?
3. Azaldu zergatik den errazagoa mailegu bat lortzea funtzionario publiko batentzat behin-behineko kontratua duen langile batentzat baino.

Lexikoa

Likidezia. Aktiboek beren balioa gauzatzeko duten ahalmena: hau da, legezko erabilerako diru bihurtzeko ahalmena, beren balioa ia batere galdu gabe.

Kaudimena. Ordainketei aurre egiteko ahalmena da. Zenbat eta errenta edo aberastasun handiagoa izan, orduan eta kaudimendunagoak dira pertsonak.

Ba al zenekien...?

Ekonomian, ***kiribil*** esaten zaie *etengabeko kate* moduko prozesuei, tartean dauden aldagaien etengabeko igoerak eragiten dituzten prozesuei.

2. Prezioak eta inflazioa

Diruaren balioa aldatu egiten da denborak aurrera egin ahala, diru-kantitate jakin batekin eros dezakeguna aldatzen den neurrian. Herrialde bateko prezio-mailak oro har eta modu jarraituan gora egiten badu, inflazio deritzon fenomenoa sortzen da. Praktikan, inflazioak diruaren balioa jaistea dakar, prezioen igoeren ondorioz.

Inflazioa ekonomia bateko prezioek oro har eta modu jarraituan gora egitea da.

Hala ere, batzuetan, prezio-mailak, gora egin ordez, behera egiten du. Egoera horri **deflazio** edo inflazio negatibo esaten zaio, eta arazo bat da, ekonomiaren geraldia adierazten baitu: salmenta gutxi, eskari txikia, inbertsio gutxi...

2.1. Inflazioaren arrazoiak

Inflazioa ondasunen, zerbitzuen eta ekoizpen-baliabideen prezioek, guzti-guztiek, aldi berean gora egitea da. Eta prezio batzuek gora egitean beste prezioei gorantz eragiten dietenez, **etengabeko kate** moduan, oso zaila da jakitea zer industria-adar edo zer ekoizpen-baliabide izan den, benetan, prezioen igoera sortu duena. Inflazioaren jatorriaren arabera mota hauek bereiz ditzakegu:

- **Moneta-inflazioa**. Zirkulazioan dagoen diru-kantitatea handitzean sortzen da.
- **Eskari-inflazioa.** Gehiegizko eskariaren ondorioz sortzen da.
- **Kostuen inflazioa.** Arazoa enpresek egiten duten eskaintzaren aldetik sortzen da.

A. Moneta-inflazioa

Inflazioaren arrazoietako bat **monetarekin** lotuta dago: zirkulazioan dagoen diru-kantitatea handiegia denean inflazioa gertatzen da. Inflazio-mota horri buruz sakon jardungo dugu aurrerago, **Europako moneta-politikari** buruz hitz egiten dugunean. Moneta-politika Europako Banku Zentralaren esku dago, eta eskumen horretaz gain, Banku Zentralaren ardura da, halaber, Europar Batasuneko eurogune osorako (eta horren barruan dago Espainia) moneta jaulkitzea (10.3. irudia).

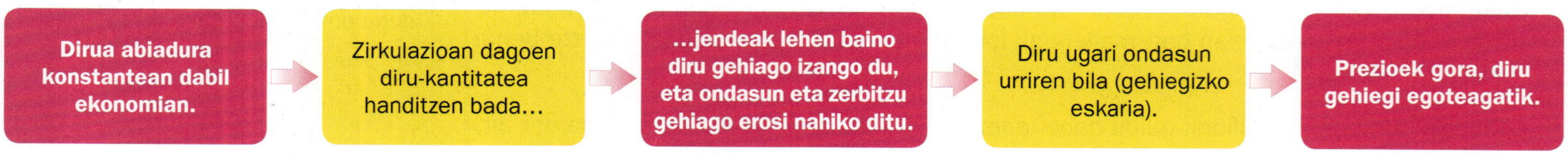

10.3. irudia. Moneta-inflazioa, zirkulazioan diru gehiegi egoteagatik.

10.4. irudia. Hiperinflazioa ez da, inondik inora, iraganeko arazoa; izan ere, gaur egun, herrialde askoren arazo nagusia da.

***2. behatokia.* Inflazio-motak**

Inflazioaren intentsitatearen arabera, honako hauek bereiz daitezke: deflazioa (<% 0), neurrizko inflazioa (% 3 inguru), arrapaladako inflazioa (% 10 - % 99) eta hiperinflazioa (>% 100). Azken hori da larriena: jendeak ez du ia batere konfiantzarik diruan eta berehala gastatzen du, balio gehiago galdu baino lehen. Horrela jardutean, gero eta inflazio handiagoa sortzen da. Hiperinflazioa ekonomiaren krisi orokortuko uneekin lotzen da.

Hausnartu:

a) Bilatu Interneten hiperinflazio historikoko kasu bat. Non eta noiz gertatu zen? Ikertu zer-nolako bilakaera izan zuten garai hartan zenbait ondasunen edo zerbitzuren prezioak.

b) Bilatu Interneten ahalik eta zero gehien dituen billete baten argazkia. Hiperinflazioa duten herrialdeetan, zeroak kentzen dira billeteetatik noizean behin. Zure ustez, zergatik egiten da hori?

c) Hiperinflazio-kiribileko egoeran, zure bizilagunak erabaki du diru guztia dilistak erosten gastatzea eta dilista horiek gordetzea. Zure ustez, zer egin nahi du horrela jokatzean?

B. Eskari-inflazioa

Herrialde bateko ekonomia-eragileek enpresek ekoitz dezaketena baino gehiago eskatzen badute, eskasia sortuko da, edo gehiegizko eskaria (gogoan izan 4. unitatean ikasitakoa). Horrenbestez, enpresek eskari guztiari erantzuteko adina ekoitzita ere, prezioek gora egingo dute ezinbestean, eskasiak irauten duen bitartean.

Eskaria handitzearen jatorria ekonomian parte hartzen duen edozein eragile izan daiteke (familiak, enpresak eta sektore publikoa), eta **inflazioa** sortuko da, beste bi eragileen eskaria txikitzen ez bada (10.3. taula):

Enpresetan	Sektore publikoan	Familietan
Enpresen espektatibetan izaten den hobekuntza orok kapital-ondasunen eskaria handitu dezake; hots, enpresek gehiago ekoizteko behar duten ondasunen eskaria.	Gobernuak herrialdeko azpiegiturak hobetzea erabakitzen badu, edota ospitaleetan eta errepideetan egiten duen gastua handitzea, horretarako behar diren ondasunen eta ekoizpen-bitartekoen eskaria handituko du.	Familiek gutxiago aurreztea eta gehiago gastatzea erabakitzen badute, kontsumitu nahi dituzten ondasunen eta zerbitzuen eskaria handitu egiten da.

10.3. taula. Eskari-inflazioa.

C. Kostuen inflazioa

Bost teoria daude **kostuen** edo ekoizpen-baliabideen ordainketaren ondorioz gertatutako inflazioa azaltzeko (10.4. taula):

Natura-baliabideak garestitzearen ondorioa	Soldatak-prezioak kiribilaren ondorioa	Soldatak-soldatak kiribilaren ondorioa	Merkatuaren ahalmenaren ondorioa	Diruaren prezioaren aldaketen ondorioa
Oinarrizko baliabideen prezioen igoerak, hala nola lehengaienak edo energiarenak, ekoizpen-prozesu osoa garestitzen du. Kasu horietan, ekoizpen-kostuetan igoerarik gertatzen baldin bada, enpresaburuek, oro har, produktuen salmenta-prezioan islatu ohi dute igoera hori.	Langile-multzo batek edo batek baino gehiagok lanaren ordainaz benetan dagokiena baino soldata handiagoa jasotzen baldin badute, gainerako errenta-hartzaileek prezioak igotzen dituzte.	Aurreko atalean adierazitakoarekin bat etorriz, beste sektore batzuetako langileek soldata hobetzea lortu dutenekiko posizioari eutsi nahiko diote, eta, horrenbestez, soldata-igoera eskatuko dute, besteen atzean kaltetuak ez sentitzeko.	Merkatu askotan nolabaiteko monopolio-ahalmena duten enpresa handiak daude, saltzen dituzten produktuen prezioa igoarazteko ahalmena dutenak, lehia askeko merkatuan izango luketen prezioaren gainetik.	Kasu gutxi batzuetan izan ezik, aurretik ezarritako irizpide edo indize baten araberakoa izaten da interesa maileguetan. Indize hori aldian behin berrikusten da, eta berrikuspen horietakoren batean indizeak gora egiten baldin badu, interesek ere gora egingo dute. Diruaren prezioa igotzen bada, kapital-ondasunak erosteko dirua maileguan eskatu duten enpresek interes handiagoak ordaindu beharko dituzte, eta, beraz, kostu handiagoak izango dituzte. Horrelakoetan, enpresek produktuaren prezioa igo behar izaten dute, ezinbestean, marjinei eusteko eta etekinak izaten eta merkatuan egoten jarraitu ahal izateko.

10.4. taula. Kostuen inflazioa.

Dena dela, edozein ekoizpen-baliabideren ordainsaria igotzeak kate-erreakzioa eragingo du, eta herrialdeko mugetatik kanpo ere eragingo du, inportazioek garrantzi handia baitute ekonomia guzti-guztietan. Horregatik, agintariek funtsezkotzat jotzen dute eurogunean inflazioa kontrolpean izatea, Europar Batasuneko merkatuan, nazioarteko merkatu handi-handi horretan, herrialde bateko inflazioa besteetara heda daiteke-eta.

Jarduerak

4. Demagun produktuen prezioa ez dela urte batetik bestera aldatzen. Zer ondorio aterako zenituzke gertaera horretatik?

5. Adierazi zer inflazio-mota sor daitekeen honako egoera hauetako bakoitzean:

a) Italiako produktuak modan egotea.

b) Irina ekoizteko kostuek gora egitea.

c) Handizkako saltzaileek gurina metatzea, merkatuak gurinik gabe uzteko.

d) Langile guztien soldatek % 20ko igoera izatea.

e) Moneta-agintariek dirua kontrolik gabe jaulkitzea.

2.2. Inflazioaren ondorioak

> ***Gogoan izan***
>
> **Diruaren balioa** harekin eskuratu daitezkeen ondasunekin lotuta neurtzen da **(erosahalmenarekin).** Eta balio horrek behera egin ohi du denborak aurrera egin ahala, inflazioagatik.

Inflazio handia izateak bi ondorio nagusi ditu: batetik, erosahalmena galtzen da, eta, bestetik, ziurgabetasuna sortzen da.

A. Erosahalmena galtzea

Diru-kantitate jakin batekin eros daitekeenari esaten zaio **erosahalmena.** Prezioek gure diru-sarrerek baino azkarrago egiten badute gora, erosahalmena galduko dugu, bai eta bizi-kalitatea ere. Dena den, inflazioak ez die berdin eragiten pertsona edo talde guztiei.

Kaltetuak

Pentsiodunak	Sektore publikoak urtero eguneratzen ditu pentsioak, baina eguneratze hori bizitzaren kostuaren benetako igoeratik beherakoa izan ohi da.
Langileak	Langile baten soldataren igoera ez bada inflazioa adinakoa, langile horrek ordu gehiagoz egin beharko du lan, prezioen igoera baino lehenago kontsumitzen zuen adina kontsumitu ahal izateko. Horrez gain, inflazioak enpresen kostuetan eragiten badu eta horiek ezin badute igoera hori produktuen prezioak igoz berreskuratu, langileak kaleratu beharko dituzte seguruenik, eta, hortaz, langabeziak gora egingo du.
Aurreztaileak	Mailegu-emaileek edo dirua maileguan eman zuten pertsonek dirua maileguan eman zutenean kontsumitzeari uko egiteagatik lortuko duten saria txikiagoa izango da. Maileguaren printzipala (utzitako zenbatekoa) eta interesak itzultzen dizkietenean, espero zutena baino gutxiago kontsumitu ahal izango dute.
Herrialdeko produktuak esportatzen dituzten enpresak	Herrialde horretako produktuen prezioaren igoerak esportazio-enpresen produktuek atzerriko produktuekiko lehiakortasuna galtzea eragiten du, produktuak garestiagoak baitira, eta nazioarteko merkatuan dituzten salmentak jaitsi egingo dira, seguruenik.

Onuradunak

Zordunak	Zorraren balioa kopuru finko bat izan ohi da. Diruaren balioak behera egiten badu zorrarenak ere behera egingo du, eta errazagoa izango da zorra ordaintzeko adostutako kopurua lortzea.
Estatua	Administrazio publikoak kredituan ordaintzen du beti. Hau da, epe jakin batean ordaintzeko konpromisoa hartzen du. Zorra kitatzen ez duen artean, zor duen dirua balioa galtzen ari da, inflazioa dela eta.
Atzerriko produktuak inportatzen dituzten enpresak	Herrialde bateko prezioak beste batekoak baino gehiago igotzen badira **(inflazio diferentziala),** egoera horrek atzerriko produktuen inportazioak sustatuko ditu; izan ere, kanpoko produktuek funtzio eta ezaugarri berak izanda, merkeago eskuratu ahal izango dira, inflazio diferentzial horren ondorioz.

3. behatokia. Erosahalmenaren aldaketa

Diruarekin eros ditzakegun ondasunen eta zerbitzuen kantitatea eta kalitatea da diruaren ezaugarri garrantzitsuena. Eta eros dezakegun ondasun- eta zerbitzu-kantitate hori haien prezioen eta gure erosahalmenaren araberakoa izango da. Ondasunen eta zerbitzuen prezioaren eta soldaten mailaren arteko erlazioa zenbait alditan neurtuta, bizitzaren kostua nola aldatu den jakingo dugu.

Soldatek prezioek adinako igoera izango balute, jendeak bere erosahalmenari eutsiko lioke, baina ez da horrela gertatzen. Prezioen eta soldaten aldakuntzak desberdinak direnean, erosahalmena aldatu egiten da. Esate baterako, taula hau koadernoan osatzen baduzu, aurtengo datuak gehituta, jakin ahal izango dugu aurten Coca-Cola® bat edatea, aspirina bat hartzea edo egunkaria irakurtzea 1976an baino merkeagoa edo garestiagoa den.

	1976	LGSren %	«Zure analisiaren urtea»	Urte horretako LGSren %
Egunkaria	0,06 € (10 pezeta)	(0,06/68,52) · 100 = % 0,09		
Litroko Coca-Cola®	0,20 € (33 pezeta)	(0,20/68,52) · 100 = % 0,29		
Kaxa bat Bayer® aspirina	0,10 € (16 pezeta)	(0,10/68,52) · 100 = % 0,15		
Lanbide arteko gutxieneko soldata (LGS)	68,52 € (11.400 pezeta)			

Erosahalmenaren aldakuntza 1976tik zure analisiaren urtera bitartean.

Hausnartu:

Zure ustez, zergatik aldatzen da gehiago ondasun batzuen prezioa beste batzuena baino? Aipatu zure ustez hemendik 50 urtera askoz garestiagoa izango den gaur egungo ondasun bat, eta askoz merkeagoa izango den beste bat, balio erlatiboari dagokionez behintzat. Zure ustez, zergatik aldatuko dira prezioak horrela?

B. Ziurgabetasuna

Prezioek seinale-sistema moduan jarduten dute ekonomian. Prezioak etengabe aldatzen badira, kontsumitzaileek ez dute jakingo zer eta zenbat kontsumitu, eta enpresek ez dute jakingo zer eta zenbat ekoitzi. Ezin bada jakin zer produktuk edo zer ekoizpen-faktorek jasan beharko duten inflazioaren eragina, ez eta eragin hori zenbatekoa izango den ere, familiek eta enpresek ez dute gastuetan edo inbertsioetan arriskurik hartu nahiko. Eta arriskuak hartuta ere, gero eta gehiagotan izango dira emaitzak espero zirenen erabat desberdinak, eta, hortaz, ziurgabetasuna nagusituko da. Inflazio-tasa zenbat eta handiagoa, orduan eta handiagoa izango da segurtasunik ezaren sentsazioa.

10.5. irudia. Nolabaiteko inflazioa egotea ez da, berez, arazo, bai ordea prezioak soldatak baino bizkorrago igotzen direnean.

1. jarduera ebatzia. Soldatak, zorrak eta erosahalmena

Lorek hilean 1.500 € irabazten zituen iaz, baina aurten, urtarrilean, % 4ko soldata-igoera izan du (1.560 €-ra arte), sindikatuen eta enpresaren artean adostutako soldatak berrikusteko klausula baten ondorioz. Hau da soldatak berrikusteko klausulen helburua: soldatak berrikustea eta, inflazio erreala aurreikusitakoa baino handiagoa bada, aldea ordaintzea.

a) Iaz, urte-hasieran, Jonek 500 € utzi zizkion Loreri eta dirua aurten itzultzea adostu zuten. Irabazten duen diruarekiko, zer-nolako ahalegina egin beharko zuen Lorek mailegua iaz itzultzeko? Eta aurten itzultzeko?

b) Aurreko galderari dagokionez, inflazioak eragindako zer taldetan sar daitezke Jon eta Lore? Demagun Loreren enpresaren esportazioen xede-herrialde nagusian inflazioa % 2koa izan dela, zer eragin izango luke horrek Loreren enpresan? Azaldu kasu bakoitzean inflazioak mesede ala kalte egiten dien

c) Demagun Loreri soldata % 4 igotzen diotela berriz datorren urtean, baina, azkenean, inflazio erreala % 3koa dela. Zer eragin izango luke horrek Loreren erosahalmenean?

Soluzioa:

a) Ordainketa bati edo zor baten ordainketari aurre egiteko ahalegin ekonomikoa irabazten denarekin alderatuta neurtzen da:

	Iaz		Aurten		Zorra iaz ordaintzeko, Lorek hileko soldataren % 33,3 erabili beharko zuen. Aurten, berriz, % 32 soilik erabili beharko luke.
Loreren zorra	500 €	% 33,3	500 €	% 32	
Loreren soldata	1.500 €		1.560 €		

b) Jonentzat (mailegu-emailea) inflazioa kaltegarria da, Lorek (zorduna) aurten itzuliko dizkion 500 €-ekin iaz eros zezakeena baino % 4 gutxiago erosi ahal izango baitu. Lorerentzat, berriz, onuragarria da. Hala ere, Loreren enpresa esportatzailearentzat kaltegarria da: bere herrialdean kostuak % 4 igo dira, eta atzerrian kobratuko duen prezioa, berriz, % 2 soilik igoko da.

c) Soldata % 4 igotzen badiote, Lorek 1.622,40 €-ko soldata jasoko du [1.560 + (1.560 · · 0,04)]. Baina prezioek % 3ko igoera izango dutenez, soldataren igoera erreala eta, beraz, erosahalmenaren igoera % 1 soilik izango da (% 4 – % 3).

Jarduerak

6. Nola gerta liteke inflazioa onuragarria izatea Eskoziako txahala inportatzen duenarentzat, eta kaltegarria Galiziako txahala esportatzen duenarentzat?

7. Badakizu inflazioak ziurgabetasuna sor dezakeela ekonomian. Eman prezioen ezegonkortasunen ondorioz sortutako ziurgabetasun-egoeren hiru adibide.

8. 1. jarduera ebatziari dagokionez:

a) Zure hitzak erabiliz, eman soldatak berrikusteko klausulen definizioa.

b) Zer gertatuko litzateke Loreren erosahalmenarekin, datorren urtean azkenean inflazioa % 1ekoa balitz?

3. Inflazioaren adierazleak

Inflazioaren adierazleek prezioek denboran izan duten bilakaera neurtzen dute. Prezioen adierazleen artean, kontsumoko prezioen indizea (KPI) erabiltzen da gehien, herrialde bateko prezioen batez besteko maila neurtzeko.

KPIa batez besteko familia batek oro har kontsumitzen dituen ondasunen prezioen batez besteko haztatua da.

Ba al zenekien...?

Artikulu bati KPIan dagokion haztapenak adierazten du gastuaren zer proportzio erabiltzen den artikulu jakin horretan.

KPIari ***erosketaren saskia*** esan ohi zaio, familia arrunt batek normalean gastatzen duena hartzen baita kontuan adierazle hori kalkulatzeko.

3.1. Inflazioa neurtzea

Espainian, **Estatistikako Institutu Nazionalak (INE)** kalkulatzen du KPIa. Kontsumoko prezioen indizea kalkulatzeko baliatzen diren parametroak herritarren kontsumo-ohiturak zehatz-mehatz aztertuz finkatzen dira eta zenbait urtean behin berrikusten dira. Kontsumo-ohiturak aztertzeko, familia-aurrekontuen inkesta egiten da.

Familia-aurrekontuen inkestak aukera ematen du jakiteko zenbatekoak diren Espainiako familien kontsumoko gastuak eta nola banatzen diren gastu horiek kontsumo-taldeetan (oinarrizko kontsumo-taldeak).

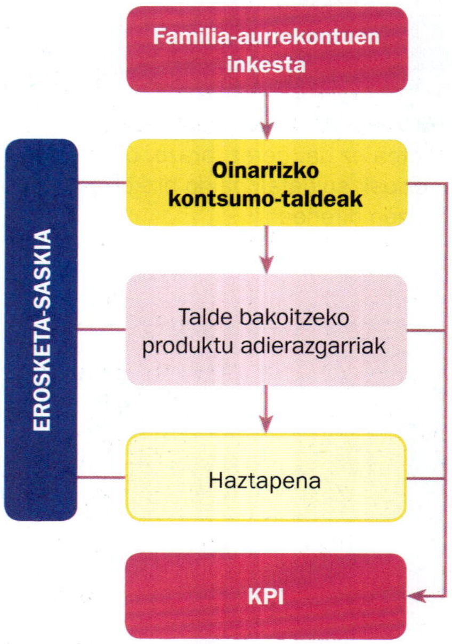

10.6. irudia. KPIaren eraketa-prozesua.

Familia-aurrekontuen inkestaren bidez lortutako datuak erabiliz, INEk ***erosketaren saskia*** eratzen du, kategoriatan multzokatutako produktu-sorta bat, alegia (ikusi 10.5. taula).

Erosketa-saskia deritzo espainiarrek oinarrizko kontsumo-talde bakoitzean egindako gastuaren adierazgarriak diren produktuen multzoari.

Taldea	2016	2017	Aldakuntza (%)
01. Elikagaiak eta edari alkoholgabeak	18,74	19,77	% 5,5
02. Edari alkoholdunak eta tabakoa	2,77	3,02	% 9
03. Oinetakoak eta jantziak	7,60	6,73	–% 11,4
04. Etxebizitza	12,51	13,30	% 6,3
05. Etxeko ekipamendua	6,14	5,88	–% 4,2
06. Osasuna	3,40	3,96	% 16,4
07. Garraioa	15,60	14,67	–% 5,9
08. Komunikazioak	3,44	3,60	% 4,6
09. Aisia eta kultura	7	8,52	% 21,7
10. Irakaskuntza	1,59	1,68	% 5,6
11. Hotelak, kafetegiak eta jatetxeak	11,60	12,12	% 4,5
12. Beste ondasun eta zerbitzu batzuk	9,61	6,75	–% 29,8
Guztira	**100**	**100**	

10.5. taula. Espainiako erosketa-saskia osatzen duten multzoen haztapenak.

4. behatokia. Soldatak, inflazioa eta produktibitatea

Espainiako ekonomiak urte batzuetan etengabeko hazkundea izan ondoren, enpresaburuek eta sindikatuek soldata-berrikuspenak sustatzea adostu dute, urteko % 2koak gutxienez, eta % 1 gehigarria ezartzeko joera aplikatzea, zenbait helburu kontuan hartuta, hala nola produktibitatea (ekoizpen-maila handiagoa/hobea lortzea lanordu berdinak/gutxiago eginda) eta enpresaren mozkinak.

Hausnartu:

a) Zer esan nahi du produktibitatea % 1 handitu dela? Produktibitatea % 1 hobetzen bada, eta soldatak % 2 igotzen badira, zer dakar horrek enpresarentzat?

b) Orain, demagun produktibitatea eta soldatak, bi-biak, % 2 igotzen direla, baina inflazioa, % 3. Zer ondorio izango du horrek langileentzat?

c) Nola igo behar dute soldatek, inflazioaren arabera ala produktibitatearen arabera? Arrazoitu erantzuna.

Langileen **produktibitatea** prestakuntzarekin, kualifikazioarekin eta esperientziarekin lotuta egon ohi da.

3.2. Inflazioaren bilakaera

KPIa abiapuntu hartuta, inflazioa kalkulatzen da, eta ehuneko edo tasa batez adierazten da:

$$\text{Prezioen aldakuntza-tasa} = \frac{(KPI_2 - KPI_1)}{KPI_1} \cdot 100$$

Inflazio-tasa kontsumoko prezioen indizeak aurreko aldiarekiko izan duen aldaketa da, ehunekotan neurtuta.

2. jarduera ebatzia. Erosketaren saskia eratzea

Kontsumoko prezioen indizea neurtzeko 489 produktu hartzen direnez kontuan, indize sinplifikatu bat sortuko dugu, argiago ikusteko nola funtzionatzen duen indizeak. Horrenbestez, oso saski soila egingo dugu: kafea, pizza, autobus-txartelak eta liburuak izango ditu.

Lau produktu horiek ikasleen ohiko erosketen parte direnez, ondasun multzo horri *ikaslearen saskia* deituko diogu. Ondoko taulan daude adierazita zer prezio duten, eurotan, ikaslearen saskiko produktuek bi urtetan, eta produktu bakoitzaren zenbat ale kontsumitu diren ere adierazi da.

Kalkulatu ikaslearen prezioen indizea (IPI esango diogu), bi urteetakoak, kontuan izanda produktuen prezioak eta erositako kopuruak

Soluzioa:

Guztirakoak batuta, saskiak urte bakoitzean duen kostua lortuko dugu; kasu honetan, 01 eta 02 urteetakoa. IPI siglak erabiliko ditugu saski bakoitzaren zenbatekoa adierazteko. 01 urteko saskiaren kostua (IPI_{01}) 100 €-koa izango da, eta 02 urtekoa (IPI_{02}), berriz, 115 €-koa; eta inflazio-tasa, berriz % 15ekoa: [(115 – 100)/100] · 100.

Ikaslearen saskia				
	Freskagarriak	**Pizza**	**Autobusa**	**Liburuak**
Kontsumoa	20 u.	6 u.	10 u.	1 u.
01 urteko prezioak	1,1 €	7 €	1,2 €	24 €
02 urteko prezioak	1,2 €	8 €	1,5 €	28 €

IPI					
Produktua	**Kontsumoa**	**01 urtea**		**02 urtea**	
		P/u	$\mathbf{P_{guzt.}}$	**P/u**	$\mathbf{P_{guzt.}}$
Freskagarriak	20 u.	1,1 €	22 €	1,2 €	24 €
Pizza	6 u.	7 €	42 €	8 €	48 €
Autobus-txartelak	10 u.	1,2 €	12 €	1,5 €	15 €
Liburuak	1 u.	24 €	24 €	28 €	28 €
Ikaslearen saskia (P)		**100 €**		**115 €**	
		$\mathbf{IPI_{01}}$		$\mathbf{IPI_{02}}$	

Jarduerak

9. Zer lotura du erosketaren saskiak kontsumoko prezioaren indizearekin? Nola eratzen da erosketaren saskia?

10. Zergatik da beharrezkoa familiek oinarrizko kontsumo-talde bakoitzeko gastuetarako bideratzen duten diruaren haztapena egitea?

11. 10.5. taulako datuak kontuan hartuta:

a) Zer kontsumo-taldetan biltzen dira espainiarren gastu nagusiak?

b) Adierazi zure ustez aurreko galderaren erantzunean aipatutako taldeetakoak diren produktuak.

12. 2. jarduera ebatzia abiapuntu hartuta, demagun hau dela saskiaren balioa 02 urtean: freskagarriak, 1,3 €; pizza, 5 €; autobus-txartelak, 1,2 €; liburuak, 30 €. Datu horiek erabiliz, kalkulatu IPI berria 02 urterako, bai eta saskiak 01 eta 02 urteen artean izan duen aldakuntza-tasa ere.

3.3. KPIaren mugak

Kontsumoko prezioen indizeak zenbait **muga** ditu herrialde bateko kontsumoko prezioen aldakuntzaren adierazle moduan (10.6. taula):

Zenbait ondasun eta zerbitzu zalantzan jartzeko modukoak dira.	Espainian erabiltzen den erosketaren saskian ez daude Europako beste herrialde askotan sartuta dauden ondasun eta zerbitzu batzuk; esate baterako, etxebizitza bat erosteak sortzen dituen gastuak. Eta sartuta daude, aldiz, eskaintzak eta beherapenak, eragin handia baitute prezioetan, urteko zenbait alditan.
Desitxuratu egiten da denborak aurrera egin ahala.	Erreferentzia moduan urte bat erabiltzen duenez, zenbat eta urrunagokoa izan erreferentzia-urtea, orduan eta adierazgarritasun txikiagoa izango dute erosketaren saskiko ondasunek, ondasun eta zerbitzu berriak azalduko baitziren, edo, agian, kontsumo-ohiturak aldatuko. Berrikusketa bost urtean behin egiten da, eta 2021. eta 2026. urteetan egingo dira hurrengoak.
Ez ditu kontuan hartzen ondasunen kalitatean egon daitezkeen aldaketak.	Praktikan, oso zaila da jakitea zer prezio-igoera dagokien kalitate-handitzeei.
Eztabaida dago familia-aurrekontuen inkestaren adierazgarritasunari buruz.	Kontsumoko prezioen indizeko datuak familia-aurrekontuen inkestatik datoz, Espainiako familia guztien adierazgarriak diren familiei egiten zaien inkestatik, alegia; baina ez dago argi benetan adierazgarriak diren, edo zalantzazkoa da, bederen.

10.6. taula. KPIaren mugak.

3.4. Beste inflazio-mota batzuk

Espainiako kontsumoko prezioen indizea, Espainiako familien aurrekontuaren eta lehentasunen arabera kalkulatzen denez, Europako beste herrialde batzuetako KPIaren guztiz bestelakoa da. Horregatik, alderaketak egin aurretik, irizpideak homogeneizatu behar dira, ezinbestean. Horretarako, familia-aurrekontuen inkesta bakoitzeko partida **garrantzitsuak** kontabilizatzen dira (garrantzitsutzat jotzen dira estatuko erosketaren saskiko guztirako gastuaren ‰ 1 gainditzen dutenak). Estatu kide guztiek doikuntzak egin behar izan dituzte, alderagarriak izan zitezen, eta kontsumo-partida batzuk sartu edo kendu behar izan dira. Horrela kalkulatutako KPIari kontsumoko prezioen indize harmonizatua deritzo (KPIH).

KPI harmonizatua (KPIH) inflazioaren neurri bateratua ematea helburu duen estatistika-adierazlea da, nazioarteko alderaketak egin ahal izateko.

KPIHa oso adierazle garrantzitsua da Europar Batasunarekin lotutako kontu orotarako, erreferentzia egokia baita eurogunеko herrialdeen arteko inflazioa alderatzeko, eta jakiteko, esate baterako, zein herrialde ari diren ongi ezartzen prezioei eusteko politikak.

Bada komunikabideetan askotan aipatzen den beste inflazio-mota bat: azpiko inflazioa edo oinarrizkoa. Inflazio-mota horretan ez dira kontuan hartzen osagai ezegonkorrenak (adibidez, nekazaritzako zenbait elikagai eta produktu energetikoak, petrolioa kasu), eta prezioen epe luzeko bilakaera neurtzeko erabiltzen da. Inflazio-mota horrek ez ditu kontuan hartzen ekonomiako prezioen sistema orokorreko gainerako taldeen joera orokorrari jarraitzen ez dieten ondasunak eta zerbitzuak. Esate baterako, tokiko garraio publikoaren prezioa joera orokorrari jarraitzen ez dion zerbitzua da, eta, horrenbestez, 2. jarduera ebatzian erabili dugun balizko ikaslearen prezioen azpiko indizeak ez lituzke autobus-txartelak barne hartuko.

Azpiko inflazioa edo oinarrizko inflazioa prezioek luzera izango duten bilakaera aurreikusteko erabiltzen da.

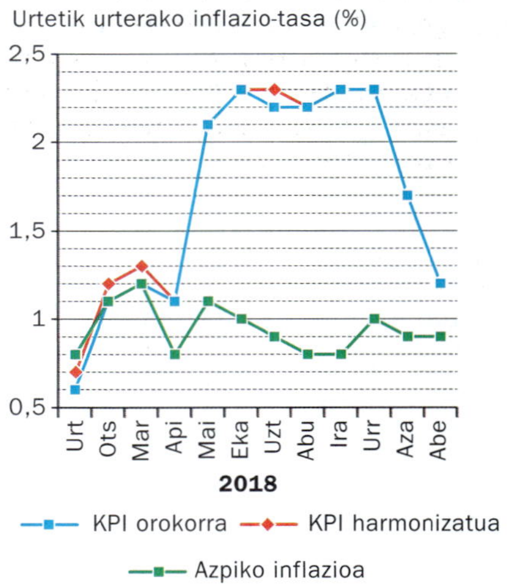

Iturria: INE

10.7. irudia. KPIaren bilakaera 2018an. **Azpiko inflazioa** kalkulatzeko, ez dira kontuan hartzen administratutako zerbitzuak (gasolina, elektrizitatea eta etxeko gasa), kontzertatutako zerbitzuak (tokiko eta kanpoko garraioa, eta telefonia), eta nekazaritza eta abeltzaintzakoak. Oro har, azpiko inflazioa inflazio orokorra baino txikiagoa izaten da (produktu gutxiago hartzen dira aintzat) eta portaera leunagoa izaten du, gorabehera gutxiago izanda. Inflazio **harmonizatuak**, berriz, inflazio orokorraren antzeko joera izaten du.

Jarduerak

13. Eman KPIak ondasunen eta zerbitzuen kalitatea neurtzeko balio ez duela argi eta garbi adierazten duen adibide bat.

14. Zertan dira desberdinak inflazio orokorra eta azpiko inflazioa?

15. Zertarako erabiltzen da KPI harmonizatua? Zergatik da garrantzitsua Espainiarako?

4. Moneta-politika

Badago kezka bereziak sortzen dituen prezio bat: diruaren beraren prezioa. Dirua ez da banku pribatuetan sortzen, baizik eta banku zentraletan. Herrialde bakoitzeko banku zentralak jaulkitzen du dirua, eta, gero, maileguan uzten die banku pribatuei. Mailegu-mota horren interes-tasa da herrialdeko interes-tasa guztien oinarria; **oinarrizko interes-tasa** da, eta diruaren prezio ofiziala esan ohi zaio.

Diruaren prezio ofiziala herrialde bateko banku zentralak banku pribatuei maileguan emandako diruari aplikatzen dion oinarrizko interes-tasa da.

Diruaren prezioaz gain, banku zentralek maileguan uzten duten diru-kantitatea finkatzen dute. Funtsean, bi aldagai kontrolatzen dituzte:

- **Maileguak emateko aplikatzen den diruaren prezio ofiziala.** Zenbat eta txikiagoa izan interes-tasa, orduan eta mailegu gehiago emango dira, eta alderantziz.
- **Zirkulazioan dagoen diru-kantitatea.** Zenbat eta mailegu gehiago eman, orduan eta diru-kantitate handiagoa izango da zirkulazioan ekonomian, eta alderantziz.

Ekonomia jakin batean zirkulazioan dagoen diru-kantitatea eta diru horren truke ordaintzen den interes-tasa dira moneta-gaietako agintariek aintzat hartzen dituzten funtsezko aldagaiak, **helburu makroekonomikoak** lortzeko: ekonomia-hazkundea, prezioen egonkortasuna eta enplegu betea. Bi aldagai horietan eragiteko egiten diren politiken multzoari moneta-politika esaten zaio.

Moneta-politika deritzo moneta-agintaritzak –herrialde bakoitzeko banku zentralak, edo, euroguneko herrialdeetan, Europako Banku Zentralak– lortu nahi dituen helburu makroekonomikoak erdiesteko hartzen dituen neurriei, eta zirkulazioan dagoen diru-kantitatea edo diruaren prezio ofiziala aldatuz gauzatzen ditu.

Moneta-politika da herrialde bateko politika makroekonomiko garrantzitsuenetako bat. Gobernuak erabakitzen du, eta banku zentral batek aplikatzen. Espainian eta euroa monetatzat erabiltzen duten gainerako herrialdeetan, Europar Batasunak hartzen ditu moneta-politikako erabakiak, eta **Europako Banku Zentrala (EBZ)** da hori gauzatzen duen banku zentrala.

Fig. 10.8. Europako Banku Zentralaren egoitza (Frankfurt). Europako Banku Zentralaren helburua euroguneko prezioen egonkortasuna da (Gobernu Kontseiluak % 2ren inguruko inflazioan, baina hortik behera zehazten du egonkortasuna). Beste erakunde batzuek ez bezala (AEBko Erreserba Federala, kasu) EBZk ez ditu helburu moduan ekonomiaren hazkundea edo enplegu betea sustatzea.

3. jarduera ebatzia. Zirkulazioan dagoen diruaren kontrola

Lehen zutabean deskribatutako kasu bakoitzerako, adierazi nola jardungo lukeen EBZk zirkulazioan dagoen diru-kantitatea –moneta-eskaintza ere esaten zaio– handitzeko edo txikitzeko.

Soluzioa:

		Diruaren prezio ofiziala	Mailegu-kopurua
Zirkulazioan dagoen dirua	↑	↓	↑
Zirkulazioan dagoen dirua	↓	↑	↓

Jarduerak

16. Zergatik bereizten dugu diruaren prezio ofizialaren eta ez-ofizialaren artean?

17. Zer-nolako lotura du banku zentral batek ekonomiari ematen dizkion maileguen kantitateak zirkulazioan dagoen diru-kantitatearekin?

18. Zer dakar Espainiarentzat BZESko eta Eurosistemako kide izateak?

5. EBZ: helburua eta eginkizunak

Ba al zenekien...?

Europar Batasuneko herrialdeetako banku zentral guztiak **Banku Zentralen Europar Sistemaren (BZES)** barnean daude, baina ez dira denak eurogunekoak. Euroa monetatzat ezarri duten herrialdeek **eurosistema** osatzen dute (horrela esaten zaio BZESk eurogunean duen jardunari). Haren eginkizuna Europar Batasunaren Tratatuko 105. artikuluan dago xedatuta:

«Banku Zentralen Europar Sistemaren helburu nagusia prezioen egonkortasunari eustea izango da. Helburu hori alde batera utzi gabe, BZESk Batasuneko ekonomia-politika orokorrak babestuko ditu, Batasunaren helburuak lortzen laguntzeko xedez».

Moneta-batasun ororen bereizgarria da batasun horrek hartutako lurralde guztietan moneta bera erabiltzea. Hori egin ahal izateko, moneta-politika bakarra beharko da eremu osorako, eta organo goren batek arduratu beharko du diruaren kontrolarekin lotutako erabakiak hartzeaz: batetik, zer **diru-kantitate** egongo den zirkulazioan, eta, bestetik, zer **preziotan zirkulatuko duen** diru horrek. Eurogunean, organo hori Europako Banku Zentrala (EBZ) da.

Moneta-politika aplikatzeko, parte hartzen duten herrialde guztientzako uniformeak eta baliozkoak izango diren irizpideak erabiltzen dira, eta euroguneko edozein herrialdetako finantza-erakundeek berdintasunez balia ditzaketen mekanismoen bidez gauzatzen da.

Europako Banku Zentralaren **helburu nagusia prezioen egonkortasunari** eustea da. Hala jaso zen Maastrichteko Tratatuan (1992), Europar Batasuna eratzekoan. Hauek dira helburu garrantzitsu hori lortzeko diseinatutako eginkizunak:

- Euroguneko moneta-politika erabakitzea eta gauzatzea.
- Dibisa-trukeko eragiketak gidatzea.
- BZESren nazioarteko erreserbak zaintzea.
- Finantza-merkatuen funtzionamendu egokia sustatzea.
- Herrialde kideek jaulki dezaketen euroko billeteen kantitatea baimentzea.

Errealitate ekonomikoa	Espektatiba ekonomikoak	Diru-agregatuen bolumena
Langabezia, BPGd-a, KPIa...	Soldata-igoerak, kostuak bilakaera, esportazioak...	M1, M2, M3 eta ALP

10.7. taula. Moneta-agintariek inflazioaren bilakaera nolakoa izango den aurreikusteko baliatzen dituzten adierazleak.

5. behatokia. Euriborra

Euriborra euroguneko 57 banku garrantzitsuenetako diruaren prezioaren arabera ezartzen den indizea da (banku horiek, euroguneko gainerakoek bezala, EBZren maileguak lortu dituzte). Gero, banku pribatuek familiei eta enpresei maileguan uzteko erabiltzen dute diru hori, EBZri ordaindu behar dioten interes-tasa baino zertxobait handiagoa kobratuta. EBZri ordaintzen dioten interes-tasaren eta familiei eta enpresei kobratzen dieten interes-tasaren arteko aldea da merkataritza-bankuen mozkin-marjina. Europako Bankuen Federazioak 57 banku horiek urtebeteko eperako gordailuetarako erabiltzen duten interes-tasa aztertzen du eta batezbesteko aritmetikoa kalkulatzen du. Ondoren, argitaratu egiten du eta banku-sistema osoak erabiltzen du erreferentzia moduan. Adibidez, hau izan daiteke hipoteka-mailegu baten interes-tasa (interes-tasa aldakorra izan ohi dute): urtebeterako Euriborra + 1,95eko diferentziala, urtero berrikusteko. Aurten urtebeterako Euriborra % 1 bada, partikular batek 12 hilabetez ordaindu beharreko interes-tasa % 2,95 izango da. Hurrengo urteko berrikuspenean, Euriborra % 1,5 balitz, hurrengo 12 hilabeteetan ordaindu beharreko interes-tasa % 3,45 izango litzateke, eta horrela kalkulatuko da interes-tasa urtez urte, maileguak irauten duen bitartean.

Hausnartu:

a) Internet bidezko etxebizitza-salmentarako atari batean (adibidez, **www.idealista.com**), bilatu gustuko etxebizitza bat eta idatzi non dagoen eta zer prezio duen.

b) Bilatu, Interneten, adierazitako euriborra erreferentziatzat erabiltzen duen hipoteka-mailegu bat.

c) Orain, imajinatu kreditu hori erabiliko duzula etxebizitzaren % 100a finantzatzeko, 20 urterako epean ordainduta. Zenbat ordaindu beharko zenuke hilean aurten? Eta hurrengo urtean, lehenbiziko berrikusketa egin ondoren? Hori kalkulatzeko, erabili Interneten topa dezakezun hipoteka-simuladoreetakoren bat.

d) Zer gertatuko litzateke zure hipoteka-kuoten balioarekin, euriborra hiru puntu igoko balitz? Eta hipoteka 10 urtean amortizatzen baduzu, 20 urtean amortizatu ordez?

Jarduerak

19. Diruari dagokionez, zer aldagai erabiltzen ditu EBZk bere helburu ekonomikoak lortzeko?

20. EBZri dagokio estatu kide bakoitzak jaulki dezakeen billete-kopururako baimena ematea. Zer zentzu du horrek?

6. Moneta-politikaren aplikazioa

Moneta-politikaren modalitateei dagokienez, bi sailkapen garrantzitsu egin ditzakegu: bat, aplikatutako **tresnen** ezaugarrien araberakoa, eta bestea, politika horiek ekonomian eragiten dituzten **ondorioen** araberakoa.

6.1. Moneta-tresna konbentzionalak

Hauek dira Banku Zentralen Europar Sistemak moneta-politika gauzatzeko baliatzen dituen **tresnak:** erreserba minimoen mekanismoa, erraztasun iraunkorrak eta merkatu irekiko eragiketak (10.9. irudia):

Erreserba minimoen mekanismoa → Banku-sistemaren likidezia handitu edo txikitzen du, erreserba gisa ibilgetuta izan behar den diru-kantitatea aldatzen baitu.

Erraztasun iraunkorrak → Merkataritza-bankuek beren herrialdeko banku zentraletik jasotzen dituzten likidezia-erraztasunak dira. Egun baterako bi eragiketa-motaren bidez bideratzen dira, kasuan-kasuan dagokiona eginez: kredituak emanez (dirua injektatuz) edo gordailuak xurgatuz (dirua ateraz).

Merkatu irekiko eragiketak → Europako moneta-politikako tresna nagusia dira. Enkante horietan, Europako Banku Zentralak, aldian-aldian, enkantean jartzen ditu astebeterako mailegu-loteak banku pribatuentzat. Europako Banku Zentralak enkante bakoitzerako ezartzen duen interes-tasa **diruaren prezio ofizial** bihurtzen da. Interes-tasa hori da EB osorako erreferentzia nagusia, banku pribatuek (bezeroei dirua maileguan uztean) eurei eskatu zaiena baino interes-tasa handixeagoa eskaintzen baitute.

10.9. irudia. BZESren moneta-politikako tresnak.

6.2. Ezohiko moneta-tresnak: hedapen kuantitatiboa

Moneta-politika konbentzionaleko tresna horiez gain, badago hain ohikoa ez den beste bat, baina krisi-garaietan asko erabiltzen dena: malgutasuna edo hedapen kuantitatiboa. Tresna hori ezagunagoa da ingeleseko siglen bidez: QE (Quantitative Easing).

Hedapen kuantitatiboa (QE) ekonomian likidezia injektatzeko suspertze-plan bat da, eta zirkulazioan dagoen diru-kantitatea handituz gauzatzen da.

Izen bat izan edo beste bat izan, munduko herrialde guztiek dituzte hedapen kuantitatiboko neurriak. Neurri horiek funtsezko eginkizuna izan dute munduan azken urteotan gertatu diren ekonomia-krisiei aurre egiterakoan.

Ba al zenekien...?

EBn, hedapen kuantitatiboa (QE) herrialde kideen zor publikoko tituluen erosketa handien bidez gauzatu da. Helburua izan da titulu horien errentagarritasuna txikitzea, aurreztaileen dirua sektore pribatura bideratzeko. Prozesu horri **zorraren monetizazioa** esaten zaio, dirua inprimatu ohi baita zor publiko titulu horiek erosteko.

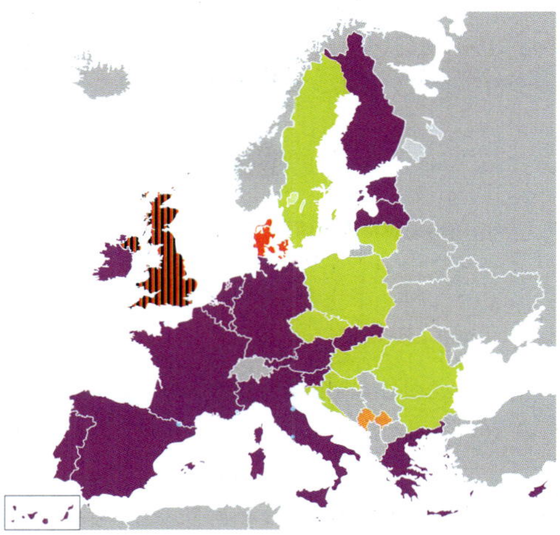

- Eurogunea (18).
- Eurogunean sartu behar izan duten EBko estatuak (8).
- Eurogunetik kanpo geratzeko salbuespen-klausula duten EBko estatuak (2).
- Erresuma Batuak EB uzteko negoziazioak hasi zituen 2016an.
- Europar Batasunetik kanpoko herrialdeak, itun bati esker euroa modu ofizialean erabiltzen dutenak (4).
- Europar Batasunetik kanpoko eremuak, euroa *de facto* erabiltzen dutenak, itunik gabe (2).

10.10. irudia. Europar Batasuneko monetaren erabilera Europan.

6.3. Eraginak ekonomian

Moneta-politika bateratuari dagozkion erabakiak Europako Banku Zentralaren Gobernu Kontseiluak hartzen ditu. Erabaki horiek euroguneko herrialdeetako banku zentralek gauzatzen dituzte. Funtsean, **moneta-politikaren esparruan hartutako erabakiak** bi alderdi nagusiri dagozkie:

- Zirkulazioan dagoen diru-kantitatea.
- Diruaren prezioa.

Zirkulazioan dagoen diru-kantitatea handitzen bada edo diruaren prezioa jaisten baldin bada, **moneta-politika hedatzailea** izango da. Aitzitik, zirkulazioan dagoen diru-kantitatea murrizten bada edo diruaren prezioa igotzen bada, berriz, **moneta-politika murriztailea** izango da. (10.11. irudia).

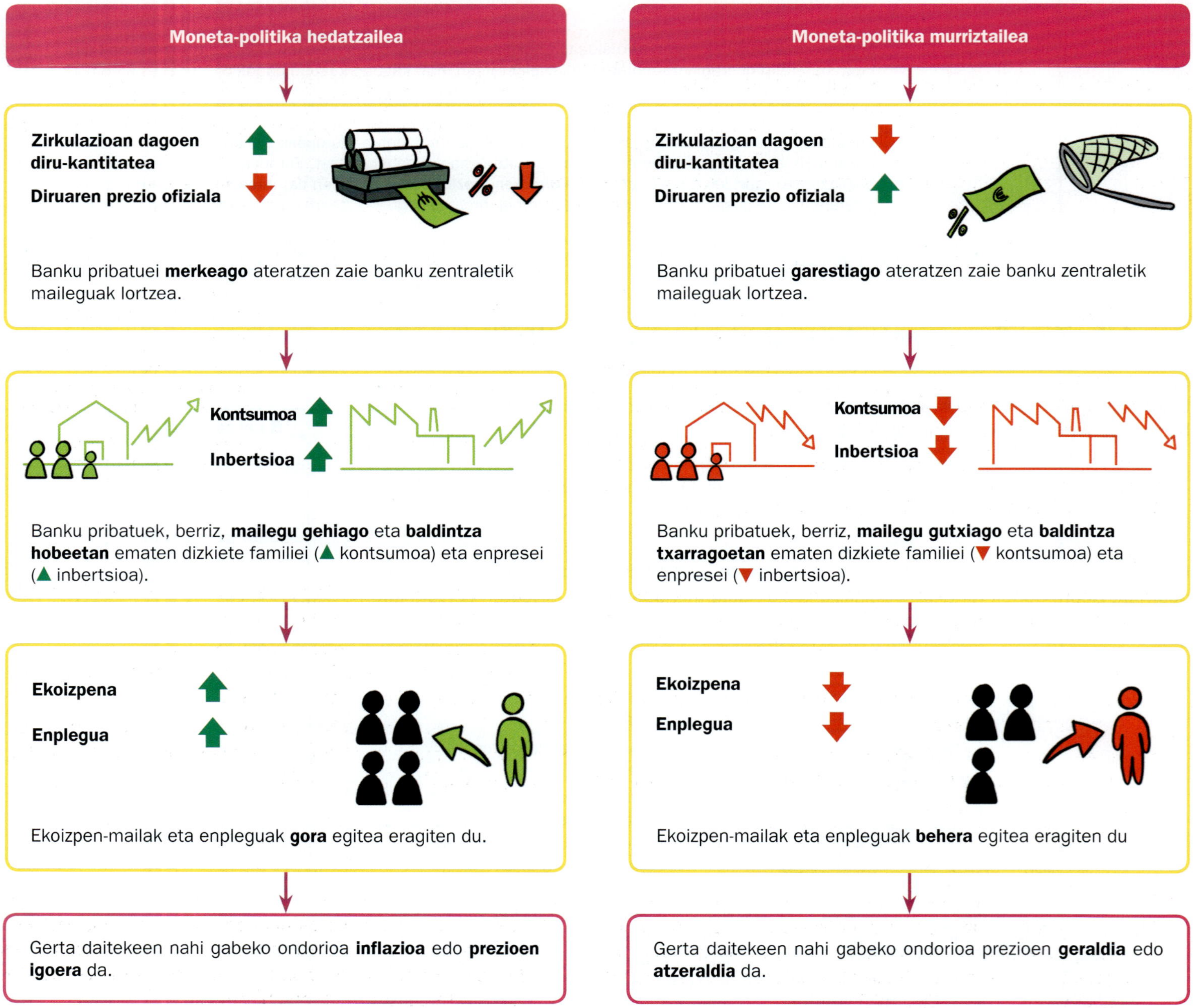

10.11. irudia. Moneta-politiken, hedatzaileen zein murriztaileen, aplikazioa. Nahi gabeko ondorio bat prezioen maila orokorrean izan daitekeen eragina da.

6. behatokia. Moneta-politika praktikan

Ekonomia ondo doanean, tresna konbentzionalak nahikoak dira moneta-politika bete nahi diren helburuak lortzera bideratzeko. Baina krisialdietan, ohiko tresnek ez dute funtzionatzen eta dena da premiazkoa. Moneta-politika murriztaileak aplikatzen dira oparoaldietan, inflazioari eusten diotelako; moneta-politika hedatzaileak, berriz, krisiei aurka egiteko erabiltzen dira, kontsumoa eta inbertsioa suspertzen baitituzte.

Zirkulazioan dagoen diru-kantitatea handitzeak inflazioa sortzen duela jakina denez, diruaren prezio ofiziala jaistea izaten da ohikoena. Eta prezio hori jaisteko tarterik ez baldin badago, dirua jaulki behar da, inflazioa kontroletik kanpo geratzen ez dela saiatuta. Herrialde garatuetan diruaren prezio ofiziala % 0 ingurukoa denez, dirua jaulki behar izan zen behin eta berriz, ekonomia-hedapen kuantitatiboko edo esku-hartzezko neurrien bidez suspertzeko. XXI. mendean, suspertze-plan edo esku-hartze horiek (likidezia-injekzioak, funtsean) izan dira mundu osoan krisiari aurre egiteko neurri nagusiak, zenbait ñabardurarekin, ekonomia bakoitzaren ezaugarri bereizgarriak kontuan hartuta.

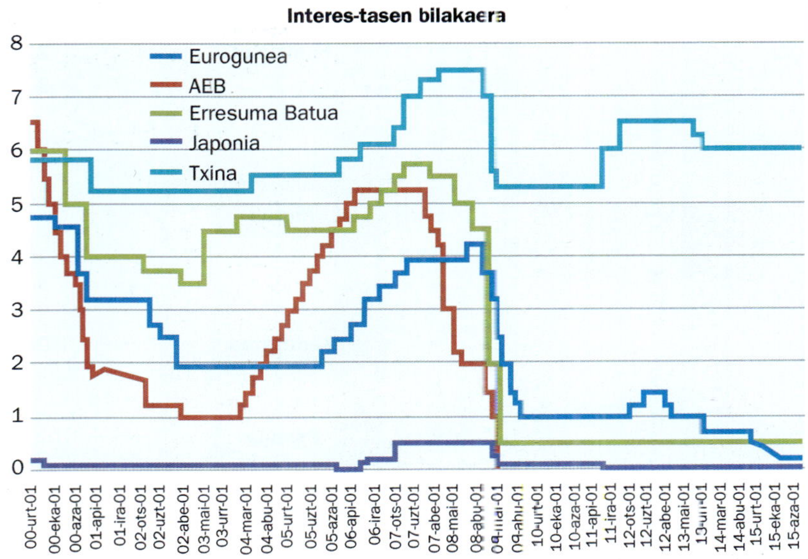

10.12. irudia. Diruaren prezio ofizialaren bilakaera herrialde garatuetan.

	AEB eta Erresuma Batua	Japonia	EB	EB (Espainia)
Arazoa	Zabor-hipotekak.	Prezioen deflazioa, barne-kontsumoa txikia izatearen ondorioz.	Herrialde kideen zor publikoaren prezio altua.	Higiezinen burbui a lehertzea eta aurrezki-kutxek porrot egitea.
QE edo esku-hartzea	Azken aukerako mailegu-emailea izatea, banku pribatuak erreskatatzeko.	Maileguak oso baldintza onetan partikularrentzat, eta diru-laguntzak inportazioentzat.	Zor publikoa erostea.	Azken aukerako mailegu-emailea izatea, banku pribatuak erreskatatzeko eta berrantolatzeko.
Helburua	Bankuen izua eta finantza-sistemaren porrota eragoztea.	Herrialdean kontsumoa eta inbertsioa sustatzea.	Herrialdearen porrota eragoztea.	Bankuen izua eta finantza-sistemaren porrota eragoztea.

10.8. taula. Munduko ekonomia nagusien suspertze-planak.

Hausnartu:

a) Irakurri 10.8. taula arretaz, eta kontuan hartu Helburua ilaran adierazitakoa, zehazteko zer gertatuko litzatekeen, aipatutako lau kasuetan suspertze-planek funtzionatuko ez balute?

b) Espainian, zergatik eragin zien bankuei higiezinen merkatuko burbuilaren eztandak?

c) Zer esan nahi du Estatuak «banku eta aurrezki-kutxa gehienak erreskatatu» zituela? Zer kostu ditu hori egiteak? Zer arrisku ditu ez egiteak?

d) Japonian, zer helburu lortu nahi zuten partikularrei maileguak oso baldintza onetan emanda?

e) Orain, aztertu moneta-politikek aurre egin beharreko beste arazoetako bat, eta alderatu Espainiako arazoarekin. Zertan dira berdinak? Zertan desberdinak?

f) Grezia erreskatatu behar izan zuten, herrialdeko zor publikoaren interes-tasak izugarri handitu zirenean. Zure ustez, zergatik egin behar izan zuten hori?

Jarduerak

21. Demagun EBn diruaren prezio ofiziala % 1 dela. Nola eratzen da prezio hori? Zer kasutan emango liokete banku pribatuek mailegu bat partikular bati interes-tasa hori baino gutxiago kobratuta? Zergatik?

22. Nola handitzen edo txikitzen dute likidezia Europar Batasuneko herrialdeetako banku zentralek?

23. Demagun herrialde batek ekonomia-hazkundea geldotzeko moneta-politika bat aplikatzen duela. Zer eragin izango luke horrek herrialdeko ekonomian? Arrazoitu erantzuna, eta, gero, adierazi grafiko baten bidez.

KONTZEPTU-MAPA

- **Dirua**
  - **Funtzioak**
    1. Truke-bitartekoa.
    2. Kontu-unitatea.
    3. Balio-gordailua.
  - **Motak**
    - – Legezko dirua.
    - – Banku-dirua.
    - – BAL.
  - **Kantitatea**
    - Diru-agregatuak
      - M1, M2, M3, ALP
  - **Prezioa**
    - Interes-tasa

- **Inflazioa**
  - **Arrazoiak**
    - Moneta-inflazioa
    - Eskari-inflazioa
    - Kostuen inflazioa
  - **Ondorioak**
    - Erosahalmena galtzea
      - ▼ **Kaltetuak:**
        - Pentsiodunak.
        - Langileak.
        - Aurreztaileak.
        - Herrialdeko produktuak esportatzen dituzten enpresak.
      - ▲ **Onuradunak:**
        - Zordunak.
        - Estatua.
        - Atzerriko produktuak inportatzen dituzten enpresak.
    - Ziurgabetasuna
  - **Adierazlea**
    - KPIa
      - Erosketaren saskia
      - KPI orokorra
      - KPI harmonizatua
      - Azpiko inflazioa

- **Moneta-politika**
  - **EBZ**
    - Prezioen egonkortasuna
  - **Motak**
    - **Hedatzailea**
      - ▲ Zirkulazioan dagoen diru-kantitatea
      - ▼ Diruaren prezio ofiziala
        - ▲ Kontsumoa
        - ▲ Inbertsioa
        - ▲ Ekoizpena
        - ▲ Enplegua
        - ▲ Prezioak
    - **Murriztailea**
      - ▼ Zirkulazioan dagoen diru-kantitatea
      - ▲ Diruaren prezio ofiziala
        - ▼ Kontsumoa
        - ▼ Inbertsioa
        - ▼ Ekoizpena
        - ▼ Enplegua
        - ▼ Prezioak

1. Hau da gaur egungo diruaren oinarria:

a) Billeteen paperak eta txanponen metalak duten balioa.

b) Konfiantza.

c) Dirua babesten duen urrea (herrialde bakoitzeko banku zentralean gordeta dago).

d) *b)* eta *c)* zuzenak dira.

2. Faktore hauetatik, zeinek eragiten du mailegu baten interes-tasa handiagoa izatea?

a) Likidezia handiak.

b) Iraupen luzeak.

c) Arrisku txikiak.

d) Denak zuzenak dira.

3. Hauetako zein da inflazioa gertatzeko arrazoia?

a) Eskaintzak gora egitea.

b) Ekoizpen-kostuek behera egitea.

c) Unean uneko eskasia-egoerak.

d) Zirkulazioan dagoen diru-kantitatearen eskasia.

4. Zein talderi ez dio kalterik egiten herrialdeko inflazioak?

a) Enpresa inportatzaileei.

b) Pentsiodunei.

c) Aurreztaileei.

d) Langileei.

5. Erreferentziatzat erabilitako urtetik urrundu ahala, KPIa desitxuratu egiten da. Zergatik?

a) Ez duelako ondasunen kalitatea neurtzen.

b) Familia-aurrekontuen inkestan sartzen ez diren ondasunak hartzen direlako aintzat.

c) Kontsumo-ohitura berriak sortzen direlako, denborak aurrera egin ahala.

d) Ez direlako sartzen Europako beste herrialde batzuetan sartzen diren ondasunak.

6. Zer adierazlek ematen du nazioarteko alderaketak egiteko aukera?

a) Azpiko inflazioak.

b) EBko KPIak.

c) KPI harmonizatuak.

d) KPI orokorrak.

7. Esaldi hauetatik, zein da okerra?

a) Euriborrak, azkenean, eragina du hipotekaren truke ordaintzen dugun kopuruan.

b) Merkatu irekiko eragiketak moneta-politika hedatzailearen esklusiboak dira.

c) Moneta-politika murriztailearen ondorioz, prezioen geraldia gerta daiteke.

d) EBZk erabakitzen eta aplikatzen du euroguneko moneta-politika.

8. Moneta-politika hedatzaileari dagokionez, zer esaldi da okerra?

a) Eragina du prezioetan.

b) Enpresen inbertsioa handitzen du

c) Familien kontsumoa txikitzen du.

d) Diruaren prezio ofiziala jaistea dakar.

9. Moneta-politikako tresna batek bankuak diru-kantitate jakin bat ibilgetzera behartzen ditu. Zein da tresna hori?

a) Erraztasun iraunkorrak.

b) Gutxieneko erreserben mekanismoa.

c) Merkatu irekiko eragiketak.

d) Hedapen kuantitatiboa.

10. Moneta-politikaren aldagai bat da:

a) Zirkulazioan dagoen diru-kantitatea.

b) Legezko dirua.

c) Diruak kalean duen prezioa.

d) Denak okerrak dira.

Dirua.

1. Diruak herrialdeen eta pertsonen espezializazioa errazten du. Nola?

2. Diruaren zer funtziorentzat da kaltegarria inflazioa?

3. Zertan dira desberdinak legezko dirua eta banku-dirua? Zer banku-diru mota ezagutzen dituzu? Eman bakoitzaren adibide bat.

4. Zer irizpide hartzen ditu aintzat mailegu bat ematen duen banku batek mailegu hori ematean? Azaldu irizpide horiek.

5. Diruak zenbait forma izan ditu historian. Lehenbiziko diru-forma salgaizko dirua izan zen; geroago, paperezko dirua sortu zen; eta, gaur egun, konfiantzazko dirua edo diru fiduziarioa dago. Bilatu Interneten diru-forma bakoitzaren adibide bana, haien testuinguru historikoa, eta bakoitzaren abantailak eta eragozpenak.

6. Diru-agregatuei dagokienez:

a) Zer irizpide erabiltzen da multzoak zehazteko?

b) Zertarako erabiltzen dira agregatu horiek?

c) Diru-agregatu batek, informazio fidagarria emateko, egonkorra izan behar omen du. Hori dela eta, zure ustez, zer diru-agregatu erabiltzen du EBZk, erabakiak hartzeko erreferentzia nagusitzat? Arrazoitu erantzuna.

Prezioak eta inflazioa.

7. Ba al du zentzurik mailegu-emaile batek interesetan inflazioaren igoera soilik jasotzeko eskatzea?

8. Zertan da kaltegarria inflazioa administrazio publikotik zerbait kobratzeke duen enpresa batentzat?

9. Ekonomiako zenbait prozesuri *kiribil* esaten zaie. Zergatik?

10. Demagun 100 € sartu dituzula banku-kontu batean, eta 3 € ordaindu dizutela interesetan urtebete geroago.

a) Inflazioa % 2koa izan bada, eutsi al diozu zure aurrezkien erosahalmenari?

b) Eta inflazioa % 5ekoa izan balitz?

11. Identifikatu zer inflazio-mota sor daitekeen egoera hauetako bakoitzean:

a) Petrolioaren prezioak gora egiten badu.

b) Gipuzkoako metal-arotzeriako sektorean soldatak asko igotzen badira, sindikatuen presioaren ondorioz.

c) Gobernuak obra publikoen eraikuntza handitzen badu.

d) Eraikuntza-sektoreko enpresek ekipamendu gehiago eskatzen baldin badituzte, etxebizitzen prezioak gora egin duelako.

e) Diruaren prezioa igotzen bada.

12. Demagun urteko inflazioa % 6 izan zela. Azaldu zer-nolako eragina izango lukeen inflazioak pertsona eta enpresa hauengan:

a) Erretiratu bat, pentsioan % 7ko eguneraketa egin badiote.

b) Oinetakoesport SA, oinetakoak Europar Batasunera esportatzen dituen enpresa, jakinda EBko batez besteko inflazioa % 2 izan zela.

c) Jon, soldata izoztuta duen funtzionario publikoa.

d) Aurrezki-kutxako bezero bat, aurrezkiak % 4ko interestasan jarrita dituena.

e) Txanbela izeneko pertsona berankor bat. 12 hilabete luzatu zen 10.000 €-ko zor baten ordainketan.

13. Erdi Arora arte, erlijioak interesak ordaintzea debekatzen zuen, denbora (eta, beraz, denboragatik interesak sortzeko ahalmena) Jainkoarena soilik zelako. Demagun 50 € uzten dizkiozula lagun bati eta sei hilabete igarotzen direla lagunak diru hori itzuli arte:

a) Aldi horretan inflazioa % 2koa izan bada, zer-nolako kaltea izan duzu?

b) Zer dela-eta lortu du onura zure lagunak?

c) Gaur egun, zerk justifikatzen du interesak kobratzea dirua uztegatik?

Inflazioaren adierazleak.

14. Nola daude lotuta KPIa eta prezioen aldakuntza-tasa?

15. Ikasle baten erosketaren saskia honako hau dela kontuan hartuta:

Izena	Gastua (%)	1. urteko saskia	2. urteko saskia
Elikagaiak	% 55	4.000 €	4.100 €
Liburuak	% 40	800 €	1.000 €
Garraioa	% 5	100 €	120 €

Kalkulatu ikasleen prezioen indizea (IPI) 01 eta 02 urteetarako, bai eta bi urte horien artean saskian izandako aldakuntza-tasa ere.

16. Arrazoitu zergatik izaten diren gaurkotasuneko albisteak gai hauekin lotutako prentsa-izenburuak:

a) Erretiratuen pentsioen eguneraketa.

b) KPIaren aldakuntza aurreko hilarekiko edo urtearekiko.

c) Petrolioaren prezioaren igoera.

d) Euriborraren aldaketa.

e) Diruaren prezio ofizialaren aldaketa.

f) Lanbide arteko gutxieneko soldataren (LGS) eguneraketa.

17. Europar Batasuneko herrialde batean, hileko gutxieneko soldata 600 €-koa zen 2012. urtean, eta gaur egun

800 €-koa da. Adierazi herrialde horretako herritarren erosahalmenak gora ala behera egin duen, 2012ko prezio hauek kontuan hartuta:

	Litxarreriak	iPhonea	Motoa	Hanburguesa
2012	0,60 €	1.000 €	600 €	1 €
Gaur egun	1 €	800 €	1.000 €	2 €

18. Soldatak berrikusteko klausulen bidez hau adosten da: adostutako baldintza ekonomikoek ez dutela erosahalmenaren galerarik eragingo, KPIaren igoera handiagoa bada adostutako soldaten portzentajezko igoera baino. Demagun soldata berrikusteko klausularik ez duen langile batek hilean 1.000 € irabazten zituela iaz, eta hilean 40 €-ko igoera adostu duela aurtengo.

a) Ondo negoziatu al du igoera langileak, KPIa % 5 igo bada? Zergatik?

b) Zer soldata adostu beharko zuen erosahalmenik ez galtzeko?

c) Nola babesten dute soldatak berrikusteko klausulek langileen erosahalmena?

19. Mariak zenbait hedabidetan inflazioari buruz argitaratutako informazioa bildu du: Antena 1ean esan dute aurtengo apirileko inflazioa puntu laurden batekoa izan dela; Tele 2n, esan dute urteko inflazio metatua bi puntukoa izan dela; eta 3Tuben esan dute urtetik urterako inflazioa % 4koa izan dela.

Adierazi denbora-lerro moduko diagrama batean informazio bakoitzak hartzen duen denbora-tartea eta azaldu inflazioari buruz itxuraz egon daitekeen kontraesana. (Ekonomiaren hizkeran, puntu laurdena % 0,25 da, eta puntu bat, % 1).

20. Ikertu Interneten zer-nolako bilakaera izan duten adierazle hauek Espainian azken urtean:

a) Inflazio orokorra.

b) Azpiko inflazioa.

c) Diruaren prezio ofiziala.

d) Interpretatu emaitzak eta esan ea onak diren Espainiako ekonomiarako.

Moneta-politika. EBZ: helburua eta eginkizunak.

21. EBZren helburu nagusietako bat inflazioa kontrolatzea da. Zure ustez, zergatik da horrela?

22. Zer adierazle erabiltzen ditu BZESk moneta-politika erabakitzeko? Zer funtzio ditu erakunde horrek?

23. Zer aldagai baliatzen ditu EBZk euroguneko ekonomian eragiteko?

24. Bilatu Europako Banku Zentralarekin edo diruaren prezioarekin lotutako albiste bat, eta esan zer-nolako eragina nak izan zitzakeen albiste horrek Espainiako familia eta enpresentzat.

Moneta-politikaren aplikazioa.

25. Deskribatu nola baliatuko zituzken Europako Banku Zentralak moneta-politikako tresnak, EB osoan zirkulazioan dagoen diru-kantitatea handitzeko.

26. Moneta-politikako arduraduna bazina, zer neurri-mota aplikatuko zenituzke inflazioa geldiarazteko?

27. Nola eragiten dio gutxieneko erreserben mekanismoak zirkulazioan dagoen diru-kantitateari?

28. Zer-nolako kate-ondorioak eragingo lituzke moneta-politika murriztaile batek eurogunean?

29. Esan esaldi hauek zuzenak ala okerrak diren. Arrazoitu erantzuna:

a) «Edozer gauza erabil daiteke diru gisa, denek bitarteko hori onartzen badute».

b) «Kalean, diruaren prezioa berdina da pertsona guztientzat».

c) «Diruaren balioak ez du loturarik prezioen maila orokorrarekin».

d) «Inflazioak berdin kaltetzen ditu mailegu-emaileak eta mailegu-hartzaileak, kasu horretan diruak denentzat galtzen baitu balioa».

e) «Diruaren prezio ofizialaren alcakuntzek inflazioa sorrarazten dute beti».

f) «EBZk gutxieneko erreserbetan egiten dituen aldaketek eragina dute kontsumoan, inbertsioan eta gastu publikoan».

30. Taldean, unitateko edukiei buruzko test-motako hiru galdera proposatu beharko dituzu, ahalik zailenak. Hiru galderek aukerako lau erantzun eduki behar dituzte (aukera bat bakarrik izango da zuzena). Irakasleak berrikusiko ditu galderak, eta talde bakoitzeko bi galdera onartu ondoren, galdera horiek guztiak bildu eta banatu egingo ditu talde bakoitzak isilean eta bere aldetik erantzuteko. Galdera gehien zuzen erantzuten dituen taldeak irabaziko du.

31. Zer-nolako lotura dago EBZk emandako maileguen kopuruaren eta diruaren prezio ofizialaren artean?

32. Egin Europar Batasuneko merkatu irekiko eragiketa baten eskema, honako hauek parte hartzen dutela: EBZ, banku pribatuak eta enpresak/familiak. Diruaren prezio ofiziala = % 1. Banku pribatuen diruaren prezioa = % 5.

- Idatzi argi dauzkazun eta zure ustez funtsezkoak diren unitateko bi ideia. Zerk lagundu dizu ideia horiek ulertzen?
- Egin argi geratu ez zaizkizun unitateko alderdiei buruzko bi galdera.
- Idatzi unitate honetan sakonago aztertu nahiko zenituzkeen bi alderdi.

Interpretatzen ikasten: Inflazioa

Hilero, INEk inflazioari buruzko datuak argitaratzen ditu, eta hedabideek bizkor argitaratzen dituzte datu horiei buruzko izenburuak, iritzi publikoa jakinaren gainean jartzeko. Hala ere, datu horiek interpretatzea ez da beti erraza izaten. Ikus dezagun zergatik gertatzen den horrela.

INFLAZIOA HEDABIDEETAN

Indize orokorra

	Hilabeteko aldakuntza	Aldakuntza metatua	Urtetik urterako aldak.
Iraila	0,3	2,2	3,6

Hedabideetan inflazioa adierazteko moduari erreparatzen badiogu, badirudi ez direla herrialde berberaz ari. INEk iraileko datuak argitaratzen ditu, baina gero, hedabide bakoitzak modu desberdin batean azaltzen ditu datu horiek. Adibidez, Cuatro telebista-kateak esaten du inflazioak hiru hamarren egin duela gora; Telecincok dio % 2,2ko inflazioa egon dela; eta La Sextak % 3,6ko inflazioa aipatzen du. Nola liteke hori? Gainera, inork ez du gezurrik esan. Kontua da denbora-tarte desberdinak erabiltzen dituztela batzuek eta besteek: Cuatrok adierazitako datua hilabete bakarreko inflazioa da; Telecincok emandakoa, zortzi hilabetekoa; eta La Sextak argitaratutakoa, hamabi hilabetekoa.

Hilabete-dantza argituta, inflazioaren gaiei erreparatu behar zaie: inflazioa ***hamarrenetan*** adierazi ohi da, % 1etik beherakoa bada. Eta ***urtetik urterako*** inflazioa esaten zaio aurreko urteko hilabete jakin batetik aurtengo hil bera arteko aldaketa neurtzen duenari; eta inflazio ***metatuak***, berriz, unean uneko urtean igaro diren hilabeteak hartzen ditu bere baitan.

cuatro	5	laSexta
Hilabete	Bederatzi hilabete	Hamabi hilabete
«Irailean, prezioak hiru hamarren igo ziren».	Urte hasieratik, prezioak % 2,2 igo dira».	«Irailera arteko urtetik urterako tasa % 3,6koa izan zen».
Joan den irailean, prezioak % 0,3 igo ziren.	**Urtarriletik irailera bitartean, inflazio metatua % 2,2koa da.**	**Urtebetean, prezioak % 3,6 igo dira.**

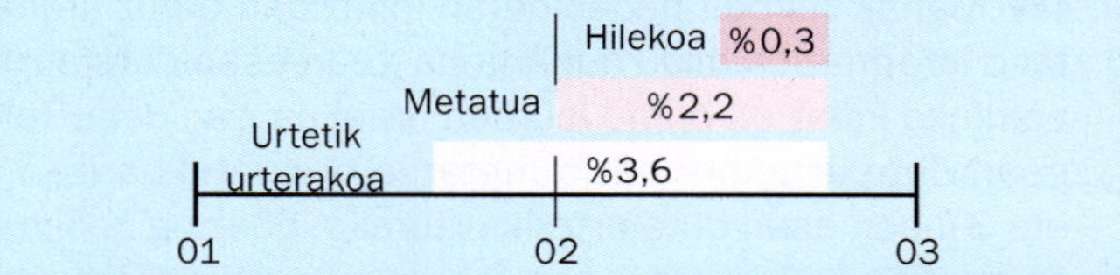

KPIaren inguruko prentsa-izenburuak eta termino baliokideak.

INFLAZIOAREN ERAGILE POSITIBOAK ETA NEGATIBOAK

KPIaren hileko tasan eragin positibo handiena duten multzoak

	Hileko tasa (%)	Eragina
Elikadura		
Ogia eta zerealak	0,2	0,006
Beste multzo batzuk		
Elektrizitatea	2,5	0,087
Turismo-paketeak	3,3	0,060
Ibilgailu pertsonaletarako erregai eta lubrifikatz.	0,4	0,024
Jatetxeak	0,1	0,010

KPIaren hileko tasan eragin negatibo handiena duten multzoak

	Hileko tasa (%)	Eragina
Elikadura		
Lekaleak eta barazkiak	–0,9	–0,016
Fruituak	–0,2	–0,005
Beste multzo batzuk		
Jantziak	–1,3	–0,051
Oinetakoak	–1,2	–0,017
Erregai likidoak	–2,3	–0,013

KPIaren datuaren baitan, ondasunen eta zerbitzuen prezioek era askotako portaerak izan dituzte: batzuen prezioa igo egin da, eta beste batzuena jaitsi, eta beste batzuena ez da aldatu.

Portaeren heterogeneotasun horrez gain, beste alderdi bat aipatu behar da: artikulu guztiez ez dute pisu berbera KPIaren eraketan. Prezio batek KPIan zenbateko indarrez jarduten duen adierazteko **«eragina»**, terminoa baliatzen da. Eragin hori ondasun edo zerbitzu horri inflazioa kalkulatzeko erabiltzen dugun erosketaren saskian dagokion haztapenaren araberakoa izango da. Zenbat eta gehiago gastatu ondasun edo zerbitzu horretan, orduan eta handiagoa izango da haren eragina.

Esate baterako, elektrizitatearen prezioa % 2,5 igo da, baina erosketaren saskian dagokion haztapena dela-eta, % 0,087ko eragina izan du espainiarren erosketaren saskian.

Galderak:

1. Gaur martxoaren 1a da, eta azken 12 hilabeteetan, inflazioak hilean bi hamarren egin du gora. Ehunekotan, adierazi hileko inflazioa, aurtengoa eta urtetik urterakoa.
2. Zenbat balioko luke orain gasolina litro batek, adierazitako datu horiek baino lehenago 1 € balioko balu?
3. Taulan ikusten da elektrizitatearen prezioak % 2,5 igo direla, turismo-paketeenak baino gutxiago (% 3,3 igo dira turismo-paketeenak). Hala ere, eragin handiagoa dute KPIan: 0,087 elektrizitatearen prezioek eta 0,060 turismo-paketeen prezioek. Zergatik da horrela?

Dilema: Likidezia ala austeritatea?

2008an, XXI. mendeko krisi handia hasi zen, eta larriagotu egin zen 2010ean, sisteman likidezia injektatzeko neurrien eraginkortasunik ezaren ondorioz. Orduan, EBk eta AEBk bide desberdinak hartu zituzten. AEBn, suspertze-planak eta gastu publikoa handitzeko neurriak baliatzen jarraitu zuten, eta EBn, berriz, gerrikoa estutzea hautatu zuten, eta gastuak murriztu. 2015en, AEBko langabezia-indizeak hobeak ziren jada, baina EBk ez aurrera ez atzera jarraitzen zuen, arazoak konpondu gabe, eta agerian geratu zen eskualde ekonomiko heterogeneoegia zela eta *bi abiaduratan* funtzionatzen zuela: Alemanian, esaterako, langabezia-tasa % 7koa zen, baina Grezian eta Espainian tasa hori hiru aldiz handiagoa zen. Hori dela eta, EBk noranzkoa aldatu zuen eta imitatu egin zituen AEBk 2010etik martxan jarritako moneta-politika hedatzaileak eta inbertsio-programak.

Eztabaida:

Hautatu bi aukera horietako bat (AEBk aplikatutako politika edo EBk aplikatutakoa), eta egin horren alde bost ikasleko talde batean. Taldeak nagusitzen den aukera defendatu beharko du, aurkako aukera hautatu duen beste talde baten aurka.

Zinema-proposamena: *Los falsificadores*

Zuzendaria: Stefan Ruzowitzky.

Aktorea: Karl Markovics, August Diehl eta Devid Striesow.

Sinopsia:

Bigarren Mundu Gerran, naziek etsaien ekonomiak hondoratzeko plan maltzur bat asmatuko dute. Horretarako, aditu eta faltsifikatzaile judu onenak erabiliko dituzte. Benetako gertaeretan oinarritua.

Hausnarketa-gakoak:

Diruaren funtzioak, diru-motak, diru fiduziarioa, moneta-politika eta inflazioa.

Galderak:

1. Nola nahi zuten naziek beren etsaien ekonomietan inflazioa sortu?
2. Ondorioei dagokienez, zer moneta-politikarekin du antzik handiena naziek egin duten planak?
3. Zergatik boikotatu zuten juduek beren lanaren emaitza? Haien lekuan egonez gero, berdin egingo al zenuen? Arrazoitu erantzuna.

Bineta

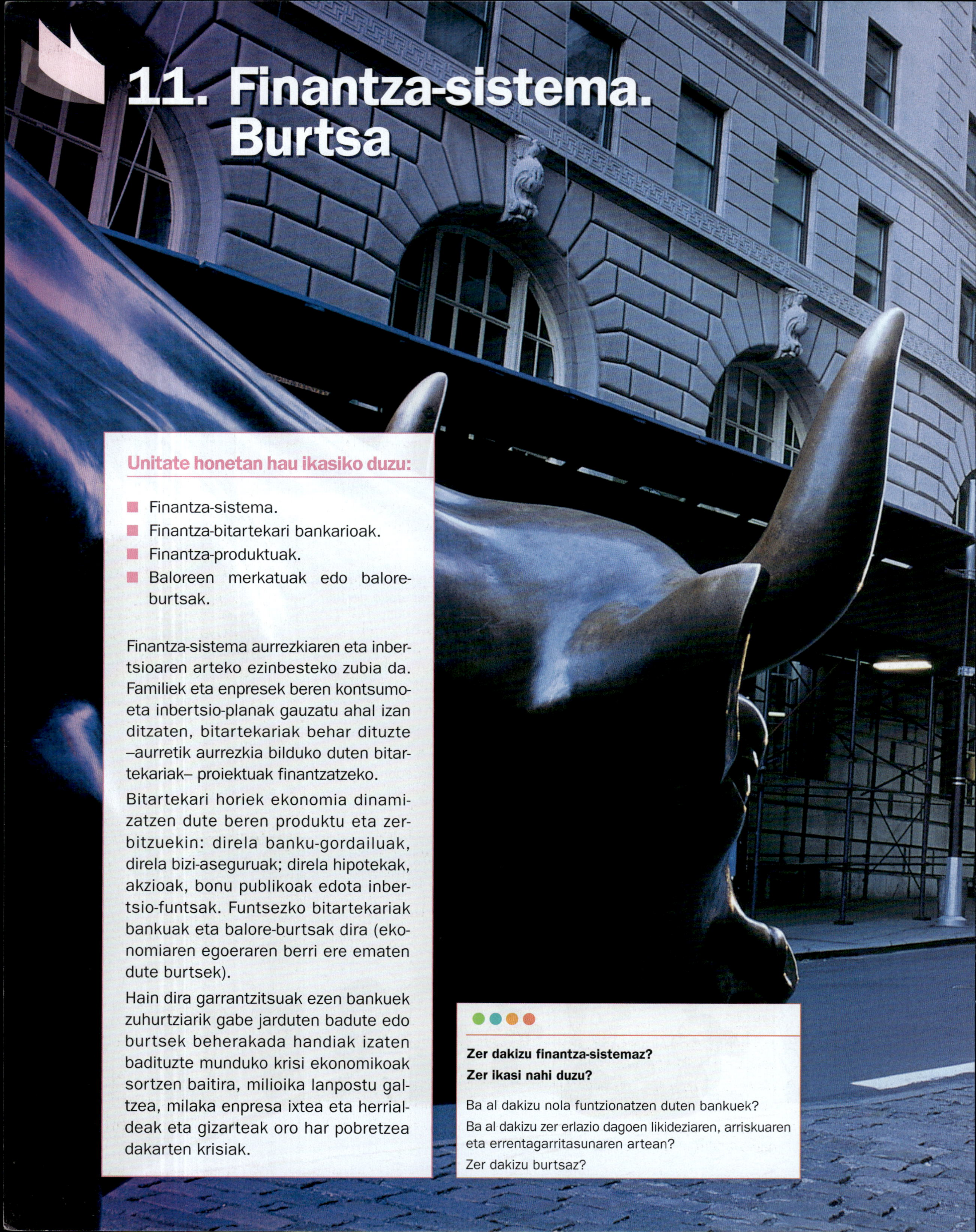

11. Finantza-sistema. Burtsa

Unitate honetan hau ikasiko duzu:

- Finantza-sistema.
- Finantza-bitartekari bankarioak.
- Finantza-produktuak.
- Baloreen merkatuak edo balore-burtsak.

Finantza-sistema aurrezkiaren eta inbertsioaren arteko ezinbesteko zubia da. Familiek eta enpresek beren kontsumo- eta inbertsio-planak gauzatu ahal izan ditzaten, bitartekariak behar dituzte –aurretik aurrezkia bilduko duten bitartekariak– proiektuak finantzatzeko.

Bitartekari horiek ekonomia dinamizatzen dute beren produktu eta zerbitzuekin: direla banku-gordailuak, direla bizi-aseguruak; direla hipotekak, akzioak, bonu publikoak edota inbertsio-funtsak. Funtsezko bitartekariak bankuak eta balore-burtsak dira (ekonomiaren egoeraren berri ere ematen dute burtsek).

Hain dira garrantzitsuak ezen bankuek zuhurtziarik gabe jarduten badute edo burtsek beherakada handiak izaten badituzte munduko krisi ekonomikoak sortzen baitira, milioika lanpostu galtzea, milaka enpresa ixtea eta herrialdeak eta gizarteak oro har pobretzea dakarten krisiak.

Zer dakizu finantza-sistemaz?

Zer ikasi nahi duzu?

Ba al dakizu nola funtzionatzen duten bankuek?

Ba al dakizu zer erlazio dagoen likideziaren, arriskuaren eta errentagarritasunaren artean?

Zer dakizu burtsaz?

Burbuilak, bankuak eta lepoa

«Izan beldurti beste batzuk diru-gose direnean, eta izan diru-gose beste batzuk zuhurrak direnean» horra hor Warren Buffet inbertsorearen, munduko pertsona aberatsenetako baten hitzak. Baina, historian, bizitzako inbertsiorik onena egingo zutelakoan beste pertsona batzuen gauza beretan inbertituta porrot egin zuten pertsonen hainbat eta hainbat adibide daude. *Burbuila* deritzon fenomenoa da.

Behin eta berriro gertatzen da, nahiz eta haren sintomak oso ezagunak diren: jende gehiegik erosten du oso inbertsio ona dirudien zerbait, baina azkenean jende guztiak duenez gauza hori, eskaintza gehiegizkoa da eta burbuila lehertu eta kaltetuak uzten ditu bazter guztietan. Baina ez hori bakarrik, asko irabazteko itxaropena duten inbertitzaile gehienek beraiena ez den dirua inbertitzen dute.

XIX. eta XX. mendeetan, bankuak mailegu-emaile nagusi moduan finkatu ziren, eta, zeharka, baita historian ezagutu diren krisi ekonomiko nagusien konplize ere. Bankuek ere badute beren partea burbuilen sorreran: beren bezeroek bezala, uste dute inbertsio bikainak direla eta, horregatik, dirua ematen diete maileguan, uste baitute berreskuratu egingo dutela eta denak aterako direla irabazten. Hogeiko hamarkadan, akzioak; milurtekoaren aldaketaren inguruan, telekomunikazioen akzioak; XXI. mendean, maileguak... gizakia bada harri berean estropozu bi aldiz egiten duen animalia bakarra, espektatiba oneko inbertsioei dagokienez, gizakiok etengabe egiten dugu estropozu.

Horrenbestez, eta burbuila espekulatibo baten biktima ez izateko, mesfidantzaz jokatu behar da bakuek jende guztiari baldintza oso onak ematen dizkionean zerbaitean inbertitzeko. Izan ere, jende guztiak zerbait hori duenean jada ez da hain desigarria izango edukitzea, eta beraz, haren prezioa jaitsi egingo da. Berdin dio akzioak edo etxeak izan. Bat-batean, ordaindu duguna baino gutxiago balioko dute, eta leporaino egongo gara zorretan.

Hausnartu

1. Jende guztiak aldi berean zerbait erosi nahi izango balu –urrea, adibidez–, zer gertatuko litzateke gauza horren prezioarekin?
2. Demagun zure gelako ikaskide batek urrea erosi duela espekulatzeko eta, horretarako, bankuari dirua eskatu diola maileguan. Zer arrisku du? Zer arrisku du bankuak, ordainketa-bermea urrea bera bada?
3. Zer gerta liteke milioika pertsona eta ehunka banku zure laguna eta haren bankua egiten ari diren gauza berbera egiten ari badira?

1. Finantza-sistema

Familiek eta enpresek dirua behar dute beren kontsumo- zein inbertsio-planak aurrera eramateko. Aurrezkiak daudenean ez dago arazorik; gehienetan, ordea, aurrezten dutenak ez dira inbertitzen dutenak. Eta, betidanik, beharrezkoak izan dira aurreztaileen eta inbertitzaileen arteko **bitartekariak**. Bitartekari horien guztien multzoak osatzen du, hain zuzen, finantza-sistema (11.1. irudia).

Finantza-sistema erakunde publikoek arautako egitura bat da, bitartekari multzo batek osatua, baliabide-aurrezkiak bideratzea helburu duena, kontsumo pribatua, enpresen inbertsioak eta gastu publikoa finantzatzeko.

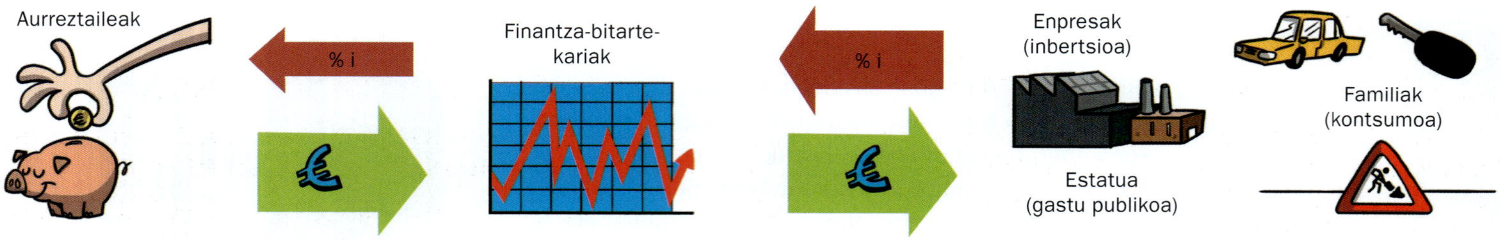

11.1. irudia. Finantza-sistemaren funtzionamendua. Finantza-bitartekariek aurrezkua bideratzen dute, erakunde publiko eskudunek araututa.

1.1. Finantza-bitartekariak

Finantza-bitartekariak aurreztaileen eta inbertsoreen arteko bitartekari-lana egiten espezializatuta dauden erakundeak dira. Bi motatako finantza-bitartekariak daude:

- **Bankarioak.** Aurrezkia bildu eta dirua behar duenari maileguan ematen diote.
- **Ez-bankarioak.** Horiek ere aurrezkia biltzen dute, baina dirua maileguan eman beharrean produktu-sorta zabala eskaintzen dute (11.1. taula).

Finantza-bitartekari ez-bankarioak	Helburua	Funtzionamendua
Kontsumo-arloko finantza-enpresak	Erosketak edo kontsumoa erraztea.	**Epeka ordaintzea** aukeratzen dute erosketak edo kontsumo-planak eskura ordaindu ezin dituztenek.
Aseguru-etxeak	Arriskuak estaltzea.	**Aseguru-poliza** kontratu bat da, eta horren bidez aseguratzaileak, prima bat kobratzearen truke, bere gain hartzen du aseguratuak izaten duen kaltea ordaintzeko konpromisoa, hitzartutako mugen barruan.
Inbertsio-funtsak	Inbertsio kolektiboak egitea.	Inbertsio-funtsek **balio-saskietan** inbertitzen dute, balore batean soilik inbertitu beharrean. Hala, arriskua dibertsifikatzea lortzen dute.
Pentsio-funtsak	Erretiroa osatzea.	Pentsio pribatuek edo mutualitateek Gizarte Segurantzak ordaintzen dituen pentsio publikoak osatzen dituzte.
Diruaren merkatuko sozietate bitartekariak	Baloreekin operazioak egitea eta baloreak kudeatzea.	Besteren kontura jarduten dutenean **balore-agentziak** (*brokerrak*) esaten zaie, eta bere kontura jarduten dutenean, **balore-sozietateak** *(dealerra).*
Balore-burtsak	Baloreak negoziatzea.	Burtsek baloreak modu jarraian, ordenatuan eta lehiakorrean negoziatzea errazten dute. Garrantzitsuenak **errenta finkokoak** eta **errenta aldakorrekoak** dira.
Arrisku-kapitaleko sozietateak (AKS)	Potentzial handiko enpresei laguntzea.	Arrisku-kapitaleko sozietateek (AKS) aldi baterako kapital ekarpena egiten dute sortu berri diren enpresetan, sektore teknologikoetan, oro har. Enpresa hazi eta egonkortzen denean, arrisku-kapitaleko sozietatea atera egiten da enpresatik, etekin baten truke.
Leasinga	Ekipamendua alokatzea, erosketa-aukerarekin edo erosketa-aukerarik gabe.	*Leasing*-enpresak ekipamenduak alokatzen ditu hileko kuota baten truke. Kontratuaren amaieran, ekipamenduak errentan hartzen dituenari haiek erosteko aukera ematen dio, hasieran hitzartutako prezioan.
Factoringa	Likidezia aurreratzea hirugarrenen fakturak ez ordaintzearen arriskua onartuz.	*Factoring*-enpresak epemugatu gabe dauden fakturak erosten dizkie beste enpresa batzuei, nominala baino prezio txikiagoan. Epemuga iritsitakoan zenbateko nominala kobratzean ateratzen du etekina, nahiz eta ordaindugabeak egoteko arriskua duen.

11.1. taula. Finantza-bitartekari ez-bankarioek ematen dituzten zerbitzuak (ilunago adierazita daude enpresentzat soilik direnak).

1.2. Finantza-sistemaren erregulazioa

Aurreztaileak babestea eta bitartekariek eskaintzen dituzten zerbitzuen segurtasuna bermatzea ezinbestekoa denez, beharrezkoa da administrazio publikoek finantza-sistema arautu, ikuskatu eta kontrolatzea. Eginkizun horiek Ekonomia Ministerioak betetzen ditu, eta erakunde hauen bidez gauzatzen ditu:

- **Espainiako Bankua.** Banku-sistema ikuskatzen du eta Europako Banku Zentralak (EBZ) agindutako politika aurrera eramateaz arduratzen da gure herrialdean.
- **Balore Merkatuaren Batzorde Nazionala (CNMV):** Balore-merkatuen jarduna gainbegiratzen eta ikuskatzen du, baita haietan jarduten duten finantza-bitartekariena ere.
- **Aseguruen Zuzendaritza Orokorra (DGS):** aseguruen arloko jarduna gainbegiratzen du.

Ba al zenekien...?

Izena **Espainiako Bankua** duen arren, ez du jendearentzako banku moduan jarduten, bankuen *buru* moduan baizik.

Bankuaren webgunean (**www.bde.es**) duzu erakunde publiko garrantzitsu-garrantzitsu horri buruzko informazioa.

1. behatokia. Finantza-sistemaren garrantzia

Finantza-sistema, praktikan, aurrezkiaren azoka moduko bat da. Erabili behar dutena baino diru gehiago duten ekonomia-eragileek aurrezkiak eskura dutena baino diru gehiago behar duten beste batzuengana helarazten dituzte. Eta finantza-aktiboen sa erosketaren bidez egiten dute hori. Aurreztaileak finantza-aktibo bat *erosten* du; aurrezkia eskatzen duenak, berriz, *saldu* egiten du. Hala, finantza-sistemari esker, aurreztaileak ez du bere dirua *koltxoi azpian* gordetzen soilik: **inbertitzaile** bihurtzen da, finantza-aktibo horiek erosten dituenean aurrezkiekin dirua irabazten ahalegintzen baita.

Banku-gordailuak dira aurrezki-tresna ezagunenak eta jendeak gehien erabiltzen dituenak; baina, urtean-urtean, lekua hartzen ari dira **inbertsio-funts kolektiboak** (inbertsio-funtsak eta pentsio-funtsak oro har hartuta). Inbertsio-funts kolektiboek mundu osoko milioika inbertitzaile txiki biltzen dituzte, bilioika milioi euro mugitzen dituzte urtean eta munduko leku orotan jarduten dute.

Inbertsio-funts kolektiboak oso **garrantzitsuak** dira, urtean maneiatzen duten diru-kopurua Espainia edota Alemania moduko herrialdeek urtean irabazten dutena baino gehiago delako. Gestoreek kudeatzen dituzte funts horiek, eta haietan bildutako inbertitzaileen ezaugarriak nolakoak, arrisku handiagoko edo txikiagoko balore-saskietan inbertitzen dute. Dena bide onetik joan dadin, asaldurarik gabe, erakunde publikoek arauak jarri eta sistemak ongi funtzionatzen duela zaintzen dute.

Hausnartu:

a) Dirua baduzu aurreztuta eta koltxoiaren azpian kutxa batean gordeta baduzu, lapurtuko dizuten beldur zarelako, inbertitzaile bat al zara? Zergatik?

b) Demagun diruz betetako kutxa zabaldu duzula. Zer egin dezake zugatik inbertsio-funts kolektibo batek?

c) Inbertsio-funtsak oso boteretsuak bihur daitezke. Hori aztertzeko, aukeratu bi ikerketa-gai hauetako bat, eta egin aurkezpen bat, gelan aurkezteko.

- Nola laguntzen dute inbertsio-funtsek Ameriketako Estatu Batuetako presidentegaien hauteskunde-kanpainak finantzatzen?
- Bilatu nazioarteko inbertsio-funts bati buruzko informazioa. Zein dira aurreztaileak? Zer motatako finantza-aktiboak erosten dituzte, batez ere? Nork zuzentzen du funtsa?

Jarduerak

1. Zertan dira desberdinak finantza-bitartekari bankarioak eta ez-bankarioak?

2. Inoiz erosi al duzue ezer etxean epeka? Azaldu, adibide baten bidez, kontsumo-arloko finantza-enpresen funtzionamendua. Beharrezkoa iruditzen bazaizu, joan merkataritzagune batera, epekako erosketa bati buruzko informazioa biltzeko, telebista baten erosketari buruzkoa, esaterako.

3. Zer aseguru-kontratu mota ezagutzen dituzu? Nola babesten dute kontratu horiek pertsonen ondarea?

4. Enpresa-munduan sortu bazen ere, *leasinga* partikularrentzako zerbitzu batzuetan ere hasi da erabiltzen; adibidez, automobilak *leasing* bidez eskuratzeko. Demagun automobila formula horren bidez edukitzea erabaki duzula. Azaldu nola funtzionatzen duen.

2. Finantza-bitartekari bankarioak

Ba al zenekien...?

Denbora-bankuak izenez, zenbait gizarte-ekimen sortu dira, pertsonen trebetasunak truke-ondasunak direla jotzen dutenak. Bankuko bezeroek talentua gordailuan uzten dute, eta behar dituzten talentuekin trukatzen dute; esaterako, informatika-zerbitzuak ingelesezko eskolen truke.

Banku edo **banku pribatu** terminoa finantza-bitartekari bankario guztiak adierazteko erabiltzen da; hau da, bankuak, aurrezki-kutxak eta kreditu-kooperatibak izendatzeko. Bezeroen dirua fisikoki babesteko ohiko eginkizunaz gain, bankuek ekonomiarako funtsezkoak diren bi **eginkizun** dituzte:

a) Dirua aurreztuta dutenen eta dirua behar dutenen arteko bitartekari-lanak egitea.

b) Dirua sortzea, dirurik fisikoki jaulki gabe. Prozesu horri banku-diruaren biderkatzea esaten zaio.

2.1. Banku-bitartekaritza

Banku-jarduera ez da funtsean aldatu azken bi mendeetan. Banku-gordailuek berehalako eskuragarritasuna duten arren, bezeroek ez dituzte gordailuak aldi berean ateratzen. Eta, gainera, ohikoena eragiketak egunean bertan orekatzea da: pertsona batzuek dirua ateratzen dute, eta beste batzuek, aldiz, gordailutu. Dirua gordailutu edo aurrezten dutenen eta dirua behar dutenen arteko **bitartekaritzak** izaten jarraitzen du, oraindik orain, banku-jarduera nagusia (11.2. irudia).

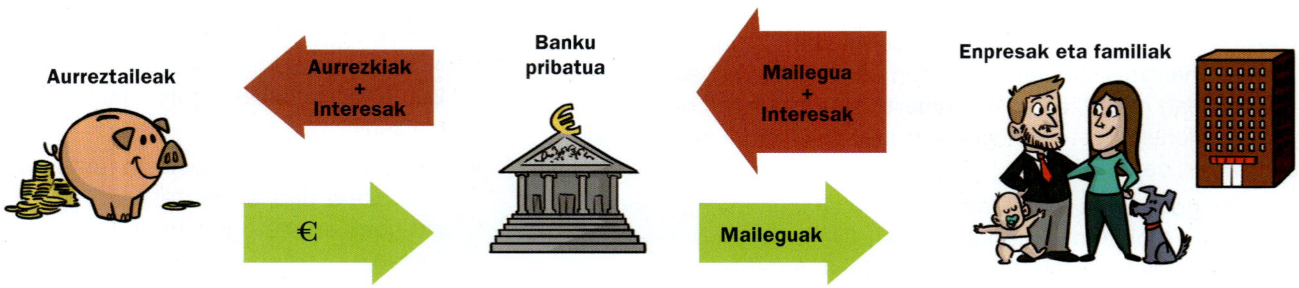

11.2. irudia. Banku-jardueraren funtzionamendua. Bitartekaritza-lanetik mozkinen bat atera ahal izateko, aurreztaileei ordaintzen zaizkien interesek txikiagoak izan behar dute mailegu-hartzaileengandik jasotzen dituzten interesek baino.

Gainera, praktikan, bada jarduera horretan laguntzen duen beste alderdi bat ere: bankuek ez dute zertan gordailuan jasotako diruaren % 100 erreserba ez-aktibo moduan eduki (% 100eko erreserba); eta, horregatik, gordailuetako diruaren zati handiena inbertsio errentagarriak egiteko erabil dezakete, eta diruaren zati edo frakzio bat soilik eduki segurtasuneko erreserba moduan –**erreserba zatikatua** esaten zaio– gerta litezkeen diru-ateratzeei erantzun ahal izateko.

Gaur egun, bankuek beren erreserba zatikatuak eskudirutan edukitzen dituzte, edo herrialde bakoitzeko banku zentralean gordailatuta. Erreserba horren ehunekoari dagokionez, bankuak zuhurra deritzona izango da, nahiz eta legeak gordailuen gutxieneko ehuneko bat ez-aktibo edukitzea behartzen duen: legezko kutxa-koefizientea deritzona.

Hau da **legezko kutxa-koefizientea**: banku zentralaren aginduz banku-sistemako erakundeek ez-aktibo eduki behar duten diruaren ehunekoa.

Banku zentrala erakunde publikoa da, botere politikoarekiko independentea, eta, besteak beste, banku-sistemaren funtzionamendua kontrolatu eta ikuskatzeko funtzioa du.

! Garrantzitsua

Legezko kutxa-koefizientea, **erreserben gutxieneko koefizientea** ere esaten zaiona, EBZk Europar Batasuneko moneta-politikako gutxieneko erreserben mekanismoak gauzatzeko erabiltzen duen tresna da, 10 unitatean ikusi genuen bezala.

Oro har, banku zentral bat izan ohi da herrialde bakoitzeko; baina, salbuespenekoa bada ere, gerta daiteke banku zentral batek zenbait herrialdetako esparruan jardutea. Horrela gertatzen da, esate baterako, Europar Batasunean, **Europako Banku Zentrala (EBZ)** da banku nagusi hori. Europako Banku Zentralaren eskumena da legezko kutxa koefizientea ezartzea, euroguneko herrialde guztietarako, baina, horrez gain, zirkulazioan dagoen diru-kopurua kontrolatzeko eta interes orokorra babesteko egoki iruditzen zaion beste edozein erreserba osagarri ezartzeko eskumena ere badu.

1. jarduera ebatzia. Bankuen bitartekaritza, praktikan

Egin aurreztaileen eta mailegu-hartzaileen arteko erlazioa erakusten duen eskema bat, bankuen bitartekaritza-lana adierazten duena. Horretarako, erabili datu hauek: banku zentralak ezartzen duen legezko koefizientea (% 20), aurreztaileek jasotzen duten interes-tasa (% 2) eta bankuek jasotzen duten interes tasa (% 6). Aurreztaileen banku-gordailuak 10 € dira, eta horietatik 8 € mailegatu egiten dizkiete behar dutenei.

Soluzioa:

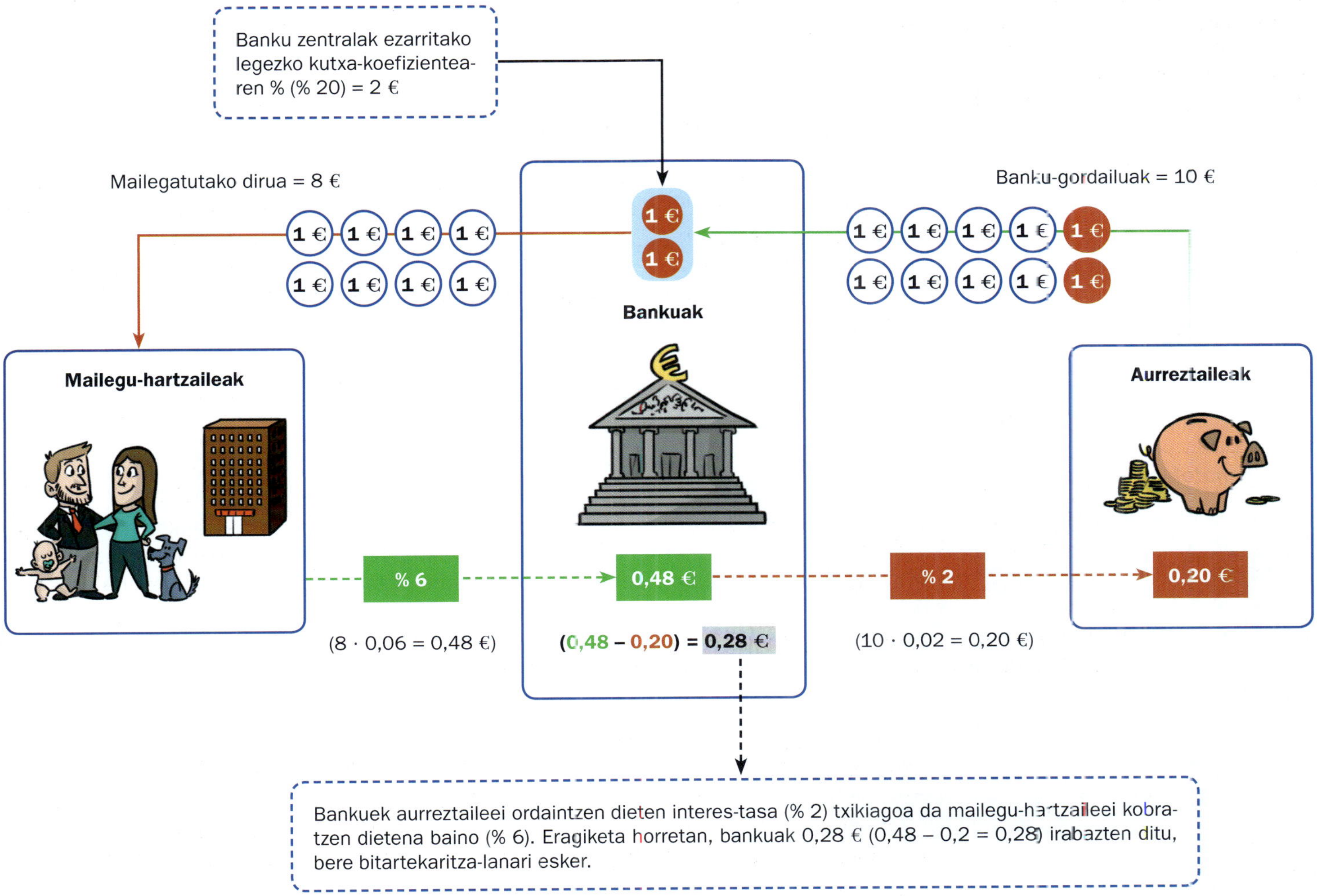

Jarduerak

5. Zer da erreserba zatikatua? Adierazi zure hitzekin zer esan nahi den horrekin praktikan.

6. Berrikusi 10. unitatea eta erantzun galdera hauei:

a) Zer lotura dago legezko kutxa-koefizientearen eta moneta-politikaren artean?

b) Zer-nolako moneta-politika egiten ari da EBZ legezko kutxa-koefizientea handitzen duenean? Eta txikitzen duenean?

c) Deskribatu, aurreko atalean ikusitako moneta-politika bakoitzari dagokionez, zer ondorio dituen ekonomian oro har.

7. Zure ustez, zein da bankuek familientzat duten eginkizun nagusia? Zertan datza?

8. Adierazi zenbaterainoko lotura duten banku-zerbitzu hauek finantza-bitartekaritzarekin.

a) Dirua ateratzea zordunketa-txartelaren edo kreditu-txartelaren bidez.

b) Etxe-aseguru bat kontratatzea.

c) Segurtasun-kutxetan dirua, tituluak eta gauzak zaintzea.

d) Zergak eta isunak ordaintzea.

e) Hipotekak ematea.

2.2. Banku-dirua sortzea

11.3. irudia. Banku-dirua sortzea. Banku-sistemak, maileguak ematean, jasotako legezko dirua biderkatzen du, fisikoki bankutik ez delako ateratzen: banku-kontuetan zehar mugitzen da, kontu-idazpenen bitartez.

Bankuek badute nolabaiteko ahalmena, beren kasa, maileguak emateko eta inbertsioak egiteko, kontuan izanda ezin dutela maileguan eman edo inbertitu gordailugileengandik lortutakoa baino gehiago, legezko koefizienteaz at.

Hala ere, ezein bankuk bere ahalmena gainditzen duen kopururik maileguan eman ezin duen arren, banku-sistemak, bere osotasunean, egin dezake hori. Mailegu-hartzaileek dirua beste banku batzuetan sartzen badute, eta banku hartakoek diru hori maileguan ematen badute, eta horrela egiten bada behin eta berriz, gordailu guztien kopurua sartutako legezko dirua baino askoz gehiago da (11.3. irudia). Gertakari horri banku-diruaren biderketa deritzo.

Banku-diruaren biderketa bankuan hasierako gordailua egin ondorenetik banku-sistemaren barnean legezko diruak izaten duen gehikuntza da.

$$\Delta \text{ Banku-dirua} = \text{Hasierako gordailua} \cdot \frac{1}{\text{kutxa-koefizientea}}$$

Dena den, bankuen mailegu-hartzaileek eragiten duten **domino-efektua** edozein katea edozein unetan apur daiteke: gerta daiteke mailegu-hartzaileetako batzuek jasotako legezko dirua ez itzultzea banku-sistemara. Agian, mailegu-hartzaile batzuek nahiago dute dirua etxean eskura izatea edo, besterik gabe, gastatzea. Legezko diruaren zati bat banku-gordailuak ez diren beste helburu batzuetarako erabiltzen denean, banku-biderkatzailearen eragina dezente murrizten da.

2. behatokia. Banku-izua

Azken banku-izua 2007. urtean sortu zen, Ameriketako Estatu Batuetan, zabor-hipoteken krisiak eztanda egin zuenean. Hango agintariek azkar hartu zuten esku, eta zenbait bankuren kontrola bere gain hartu zuten, izua beste batzuetara zabaldu ez zedin.

Bankuak erreserba zatikatuko banku bihurtzeak haietako askoren porrota ekarri zuen. Inbertsioek espero bezalako errentagarritasuna lortu ez zutenean eta bankuak ezin zienez aurre egin bere bezeroen gordailuei, pertsona askok aurrezki guztiak galdu zituzten.

Banku batek inbertsio handiak egitea arazo izan daitekeen arren, are arazo larriagoa da bankuren batek likidezia-arazoak dituenean banku-sistema osoan izua zabaltzea. Izan ere, gordailugile batek arazoak dituenean bere dirua berreskuratzeko, gainerakoak ere beldur dira ezin izango duten berreskuratu, eta tropelean joaten dira bankura diru guztia ateratzera. Eta halakoetan ez du inporta bankuak inbertsio egokiak eta zuhurrak egin dituen ala ez: ez dago gordailuak andanan eta bat-batean itzultzeko gai den bankurik, zuhurra izan ala ez izan.

Esate baterako, 1929ko Depresio Handiaren aurretik izan zen banku-izuaren ondorioz, Ameriketako Estatu Batuetan soilik 4.000 bankuk baino gehiagok egin zuten porrot! Horren ondorioz, administrazio publikoek banku-jardueran esku hartu behar izan zuten, eta banku-sistema kontrolatzeko eta gainbegiratzeko eskumena zuen erakunde bat sortu zuten: banku zentrala. Gaur egun, banku-izua ez da oso ohikoa, agintariek berehala hartzen baitute esku bezeroek bankuetan duten konfiantza berreskuratzeko. Eta, horrez gain, aseguru bat dute sinatuta banku guztiek, gordailuen zati bat behintzat itzuliko dela bermatzeko.

Hausnartu:

a) Goiz batean esnatu, leihotik begiratu, eta jende-ilara handi-handia ikusi duzu Banku Justuaren kutxazainean, aurrezkiak gordetzen dituzun bankuaren kutxazainean, hain zuzen ere. Zer pentsatuko zenuke? Zer egingo zenuke?

b) Orain, jar zaitez bankariaren lekuan. Bulegoan zaudela, egunkarian Banku Justua porrot-egoeran dagoela irakurri duzu. Badakizu albistea gezurra dela, baina, orduan, bezero bat iritsi da bankutik diru guztia ateratzera. Gero, beste bat, eta, gero, beste bat... Konbentzitzen ahalegindu zara, baina alferrik. Itxi egingo al zenuke bankua jendearentzat? Zergatik?

c) Azkenik, pentsa egun gutxi barru mugaeguneratzen den kreditu bat berritu behar duen enpresaburu bat zarela. Goizeko azken orduetan joan zara bankura. Deskribatu zer gertatuko litzatekeen.

d) Ikertu Interneten historian gertatutako hiru banku-izu, eta aipatu horiek gertatzearen arrazoiak.

2. *jarduera ebatzia.* Banku-dirua sortzea

Herrialde batean, % 10eko kutxa-koefizientea aplikatzen zaio banku-sistemari. Maiderrek 2.000 € sartu ditu A bankuan, legezko erabilerako billetean. A bankuak legezko % 10a erreserbarako gorde eta gainerakoa Itziarri eman dio maileguan; hark Jokinekin zuen zorra ordaintzeko erabili du, eta azken horrek D bankuan sartu du dirua. D bankuak % 10 erreserbarako gorde eta gainerakoa Agirre jaunari eman dio maileguan; azken horrek Formosa S.A. enpresari telebistaren azken letra ordaintzeko erabili du dirua, eta enpresa horrek G bankuan sartu du. G bankuak % 10 erreserbarako gorde eta gainerakoa Anderri eman dio maileguan; hark Isuzu auto baten lehen epea ordaintzeko erabili du. Kontzesionarioak J bankuan sartu du dirua...

> **Lexikoa**
>
> **Likidezia-koefizientea.**
>
> Bezeroek fisikoki eskura eduki nahi duten banku-gordailuaren ehunekoa. Praktikan, kutxa-koefizienteak bezala jokatzen du, banku-diruaren efektu biderkatzailea murriztuz, alegia.

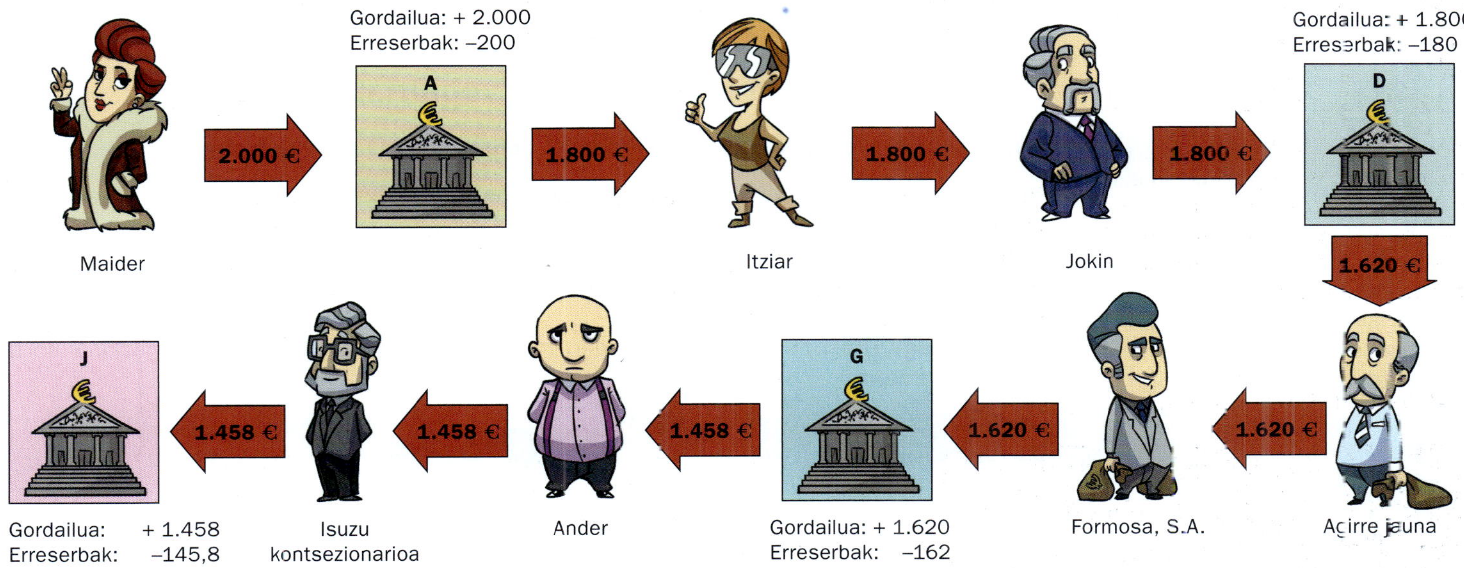

a) Kalkulatu zer banku-diru sortu den Maiderrek egindako gordailuaren bidez, eta adierazi grafikoki kate-efektua.

b) Kalkulatu banku-diruaren zenbateko gehikuntza izango lukeen ekonomia horretako banku-sistemak mailegu-hartzaile guztiek dirua banku batean sartuko balute.

c) Zenbatekoa izango litzateke gehikuntza mailegu-hartzaile guztiek diru guztia bankuan sartu beharrean % 5 zuzeneko gastuak ordaintzeko gordeko balute?

Soluzioa:

a) Hasierako legezko diruaren 2.000 € horiek, lau banku horietan soil-soilik, 6.878 €-ko balioa duen banku-dirua sortuko dute gordailutan (2.000 + 1.800 + 1.620 + 1.458) eta 687,80 €-ko balioa duena, berriz, erreserbatan (200 + 180 + + 162 + 145,8).

b) Sisteman sortzen den banku-diruaren guztizkoa kalkulatzeko, formula hau erabiliko dugu:

$$\Delta \text{ Banku-dirua} = \text{Hasierako gordailua} \cdot \frac{1}{\text{Kutxa-koefizientea}} =$$

$$= 2.000 \cdot \frac{1}{0{,}10} = 20.000 \text{ €}$$

c) Mailegu-hartzaileek % 5 gastuetarako gordeko balute, banku-diruaren biderketa horretan sartuko ez litzatekeen kantitatea % 15 izango litzateke; hau da, kutxa- koefizientearen % 10a, eta beste % 5, **likidezia-koefiziente (LK)** esango geniokeena.

$$\Delta \text{ Banku dirua} = \text{Hasierako gordailua} \cdot$$

$$\cdot \frac{1}{\text{Kutxa-koefizientea} + \text{Likidezia-koefizientea}} =$$

$$= 2.000 \cdot \frac{1}{0{,}10 + 0{,}05} = 13.333{,}33 \text{ €}$$

Jarduerak

9. Demagun herrialde batean % 5eko legezko kutxa-koefizientea aplikatzen dela banku-sisteman, eta 5.000.000 €-ko balioa duten banku-gordailuak egiten direla.

a) Kalkulatu banku-diruaren zenbateko gehikuntza izango lukeen ekonomia horretako banku-sistemak mailegu-hartzaile guztiek (dirua jasotzen duten guztiek) dirua banku batean sartuko balute.

b) Zenbateko gehikuntza izango luke banku-diruak mailegu-hartzaile guztiek diru guztia bankuan sartu beharrean % 4 beren gastu zuzenetarako gordeko balute?

3. Finantza-produktuak

Finantza-produktuak honako ezaugarri hauek dituzten tituluak dira:

- Beren jardueretarako finantziazioa behar duten enpresek eta gobernuek jaulkitzen dituzte.
- Dirua interes baten truke edo dirutan balioztatu daitezkeen eskubideen truke mailegatzen duten inbertitzaileek erosten dituzte.

Titulu moduan aurkezten diren produktuek hau dakarte:

- Tituluak dituztenentzat, **aktibo** bat edo aberastasunari eusteko bitarteko bat, etorkizunean diru bihurtzeko aukera dutelako.
- Etorkizunean ordaindu behar dituztenentzat, **pasibo** bat edo ordainketa-obligazio bat.

3.1. Finantza-produktuen ezaugarriak

Finantza-produktuak hiru aldagairen arabera bereizten dira (11.4. irudia):

- **Likidezia**, hau da, diru bihurtzeko ahalmena. Lehentasuneko faktorea da dirua eskura eduki nahi dutenentzat.
- **Arriskua.** Faktore horrek aintzat hartzen du espero dena baino diru gutxiago lortzeko probabilitatea, baita dirua galtzekoa ere.
- **Errentagarritasuna**, hau da, hasierako inbertsioa baino handiagoak diren mozkinak lortzeko ahalmena.

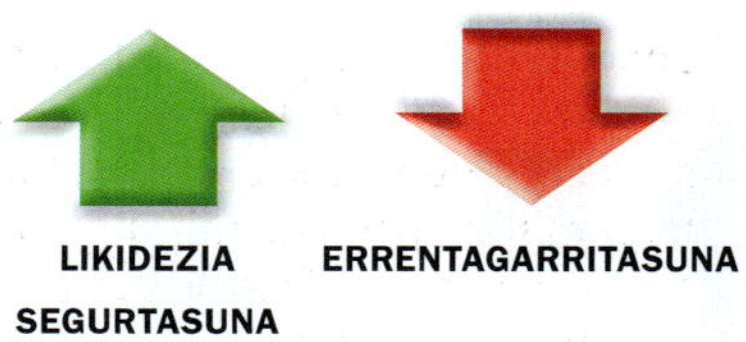

11.4. irudia. Alderantzizko erlazioa dago errentagarritasunaren eta likideziaren edo arriskuaren artean: zenbat eta likidezia edo segurtasun handiagoa, orduan eta errentagarritasun txikiagoa.

1. mota	Gordailuak eta aurreikuspen-plan bermatuak.
2. mota	Inbertitutakoaren % 100a itzultzeko konpromisoa hartzen duten tresnak.
3. mota	3 eta 5 urte bitartean % 100a itzultzeko konpromisoa.
4. mota	5 eta 10 urte bitartean % 100a itzultzeko konpromisoa.
5. mota	10 urtera baino gehiagora % 100a itzultzeko konpromisoa (edo % 90).
6. mota	Akzioak, errenta finko pribatua, zedulak.

11.5. irudia. Arriskuaren semaforoa. Finantza-produktuak gero eta konplexuagoak dira, jendeak oro har dituen ezagutzetatik harago doan konplexutasuna dute, eta, hain zuzen ere, XXI. mendeko krisi ekonomikoen kausetako bat dela jotzen da. Finantza-produktuei buruzko informazioaren kalitatea hobetzeko, 2012tik beharrezkoa da finantza-produktuak arriskuaren arabera sailkatzea.

3. jarduera ebatzia. Banku-gordailuen ezaugarriak

Anek 100 € ditu gordailatuta A bankuko kontu-korronte batean. Azaldu zer elementuk adierazten duten Aneren ageriko banku-gordailua finantza-produktua dela, bai eta zer ezaugarri dituen ere, likideziari, arriskuari eta errentagarritasunari dagokionez.

Soluzioa:

Anek A bankuan duen banku gordailua				
Elementuen adierazpena		Ezaugarriak		
Aktibo bat	Pasibo bat	Likidezia	Arriskua	Errentagarritasuna
Anerentzat	A bankuarentzat	Gehienekoa, Anek beti duelako gordailua eskuratzeko aukera.	1. mota. Ia ez du arriskurik, Estatuaren estaldura duelako 100.000 € arte.	Oso txikia

3.2. Errenta finkoa eta errenta aldakorra

Dirua biltzeko finantza-produktu nagusiak errenta finkoko baloreak eta errenta aldakorreko baloreak dira.

A. Errenta finkoko baloreak edo bonuak

Errenta finkoko produktuek aurrez ezarritako interes bat ordaintzen dute eta inbertitutako dirua epe jakin batean itzultzen dute. **Bonu subiranoak** edo **estatu-bonuak** ere esaten zaie herrialdeek egiten dituzten jaulkipenak baitira, gehien-gehienetan. Oro har, errenta finkoko balore guztiei (11.2. taulan daude adierazita), esaten zaie *bonu*, nahiz eta, berez, hiru urterako eta bost urterako errenta finkoko balioek soilik duten izen hori.

Bonuak erakunde publiko baten edo enpresa baten zorraren ehunekoaren titulu adierazgarriak dira, eta hitzartutako interes finkoak ematen dizkie haiek dituztenei.

Autonomia-erkidegoek eta enpresek ere jaulki ditzakete horrelako baloreak, baina ez dira hain ohikoak eta estatu-bonuak baino arrisku handiagoko inbertsioak dira, autonomia-erkidego batek eman ditzakeen ordainketa-bermeak Estatu batek eman ditzakeenak baino txikiagoak direlako.

Izena	Epea	Mota
Altxorraren Letrak	3, 6, 9 eta 12 hilabete	**2/6**
Bonuak	3-5 urte	**3/6**
Obligazioak	5-10 urte	**4/6**
	15 eta 30 urte	**5/6**

11.2. taula. Espainiar Estatuaren errenta finkoko baloreen jaulkipenen epeak, eta haien sailkapena, arrisku-semaforoaren arabera.

B. Errenta aldakorreko baloreak edo akzioak

Errenta finkoak ez bezala, errenta aldakorrak ez du aurretik zehaztutako errentagarritasunik ematen eta inbertsioak ez du epe finkorik. Errenta aldakorreko baloreak edo akzioak erosten dituena enpresa edo negozio baten jabe bihurtzen da, akzioari dagokion proportzioan, eta, beraz, ez dago inbertitutako diruari lotutako itzulketa-eperik. Diru-ekarpenaren truke, inbertitzaileak **boto-eskubidea** eta kudeaketa-eskubidea ditu enpresan, bai eta **eskubide ekonomikoak** ere, hain zuzen ere, **dibidenduen** (etekinen) banaketan parte hartzekoa, enpresan halakorik baldin badago.

Akzioak enpresa baten jabetzaren ehunekoa adierazten duten tituluak dira, eta eskubide ekonomikoak eta kudeaketa-eskubideak ematen dizkie haiek dituztenei.

Jarduerak

10. Ordenatu finantza-produktu hauek likideziaren, arriskuaren eta errentagarritasunaren arabera:

a) Akzioak.

b) Altxorraren letrak.

c) Ageriko banku-gordailua.

d) Altxorraren obligazioak.

11. Nola liteke pertsona batentzat aktiboa dena beste batentzat pasiboa izatea? Azaldu adibide baten laguntzaz.

12. Zer eskubide ditu inbertitzaile batek enpresa bateko akzioak erosten dituenean? Eta bonuak erosten dituen inbertitzaile batek?

Ba al zenekien...?

Enpresa pribatuek ere jaulkitzen dituzte errenta finkoko baloreak, eta erakunde publikoenek baino errentagarritasun handiagoa izaten dute, baina baita arrisku handiagoa ere, ez baitute publikoek duten berme bera.

Hausnartu

Txori bat eskutan ala hogei airean?

Errenta aldakorraren eta errenta finkoaren arteko hautua inbertitzailearen profilaren araberakoa izaten da. Arrisku handiak hartu nahi dituztenek, mozkin handiagoak lortzeko, akzioak aukeratuko dituzte. Irabazi txikiagoak baina ziurrak izatea –eta gauen lo lasai egitea– nahi dutenek, berriz, errenta finkoko modalitateek eskaintzen duten segurtasuna aukeratuko dute. Mozkin-aukera handiak baina arrisku handia lehenbiziko kasuan. Mozkin txikiak baina ziurrak, berriz, bigarrenean.

4. Balore-merkatuak edo balore-burtsak

Finantza-produktuen merkatuek –balore-burtsak esaten zaie– kontaktuan jartzen dituzte aurreztaileak eta beren jardueretarako dirua behar dituzten enpresak eta erakunde publikoak. Merkatu-horietan mota askotako finantza-produktuak trukatzen dira, baina nagusiak errenta finkoko baloreak **(bonuak)** eta errenta aldakorreko baloreak **(akzioak)** izaten dira.

Balore-merkatuak edo **balore-burtsak** finantza-produktuen salerosketan espezializatutako merkatuak dira, bonuen eta akzioen salerosketan espezializatutakoak bereziki.

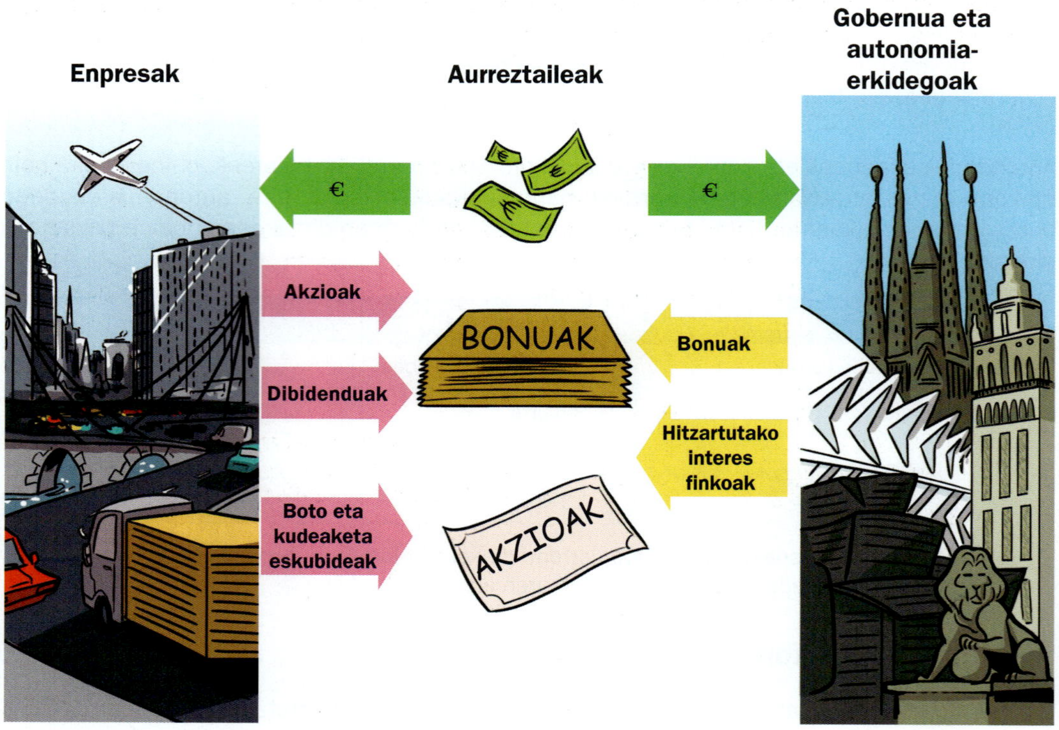

11.6. irudia. Balore-merkatuek aurrezkia enpresa eta erakunde publikoetarantz bideratzen dute.

4.1. Jaulkipena eta negoziazioa

Finantza-produktuak, titulu bidez adierazitakoak, lehen mailako merkatuan edo jaulkipen-merkatuan sortzen dira, eta, ondoren, bigarren mailako merkatuan edo negoziazio-merkatuan trukatzen (11.7. irudia). **Bitartekaritza-sozietateak** dira (balore-agentziak eta balore-sozietateak, *brokerrak* eta *dealerrak*, hurrenez hurren) finantza-produktuen lehen mailako edo bigarren mailako merkatuetan jarduteko eskumena duten bakarrak.

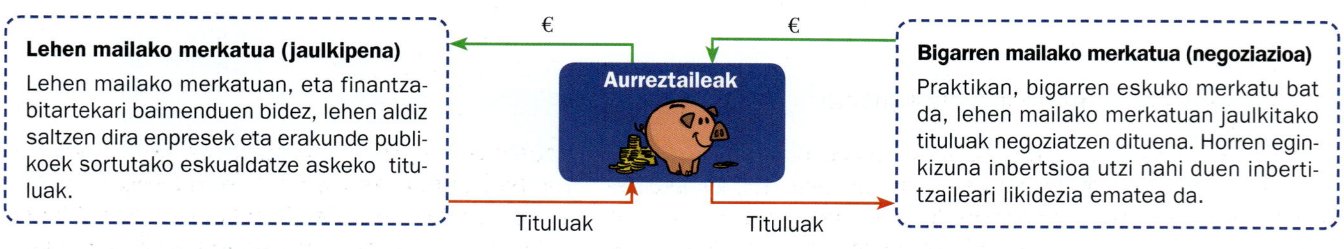

11.7. irudia. Lehen mailako eta bigarren mailako merkatuek aurreztaileei/inbertitzaileei likidazioa emateko eginkizun garrantzitsua dute.

Balore-merkatuak eta balore-burtsak nola antolatzen eta egituratzen diren ikusi ondoren, finantza-merkatu bakoitzaren berezko ezaugarriak aztertuko ditugu orain, hartan negoziatzen den tituluaren arabera: batetik, bonuen merkatua eta, bestetik, akzioen merkatua.

4.2. Bonuen merkatuak

Akzioen merkatuetan enpresak dira protagonistak, eta bonuen merkatuetan, berriz, estatuak. Eta bonuen merkatuak ez dira, inondik ere, agertoki txikia, nahiz eta akzioen merkatuak bezain merkatu mediatikoak ez izan, eta, printzipioz, prezioetan ez izan hain hegakorrak. Eta «printzipioz» esan dugu, zenbait estatuk porrot egin dutelako eta beste batzuk, berriz, porrot egiteko kinka larrian egon direlako, bonuen truke interes-tasa altu-altuak ordaindu behar izan zituztelako. Bonuen merkatuen ezaugarriak ulertzeko, honako faktore hauek zertan diren ulertu beharko dugu:

- Zor subiranoaren jaulkipenen artean izaten diren **interes-tasen** aldakuntzak.
- **Arrisku-prima** (herrialde-arriskua ere esaten zaio), zor subiranoen artean konparazioak egiteko aukera ematen duena.

Ba al zenekien...?

Espainiako zor subiranoari buruzko informazio gehiago nahi izanez gero, sartu **www.tesoro.es** webgunean.

TesoroPúblico

A. Interes-tasak

Inbertitzaile batek 100 €-ko bonu bat erosten baldin badu % 2an, epemuga iristen denean inbertitzaile horrek ordaindu dituen 100 €-ak gehi 2 €-ko interesak jasoko ditu. Erakunde publikoek (aurrerantzean herrialde esango diegu), jaulkipenen interes-tasa ezartzen dute. Baina ezin dute askatasunez ezarri: merkatu-prezioetan egin behar dute, jaulkipen hori inork ez baitu erosiko lehen mailako merkatuan bigarren mailako merkatuan merkeago eros badezake (11.8. irudia).

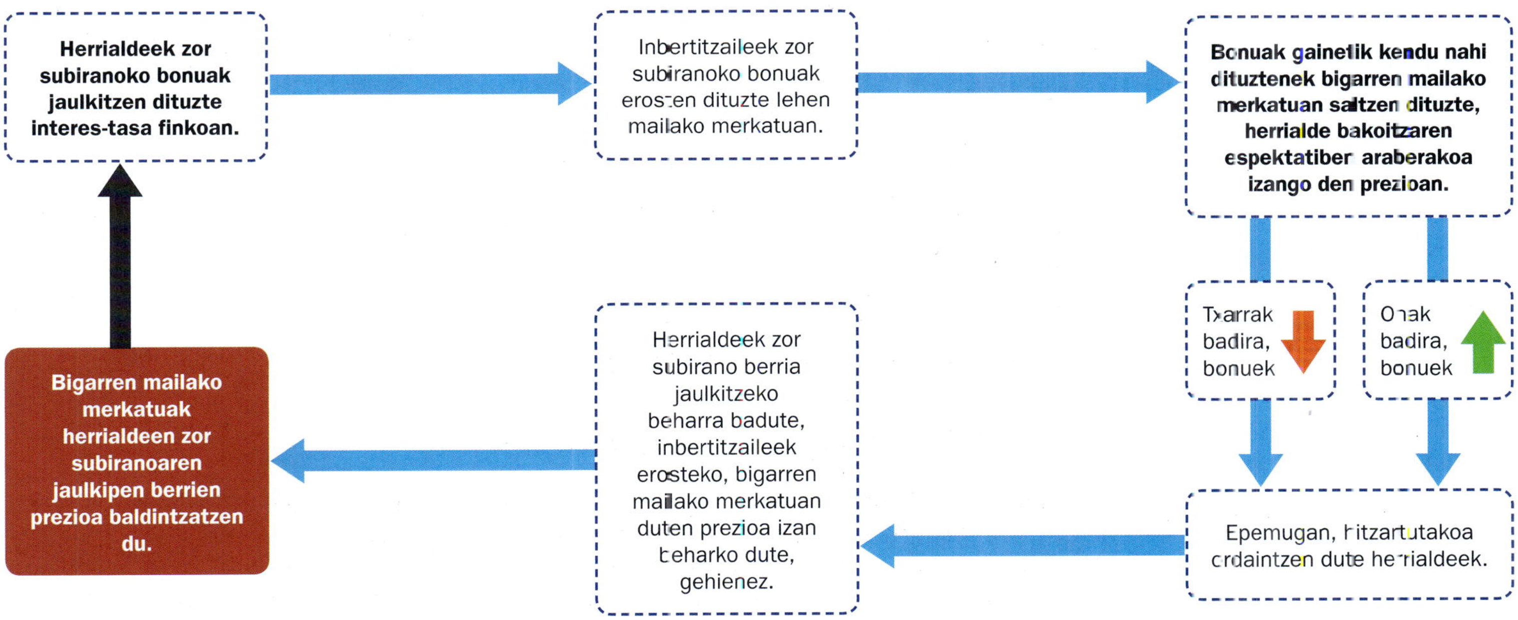

11.8. irudia. Bonuen merkatuaren funtzionamendua.

3. behatokia. Burbuila espekulatiboak

Burbuila terminoaren jatorria lotuta dago XVIII. mendean itsasontzi- konpainia berri bat burtsan sartzeko prozesuan izandako akzioen igoera espekulatiboarekin. Ingalaterrak Hego Amerikako kolonia espainiarrekin merkataritzan aritzeko monopolioa emango zion konpainia horri, eta errentagarritasun handirik izango ez zuen arren –itsasontzi bakarra izango zen urte osoan–, akzioak aparra bezala igo ziren espektatiba handiak sortu baitziren. Ondoren, mozkin handiak agintzen zituzten beste konpainia batzuk ere sortu ziren, gobernuaren babesik gabe, baina Ingalaterrako gobernuak legez kanpo utzi zituen «Burbuilaren akta» zeritzonaren bidez (itsas konpainia horren akzioak izugarri igo ziren hasieran, uretan burbuilak bezala, eta izugarri jaitsi hilabete gutxi batzuetako epean). Hori dela eta, *burbuila* deritze horrelako fenomeno espekulatiboei.

Hausnartu:

Bilatu Interneten historiako burbuila espekulatibo handi batzuei buruzko informazioa, bai eta zer produktuk eragin zuen ere.

B. Arrisku-prima, edo herrialde-arriskua

Arrisku-primak estatu batek jaulkitzen dituen zor subiranoko bonuek ez ordaintzeko duten arriskua neurtzen du, merkatuan seguruentzat jotako herrialdearen bonuekin alderatuta.

> **! Garrantzitsua**
>
> Europar Batasuneko herrialdeetako bonuak erosteak, bonu alemaniar seguruen ordez, inbertsoreek arrisku handiagoa hartzen dute bere gain, interes-tasa handiagoaren truke.

Arrisku-prima, herrialde-arriskua ere esaten zaiona, herrialde bateko zor subiranoari beste batekin (merkatuan arrisku txikiena duela jotzen denarekin) alderatuta eskatzen zaion gainkostua da.

Europar Batasunean, arrisku-prima inbertitzaileek Alemaniako bonuak erosi beharrean Espainiako bonuak eta EBko gainerako herrialdeetakoak erosteagatik eskatzen duten gainkostua da; izan ere, Alemaniako ekonomiaren sendotasuna dela-eta ez dago ordainduko dituen zalantzarik.

Diferentzial bat denez, garrantzitsua ez da EBko herrialdeetako bonuen ahultasuna soilik, baita Alemaniako zor subiranoaren sendotasuna ere. Arrisku-prima dagokion herrialdeko bonuen errentagarritasunaren eta Alemaniako bonuaren errentagarritasunaren arteko aldea puntutan neurtuta kalkulatzen da.

Adibidez, Alemaniako bonuaren errentagarritasuna % 1,1ekoa bada, eta Espainiako bonuarena % 3,5ekoa, arrisku-prima 240 puntukoa da (% 3,5 – % 1,1 = 350 – 110).

4. jarduera ebatzia. Bonuen merkatuaren funtzionamendua

Kepak Espainiak jaulkitako bonu bat erosi zuen 100 €-an lehen mailako merkatuan. Bonuaren epemuga hiru urtekoa da, baina bi urte geroago haren balioa 98 €-koa da bigarren mailako merkatuan, eta Beatrizek aukera baliatu du bonu hori Kepari erosteko.

Taula honetan, Espainiako zor subiranoaren erosketaren datuak agertzen dira, Keparenak zein Beatrizenak:

	Lehen mailako merkatua			Bigarren mailako merkatua	
Herrialdea	Bonuen balioa	Interesa	Eroslea	Bonuen balioa	Eroslea
Espainia	100 €	% 4	Kepa	98 €	Beatriz

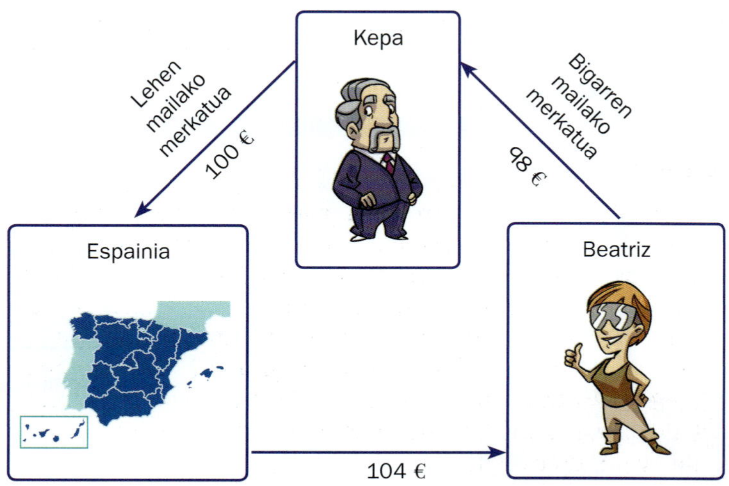

a) Zenbat diru irabaziko du Beatrizek Keparen bonua erostean? Zer errentagarritasun izango du?

b) Gutxienez zer interes-tasa eskaini beharko luke Espainiak urtebeteko epemugako bonuen jaulkipen bat egin nahiko balu 3. urtean?

c) Kepak 100 €-an erositako bonua 98 €-an saltzen badio Beatrizi, ez al da ari dirua galtzen?

d) Alemaniako bonuaren interes-tasa % 1,40koa zen bonua jaulki zen unean, eta % 1,85ekoa Beatrizek bere bonua erosi zuenean eta Espainiak 3. urtean bigarren bonu-jaulkipena egin zuenean. Kalkulatu arrisku-prima, bi kasuetan.

Soluzioa:

a) Beatrizek Keparen bonua 98 €-an erosi du 3. urtearen hasieran, eta urtebete geroago 4 € jasoko ditu interesetan eta 100 € itzuliko dizkiote bonuaren printzipala berreskuratuko baitu epemuga iritsi delako.

Hau izango da, guztira, Beatrizen mozkina: (100 + 4) – 98 = = 6 €. Inbertsioaren gaineko errentagarritasuna, berriz, hau izango da: 6/98 · 100 = % 6,12.

b) Espainiak bonuen beste jaulkipen bat egiten badu 3 urtean, urtebeteko epemugarekin, gutxienez % 6,12ko errentagarritasuna eskaini beharko luke. Bestela, jendeak, Beatrizek egin duen bezala, nahiago izango luke bonuak bigarren mailako merkatuan erosi, eta inork ez lituzke erosiko jaulkipen berriko bonuak.

c) Ez, berez ez da ari dirua galtzen. Egia da Kepak bonua 100 €-an erosi eta 98 €-an saldu zuela, eta urte horren amaieran, bonuaren epemugan, 104 € jasotzea zegokiola (4 € interesetan eta 100 € printzipalaren itzulketa). Baina Kepak Beatrizek emandako 98 €-ak bonu berriak erosteko erabiltzen baditu eta errendimendua % 6,12koa denez, epemugan hau kobratuko luke: 98 + (98 · 0,0612) = 104 €. Beraz, hasieran bezala dago, nolabait.

d) Alemaniako bonuaren interesa % 1,40koa bazen 1 urtean, arrisku-prima hau litzateke: % 4 – % 1,40 = % 2,60 edo 260 puntu. 3. urteko datuak ikusita, prima handitu egiten da: % 6,12 – % 1,85 = % 4,27 edo 427 puntu.

4. *behatokia.* Kalifikazio-agentziak

Standard & Poor's, Moody´s eta Fitch Ratings (gaur egungo hiru kalifikazio-agentzia nagusiak) XX. mendearen hasieran sortu ziren hainbat merkatutako jaulkipen pribatuak edo publikoak kalifikatzeko (Frantzia, Japonia eta Argentinakoak, adibidez). Haien eginkizuna funtsezkoa bihurtu da finantza-merkatuen jardunerako, eredu homogeneo bat eskaintzen baitute inbertsio-aukera desberdinak neurtu ahal izateko. Balore edo titulu guztiak irizpide objektiboen arabera aztertzen dituzte (adibidez, kaudimena, herrialdearen egoera eta ekonomiaren bilakaera). Haien kalifikazioak *AAA*-tik (gehieneko segurtasuna eta konfiantza) *C*-ra (erabateko konfiantzarik eza) bitartekoak izaten dira.

S&P Global Ratings	FitchRatings	Moody's	Arriskua	Inbertsio-mota
AAA	AAA	Aaa	Kalitate altuena	Inbertsioa
AA	AA	Aa	Kalitate altua	Inbertsioa
A	A	A	Sendoa	Inbertsioa
BBB	BBB	Baa	Kalitate ertaina	Inbertsioa
BB, B	BB, B	Ba, B	Espekulatiboak	Zaborra
CCC, CC, C	CCC. CC, C	Caa, Ca, C	Oso espekulatiboak	Zaborra
D	D	C	Ez ordaintzeko egoeran	Zaborra

Hausnartu:

a) Bilatu Espainiako zorraren eta gure autonomia-erkidegoko zorraren kreditu-kalifikazioa **https://datosmacro.expansion.com** webgunean. Google bilatzailearen bidez orrialde jakin batean datuak bilatzeko, sartu hau: «site:datosmacro.expansion.com calificación crediticia» eta autonomia-erkidegoaren izena. Zer kreditu-kalifikazio dute? Zer esan nahi dute? Web-orrialdearen beheko aldean kalifikazio-agentzia bakoitzarentzat kalifikazioan adierazitako letrek zer adierazten duen azaltzen da.

b) Orain, aukeratu zure izenaren lehenengo letraz hasten den herrialde bat. Zer kreditu-kalifikazio du? Idatzi, ekonomiako albiste moduan adierazita, zergatik eman dion kalifikazio hori kalifikazio-agentzietako batek (gutxienez hiru arrazoi aipatu behar dira).

c) Zer gertatzen da arriskua kalifikatzeko agentziek erratu egiten dutenean?

d) Nork kalifikatzen ditu kalifikazio-agentziak?

Jarduerak

13. Taula honetan, zenbait herrialdetako 10 urterako bonuek eskaintzen duten interes-tasa agertzen da, baita Standard & Poor's kalifikazio-agentziak zor-tresna horiei ematen dien kalifikazioa ere.

Herrialdea	10 urterako bonuaren interes-tasa	Kalifikazioa (S&P)
Alemania	% 0,35	AAA
Espainia	% 1,44	A-
Frantzia	% 0,69	AA
Grezia	% 4,47	B+
Mexiko	% 7,94	BBB+
Argentina	% 18,24	B+

Aurreko datuetatik abiatuta:

a) Kalkulatu herrialdeen arrisku-prima Alemaniarekiko.

b) Zure ustez, ba al dago loturarik bonuen arrisku-primaren eta Standard & Poor's agentziak emandako kalifikazioaren artean? Arrazoitu erantzuna.

14. Definitu, zure hitzak erabiliz, zer diren bonuak eta zer diren akzioak.

15. Zeren araberakoa da Europar Batasuneko herrialde bateko arrisku-prima, hala nola Espainiako arrisku-prima, handiagoa edo txikiagoa izatea?

4.3. Akzioen merkatuak

> ***Ba al zenekien...?***
>
> Balore-burtsen ezegonkortasunak **inbertsio askeko funtsek** edo balore ezhigigarrietakoek indar handia hartzea eragin du.
>
> Agian harrigarria irudituko zaizu, baina azken urteetan funts errentagarrienetako batzuk ardoetan espezializatutakoak izan dira; adibidez 2010. urteko Château Ausone ardo-kutxak 2.486 €-an kotizatzen du. Espainiako ardoak, hala nola Vega Sicilia eta Pingus, kotizazio horretatik urrun daude oraindik, baina gorantz egiten ari dira urtez urte.

Burtsetako finantza-produktu garrantzitsuena **errenta aldakorreko baloreak** dira. Merkatu hori da, hain zuzen, merkaturik dinamikoena, baina baita hegakorrena ere. Egunero milaka milioi euro eta akzio eskuz aldatzen dira, eta akzioen prezioak gora egin dezake aparra bezala, edota asko jaitsi, hondoa jo arte. Interakzio horien ondorioz, jarraian aztertuko ditugun faktoreak aldatzen dira:

- **Akzioen** prezioa edo **kotizazioa**.
- **Burtsa-indizeak** edo burtsen bilakaeraren adierazleak.

A. Akzioen kotizazioa

Akzioen prezioak edo kotizazioak eskaintza-eskariaren legearen arabera egiten du gora edo behera. **Gehiegizko eskaria** badago, prezioek gora egiten dute, eta **gehiegizko eskaintza** badago, berriz, behera.

Hauek dira akzioen kotizazioan eskariaren edo eskaintzaren nagusitasuna baldintzatzen duten **faktoreak** (11.3. taula):

		Errentagarritasun-itxaropenak		Diruaren prezioa		Ekonomiaren bilakaera	
Akzioen kotizazioa		Ona	Txarra	Jaitsi	Igo	Ona	Txarra
↑ Gehiegiko eskaria (akzioen prezioak igo egiten dira)	↓ Gehiegizko eskaintza (akzioen prezioak jaitsi egiten dira)	↑	↓	↑	↓	↑	↓

11.3. taula. Akzioen prezioa edo kotizazioa baldintzatzen duten faktore nagusiak, akzioen eskaintzan eta eskarian eragiten duten heinean.

Espainiako balore-burtsetan jarduteko, ohikoena merkatu jarraitua deritzon sistema informatiko baten bidez egitea da.

> **Merkatu jarraitua** edo SIBE (Sistema de Interconexión Bursátil Español; Espainiako burtsen arteko konexiorako sistema) Espainiako lau burtsak (Madril, Bartzelona, Bilbo eta Valentzia) elkarrekin konektatzeko informatika-sistema da, aukera ematen duena zenbait balore denbora errealean negoziatzeko, ordenagailu-terminalen bidez.

5. behatokia. Balore-merkatuen eta enpresa-inbertsioen arteko erlazioa

Balore-burtsetan, enpresek akzioak jaulkitzen dituzte, diruaren eta enpresaren jabetzaren ehuneko bat lagatzearen truke. Horrela egitean, autonomia garatzen dute, jabe berriei jabetzaren ehuneko bat lagatzen dielako, baina jarduerarako beharrezkoa duten dirua lortzen dute.

Dena den, inbertsioek –kapital-ondasunak izan ohi dira oro har– urteak behar dituzte emaitzak izateko, halakorik ematen badute. Inbertitzaileentzat arazoa izan daiteke urte asko itxaron behar izatea beren dirua berreskuratzeko. Baina bigarren mailako merkatuak daudenez, aukera dute beren partaidetza itxaron dezaketen beste batzuei saltzeko. Interesa duten kopuru iraunkor eta arrazoizkoa baldin badago, enpresa-inbertsioek emaitzak izan ditzakete, eta, horrekin, ekoizpena eta enplegua dinamiza daiteke.

Mozkin handiagoak badaude enpresentzat eta soldata handiagoak badaude langileentzat, familien kontsumoa handitu egiten da eta enpresa-inbertsio berriak sustatzen dituzte.

Hausnartu:

a) La Molinera, SA enpresak akzio berriak jaulkitzea erabaki du, dirua lortzeko. Pentsatu aberatsa zarela eta denak erostea erabaki duzula. Enpresako akziodun batzuei ez zaie oso ondo iruditu, antza. Zergatik izan daiteke?

b) Zer gertatuko litzateke enpresa horren burtsako kotizazioarekin, zenbait urtetan dibidendurik ez banatzea erabakitzen badu, hazten jarraitzeko?

c) Pentsatu, orain, Gobernuak bigarren mailako merkatua debekatzea erabakitzen duela. Zertan eragingo lizuke?

Jarduerak

16. Egin analogia bat akzioen jaulkipeneko eta negoziazioko merkatuen eta automobil berrien eta erabilien merkatuaren artean.

17. Zer faktorek baldintzatzen dute burtsetako akzioen prezioaren igoera edo jaitsiera?

B. Burtsa-indizea

Burtsa-indize batek balore adierazgarrien multzo baten bilakaera neurtzen du (**likidezia-maila altuko** baloreak hartzen dira balore adierazgarritzat). Indize batek balore-burtsa baten balore adierazgarrien multzo baten bilakaera neurtzen baldin badu, burtsa-indize orokorra dela esaten da.

Burtsa-indizea merkatu jakin baten bilakaeraren adierazlea da, titulu adierazgarrienen kotizazioen jokabidea aintzat hartzen duena. Titulu horiek likidezia-mailaren arabera aukeratzen dira.

Burtsa-indize orokorrak, balore garrantzitsuen multzo baten indizeak direnez, balore-merkatuen egoeraren **termometroak** dira. Hain zuzen, burtsak gora edo behera egin duela esatean, berez adierazi nahi dena da burtsa-indize orokorra osatzen duten baloreen artean erosteko nahia edo saltzeko nahia nagusitu den.

Espainian, burtsa-indize orokorra **IBEX–35** da. Espainiako burtsako 35 enpresa garrantzitsuenek osatzen dute, egunez egun izaten duten kontratazio-bolumenari eta, beraz, likidezia-mailari erreparatuta garrantzitsuenak diren enpresek, alegia.

Burtsa-indizeak	Deskripzioa
DOW JONES	Dow Jones munduko merkatu-indize ezagunena da, zaharrena delako, batetik, eta Estatu Batuetako akzio-merkatuaren indizea delako, bestetik. Merkatu horretan kotizatzen dute, hain zuzen, munduko multinazional garrantzitsuenek. Dow Jones & Company enpresak egiten du indizea eta *Wall Street Journal* egunkarian argitaratzen du.
EURO STOXX 50	Dow Jones Euro STOXX ere esaten zaio, eta Dow Jones enpresak egiten duen indizea da. Eurogunneko herrialdeetan jarduten duten 300 konpainiaren baino gehiagoren bilakaera hartzen du oinarri. DJ Euro STOXX 50 hori bera da, baina 50 sozietate soilik hartzen ditu oinarri.
nasdaq 100	**Balore teknologikoen indizea** esaten zaio. Kasu honetan, hautaketan ez da kontuan hartzen baloreen likidezia soilik; konpainiek zer sektoretan jarduten duten ere hartzen da aintzat: goi-teknologiako enpresak dira, neurri ertainekoak, eta hazteko potentzial handia dutenak.

11.4. taula. Burtsa-indize nagusiak. Hona hemen beste indize garrantzitsu batzuk, herrialdea adierazita: DAX (Alemania), CAC-40 (Frantzia), FOOTSIE-100 (Erresuma Batua) eta NIKKEI (Japonia).

Jarduerak

18. Komunikabideek «burtsek jaitsierekin itxi dute» esaten dutenean, zer da, berez, jaisten dena?

19. Zergatik da IBEX-35 Espainiako balore-burtsen erreferentzia?

20. Esan zergatik izaten diren albiste honelako izenburuak:

a) «Diruaren prezioaren aldakuntzak burtsak zigortu ditu».

b) «Greziako zor subiranoaren prezioak alarma guztiak piztu ditu».

c) «Kalifikazioak erratu egin ziren Islandiarekin».

d) «Zenbait enpresak burtsarako irteera atzeratu dute, egoera ekonomikoa dela eta».

e) «Wall Streetek jaitsierak izan ditu zabaldu denean».

21. Gaur egun, burtsetan ohikoa da balore baten kotizazioa etetea saio batean gehiegi jaisten denean. Zure ustez, zergatik egiten da hori?

Ba al zenekien...?

Balore bat oso **likidoa** dela jotzen da, titulu asko aldatzen badira eskuz saio bakoitzean. Horrek esan nahi du erraza dela saltzea eta, beraz, azkar bihurtzea dirua.

Gogoratu

Burtsa-indize orokorrak Burtsa jakin baten balio adierazgarrienak adierazten ditu.

KONTZEPTU-MAPA

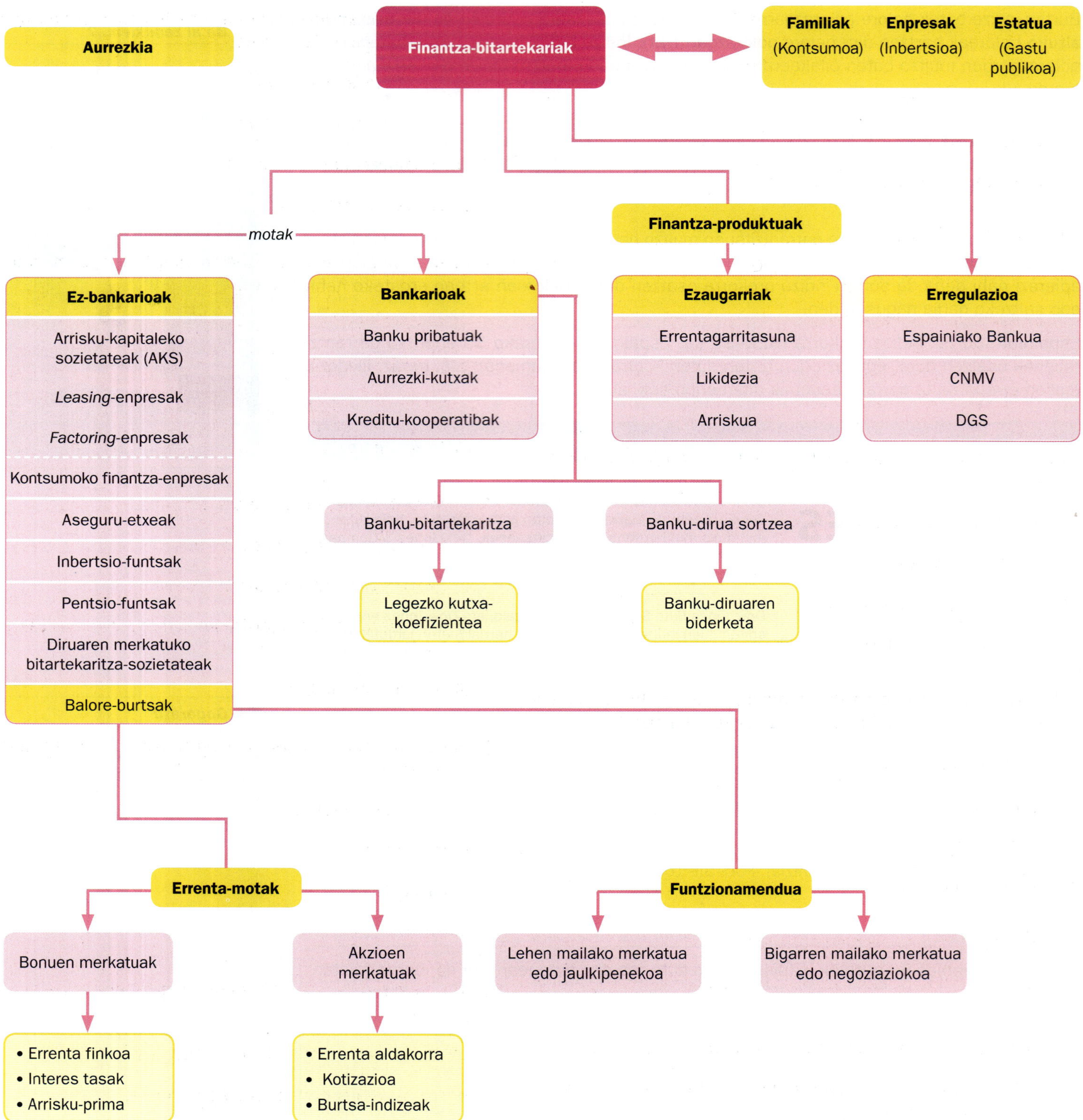

1. Zein da da finantza-sistemaren funtzio nagusia?
   a) Haren funtzionamendua arautzea.
   b) Likidezia ematea.
   c) Aurrezkia bideratzea.
   d) Errentagarritasuna bermatzea.

2. Zerekin lotuta dago legezko kutxa-koefizientea?
   a) Moneta-politikarekin.
   b) Espainiako Bankuarekin.
   c) Arrisku-primarekin.
   d) Zuzenak dira *a)* eta *b).*

3. Zerk zehazten du banku batek bere bezeroen gordailuei erantzuteko zuhurtzia?
   a) Finantza-bitartekari ez-bankarioek.
   b) Zatikako erreserbak.
   c) EBZk ezartzen duenak.
   d) Denak okerrak dira.

4. Finantza-produktu bat aukeratzerakoan, zein da faktore erabakigarria dirua azkar berreskuratu nahi dutenentzat?
   a) Errentagarritasuna.
   b) Likidezia.
   c) Arriskua.
   d) Bihurgarritasuna.

5. Hauetako zein adierazpen da zuzena?
   a) Bonuek haien edukitzailea herrialde baten mailegatzaile bihurtzen dute.
   b) Akzioek dibidendu aldagarri bat ematen dute urtero.
   c) Espainiako Bankuaren erreserba zatikatuko sistemak banku-dirua sor dezake.
   d) *Factoring*-enpresek beren fakturak saltzen dituzte beste batzuek kobra ditzaten.

6. Nola esaten zaio inbertitzaileei inbertitutakoa berreskuratzeko likidezia ematen dien merkatuari?
   a) Lehen mailako merkatua.
   b) Bigarren mailako merkatua.
   c) Hirugarren mailako merkatua.
   d) Bonuen merkatua.

7. Zerk ematen du aukera zenbait herrialdetako zor subiranoaren jaulkipenen artean konparazioak egiteko?
   a) Interes-tasak.
   b) Burtsa-indizeak.
   c) Diruaren prezio ofizialak.
   d) Arrisku-primak.

8. Enpresa baten akzioak igo egingo dira...
   a) diruaren prezioa jaitsi egiten bada.
   b) ekonomiaren bilakaera txarra bada.
   c) enpresaren errentagarritasun-itxaropenak txarrak baldin badira.
   d) Denak okerrak dira.

9. Hauetako zein da balore bat burtsa-indize batean sartzeko irizpidea?
   a) Errentagarritasuna.
   b) Garrantzia.
   c) Likidezia.
   d) Hegakortasuna.

10. Inbertsio-funtsen balore-saskiei dagokienez, alderdi hau da garrantzitsua:
   a) Hautatutako zenbait balorek osatzen dutela.
   b) Akzioek baino arrisku txikiagoa dutela.
   c) Arriskua dibertsifikatzen dutela.
   d) Denak zuzenak dira.

Finantza-sistema.

1. Espainian, gure nominen zati bat Gizarte Segurantzari ordaintzeko baldin bada, etorkizunean Estatuak emandako erretiro-pentsioa izateko, zergatik dira hain ugariak pentsio-funts pribatuak?

2. Zergatik esaten da Espainiako Bankua ez dela ohiko banku bat?

3. Demagun enpresa batek zenbait fakturari dagozkien 10.000 €-ko kobrantza-eskubideak dituela eta kobrantza-eskubide horiek factoring-enpresa bati saldu nahi dizkiola. Zer ondorio izango lituzke salmenta horrek, baldin eta factoring-enpresa horrek bere zerbitzuengatik %20 kobratuko balu?

4. Enpresa jakin batek *leasing*-sistemaren bidez finantzatzen ditu bere garraio-ibilgailu batzuk. Azaldu zertan datzan sistema hori.

Finantza-bitartekari bankarioak.

5. Adierazi zer lotura duen Europako Banku Zentralak Europar Batasuneko bankuek ez-aktibo duten erreserbako kantitatearekin.

6. Unitateko 1. jarduera ebatziaren laguntzarekin, egin eskema bat A bankuak aurreztaileekin eta mailegu-hartzaileekin duen bitartekaritza-lana adierazteko. Hauek dira datuak:
   - Aurreztaileek A bankuan gordailatuta duten diru-kopurua: 100 €.
   - Erreserba zatikatua: % 20.
   - Banku zentralak ezartzen duen legezko koefizientea: % 30.
   - Aurreztaileek jasotzen duten interes-tasa: % 1.
   - A bankuak maileguen truke jasotzen duen interes-tasa: % 5.
   - A bankuak maileguan utzitako diru-kopurua: 70 €.

7. Nola laguntzen du erreserba zatikatuak banku-jarduera?

8. Zure ustez, banku-diruaren sorrerari zergatik deitzen zaio «gordailuen hedakuntza multiploa» ere?

9. A bankuak 80.000 €-ko mailegu-hipoteka bat eman dio Joxe Mariri, etxebizitza bat erosteko. Dirua eskudirutan eman beharrean, A bankuak kontu-korronte bat zabaldu du Joxe Mariren izenean 80.000 €-rekin. Joxe Marik diru-kopuru horren transferentzia egin dio Danielari, etxebizitza saldu dion pertsonari, hark B bankuan duen kontu-korrontera. Ondoren, B bankuak kantitate hori kendu egin dio Danielari kontutik, hark kontratatuta zuen mailegu pertsonal bat kitatzeko.

   Deskribatu nola aldatu diren Joxe Mariren eta Danielaren egoera ekonomikoak, nahiz eta ez den diru fisikorik sortu bi kasuetan.

10. Demagun herrialde batean banku-sistemari ezartzen zaion legezko kutxa-koefizientea % 6koa dela, eta herrialdean egiten diren banku-gordailuak 6.000.000 €-koak direla.
    a) Kalkulatu ekonomia horretako banku-sisteman izaten den diru-gehikuntza, mailegu-hartzaile guztiek (dirua jasotzen dutenek) dirua banku batean sartuko balute.
    b) Zein izango litzateke hazkundea mailegu-hartzaileek diru guztia bankuan gordailatu beharrean % 5 gastu zuzenetarako gordeko balute, eta beste % 5, dolarretan?

11. Herrialde jakin bateko banku-diruak 100 milioi euroko gehikuntza izan du, eta legezko kutxa-koefizientea % 4koa da. Zenbateko balioa dute banku-sistema horretan egindako gordailuek? Eta zenbatekoa izango lukete banku eta kutxetako erabiltzaileek % 2 eskudirutan gordeko balute, beren gastuetarako?

Finantza-produktuak.

12. Deskribatu bitartekari hauetako bakoitzak zer finantza-produktu edo inbertsio sortzen duten aurreztaileen dirua biltzen dutenean:
    a) Balore-burtsak.
    b) Bankuak.
    c) Inbertsio-funtsak.
    d) Aseguru-etxeak.

13. Azaldu zer-nolako erlazioa dagoen finantza-produktuen errentagarritasunaren eta likideziaren artean. Eta errentagarritasunaren eta arriskuaren artean? Aipatutako zer kontzeptu-parerekin lotuko zenituzke errenta finkoa eta errenta aldakorra?

14. Egin bi zutabeko taula bat eta zehaztu hartan obligazioen eta akzioen arteko aldeak.

15. Sailkatu balore hauek likideziaren arabera (handiena duenetik txikiena duenera):
    a) Espainiako Altxortegiaren bonuak.
    b) Inditexen errenta aldakorreko akzioak.
    c) Epe finkoko banku-gordailua Caixabanken.
    d) Hazkunde handia izango duen Koreako enpresa berri baten akzioak.
    e) Banco de Santanderren bonuak.
    f) Errenta aldakorreko inbertsio-funts bateko partaidetzak.

16. Birformulatu aurreko jarduera irizpide moduan arriskua erabiliz, eta, ondoren, errentagarritasun posiblea erabiliz.

17. Bezeroen maileguak zergatik dira aktiboa haiek gordailatuta dauden bankuentzat?

Balore-merkatuak edo balore-burtsak.

18. Zer fasetatik igarotzen da enpresa jakin baten titulua-akzioa enpresak finantzaketa lortzeko jaulkitzen duenetik balore-burtsan erosi ahal izan arte, eskaintza-eskarien legearen arabera?

19. Zer eginkizun betetzen du bigarren mailako merkatuak beren inbertsioaren etekinak jasotzeko zain egon nahi ez dutenentzat?

20. Zergatik dira balore-funtsak alternatiba egokia arrisku handiegirik hartu nahi ez duten inbertitzaileentzat?

21. Irakurri beheko testu hau eta, ondoren, erantzun jarraian agertzen diren galderei:

XX. mendeko hogeiko hamarkadan, balore-merkatuek goren aldia izan zuten, jende guztiak erosten eta saltzen baitzituen akzioak. Inbertitzaile batzuek, egun batetik bestera, dirutza izugarria eskuratzen zuten, eta jende guztia saiatzen zen balore-burtsetan irabaziak lortzen. Etekin handiak lortu nahi baziren kantitate handiak inbertitu behar zirenez, eta pertsona gehienek eskudirutan hainbeste diru ez zutenez, erosketa gehien-gehienak bankuen maileguekin egiten ziren, eta erositako akzioak ordainketa-berme gisa geratzen ziren. Jendeak itsu-itsuan sinatzen zituen maileguak, akzioak erosteko. Izan ere, zer axola zuen maileguak urteko % 15eko interesa izatea, akzioak egun bakar batean ehuneko hori igo bazitezkeen. Denboraren joan-nean, ordea, akzioak neurriz gain baloratu ziren; hau da, enpresa baten akzioen truke ordaintzen zena ez zetorren bat, inondik inora, enpresak lor zitzakeen etekinekin. Inbertitzaileak oso prezio altuetan ari ziren ordaintzen akzioak. Garrantzitsuena ez zen enpresek zer etekin lor zezaketen, norberak bere akzioak garestiago salduta zer irabaz zezakeen baizik. Horrela, *burbuila espekulatibo* deritzona sortu zen. Prozesu horretan, akzioen prezioak etengabe igotzen dira, gehiegizko eskaria dagoelako (ez, ordea, enpresek bana ditzaketen etekinak areagotzen ari direlako), eta, azkenean, merkatua jabetzen denean ameskeria batean bizi izan dela, prezioak bat-batean doitzen dira. Eta horixe gertatu zen: prezioak izugarri altuak izanik, une jakin batean jendeak akzioak saldu nahi izan zituen, baina inork ez zituen erosi nahi. Prezioa, pixkanaka, jaisten hasi zen, baina, hala ere, ez zegoen eroslerik. Jaitsiera handiagoa izan zitekeela pentsatuz, beste akziodun batzuek beren tituluak salgai jarri zituzten, eta akzioen prezioa are gehiago jaitsi zen. Horrela bada, egun gutxi batzuetan, akzioen balioak erabateko gainbehera izan zuen, eta horrek milioika inbertitzaileren porrota ekarri zuen.

a) Akzioen erosleek ez zuten pentsatzen haien balioa jaits zitekeenik. Zergatik?

b) Zure ustez, zer erantzukizun izan zuen banku-sistemak gertakari horietan?

c) Garai hartan, akzioak erosteko emandako maileguen ordainketa-berme gisa erositako akzioak onartzen ziren. Erabiltzen al da oraindik sistema hori, akzioak erosteko? Zergatik?

d) Zertan datza burbuila espekulatiboa? Deskribatu zer bilakaera izaten duen akzio jakin baten prezioak fenomeno hori gertatzen denean.

e) Galdetu zure bankuan zer prozedura erabiltzen den Espainiako burtsako akzioak erosteko.

22. Esan esaldi hauek zuzenak ala okerrak diren. Arrazoitu erantzuna:

a) Inbertsio-funtsek errentagarritasun handiagoa ematen dute akzioek baino.

b) Finantza-aktibo guztiak erabil daitezke ordainketa-bitarteko moduan; esaterako, banku-gordailuak.

c) Enpresek, akzioak jaulkitzean, beren jarduerak egiteko dirua lortzen dute, bai lehen mailako merkatuan, bai bigarren mailakoan.

d) Herrialdeek bonuei gehien komeni zaien interes-tasa jartzen diote.

e) Herrialde bateko ekonomia-espektatibek akzioek balore-merkatuetan duten kotizazioaren prezioa jaistea eragin ohi dute.

23. Demagun taula honek Portugalen zor subiranoaren jaulkipenari buruzko datuak dituela. 01 urtean egin du jaulkipena, eta itzultzeko epea 10 urtekoa da.

Lehen mailako merkatua			
Herrialdea	Bonuen balioa (€)	Interesa	01 urteko eroslea
Portugal	200	% 3	Joâo

Taulan oinarrituta, kalkulatu:

a) Joâok inbertsioarekin lortutako errentagarritasuna.

b) Joâok 02 urtean bigarren mailako merkatuan saldu zizkion bonuak 198 €-ren truke. Zer errentagarritasun lortuko du Amaralek?

c) Portugalek 02 urtean beste bonu-jaulkipen bat egin behar badu, zer interes izan beharko luke, gutxienez, bigarren jaulkipen horrek?

d) Jaulkipenaren unean Alemaniako bonuaren interesa % 1,50ekoa bada eta 02 urtean Portugalek egindako bigarren jaulkipenean, berriz, % 1,35ekoa, zein izango litzateke, bi kasuetan, arrisku-prima? (Bigarren jaulkipeneko interesa saltzeko gutxienez ordaindu beharrekoa dela joko dugu).

- Idatzi unitate honi buruz garbi dituzun bi ideia, zure ustez funtsezkoak direnak. Zerk lagundu dizu horiek ikasten?
- Egin unitatean argi geratu ez zaizkizun alderdiei buruzko bi galdera.
- Idatzi unitate honetan sakonago aztertu nahiko zenituzkeen bi alderdi.

Interpretatzen ikasten: Burtsako albisteak

BURTSAKO INDIZEAK

IBEX-35 (azken saioa)	*Dow Jones (azken saioa)*	*Madrileko orokorra (azken saioa)*
– %0,32 ❶ 10.230,60 (– 32,9) ❷	– %0,10 17.672,60 (– 19,10)	%0,33 962,36 (3,26)

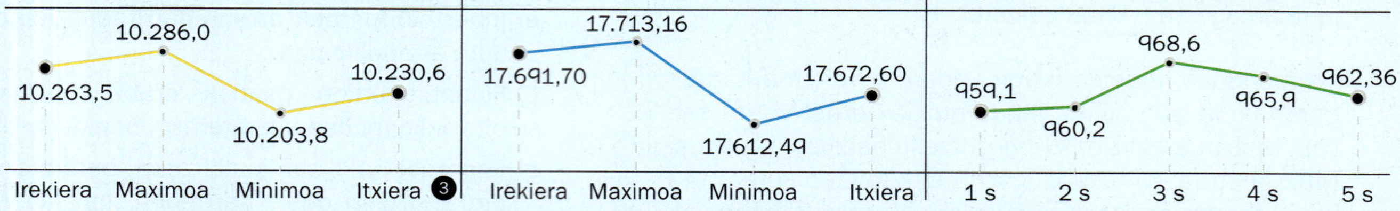

1. *Aldakuntza, ehunekotan, saioaren irekierarekiko.* **2.** *Aldakuntza, puntutan, saioaren irekierarekiko.* **3.** *Indizearen bilakaera saioan zehar.*

IGOERARIK HANDIENAK			JAITSIERARIK HANDIENA			KONTRATATUENAK		
	%	€		%	€		*Efektiboa* ❹	*Tituluak* ❺
Cementos Portland	18,10	0,760	Urbas	–5,88	–0,001	Santander	723.101.169,94	137.218.323
Natraceutical	5,26	0,011	Fersa	–3,25	–0,020	Telefónica	562.909.527,05	48.325.206
Adveo	4,38	0,520	Inmobiliaria del Sur	–3,25	–0,210	BBVA	418.750.566,35	55.979.441
GAM	4,35	0,010	Amper	–2,78	–0,010	Iberdrola	221.815.960,07	47.206.785
eDreams Odigeo	3,80	0,087	Meliá	–2,60	–0,255	Inditex	166.918.972,39	8.975.855
Vidrala	3,51	1,390	Nicolás Correa	–2,50	–0,030	Repsol	150.165.617,95	11.432.372
Lingotes Especiales	3,14	0,140	Codere	–2,38	–0,010	Caixabank	106.711.565,17	33.461.356
Realia	2,68	0,015	Ezentis	–2,27	–0,016	Sabadell	75.128.131,64	32.326.338

4. *Saioan zehar eskuz aldatu diren tituluen balorazioa, eurotan.* **5.** *Saioan zehar eskuz aldatu diren tituluen kopurua.*

MERKATU JARRAITUA

❻ Nominala	Titulua	Azken kotizazioa ❼	❽ Aurrekoa	Eguneko aldak. ❾ €	%	Atzo ❿ Min.	Max.	Dibidendu. errentagarritasuna ⓫	PER ⓬
0,01	Abengoa	2,837	2,852	–0,015	–0,525	2,753	2,877	% 3,82	13,81
3,00	Abertis	17,485	17,600	–0,115	–0,653	17,230	17,690	% 4,01	19,8
1,00	Acciona	61,800	61,570	0,230	0,373	60,580	62,300	% 0,82	22,93
0,50	ACS	31,195	30,970	0,225	0,726	30,765	31,225	% 3,77	12,95
0,01	Amadeus	33,510	33,500	0,010	0,030	33,340	33,700	% 2,27	20,16
1,00	Arcelor Mittal	8,690	8,590	0,100	1,164	8,460	8,699	% 0,00	0
0,50	Banco Popular	4,079	4,105	–0,026	–0,633	3,915	4,097	% 2,87	11,66
0,50	Banco Santander	2,390	2,349	0,041	1,745	2,320	2,393	% 3,12	15,44
0,49	BBVA	6,048	6,094	–0,046	–0,754	5,912	6,140	% 4,65	11,24

6. *Lehen mailako merkatuan jaulki zen unean jabeek egindako diru-ekarpena adierazten duen balioa.* **7.** *Tituluaren kotitzazioa saioaren itxieran (17:00 h).* **8.** *Tituluaren kotitzazioa saioaren irekieran (9:00 h).* **9.** *Tituluek egunean zehar izandako aldakuntza, ehunekotan eta eurotan.* **10.** *Balioak saioan zehar izandako kotizazio-balio minimoak eta maximoak.* **11.** *Enpresak dibidendu moduan ordaintzea espero den ehunekoa, akzioaren prezioarekiko (adibidez, %6,96 bada, esan nahi du 6,96 €-ko dibidendua ordaintzea espero dela inbertitutako 100 euroko).* **12.** *Akzioaren prezioa zati mozkin garbia (adibidez, akzio baten prezioa 30,93 € bada, eta mozkin garbia [zergak ordaindu ondoren], berriz, 2,38 €, haren PERa 13 izango da).*

Galderak:

1. Jakinda aldakuntzak ehunekotan neurtu behar dituzula, bi burtsetatik zein izan da hegakorrena (alegia, aldakuntza handienak izan dituena) IBEX 35 edo Dow Jones?
2. Zeinek du balio handiagoa Santanderren akzio batek edo Abengoaren batek?
3. Merkatu jarraituko taulan agertzen den enpresa bateko akzioak bazenitu, zeinekin irabaziko zenukeen diru gehien urte honetan? Datu horietan soilik oinarrituta, zein inbertsiok ditu etorkizuneko espektatiba onenak?

% 28 10:30 AM

Dilema: Erreskatea edo porrota?

2015. urtean, 110.000 milioi euroko lehen erreskatetik bost urte eta 130.000 milioi euroko bigarren batetik hiru urte igaro zirenean, Grezian hirugarren erreskate bat egiteko negoziazioak bertan behera uzteak eragindako ziurgabetasun ekonomikoak egoera eutsiezina izatea eragin zuen. Greziako Gobernuak *banku-korralito* bat aplikatu behar izan zuen eta erreferendum bat planteatu zuen. Erreferenduma uztailaren 5ean egin zen, eta, hartan, gehiengo handiz ezetza eman zitzaien Europar Batasunak eta munduko finantza-erakundeek proposatutako erreskate-baldintzei. Baina egun gutxi batzuk geroago, Greziako Gobernuak 86.000 milioi euroko erreskate bat onartu zuen, eta horren barruan uztailaren 5eko kontsultan baztertutako murrizketa eta erreforma askoz zorrotzagoak. Akordioa ez zen inoren gustukoa izan.

Grezian herritarrak zatituta zeuden: batzuentzat neurri txar guztietatik onena zen, eta beste batzuen iritziz, Greziak eurotik edota Europar Batasunetik atera behar zuen. Eta Europar Batasunean ere zatiketa zen nagusi: herrialde batzuen iritziz ezin zen konfiantzarik izan aurretik bi erreskate xahutu zituztenetan eta hobea zen Greziaren porrota aitortzea.

Eztabaida:

Hautatu lau aukeretako bat (erreskatearen alde zeuden EBko herrialdeak, erreskatearen kontra zeuden EBko herrialdeak, Greziako herritarrak eta Greziako Gobernua) eta bost kideko taldean argudiatu zure aukera. Taldeak erabakitakoa eztabaida batean defendatuko da beste aukera bat hautatu duen beste talde batekin.

Zinema-proposamena: *Wall Street*

Zuzendaria: Oliver Stone.

Aktoreak: Michael Douglas, Charlie Sheen, Daryl Hannah.

Sinopsia:

Bud Fox jatorri umileko burtsa-agente bat da eta, denborarekin, Geekoren, denbora gutxian aberastu den eskrupulurik gabeko espekulatzaile baten kolaboratzaile estu-estua bihurtzen da.

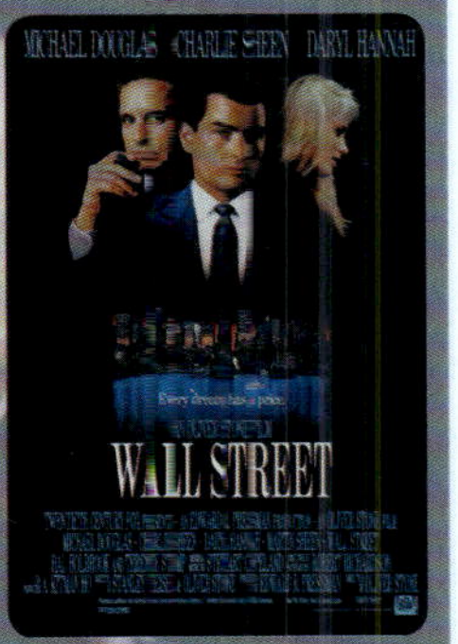

Hausnarketa-gakoak:

Etika negozioetan, burtsaren funtzioa, ekonomia espekulatiboa, gardentasuna merkatuetan eta informazio pribilegiatua.

Galderak:

1. Zer iritzi duzu Geekoren balioez? Eta Buden balioez? Bietako norekin egingo zenituzke negozioak?
2. Budek, lehendabizi, bere aitak konpainia galtzeko arriskuari egin behar dio aurre, eta, ondoren, espetxean denbora luzez egoteko arriskuari. Zer egingo zenuke zuk haren lekuan?
3. Zer alde ikusten dituzu filmeko gizarte-ingurunearen eta zure gizarte-ingurunearen artean?

Bineta

12. Nazioarteko merkataritza

Unitate honetan hau ikasiko duzu:

- Nazioarteko merkataritza.
- Merkataritza askea.
- Protekzionismoa.
- Ordainketa-balantza.
- Dibisen merkatua.

Argentinako okela, Txinako sakelako telefonoak, Kanadako jostailuak... nazioarteko merkataritzak ateak irekitzen dizkio munduko eremu guztietako ondasun- eta zerbitzu-aukera handi bati, eta, aldi berean, Espainiako produktuak ezagunak dira mundu osoan. Herrialde guztiak espezializatzen saiatzen dira, herrialdeko produktuak lehiakorrak izan daitezen eta nazioarteko merkatuetan balio handiagoa izan dezaten, baina arauak ez dira berdinak denentzat. Herrialde aberatsek eta multinazionalek abantaila dute, haien aberastasunak eta botereak aukera ematen baitiete merkatuetan nagusi izateko eta beren baldintzak ezartzeko. Horregatik, herrialde askok atzerriko produktuak sartzea debekatzen dute, neurri protekzionisten bidez.

Herrialdeek munduko gainerako herrialdeekin egiten dituzten transakzioak ordainketa-balantzan erregistratzen dituzte, eta inportazioak herrialde esportatzailearen monetan ordaintzen dituzte. Eta dibisa edo atzerriko moneta horiek ere salgai bat dira berez, haien balioa aldatu egiten baita gainerako dibisekiko.

Ba al dakizu zer den nazioarteko merkataritza? Zer ikasi nahi duzu?

Ba al dakizu zer den abantaila konparatiboa?

Merkataritzaren aldeko zer argudio ezagutzen dituzu? Eta protekzionismoaren alde?

Ba al dakizu nola funtzionatzen duen dibisen merkatua?

Aa

Elastikoak, muga-zergak eta lanpostuak

Muga-zergek edo inportazioaren gaineko zergek inportatutako produktuen prezioa garestitzen dute, bai eta, zeharka, herrialdeko bertako produktuen prezioa ere.

Esate baterako, ondoko herrialdeko elastiko batek mugan 40 € balio baditu eta % 10eko muga-zerga ezartzen bazaio, elastiko hori inportatzen dutenek 4 €-ko *zerga* ordainduko dute, eta, gero, zenbateko hori gehituko dute elastikoaren prezioan, mugan ordaindutako muga-zerga berreskuratzeko. Hala, elastikoaren erosketa-prezioa 44 €-koa ere izan daiteke inportatzailearentzat.

Demagun tokiko ekoizleak gai direla antzeko elastiko bat 41 €-an salgai jartzeko. Muga-zergarik egon ezean, ekoizle horiek, atzerriko elastikoekin lehiatzeko gai izateko, lehiakorragoak izan beharko lukete prestazioetan edo prezioan, baina hori egin beharrean, arazorik gabe igo dezakete elastikoaren prezioa 43,99 €-ra arte.

Azaltzen al da herrialdeko produktuaren etiketan, benetan, antzeko elastiko bat eros daitekeela 40 €-ko prezioan eta gainerakoa (3,99 €) funtsean *zerga* bat dela? Pentsa genezake muga-zergen onurak herrialdeko bertako elastiko-ekoizleek soilik nabaritzen dituztela. Halaber, argudiatu daiteke inportatzaileek mugan elastiko bakoitzeko ordaindutako 4 €-ak, sarrera publikoak diren neurrian, zerbitzu publikoetan erabiliko direla, edo herrialdeko bertako elastiko-ekoizle batzuek, prezioa 43,99 €-ra arte justifikaziorik gabe igota ere, diru hori lanpostuak sortzeko erabiliko dutela. Hala ere, hori guztia oso erlatiboa da: gerta liteke muga-zerga horien azken erabilera herritarrek nahi ez duten zerbait izatea, eta, bestetik, elastiko-ekoizleek haien kalitatea handitzeko pizgarririk ez izatea.

Hausnartu

1. Zergatik suertatzen dira kaltetuta kontsumitzaileak, muga-zergak badaude?
2. Imajinatu elastikoen gaineko muga-zergak kentzen ditugula, gure kontsumitzaileen alde egiteko, baina gure ondoko herrialde eta merkataritza-bazkide nagusiak zapatilen gaineko muga-zergak bikoizten dituela herrialde horretako tokiko industrien alde egiteko.
   a) Zer eragin izango luke neurri horrek gure enpresetan? Eta ondoko herrialdeko enpresetan?
   b) Izango al luke eraginik gure herrialdeko familientzat? Eta ondoko herrialdeko kontsumitzaileentzat?
   c) Gobernuko presidentea bazina, zer egingo zenuke egoera horretan?

1. Nazioarteko merkataritza

Ez dago bere mugen barruan behar dituen ondasun eta zerbitzu guztiak dituen herrialderik. Horregatik aritzen dira herrialdeak merkataritzan elkarrekin, behar ez dituzten ondasun eta zerbitzuak lortzeko.

Gabezia edo eskasia horien arrazoiak herrialdeen artean dauden aldeak dira, dela **ekoizpen-kostuetan**, dela **kontsumo-lehentasunetan** dauden aldeak (12.1. taula):

Faktoreak		Aldeak	Adibideak
Ekoizpen-kostuak	Baliabide-dotazioa	Ondasunen eta zerbitzuen ekoizpena baldintzatzen duten klimatologia-aldeak.	Kafea (Kolonbia), turismoa (Espainia), soja (Brasil), kotoia (India), garia (Txina).
		Aldeak lehengaietan. Espezializazioa sustatzen dute.	Zura (Kanada), petrolioa (Kuwait), diamanteak (Hegoafrika), gasa (Errusia).
		Aldeak kapital- edo lan-dotazioan.	Aeronautika (AEB), arropa (El Salvador), manufakturak (Mexiko), robotika (Japonia).
	Teknologia	Aldeak berrikuntzan edo esperientzian oinarritutako ekoizpen-metodoetan.	Informatika (AEB), automobilak (Hego Korea), aerosorgailuak (Danimarka).
Kontsumitzaileen lehentasunak	Herrialde bakoitzak, bere gizarte- eta ekonomia-bereizgarritasunen arabera, inportatu egiten ditu herrialdeko premiak asetzeko behar diren ondasunak, baldin eta herrialdeko ekoizpena ez bada gai premia asetzeko, dela ondasun horiek ez dituelako, dela eskaintza behar adinakoa ez delako.		Espainiako zinemetan ematen diren filmen % 90 AEBn ekoitziak dira.

12.1. taula. Nazioarteko merkataritza azaltzen duten faktoreak.

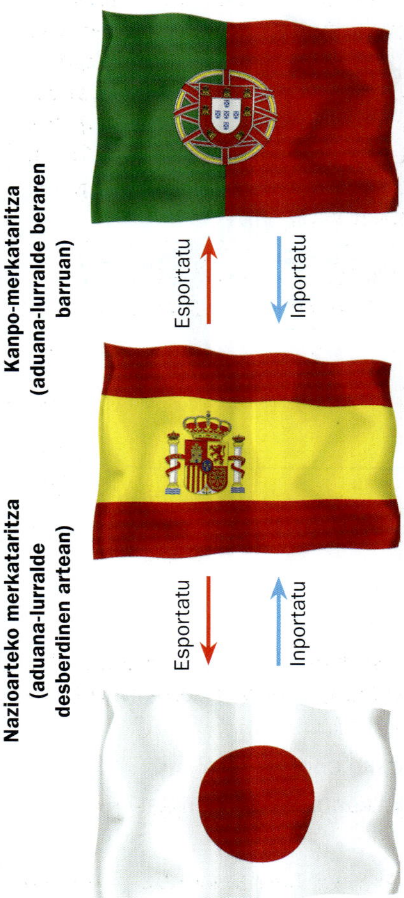

12.1. irudia. Nazioarteko merkataritzaren eta kanpo-merkataritzaren arteko aldeak.

Nazioarteko merkataritzako eragiketetan, bereizi egiten da nork ematen dituen eta nork jasotzen dituen ondasunak eta zerbitzuak.

Esportatzailea da atzerriko herrialde bati ondasunak eta zerbitzuak ematen dizkiona, eta **inportatzailea**, berriz, ondasunak eta zerbitzuak jasotzen dituena.

Esportazio-inportazio eragiketa aduana-lurralde berean edo aduana-lurralde desberdin batean egiten den, kanpo-merkataritza eta nazioarteko merkataritza bereizten dira.

Kanpo-merkataritza aduana-lurralde beraren barruan egiten den merkataritza da. Aduana-lurraldea salgaien zirkulazio askea duen eremu geografiko bat da, eta ez du zertan bat etorri herrialde jakin baten muga politikoekin.

Azalpen hori garrantzitsua da; izan ere, gaur egun, herrialdeek merkataritza-bloketan elkartzeko joera dute. Esate baterako, Espainiak eta Europar Batasuna osatzen duten gainerako herrialdeek **aduana-lurralde** bakarra osatzen dute munduko gainerako herrialdeekiko (12.1. irudia).

Nazioarteko merkataritzak aduana-lurralde batek munduko gainerako lurraldeekin trukatzen dituen ondasunak eta zerbitzuak hartzen ditu bere baitan.

Jarduerak

1. Oro har, zergatik aritzen dira herrialdeak merkataritzan? Noiz esaten da herrialde batek salgaiak inportatzen dituela? Eta salgaiak esportatzen dituela?
2. Nola bihurtzen dira herrialdeak produktiboago?
3. Gaur egun, fruta jakin batzuk urte osoan daude merkatuetan, eta, lehen, berriz, zegokion sasoian soilik. Nola azaltzen da hori?
4. Jonek pitxerrak egiten ditu. Zergatik ez du lortu pitxer horiek nazioartean saltzea, arlo horretan munduko onena den arren?

1.1. Abantaila konparatiboaren teoria

Denek nahi dute ahalik aberastasun-maila handiena sortzen duten jardueretan espezializatzea. Baina herrialdeez ari garenean, hori ez da nahikoa, nazioarteko merkatuetan balioa duten jardueretan espezializatu behar baita; bestela, inork ez du nahi izango herrialde horrekin merkataritzan jardun. Pertsona edo herrialde bat ona bada ondasun jakin batzuk ekoizten, abantaila bat izango du. Baina besteak baino hobea baldin bada, abantaila konparatiboa izango du.

Abantaila konparatiboaren teoriaren arabera, herrialdeak besteek baino hobeto ekoizten dituzten ondasun eta zerbitzuetan espezializatuko dira.

Ba al zenekien...?

Herrialdeek, pertsonek bezala, duela zenbait mende ikasi zuten abantaila handiak lortzen zirela **espezializatuz** gero; hau da, besteek baino hobeto ekoizten diren baliabideak lortzen espezializatuta, edo gauzak besteek baino trebetasun edo gaitasun handiagoz ekoizten espezializatuta.

1. jarduera ebatzia. Abantaila konparatiboaren onurak

Demagun Espainian zeramikazko 8 pieza edo 2 alkandora egiten direla lanordu bakoitzean, eta Frantzian, berriz, 3 zeramika-pieza edo alkandora bat, denbora berean. Espainian 4 ordu eta Frantzian 12 ordu lan egiten badituzte:

a) Kalkulatu zenbat ekoitziko luketen bi herrialdeek, lanorduak zeramika-piezak eta alkandorak ekoizteko berdin banatuko balituzte.

b) Espainian, zein da alkandorak/zeramika-piezak truke-erlazioa? Eta Frantzian?

c) Identifikatu zer-nolako ekoizpena izango litzatekeen, bi herrialdeak merkataritzan aritzea adostu eta produktu bakar batean espezializatuz gero.

d) Frogatu espezializazioak eragiten dituen abantailak.

Soluzioa:

a) Espainian, 4 orduak banatuta, 16 zeramika-pieza egiten dira 2 ordutan, eta 4 alkandora beste bi orduetan. Frantzian, 12 orduak banatuta, 18 zeramika-pieza lortzen dira 6 orduan, eta 6 alkandora beste 6 orduetan (A ilara).

b) Espainian, alkandoren eta zeramika-piezen arteko truke-erlazioa 1 alkandora/4 zeramika-pieza da. Frantzian, berriz, 1 alkandora/3 zeramika-pieza.

c) Bi herrialdeek merkataritzan aritzea adostuta, Espainiak zeramika-piezak egingo balitu eta Frantziak alkandorak, 32 zeramika-pieza (Espainia) eta 12 alkandora (Frantzia) ekoizteko ahalmena izango luketе (ikusi C ilara).

d) Merkataritzari esker, denek irabaziko lukete: Espainiak, alkandora bat lortzeko, 3 zeramika-pieza eman beharko lizkioke Frantziari, eta Espainian bertan, 4 eman behar ditu. Frantziak ere lortzen ditu onurak, Espainian 4 zeramika-pieza lortzen baititu alkandora bakoitzeko. Frantziak, Espainiari 5 alkandora emanda, 20 zeramika-pieza lortzen ditu (4 pieza alkandora bakoitzeko), eta 7 geratzen zaizkio (ekoitzitako 12ak – emandako 5ak). Espainiak, Frantziari 15 zeramika-pieza emanda, 5 alkandora lortzen ditu (3 zeramika-pieza bakoitzeko), eta 17 geratzen zaizkio (ekoitzitako 32ak – emandako 15ak; D ilara). Beraz, lehenagoko egoera (B ilara) eta geroagokoa (D ilara) alderatuta, biek irabazten dute.

		Frantzia		Espainia		
		Zeramika	Alkandorak	Zeramika	Alkandorak	
Merkataritza gabe	Ekoitzi	18	6	16	4	(A)
	Eduki	18	6	16	4	(B)
Merkataritzarekin	Ekoitzi	0	12	32	0	(C)
	Eduki	20	7	17	5	(D)

Zeramikazko piezen eta alkandoren ekoizpena Espainian eta Frantzian, orduko eta langileko, kanpo-merkataritzarekin eta gabe.

1. behatokia. Abantaila konparatiboa langileen artean

Ainhoa abokatua da eta Mario du laguntzaile, bulegoko agendaz eta administrazio-lanez arduratzeko. Mariok ikasketak bukatu berriak ditu eta langabezian zegoen, eta, horregatik, Ainhoaren laguntzaile izateko lana onartu zuen, esperientzia lortu arte. Bere garaian, Ainhoa laguntzaile izan zen eta Mario baino gaitasun handiagoa zuen; izan ere, Mariok behar duen denboraren erdian egiten zuen lan bera. Ainhoak abantaila du abokatu eta laguntzaile gisa, baina Mariok abantaila konparatiboa du laguntzaile gisa: ez dio ezeri uko egiten laguntzaile izateko (beste aukera langabezian egotea izango litzateke), eta Ainhoak gehiagori egin beharko lioke uko (abokatu gisa kobratzen duenaren eta laguntzaile gisa kobratuko lukeenaren arteko aldeari). Ainhoak orduko 60 € irabazten ditu, eta Mariok, orduko 10 €.

Hausnartu:

a) Ainhoa Marioren lana egiten trebeagoa bada, zergatik ez du Mario kaleratzen?

b) Zer kasutan mereziko lioke Ainhoari berriz laguntzaile-lanetan aritzea?

c) Azaldu zergatik ateratzen diren biak irabazten lan-harremanetik.

1.2. Nazioarteko merkataritza gaur egun

Oraindik orain nazioarteko merkataritzaren abantailak ongien azaltzen dituen teoria izanda ere, **abantaila konparatiboaren** teoria XIX. mendean adierazitako teoria bat da eta muga handiak ditu errealitatean. Zenbait faktorek teoria horren aplikazioa distortsionatu edo eragotzi egiten dute. Hauek, hain zuzen ere: garraio-kostuak, merkataritza-hesiak, moneta desberdinak, kapitalen mugikortasuna herrialdeen artean, eta produktu-desberdintzeak. Gaur egun, bi teoria berriago batzuk abantaila konparatiboaren teoria zabaltzen dute, azaltzeko zer alde dauden herrialdeen artean nazioarteko merkataritzan aritzean (12.2. irudia):

Heckscher-Ohlin eredua — Herrialdeen ekoizpen-faktoreen dotazioak hartzen ditu kontuan, bai eta ekoizpenak nazioarteko merkatuetan duen prezioa ere.

- **Aldeak ekoizpen-faktoreetan** → Kapitalean intentsiboak diren teknologia-baliabideei esker, herrialde aberatsek abantaila konparatiboa dute teknologia-balio handiko produktuetan, hala nola makinetan eta manufakturetan. Herrialde pobreen abantaila, berriz, lehen sektorean datza, eta, eskuarki, lehengaiak edo balio erantsi txikiko produktuak esportatzen dituzte.
- **Aldeak ekoizpenaren prezioan** → Nazioarteko merkatuetan, lehengaien prezioak, oro har, makinen eta manufakturen prezioak baino askoz baxuagoak izaten dira.

Merkataritzaren teoria berria — Lehia ez-perfektua edo desorekatua kontuan hartzen du, gertaera honetatik eratorria: herrialde aberatsetako multinazionalentzat errazagoa da eskala-ekonomiak lortzea, bai eta nazioarteko merkatuetan nagusi izatea, haien pribilegio-posizioei esker.

- **Eskala-ekonomiak** → Lehenbizikoak izateak ematen duen pribilegio-posizioari edo hartu duten tamainari esker, herrialde aberatsetako multinazionalak nagusi dira zenbait jarduera-sektoretan eta beren baldintzak inposatzen dituzte nazioarteko merkatuetan.
- **Lehia ez-perfektua** → Balio erantsi handiko produktuak masan ekoizteko fabrikazio-prozesuei esker, herrialde aberatsetako multinazionalek abantaila lortzen dute, haiekin lehian aritzen saiatzen diren enpresa berriek baino kostu txikiagoan ekoizten baitute.

12.2. irudia. Abantaila konparatiboa zabaltzen duten teoriak.

2. behatokia. Nazioarteko merkataritzaren asimetria

Marokoren esportazio nagusiak ehungintzako produktuak, osagai elektrikoak, ongarriak, zitrikoak eta landareak dira. Inportazio nagusiak, berriz, petrolio gordina, telekomunikazio-ekipamenduak, garia, gasa eta elektrizitatea dira.

Hausnartu:

a) Zer oztopori egin behar die aurre Marokok nazioarteko merkataritzan aritzeko?

b) Maroko mugakide ditu Aljeria eta Mauritania, baina, hala ere, Espainiarekin eta Frantziarekin egiten ditu ia merkataritza-truke guztiak. Zure ustez, zergatik gertatzen da hori?

c) Heckscher-Ohlin teoriaren arabera, herrialdeak espezializatzeko irizpide orokorra da zer ekoizpen-faktore dituzten gehien. Marokoren kasuan, zein izango lirateke faktore horiek?

d) Marokon, lau emakumetik bat soilik da biztanleria aktibokoa (Espainiaren erdia, hain zuzen). Hala ere, emakume horietako askok unibertsitate-ikasketak dituzte. Zer egin dezakete Marokoko ekonomiak eta merkataritzak emakume gehiago lan-merkatuan sartzeko?

Jarduerak

5. Heckscher-Ohlin teoriari eta merkataritza berriaren teoriari dagokienez:

a) Nola hobetzen du Heckscher-Ohlin teoriak abantaila konparatiboaren teoria, nazioarteko merkataritzaren arloan nazioartean dauden aldeak azaltzerakoan? Eta merkataritza berriaren teoriak Heckscher-Ohlin teoria?

b) Azken finean, nor dira onuradunak lehenbiziko teoriaren arabera? Eta bigarren teoriaren arabera?

6. Zergatik geratu da zaharkituta abantaila konparatiboaren teoria?

Moulaga (escucha esta canción para cremita nene) @_SVNCHO_

2. Merkataritza askea

Gaur egungo ekonomia globalizatuetan, **merkataritza askea** baliatzen den eremuetan, ez dago merkataritza-hesirik herrialdeentzat, eta horrek aukera ematen du abantaila konparatiboaren teoriaren ideia nagusia praktikan jartzeko: herrialde batek abantaila konparatiborik gabeko ondasunak eta zerbitzuak ekoizten baditu, baliabideak xahutzen ari da, ondasun eta zerbitzu horiek merkeago lortu ditzake-eta nazioarteko merkatuan. Hala egiten bada, baliabideak aurreztuko lituzke, ondasun horren eta beste ondasun batzuen kontsumoa handitzeko. Gogoeta hori abiapuntutzat hartuta, hauek izango lirateke merkataritza askearen **aldeko argudioak**:

- ✓ **Produktuen prezioa eta kalitatea hobeak dira.** Herrialdeko merkatuan atzerriko produktuak sartzean, herrialdeko enpresek efizientzia-maila handiagoak lortu beharko dituzte, merkatu-kuotarik galdu nahi ez badute. Horrek guztiak prezioek behera egitea sustatzen du, eta produktuen kalitatea eta prestazioak hobetzea. Esate baterako, hori gertatu zen Espainian ia arlo guztietan, Europar Batasunean sartu zenetik.
- ✓ **Ondasun- eta zerbitzu-aukera eta -kantitate handiagoa.** Nazioarteko merkataritzarik gabe, ez lirateke produktu batzuk egongo, edo urriak izango lirateke. Adibide adierazgarri bat petrolioa da: energia-baliabide nagusia da, baina herrialde garatuenetako askok ez dute, eta guk ere ez.
- ✓ **Eskala-ekonomiak lortzea.** Eskala-ekonomiak lortzeko, oso merkatu handiak behar dira, ekoizpena eta salmentak handitu egin behar baitira, kostuak murrizteko. Azken urteotan, muga-zergen bidez ezarritako hesiak kentzeak merkatuak handitzea sustatu du, eta, horri esker, eskala-ekonomiak errazago lortzen dituzten enpresa handiagoak sortu dira.
- ✓ **Ekoizpen-faktoreen aprobetxamendu handiagoa**. Herrialdeak, gainerako herrialdeek baino hobeto egiten dakizkiten eta nazioartean preziatzen diren produktuak ekoizten espezializatzean, produktiboago bihurtzen dira eta beren ekoizpen-aukerak handitzen dituzte. Horrek guztiak enplegu- eta aberastasun-mailak handitzea dakar. Horrelako egoeraren adibide dira Espainiako turismo- eta oinetakogintza-sektoreak.

12.3. irudia. Bidezko merkataritzako kafe-ekoizleak Kolonbian. Merkataritza askea mesedegarriagoa da herrialde aberatsentzat, herrialde pobreenei beren baldintzak ezartzeko ahalmena baitute. Horren aurka egiteko, mugimendu solidarioak sortu dira, hala nola bidezko merkataritza.

3. behatokia. Eskala-ekonomiak eta nazioarteko merkataritza

Beren ekoizpen-prozesuak direla eta, Inditex, Freixenet, Iberdrola, Lladró eta Seat eskala-ekonomiak arrakastaz erabiltzen dituzten enpresetako batzuk dira. Munduko merkatuetan aritzen direnez, gehiago saltzeko aukera dute. Gehiago saltzeari esker, hazi egin daitezke, eta hazteari esker, berriz, merkeago ekoitz eta prezioak jaits ditzakete. Hori dira eskala-ekonomiak.

Hausnartu:

a) Hautatu goian aipatutako marketako bat eta bilatu Interneten haien produktuetako baten argazki bat, atzerriko herrialde batekoa, ahalik eta bitxiena.

b) Zure ustez, zer gertatu zitekeen enpresa horiek ez globalizatzea eta munduko merkatuetan ez aritzea erabaki izan balute?

c) Eskala-ekonomiak, oro har, internazionalizazio-prozesuen bidez lortzen dira, eta oso onuragarriak omen dira. Hala bada, zergatik ez dituzte enpresa gehiagok baliatzen?

Gogoan izan

2. unitatean ikasi dugu nola bihurtzen diren herrialdeak produktiboago, eta nola lortzen duten ekonomia-hazkundea.

Jarduerak

7. Aipatu eta azaldu labur merkataritza askearen aldeko argudioak.

8. 1960ko hamarkadan, Espainia turismorako zuen ahalmenaz jabetu zen, eta turismoak izugarri egin zuen gora EBn sartzean (1986) eta euroa zirkulatzen hastean (2002). Gaur egun, turismoaren sektorean, Espainia erreferentzia da mundu osoan, eta milioika eta milioika bisitari hartzen ditu urtero. Merkataritza askearen ikuspegitik, azaldu nola bihurtu den turismo-jarduera enplegu- eta aberastasun-iturri Espainiarentzat.

3. Protekzionismoa

Ikusi dugun bezala, merkataritza askeak herrialde bakoitza baliabide gehien dituen hori ekoiztera bultzatzen du. Baina garapen-bidean dauden herrialdeetan urria izaten da eskulan espezializatua, eta zaila izaten da teknologikoki aurreratuak diren makinak edukitzea ere. Horregatik, ekonomia-sektore aurreratuak izateko, ezinbestekoa izaten da neurri protekzionistak hartzea.

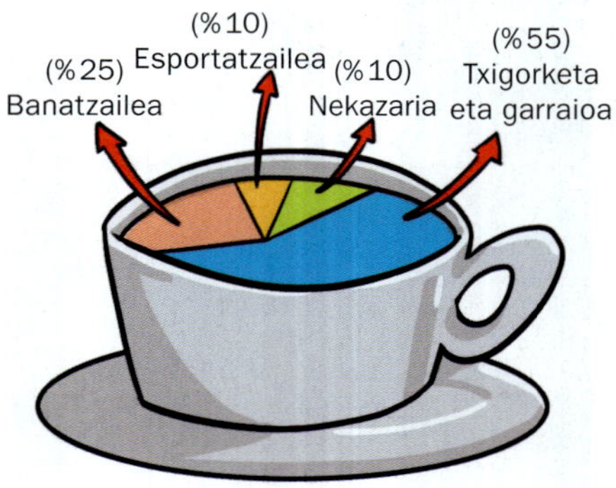

12.4. irudia. Hego hemisferioko kafe-ekoizle batek 40 euro zentimo inguru kobratzen ditu, bildutako kilo kafe bakoitzeko. Europan, kafe horretako kikara batean, bildutako kilo kafe horretatik, koilarakada bat soilik erabiltzen da, eta, gutxienez, euro bat ordaindu behar da.

Protekzionismo esaten zaio herrialde batean, herrialdeko industria babesteko helburuz, atzerriko produktuen sarrera mugatzeko hartutako neurrien multzoari.

Gaur egun, hauek dira **neurri protekzionisten** bidez lortu nahi diren **helburuak**:

- ✓ **Interes publikorako estrategikotzat jotzen diren industriak babestea.** Esaterako, defentsa nazionalarekin lotutako industriak.
- ✓ **Industrializazioa eta enplegua sustatzea.** Funtsean, protekzionismoarekin bi helburu lortu nahi dira: batetik, atzerriko produktuak herrialdeko produktuez ordeztea, eta, bestetik, herrialdeko errenta handitzea, enpresa-mozkinen eta langileen soldaten bidez.
- ✓ **Gora egiten ari diren industrien garapena.** Teknologia, eskala-ekonomiak, produktibitatea... lehiarako faktoreak dira, baina denbora behar dute garatzeko. Babes egokirik gabe, sortzen ari diren sektore jakin batzuetako enpresek ez dute bizirik iraungo hazteko eta atzerriko enpresekin baldintza-berdintasunezko egoeran lehiatzeko behar adina denbora.
- ✓ **Dirua biltzea.** Herrialde edo aduana-lurralde bateko agintariek enpresa inportatzaileei kobratzen dieten dirua sarrera-iturri garrantzitsua da, garapen bidean dauden herrialdeetan, batez ere.

Neurri protekzionistak

Beste herrialde batzuetako produktuen inportazioak murrizteko hartzen diren neurrien artean, hauek dira erabilienak (12.2. taula):

Inportazioak zergapetzea	Inportazioei aduanetan ezartzen zaizkien zergei **muga-zerga** esaten zaie. Haien helburua da atzerriko produktuak garestitzea, herrialde barnekoekin lehiatzeko zailtasun handiagoak izan ditzaten. Muga-zergak bi motatakoak izan daitezke: **espezifikoak** (diru-kantitate finkoa inportatutako unitate fisiko bakoitzeko) edo ***ad valorem*** (inportatutako salgaiaren balioaren gaineko zerga proportzional finkoa).
Atzerriko produktuen kantitatea mugatzeko kuotak edo kontingenteak	Ondasun jakin bat zer **kantitatetan** inporta daitekeen **mugatzean** datza. Adibidez, duela urte gutxi batzuk arte, Europar Batasunak muga bat jartzen zion japoniar autoen inportazioari, urtean unitate-kopuru jakin bat soilik inporta baitzitekeen.
Herrialdearen barneko industriak babesteko eta hedatzeko lagungarriak diren merkataritza- eta industria-politikak	Horri esker, herrialdeko enpresek laguntzak jasotzen dituzte, eta abantaila dute atzerriko enpresekiko lehian. Esaterako, Europar Batasunean, lihoa, kalamua eta barazkiak ekoizten dituztenek laguntzak jasotzen dituzte ekonomia-jarduera horretan aritzeagatik.
Muga-zergak ez diren oztopoak	Inportazioei oztopoak jartzean datza, baina ez zergen bidez, beste traba batzuen bidez baizik: burokrazia-izapide konplexuak, inportatutako ondasunek kalitate-arau jakin batzuk bete behar izatea, etiketa bereziak jarri beharra, inportazioak egin aurretik gordailuak egiteko betebeharra, etab.

12.2. taula. Neurri protekzionista nagusiak.

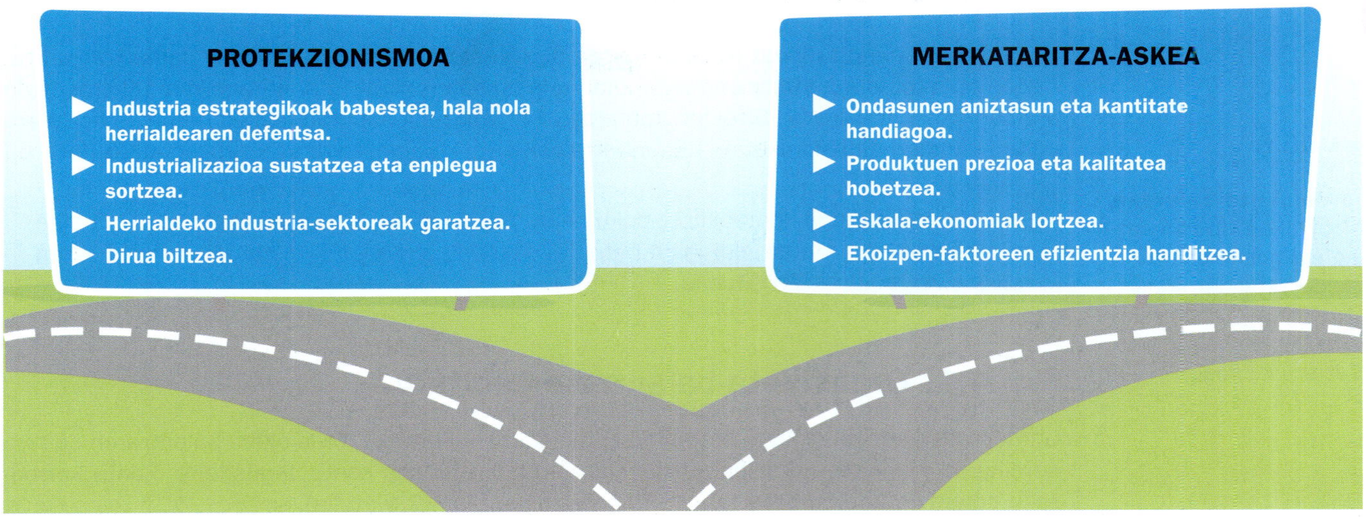

12.5. irudia. Protekzionismoaren eta merkataritza askearen aldeko argudioak.

2. jarduera ebatzia. Neurri protekzionistak praktikan

Japoniako ekoizle batek 1.000 telebista sartu nahi ditu EBn, unitateko 300 €-ko prezioan. Identifikatu atal hauetako bakoitzean adierazitako neurri protekzionista, eta, neurri bakoitzean, esan zer egin beharko lukeen Japoniako ekoizleak, EBrako esportazioarekin aurrera jarraitu nahiko balu.

a) 20 € ordaindu beharko dira Japoniatik EBra inportatzen den telebista bakoitzeko.

b) Telebista erabiltzeko jarraibideak EBko bost hizkuntza ofizialetan eman beharko dira, gutxienez.

c) EBn inportazioaren balioaren % 10 ordaindu beharko da, nahitaez.

d) Inportaziorako mugak: urtean, gehienez, 800 telebista inportatu ahal izango dira ekoizle bakoitzeko.

Soluzioa:

a) **Muga-zerga espezifikoa.** Japoniako ekoizleak 20.000 € (20 · · 1.000) ordaindu beharko lituzke, EBn telebistak saltzeko.

b) **Muga-zergak ez diren oztopoak.** Jarraibideak emango beharko lirateke produktuarekin, EBko bost hizkuntzetan.

c) ***Ad valorem* muga-zerga.** Japoniako ekoizleak 30.000 € (300.000 · 0,10) ordaindu beharko lituzke, EBn telebistak saltzeko.

d) **Gehieneko kontingenteak edo kuotak.** EBra esportatzeko kopurua 800 telebistara mugatuko litzateke.

4. behatokia. Neurri protekzionistek kaltetutakoak

Estatu Batuetako motozikleta-ekoizleek –Harley Davidson mitikoa, esaterako, motozaleek oso gogoko duten marka– % 25eko muga-zerga ordaindu behar dute beren produktuen prezioen gainean, EBko merkatuetan sartu ahal izateko.

Hausnartu:

a) Arrazoitu nola eragiten dien neurri protekzionista horrek kolektibo hauei: Estatu Batuetako motozikleta-ekoizleei, Europako motozikleta-ekoizleei eta Europako motozaleei.

b) Demagun EBk %50 handitzen duela Estatu Batuetako motorren gaineko muga-zerga. Zer egin dezake herrialde horrek, igoera hori gehiegizkoa dela pentsatzen badu? Zer eragin izango luke horrek europarrengan?

Jarduerak

9. Herrialde gehienak armamentu-industria propioa izaten saiatzen dira, nazioarteko merkatuetan armak merkeago lor ditzaketen arren. Zergatik egiten dute hori?

10. Zer dira muga-zergak? Azaldu nola funtzionatzen duten muga-zerga espezifikoek eta *ad valorem* muga-zergek, adibide hau erabiliz: Koreako 1.000 mikroprozesadoreren sorta bat, unitateko 200 €-ko prezioa dutenak.

11. Kronopiako lehen ministroa zara. Herrialdeak merkataritza-defizita du (gehiago inportatzen du esportatu baino). Hauteskundeetan, hesi protekzionistak handitzearen aldeko gobernu bat suertatu da irabazle, herrialdeko industria sustatzeko helburua baitu. Egin diskurtso labur bat, zure presidente berriaren neurrien alde argudiatuta. Zure ikaskidea, berriz, oposizioaren liderra izango da, eta neurri horiek gogor kritikatuko ditu.

4. Ordainketa-balantza

Nazioarteko merkataritzan trukeak egiten dira beste herrialde batzuekin. Baina transakzio horien nolakotasuna ohiko ondasun- eta zerbitzu-salerosketetatik harago doa: Microsoften akzioen dibidenduak Wall Streeten kobratzea, Ekuadorretik emigratutakoek herrialde horretara egiten dituzten diru-bidalketak, EBk inbertsioak egiteko ematen dituen diru-laguntzak, etab.

Ba al zenekien...?

Espainiako ordainketa-balantza bat dator Nazioarteko Diru Funtsak (NDF) egindako eta gomendatutako nazioarteko eredu estandarrarekin. Nazioarteko Diru Funtsa nazioarteko lankidetzarako erakunde bat da, eta 13. unitatean aztertuko dugu.

Ordainketa-balantza kontabilitate-dokumentu bat da, herrialde baten eta munduko gainerako herrialdeen artean aldi jakin batean –eskuarki, urtebete– izandako ekonomia-transakzioak erregistratzen dituena.

4.1. Ordainketa-balantzaren egitura

Gardentasun-arrazoiengatik, eta alderaketak egin ahal izateko, ordainketa-balantzaren egitura berdina da munduko herrialde guztientzat, eta hiru atal edo kontu nagusi ditu: **kontu korronteko balantza, kapital-balantza** eta **finantza-balantza** (12.6.irudia).

	Sarrerak (S)	Ordainketak (O)	Saldoa (S – O)
I. Kontu korronteko balantza (KK)			
1. Ondasunak 2. Zerbitzuak 3. Lehen mailako errentak 4. Bigarren mailako errentak	*Esportazioak* *Esportazioak* *Sarrerak* *Sarrerak*	*Inportazioak* *Inportazioak* *Irteerak* *Irteerak*	
Kontu korronteko saldoa			
II. Kapital-balantza (KB)	Sarrerak	Irteerak	
Kapital-balantzako saldoa			
Saldoa (KK + KB)			
	Pasiboen aldakuntza garbia (PAGb)	**Aktiboen aldakuntza garbia (AAGb)**	**Saldoa (PAGb – AAGb)**
III. Finantza-balantza (FB)			
a) Zuzeneko inbertsioak *b)* Zorroko inbertsioak *c)* Beste inbertsio batzuk	*Atzerriko kapitaleko sarrerak*	*Kapital nazionaleko irteerak*	
Erreserben aldakuntza		*Dibisa-sarrerak* / *Dibisa-irteerak*	
Erreserben aldakuntzaren saldoa			*Irteerak – sarrerak*
Finantza-balantzako saldoa			
Akatsak eta hutsegiteak			
Ordainketa-balantzaren saldoa			**0**

12.6. irudia. Ordainketa-balantzaren egitura.

Ordainketa-balantzaren saldoa zero da beti. Formula hau betetzen da:

KK + KB + FB + Akatsak eta hutsegiteak = 0

Esportazioak – Inportazioak

$AD = C + I + G + (X - M)$

Eskari agregatua — Esportazio garbiak Kanpo-saldoa

12.7. irudia. 8. unitatean, ikasi dugu eskari agregatua herrialde bateko ekonomia-eragile guztiek egiten duten gastua dela, atzerritarrak ere kontuan hartuta.

Transakzioen idazpena egiteko bi kontu-saileko teknika erabiltzen da; hau da, bi idazpen egin behar dira ekonomia-transakzio bakoitzeko: idazpen bat dagokion azpibalantzan, jasotzen dena edo ematen dena erregistratzeko, eta beste idazpen bat **Erreserben aldakuntza** ilaran, eman den edo jaso den diru fisikoa erregistratzeko.

Bi kontu-saileko teknika erregistro-sistema bat da, transakzio bakoitzeko bi idazpen dituena: batetik, jaso edo eman diren salgaien balioa, eta, bestetik, eman den edo jaso den dirua.

4.2. Ordainketa-balantzako saldoak

Ordainketa-balantzaren kontu eta azpibalantza bakoitzaren saldoa kalkula daiteke. Hiru aukera daude: **superabita** (saldoa positiboa da), **defizita** (saldoa negatiboa da) eta **oreka** (saldoa zero da). Kontu eta azpibalantzen saldo partzialek adierazten dute zenbateraino duen herrialde batek beste herrialdeekiko mendekotasuna. Hauek dira analisi nagusiak (12.3. taula):

(KK + KB)-ko superabita	Kanpo-eragiketak amaituta, herrialdearen **dibisen saldoa positiboa** da; beraz, ahalmena du beste herrialde batzuk finantzatzeko. Hori da finantza-balantzak (FB) adierazten duena. Herrialdearen posizioa **hartzekoduna** da gainerako herrialdeekiko.
FBko superabita	Beste herrialdeek norberarena zer kantitaterekin finantzatzen duten adierazten du.
(KK + KB)-ko defizita	Kanpo-eragiketak amaituta, herrialdearen **dibisen saldoa negatiboa** da; eta beste herrialde batzuek finantzatu behar dute edo aurreko urteetako dibisa-erreserbak erabili beharko ditu. Herrialdearen posizioa **zorduna** da beste herrialdeekiko.
FBko defizita	Herrialde batek gainerakoak zer kantitaterekin finantzatzen dituen adierazten du.

12.3. taula. Ordainketa-balantzako saldoak.

I. Kontu korrontea (KK). Ondasunen, zerbitzuen, errenten eta transferentzien trukea

Azpibalantzak	Zer hartzen du bere baitan?	Adibideak
1. **Ondasunak (merkataritza-balantza)**	Salgaien esportazioak eta inportazioak.	Laranjak, oinetakoak, altzariak, petrolioa.
2. **Zerbitzuak**	Zerbitzuen esportazioak eta inportazioak.	Bidaiak, garraioak, komunikazioak.
3. **Lehen mailako errentak**	Ekoizpen-baliabideak erabiltzeagatiko sarrerak edo ordainketak.	Patenteen edo marken erabilera, dibidenduak, atzerriko enpresetarako soldatak.
4. **Bigarren mailako errentak**	Aldebakarreko diru-ordainketak.	Dohaintzak, emigranteen bidalketak.

II. Kapital-balantza (KB). Dirua eta inbertsioak, finantza-inbertsioak izan ezik.

Alde bakarreko kapital-transakzioak edo inbertsio ez-finantzarioak biltzen ditu. Esate baterako, EBko funtsak inbertsioetarako, zorren barkamenak, lursailen erosketak, meategiak, patenteak eta markak.

III. Finantza-balantza (FB). Akzioak, dibisak eta nazioarteko maileguak

Azpibalantzak	Zer hartzen du bere baitan?	Adibideak
a) **Zuzeneko inbertsioak**	Kudeaketan eragiteko helburua duten inbertsioak (%10 edo gehiago).	Enpresen partaidetzen erosketak.
b) **Inbertsioak zorroan**	Inbertsioak balore negoziagarrietan.	Akzioak, bonuak eta antzekoak.
c) **Beste inbertsio batzuk**	Nazioarteko maileguak eta gordailuak.	Banku pribatuen maileguak enpresei edo herrialdeei.

Erreserben aldakuntza. Eragiketekin lotutako dibisa-sarrerak edo irteerak.

Akatsak eta hutsegiteak. Kontu-sail hori aitortu ez diren eragiketak, denbora-desorekak edo erregistro-akatsak konpentsatzeko soilik erabiltzen da.

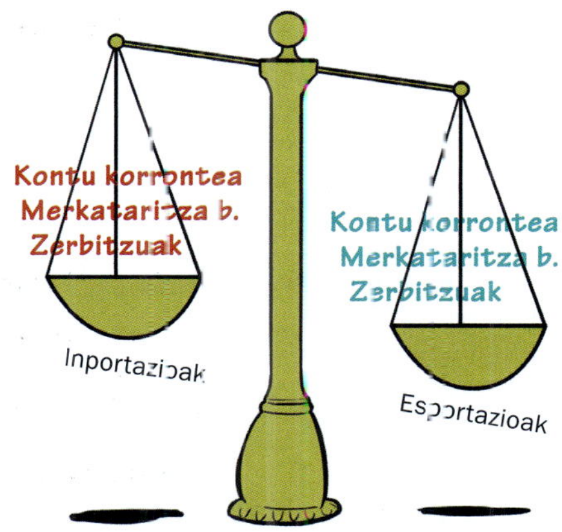

Ordainketa-balantzako saldo-motak
Positiboa = **Superabita**
Negatiboa = **Defizita**
Zero = **Oreka**

12.8. irudia. Ordainketa-balantzek erakusten dute zenbateraino dagoen herrialde bat beste herria deen mende, behar dituen ondasunen eta zerbitzuen hornidurarako. Balantza **defizitarioa** bada, horrek esan nahi du herrialdeak ematen duena baino gehiago jasotzen duela beste herrialdeetatik, eta alderantziz gertatzen da **superabita** badago. Kasu horretan, herrialdearen posizioa **hartzekoduna** da: superabita duen herrialde batek, bere burua finantzatzeaz gain, beste herrialde batzuetan egindako eragiketak finantzatzen ditu.

Jarduerak

12. Ordainketa-balantzan, nola egiaztatu daiteke kalkulu matematikoak ongi eginda daudela?

13. Funtsean, zer da bi kontu-saileko teknika?

14. Deskribatu zer diren kontu korronteko balantza eta kapital-balantza, eta eman balantza horiek osatzen dituzten azpibalantzen adibide bana.

3. jarduera ebatzia. Edonork egiteko moduko ordainketa-balantza sinple bat

Silvia espainiarra da, eta Portugaletik oso gertu bizi da. Maiatzean, eragiketa hauek egin zituen:

1. 200 € kobratu zituen, gau batzuetan Portugalen haurrak zaintzen lan egiteagatik.
2. Portugaleko liburu bat erosi zuen Internet bidez 100 € ordainduta.
3. Kontu bat ireki zuen Portugaleko banku batean eta 25 € sartu zituen.

Egin eragiketa hauek:

a) Erregistratu gertakari horiek ordainketa-balantzaren formatuaren arabera, eta adierazi idazpen-irizpideak, haurrak zaintzeko zerbitzuarekin lotutako irizpideei dagokienez.

b) Zenbat diru (erreserbak) izan beharko luke Silviak itsulapikoan?

c) Nola daki Silviak ordainketa-balantza behar bezala bete duela?

d) Zer interpretazio egin daitezke kontu korronteko balantzaren (KK) eta finantza-balantzako (FB) kontuaren saldoei dagokienez? Zer posizio du, hartzekoduna ala zorduna?

Soluzioa:

	Sarrerak (S)	Ordainketak (O)	Saldoa (S-O)
I. Kontu korrontea (KK)			
1. Ondasunak		100 (2)	**–100 €**
2. Zerbitzuak	200 (1)		**200 €**
Kontu korronteko saldoa			**100 €**
	Pasiboen aldakuntza garbia (PAGb)	**Aktiboen aldakuntza garbia (AAGb)**	**Saldoa (PAGb-AAGb)**
III. Finantza-balantza (FB)			
c) Beste inbertsio batzuk		25 (3)	**–25 €**
Erreserben aldakuntza		200 (1) / –100 (2) –25 (3)	**–75 €**
Erreserben aldakuntzaren saldoa		**75**	
Finantza-balantzako saldoa			**–100 €**
Akatsak eta hutsegiteak			
Ordainketa-balantzaren saldoa			**(100 – 100) = 0**

a) Idazpen-irizpideak Silviaren ordainketa-balantzan:

- Silviak bi aldiz idatzi ditu eragiketa guztiak: bat, trukatutako ondasun edo zerbitzuarengatik, eta bestea, berriz, emandako edo jasotako diruagatik. Adibidez, haurrak zaintzen emandako zerbitzuengatik, Silviak 200 €-ko idazpen bat egin zuen «2. Zerbitzuak» azpibalantzan, eta 200 €-ko beste bat «Erreserben aldakuntza» kontu-sailean. Guztira, sei idazpen dira, (1), (2) eta (3), bi eragiketa bakoitzeko (saldoetan egindako idazpenak ez dira kontuan hartzen, jatorrizko sei idazpen horietatik eratorriak baitira).
- Azpibalantza edo kontu-sail bakoitzean saldo positiboa edo negatiboa sortzen da, eta saldoen azken zutabean jasotzen da hori. «1. Ondasunak» azpibalantzaren saldoa negatiboa da (defizita), «2. Zerbitzuak» azpibalantzaren saldoa positiboa da (superabita) eta «*c)* Beste inbertsio batzuk» azpibalantzarena, berriz, negatiboa (defizita).

b) Erreserben aldakuntzaren saldoaren arabera, Silviak **75 €** izan beharko lituzke bere itsulapikoan.

c) Ordainketa-balantza orok formula hau bete behar du: **KK (+100) + KB (0) + FB (–100) + Akatsak eta hutsegiteak = 0.** Beraz, kalkulu matematikoak zuzenak dira.

d) **Silviaren kontu korronteko balantzaren (KK) saldoan superabita dago**. Silviak, bere nazioarteko eragiketak egin ondoren, saldo positiboa du dibisetan. Beraz, ahalmena du bere ekonomiari eusteko eta atzerrian eragiketak finantzatzeko. Hori argi geratzen da **finantza-balantzaren (FB) saldoan, defizita baitago**, Portugali, beste zenbait eragiketaren artean, 25 € maileguan uzten dizkiolako. Nolanahi ere, Silviaren nazioarteko posizioa **hartzekoduna** da beste herrialdeekiko.

4. jarduera ebatzia. Ekolandiako ordainketa-balantza

Ekolandian, eragiketa hauek egin dira dirutan:

1. Ekolandian ezarritako enpresa batek zenbait etxetresna elektriko erosi dizkio Koreako enpresa bati. Etxetresna elektrikoen balioa: 5.000 €.
2. Aste Santuko oporretan, Ekolandiara joandako europar turistek 22.000 € gastatu zituzten herrialdean.
3. Ekolandiako enpresa batek 9.000 € ordaindu dizkio aseguru moduan Kanadan egoitza duen enpresa bati.
4. Brasilgo inbertitzaile batzuek 10.000 € jarri dituzte, enpresa bat sortzeko.
5. Ekolandiako herritar batzuek kontuak ireki dituzte AEBko banku batean. Guztira, 12.000 € sartu dituzte.
6. Brasilen bizi diren Ekolandiako emigranteek 3.000 € bidali dituzte Ekolandiara.
7. Ekolandiak orube bat erosi dio Somaliari, Ekolandiako enbaxada eraikitzeko. Orubearen prezioa: 55.000 €.

Egin eragiketa hauek:

a) Egin ordainketa-balantza osoa.

b) Zenbatekoa da erreserben aldakuntzaren saldoa? Nola liteke emaitza hori ateratzea?

c) Kontu korronteko balantzako eta kapital-balantzako saldoari dagokionez, zer-nolako posizioa du Ekolandiak beste herrialde batzuekiko?

Soluzioa:

a)

	Sarrerak (S)	Ordainketak (O)	Saldoa (S – O)
I. Kontu korrontea (KK)			
1. Ondasunak		5.000 (1)	**–5.000 €**
2. Zerbitzuak	22.000 (2)	9.000 (3)	**13.000 €**
4. Bigarren mailako errentak	3.000 (6)		**3.000 €**
Kontu korronteko saldoa			**11.000 €**
II. Kapital-balantza (KB)	10.000 (4)	55.000 (7)	**–45.000 €**
Saldoa (KK + KB)			**–34.000 €**
	(PAGb)	**(AAGb)**	**Saldoa (PAGb – AAGb)**
III. Finantza-balantza (FB)			
c) Beste inbertsio batzuk		12.000 (5)	**–12.000 €**
Erreserben aldakuntza		22.000 (2) 10.000 (4) 3.000 (6) | –5.000 (1) –9.000 (3) –12.000 (5) –55.000 (7)	**46.000 €**
Erreserben aldakuntzaren saldoa		**–46.000**	
Finantza-balantzako saldoa			**34.000 €**
Akatsak eta hutsegiteak			
Ordainketa-balantzaren saldoa			**(34.000 – 34.000) = 0**

b) Erreserben saldoa **negatiboa** da (–46.000 €); beraz, sartu baino euro gehiago irten dira. Ekolandiak beste urte batzuetako erreserbak erabili behar izan ditu, eragiketei aurre egin ahal izateko.

c) Ekolandiako kontu korronteko balantzaren eta kapital-balantzaren saldoa (KK + KB) **defizita** da (–34.000 €). Nazioarteko eragiketak amaitzean, Ekolandiaren dibisen saldoa negatiboa da; beraz, beste herrialde batzuen finantzaketa behar du, eta posizio **zorduna** du beste herrialdeekiko.

Jarduerak

15. Izan al dezake herrialde batek erreserba-aldakuntzen saldo negatiboa beti zenbait hamarkadaz? Zergatik?

16. Egin berriz 4. jarduera ebatzirako kalkulu guztiak, kontuan hartuta orain turistek Ekolandian gastatutako zenbatekoa 122.000 € izan dela.

5. Dibisen merkatua

Nazioarteko merkataritza **dibisak** erabiliz egiten da. Dibisa esaten zaio herrialdekoa bertakoa ez den diruari. Adibidez, euroa dibisa bat izango da Ameriketako Estatu Batuetan, baina ez Espainian, eta, alderantziz, dolarra dibisa bat da Espainian, baina ez AEBn.

Dibisa baten truke-tasak dibisa horrek beste batekiko duen prezioa adierazten du.

Ba al zenekien...?

Dibisa baten balioak gora edo behera egiteak, dela merkatuaren eraginagatik, dela moneta-agintarien esku-hartzeagatik, ez du zertan izan negatiboa ez positiboa ekonomia batentzat.

Esate baterako, krisian dagoen herrialde baten Gobernuak monetaren balio-gutxitzea sustatzeak aukera ematen du esportazioak merkeagoak izateko, eta, horren ondorioz, beste herrialdeen eskariak gora egiten du. Horri **balio-gutxitze lehiakorra** esaten zaio.

5.1. Truke-tasaren aldakuntzak

Dibisen **kanbio-tasari** dagokionez, dibisen balioa **eskaintza-eskariaren legearen** mende dago: zenbat eta eskari handiagoa, orduan eta prezio altuagoa, eta alderantziz. Dibisen merkatuak badu berezitasun bat: dibisaren truke-tasa beste moneta batekiko adierazten da, eta, hala, bi monetak zehaztuz adierazten da. Esate baterako, euroak dolarrarekiko duen truke-tasa honela adierazten da. €/$. Eta liberak euroarekiko duena, berriz, £/€.

Truke-tasa, **eskaintzaren eta eskariaren** funtzionamendu askearen ondorioz alda daiteke (truke-tasak behera egiten badu, monetak balioa irabazten du, eta gora egiten badu, berriz, monetak balioa galtzen du), edo **moneta-agintarien** jardunaren ondorioz (truke-tasaren balioa jaisten bada, monetaren balioa handitzen da, eta igotzen bada, berriz, monetaren balioa gutxitzen da).

Balio-irabaztea (eskaintzaren eta eskariaren funtzionamendu askea)
Balio-handitzea (moneta-agintarien jarduna)

Balioak gora egiten du, truke-tasak behera egiten du

Adibidea: eskatutako euro-kopurua Q_1-etik Q_2-ra handitzen bada, eskariaren kurbak eskuinera egiten du. Horren ondorioz, euroaren truke-tasa dolarrarekiko (€/$) 0,90etik 0,70era aldatzen da dolarreko; hau da, euroaren balio-handitzea dago, baina haren truke-tasak behera egiten du, euro-kopuru berarekin orain dolar gehiago eros daitezkeelako.

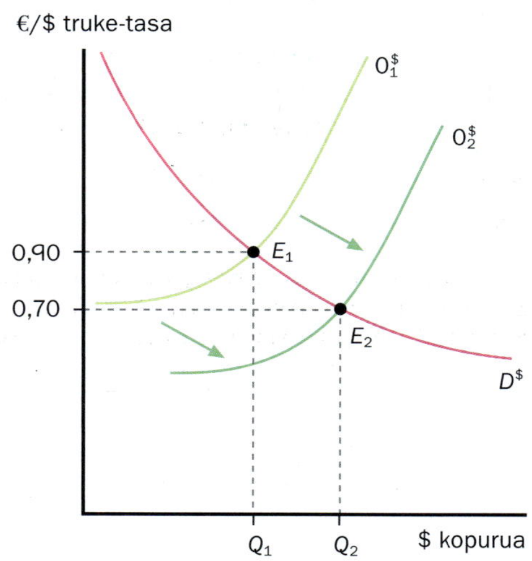

Balio-galera (eskaintzaren eta eskariaren funtzionamendu askea)
Balio-gutxitzea (moneta-agintarien jarduna)

Balioak behera egiten du, truke-tasak gora egiten du

Adibidea: eskainitako dolar-kopurua Q_1-etik Q_2-ra handitzen bada, eskaintzaren kurbak eskuinerantz egiten du. Horren ondorioz, dolarraren truke-tasak behera egiten du euroarekiko (€/$) 1,25etik 0,90era. Dolarraren balioak behera egiten du, baina haren truke-tasak gora egiten du, dolar-kopuru berarekin lehen baino euro gutxiago eros daitezkeelako.

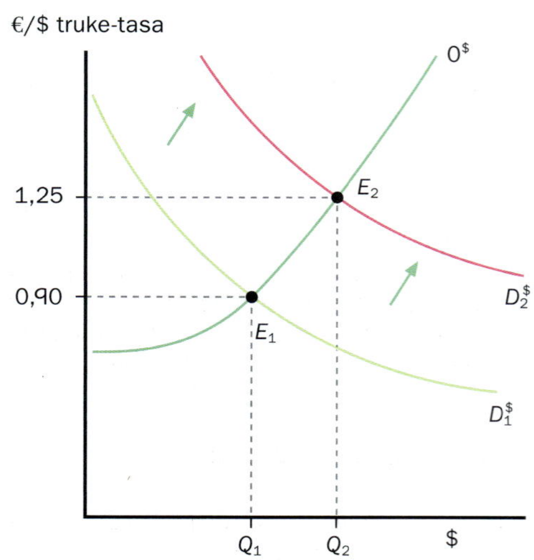

12.9. irudia. Truke-tasaren aldakuntzak. Dibisa batek balio-irabaztea edo balio-handitzea badu, beste batek balio-galera edo balio-gutxitzea izango du.

Jarduerak

17. Dibisen truke-tasari dagokionez, zer bereizgarritasun du dibisaren balioa adierazteko moduak?

18. Dibisei buruz hitz egitean zertan dira berdinak eta zertan desberdinak balio-irabaztea eta balio-galera? Eta balio-handitzea eta balio-txikitzea?

19. Euroak balio-irabaztea izatean, jaitsi egiten da euroaren truke-tasa dolarrarekiko. Nola gerta liteke hori?

20. Azaldu nola eragiten dion dibisa bati bere moneta-eremuan diruaren prezioa igotzeak.

5.2. Merkatuko truke-tasa

Hainbat arrazoi daude herrialdeek atzerriko dibisa asko edo gutxi eskatzeko. Hauek dira **arrazoi nagusiak** (12.4. taula):

Ondasunen eta zerbitzuen esportazioak eta inportazioak	Esportatzaileak ezartzen du zer monetatan egin nazioarteko transakzio jakin bat eskuarki, herria deko moneta edo amerikar dolarrak izaten dira. Hori dela eta, erosleek adostutako dibisa eskatuko dute, eta beste dibisa batzuekiko truke-tasak gora egitea eragingo du, eta beste haienak honekiko behera egitea.
Inflazio-tasa	Herrialde batean inflazioak gora egiten badu, baina ez gainerako herrialdeetan, herrialde horretako prezioak igo egiten dira eta esportazioak murrizten dira; hortaz, herrialde horretako monetaren eskari txikiagoa dago, eta alderantziz.
Diruaren prezioa	Finantza-bitartekariek dibisa jakin batean egindako gordailuengatik ordaintzen duten interes-tasa igotzen bada, moneta hori erakargarriagoa izango da atzerriko inbertitzaileentzat; beraz, harekiko eskariak gora egingo du, eta balioak ere bai, eta hortaz, haren truke-tasa jaitsi egingo da.
Balio-irabazteen edo balio-galeren aurreikuspenak	Etorkizunari begira sortutako espektatibek ere eragina dute truke-tasan. Moneta jakin batek balioa galtzeko joera badu edo egoera ekonomikoa okertzen ari bada, ekonomia-eragileek berehala trukatu nahi izaten dute moneta hori, balioa galdu aurretik. Horretarako, merkatuan eskaintzen dute, beste moneta indartsuago batzuen truke.
Moneta-gaietako agintarien jarduna	Banku zentralek esku-hartzeak egiten dituzte, eta beren moneta saldu edo erosi egiten dute beste moneta batzuen truke, beren helburuak lortzeko edo muturreko gorabeherak eragozteko.

12.4. taula. Dibisak eskatzeko arrazoiak.

5. jarduera ebatzia. Aldakuntzak truke-tasan eta balioan

Martxoaren 5ean, HPE enpresak Ameriketako Estatu Batuetako ordenagailuak inportatu zituen, 10.000 $-ren truke. Une hartan, truke-tasa 1,08 €/1 $ zen. Eragiketaren ordainketa apirilaren 5ean egitea adostu dute.

a) Zenbat euro ordaindu beharko zituen HPEk martxoan, eragiketa erosketaren unean ordaindu behar izan balu?

b) Zenbat euro ordaindu beharko ditu HPEk apirilaren 5ean, kotizazioa 0,98 €/1 $ bada? Eta kotizazioa 1,14 €/1 $ izanez gero?

c) Adierazi euroaren balioak gora ala behera egin duen dolararekiko, martxoaren 5tik apirilaren 5era bitarteko tartean. Eragiketa ordaintzeko, zer kotizazio izango zen mesedegarriena HPErentzat?

Soluzioa:

	Data	Truke-tasa	Eragiketaren zenbatekoa	Martxoaren 5arekiko		
				Euroaren balioa	Truke-tasa (euroa/dolarra)	
a)	05-03	1,08 €/1 $	10.800 € (1)			
b) eta *c)*	05-04	0,98 €/1 $	9.800 €	Gora	Behera	(2)
	05-04	1,14 €/1 $	11.400 €	Behera	Gora	(3)

(1) 10.000 $ bider 1,08 = 10.800 €. **(2)** Euroaren truke-tasa jaitsi egin da (1,08 €-tik 0,98 €-ra dolarreko), baina balioak gora egin du: dolar gehiago eros daitezke, apirilaren 5ean 0,98 € eman behar baitira dolar bakoitzeko, eta martxoaren 5ean, berriz, 1,08 € eman behar ziren dolarreko. **(3)** Martxoaren 5arekiko, euroaren truke-tasak gora egin du (1,08 €-tik 1,14 €-ra dolarreko), baina balioak behera egin du, apirilaren 5ean 1,14 € eman behar baita dolar bakoitzeko, eta martxoaren 5ean, berriz, 1,08 € eman behar ziren dolarreko.

5. behatokia. Erosahalmena eta truke-tasa

Erosahalmenaren parekotasuna (EP) deritzo bi monetaren erosahalmena parekatzeko kontuan hartzen den truke-tasa, herrialde bateko eta besteko prezioen aldeak alde batera utzita. Mundu ideal batean, mugarik gabeko mundu batean, Cadillac auto bat Detroiten 20.000 $ balio baditu, eta Madrilen, berriz, 15.000 €, dolar baten truke 0,75 € lortuko lirateke. Baina praktikan, erosahalmenaren eta truke-tasaren arteko erlazio ideal hori ez da betetzen, eta horregatik, esaten da moneta batzuei gehiegizko balioa ematen zaiela, beste moneta batzuekiko, eta beste batzuei, berriz, balio gutxiegi. Adibidean, truke-tasa 1 $/0,70 € balitz, esango genuke dolarrari balio gutxiegi ematen ari garela, eta euroari, gehiegi (dolar baten truke 0,70 € ematen dira, baina, Cadillac autoen prezioen arabera, 0,75 € eman beharko lirateke).

Hausnartu:

Demagun iPhone berak 1.000 £ balio dituela Londresen, eta 1.100 € Sevillan:

a) iPhonearen prezioak erreferentzia moduan erabiliz, zenbat libera erosi ahal izango genuke 1 €-en truke?

b) Truke-tasa 1 €/0,85 £ bada, iPhonearen prezioei erreparatuta, zer dibisari eman zaio balio handiegia eta zeini balio txikiegia?

c) Demagun dirua irabazi nahi duzula Londresen eta Sevillaren artean iPhoneak salerosiz. Nola egin zenezake hori?

5.3. Nazioarteko moneta-sistemak

Moneta-agintariek beren dibisak nazioarteko merkatuetan duen kotizazioan eragiten dute, monetaren balioa igoarazteko edo jaitsiarazteko. Praktikan, egoera artifizialak sortzea da hori, norberaren dibisak gehiegizko eskaintza edo eskaria izan ditzan atzerriko dibisekiko (12.5. taula):

Jarduna	Norberaren dibisan lortu nahi den eragina	Eskaria	Eskaintza	Merkatuko egoera
Balio-gutxitzea	Balioak gora egitea	Atzerriko dibisak	Norberaren dibisa	Gehiegizko eskaintza
Balio-handitzea	Balioak behera egitea	Norberaren dibisa	Atzerriko dibisak	Gehiegizko eskaria

12.5. taula. Moneta-agintarien jarduna dibisen merkatuan.

Baina, beti helburu bera lortu nahi den arren (*balio-gutxitzea* edo *-handitzea*), jardunbideak ez dira berdinak. Herrialdeek beren dibisen kotizazioan eragiteko baliatzen dituzten jardunbide-arauen arabera, *moneta-sistema* desberdinak sortzen dira.

> **Moneta-sistema** moneta-agintariek dibisen prezioaren kotizazioa finkatzeko edo aldatzeko baliatzen dituzten jardun-arauen multzoa da.

Gaur egun, moneta-sistema hauek erabiltzen dira (12.6. taula):

Flotazio garbia	Hori da sistema ohikoena. Haren ezaugarri nagusia da moneta-gaietako agintariek ez dutela esku hartzen. Hala, dibisaren kotizazioa dibisen merkatuko eskaintzaren eta eskariaren arabera finkatzen da.
Flotazio zikina	Aurrekoaren aldaera bat da. Sistema horretan ere jarduten uzten zaio merkatuari, baina, batzuetan, moneta-gaietako agintariek esku hartzen dute, atzerriko dibisak norberaren dibisaren truke erosiz, norberarena debaluatzeko, edo alderantziz.
Doigarria	**Flotazio garbiaren** sistema bezala, eskaintza-eskariaren legearen mende dago, eta **flotazio zikinaren** sisteman bezala, merkatuan esku hartzen da, batzuetan. Esku-hartze horrek, ordea, aurrez ezarritako **gutxieneko eta gehieneko muga** batzuk ditu. Truke-tasa bi mutur horien arteko gorabeheren tartean baldin badago, eskaintza-eskariaren arabera zehazten da monetak merkatuan duen kotizazioa; baina truke-tasa tarte horretatik irteten bada, moneta-gaietako agintariek esku hartzen dute, berriro ere tarte horretan ezartzeko.
Finkoa	Norberaren dibisaren kotizazioa finkatzeko, **erreferentziazko dibisa** bat baliatzen da. Eskuarki, moneta indartsu bat aukeratzen da (askotan, amerikar dolarra). Hala, norberaren dibisa ekonomia indartsu bateko dibisari lotzen zaio, bere kabuz sortzen ez duen konfiantza sor dezan.

12.6. taula. Moneta-sistema motak.

6. jarduera ebatzia. Truke-tasaren eragina nazioarteko merkataritzan

Martxoan, Espainiako enpresa batek ordezko piezen 100 unitate esportatu zituen Erresuma Batura, unitateko 10 €-ko prezioan, eta 12 sakelako telefono inportatu zituen Erresuma Batuko enpresa batetik, unitateko 100 £-ko prezioan. Enpresa horiek eragiketa horiek berriz egin zituzten apirilean eta maiatzean. Taulako lehenbiziko bi zutabeetan adierazitako truke-tasak kontuan hartuta, adierazi zenbat ordaindu behar izan zuten enpresek inportatzailearen monetan. Halaber, adierazi monetek balio-irabaztea/balio-galera edo balio-handitzea/balio-gutxitzea izan zuten, bai eta zer eragin izan zuen horrek bi herrialdeen arteko esportazioetan/inportazioetan (positiboa: 🟢, negatiboa: 🔴).

Soluzioa:

Truke-tasa		Hila	Ondasuna	Ordainketak (€/£)	Martxoarekiko truke-tasaren aldakuntzaren kausak	Monetaren truke-tasaren aldakuntzak martxoarekiko	Esportazioak	Inportazioak
£	€							
1	1	Martxoa	Ordezko piezak	1.000 £				
			Sakelako telef.	1.200 €				
0,90	1	Apirila	Ordezko piezak	900 £	Eskaintza-eskariaren funtzionamendu askea	€-aren balio-galtzea	🟢	🔴
			Sakelako telef.	1.333,33 €		£-aren balio-irabaztea	🔴	🟢
1,20	1	Maiatza	Ordezko piezak	1.200 £	Moneta-agintarien esku-hartzea	€-aren balio-handitzea	🔴	🟢
			Sakelako telef.	1.000 €		£-aren balio-gutxitzea	🟢	🔴

Oharra: Ariketa honetan, sinplifikatzeko, ez dugu kontuan hartu zenbait ondasunek askoz eskari handiagoa dutela merkeagoak direnean, eta alderantziz.

7. jarduera ebatzia. Dibisa baten balio-galeraren ondorioak

Adierazi eskema batean zer merkataritza- eta finantza-eragin izango liratekeen, euroak beste dibisa batzuekiko balioa galduko balu. Deskribatu prozesua.

Soluzioa:

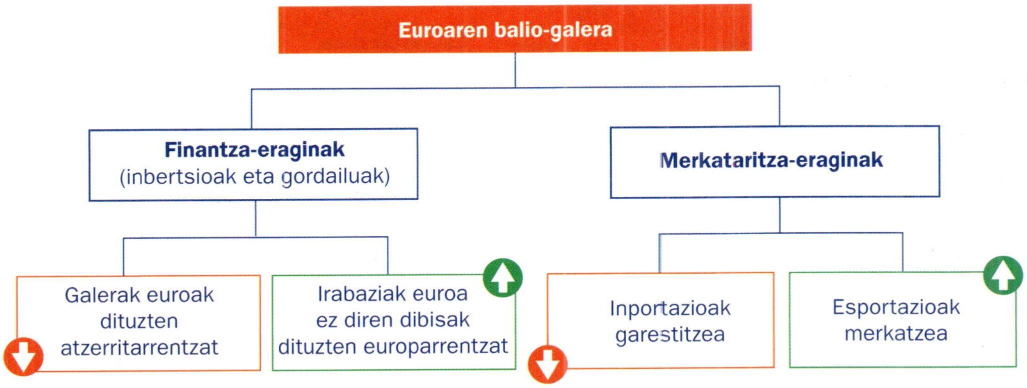

Alde batetik, merkeagoa da produktuak esportatzea, baina inportatzea garestiagoa da, beste dibisen balioak gora egin duelako. Finantzei dagokienez, eurotan zegoen kapitalak ihes egiten du –errentagarriagoak diren dibisak erosten dituzte inbertitzaileek–, eta, beraz, EBZri presioa eragiten zaio diruaren prezioa igo dezan atzerriko kapitalentzat berriz erakargarria izateko. Kapitala, atzerritarrena izan ala ez, beharrezkoa da zor publikoa eta enpresa-inbertsioak finantzatzeko.

6. behatokia. Truke-sistema doigarria aplikatuta

Ixalandiako gobernuak dolarrarekiko 1:1eko truke tasa ezarri du herrialdeko monetarentzat (*ixa* izena du). Azken aldian, Ixalandiako monetaren truke-tasak gorabehera bizkorrak izan ditu –hala ikus daiteke grafikoan, hiru egoera desberdinetarako (E_1, E_2 eta E_3)–, eta Ixalandiako Banku Zentralak esku hartu behar izan du.

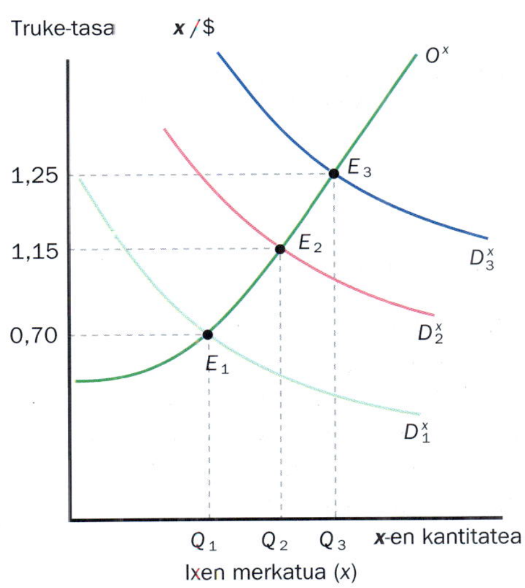

Hausnartu:

a) Zehaztu gorabehera-tarteak, jakinda % 20 direla Gobernuak adierazitako truke-tasarekiko.

b) Aztertu dibisa-salerosketako zer eragiketa egin ditzakeen Ixalandiako Banku Zentralak E_1, E_2 eta E_3 egoeretan, herrialdeko monetaren balioa adierazitako gorabehera-tarte horietan egoteko.

Hausnartu

Jarriko al dizkiogu makilak gurpilei?

Kapitalen eta dibisen nazioarteko mugimenduetatik eratorritako espekulazioa eragozteko, **Tobin** izeneko tasa bat ezartzea proposatu da, finantza-transakzioek nazioarteko zerga bat ordain dezaten. Zergaren sortzailearen omenez du izan hori zergak, eta helburu hau lortu nahi da haren bidez: kapitalek hain bizkor eta hain erraz ez mugitzea, eta espekulazio-mugimenduek pizgarririk ez izatea. Horrez gain, bildutako dirua munduko pobreziaren aurka borrokatzeko erabil daiteke.

Jarduerak

21. Adierazi, zure hitzak erabiliz, zeri esaten zaion moneta-sistema.

22. Zergatik igotzen da dibisa baten truke-tasa, dibisen merkatuan gehiegizko eskaintza dagoenean?

23. Zergatik esaten da moneta-sistema doigarria sistema mistoa dela?

24. 7. jarduera ebatzia erreferentziatzat hartuta, deskribatu zer ondorio dituen euroaren balio-irabazteak AEBko dolarrarekiko.

KONTZEPTU-MAPA

Merkataritza

- *Aduana-lurralde bera* → **Kanpo-merkataritza**
- *Aduana-lurralde desberdina* → **Nazioarteko merkataritza**

Kanpo-merkataritza / Nazioarteko merkataritza:

- **Inportatzailea** (eroslea)
- **Esportatzailea** (saltzailea)

Jarrerak

Aldeko argudioak

Protekzionismoa

- Industria estrategikoak babesten dira.
- Industrializazioa eta enplegua sustatzen dira.
- Gora egiten diren industriak garatzen dira.
- Dirua biltzen da.

Merkataritza askea

- Produktuen prezioak eta kalitatea hobetzen dira.
- Ondasunen eta zerbitzuen aukera handiagoa dago.
- Eskala-ekonomiak lortzen dira.
- Ekoizpen-faktoreak hobeto aprobetxatzen dira.

Teoriak

Aldeko argudioak

Abantaila konparatiboa
Espezializazioa

Heckscher-Ohlin eredua
Aldeak ekoizpen-faktoreetan eta haien prezioetan.

Merkataritzari buruzko teoria berria
Eskala-ekonomiek eragiten duten lehia ez-perfektua kontuan hartzen du.

Dibisa

Eskaintza edo eskari handiagoa izateko arrazoiak

- Ondasunen eta zerbitzuen esportazioak edo inportazioak.
- Inflazio-tasa.
- Diruaren prezioa.
- Balio-irabazteen edo balio-galeren aurreikuspenak.
- Moneta-agintarien jarduna.

Dibisa baten truke-tasaren aldakuntza, beste dibisa batekiko (moneta-agintarien jardunaren ondorioz)

- **Balio-handitzea** (eskasia)
- **Balio-gutxitzea** (ugaritasuna)

Dibisa baten truke-tasaren aldakuntza, beste dibisa batekiko (eskaintza-eskariaren legearen funtzionamenduaren ondorioz)

- **Balio-irabaztea** (eskasia)
- **Balio-galera** (ugaritasuna)

Moneta-sistema

Moneta-agintarien esku-hartze motaren arabera

- Flotazio garbia
- Flotazio zikina
- Flotazio doigarria
- Finkoa

1. Faktore hauetatik, zeinek sustatzen du nazioarteko merkataritza?

a) Teknologia-aldeak egoteak.

b) Klimatologian aldeak egoteak.

c) Lehengaietan aldeak egoteak.

d) Denak zuzenak dira.

2. Abantaila konparatiboari dagokionez, zein da zuzena?

a) Nazioarteko merkataritza ongien azaltzen duen teoria da.

b) Abantaila konparatiboaren alde onetako bat da eskala-ekonomiak sortzen dituela.

c) Prezio-maila desberdinak kontuan hartzen ditu.

d) Aurreko erantzunetatik, bi zuzenak dira.

3. Nazioarteko merkataritzan aritzean, zenbait faktoretan dauden aldeek azaltzen dute herrialdeetan egongo diren aldeak. Zein dira?

a) Ekoizpenaren balioan dauden aldeak.

b) Ekoizpen-faktoreetan dauden aldeak.

c) Enpresen lehia-moduetan dauden aldeak.

d) Aurreko erantzunetatik, bi zuzenak dira.

4. Zer moneta-sistemaren ezaugarri da moneta-agintaritzak ez esku hartzea bere dibisaren prezioaren gainean eragiteko?

a) Flotazio mistoa.

b) Flotazio askea.

c) Doigarria.

d) Finkoa.

5. Neurri hauetatik, zein har daitezke neurri protekzionistatzat?

a) Ad valorem muga-zergak.

b) Industria-politikak.

c) Atzerriko produktuentzako kuota mugagabeak.

d) Aurreko erantzunetatik, bi zuzenak dira.

6. Herrialde batek esportatzen duena baino gehiago inportatzen badu, nolakoa da herrialde horren nazioarteko merkataritzaren egoera?

a) Oreka.

b) Superabita.

c) Defizita.

d) Unean-unean zehaztu behar da.

7. Demagun dibisa baten truke-tasak gora egin duela, eskaintza-eskariaren arteko funtzionamendu askearen ondorioz. Zer da hori?

a) Balio-irabaztea.

b) Balio-galera.

c) Balio-handitzea.

d) Balio-gutxitzea.

8. Ezaugarri hauetatik, zeinek sustatzen du dolarren eskaria?

a) Esportazioek.

b) Dolarren prezio-jaitsierak.

c) Dolarraren balio-gutxitzearen aurreikuspenek.

d) Denak okerrak dira.

9. Zein da neurri protekzionisten helburua?

a) Dirua biltzea.

b) Lehia sustatzea.

c) Gora egiten ari diren industrien garapena.

d) Aurreko erantzunetatik, bi zuzenak dira.

10. Esaldi hauetatik, zein da okerra?

a) Abantaila konparatiboaren teoria aukera-kostuaren beste aplikazio bat da.

b) Truke-tasak behera egiten badu, dibisaren balioak gora egiten du gainerako dibisekiko.

c) Herrialdeko bertako inflazioak prezioek gora egitea eragiten du, eta, beraz, inportazioek behera egitea.

d) Frantziatik Portugalerako esportazio bat kanpo-merkataritzako eragiketa bat da.

Nazioarteko merkataritza.

1. Nola eragiten dute ekoizpen-kostuek nazioarteko merkataritzan? Eta kontsumitzaileen lehentasunek?

2. Espainiak Italiari autoak saltzen badizkio, eta Italiak Espainiari makinak saltzen badizkio:

a) Nor ari da autoak inportatzen? Nor ari da makinak esportatzen?

b) Zer dira, nazioarteko merkataritzako eragiketak ala kanpo-merkataritzakoak? Eta autoak Suitzari salduz gero?

3. Garbiñek abiadura maximo ona du, baina, oro har, bere lagunak baino askoz denbora gehiago iraun dezake korrika. Idoiak, berriz, gogoko du denbora luzean korrika egitea, baina besteak baino askoz bizkorragoa da distantzia laburretan. Biak lagunak dira eta atletismo-lasterketa batean izena ematea erabaki dute. Zer proba-motatan eman beharko luke izena bakoitzak, norberaren abantaila konparatiboa kontuan hartuta? Zergatik?

4. Zergatik esaten da abantaila konparatiboa espezializatzeko «modu adimendun» bat dela? Nola aplikatuko luke teoria hori musikari izan nahi duen norbaitek, kontserbatorioko ikasketen hasieran musika-tresna bat hautatu beharko balu, jakinda ez duela musika-tresna bat jotzen besteek baino hobeto?

5. Zer alderditan jartzen dute arreta abantaila konparatiboaren teoria osatzen duten nazioarteko merkataritzako ereduek?

6. Portugal ardo-ekoizle ona da, eta Ingalaterra, berriz, oihal-ekoizle ona da. Hori dela eta, azaldu, aukera-kostuaren ikuspegitik, zer kasutan interesatzen zaien biei produktu horietan espezializatzea, gero nazioarteko merkataritzan aritzeko.

7. Taulan, bertan adierazitako herrialdeen eta produktuen ekoizpen-ahalmena adierazten dira. Datuak kontuan hartuta:

	Alemania	Korea
Kapeluak	9	4
Lanparak	3	2
Lanorduak	6 h	12 h

a) Kalkulatu zenbat kapelu eta zenbat lanpara ekoitziko lituzketen herrialde bakoitzean, produktu bakoitzerako lanordu berdinak erabiliz gero.

b) Zenbatekoa da kapelak/lanparak truke-erlazioa Alemanian? Eta Korean?

c) Identifikatu zenbatekoa izango litzatekeen ekoizpena, bi herrialdeek merkataritzan aritzea adostuko balute eta produktu bakar batean espezializatuko balira.

d) Frogatu espezializazioak dakartzan abantailak, taula bat baliatuz.

Merkataritza askea. Protekzionismoa.

8. Adierazi zer motatakoa den muga-zergen arloko neurri hauetako bakoitza:

a) Indiatik inportatutako auto-kopurua mugatzea.

b) Sortzen ari den robotikaren arloko industriari laguntzak ematea.

c) %20ko zerga ezartzea inportatzen diren salgaiei.

d) Liho-ekoizleentzako diru-laguntzak, labore hori ez desagertzeko.

e) Jostailu guztiek EBko kalitate-zigilua nahitaez izan behar dutela eskatzea.

f) 5 €-ko zerga finkoa, inportatutako unitate bakoitzeko.

9. Nor dira muga-zergen arloko neurri horien onuradun nagusiak? Eta kaltetuenak? Arrazoitu erantzuna.

Ordainketa-balantza.

10. Egin ordainketa-balantzaren egituraren eskema, eta, azken zutabeko ilara bakoitzean, adierazi nola lortzen diren azpibalantza eta kontu guztietako saldoak.

11. Ordainketa-balantzari dagokionez, zer esan nahi du herrialde baten posizioa zorduna izateak gainerako herrialdeekiko?

12. Zer-nolako lotura dago herrialde bateko esportazio- eta inportazio-eragiketen eta eskari agregatuaren artean?

13. Erreparatu Espainiaren eta munduko gainerako herrialdeen artean dirutan egindako eragiketa hauei:

- Autoen esportazioa.
- Atzerriko patenteen erosketa.
- Atzerriko patenteak erabiltzeagatiko eskubideen ordainketak.
- Europar Batasuneko kohesio-funtsak.
- Inbertsioak atzerrian.
- Atzerriko inbertsioak Espainian.
- Herrialdean egin diren atzerriko inbertsioengatiko interesak.
- Herrialdeko emigranteek egindako diru-bidalketak.
- Atzerrian akzioak erostea.
- Atzerrian dibidenduak erostea.
- Hirugarren Munduko herrialdeei laguntza bidaltzea.

Aurreko eragiketa horiek guztiak kontuan hartuta:

a) Adierazi dibisa-sarrerak ala -irteerak diren.

b) Adierazi ordainketa-balantzako zer azpibalantzatakoak eta kontutakoak diren.

14. Espainiak dirutan egindako eragiketa hauek kontuan hartuta:

- Espainian kokatutako enpresa batek 2.000 €-ko erosketa egin dio Japonian egoitza duen informatika-multinazional bati.
- Turista ingeles batzuek 5.000 € gastatu zituzten Espainian egindako oporraldian.
- Espainian bizi diren angolarren talde batek 4.000 € bidali ditu beren herrialdera.
- Espainian egoitza duen banku batek bost urterako kreditu bat eman dio Argentinan egoitza duen enpresa bati. Mailegu horren printzipala 20.000 €-koa da.
- Espainiako enpresa batek 4.000 € kobratu dizkio dirutan Txinan egoitza duen beste enpresa bati, pleitengatik.
- Espainiak EBren kohesio-funtsak jaso zituen (60.000 €).
- Argentinan bizi diren emigrante espainiar batzuek kontuak ireki zituzten Espainian. 10.000 € sartu zituzten kontu horietan.

Hau eskatzen da:

a) Osatu ordainketa-balantza, osorik.

b) Zenbatekoa da dibisen aldakuntzaren saldoa? Nola liteke emaitza hori izatea?

c) Kontu korronteko balantzaren eta kapital-balantzaren saldoari dagokionez, zer posizio du beste herrialdeekiko?

Dibisen merkatua.

15. Euroa dibisa da Japonian, baina ez Espainian. Zergatik? Espainiak Japoniari sakelako telefonoak saltzen badizkio, zein izango da eragiketa hori egiteko dibisarik ohikoena? Eta alderantziz balitz?

16. Azaldu nola aldatzen den euroaren truke-tasa dolarrarekiko, eskaintzaren eta eskariaren arabera.

17. Dibisei dagokienez, zertan dira berdinak eta zertan desberdinak balio-irabaztea eta balio-galera? Eta balio-handitzea eta balio-gutxitzea?

18. Zertan dira desberdinak flotazio askeko eta flotazio zikineko moneta-sistemak? Eta flotazio zikinekoa eta flotazio doigarrikoa?

19. Urtarrilean 1,10 $ lortzen ziren euro baten truke eta ekainean, berriz, 0,95 $, truke-tasaren aldaketaren ondorioz. Onuragarria al da hori Espainiatik AEBrako esportazioentzat? Eta AEBtik Espainiarako inportazioentzat? Arrazoitu.

20. Demagun Big Mac hanburgesa batek 4,40 $ balio dituela New Yorken, eta 4 € Mallorcan:

a) Zenbat dolar eros ditzakegu 1 €-ren truke, Big Mac hanburgesen prezioa erreferentzia moduan erabiliz?

b) Truke-tasa 1 €/1,15 $ bada, Big Mac hanburgesen prezioen arabera, zer dibisak du gehiegizko balioa eta zeinek txikiegia?

21. Une jakin batean, euro baten kotizazioa 1,20 $ da, eta geroago, 1,30 $. Adierazi grafikoki nola bilakatu den eta nola aldatu den €/$-en arteko truke-tasa.

22. Balio-irabaztearen edo balio-galeraren aldetik, zernolako eragina izango lukete gertaera hauek EBko herrialdeetako euroaren truke-tasan? Arrazoitu erantzuna.

a) Inflazio-tasak gora egiteak.

b) Diruaren prezioak gora egiteak.

c) Esportazioek gora egiteak.

d) Ekonomia-zikloan atzeraldia egongo delako aurreikuspenek.

23. Dibisa baten truke-tasaren igoera edo jaitsiera eta dibisaren balioa alderantzizkoak dira. Nola azaltzen da hori?

24. Zure ustez, zein da moneta-sistema egokiena egoera hauetan? Arrazoitu.

a) Herrialdeko dibisak ez du konfiantzarik ematen.

b) Moneta-agintarien esku-hartzea ez da beharrezkotzat edo egokitzat jotzen.

c) Moneta-agintariek unean uneko esku-hartzeak soilik egin beharko dituzte.

d) Moneta-agintariek esku-hartu beharko dute, baina arau zehatz batzuk kontuan hartuta.

25. 1960ko hamarkadan, udako hilen aurreko aldian, Espainiak pezetak eskaintzen zituen nazioarteko merkatuetan Europako herrialdeetako dibisen truke. Beraz:

a) Garai horretan, zuen pezetak beste dibisa batzuekiko, balio-gutxitzea ala balio-handitzea?

b) Beste daturik izan ezean, zer moneta-sistematan sailkatuko zenuke garai hartako Espainiako Gobernuaren jokabidea?

c) Zure ustez, industriako zer sektoreren alde egin nahiko zuten Espainiako moneta-agintariek jokabide horren bidez?

- Idatzi argi dauzkazun eta zure ustez funtsezkoak diren unitateko bi ideia. Zerk lagundu dizu ideia horiek ulertzen?
- Egin argi geratu ez zaizkizun unitateko alderdiei buruzko bi galdera.
- Idatzi unitate honetan sakonago aztertu nahiko zenituzkeen bi alderdi.

Interpretatzen ikasten: Nazioarteko merkataritza

Gure odolean, milaka zelulak eramaten dituzte oxigenoa eta mantenugaiak gure gorputzeko bazter guztietara. Eta, antzeratsu, une honetan bertan, milaka itsasontzi itsasoak zeharkatzen ari dira, lehengaiak eta salgaiak munduko leku batetik bestera eramateko. Brasilera iristen den itsasontzi batek bauxita hartzen du, Txinako planta batera eramaten du, eta han aluminio bihurtzen dute. Txinatik dozenaka herrialdetara eramaten da aluminioa, milaka ondasun ekoizteko. Agian, zati bat Lisboako portuan deskargatuko dute, Orbea espainiar markako bizikleta bat egiteko. Gorputz bereko organoak balira bezala, herrialdeek ekoitzi egiten dute, trukean aritzen dira, espezializatu egiten dira, lehiatu egiten dute, eta aurrera egiten dute. Munduko merkataritzaren arteriei **itsasoko komunikazio-lineak (SLOC)** esaten zaie. Eta gaur egungo muga-zerga baxuei esker dira posible.

Itsas edukiontzien garraioa (SLOC)

Bidalketako itsas ibilbideak eta kokapen estrategikoak

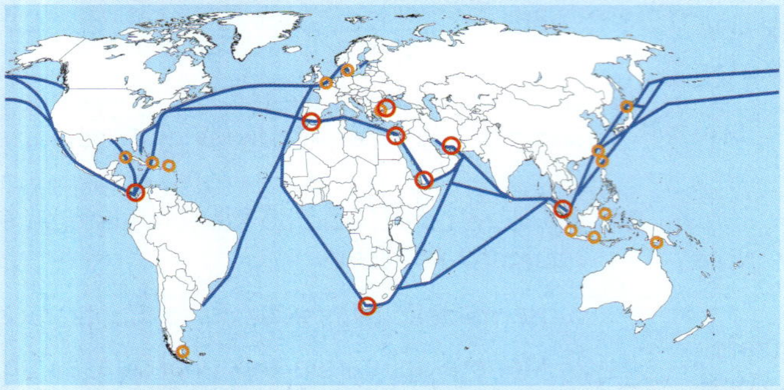

Batez besteko muga-zergak MFN irizpidearen arabera

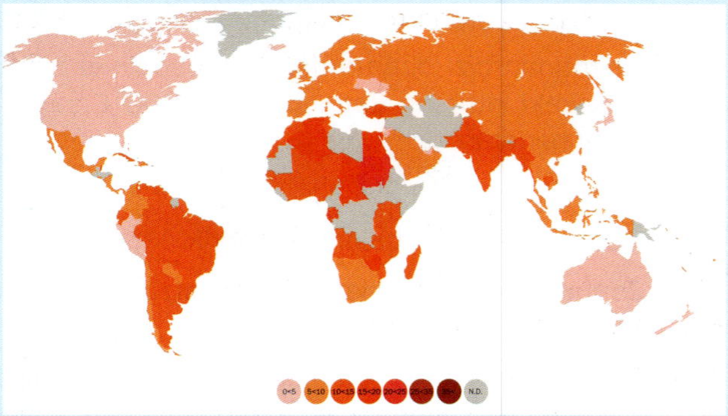

Itsasontziko edukiontzien kopurua

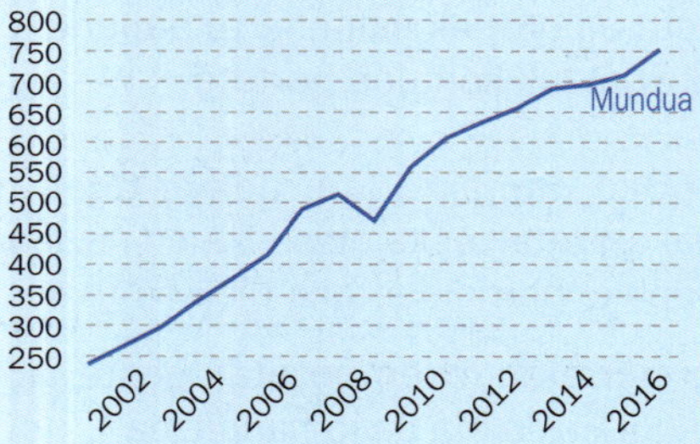

Munduko BPGd-aren bilakaera

Munduko pobreziaren bilakaera

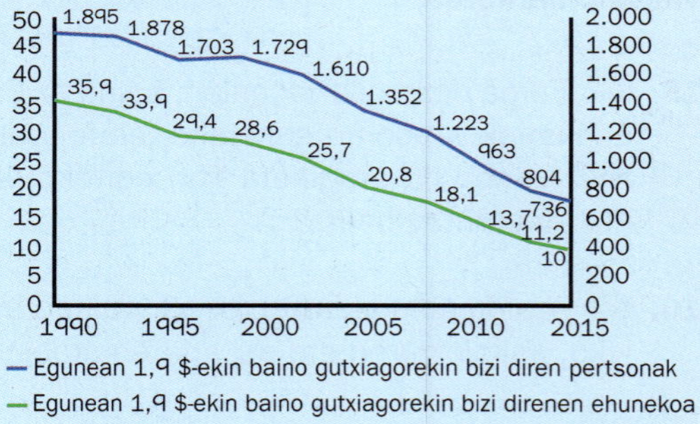

Galderak:

1. Munduko zer ekonomiak sustatzen dute gehien merkataritza askea? Zeinek gutxien? Nazioarteko zer erakunde arduratzen da merkataritzaren osasun ona zaintzeaz?
2. Azken aldian, merkataritzari muga-zerga eta hesi gehiago jartzeko aukerak aipatzen dira. Zer herrialde ari dira neurri protekzionistak ezartzen saiatzen? Zer ondorio izan dezake horrek munduko pobrezian?
3. Munduko merkataritzan, zenbait pasagune kritiko daude, itsasontzi asko eta asko pilatzen baitira leku horietan; esaterako, Panamako kanalean. Ezagutzen al dituzu beste pasagune kritikoren bat?
4. Sartu **www.shipmap.org** webgunean, egin bideoaren edozein uneko pantaila-atzipen bat, inprimatu eta ekarri ikasgelara. Gai izango al dira zure ikaskideak merkataritza-eremu hori identifikatzeko?

Dilema: Gure nekazariei diru-laguntzak ematea ala munduko gainerako nekazariei kalte egin?

EBko Nekazaritza Politika Bateratua (NPB) eztabaidagarria da, EBtik kanpo merkeago eros zitezkeen nekazaritza-ondasunen ekoizpena babesten baitu muga-zergen eta diru-laguntzen bidez. Baina babes horiek gabe, Europako nekazariek ezin izango lukete prezioetan lehiatu EBtik kanpoko nekazaritza-produktuekin, eta, segur aski, beren laboreak landatzeari utzi beharko liokete. Horrenbestez, munduko gainerako herrialdeetako ekoizleek ezin dute EBn saldu, eta, gainera, Europako nekazariek kalte handiak eragiten dizkiete beren soberakinak EBtik kanpo saltzen dituztenean. Eta zergatik ez dizkiote Hirugarren Munduko herrialdeek horren muga-zergak zorrotzak ezartzen EBri? Ba, EBk balio handiko ondasun teknologikoen esportazioak murriztuko lituzkeelako herrialde horientzat. EBk nekazaritza babestearen arrazoiak 1957ko eratze-itunean du jatorria. Itun horren arabera, EBk nekazariek nahikoa diru-sarrera izan dezaten bermatu behar du. Ideia hori bi mundu-gerren ostean pairatutako eskasiagatik onetsi zen.

Eztabaida:

Hautatu bi aukera horietako bat (gure nekazariei diru-laguntzak ematea ala ez) eta egin horren alde bost ikasleko talde batean. Taldeak nagusitzen den aukera defendatu beharko du, beste aukeraren alde egiten duen talde baten aurka.

Zinema-proposamena: *Oro negro*

Zuzendariak: Nick Francis eta Marc Francis.

Aktoreak: Tadesse Meskela.

Sinopsia:

Kafearen nazioarteko merkataritzari buruzko dokumentala, ekoizle txikien ikuspegitik. Dokumentalean, Etiopiako kafe-ekoizleen korporazio baten gerentearen kafe-plantazioetara, prozesatzeko plantetara eta sindikatuetara egindako bidaiak erakusten dira.

Hausnarketa-gakoak:

Nazioarteko merkataritza, multinazionalak, bidezko merkataritza, protekzionismoa, merkataritza askea.

Galderak:

1. Pentsatu al duzu inoiz nondik datorren kontsumitzen dugun kafea?
2. Munduko kafe onenetako bat ekoitz ditzaketen arren, Etiopiako ekoizle txikiek beren uztak abandonatzen dituzte. Zergatik egiten dute hori?
3. Zer helburu du kooperatibako liderrak nazioarteko merkataritzako sistema saihesten saiatzean?

Bineta

13. Europar Batasuna eta globalizazioa

Unitate honetan hau ikasiko duzu:

- Nazioarteko lankidetza ekonomikoa.
- Integrazio ekonomikoa.
- Europar Batasuna.
- Espainia Europar Batasunean.
- Globalizazioa.

XX. mendean munduan izan ziren asaldura handiek herrialdeen arteko merkataritza eta lankidetza sustatzea helburu zuten nazioarteko ekonomia-erakundeak sortzea bultzatu zuten. Baina herrialde batzuek lankidetza soila baino harago joatea erabaki eta integrazio ekonomikoko prozesuak jarri zituzten abian, nazioarteko merkataritzaren abantailak ahalik gehien baliatzeko.

Prozesu horien artean bat nabarmendu zen eta nabarmentzen da oraindik: Europar Batasuna (EB), munduan gaur egun dagoen integrazio ekonomiko mota aurreratuena. Espainia berandu sartu zen EBn, baina horrek ez du eragotzi, hogeita hamar urte luzeko ahalegin eta nekeen ondoren kanpoaldera irekitzea, eta XIX. mende ezegonkor batek eta berrogei urteko diktadurak eragindako isolamendua atzean uztea.

Baina, gaur egun, herrialdeek sortutako merkataritza-blokeak ia ezerezean geratu dira mugarik gabeko merkatua finkatu denean, globalizazio deritzon fenomenoa gertatu denean, alegia. Enpresa handiek, kapitalen mugimenduek eta araurik ezak sustatu du globalizazioa, eta gure bizitzan eragiteaz gain, munduko ordena ekonomiko berri bat ere ari da sortzen.

Zer dakizu Europar Batasunari buruz?
Zer ikasi nahi duzu?

Ba al dakizu zergatik nahi dituzten herrialdeek merkataritza-blokeak sortu?

Ba al dakizu Espainiari nola doakion Europar Batasunean?

Ba al dakizu zer den globalizazioa?

Eguzki-erregea, pare bat dolar eta milaka kontzertu

Gaur egun, edozein biztanle arruntek aurreko mendeetan bizi izan zen edozein errege europarrek baino bizi-kalitate hobea du. Pentsa, bestela, zenbat ordainduko zukeen Luis XIV.ak, *Eguzki-erregeak*, automobil izeneko gurdi autopropultsatu bat izateagatik, edo erresumako edozein lekutatik hitz egiteko aukera izateagatik edota musika klasikoko milaka kontzertu entzuteagatik *smartphone* baten bidez. Globalizazioak, Internetek eta teknologia berriek sustatuta, mundu osoko merkatuen arteko hesiak hautsi ditu hamarkada gutxi batzuetan.

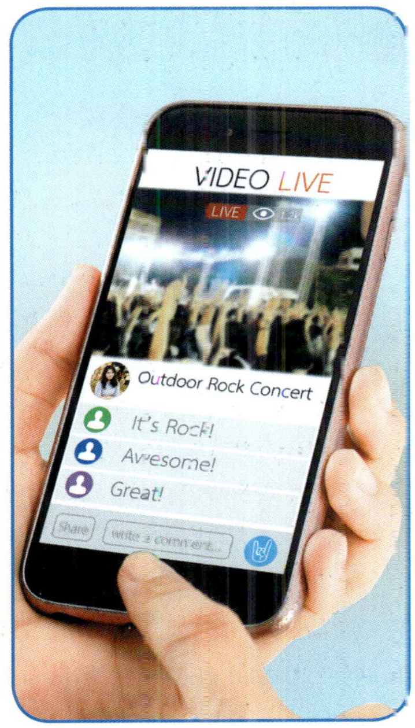

Globalizazioa hasi zenetik (joan den mendeko laurogeiko hamarkadan) eta 2000. urtera arte soilik kontuan hartuta, 500 milioi pertsona gutxiago dira egunean bi dolar baino gutxiagorekin bizi direnak. Baina globalizazioarekin bat egin duten herrialdeetan soilik gertatu da hori (eta batzuek izugarrizko arrakasta izan dute, Txinak, esate baterako). Globalizazioaren alde egin ez duten herrialdeetan, pobreen kopurua jaitsi ez ezik handitu ere egin da, Afrikako herrialde askotan, adibidez.

Izan ere, gutako askok gozatzen dugun aurrerapena eta beste hainbat azkar-azkar eskuratzen ari direna urrutitik besterik ezin dute ikusi batzuek: Asiako lantegiek salgaiez betetzen dute mundua, multinazional estatubatuarrek ordenagailu-programez eta telebista-saioez, eta multinazional europarrek diseinuaz, automobilez eta ospe handiko markez; eta gizateriaren beste zati handi bat, gero eta handiagoa, alanbre-hesien beste aldetik ari da begira, beraiek ere etekin horiez gozatzeko aukera baten zain.

Antzina mundu asko zeuden eta herri bakoitza besteenaren egoerari jaramonik ere egin gabe bizi zen. Gaur, ordea, mundua txikiagoa da eta denok partekatzen dugu. Globalizazioa, zalantzarik gabe, aukera bat da, baina baita mehatxu bat ere. Eta denok, guk eta besteek, erantzukizuna dugu gure etorkizun komunean.

Hausnartu

1. Nola sustatu du globalizazioak munduko merkatu bat sortzea?
2. Testuan, globalizazioaren alderdi onuragarri moduan, azken hamarkadetan munduko pobrezia murriztu egin dela aipatzen du. Zer beste ondorio ekarri ditu, zure ustez, globalizazioak? Denak positiboak al dira?
3. Globalizazioa XXI. mendearen hasieratik aurrera bizkortu den prozesua da. Zure gurasoak, seguruenik, hori baino lehenago joango ziren institutura. Nola aldatu da ikasle baten bizitza ordutik? Erantzuteko gai ez bazara, galdetu beraiei.

1. Nazioarteko lankidetza ekonomikoa

Bigarren Mundu Gerraren ondoren, herrialdeak ohartu ziren gerra piztu zuen arrazoietako bat herrialdeen arteko lankidetzarik eza izan zela. Horren ondorioz, nazioarteko erakundeak eratzea adostu zuten, lankidetza sustatu eta iraganeko akatsak berriro ez egiteko. Hala, nazioarteko lankidetzako bi erakunde-mota sortu ziren; batzuk politikoak (NBE), eta beste batzuk, ekonomikoak (13.1. irudia).

Erakunde ekonomikoen artean, hauek dira nabarmenenak: **Nazioarteko Diru Funtsa (NDF), Munduko Bankua (MB)**, **Munduko Merkataritza Antolakundea (MMA)** eta **Ekonomiako Lankidetza eta Garapenerako Erakundea (ELGE).**

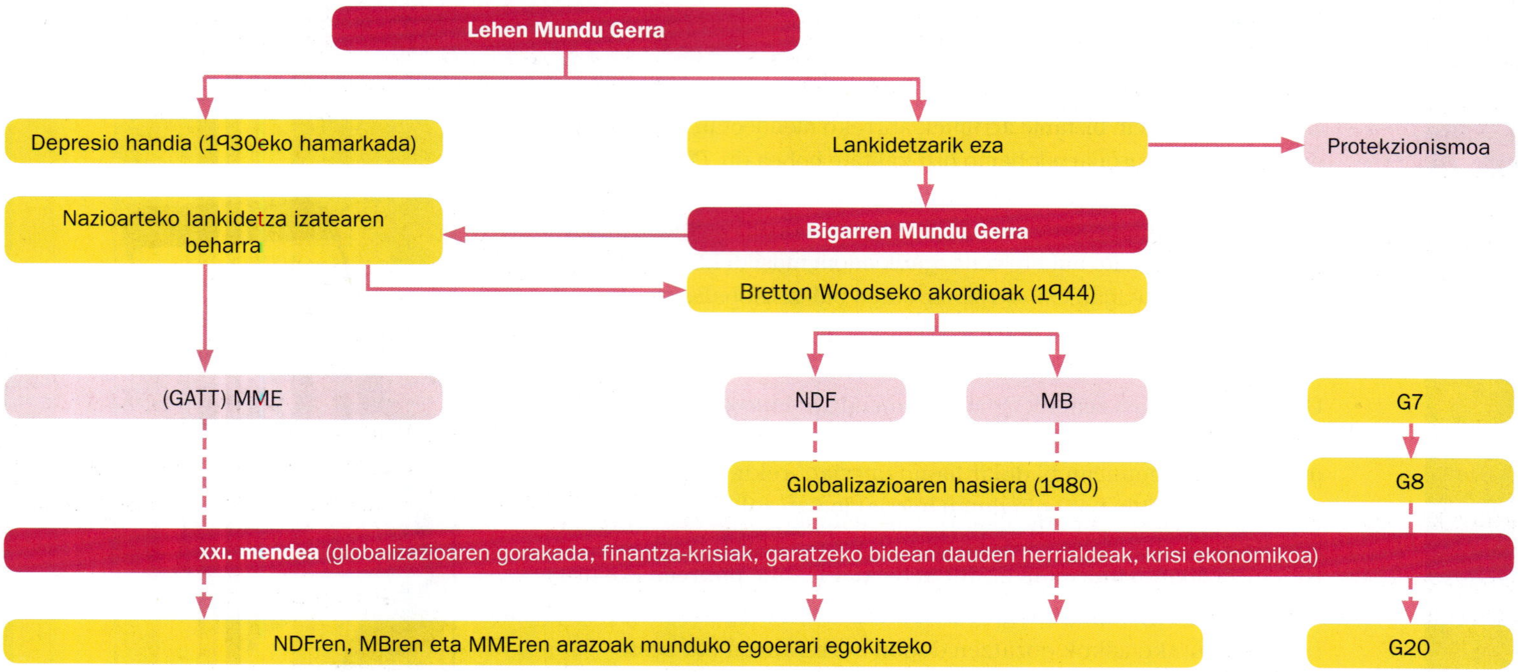

13.1. irudia. Nazioarteko ekonomia-erakundeen bilakaera.

1.1. Nazioarteko Diru Funtsa (NDF) eta Munduko Bankua (MB)

Nazioarteko Diru Funtsa (NDF) eta **Munduko Bankua (MB)** Nazio Batuarekin lotutako bi erakunde dira, 1944. urtean sortutakoak, eta helburu hauek dituzte:

- **Estatu kideen truke-tasen eta dibisen parekotasunen egonkortasuna lortzea**. Helburu hori lortzeko, adostu zen herrialde sinatzaileetako diru-erreserbak urrez eta esku hartzeko bi moneta hauez osatuta egongo zirela: dolarraz eta libera esterlinaz. Bi moneta horiek **urre-balio fink**o batekiko trukagarriak izango ziren.
- **Nazioarteko likidezia ziurtatzea eta ordainketa-sistema aldeaniztuna sortzea.** Helburu hori betetzeko eginkizuna, berriz, Ameriketako Estatu Batuei egokitu zitzaien. Herrialde horrek, gainera, dolar asko eta asko eman zituen estatu kideei laguntzeko, Marshall Plana deritzonaren bidez. Dena den, nazioarteko merkatuetan izugarri ugaritu ziren dolarrak, eta Ameriketako Estatu Batuen urre-erreserbak baino gehiago zirenez, ezinezkoa zen urreaz trukatzea. Horrenbestez, 1971n, dolarrak **urrearekiko bihurgarritasunik ez** zuela ezarri zen. Gaur egun, salgaietan oinarritutako diru-sistema atzean utzi da, eta diru-sistemak **konfiantza du oinarri.**
- **Nazioarteko maileguak ematea.** NDFk, Munduko Bankuaren bidez, maileguak ematen dizkie herrialdeei; batez ere, garapen bidean daudenei. Horretarako, estatu kide batzuek ematen dituzten funts gehigarriak erabiltzen ditu. Mailegu horiek jaso dituen herrialdearen egoera hobetu bezain laster, maileguak itzuli egin behar ditu; eta, maileguaren zenbatekoaren arabera, hiru urteko edo bost urteko epea du itzultzeko, gehienez ere.

Ba al zenekien...?

G8 taldea munduko herrialde industrializatuenen (Alemania, Kanada, AEB, Frantzia, Erresuma Batua, Italia, Japonia eta Errusia) bilkura formala da, munduko ekonomia-gai handiei buruz eztabaidatzeko egiten dena. Beste alde batetik, **G20** herrialde horiek eta suspertzen ari diren 12 ekonomiak osatzen dute, eta munduko ekonomiaren %85 dira, guztira.

1.2. Munduko Merkataritza Erakundea (MME)

Munduko Merkataritza Erakundea 1995eko urtarrilean sortu zen, nazioarteko merkataritzan erreferentzia izateko asmoz.

MMEren **printzipio nagusiak** 13.1 taulan jasota daude:

Diskriminaziorik gabeko merkataritza	Printzipio horri jarraituz, Munduko Merkataritza Erakundeko bi herrialderen arteko ituna erakundeko gainerako herrialde kideetara hedatzen da.
Merkatu-baldintzak fidagarriak eta oztopoak txikiagoak izatea	MMEk muga-zergen ezarpenera mugatzen ditu neurri protekzionistak; nolanahi ere, joera da muga-zergak kentzea eta merkataritza askea sustatzea.
Leia zintzoa sustatzea	MMEk neurriak hartzen ditu bidegabeko lehiaren aurka (adibidez, ***dumpingaren*** aurka, hots, salgaiak ekoizpen-kostutik behera saltzea) eta estatu kideei aukera ematen die halako egoerei aurre eginez jarduteko.
Ekonomia-garapena eta ekonomia-erreforma sustatzea	Garapen bidean dauden herrialdeei trantsizio-aldi batzuk onartzen zaizkie, MMEren xedapen zorrotzenetara egokitzeko.

13.1. taula. MMEren printzipio nagusiak.

Herrialde kideen artean nazioarteko merkataritza-harremanak arautuz eta homogeneizatuz, MMEk bere aurrekari zen GATT erakundearen (*General Agreement on Tariffs and Trade*) ahultasuna gainditu nahi du.

1.3. Ekonomiako Lankidetza eta Garapenerako Erakundea (ELGE)

Ekonomiako Lankidetza eta Garapenerako Erakundea (ELGE) 1961ean sortu zen, eta gobernu arteko kontsulta- eta koordinazio-foro bat da. Hartan erakundea osatzen duten herrialdeetako (34 ziren 2018. urtearen amaieran) eta ELGEren gomendioetan edo iruzkinetan interesa duten herrialdeetako politikak eztabaidatzen dira, arlo hauetakoak hain zuzen ere: ekonomia, finantzak, ingurumena, industria, teknologia, zientzia, hezkuntza, lana eta merkataritza. ELGEko kide izateko baldintza nagusia pixkana kapitalen eta zerbitzuen mugimenduak liberalizatzea da, finantza-zerbitzuenak barne.

! Garrantzitsua

Hauek dira **MMEk** erabiltzen dituen tresna arautzaileak:

- Salgaiei buruzko akordio orokorra.
- Jabetza intelektualeko zerbitzuak eta eskubideak.
- Herrialdeen arteko auziak konpontzeko prozedurak.
- Herrialdeen arteko merkataritza-politiken azterketa.

1. behatokia. Nazioarteko erakundeak eta globalizazioa

MMEk, NDFk eta MBk erakunde horiek osatzen dituzten herrialdeen ordezkarien bidez funtzionatzen dute. Oro har, erakunde horien helburua ekonomia globala arautu eta behar handienak dituzten herrialdeei laguntzea da. Baina haien arautzetik eta kontroletik ihes egiten die globalizazioak, praktikan mugarik ez duen munduko merkatua baita, non enpresak eta kapitalak askatasunez eta inolako murrizketarik gabe mugitzen diren.

Hausnartu:

a) Ikertu zein izan diren NDF, MB eta MME erakundeen azken urteetako zuzendariak. Zuzendari horien nazionalitateari erreparatuz zer ekonomia handik dute edo izan dute ordezkaritza gutxien?

b) Nazioarteko erakundeek herrialde pobreenei dirua emateko baldintza moduan doikuntza handiak eginaraztea dago. Horien artean, ohikoa da merkatuak ireki behar izatea; hau da, atzerriko produktuak sartzeko dituzten mugak kentzea, edo beste modu batean esanda eta praktikan herrialde hori globalizazioarekin, merkatu erraldoi horrekin, konektatzea. Zure ustez, zer abantaila eta desabantaila ditu merkatuak irekitzeko baldintza horrek?

c) Zure ustez, alderdi horrek nola muga dezake hiru erakunde horiek ekonomia globala arautzeko eta kontrolatzeko duen eraginkortasuna?

Jarduerak

1. 10. unitatean esan dugu dirua konfiantza-kontua soilik dela. Zer esan nahi du horrek?
2. Nola kaltetzen ditu *dumpingak* horrela jokatu gabe saltzen diren salgaiak eta kontsumitzaileak oro har?
3. Egin NDF, MB eta MME erakundeen printzipio nagusiak eta helburuak biltzen dituen eskema bat.
4. Ikertu Interneten zer eginkizun duen Espainiak nazioarteko lankidetzako honako nazioarteko erakunde hauetan: NDF, MB, MME eta G20.

2. Integrazio ekonomikoa

Bigarren Mundu Gerraren ondoren, merkataritzaren liberalizazioak multinazionalak hedatzea eta herrialdeen arteko harremanak gero eta estuagoak izatea ekarri zuen. Hain agerikoak egin ziren nazioarteko merkataritzaren abantailak, ezen herrialdeek integrazio ekonomikoko prozesuak jarri baitzituzten abian, merkataritza-blokeak osatzeko.

Integrazio ekonomikoa merkatuak bateratzeko prozesua da, helburu duena nazioz gaindiko eremu ekonomikoak eratzea, hasierakoak baino lehiakorragoak eta efizienteagoak.

! Garrantzitsua

Aurreko atalean aztertutako **lankidetzan** ez bezala, **integrazio ekonomikoak,** edozein mailatakoa dela ere, hartan parte hartzen duten herrialdeen subiranotasunari eragiten dio.

Integrazio modu soilena **lehentasunezko merkataritza** egitea da, bi herrialdek edo gehiagok elkarren artean muga-zergak murriztea adostea, alegia. Gainerako integrazio moduek horretan parte hartzen duten herrialdeen muga-zergak kentzea dakarte, eta baita beste zenbait neurri ere. Neurri horiek mailaz mailakoak dira, 13.2. irudian ikus dezakegun bezala, eta esan nahi du zenbat eta neurri gehiago orduan eta handiagoa dela integrazioa.

13.2. irudia. Integrazio ekonomiko motak, mailaren arabera, mailak, baxuenetik altuenera.

Integrazio ekonomikoaren abantailak

Honako hauek dira, besteak beste, integrazio-prozesuak abian jartzeko **arrazoi nagusiak** (13.2. taula):

Eskala-ekonomiak sortzea	Merkatua zabalagoa denez, enpresek efizientzia handiagoa lortzen dute, kostu txikiagoak dituztelako eta, kostuak produktu baten unitate gehiagotan banatzen direnez, ekoiztea merkeagoa zaielako.
Jarduerak elkarrekin egitea	Proiektu batzuk aurrera eramateko –batez ere, teknologiarekin lotutakoak–, inbertsio handiak egin behar dira, eta herrialde bakar batek nekez egin ditzake halakoak. Horren adibide da Europako programa espaziala.
Espezializazio handiagoa izatea	Oztopo protekzionistarik gabe, errazagoa da herrialde jakin batek integrazio ekonomiko bereko beste herrialdeekiko dituen abantaila konparatiboak garatzea eta sustatzea, ez baitu muga-zergarik (produktua garestituko luke), ezta esportazio-izapide neketsuak egin beharrik ere (zaildu egiten du prozesua).
Negoziazio-ahalmen handiagoa izatea beste potentzia batzuen aurrean	Taldean negoziatuz abantaila gehiago lor daitezke, nork bere kabuz negoziatuz baino.
Efizientzia handiagoa izatea ekoizpenean	Muga-zergak kenduta, enpresa gehiagok lehiatzen dute merkatu berean, eta, beraz, lehia handiagoa da. Horren ondorioz, enpresek, irauteko, efizientzia handiagoa lortzen dute, produktuen kalitatea hobetzen dute eta prezioak jaisten dituzte.

13.2. taula. Integrazio ekonomikorako arrazoiak.

2. behatokia. Merkatua zabaltzearen garrantzia

XX. mendearen hasieran, Ameriketako Estatu Batuetan, Ford fabrikako langileek nahikoa zuten sei hilabetez lan egitea, fabrika horretan ekoitzitako auto bat erosteko behar adina diru lortzeko. Frantzian, aldiz, Renault fabrikako langileek bi urte behar zituzten horren antzeko prestazioak zituen auto bat erosteko behar adina diru lortzeko. Ameriketako Estatu Batuetan barne-mugarik ez egoteak aukera ematen zion Fordi guztizko kostuen zenbatekoa unitate gehiagoren artean banatzeko, ez baitzuen Renaultek bezala Europako herrialdeen artean zeuden muga-zergak ordaindu beharrik.

Hausnartu:

a) Nola deritzo Fordi merkatu handiagora heltzean kostuak merkatzeko aukera ematen dion prozesuari?

b) Zer-nolako kostuak zituzten europarrek estatubatuarrek ez zituztenak? Nola eragiten du horrek eskala-ekonomiak lortzeko aukerari dagokionez?

c) Zer prozesu ekonomiko eta politikok eman zion aukera Europako industriari AEBko estandarretara hurbiltzea?

d) Bilatu Interneten Espainiako batezbesteko soldata eta gogokoen duzun automobilaren prezioa. Zenbat denboraz egin beharko zenuke lan automobil hori erosi ahal izateko?

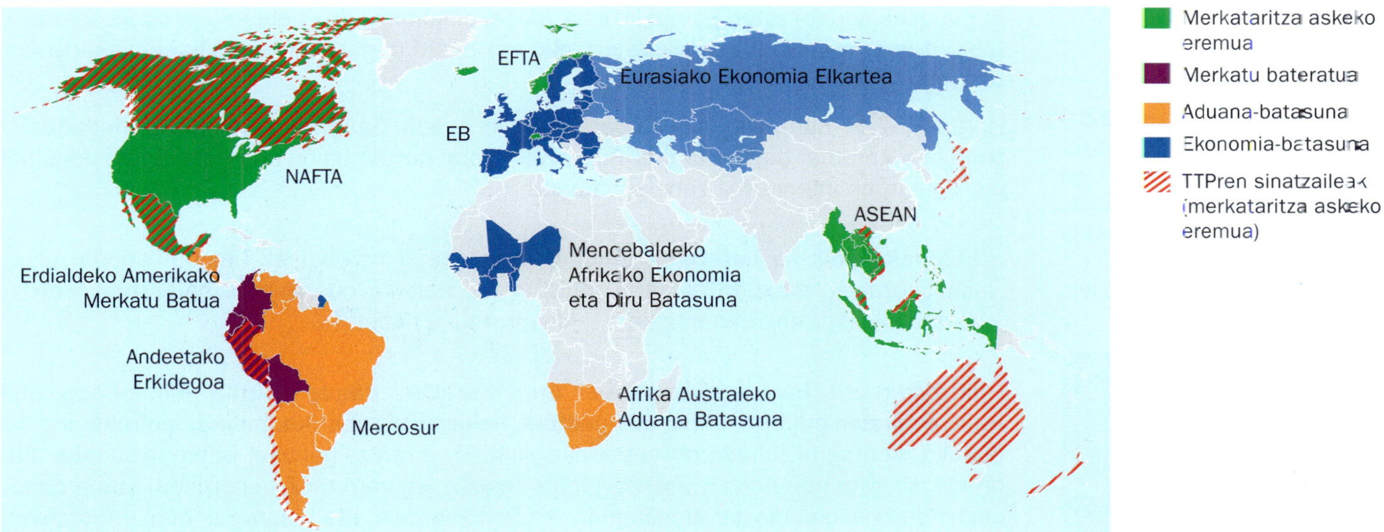

13.3. irudia. Merkataritza-bloke nagusiak gaur egun.

3. behatokia. Merkataritza-blokeak praktikan

2017. urtean, CETA akordioa sartu zen indarrean, Kanadak eta Europar Batasunak merkataritza askerako egindako akordio bat, elkarren arteko muga-zergak %98 murrizteko. Besteak beste, Europar Batasuneko enpresei aukera ematen die Kanadako kontratu publikoetan parte hartzeko, Kanadan Europako titulazioak onartu egiten dira eta debekatu egiten da jatorri-deitura babestua duten Europako 143 produkturen imitazioak saltzea.

Hausnartu:

a) Zer ondorio ditu EBk Kanadara egiten dituen esportazioetarako? Eta inportazioetarako?

b) Nola eragin du CETAk zenbait profesionalek (hala nola, arkitektoak, ingeniariak eta kontulariak) askatasunez leku batean zein bestean lan egiteko duten aukerari?

c) Zer dakarkie CETAk Errioxa jatorri-deiturako ardoa egiten duten ekoizleei?

Jarduerak

5. Zergatik ahalegintzen dira herrialdeak integrazio ekonomikoa izaten? Azaldu zertan diren berdinak eta zertan desberdinak aduana-batasuna eta merkataritza askeko eremuak.

6. Zergatik dira lehiakorragoak herrialde bateko enpresak beste herrialde batekoekin merkatua partekatzen badute?

7. 13.3. irudian merkataritza-bloke nagusiak ditutzu adierazita. Ikertu Interneten ea aldaketarik egon den horietan eta zer-nolako aldaketak diren. Merkataritza-bloke berriak baldin badaude, adierazi nolako ekonomia integrazioa ekarri duten.

3. Europar Batasuna

Europar Batasuna lehenengo batasun ekonomikoa izan da munduan, eta orain artean arrakasta handiena izan duena. Merkatu erkide batetik bilakatuz, EBko herrialdeek arrakasta handiz gainditu dituzte elkarrekiko zituzten aldeak, eta nahiz eta prozesua moteldu egin den eta XXI. mendeko lehenengo hamarkadako munduko krisi handiak arazo handiak sortu zituen, integrazio ekonomikoak dakartzan abantailen adibide garbia da, gaur egun.

Integrazio hori lortzeko funtsezko tresna tratatuak izan dira. Tratatuak akordio lotesleak dira helburuari dagokionez, baina askatasuna uzten zaie herrialdeei, helburuak lortzeko moduari dagokionez.

Tratatuak nazioarteko akordioak edo itunak dira, eta haien bidez, herrialde sinatzaileek betebehar batzuk hartzen dituzte beren gain, helburu jakin batzuk lortze aldera.

Jada egungo Europar Batasunaren aitzindaria den tratatuan, **Erromako Tratatua** izenekoan, herrialdeek adostu zuten Europako erakundeei eskumen osoak ematea jarduera-sektore osoetan, integrazio sozioekonomikoa lortzeko eta beste herrialde batzuekiko lehiakortasuna hobetzeko.

Hala, 1957an, Europako politika bateratua sortu zen. Gaur egun oraindik ere indarrean dago politika bateratua, baina Europar Batasunak garai hartan baino arlo gehiagotan esku hartzen du, gaur egun integrazioa zabalagoa baita.

Europako politika bateratua Europar Batasuneko herrialdeek hainbat arlotan elkarrekin gauzatzen dituzten ekintzen multzoa da, helburu duena arau bateratuak ezartzea, ekoizpen-sektoreak babestea eta lehiakortasuna hobetzea.

Hain zuzen ere, Europar Batasunean arloen arabera daude ezarrita politika espezifikoak. Hala, **eskualde-politika, ekonomia-politika, nekazaritza-politika, moneta-politika,** ingurumen-politika, kontsumitzaileen defentsarako politika, arrantza-politika, enpresa-politika eta abar daude. Unitate honetan bi lehenengoetan jarriko dugu arreta: lehenbizikoa, lotuta dagoelako eskualdeen ekonomia-garapenarekin eta bizi-mailarekin; eta bigarrena, berriz, funtsezkoa delako Europar Batasunak ongi funtziona dezan, funtsezko zenbait alderdirekin lotuta baitago, defizit publikoarekin eta diruaren prezioarekin, esate baterako.

Eskualde-politikak	Ekonomia-politikak
• Ekonomia-hazkundea sustatzea. • Eskualdeen lehiakortasuna handitzea. • Enplegua sortzea. • Europako lurralde-lankidetza sustatzea, elkarrekin tokiko eta eskualdeko ekimenak abian jarriz.	• EBko herrialdeetako ekonomiak eraginkortasunez integratzea. • Europaren hazkundea eta aurrerapena sustatzea.

13.3. taula. EBko politika komunen aplikazioaren ondoriozko eskualde-politikaren eta ekonomia-politikaren helburuak.

Ba al zenekien...?

Kontseilu Europarrak Europar Batasuneko herrialde kide guztietako estatuburu edo gobernuburuak biltzen ditu. Europar Batasunaren norabide eta lehentasun politiko nagusiak zehazten ditu. Bilera horiei *gailur europarrak* edo *gailurreko bilerak* esaten zaie.

Jarduerak

8. Zein da EBren tratatuen eginkizun nagusia ?

9. Zergatik dira Espainian autonomia-erkidegoak Europako lurralde-antolakuntzako oinarrizko unitateak?

10. Zein da Europako funtsen helburu nagusia?

11. 4. behatokiak Europar Batasuneko zenbait herrialderen per capita BPGd-a erakusten du. Bilatu Interneten ea Espainiako per capita BPGd-ak hobera edo okerrera egin duen ordutik beste estatu kide batzuekiko. Zergatik da per capita BPGd-a herrialdeen aberastasun-maila neurtzen duen adierazle erlatibo bat?

3.1. Eskualde-politika.

Duela urte batzuetatik, Europako agintarien kezka nagusietako bat kohesioa lortzea izan da; hau da, Europar Batasuneko herrialdeetako eta eskualdeetako bizi-maila eta ekonomia- garapena parekatzea. Izan ere, Europar Batasunak ekonomia-arloan lorpen garrantzitsuak egin dituen arren, oraindik ere alde handiak daude bizi-mailari dagokionez. Esate baterako, Irlandako per capita barne-produktu gordina (BPGd) Kroaziakoaren halako hiru da; Frantziako hiriburua hartzen duen eskualdea Europako aberatsenetakoa da, eta hango per capita errenta Severozapaden eskualdekoaren (Bulgaria) halako sei baino gehiago da.

Lexikoa

Elkarganatzea. Ekonomiari dagokionez, zenbait herrialdetako ekonomia-adierazleak adostutako gutxieneko batera hurbiltzea adierazteko erabiltzen da (abiapuntu homogeneo batera).

A. Eskualdeen Europa

Ez da kasualitatea **eskualdeez** hitz egitea nazioez hitz egin beharrean. Izan ere, lurralde-unitate hori –Espainian autonomia-erkidego edo hiri autonomo deritzona– Europako lurralde-antolamenduaren oinarrizko unitatetzat hartzen da. Eskualdeak hura dagoen nazioak baino hedadura txikiagoa duenez, zehaztasun handiagoz jakin daiteke lurralde bakoitzeko egoera, eta neurri egokiagoak har daitezke, eskualdeen arteko desorekak zuzentzeko.

B. Europako funtsak

Eskualdeen arteko desorekak zuzentzea prozesu luzea da, eta zenbait urte iraun dezake. Aldi labur batean lortzea ezinezkoa denez, Europar Batasunean helburu hori lortzeko egindako esku-hartzeei egiturazko edo epe luzeko esaten zaie. Esku-hartzeak **funtsen** bidez bideratzen dira.

Egiturazko lau funts mota daude. Horietatik, EGEF funtsa da nagusia (Eskualde Garapeneko Europako Funtsa). Egiturazko funtsekin batera, **Kohesio Funtsa** dago, ekintza jakin batzuetarako laguntzak emateko, arlo espezifikoetan **elkarganatzea** lortze aldera; esate baterako, ingurumenaren eta garraio-azpiegituren arloetan.

4. behatokia. Europako biztanleko BPGd-a

Mugak muga, biztanleko BPGd-a da (per capita BPGd-a) adierazlerik onena eskualdeetako eta herrialdeetako bizi-maila neurtzeko. Azken urteetan, Espainia batez bestekora hurbildu da, baina hurbiltze horretan eragina izan du, halaber, Europa Ekialdeko beste herrialde batzuk Europar Batasunean sartzea, Espainiako bizi-maila baino txikiagoa baitute.

Per capita BPGd-a, EB 2017 (%). EBko batez bestekoa = 27.174 €. Iturria: EUROSTAT

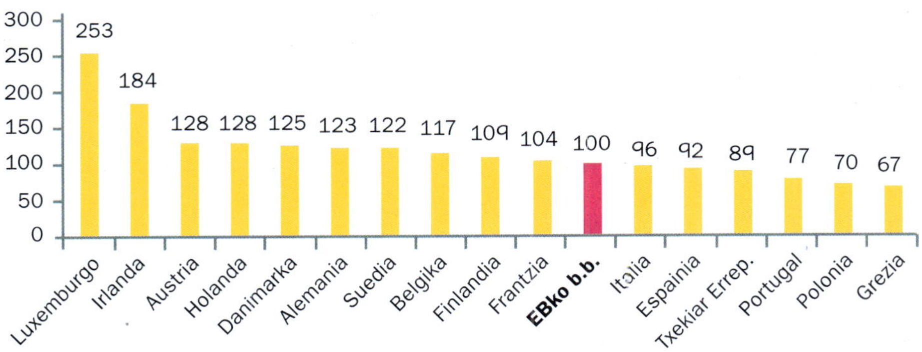

Hausnartu:

a) Kalkulatu Luxemburgo, Espainia eta Greziako per capita BPGd-a. Zer datu behar dituzu?

b) Espainiar batek halako zenbat irabazten du luxemburgar batek? Eta greziar batek halako zenbat espainiar batek?

c) Zer gertatuko litzateke Espainiako batez bestekoarekiko posizioarekin EBtik haren gainetik dagoen herrialde bat aterako balitz?

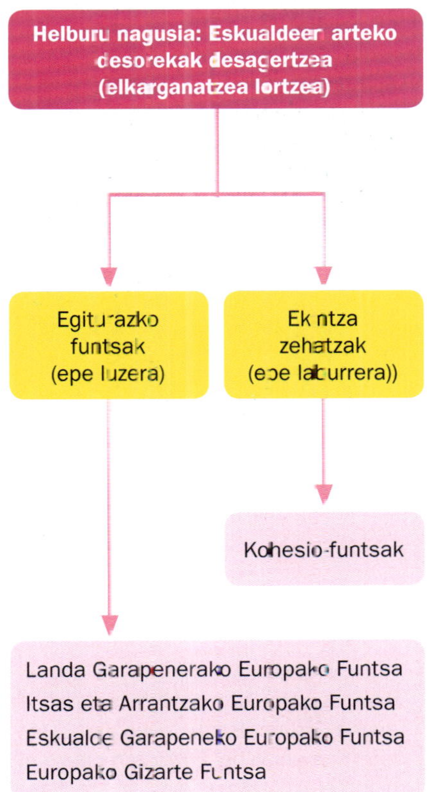

13.4. irudia. Egiturazko funts motak eta kohesio-funts motak, elkarganatzea lortzeko helburua dutenak.

3.2. Ekonomiaren arloko aurrekontu-politika

Europar Batasunean, funtsezko bi ekonomia-arlo daude: **aurrekontu-politika** eta **moneta-politika**. Azken hori azalduta dago 10. unitatean, prezioen egonkortasuna eta diruaren prezioa aztertu genituenean. Beraz, atal honetan **aurrekontu-politika** azalduko dugu.

Europar Batasuneko aurrekontua milaka milioi eurokoa den arren, kopuru hori estatu kideen BPGd-aren %1 edo %2 baino ez da. Ehuneko horiek oso txikiak dirudite, baina kontuan izan behar da esku-hartze publikoari dagozkion gastu gehien-gehienak (defentsa, segurtasuna, hezkuntza, osasungintza...) oraindik ere herrialde edo estatu kideek hartzen dituztela beren gain. Europar Batasuneko aurrekontua politika bateratuetarako erabiltzen da, eta, horren barruan, gastu-sail nagusiak Nekazaritza Politika Bateratuarenak eta egiturazko funts eta kohesio-funtsenak dira.

Diru-sarrerei dagokienez, berriz, lau kategoriatan sailkatu ditzakegu (13.4. taula):

Aduana-eskubidea	EBtik kanpoko herrialdeetatik inportatutako produktuen gaineko muga-zerga komuna da. Gaur egun, Europar Batasunaren diru-sarreren % 17 inguru lortzen da zerga horietatik.
BEZaren gaineko kuota	Europar Batasuneko diru sarreren hamabostena inguru lortzen da hortik.
BPGd-arekin lotutako kuota	Europar Batasuneko diru-sarreren hiru laurden inguru osatzen ditu. Herrialde ekonomikoki indartsuenek egiten dituzte ekarpen handienak: Alemaniak eta Frantziak..
Nekazaritza-ordainarazpenak	Batasuneko politikaren baten onurak modu puntualean edo beti lortzen ez dituzten herrialdeei egiten zaizkien konpentsazioak dira. Aurrekoekin alderatuta, garrantzi hutsala du aurrekontuetan, baina espresuki adierazten dira herrialde osoei eragiten dieten salbuespenak direlako.

13.4. irudia. EBren diru-sarreren iturriak.

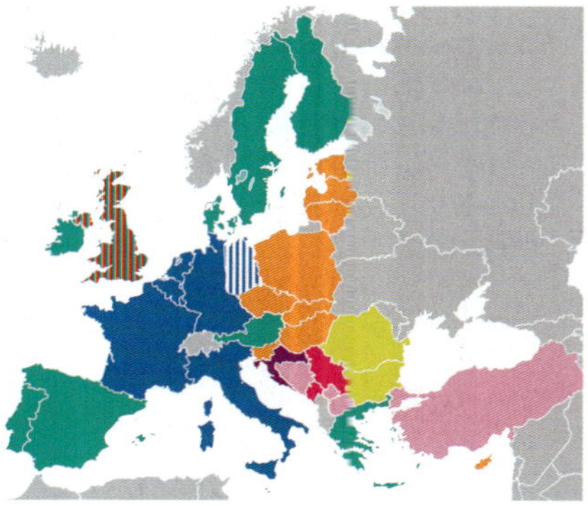

Europaren eraikuntza

- 1951
- 1973-1995
- AED ohia, AEFrekin bat egin zuen 1990ean
- Erresuma Batuak 2016an EB uzteko negoziazioak jarri zituen abian
- 2004
- 2007
- 2013

Aribideko zabalkuntza

- Herrialde izangaiak
- EBrekin bateratze aurretiko Egonkortze eta Elkartze Akordioa (ASA) sinatu duten herrialdeak

13.5. irudia. 28en Europa. EBren legedia zuzenbide nazionalera *ekartzeko* (hartan txertatzeko) prozesuan dauden herrialde izangaiak Albania, Mazedonia, Montenegro, Serbia eta Turkia dira. Oraindik ez dituzte horretarako baldintzak betetzen Bosnia-Herzegovinak eta Kosovok.

A. Egonkortasun eta Hazkunde Ituna

Europar Batasunaren hirugarren etapari ekitean, euroguneko herrialdeek irizpide bateratu batzuk adostu dituzte: Egonkortasun eta Hazkunde Ituna deritzona.

Itun hori beteko dela bermatzeko, Europar Batasuneko Kontseiluak euroguneko herrialdeen programa ekonomikoak gainbegiratzen ditu. Jardunbide horri **gainbegiratze aldeanizkoitza** deritzo, eta irizpide hauek erabiltzen ditu:

- **Epe ertainerako ezarritako aurrekontuaren** helburuak betetzea; hau da, aurrekontuaren egoera orekatua lortzea, edota superabita.
- Egonkortasun- eta elkarganatze-programetan ezarritako helburuak lortzeko beharrezkotzat jotzen diren **neurri zuzentzaileak** hartzea.
- **Gehiegizko defizitak** sortuz gero, ahalik azkarren zuzentzea. Estatuen gehiegizko defizita BPGd-aren %3an ezarrita dago, eta ehuneko hori gainditzen duten estatuei zehapena ezar dakieke.

Egonkortasun eta Hazkunde Itunaren helburua da aurrekontu-politiken ondorio negatiboak saihestea, aurrekontuetan gehiegizko defizitak zuzentzea eta zor publikoaren zama handia izatea eragoztea.

2008. urtean hasitako mundu-krisiak eta eurogunean 2010. urtetik aurrera sortutako krisiak agerian utzi zuten gainbegiratze aldeanizkoitza ez zela nahikoa sortu ziren arazoak konpontzeko, eta, horregatik, konpromiso zabalagoa eta zorrotzagoa zehaztu behar izan zuten Europar Batasuneko estatu kideek. 2012an gauzatu zen konpromiso hori, **Europako zerga-ituna** deritzona.

Ba al zenekien...?

Kolonia ohiekiko loturak, aliantza estrategikoak edo energia-mendekotasuna Europar Batasuneko estatu kideen erabakiak baldintzatzen dituzten faktoreetako batzuk baino ez dira. Faktore horiek direla eta, oso zaila izaten da adostasuna lortzea kanpo-politikarekin lotutako gaietan.

B. Europako zerga-ituna

Ekonomia eta Diru Batasunaren Egonkortasuneko, Koordinazioko eta Gobernantzako Tratatua, Europako zerga-ituna izenez ezagutzen dena, 2012. urtean Europar Batasuneko ia kide guztiek sinatutako akordioa da.

Europako zerga-itunak Europar Batasunaren Egonkortasun eta Hazkunde Ituna osatzen du, zerga-politika indartu baten eta eurogunearen barruko kontrol zorrotzago baten bidez.

Zerga-politika indartzeko neurrien artean, **urrezko araua** deritzona nabarmentzen da (behean aipatzen diren oinarrizko puntuetako lehena da). Hauek dira zerga-itunaren oinarrizko puntuak:

- **Urteko egiturazko defizitak** ez du gainditu behar BPGd-aren %0,5; eta zorra BPGd-aren %60 baino txikiagoa duten herrialdeetan, %1,0.
- Zorra BPGd-aren %60 baino handiagoa duten herrialdeek urtean **zor publikoaren hogeiren bat murriztu** behar dute.
- **Defizit publikoak BPGd-aren %3 baino txikiagoa izan behar du** uneoro (horrela ezartzen du Egonkortasun eta Hazkunde Hitzarmenak).
- **Mekanismo automatikoak ezarriko dira** defizit-helburuetan izaten diren **desbideratzeak zuzentzeko,** eta mekanismo horiek kontuan izango dute zorraren pilatze-eragina.
- **Zehapenak, ez betetzeagatik.** BPGd-aren %0,1era artekoak izango dira.

13.6. irudia. Eurogunneko herrialde batek zor handia edukiko balu eragin kaltegarria izango luke gainerako herrialdeetan, euroa ahuldu egingo litzatekeelako. Moneta bakarra indartzen duten politikak herrialde jakin batek dituen arazoengatik aplikatzeak herrialde guztiei eragiten dieten neurriak hartzea dakar. Hala, herrialde horretako arazoak konponduta ere, beste batzuetan arazoak sor daitezke. Horregatik, Europako zerga-itunaren helburuetako bat da EBko herrialdeen zorpetze-maila zailtasun handirik gabe kudeatzeko modukoa izatea, moneta bakarraren inguruan neurri zorrotzik hartu behar ez izateko.

1. jarduera ebatzia. Europako zerga-ituna, praktikan

Beheko taulan, Europar Batasuneko lau herrialderen datu makroekonomiko batzuk ematen dira, (milioika eurotan). Adierazi zein herrialdek ez duen betetzen Europako zerga-itunaren punturen bat (bat baino gehiago izan daitezke), bai eta zenbateko zigorra jaso dezaketen ere:

Soluzioa:

Herrialdea	Egiturazko defizita, urtekoa	BPGd-a	Zor publikoa	Defizit publikoa	Zor ordaindua	Ez-betetzea	Zigorraren muga
A	%0,5	1.000.000	700.000	%2	30.000	Zor ordaindua	1.000
B	%1	800.000	400.000	%4	30.000	Defizit publikoa	800
C	%0,7	2.000.000	1,400.000	%3	80.000	Egiturazko defizita	2.000
D	%0,9	500.000	250.000	%2,8	0	Bat ere ez	—

Gogoan izan

Egiturazko defizita denboran iraunkorra edo kronikoa dena da.

Jarduerak

12. Zenbatekoari erreparatuz, ordenatu handienetik txikienera Europar Batasuneko aurrekontuaren diru-sarrerak.

13. Azaldu zer-nolako lotura duten Egonkortasun eta Hazkunde Itunak eta gainbegiratze anizkoitzak.

14. Zergatik sortu zen Europako zerga-ituna?

15. Zergatik eragin dezake estatu kide bateko aurrekontuaren defizitak gainerako herrialdeetan? Nolakoa da eragina?

4. Espainia Europar Batasunean

Berrogei urteko diktaduraren eta ekonomia-eredu zaharkitu eta ez-produktibo baten zama bizkar gainean zuela, Espainia hogeita hamar urte berandu sartu zen Europar Batasunean. Eta 1986. urtean sartu zenean ere egoerak ez zirudien baikor izateko modukoa:

- **Demokrazia jaioberria.** 1975an sortutako Espainiako demokrazia hasiberriak, estatu-kolpe bat gainditu behar izan zuen 1981ean.
- **Ongizate-estatu ia hutsala.** Espainian ez zegoen gaur egungo Europar Batasuneko beste herrialde batzuekiko homologagarria den ongizate-estaturik.
- **Ekonomia-adierazle oso baxua** beste herrialde kide batzuekin alderatuta.
- **Lehiakortasun txikiko enpresak eta jarduerak.** Espainiako produktuak beste kide batzuenak baino kalitate okerragokoak eta garestiagoak ziren.

A. Ondorioak

Europa garatura egokitzeko, ahalegin handiak egin behar izan dira; baina ezinbestekoa izan da hala egitea, egin ezean herrialde horiekiko aldea gero eta handiagoa izango bailitzateke. Eta Europako erakunde demokratikoetan sartzeak Espainiako erakunde demokratikoak sendotzea ere ekarri du.

Horrez gain, eta gastu publikoan ahalegin handia eginda bada ere, Espainiak **ongizate-estatu** bat sortu eta finkatu du: alde batetik, oinarrizko zerbitzu publikoak (hezkuntza eta osasungintza, esaterako) unibertsal bihurtu ditu, eta, beste alde batetik, prestazio publiko sorta zabala eskaintzen du. Europako funtsen laguntzaz –urte hauetan funts gehien jaso dituen herrialdeetako bat izan da– hau izan da hogeita hamar urte luzez Europar Batasuneko kide izatearen balantzea (13.5. taula):

Hobekuntza nabarmena ekonomian	Enpresen modernizazioa	Erakundeen erreforma
Batez besteko ekonomia-adierazleak asko hobetu dira eta espainiarren bizi-maila estatu kide aberatsenetakoen bizi-mailara hurbildu da, nahiz eta alde handiak dauden, oraindik, eskualdeen artean. Moneta lehen baino askoz egonkorragoa da, pezeta alde batera utzi eta euroa sartu zenetik, batez ere.	Espainiako enpresak modernizatu egin dira kalitateari, kostuei, produktibitateari eta ingurumenaren babesari dagokionez hobetzeko. Horretarako, neurri zailak hartu behar izan dira; esate baterako, industria-birmoldaketak eta monopolio publikoak pribatizatzea.	Espainiak bere ekonomia batasunekora egokitu behar izan du eta EBren politika komunak onartu zenbait arlotan: nekazaritzan, arrantzan, arrantzan, industrian, garraioan, ingurumenean...

13.5. taula. Espainia Europar Batasuneko kide izatearen balantze ekonomikoa.

Europar Batasunean izandako integrazio ekonomikoak, nahiz eta beste herrialde kide batzuekiko aldeak badauden, Espainiak bere ekonomia mundura zabaltzea ekarri du, hamarkada luzeetan isolatuta eta Mendebaldeko Europako herrialdeei bizkar emanez egon ondoren. Europa soilik kontuan hartuta, Espainia 500 milioi kontsumitzaile baino gehiagoko merkatu batean sartu da.

B. Ondorioak

Gaur egun, Espainiak ez da jada Europar Batasunaren atzeko aldean dagoen herrialdeetako bat, sartu zenean bezala. Hauek dira, gaur egun, ondorioak:

- Espainia **erdi-mailako potentzia ekonomikoa** da Europar Batasunaren barruan, biztanleria handiagoko beste herrialde batzuen atzetik (Italia, Frantzia eta Alemania, esate baterako).
- Europar Batasunean duen parte-hartzea eta botoa **biztanleria-dentsitate txikiak** baldintzatzen du oraindik ere.
- Europar Batasuna Erdialdeko eta Ekialdeko Europako herrialdeak sartuz egiten ari den zabalkundeak Espainiak **2021-2026 aldian egiturazko funts gutxiago jasotzea** ekarriko du, herrialde horietako ekonomia-adierazleak Espainiakoak baino apalagoak direlako.
- Espainiak duen posizio estrategikoak, kontinenteko hego-mendebaldean, erraztu egiten du **EBren eta eremu mediterraneo eta atlantikoaren arteko bitartekaritza,** batez ere Latinoamerikako herrialdeekin dituen harreman historikoengatik.

EUROPAR BATASUNA		ESPAINIA
Zenbait herrialdek lankidetza-akordio bat abiarazi zuten ikatzaren eta altzairuaren inguruan: IAEE. Garaituak eta garaileak zeuden akordioan.	**1945**	Erregimen autarkikoa, Franco jeneralaren diktadurapean.
IAEEren emaitzak oso onak izan zirenez, erlazio ekonomikoak zabaltzea erabaki zuten. Beneluxeko herrialdeek, Frantziak, Italiak eta Alemaniako Errepublika Federalak merkatu bateratu global bat osatzea erabaki eta 1957an **Erromako Tratatua** sinatu zuten, **merkatu erkide** bat sortzeko asmoz.	**1957**	Espainiak 1960. urtean eskatu zuen Erkidegoan sartzea, baina ukatu egiten zaio, erregimen politikoa dela eta.
Hesiak kentzeko prozesua atzeratuz joaten da, arian-arian herrialde gehiago sartzen direlako eta nazioarteko beste gertaera batzuk medio (Adibidez, petrolioaren krisia, 1973an).	**1973**	Lehentasunezko akordioa Espainiarekin 1970. urtean, eta negoziazioen hasiera 1975ean.
Europako Akta Bakarrak Europako integrazioa berrindartu zuen, Europako merkatu erkidea errealitate bihurtuz, pertsonen, kapitalen eta salgaien zirkulazio askearen bidez.	**1986**	Erreferendum bidez berretsi ondoren, Espainia EEEn sartu zen.
Maastrichteko Tratatuak EEE birfundatu zuen, **Europar Batasuna (EB)** izenarekin. Ekonomia- eta moneta-batasuna handitu zuen, batasun politiko baten aurreko urrats moduan. **Amsterdamgo tratatuak** askatasuna, demokrazia eta giza eskubideen errespetua indartu zuen, eta bereziki aipatzen zuen garapen iraunkorraren printzipioa. Gerora, **Nizako Tratatuan**, *bi abiadurako Europa* deritzona onartu zen. Gero eta pisu eta babes handiagoa zuten euroeszeptikoek.	**1992**	Maastrichteko akordioak ia aho batez onartu zituen Espainiako Parlamentuak. Akordio horrek Konbergentzia Plan bat egitea zekarren, Europar Batasuneko kide izateko eta euroa moneta moduan erabiltzeko.
Euroa sartu zen.	**2002**	
Ordura arteko tratatuak ordeztu eta legedia bateratzeko, 2004an Erroman **Europar Batasuneko Konstituzioaren Tratatua** onartu zuten. Espainian eta Luxenburgon egindako herri-kontsultak aldekoak izan ziren, baina ez zen gauza berbera gertatu Frantzian eta Herbehereetan. Horren ondorioz, hausnarketa-aldi bat zabaldu zen.		
Lisboako Tratatuak porrot hori aitortu zuen, baina konstituzioak zekartzan aldaketa gehienei eutsi zien. Finantza-krisia 2008an, eta eurogunearena 2010ean.	**2007**	
Europako zerga-ituna sinatu zen munduko eta euroguneko bertako krisiari aurre egiteko.	**2012**	Hipoteken krisiak, Espainian bereziki larria izan zen arazoak, banku-sistemaren erreskatea eragin zuen.
Grezia erreskatatu egin behar izan zen 2015ean. *Brexitak*, Erresuma Batua ateratzeak, beste arrakala bat sortu zuen Europaren eraikuntzan.		

13.6. taula. Espainia Europar Batasunean.

5. behatokia. Espainia Europar Batasuneko kide izatearen balantze ekonomikoa

Espainiak Europar Batasuneko kide izaten daramatzan hogeita hamar urte luze laburbiltzen dituzte taula honetako datuek.

	Inflazioa (%)			Langabezia-tasa (%)			Biztanleko BPGd-a (€)		
	1986	**2002**	**2017**	**1986**	**2002**	**2017**	**1986**	**2002**	**2017**
Espainia	10,90	4,45	1,00	21,3	11,2	16,6	5.767,66	15.111,70	25.000,00
Eurogunea	4,50	3,35	1,50	8,6	8,6	9	9.708,07	19.635,44	32.735,20

Hausnartu:

a) Bildu taulako datuak hiru grafikotan, aldi horretan inflazioak, langabezia-tasak eta biztanleko BPGd-ak izan duten bilakaera adierazteko.

b) Espainiako biztanle batek 1986. urtean zer sarrera zituen ehunekotan europar batekiko? Eta gaur egun?

c) Hiru parametro horietatik zein da Espainiako ekonomiak konpondu gabe duen arazoa?

d) Zer-nolako bilakaera izan dute prezioek Europar Batasunean sartu garenetik?

Jarduerak

16. Deskribatu zer bilakaera izan duen Espainiak arlo politiko, sozial eta ekonomikoan 1986an EBn sartu zenetik.

17. Zure ustez, zer erronka ditu gaur egun Espainiak Europar Batasunaren barruan?

18. Pezetari dagokionez, zer ekarri zuen euroa moneta moduan hartzeak?

19. Zerk baldintzatzen du Espainiak Europar Batasunean duen erabaki-ahalmena?

5. Globalizazioa

13.7. irudia. Globalizazioa gai korapilatsua da, praktikan indartsuenek, herrialde garatuek eta multinazionalek ateratzen dietelako probetxurik handiena munduko merkatuei, eta ez egoera okerrenean daudenek, beharko lukeen bezala.

Dendetan denetarik topatu dezakegu: Europar Batasunerako homologatuta egon baina Txinan ekoitzita dauden jostailuak; marka estatubatuar bateko praka bakeroak, Perun egindakoak; eta Namibiatik datozen itsaskiak, gurean harrapatzea debekatuta dagoen aldian. Eta Wall Streeten kotizatzen duten akzioetan ere inberti dezakegu. Baina europarrok mundu osoko produktuak eskuratu ditzakegun bezalaxe, atzerritarrek ere badute aukera produktu europarrak eskuratzeko.

Hori ez da, ordea, Europar Batasunean soilik gertatzen den gauza bat, mundu osoan gertatzen ari den gauza bat baizik. Azken berrogei urteetan hain handiak izan dira pertsonen migrazioak, kapital-mugimenduak eta munduko merkataritzaren hazkundea, ezen gaur egun ia elkarren mendeko bihurtu baikara: herrialde batean gertatzen denak beste askori eragiten die, eta alderantziz. XXI. mendea globalizazioak arrakasta izan zuen mende moduan gogoratuko da.

Globalizazioa esaten zaio muga geografikorik gabeko munduko merkatua sortzeko prozesuari.

5.1. Globalizazioaren faktoreak

Aurreko mendeko laurogeiko hamarkadatik hona munduko merkatu handi bat sortzen lagundu duten faktoreen artean, hauek dira azpimarragarrienak:

- **Teknologia.** Informatikaren garapenak –eta, bereziki, Interneten sorrerak– aukera eman du munduko edozein lekutan, bat-batean, komunikazioak eta transferentzia ekonomikoak egiteko aukera, eta merke egitekoa, gainera. Horrekin batera, garraioaren garapenak salgaiak eta pertsonak lekualdatzeko kostuak eta denbora asko murrizten lagundu du.
- **Normalizazioa.** Herrialde askok antzeko arauak edo estandarrak onartu dituzte, ekoizpen-sistemetarako, eta nazioarteko kalitate-arauak erabiltzen hasi dira. Nazioarteko estandarrak dira, adibidez, kreditu-txartelen formatua, gailu elektrikoen entxufea, sakelako telefonoen mikro USB konexioa eta etxetresna elektrikoen neurriak.
- **Finantziazio-aukerak.** Jada ez da beharrezkoa ezinbestean herrialdeko bertako bankuen edo aurrezki-kutxen kreditu-baldintzak onartzea, bankuek, multinazionalek egiten duten bezalaxe, beren merkatuan zein atzerriko merkatuan jarduten baitute. Adibidez, hipoteka bat edo mailegu bat kontrata dezakegu yenetan edo franko suitzarretan.
- **Gustuak eta premiak homogeneizatu izana munduan** (**kultura-globalizazioa** ere esaten zaio). Merkataritza eta publizitate-kanpainak errazten ditu, eta, horrenbestez, gero eta antz handiagoa dute planetaren leku batean eta bestean kontsumitzen ditugun ondasunek eta zerbitzuek. Esate baterako, herrialde garatuetan oso ohikoa da gazteek praka bakeroak janztea, musika gailu eramangarri batean entzutea, janari lasterra kontsumitzea eta zinearetoan pelikula estatubatuarrak ikustea.
- **Liberalismo ekonomikoa.** Denboraren joanarekin, pentsaera ekonomikoaren korronte horren tesiak nagusitu dira; hau da, kapitalen transakzioetan hesiak kentzen badira munduko merkatu handi bat sortzea erraztuko dela, eta horrek aberastasun eta hazkunde ekonomiko handiagoa ekarriko duela guztiontzat.

13.8. irudia. Globalizazioak ez dira fenomeno berriak, aurretik zenbait globalizazio egon dira historian, nahiz eta guztiek ere gaur egungoak baino askoz eragin txikiagoa izan duten. XVI. eta XVII. mendeetako itsas inperioek Mundu Zaharraren eta Mundu Berriaren artean ordura arte inoiz gertatu ez zen trukea sustatu zuten, bai kultura-trukea, baita material biologikoaren trukea ere. Ameriketako zenbait produktu (artoa, tomatea, patata, banilla, kautxua, kakaoa eta tabakoa, adibidez) mundu osoan merkaturatu ziren.

Ekonomikoa	Soziala	Politikoa
Merkataritza-eta kapital-fluxuak	Beste herrialde batzuetako pertsonekiko harremanak	Enbaxada kopurua
Atzerriko inbertsioak	Interneten erabilera	Nazioarteko erakundeetan parte hartzea
Merkataritza-irekieraren maila	Hurbiltasun kulturala	Tratatuak sinatzea beste herrialde batzuekin

Tabla 13.7. KOF globalizazio-indizeak. Herrialde globalizatu bat irekia da eta munduarekin konektatuta dago. Globalizazioa neurtzeko modu asko daude, baina onartuenak zenbait arlotako adierazleak dituztenak dira, Suitzako unibertsitate batek egiten duen IG KOF, adibidez.

6. behatokia. Multinazionalak herrialdeen aurka

Multinazionalak beren interesen arabera sartzen dira herrialdeetan eta ateratzen dira haietatik. Azken urteetan, multinazionalen boterea asko handitu da globalizazioak dakarren mugarik gabeko munduko merkatuarekin; izan ere, multinazional batzuek neurri ertaineko herrialde askok baino baliabide gehiago dituzte.

Belgika	544,04	**Toyota**	265,17	**Guatemala**	137,85
Walmart	500,34	**Finlandia**	247,27	**BMW**	111,23
Portugal	326,03	**Apple**	229,20	**Kroazia**	104,23
Royal Dutch Shell	311,87	**Oman**	193,22	**Banco Santander**	87,40
Hungaria	274,94	**Amazon**	177,87	**Nepal**	78,59

2017. urteko konparaketa, mila milioi dolarretan. Zenbait herrialderen ekoizpena (bizi-mailari egokitua) eta multinazionalen fakturazioa (salmentak) adierazten dira.

Hausnartu:

a) Zer enpresak gainditzen dute salmentetan Hungariaren BPGd-a edo ekoizpena?

b) Zure ustez, zer esan nahi du Amazon Guatemala, Kroazia edo Nepalen aurretik egoteak?

c) Taula honetan agertzen diren enpresa guztien salmentak Espainiaren BPGd-aren parekoak dira, gutxi gorabehera. Zer esan nahi du horrek, praktikan?

Ba al zenekien...?

PPTV telebistako online kanal txinatarrak 2015. urtean iragarri zuen Espainiako futbol-ligako emisio-eskubideak erosi zituela 2020. urtera arte, Txinako, Taiwaneko eta Macauko komunikabide guztietarako. Akordioaren baldintzetako bat izan zen partiden ordutegia aurreratzea, zenbait partida Txinan zuzenean ikusten direla bermatzeko.

2. jarduera ebatzia. Globalizazioa, kalean

Libek enpresa bat sortu nahi du ekialdeko *delicatessen*-produktuak inportatzeko, eta, horretarako, zenbait egun daramatza informazioa biltzeko e-mailak trukatzen Japoniako, Txinako eta Hego Koreako enpresekin. Transkazioak dolar estatubatuarrekin egingo direnez, Espainian sukurtsalak dituzten AEBko bi bankurekin jarri da harremanetan, operazioak haien bidez egin eta truke-kostuak aurrezteko, batetik, eta bere operazioen abalemaile izan daitezen, bestetik.

Beste alde batetik, Libek jostun italiar ezagun baten jantziak erabiltzen ditu, eta bere iPhoneko aplikazio baten bidez ordaintzen ditu; eta aurrezkiak Suitzako higiezin-funts batean inbertitzen ditu, eta haren partaidetzak denbora errealean erosten ditu tabletaren bidez.

Adierazi zer globalizazio-faktore agertzen diren Liberen eguneroko bizitzan.

Soluzioa:

Liberalismo ekonomikoa	Asiako inportazioak, Suitzako higiezin-funtsak... Duela urte batzuk pentsaezina zen nazioarteko operazioak egitea izapide konplexuak egin eta kostu handiak ordaindu gabe.
Finantziazio-aukerak	Gaur egun posible da edozein herrialdetako banku-erakundeekin lan egitea, haiek eskaintzen dituzten abantailez baliatzeko.
Teknologia	Internetek mundu *hiperkonektatua* sortu du, denbora errealean funtzionatzen duena. Adibidez, Asiako enpresekin komunikatzea eta denbora errealean inbertitzea Suitzako higiezin-funtsean.
Globalizazazio kulturala	Nazioarteko moda-diseinatzaileen arropa gustukoa izatea, munduko beste leku batzuetako pertsonekin komunean dugun alderdietako bat besterik ez da.
Normalizazioa	Telefono mugikorrak, tabletak, ordenagailu eramangarriak, telebistak, bonbillak... Gauza asko dira munduan erabilera eta ezaugarri berdin-berdinak dituzten produktuak.

Jarduerak

20. Zergatik errazten du globalizazioa teknologiak?

21. Mc Donald's janari azkarreko jatetxeen kopurua, edo Ikea dendena, baremo moduan erabiltzen ditu KOF globalizazio-indizeak (13.7. taulan adierazten dira) herrialdeen globalizazioa neurtzeko. Zure ustez, zein adierazle-eremu eta -multzotakoak dira datu horiek?

5.2. Globalizazioaren eremuak

Norbanako moduan erosten ditugun ondasunak edo kontratatzen ditugun zerbitzuak dira globalizazioaren ageriko alderdia, baina globalizazioa beste eremu batzuetan ere nagusitu da:

Merkataritza-arloan

Beste herrialde batzuekin egiten diren ondasunen eta zerbitzuen trukeak asko ugaritu dira; hainbeste, ezen ohikoa bihurtu baita atzerriko enpresek ekoitzitako produktuak erostea eta hemengo enpresek ekoizpenaren zati bat gure mugetatik kanpo saltzea.

Kultura-arloan

Kultura mundu osoan estandarizatzea edo homogeneizatzea (globalizazio kulturala deritzona) oso kezkagarritzat jotzen dute adituek, haren eraginez nazioen eta etnien nortasun-ezaugarriak galtzen ari baitira, pixkanaka-pixkanaka. Kultura-desberdintasunak murrizteak eta lehentasunak bateratzeak ez luke zertan arazo izan, betiere modu naturalean gertatzen badira. Baina praktikan ez da hala gertatzen ari, bateratze hori enpresa handiek sustatzen baitute, masa-komunikabideak erabiliz, beren salgaiak munduko edozein lekutan gehiago saldu ahal izateko.

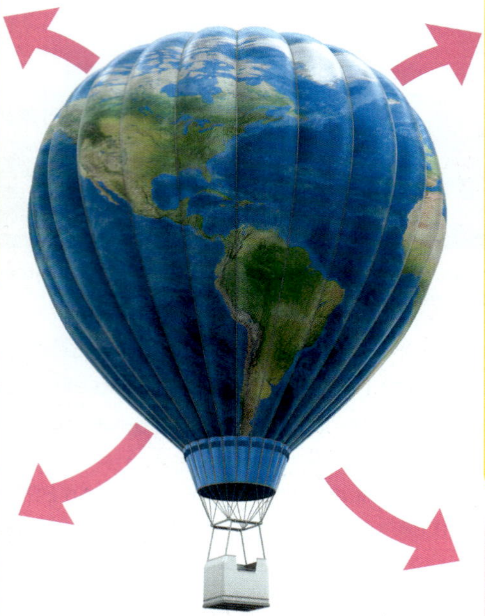

Ekoizpen-arloan

Produktuak bertako merkaturako zein kanpo-merkaturako izan, enpresa asko ekoizpen-kostuak txikiak diren herrialdeetan ezartzen dira. Soldata-kostu txikiak, zerga txikiak edo ingurumen-legedia zorrotza ez izatea oso kontuan hartzen diren faktoreak izan ohi dira lantegi bat zein herrialdetan jarri aztertzean.

Globalizazioaren eremuak

Finantza-arloan

Kapitalen nazioarteko finantza-mugimenduek inbertsiogileei aukera ematen diete aurrezkiei etekin handiagoa ateratzeko herrialdetik kanpo.

13.9. irudia. Globalizazioaren eremuak.

7. behatokia. Globalizazioaren aurkako mugimenduak

Nazioarteko ekonomia-erakunde handien bilkurek, G20, NDF eta MMErenak adibidez, *gonbidatu deseroso* bat izan ohi dute: globalizazioaren aurkako manifestariak. Zenbait sigla edo ideiaren inguruan biltzen diren pertsonak dira; mugimendu horiek ez dute bozeramailerik eta liderrik izaten, eta manifestazioen amaieran ez da manifesturik irakurtzen. Interneteko sare sozialen bidez egoten dira harremanetan, elkarrekin koordinatu eta beren ideiak zabaltzeko. Oso heterogeneoak izaten dira, eta gehien-gehienek antisistema, antikapitalista eta estatuen aurkakoak direla adierazten dute.

Eta, izan ere, askotan beren ekarpen praktikoetan oso konstruktiboak ez diren arren, globalizazioaren arkako taldeak errealitate baten adierazle dira: globalizazioak, gizakiaren historiako oparotasun-aldi luzeena ekarri badu ere, baditu biktimak, galtzaile atera direnak, bai eta haren aurka daudenak ere.

Hausnartu:

a) Bilatu Googleren albisteen atalean globalizazioaren aurka egin den azken kontzentrazioa. Non egin zuten protesta? Zenbat ziren? Zein izan ziren haien aldarrikapen nagusiak?

b) Zer-nolako eginkizuna dute teknologia berriek talde antisistema horien agerikotasunean eta arrakastan?

c) Zenbait talde antisistemak eta zenbait pertsonaia ezagunek (Edward Snowden, CIAko agente ohiak, adibidez) salatu dute globalizazioak arriskuan jar ditzakeela gaur egun Mendebaldean ditugun askatasun demokratikoak eta pertsonalak. Zer esan nahi dute hori adierazten dutenean?

Ba al zenekien...?

Azken urteetan, globalizazioari buruzko eztabaidak ekonomia garatuenetako batzuetaraino ere iritsi dira, eta herrialde horiek beren interes nazionalak babesteko hautua egin dute. AEB Ipar Amerikan, eta Erresuma Batua, Europan, dira integrazio ekonomikoaren aurkako pentsamendu-korronte berri horren aitzindariak. Eta beste herrialde askotan ere gero eta indar handiagoa dute joera nazionalistako alderdi politiko batzuek, autonomia galdu eta erabakiak nazioaz gaindiko interesen mende uztearen kontrakoak direnak.

5.3. Globalizazioaren akatsak

Herrialdeetako ekonomia mistoetan halabeharrezkoak izaten dira **merkatuaren hutsegiteak,** 7. unitatean ikusi genuen bezala. Eta globalizazioan, mugarik gabeko munduko merkatu bat denez, badaude bai akatsak. Eta, gainera, herrialde baten barruko merkatu batekin alderatuta, akatsek dimentsio handiagoa hartzen dute, herrialde bakarrari eragin beharrean planetako guztiei eragiten dielako.

Merkatuaren hutsegitea:
Esternalitateak (negatiboak)

Planetako ingurumena hondatzeak, kutsadurak, baliabide naturalen gehiegizko ustiaketak eta klima-aldaketak eragin askoz handiagoa dute herrialde batzuetan beste batzuetan baino.

Merkatuaren hutsegitea:
Errentaren banaketa desorekatua

Desberdintasunak handitzea herrialdeetan bertan, pobreenetan batez ere, herrialde aberatsek baino baliabide eta prestazio gutxiago dituztelako.

Merkatuaren hutsegitea:
Lehia ez perfektua

Multinazionalen botere handiagoa, enpresa-lehiaren kaltetan. Izan ere, iraganean lortutako tamainari eta finantza-ahalmenari esker, multinazionalek (oro har, herrialde aberatsetakoak izaten dira) abantaila dute, bai herrialde bereko enpresa txikiagoekiko, baina baita beste herrialde batzuetako enpresekiko.

Merkatuaren hutsegitea:
Ziklo ekonomikoen ezegonkortasuna

Herrialdeek krisien eraginarekiko arrisku handiagoa izatea, ekonomiek elkarrekiko gero eta mendekotasun handiagoa dutelako. Baina herrialde aberatsek bitarteko gehiago eta ahalmen handiagoa dutelako krisietatik ateratzeko

Globalizazioaren akatsak

13.10. irudia. Etxeko merkatuen hutsegiteen eta globalizazioaren akatsen arteko erlazioa.

14. unitatean desberdintasunen arazoari eta ingurumena hondatzearen arazoari helduko diegu, globalizazioak areagotu egin dituen arazoak baitira, edo, onenean ere, desagerrarazi ez dituenak.

Jarduerak

22. Azaldu zer-nolako abantailak dakarzkien enpresei globalizazioak ekoizpen-kostuari dagokionez.

23. Mar, Taiso eta Tom egunero elkartzekotan geratzen dira institututik ateratakoan. Marri izugarri gustatzen zaio manga, Taisok, ahal duen guztietan, paella jaten du bere auzoko jatetxean, eta Tomek Espainiako ligako partida guzti-guztiak ikusten ditu. Denek ere praka bakeroak janzten dituzte, saioak ikusten dituzte Netflixen eta egunero elkartzen dira Fortniten jokatzeko institutuaren ondoren. Eta hori Mar Madrilen bizi dela, Taiso, berriz, Tokion, eta Tom New Yorken. Kulturen arteko hesiak lausotzen ari dira, modak sare sozialen abiaduran hedatzen dira eta zaila da imajinatzea gure hirian egin ezin den zer egin daitekeen planetaren beste muturrean.

a) Nola eragiten die enpresei globalizazio kulturalak?

b) Aipatu zure ustez globalizazioak duen alderdi on bat eta alderdi txar bat.

24. Zergatik esaten dugu globalizazioak merkatuaren hutsegiteak handitzen dituela?

25. Globalizazioaren eraginei dagokienez, herrialde baten barneko desberdintasunak handitzea zergatik da arazo handiagoa herrialde pobre batean herrialde aberats batean baino?

26. Krisi ekonomiko bat gertatzen denean, zer-nolako neurriak hartzen dituzte herrialdeek krisitik ateratzen saiatzeko? Estatu guzitek krisiak gainditzeko ahalmen berbera al dute?

KONTZEPTU-MAPA

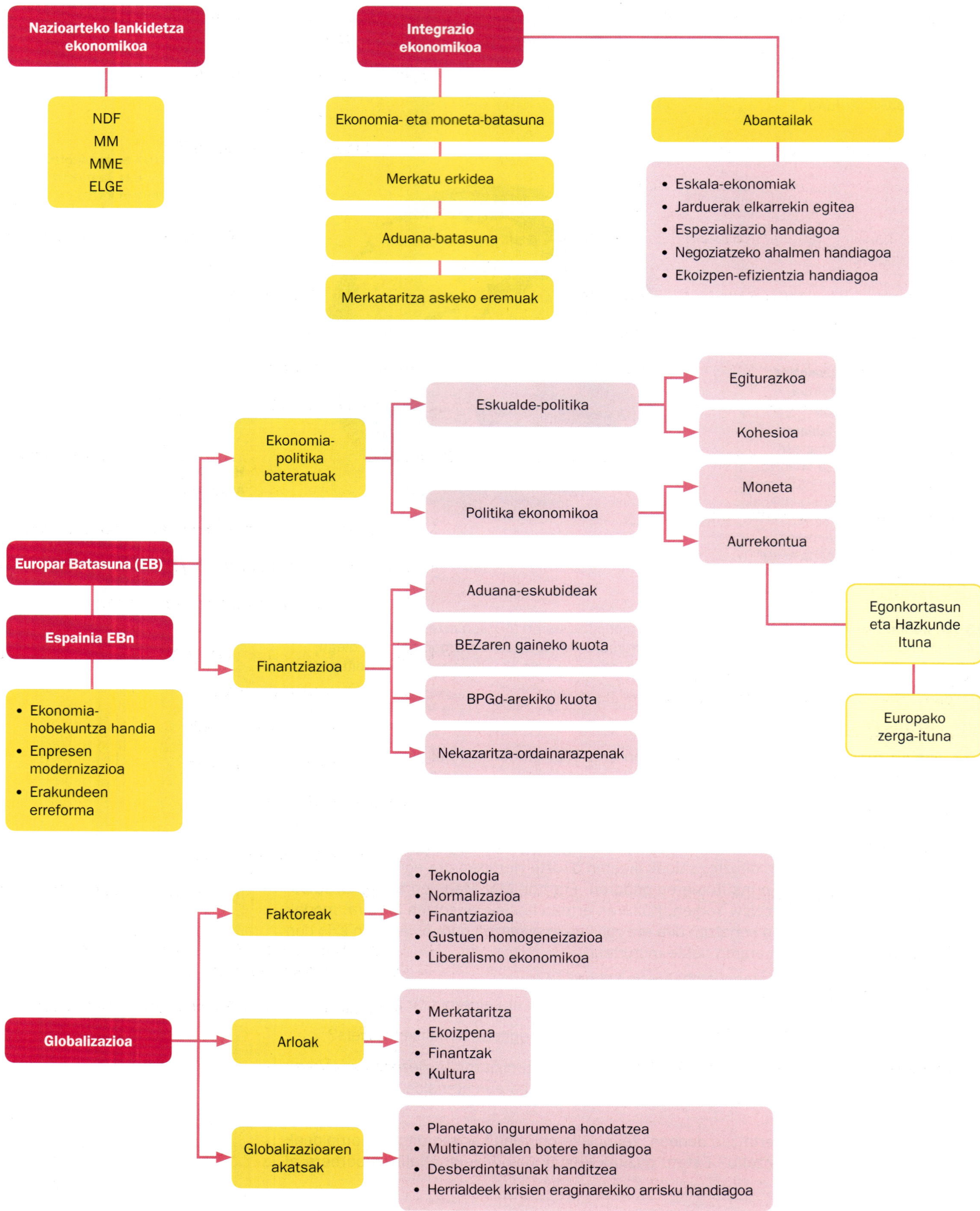

1. Zein da NDFren eta MBren eginkizuna?

a) Merkataritza liberalizatzea.

b) Ordainketa-sistema aldeaniztuna sortzea, dolarra erreferentzia moduan erabiliz.

c) Nazioarteko maileguak ematea.

d) Aurreko erantzunetatik, bi zuzenak dira.

2. Aduana-batasunaren berezkoak diren neurrien artean, hauek topa ditzakegu:

a) Hirugarrenekiko muga-zerga propioak edukitzea.

b) Kideen arteko muga-zergak desagertzea.

c) Kapitalen eta langileen zirkulazio askea.

d) Aurreko erantzunetatik, bi zuzenak dira.

3. Zein ez da integrazio ekonomikoko maila guztietako abantaila bat?

a) Diru-trukeen kostuak murriztea.

b) Espezializazio handiagoa.

c) Ekoizpen-efizientzia handiagoa.

d) Eskala-ekonomiak agertzea.

4. Globalizazioari dagokionez, nortasun-ezaugarriak edo ezaugarri nazionalak galtzea, zein arlotan sartzen den alderdia da?

a) Merkataritza.

b) Kultura.

c) Finantzak.

d) Ekoizpena.

5. Hauetako zein dira Europar Batasunaren integrazioaren ardatzak?

a) Tratatuak.

b) Europako politika bateratua.

c) Kontseilu Europarraren erabakiak.

d) Aurreko erantzunetatik, bi zuzenak dira.

6. Hauetako zein iturri da Europar Batasuneko diru-sarrera gehienen jatorria?

a) Nekazaritza-ordainarazpenak.

b) Aduana-eskubideak.

c) Herrialdeen kuota, BPGd-aren araberakoa.

d) BEZarekiko kuota.

7. Hauetako zein da Europar Batasuneko aurrekontuko gastuen kontu-sail nagusia?

a) Nekazaritza Politika Erkidea.

b) Egiturazko funtsak.

c) BPGd-arekiko kuota.

d) Aurreko erantzunetatik, bi zuzenak dira.

8. Hau da Europako zerga-itunaren puntu garrantzitsuena:

a) Defizit publikoari %3ren azpitik eustea.

b) Desbideratzeak zuzentzeko mekanismoak ezartzea.

c) Urteko egiturazko defizita mugatzea.

d) Defizit ziklikoak ahalik azkarren zuzentzea.

9. Globalizazioak dituen arriskuen artean, honako hauek ditugu:

a) Gustuak homogeneizatzea.

b) Multinazionalen botere handiagoa.

c) Antzeko arauak edo estandarrak onartzea.

d) Denak zuzenak dira.

10. Adierazpen hauetatik zein da okerra?

a) Enplegua sortzea Europar Batasunaren eskualdeko lehentasunezko helburuetako bat da.

b) Europar Batasunean BEZ gehien ordaintzen duten herrialdeak gehien kontsumitzen dutenak dira.

c) Europako zerga-itunak Egonkortasun eta Hazkunde Ituna osatzen du.

d) Denak zuzenak dira.

Nazioarteko lankidetza ekonomikoa.

1. Bigarren Mundu Gerra sortzea eragin zuten zer alderdi agertzen dira testuan? Zer neurri hartu ziren berriro halakorik gerta ez zedin?

2. Zer helburурekin sortu zen MME? Zer tresna arauemaile erabiltzen ditu MMEk bere helburuak lortzeko?

3. Zergatik ezarri zen XX. mendean, dolarrak urrearekiko bihurgarritasunik ez zuela?

4. Herrialde bat beste bat *dumping* egiteaz salatzen ari denean, zer salatzen ari da?

5. Bilatu Interneten edo ekonomia-egunkarietan MMEri, NDFri, MBri, G8ari eta G20ari buruzko albisteak eta lotu unitateko edukiekin.

Integrazio ekonomikoa.

6. Integrazio ekonomikoko prozesuek zergatik errazten dute herrialdeen espezializazio handiagoa?

7. Zer du merkatu erkide batek aduana-batasun batek edo merkataritza askeko eremu batek ez duena?

8. Zertan dira berdinak eta zertan desberdinak Ameriketako TLCAN eta EB?

9. Zein da lankidetza ekonomikoaren eta integrazio ekonomikoaren alde nagusia?

10. Inditex bere egunean Espainia EBn sartu zenean sortutako ekonomia-eskalak baliatu zituen ehungitzako enpresa da. Hori diogunean, zertaz ari gara berez?

11. Adierazi zer integrazio-maila dagoen hauetako kasu bakoitzean:

a) Herrialde-multzo batek elkarren artean muga-zergak kendu eta hirugarrenekiko zerga bateratu bat ezartzea erabaki dute.

b) CAN, haren kideek hirugarrenekiko muga-zerga indibidualak ezartzea erabakitzen badute.

c) EFTA, hirugarrenekiko muga-zerga komunak eta salgaien zirkulazio askea onartuko balitu.

d) Muga zergak murrizteko akordioa Mercosurren eta Karibeko zenbait herrialderen artean.

Europar Batasuna.

12. Zer dira EBko politika bateratuak? Zergatik dira garrantzitsuak eskualde-politika eta politika ekonomikoa?

13. Zein dira EBko eskualde-politikako helburuak? Zer tresna erabiltzen da, nagusiki, horiek lortzeko?

14. Zeri esaten zaio elkarganatzea Europar Batasunean?

15. Zertan dira berdinak eta zertan desberdinak egiturazko funtsak eta kohesio-funtsak?

16. Nondik lortzen ditu diru-sarrerak Europar Batasunak? Nola da posible Europar Batasunak ekonomikoki funtzionatzea haren aurrekontua estatu kideen BPGd-aren %2 soilik baldin bada?

17. Taula honetan Europar Batasuneko lau herrialderen datu makroekonomikoak dituzu, milioi eurotan. Adierazi ea Europako zerga-ituneko oinarrizko punturen batean edo gehiagotan ez-betetzerik baduten, eta zein izango litzateeen zigorraren muga:

Herrialdea	Egiturazko defizita, urtekoa	BPGd-a	Zor publikoa	Defizit publikoa	Zor ordaindua
E	%0,8	500.000	100.000	%5	20.000
F	%1	1.000.000	500.000	%2	10.000
G	%0,9	700.000	350.000	%3	10.000
H	%0,7	3.000.000	2.100.000	%3	120.000

18. Erantzun EBko aurrekontuarekin lotutako politika ekonomikoari buruzko galdera hauei:

a) Zer motatako zergak dira aduana-eskubideen kontu-sail nagusia? Zer mota ikasi genituen 12. unitatean?

b) Zein dira gastuaren kontu-sail nagusiak?

c) Zer lortu nahi da estatu kideen epe ertaineko aurrekontu-politikak gainbegiratzean?

d) Zer arlotan izaten da gainbegiratze anizkoitza Europar Batasunean?

e) Arrazoitu, inflazioari dagokionez, herrialde batek dituen sarrerak baino gehiago gastatzeak nola eragiten dien EBko gainerako herrialdeei.

f) Nola zuzendu daiteke gehiegizko defizita, halakorik izaten bada?

g) Zer lotura dago Egonkortasun eta Hazkunde Itunaren eta Europako zerga-itunaren artean?

h) Oro har, zer alderdiri buruzkoa da Europako zerga-ituna?

Espainia Europar Batasunean.

19. Erantzun 13.6. taulari buruzko galdera hauei:

a) Zein izan zen Europako Ekonomia Elkartearen (EEE) hazia, gaur egungo Europar Batasunaren aurrekaria denarena?

b) Zergatik moteldu zen hesiak kentzeari dagokionez Erromako Tratatuan aurreikusitakoa?

c) Jakinda Espainia Europar Batasunean sartzeko negoziazioak 1960an hasi zirela, zergatik ez zen sartu, zure ustez 1986. urtera arte?

d) Zer tratatuen ondorioz sortu da gaur egungo Europar Batasuna eta euroa?

e) Zein zen Europako Ekonomia Erkidegoa eratzeko Tratatuaren helburua. Zergatik ez zuen arrakastarik izan tratatu horrek?

f) Europako aurrekontuari dagokionez, zertara behartu zuten 2008ko eta 2010eko krisiek?

g) Azken urteetan zein gertakari izan da Europaren eraikuntzan izan den zoritxar nagusia?

h) Oro har, eta taulari erreparatuz, esan Espainia euroeszeptikoa den ala ez. Arrazoitu erantzuna.

i) Bilatu zure ustez Europar Batasunaren eraikuntzaren gaur egungo egoera islatzen duten hiru albiste.

20. Kontuan hartuta Europar Batasuneko erakundeetan izaten den ordezkaritza eta erabaki-hartzeetan den pisua biztanleria-dentsitatearen mendekoa dela, zer arazo du Espainiak?

21. Espainiak Europar Batasunean daramatzan 30 urte luzeetan:

a) Nola finkatu da Espainian ongizate-estatua?

b) Zer-nolako bilakaera izan dute Espainiako enpresek?

c) Zure ustez, monetak zergatik izan zuen egonkortasun handiagoa euroa sartu eta pezeta desagertzearekin?

d) Zer-nolako aldaketak egin behar izan ditu erakundeetan Espainiak?

22. Europar Batasuna zabaltzeak Espainiak gaur egun jasotzen dituen egiturazko funtsak jasotzen ez jarraitzea ekarriko du. Trukatu horri buruzko iritziak zure ikaskideekin eta eztabaidatu zer neurri hartu beharko lituzkeen Espainiako Gobernuak horri dagokionez.

Globalizazioa.

23. Zein dira globalizazioaren arloak? Zertan dautza?

24. Aukeratu zure ustez modan dagoen edo oso ezaguna den telesail bat, musika-talde bat, janari-mota bat, jantzi bat eta film bat. Taldeka, alderatu zure aukerak zure ikaskideenekin, eta aukeratu gehien aipatu direnak. Ikasgela eta ikasmaila guztietako datuak bildu ondoren, irakasleak denen aurrean aurkeztuko ditu eta institutuko *globalizazio kulturalaren* irabazleak zien diren adieraziko du. Zure taldeak irabazle suertatu diren produktuetatik hiru gutxienez asmatu baldin baditu, irakasleak balorazio positiboa egingo du.

25. Adierazi egunkarietako titulu hauetako bakoitza globalizazioaren zer akatsekin lotu daitekeen:

a) «Tifoiek, berriro ere, Ameriketako Estatu Batuetako hego-ekialdea suntsitu dute».

b) «Frantziak gora egiten jarraitzen du aberastasunaren munduko rankingean, eta Burundi, berriz, azken lekuan dago berriro ere».

c) «Apple 2009. urtetik bere balioa gehien handitu duen enpresa da».

d) «Europar Batasuneko herrialdeetan ekonomia suspertzen ari den zantzuak ageri dira, eta Argentinak eta Brasilek, berriz, atzeraldian jarraitzen dute lehengaien prezio baxuaren eraginez».

e) «Microsoft Europar Batasunean praktika monopolistak egiten ari dela salatu dute».

f) «Lurreko poloek urtzen jarraitzen dute».

g) «Afrikan behera egiten ari dira pobrezia-indizeak, baina handitzen ari da munduko gainerako herrialdeekiko aldea».

h) «Petrolioaren prezio baxua Venezuelaren susperraldi ekonomikoa eragozten ari da».

26. Carlo espainiarra da eta Kopenhagen (Danimarka) bizi da, nahiz eta Malmö hirian (Suedia) egiten duen lan. Øresund nazioarteko zubia erabiltzen du lanera joateko. Txartelak lehiatilan erosten ditu enpresa suediarrak eman dio barra-kode bat erabiliz. Malmön jatetxe mexikar batean jaten du egunero, eta enpresa-txartel batez ordaintzen du. Carlok Frankfurteko burtsako akzioak erosten eta saltzen ditu, denbora errealean, bere telefono mugikorraren bidez. Koroa danimarkarren eta koroa suediarren arteko truke-kosturik ez edukitzeko, bi herrialdeetan sukurtsalak dituen banku batean kontu korronte bat du, eta banku horrek Asiako inbertsio-funts bat ere kudeatzen dio.

Identifikatu zer globalizazio-faktore agertzen diren Carloren eguneroko bizitzan.

27. Zure ustez, zer dakar merkataritza-arloan izaten ari den etengabeko liberalizazioak?

28. Zergatik esaten da globalizazioaren akats bat dela ingurumena hondatzea, ez badie herrialde guztiei era berean eragiten?

29. Esan adierazpen hauek zuzenak ala okerrak diren:

a) Europako Akta Bakarrak Europako aduana-batasuna indartzea ekarri zuen.

b) Taberna batean freskagarri bat hartzen ari zarenean, Europar Batasuna finantzatzen ari zara.

c) Nahitaezkoa da BPGd-aren %60tik gorako zorra duten herrialdeek zorra urtean hogeiren bat murriztea.

d) Eskualde-politikaren eginkizun nagusia herrialdeen arteko desorekak zuzentzea da.

e) Europar Batasuneko estatu kideek EBko aurrekontuari egiten dioten ekarpena beren BPGd-aren %75aren ingurukoa da.

f) Globalizazioaren ondorioz herrialde aberatsen eta herrialde pobreen arteko aldea gero eta handiagoa izateak ez du esan nahi herrialde pobreak lehen baino pobreagoak direnik.

- Idatzi argi dauzkazun eta zure ustez funtsezkoak diren unitateko bi ideia. Zerk lagundu dizu ideia horiek ongi ulertzen?
- Egin argi geratu ez zaizkizun unitateko alderdiei buruzko bi galdera.
- Idatzi unitate honetan sakonago aztertu nahiko zenituzkeen bi alderdi.

Interpretatzen ikasten: Europar Batasuneko aurrekontua

Europar Batasuneko aurrekontua **145.000 milioi eurokoa izan zen 2018an,** EBko herrialdeek urtean sortzen duten aberastasunaren **%1 inguru.** Aurrekontuaren %94 estatu kideetan eta beste herrialde batzuetan gastatzen da. Milioika ikasleri laguntzen die, milaka ikertzaileri, hiriei, enpresei, eskualdeei eta GKEei. Aurrekontuko sail bakoitzeko gehieneko mugak gutxienez bost urteko eperako ezartzen dira, onuradun potentzialek –erakundeek eta herrialdeek– aukera izan dezaten beren plangintza egiteko. Horri **urte anitzeko finantza-esparrua** deritzo. Hurrengo aldia 2021-2027 izango da.

Europar Batasunaren gastuak (2018rako egokitutako kopuruak. Iturria: Europako Batzordea)

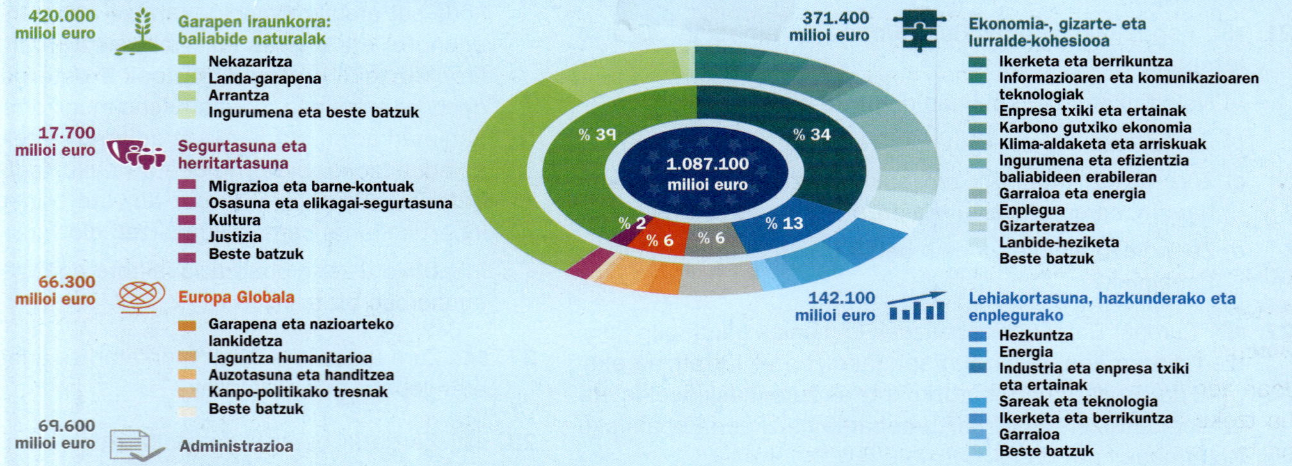

BEZarekiko kuota

Diru-sarreren %15 inguru da.

BPGd-arekiko kuota

Diru-sarreren hiru laurden inguru da. Ekonomiaren aldetik indartsuenek egiten dute ekarpen handiena, Alemaniak eta Frantziak, adibidez.

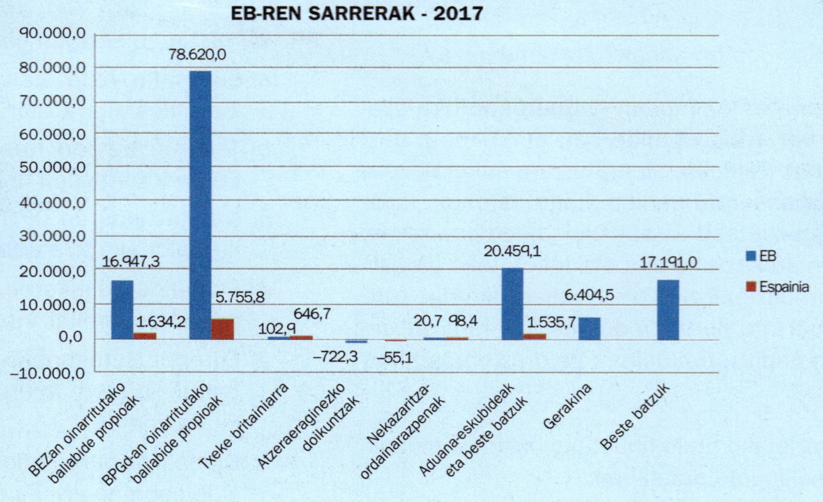

Aduana-eskubideak

Hirugarren herrialdeetatik inportatutako salgaien muga-zerga diru-sarreren %17 inguru da.

Nekazaritza-ordainarazpenak

Batasuneko politikaren baten onurak modu puntualean edo beti lortzen ez dituzten herrialdeei egiten zaizkien konpentsazioak dira.

Galderak:

1. Zer bi kontu-sailek biltzen dute EBren gastuaren zatirik handiena? Zer ehunekotan? Garrantzitsuenak iruditzen al zaizkizu?
2. Malta BPGd-arekiko kuota txikiena ordaintzen duen herrialdea da. Zer esan nahi du horrek?
3. Administrazioko gastuaren muga urteko %6 bada eta horren erdia funtzionarioen gastua bada, zenbat euro izango lirateke urte bateko soldatak, urteko aurrekontua 160.000 milioi eurokoa bada?

% 14 10:30 AM

Dilema: Urdaiazpikoak mundua konkistatzera

2008ko abuztuan, Txinako Gobernuko Ziurtatze eta Akreditazio Saileko teknikari-talde batek sakon aztertu zuen urdaiazpiko iberikoa egiten zuten Espainiako enpresen ekoizpen-prozesua, haren inportazioa baimendu aurreko urrats moduan. Eta handik gutxira, Txina urdaiazpikoa egiten hasi zen, 7 hilabeteko ontze-prozesua soilik zutela, 2 urtetik 3 urtera artekoa izan beharrean, hemen bezala. Duela gutxi, Ameriketako Estatu Batuetan urdaiazpiko iberikoa egiten hasi dira kakahueteak jaten dituzten txerriekin. Globalizazioak mehatxu egiten al dio industria tradizional horri? Txerri iberikoa kanpoko lehiatik babestu behar al dugu? Kontuan izan behar da, ordea, Cinco Jotas urdaiazpiko iberikoaren, kalitate eta prezio handieneko urdaiazpikoaren bigarren merkatu nagusia, Espainiaren atzetik, Txina bera dela.

Eztabaida:

Hautatu bi aukeretako bat (txerri iberikoaren sektorea kanpoko lehiatik babestea edo ez babestea), eta eman hautatzen duzunaren aldeko argudioak bost ikaskideko talde batean. Taldean irabazten duen jarrera defendatuko du taldeak beste aukeraren alde egin duen talde baten aurka.

Zinema-proposamena: *¡Bienvenido, Mr. Marshall!*

Zuzendaria: Luis García Berlanga.

Aktoreak: José Isbert, Manolo Morán, Lolita Sevilla.

Sinopsia:

Joan den mendeko berrogeita hamarreko hamarkadan, herri bateko biztanleak estatubatuarrak hartzeko prestaketak egiten ari dira. AEBk gerraostea gainditzen lagundu zion Europari garai hartan, Marshall Plana izeneko programaren bidez.

Hausnarketa-gakoak:

Europar Batasuna, pobrezia, diru-laguntzak, garapena, kontsumismoa, militarismoa.

Galderak:

1. Herriko biztanleek zergatik ematen diote herriari andaluziar itxura?
2. Zer iruditzen zaizu herriko biztanleek desioen zerrenda bat egitea Errege Magoei egiten zaien zerrenda balitz bezala?
3. Alkatearen lagunak dirua aurreratuko al lieke beharrezkoagoak diren beste gastu batzuetarako?
4. Zure ustez, zer kritikatzen du filmak? Zein da, zure iritziz, ikasbidea?

Bineta

14. Munduko ekonomiaren desorekak

Unitate honetan hau ikasiko duzu:

- Hazkundearen ondorioak.
- Hazkundea eta garapena.
- Azpigarapena.
- Emigrazioa.
- Ekonomia eta ingurumena.
- Garapen jasangarria.

Ekonomia-hazkundeak eragina du aberastasunaren banaketan, ingurumenean eta gure bizitzen kalitatean. Baina bizi-kalitatearen hobekuntza adierazgarria izateko, ekonomia-aldagaiez gain, gizarte- eta politika-aldagaiak hartu behar dira kontuan. Aldagai horietan guztietan hobekuntza dagonean gertatzen da garapena.

Ekonomia-garapenerako aukera ematen duten faktoreak ezagunak dira, baina herrialde bakoitzak bere ezaugarrien arabera aplikatu behar ditu. Dena dela, argi dago denentzat denboran jasangarria den garapena lortu behar dela, eta garapen horrek ekonomia, gizartea eta ingurumena uztartu behar dituela.

Ingurumen-aldagaiak garrantzi handiagoa hartu du azken urteotan, gero eta nabarmenagoa baita gizakiaren jarduerek eragindako klima-aldaketa gertatzen ari dela, eta etorkizuneko belaunaldiei kalte larriak eragiteko arriskua dagoela. Bestalde, badaude zenbait herrialderen garapena eragozten duten faktore eta ezaugarriak, herrialde horiek azpigarapeneko egoeran murgilduta uzten dituztenak.

Azpigarapenaren ondorio garrantzitsuenetako bat migrazio-mugimendu handiak dira, milioika pertsona herrialde pobreetatik aberatsetara eraman dituzten mugimenduak.

Zer dira garapena eta ekonomia-hazkundea?
Zer ikasi nahi duzu?

Ba al dakizu zergatik dauden herrialde pobreak?
Zer egin dezakezu klima-aldaketa eragozteko?
Zer da garapen jasangarria?

Aa

Agurrak, harrerak eta ongizatea

Duela ehun urte, Espainiako milaka familiak beren seme-alabak agurtzen zituzten, Galiziako, Asturiasko edo Andaluziako portuetatik Amerikara abiatzean, jakinda ez zituztela segur aski inoiz berriz ikusiko. Denboraren poderioz, Espainiako emigranteek aurrera egin zuten, haien seme-alabek lanbide-heziketako eskoletan eta unibertsitateetan ikasi zuten, eta erabat integratu ziren harrera-gizarteetan, nahiz eta beren sustraiak beti gogoan izan zituzten.

1960ko eta 1970eko hamarkadetan, milioi erdi espainiar inguruk Alemaniara emigratu zuten, lan bila, eta, oraindik ere, bi belaunaldi geroago, Espainiako gazteak beste herrialde batzuetara joaten dira, lan-aukera hobeen bila.

Gaur egun, migrazio-fluxuaren noranzkoa alderantzikatu egin da, eta gehiago dira gure herrialdera iristen direnak herrialdetik irteten direnak baino. Eta denon erronka da, erronka zilegia, pertsona horiek aurrera egin dezaten lortzea, eta haien seme-alabek ikasteko aukera izatea, pobreziara kondenatuta ez egoteko. Eta hori lortzearen saria gure ongizate-estatuari eusteko aukera izatea izango da. Horrenbestez, lortu egin saria oso ona baita; eta porrot egitearen kostua, berriz, oso handia.

Hausnartu

1. Zer jatorri zuten duela ehun urte emigratzen zuten espainiarrek? Zer hezkuntza- eta ekonomia-maila zuten? Eta orain emigratzen dutenek?
2. Ikusten al duzu antzekotasunik gaur egun beste pertsona batzuk gure herrialdera emigratzera bultzatzen dituen egoerarekin?
3. Zergatik da hain garrantzitsua immigrazioa gure ongizate-estatuari eusteko?

1. Hazkundearen ondorioak

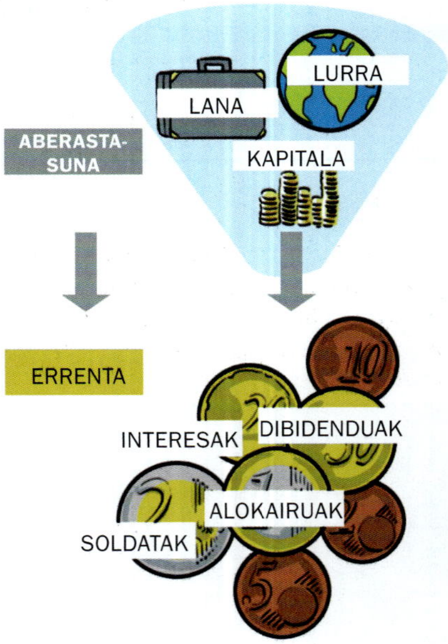

14.1. irudia. 8. unitatean ikasi dugunez, faktoreen kostuen araberako nazio-produktu garbia ($NPGb_{fk}$) edo nazio-errenta herrialdeko biztanleen artean banatzen da, soldatetan, alokairutan, interesetan eta dibidendutan.

Liburuan, ikasi dugu zer den eta nola lortzen den ekoizpenaren hazkunde ekonomikoa. Orain, hazkundearen ondorioak aztertuko ditugu, hiru alderditan: bizi-kalitatea, aberastasunaren banaketa eta ingurumena.

A. Bizi-kalitatea

Ekoizpenaren eta bizi-kalitatearen arteko lotura eztabaidaezina da. Izan ere, zenbat eta ekoizpen handiagoa izan, beste hauek ere izango ditugu:

- **Errenta handiagoa.** Herrialdeko errentaren balioak gora egiten du, edo, bestela esanda, ekoizpen-faktoreek jasotzen dituzten diru-sarreren balioak.
- **Ongizate handiagoa.** Kontsumo-ondasun gehiago daude, familiek beren premiak ase ahal izateko; beraz, herritarren ongizate-maila handitzen da.
- **Aberastasun handiagoa.** Enpresen kapital-ondasunen dotazioa ere handitzen da, eta horren ondorioz, ekoizpen-ahalmena eta enplegu-maila ere hobetzen dira.
- **Enplegu gehiago.** Ekoizpena zenbat eta handiagoa izan, orduan eta langile gehiago behar dira ekoizpen horretan parte hartzeko. Horrek langileek errenta-maila handiagoa izatea ekar dezake, eta hori gertatuz gero, langileen ongizate-maila ere handiagoa izango litzateke.

Nolanahi ere, ez dira nahasi behar errenta eta aberastasuna. Lotura handia dute termino horiek, baina ez dira sinonimoak:

Aberastasuna pertsona edo herrialde batek dutena da; hau da, une jakin batean eskuragarri dauden ekoizpen-faktoreen (lurra, lana eta kapitala) dotazioa.

Errenta (soldatak, alokairuak, interesak eta dibidenduak) ekoizpen-faktoreek ekoizpen-prozesurako egiten duten ekarpenagatiko ordainketa da.

B. Aberastasunaren banaketa

Azken hamarkadetan, ekonomia-hazkundea **oso modu desberdinean** banatu da munduan. Herrialde garatuek, hala nola Espainiak, neurrizko hazkundeak izan dituzte, eta beste batzuek, hala nola Txinak, Errusiak, Indiak, Brasilek, Hegoafrikak eta Asiako hego-ekialdeko herrialde askok, sekulako hazkundea izan dute, eta leku horietan, milioika pertsona atera dira pobrezia-egoeratik. Hala ere, munduko biztanleriaren ia erdiak egunean 5,50 €-tik behera ditu bizitzeko –herrialde garatuetan, zenbateko hori da txirotasunaren muga–.

C. Ingurumena

Ingurumenari dagokionez, herrialde garatuek lortutako ekonomia-hazkunde handian bi ezaugarri hauek nabarmentzen dira: batetik, natura-baliabideen neurrigabeko kontsumoa, eta, bestetik, oraindik ere sortzen diren ingurumen-kostu larriak, geratzen diren gainerako baliabideen kantitatea eta kalitatea arriskuan jarri baitituzte.

1. behatokia. Errenta eta aberastasuna

Oro har, aberastasunak errenta dakar, aberastasunak errenta sortzen du. Halaber, errentak aberastasun-maila handiagoa izatea eragiten du. Errenta eta aberastasuna kontzeptuak pertsonetara estrapolatu daitezke; izan ere, herrialdeak pertsona-multzoak dira. Errenta pertsona batek irabazten duena da, eta aberastasuna edo ondarea, pertsona horrek duena.

Hausnartu:

a) Identifikatu errenta eta aberastasuna honako kasu hauetako bakoitzean: abokatu baten ezagutzak eta haren ordainsariak; baratze bat eta han sortzen diren fruituak; eta zure banku-kontuan gordeta duzun dirua.

b) Demagun zure diru-sarrerak zure noten araberakoak direla. Hala balitz, zer-nolako lotura ezarriko zenuke zure ezagutzen eta zure asteko pagaren artean?

2. Hazkundea eta garapena

Ikusi dugunez, ekonomia-hazkundea dago herrialde batek ekoitzitako ondasunek eta zerbitzuek aurreko urtekoak ekoitzitakoak gainditzen badituzte. Baina BPGd-ak herrialde baten alderdi ekonomikoa soilik neurtzen du (8. unitatean ikusi dugu hori). Horrenbestez, BPGd-a osatzeko, *garapena* terminoa erabiltzen da. Aldagai-multzo bat da garapena, eta ekonomiaz besteko zenbait alderdi hartzen ditu bere baitan, alderdi politikoa eta alderdi soziala, adibidez.

Garapena dagoela esaten da herrialde bateko biztanleen bizi-kalitatea handitzen duten ekonomia-, politika- eta gizarte-hobekuntzak baldin badaude, ekonomia-hazkundea egoteaz gain (14.1. taula).

Garapena	Ekonomia-hazkundea (BPGd)	
	Aldagaiak	Ekonomikoak
		Politikoak
		Sozialak

14.1. taula. Batzuetan, *hazkundea* eta *garapena* hitzak sinonimoak moduan erabiltzen dira, baina ez da horrela: ekonomia-hazkundea garapenaren alderdi bat baino ez da.

2. behatokia. Giza garapenaren indizea

Adierazle askok erakusten dute gizarte baten garapena, baina denetatik, **Giza garapenaren indizeak (GGI)** du onarpen handiena. Nazio Batuen Garapenerako Programak (UNPD) sortutako adierazle alternatibo bat da, eta herrialde bateko biztanleen bizi-kalitatea neurtzen du, osasuna (bizi-itxaropena), aberastasuna (BPGd-aren bidez neurtua) eta prestakuntza (hezkuntza-maila) aintzat hartuta.

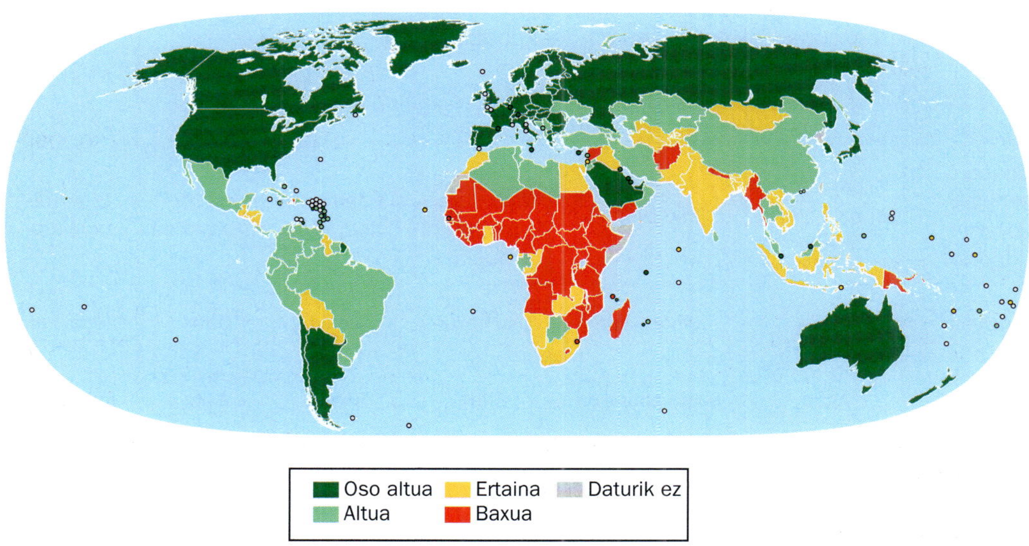

14.2. irudia. Giza garapenaren indizea (GGI).

Hausnartu:

a) Zer parametro hartzen dira kontuan GGIa finkatzeko?

b) Bururatzen al zaizu GGIan kontuan hartzen ez den giza garapenarekin lotutako beste aldagai garrantzitsuren bat?

c) Ikusten al duzu zuk uste baino GGI altuagoa duen herrialderen bat? Eta zuk uste baino baxuagoa duenik? Adierazi herrialde horien izenak eta azaldu zergatik hautatu dituzun.

Gogoan izan

8. unitatean (8.3. taula), BPGd-aren mugak eta GGIren garrantzia adierazi ditugu, taula baten bidez. Taulan, indize desberdinak zituzten zenbait herrialderen posizioa eta bilakaera alderatu dira.

Jarduerak

1. Zer-nolako lotura du ekonomia-hazkundeak nazio-errentarekin?
2. Ekonomia-hazkundearen ondorioei dagokionez, zein izan dira hazkunde horrek sustatzen duen aberastasun-banaketaren ezaugarriak? Eta zer ondorio eragin ditu ingurumenean?
3. Zertan dira desberdinak ekonomia-hazkundea eta garapena?

2.1. Ekonomia-garapeneko faktoreak

Hauek dira ekonomia-garapena sustatzen duten **faktore** nagusiak (14.2. taula):

Epe luzerako produktibitatea	Faktore garrantzitsuena da, eta zuzenean lotuta dago ekonomia-hazkundearekin. Produktibitatearen unean uneko gorakadek hazkundea eragiten dute, baina ekonomia-garapena egoteko, gorakada horiek denboran irauten duen zerbait ekarri behar dute. Ikusiko dugunez, produktibitatea handitzeko funtsezko faktoreak teknologia-aurrerapenak eta giza kapitalaren hobekuntza dira. Azken hori **prestakuntzaren** bidez lortzen da.
Kapitalen inbertsioa	Inbertsioak funtsezkoak dira herrialdeen ekoizpen-ahalmena garatzeko.
Merkataritza askea	Epe luzera, nazioarteko merkatuetan produktuak erosi eta saltzeari trabak kentzeak merkatuak zabaltzen ditu, ekoizpen-efizientzia hobetzen du eta enpresen lehiakortasuna sustatzen du.
Egonkortasun politikoa	Aurreko faktore guztiak ondo baliatu ahal izateko, ezinbestekoa da botere publikoen sistemak aukera ematea ondo araututako ekonomia-jarduerak egiteko, denboran jarraitutasuna izanda.

14.2. taula. Ekonomia-garapeneko faktore nagusiak.

Herrialde garatuetan, faktore horiek direla eta, **ekonomia-antolaketa modernoa** sortu da. Antolaketa horren ezaugarriak 14.3. taulan deskribatzen dira.

	(Honako hauekin lotutako) epe luzerako produktibitatea						
Antolaketa ekonomikoa	Ustiapen-teknikak lehen sektorean	Laneko espezializazio-maila	Teknologia	Giza kapitalaren kualifikazio-maila	Kapitalen inbertsioa	Merkata-ritza askea	Sistema politikoa
Tradizionala	Oinarrizkoak	Baxua	Oinarrizkoa	Oso baxua	Txikia	Gutxi	Ezegonkorra
Modernoa	Intentsiboak	Altua	Punta-puntakoa	Altua	Handia	Asko	Egonkorra

14.3. taula. Ekonomia-antolaketa tradizionalaren eta modernoaren ezaugarriak. Antolaketa modernoak, garapenarekin lotutako ekonomia-hazkundea lortzeko bitartekotzat ulertuta, herrialde jakin batzuetan soilik izan du arrakasta. Izan ere, ekonomia-garapena lortzeko formulak ezin dira herrialde guztietara estrapolatu, eta herrialde bakoitzak aurkitu behar du bere formula, ekonomia-hazkundea lortzeko.

2.2. Hazkunde- eta garapen-ereduak

XX. mendearen erdialdean, ospetsu egin zen mundu osoan bizi-mailaren parekotasuna edo elkarganatzea aurreikusten zuen ekonomia-garapeneko eredu bat. Eredu hori **errendimendu beherakorren legean** oinarritzen zen: une jakin batetik aurrera, inbertsio gehigarrien bidez lortzen den ekoizpena gero eta txikiagoa da.

Gutxi garatutako herrialdeetan, ekoizpen-ahalmena txikia denez, inbertsio gehigarrien bidez, ekoizpena asko handitzen da, lortzen diren errendimendu altuek inbertsioak erakartzen dituzte, eta herrialdeak garatu egiten dira. Herrialde aberatsetan, ordea, inbertsio gehigarriek ez dituzte hain errendimendu handiak sortzen. Horrenbestez, herrialde pobreak herrialde aberatsen mailara iritsiko lirateke, ekonomialariek elkarganatze deritzoten prozesuaren bidez.

Elkarganatzearen hipotesiaren arabera, gutxien garatutako herrialdeen ekonomiak garapen handienekoen mailara iritsiko lirateke, errendimendu beherakorren legearen eraginaren ondorioz.

Gogoan izan

Oro har, eredu ekonomikoak irudikapen ideal edo sinplifikatuak dira, eta fenomeno ekonomikoak ulertzen laguntzen dute. Garapenera aplikatuta, herrialdeen ekonomia-garapena lortzeko oinarriak ezarri nahi dituzten printzipio orokorrak dira.

Eredu exogenoak eta endogenoak

Alde horretatik, elkarganatzea izateko, garapen-faktore klasikoak baliatuko lirateke; hau da, herrialde garatuen hazkunde handia bultzatu duten faktore berak. Premisa horietan oinarritutako garapen-ereduei eredu exogeno esaten zaie.

Garapen-eredu exogenoek teknologia, ekoizpen-ahalmena eta eskulana uztartzen dituzte, hazkundea eragiteko.

Eredu exogenoei esker, herrialde batzuk iritsi dira herrialde garatuen mailara, baina beste batzuek, berriz, atzera ere egin dute. Ereduko hipotesiak ez dira beti betetzen: teknologia ez dago beti eskuragarri, jabetza intelektuala dela eta; ekoizpen-ahalmena ahalbidetzen duten inbertsio-fluxuak ez dira beti gertatzen, jabetza-eskubideen ahultasunaren edo ezegonkortasun politikoaren ondorioz; eta eskulanak kualifikazio-maila egokia izan behar du produktiboa izateko. Egoera horri erantzuteko, teoria-multzo berri bat sortu zen 1980ko hamarkadan, garapen-eredu endogenoen inguruan. Eredu horiek teknologia-berrikuntzak lortzea nabarmentzen zuten.

Garapen-eredu endogenoek teknologia-berrikuntzaren, enpresa-ekimenaren eta giza kapitalaren garapenaren garrantzia azpimarratzen dute, horiek guztiak gobernu-politika egokien babesa eta sustapena izanda.

XIX. mendeko industrializazioan parte hartu ez zuten herrialdeak atzeratuta geratu ziren munduko gainerako herrialdeekiko. Baina, azken hamarkadetan, herrialde batzuetan inoiz ikusi ez den garapena lortu dute eta beste batzuek, berriz, porrot egin dute.

Ereduak	Deskribapena	Garapena	Estatuaren rola	Alderdiak	Adierazleak
Exogenoak	Ekonomia garatuen bidea jarraitzen dute.	Ekonomikoa	Ahalik txikiena	Ekonomikoa	BPGd-a, nazio-errenta, merkataritza-balantza…
Endogenoak	Barne-ahalmenak indartzen dituzte, teknologia-berrikuntzak azpimarratuta.	Ekonomikoa, politikoa eta soziala	Garrantzitsua eta selektiboa	Ekonomikoa, politikoa eta soziala	GGI

14.4. taula. Eredu endogenoen eta exogenoen ezaugarriak.

3. behatokia. Prestakuntzarik gabe, garapenik ez

Prestakuntza funtsezko faktorea da ekonomia-garapena lortzeko. Bigarren Mundu Gerraren ondoren, zenbait herrialdek, hala nola Alemaniak, Japoniak eta Italiak, espero baino askoz lehenago lortu zuten ekonomia suspertzea, biztanleriaren hezkuntza-mailari esker. Beste herrialde batzuk, ordea, analfabetismo-tasa altuak dituztenez, atzera geratu dira, laguntza ekonomiko handiak jaso dituzten arren. Kontua da gaur egun herrialde industrializatuek urtean 5.000 dolar inguru inbertitzen dituztela ikasle bakoitzaren derrigorrezko hezkuntzan eta kopuru hori, berriz, 50 dolar ingurukoa da Afrikan diru-sarrera txikienak dituzten herrialdeetan.

Hausnartu:

a) Zer lotura dago prestakuntzaren eta ekonomia-garapenaren artean?

b) PISA txostenak mundu osoko 15 urteko ikasleen errendimendu akademikoa neurtzen du, herrialde bakoitzeko hezkuntza-sistemaren kalitatea ebaluatzeko. Kontsultatu txosten hori Interneten. Zer herrialde daude lehenbiziko 10 lekuetan? Zer postutan dago Espainia? Zer ondorio ateratzen dituzu sailkapen horretatik?

Jarduerak

4. Nola laguntzen dute kapital-inbertsioek eta merkataritza askeak ekonomia-garapena lortzen?

5. Ekonomia-garapena lortzeko gakoak ezagunak izanda ere, eredu exogenoek ez zuten arrakastarik izan garapena erdiesten. Zergatik?

6. Elkarganatzearen hipotesiaren arabera, nola lortuko lukete herrialdeek parekotasun ekonomikoa?

7. Zer ezaugarri dituzte garapen-eredu endogenoek?

3. Azpigarapena

Garapena sustatzen duten faktoreak bezalaxe, garapena zuzenean eragozten duten faktoreak ere identifika daitezke. Eta, izan ere, faktore horiek dira herrialde azpigaratuen **bereizgarri** nagusiak (14.5. taula):

1	Per capita errenta baxua
	Munduko batez bestekoa baino baxuagoa da; horregatik, herrialde horiek kontsumo-ahalmen mugatua dute, eta ia ez dute aurrezteko ahalmenik.
2	Lehen sektorean oinarritutako ekoizpen-egitura
	Ekoizpena nekazaritzan, abeltzaintzan eta meatzaritzan oinarritzen da, batez ere. Hori dela eta, herrialde horietako ordainketa-balantzaren defizita kroniko bihurtu da: lehengaiak esportatzen dituzte prezio merkeetan, eta produktu landuak eta teknologia inportatzen, garesti ordainduta.
3	Merkatu txikiak eta ez-efizienteak
	Herrialde horietako merkatu-mekanismoak oso desegokiak eta eskasak dira. Praktikan, atzerritarren inbertsioen mende daude
4	Demografia-hazkundeko tasa altuak
	Ekonomia-errendimendua eskasa denez, ez dute ahalmenik biztanleriarentzat errenta-maila onargarri bat sortzeko. Gainera, demografia-hazkundea oso handia da, jaiotza-tasak altuak direlako eta bizi-itxaropena ere luzatzen ari delako.
5	Aurrezki- eta inbertsio-maila eskasa
	Herrialde hauen premiak oso handiak dira, eta diru-sarrerak, berriz, oso baxuak; beraz, ez dago ia aukerarik aurrezteko. Aurrezteko ahalmen urri horrek inbertsioak eragozten ditu. Herrialdeari behar dituen inbertsioak egitea eragozten dion prozesu horri ***pobreziaren gurpil zoroa*** deritzo (14.4. irudia).
6	Ezegonkortasun politikoa edo demokraziarik eta gardentasunik eza
	Erakunde publikoak oso ahulak dira (ustelkeria, bitartekorik eza, segurtasunik eza...), eta hori oztopo handia da enpresak erakartzeko eta inbertsioak bermatzeko.
7	Azpiegitura eskasak
	Ekonomia-hazkunderako aukera ematen duen ekipamendua (errepideak, portuak, sare elektrikoa, telekomunikazioak, etab.) oso eskasa eta urria da.
8	Prestakuntza tekniko eta kultural eskasa
	Biztanleriaren zati handi batek prestakuntza tekniko eta kultural egokirik izan ezean, ezinezkoa da ekonomia-hazkundea sustatzeko egin beharreko inbertsioek emaitzarik ekartzea.
9	Finantza-ahultasuna
	Gaur egun, kanpo-zorra handiagoa da herrialde aberatsetan pobreetan baino, herrialde aberatsak izugarri zorpetu baitira, mendearen hasierako finantza-krisiaren ondorioz. Baina, herrialde pobreentzat, mailegu berriak lortzea zailagoa izateaz gain, zailagoa da lehendik emanda dituzten maileguen interesen ordainketei aurre egitea ere, herrialde horien ekonomiaren ezegonkortasunaren ondorioz.
10	Desberdintasun handiak
	Desberdintasunak areagotu egin dira herrialde guztietan, baina handiagoak dira herrialde pobreen barruan gertatzen direnak: herrialde aberatsen gaitasuna eta baliabideak ez dituztenez, ezin dituzte desberdintasunak eraginkortasun beraz zuzendu.

14.5. taula. Herrialde azpigaratuen bereizgarriak.

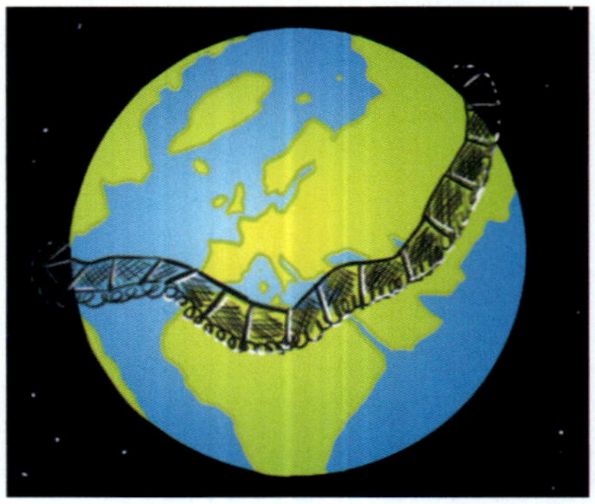

14.3. irudia. Iparra-hegoa arazoa. Herrialde garatu gehienak ipar hemisferioan daude, eta garapen-bidean dauden gehienak, berriz, hego hemisferioan. Horregatik, sarritan, *iparra-hegoa arazoa* esaten zaio azpigarapenaren gaiari.

Ba al zenekien...?

Maileguak eskatzeari dagokionez, herrialdeak pertsonak bezalakoak dira. Eta paradoxa hau gertatzen da: gehien dutenek errazago lor dezakete dirua maileguan, eta hobe litzateke alderantziz balitz.

4. behatokia. Natura-baliabideen tranpa

Ezaugarri orokor batzuek azpigarapena bultzatzen dute, hala nola pobreziaren gurpil zoroak, baina, horrez gain, badaude herrialde pobreak kondenatzen dituzten beste gertaera edo zirkunstantzia batzuk. Ekonomialariek *tranpa* esaten diete, oso zaila baita haietatik ateratzea. Alde horretatik, erraza da ulertzea gerra zibil batek, gobernu txar batek, edo herrialdea *itxita* egotearen tranpak (itsasora irteerarik ez izatea) gainditzeko zailak diren arazoak sortzen dituztela, baina badago azaldu beharreko beste tranpa bat: *natura-baliabideen tranpa*. Natura-baliabideen tranpak lehen aipatu ditugun beste tranpa horietakoren bat ere eragin dezake; izan ere, herrialde pobre batean natura-baliabideen erreserba handiak aurkitzean sor daitekeen kontraesanean datza tranpa hori: biztanleentzako aberastasun handia ekarri ordez, kondenatu egiten ditu, agintariek, ustelak izanez gero, aukera gehiago dituzte-eta boterean betikotzeko.

Hausnartu:

a) Agintarien ustelkeriak herrialde bat pobretzea eragin dezake. Imajinatu horrelako egoera baten adibide zehatz bat.

b) Zure ustez, politikaren arloaz gain, egon al daiteke ustelkeria beste gizarte- eta ekonomia-arlo batzuetan? Eman adibide zehatz bat.

c) Herrialde batek natura-baliabide baliotsu ugari baditu, gerta liteke ustelkeriaren aurkako borroka zailagoa izatea. Zergatik?

d) Zure ustez, zer eginkizun betetzen du prestakuntzak ustelkeria gutxitzeko faktore moduan?

Hausnartu

Arrainak edo arrantzako kanaberak?

Garapena sustatzeko helburuz, larrialdiko laguntzako eta garapenerako lankidetzarako ekimenak antolatu ohi dira. Baina, askotan, kanpaina horiek etekin handiagoak ekartzen dizkiote baliabideak ematen dituen herriari beharra duen herrialdeari berari baino.

Adibidez, laguntza baldintzatua deritzonaren bidez, gobernuak produktuak erosten ditu herrialdean, behar dituzten herrialdeetara eramateko: dirua laguntza ematen duen herrialdean geratzen da eta hor sortzen da enplegua eta negozioa. Herrialdeei arazoak konpontzeko baliabideak ematen ez bazaizkie, nazioarteko laguntzaren beharra izango dute beti, behin eta berriz.

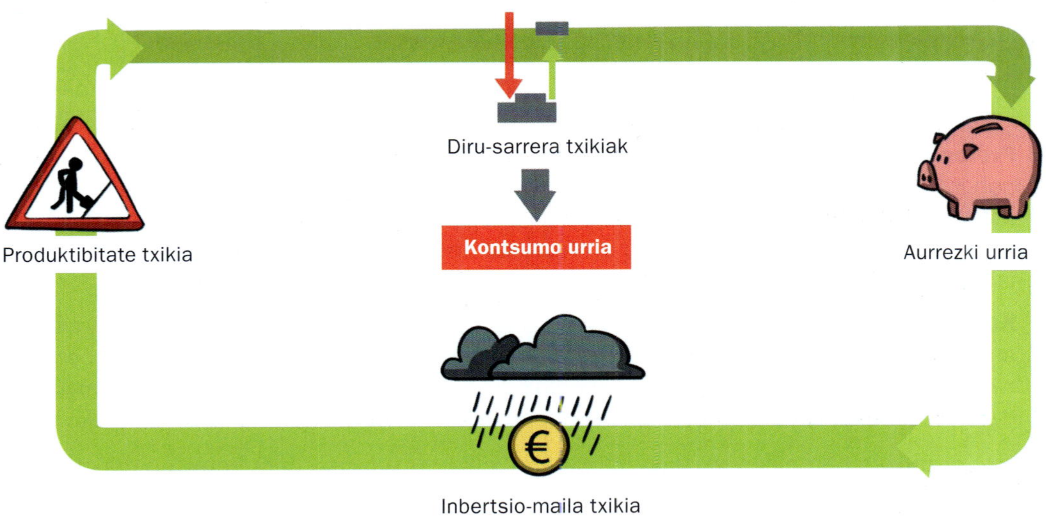

14.4. irudia. Pobreziaren gurpil zoroa. Kontsumo txikia izanik, diru-sarrerak txikiak dira eta zaila da herrialde batek behar dituen inbertsioak egiteko aurreztea.

Jarduerak

8. Herrialde pobreen ekoizpen-egiturak azpigarapenera kondenatzen ditu. Nola?

9. Herrialde azpigaratuetako pobreziaren gurpil zoroari dagokionez:

a) Zergatik da zaila aurrezkia sortzea?

b) Zer-nolako lotura du aurrezkiak inbertsioarekin? Eta inbertsioak produktibitatearekin?

c) Zergatik dira txikiak diru-sarrerak herrialde horietan?

10. Ezegonkortasun politikoa oztopo bat da herrialde azpigaratuentzat. Zergatik?

11. Zer-nolako eragina du kultura- eta gizarte-prestakuntzak azpigarapenean?

12. Desorekak handiagoak dira herrialde pobreen barruan herrialde aberatsen barruan baino. Zergatik?

4. Emigrazioa

Azpigarapenak zuzenean eragiten dituen fenomenoen artean, emigrazioak nabarmentzen dira. Hamarkada gutxi batzuetan, herrialde aberatsak gizarte kulturaniztunak bihurtu dira. Ekonomia gutxiago garatuta dagoen herrialdeetako immigranteak jaso dituzte, batez ere. Eta migrazioa gauza berria ez den arren, azken urteetan izan diren kopuruak izugarriak dira. Globalizazioa izan da fenomeno horren arrazoi nagusia: garraioak merkatzea eta hobetzea ekarri du, eta komunikabideen bidez herrialde aberatsetako bizimodua zabaltzea (14.5. irudia).

Herrialde garatuetako ongizate-mailak migrazioak erakartzen ditu, baina, horrez gain, bada emigratzeko beste arrazoi bat ere: jende asko ez dago konforme beren herrialdeetan dituzten baldintza ekonomiko eta politikoekin edo lan-baldintzekin.

Globalizazioak ondasunen eta kapitalen zirkulazio askea ekarri du. Eta ondasunen eta kapitalen fluxuek, berriz, pertsonen fluxua asko handitzea eragin dute.

- Nazioarteko merkataritzak eragindako **ondasunen fluxuak** herrialde txiroetako ekoizpena murriztea ekarri du, edota inportatutako produktu merkeagoak sartu ditu herrialdean. Horrek lanpostuak galtzea eta gizarte-desberdintasunak areagotzea eragin du. Herrialdean bertan lan-aukera gutxiago eta lan-baldintza okerragoak izateak jendea kanpora joatea eragiten du.
- **Kapital-fluxuek** berehala eragiten dute lanpostuak sortzea edo desagertzea (kapitala sartu edo irten egiten den, hurrenez hurren), eta, horrenbestez, lan-fluxuak sortzen dituzte, kapitalari jarraitzen diote eta.

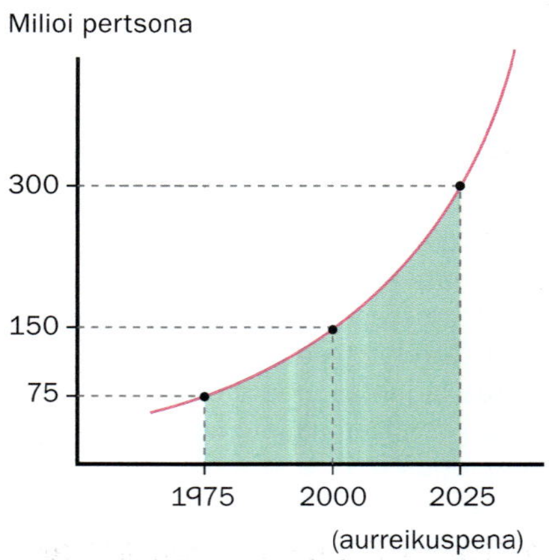

14.5. irudia. Nazioarteko migrazioaren kopuruak. Kopuru horietan sartuta daude lan-emigrazioak (ardurapeko senideak eta guzti), errefuxiatuak eta behin betiko emigranteak.

4.1. Emigrazio-motak

Lan-fluxuen edo migrazio-prozesuen muina talde hauek osatzen dute, batez ere:

- **Enpresa-eliteak.** Zuzendariek, enpresaburuek eta ekintzaileek osatzen dituzte. Munduko leku guztietatik eta leku guztietara emigratzen dute, lan- edo negozio-aukera onenen bila.
- **Profesionalen, artisten, zientzialarien eta goi-mailako kirolarien elitea.** Arlo bakoitzean nabarmentzen direnek edo kualifikazio-maila onena dutenek migratu egin ohi dute soldata eta lan-baldintza hobeak lortzeko. Bereziki kaltegarria izaten da herrialdeentzat **aditu-ihesa** deritzona; hau da, zientzialari edo profesional onenak beste herrialde batzuetara joatea jatorrizko herrialdeetan urte asko eta askoko prestakuntza jaso ondoren.
- **Kualifikazio gabeko langileak.** Ongizate handiagoa edo lan-baldintza hobeak lortzeko asmoz, herrialde txiroetako kualifikazio gabeko langileek herrialde aberatsetan bertakoek bete nahi ez dituzten lanpostuak edo gaizki ordainduta dauden lanpostuak betetzeko emigratzen dute. Esaterako, etxeko lanetan aritzeko, edo eraikuntzan eta nekazaritzan jarduteko.

Eliteek, jatorrizko herrialdea edozein dutela ere, lehia gutxi izaten dute betetzen dituzten lanpostuetan, oso kualifikazio-maila handia baitute. Kualifikaziorik gabeko langileentzat, berriz, egoera askoz zailagoa da, migratzaile-talde ugariena baita, eta lehian aritu behar baitute jomugako herrialdeko bertako kualifikaziorik gabeko langileekin eta lehenago emigratu duten langile-taldeekin.

! Garrantzitsua

Aditu-ihesa deritzona arazo larri-larria da herrialde guztientzat: beren adimenaz eta lana eginez herrialdea jaso eta susper zezaketenek herrialdetik alde egiten dute, eta hori ez ezik, beste batzuek jasotzen dituzte haiek prestatzeko ahaleginen fruituak. Edozein herrialderentzat, langileen ekarpen garrantzitsuenetako bat (izan bertakoak, izan atzerrikoak) ordaintzen dituzten zergak eta kotizazioak dira, haiekin egiten baitira errepideak, ospitaleak, eskolak eta abar. Hau da, gizarte osoari dakarkiote onura.

5. behatokia. Emigrazioaren kostua herrialdeentzat

Jonek giza eta gizarte-zientzien batxilergoko ikasketak egin zituen, ikasturte guztiak Espainiako irakaskuntza publikoan emanda. Jonen Lehen Hezkuntzako, Bigarren Hezkuntzako eta Batxilergoko ikasketen kostua 92.000 €-koa izan da altxor publikoarentzat. 19 urterekin emigratu egin zuen, eta gaur egun, Alemanian ari da lanean, ostalaritzan, eta herrialde horretan ordaintzen ditu dagozkion kotizazioak eta zergak.

Hausnartu:

a) Zer kostu ditu Espainiarentzat kualifikazio-maila ona duten gazte askok emigratzeak?

b) Demagun zure ikasketak amaitu dituzula eta zure izenaren lehen letraz hasten den herrialde batera bi urtez joateko aukera duzula, han lan egin eta bizitzera. Zure ustez, zer abantaila eta zer desabantaila izan dezake esperientzia horrek zure esperientziarako eta lanbide-ibilbiderako?

c) Ezagutzen al duzu Espainiatik kanpo lan egiten duen norbait? Zertan ari da? Zergatik joan zen? Emigratzetik, zer gustatzen zaio gehien eta zer gutxien?

4.2. Emigrazioen erronkak

Herrialde garatuetan, beste herrialde batzuetako kualifikaziorik gabeko langileen eskaria dago, soldatak eta, beraz, kostuak igo gabe nekez beteko ziren lanetarako. Immigrazioak, modu horretan, ekonomia-hazkundea bultzatzen du, enpresen ekoizpena eta emaitzak hobetzen laguntzen baitu.

Dena dela, migrazio-prozesuek erronkak sortzen dituzte. Esate baterako:

- **Kualifikazio gabeko immigranteen gainesplotazioa herrialde aberatsetan**, eskulan-mota hori ugaria baita.
- **Desberdintasun handiagoa herrialde txiroetan.** Emigranteek bidaltzen duten diruak ez du konpentsatzen aditu-ihesaren eragina, eta sakondu egiten ditu diru hori jasotzen dutenen eta jasotzen ez dutenen arteko desberdintasun ekonomikoak.
- Herrialdera legezko moduan sartu ezin diren **pertsonen legez kanpoko trafikoa**.

Deskribatutako arazoak arintzeko, Lanaren Nazioarteko Erakundeak gomendio hauek egiten ditu (14.6. irudia):

a) **Migrazioak arauetan oinarrituta kudeatzea**, pertsonen legez kanpoko trafikoa eta egoera irregularrean dauden immigranteen esplotazioa desagerrarazteko.

b) **Plangintza adostua egitea jatorrizko herrialdearen eta harrera-herrialdearen artean.** Horretarako, lanerako behar diren migrazio-kategoriak ezarri beharko dira, jakinaraziak eta gardenak, herrialde bakoitzaren benetako bidezko premiei erantzuteko.

d) **Diskriminazioren eta xenofobiaren aurkako planak aplikatzea,** gizarte-kohesioa sustatzeko.

e) **Gizarte-eragile guztiek parte hartzea** migrazio-politika zertzen eta abian jartzen, gizartearen ahalik eta babes handiena lortzeko.

c) **Gutxieneko enplegu-arau batzuk ezartzea** jarduera-sektore guztietarako, helburu hauek lortzeko: langileen aurkako gehiegikeriak zigortzea, eta herrialdeko bertako langileei eta emigratzaileei enplegu-baldintza irregularrak ezartzeko gogoa kentzea.

14.6. irudia. LANEren gomendioak migrazio-politikarako.

6. behatokia. Immigrante ikusezinak eta irregularrak

Leo Messi argentinarra eta Cristiano Ronaldo portugaldarra ez ditugu emigrantearen irudiarekin lotzen, futbolari horiek milioi asko dituztelako, batetik, eta beren posturako lehiarik ez dagoelako, bestetik: inork ez du pentsatzen haien ordez jartzea golak sartzen. Messi eta Ronaldo futbolariak muturreko kasuak dira, baina baita immigrante irregularrak ere. Lehenengoak ez ditugu immigrantetzat hartzen, baina bigarrenak bai, lehia zuzena direlako lanean ari diren beste profesional batzuentzat. Eta hor dago, hain zuzen ere, prestakuntza kaskarreko bertako biztanleen beste kexetako baten muina: lehen bete nahi ez zituzten lanpostu horietarako eskulan-eskaintza txikia balego, segur aski hobeto ordainduko lirateke lan horiek, eta agian beraiek ere nahiko lituzkete bete.

Hausnartu:

a) Messi eta Ronaldo immigranteak dira, baina ez ditugu horrelakotzat hartzen. Zergatik?

b) Hezkuntza-maila kontuan hartuta, herrialdeko bertako zer langilek dute immigrazioagatiko mehatxua sentitzeko joerarik handiena?

c) Zure ustez, zer eragin du herrialdeko bertako enpresentzat eskulan berria iristeak?

d) Eskaintzari eta eskariari dagokienez, zergatik daude oker prestakuntza gutxi behar duten lanbideetan ordainsaria hobetu daitekeela uste dutenek?

Jarduerak

13. Zer lotura dago globalizazioaren eta emigrazioaren artean?

14. Migrazioen arloan, zeri esaten zaie erakarpen-faktoreak? Azaldu, labur-labur.

15. LANEk gomendatzen du emigrazioaren jatorrizko herrialdeek eta harrera-herrialdeek enplegurako migrazio-kategorien sistema bat finkatzeko. Zergatik?

5. Ekonomia eta ingurumena

14.7. irudia. Klima-aldaketaren ondorioz, gero eta hondamendi natural gehiago dago, eta gero eta muturrekoagoak dira.

Ekonomia-jarduerearen eta ingurumenaren arteko lotura ukaezina eta sakona da. Enpresek natura-inguruneko baliabideak behar dituzte, eta ekoitzitako ondasunek eta ekoizpen-metodoek ondorio larriak eragiten dituzte natura-ingurunean.

Ikuspegi horretatik, hauek dira **ingurumenaren funtzioak**:

- Kontsumorako eta ekoizpenerako baliabideak hornitzea.
- Aisia- eta entretenimendu-zerbitzuak ematea.
- Bizi-euskarria ematea.
- Hondakin-hartzaile izatea.

5.1. Ingurumen-hondamena: klima-aldaketa

Ingurumenak ekoizpenak edo kontsumoak sortutako hondakinen zati bat xurga dezake, baina muga jakin batera arte. Muga hori gainditu gero, kutsadura sortzen da eta **ingurumen-hondamena** gertatzen da. Hauek dira arazo garrantzitsuenak:

- Kutsadura atmosferikoa eta euri azidoa.
- Basamortutzea.
- Biodibertsitate-galera.
- Hondakinen pilaketa eta tratamendua.
- Klima-aldaketa.

Klima-aldaketa da arazo kezkagarriena, aldaketaren ondorioak iraunkorrak izan daitezkeelako beldurra baitago, eta hala izanez gero, arazo larria izango litzateke etorkizuneko belaunaldien bizi-kalitaterako.

Klima-aldaketa esaten zaio planeta berotegi-efektuko gas deritzotenen kontzentrazioaren ondorioz izaten ari den tenperatura-igoerari.

Klima-aldaketaren ondorioak era askotakoak dira: poloetako izotza urtzea, itsas mailak gora egitea, ekaitz bortitz eta suntsitzaileak, uholde sarriagoak, biodibertsitate-galera... Klima-aldaketa jada hemen dago, baina fenomeno horri aurre egiteko nazioartean eta herrialdeek adostuta hartu beharko liratekeen erabakiak hartzeko prozesua zaila da, klima-aldaketaren ezaugarriengatik. Ezaugarri horien artean, hauek nabarmentzen dira (14.6. taula):

Mundu osoa hartzen du	Onuren eta kostuen banaketa desberdina da	Denbora-esparrua luzea da	Ingurumen-onurak erlatiboak dira
Herrialde batek edo herrialde-multzo batek isuri kutsatzaileak murrizteko neurriak martxan jarrita ere, bere lurraldeen barruan soilik aplika ditzake. Baina kutsaduraren ondorioek ez dituzte mugak bereizten, eta, horrenbestez, planeta osora heltzen dira, nazioarteko eremuetara barne, hala nola itsasoetara eta poloetara.	Kutsaduraren ondorioek ez dituzte mugak bereizten, baina horrez gain, herrialde batzuek jasotzen dituzte onurak, eta beste batzuek pairatzen dituzte ondorioak. Herrialde garatuenek kutsatzen dute gehien, baina beste herrialde batzuek nozitzen dituzte haien isurien ondorioak. Europa, Txina eta AEB, munduko kutsatzaile handienak, eremu epeletan daude, eta leku horietan, tenperatura-igoeren ondorioak arinagoak dira.	Ez dakigu zehatz-mehatz zer abiaduratan bilakatuko diren klima-aldaketaren ondorioetako batzuk; beraz, ez dago haiei aurre egiteko behar diren neurrien larrialdi-mailari buruzko adostasuna.	Proposa daitekeen edozein ingurumen-neurrik berehalako kostuak ditu, eta sarritan, handiak dira kostuak. Ingurumen-onurak, ordea, ez dira ziurrak eta, lortzekotan, epe luzera lortzen dira.

14.6. taula. Klima-aldaketaren aurkako borrokaren ezaugarriak.

Ba al zenekien...?

Katamotz iberiarra da Iberiar penintsulan desagertzeko arriskuan dauden espezieetako bat. Espainiako ingurumen-legediak Europar Batasunean du jatorria, baina, Espainian, autonomia-erkidegoen eskumena da naturaguneak, espezieen babesa eta hondakinen kudeaketa arautzea.

5.2. Ingurumen-arazoetarako konponbideak

Zentral termikoak ixtea edo XXI. mendearen erdialderako barne-errekuntzako motorrak desagerraraztea gizarteen mentalitate-aldaketa adierazten duten neurri aringarriak dira. Baina, edonola ere, ingurumen-arazoei aurre egiteko, ezinbestekoa da gizartearen **baterako ekintza** (14.7. taula):

Sektore publikoa	Enpresak	Familiak (urrezko hiru arauen eredua)
• **Energia alternatibo** garbi eta berriztagarriak **sustatzea**, hala nola eguzkia, haizea edo mareak (marea-energia). • **Zergak eta isunak ezartzea** kutsatzen duten jarduerei, eta diru-laguntzak ematea, berriz, kutsatzen ez dutenei. • **Ingurumen-gaietan heztea**, publizitate-kanpainen eta ikastaroen bidez, bai eta hezkuntza-sistemaren bidez ere. • **Ingurumen-politikak martxan jartzea,** natura-baliabideei eusten lagunduko duten arau eta neurriak garatzeko eta aplikatzeko.	• **Ekoizpen-efizientzia hobetzea**, baliabideak ez xahutzeko. • **Isuri** kutsatza leak **murriztea** eta energia garbiz ordeztea, ahal den neurrian. • **Hondakinak minimizatzea** eta sortzen direnak behar bezala kudeatzea. • Natura-baliabideak erabiltzea,baina **etorkizunean erabiltzeko aukerak arriskuan jarri gabe.** • **Produktuaren bizi-zikloa** aztertzea, zehazteko zer alderdik merezi duten ingurumen-hobekuntzarako ahalegina egitea. • **Langileek** ingurumen-gaietako prestakuntza **jasotzea**.	• Sortzen den hondakin-kantitatea **murriztea**. Esaterako, bilgarri gutxi dituzten produktuak hautatuz, itzultzeko ontziak erabiliz, edo behar-beharrezkoa soilik erosiz. • Hondakinak edo produktuak **berrerabiltzea**, erabat bota aurretik. Esaterako, orrien bi aldeak erabiliz, ur-botilak birbetez, bigarren eskuko arropa jantziz... • Hondakinak **birziklatzea**, produktu berriak ekoizteko lehengai izan daitezen. Esate baterako, hori egiten da paperarekin, botilekin eta beste material batzuekin, berriak sortzeko. Aurretik etxean zaborra gaika bereiztea ezinbestekoa da birziklatu ahal izateko.

14.7. taula. Ingurumen-arazoen konponketan parte hartu behar duten eragileak.

7. behatokia. Ozeano Bareko zaborrezko uhartea

Ozeano Bareko hondakinen uhartea milioika eta milioika plastiko tona dituen zurrunbilo bat da, eta mendebaldeko Europaren azaleraren parekoa hartzen du. Hondakinen uharte hori, handiena den arren, ez da bakarra; beste hainbat ere badira munduko itsasoetan, eta ura kutsatu eta itsasoko animaliak pozoitzen dituzte.

Hausnartu:

a) Atalean aipatutako zer arazorekin dago lotuta zaborrezko uharte hori?

b) Zer herrialderi dagokio arazo hori konpontzea?

c) Ba al du eraginik gizakientzat plastikoa itsas animalien dietako osagaia izateak? Azaldu, labur-labur.

! Garrantzitsua

Ingurumen-politika natura-baliabideei eusten lagunduko duten arauak eta neurriak garatzea eta aplikatzea da.

Jarduerak

16. Kutsatzen duten herrialde nagusiak zein diren argi badago, zergatik ez dira baterako neurriak hartzen kutsadura murrizteko edo haren aurka egiteko?

17. Zenbait energia-mota, hala nola eguzki-energia eta energia eolikoa, klima-aldaketaren konponketatzat aldarrikatzen dira. Zergatik?

18. Erreparatu adibideari, eta ezkerreko zutabean deskribatutako neurri bakoitzerako, adierazi zure koadernoan zer eragileri dagokion neurria aplikatzea eta zer konponketa-multzotakoa den neurri hori.

Neurria	Ekonomia-eragilea	Konponketa-multzoa
Ekoetiketa bat, adierazteko zura kudeaketa jasangarria duten basoetakoa dela	Enpresa	Natura-baliabideak erabiltzea, etorkizunean erabiltzeko aukera arriskuan jarri gabe.
Pila kargagarriak		
Ingurumen-sentsibilizaziorako ikastaroa DBHn		
Ura kanilatik alferrik irteten ez uztea.		

6. Garapen jasangarria

Unitatean ikusi dugu garapena ez dela ekonomikoa soilik, osoa izateko beste arlo batzuk ere kontuan hartu behar direla, hala nola gizarte- edo ingurumen-arloak. Baina, bestalde, garapena gizartera modu eraginkorrean hedatzeko, denboran iraun behar du; hau da, jasangarria izan behar du.

Garapen jasangarria edo iraunkorra deritzo egungo beharrak etorkizuneko belaunaldienak asetzeko ahalmena arriskuan jarri gabe asetzen dituen garapenari.

Adierazpen hori ez da berez definizio bat, baizik eta asmoen adierazpen sinple eta ulergarri bat. Baina helburu horrexekin adierazi zuen Brundtland Batzordeak 1987. urtean, eta horrela hedatu da munduan, erabat unibertsala bihurtu arte. Izan ere, jasangarritasuna kontzeptuan –garapen jasangarria praktikan izango litzateke hori– adierazten da zer den jasangarria izatea (14.9. irudia).

Jasangarritasuna sistema batek bere dibertsitateari, funtzionamenduari eta orekari denboran eusteko duen ahalmena da, epe luzerako ingurumen-baldintzak eta presio sozioekonomikoak kontuan hartuta.

14.8. irudia. Ekonomia zirkularra izeneko kudeaketa-ereduan, ziklo itxi bat ezartzen da, natura-baliabideak ez xahutzeko (urrezko hiru arauak: murriztu, berrerabili, birziklatu). Gaur egun, hori jotzen da garapen jasangarria lortzeko eredu egokientzat. Ondo begiratzen baduzu, ikusiko duzu urreko orrialdean aztertu dugun urrezko hiru arauen ereduari beste arau bat, laugarrena, gehitu zaiola (konpondu) a. Hori guztia ekonomia-eragile guztien ardura da, eta ez soilik familiena.

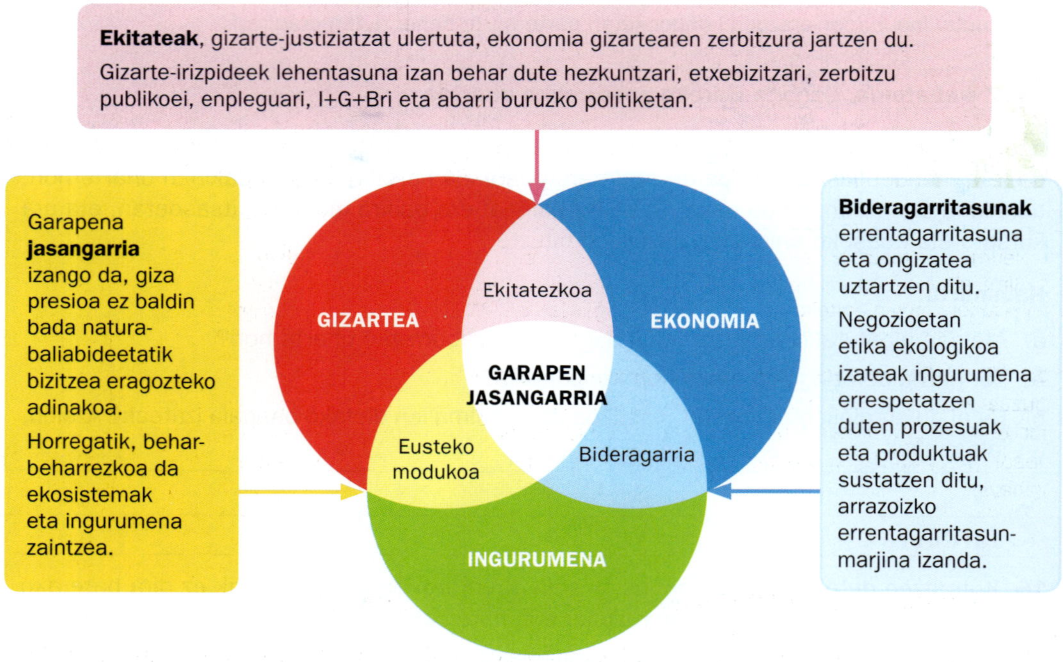

14.9. irudia. Jasangarritasunaren ezaugarriak: ekitatea, bideragarritasuna eta eutsigarritasuna.

Jarduerak

19. Garapen jasangarria lortze aldera, zergatik doa ekonomia zirkularra urrezko hiru arauetatik harago?

20. Nola lotzen dira oraina eta etorkizuna garapen jasangarriaren bidez?

21. Aurkitu Interneten azken aldian ingurumen-arloan sinatu den nazioarteko hitzarmen edo protokoloren bat. Adierazi hitzarmen edo protokoloan lortutako akordioak, aplikatzeko denbora-esparrua eta herrialdeek, Espainia barne, akordioarekiko duten atxikitze-maila.

22. Demagun ingurumen-ministroa zarela. Diseinatu jasangarritasunerako aplikatuko zenituzkeen bost ingurumen-neurri, eta adierazi neurri horien aldeko argudioak. Gero, adostu zerrenda bakar bat, taldean. Talde bakoitzeko emaitzak arbelean idatziko dira, eta ikastalde osoak ezkutuko bozketa egingo du, neurri onenak hautatzeko.

Parte-hartzaile bakoitzak bost neurriri emango die botoa, eta ezin izango die botorik eman bere lantaldeak proposatutako neurriei. Boto gehien lortzen dituen taldea izango da irabazlea. Talde batzuen proposamenak errepikatzen badira, jardueraren hasierako talde txikian banakako proposamen gehienak lortu dituena jarriko da.

Etorkizunerako helburuak eta erronkak

Garapen jasangarriak ahalegina egiten du ekonomia-hazkundea aurreko ataletan aipatu ditugun bi arazo handirekin bateragarri egiteko: **ingurumen-arazoekin**, batetik, eta **desberdintasunek eta azpigarapenak eragindako gizarte-alderdiekin,** bestetik. Garapen jasangarria oso garrantzitsua da, eta horren adierazle da urtetik urtera leku handiagoa hartzen ari dela NBEko programetan. Zeharka izan bazen ere, jada aintzat hartu zuten 2000-2015 aldirako Milurtekoko Garapen Helburuetan, eta aintzat hartu da, NBEren gaur egungo programan ere, **Garapen Jasangarrirako Helburuak (GJH)** izenekoan (Garapen Iraunkorrerako Helburuak ere esaten zaio). Izan ere, 2015-2030 aldirako adierazitako hamazazpi helburuetan (4.10. irudia).

14.10. irudia. Garapen Jasangarrirako Helburuen ekimenak herrialde, komunitate eta enpresa guztiei eskatzen die ahalegin handiagoa egin dezaten pobrezia-forma guztiak desagerrarazteа lortzeko, desberdintasunak murrizteko eta ingurumen-hondamenaren aurka borrokatzeko. Garapen Jasangarrirako Helburuak hamazazpi dira, eta horietatik guztietatik, bost ingurumenari buruzkoak dira zehazki.

8. behatokia. GJH 2015-2030eko erronka eta helburuak

Garapen jasangarrirako 2015-2030 aldiko helburuak azpihelburu edo erronkatan sailkatzen dira, zer egin nahi den hobeto zehazteko eta helburuen betetze-maila modu egokian neurtzeko.

Hausnartu:

Sailkatu erronka hauek ingurumenarekin lotura zuzena duten bost helburuetan:

a) Ezkutuko ehizaren eta babestutako espezieen trafikoaren aurkako borrokari mundu-mailan ematen zaion babesa handitzea.

b) Nabarmen handitzea berriztagarriak diren energien proportzioa, energia-iturri guztien artean.

c) Hezkuntza, sentsibilizazioa eta giza ahalmena eta erakundeena hobetzea, klima-aldaketa murrizteko.

d) Denok edateko ura ekitatez eta prezio merkean lortu ahal izan dezagun lortzea.

e) Artisau-arrantzaleek itsas baliabideak eskuratzeko eta merkatuetara sartzeko dituzten aukerak handitzea.

KONTZEPTU-MAPA

Garapena = **Ekonomia-hazkundea** + Bizi-kalitatea hobetzen duten ekonomia-, politika- eta gizarte-hobekuntzak.

Garapena

- **Faktoreak**
  - Epe luzerako produktibitatea.
  - Kapitalen inbertsioa.
  - Merkataritza askea.
  - Egonkortasun politikoa.

Ekonomia-hazkundea

- **Ondorioak**
  - Bizi-kalitatea hobetzea.
  - Aberastasunaren banaketa desorekatua.
  - Ingurumen-eragina.
- **Ereduak**
  - Exogenoak.
  - Endogenoak.

Azpigarapena

- Per capita errenta baxua.
- Lehen sektorean oinarritutako ekoizpen-egitura.
- Merkatu txikiak eta ez-efizienteak.
- Demografia-hazkundeko tasa altuak.
- Aurrezki- eta inbertsio-maila eskasa.
- Ezegonkortasun politikoa.
- Azpiegitura eskasak.
- Kultura- eta gizarte-prestakuntza eskasa.
- Finantza-ahultasuna.
- Desberdintasun handiak.

Emigrazioak

- **Motak**
  - Enpresa-elitea.
  - Profesionalen elitea.
  - Kualifikaziorik gabeko langileak.
- **Erronkak**
  - Kualifikaziorik gabeko immigranteen gehiegizko esplotazioa herrialde aberatsetan.
  - Desberdintasun handiagoak herrialde pobreetan.
  - Pertsonen legez kanpoko trafikoa.
  - **LANEren gomendioak**

Ingurumena

- **Ondorioak**
  - Atmosferaren kutsadura eta euri azidoa.
  - Basamortutzea.
  - Biodibertsitate-galera.
  - Hondakinen metaketa eta tratamendua.
  - Berotze globala.
- **Konponbideak**
  - Sektore publikoa.
  - Enpresak.
  - Familiak.

Garapen jasangarria

Ekonomia zirkularra

1. Hauetatik zein da hazkundearen ondorioa?

a) Aberastasunaren banaketa desberdina.

b) Bizi-kalitatea hobetzea.

c) Ingurumen-hondamena.

d) Denak zuzenak dira.

2. Zein da giza garapenaren indizerako (GGI) parametroa?

a) Bizi-itxaropena.

b) Giza eskubideen errespetua.

c) Faktore-kostuen araberako nazio-produktu garbia.

d) Aurreko erantzunetatik, bi zuzenak dira.

3. Zein da herrialde pobreen eta aberatsen arteko elkarganatzearen hipotesiaren oinarria?

a) Errendimendu gorakorren legea.

b) Errendimendu beherakorren legea.

c) Garapen-eredu endogenoa.

d) Aurreko erantzunetatik, bi zuzenak dira.

4. Zerk eragiten du herrialdeetako epe luzerako produktibitatea handitzea?

a) Merkataritzak.

b) Kapitalen inbertsioak.

c) Giza kapitalaren kualifikazioak.

d) Denak zuzenak dira.

5. Kanpo-zorrari dagokionez, zein da zuzena?

a) Handiagoa da herrialde aberatsetan herrialde pobreetan baino.

b) Herrialde pobreentzat zailagoa da mailegu berriak lortzea.

c) Ekonomia-hazkundea eragozten du, interesetan ordaindu behar dena ezin baita beste helburu batzuetarako erabili.

d) Aurreko erantzunetatik, bi zuzenak dira.

6. Demagun herrialde batean, bertan jaiotako pertsona batek herrialdean jasotzen duela prestakuntza, baina beste herrialde batean lan egiteko emigratzen duela. Zer aukera-kostu du horrek herrialdearentzat?

a) Jatorrizko herrialdean zergetan eta kotizazioetan ordainduko ez duen dirua.

b) Herrialdeak langile horren prestakuntzan inbertitutakoa.

c) Jatorrizko herrialdean egin zezakeen lana.

d) Denak zuzenak dira.

7. Ingurumenari dagokionez, zer esaldi da zuzena?

a) Klima-aldaketa da arazo nagusia.

b) Konponbideetarako, nazio-lankidetza behar da.

c) Konponbideetarako, enpresen eta administrazio publikoaren baterako jarduna behar da.

d) Denak zuzenak dira.

8. Nola esaten zaio gaur egungo premiak etorkizuneko belaunaldienak arriskuan jarri gabe asetzeko aukera ematen duen garapen-motari:

a) Garapen eutsigarria.

b) Garapen bideragarria.

c) Garapen jasangarria.

d) Garapen zirkularra.

9. Zein ez da pobreziaren gurpil zoroaren elementua?

a) Diru-sarrera urriak.

b) Produktibitate txikia.

c) Demografia-hazkundea

d) Aurrezki urria.

10. Esaldi hauetatik, zein da okerra?

a) Gaur egungo ekonomia-hazkundea ez da jasangarria ingurumenaren ikuspegitik.

b) Emigrazioek desberdintasun handiagoak sortzen dituzte herrialde pobreetan.

c) Garapen-eredu exogenoek teknologia azpimarratzen dute.

d) Ekonomia-hazkunderik gabe, garapenik ez.

Hazkundearen ondorioak. Hazkundea eta garapena.

1. Zer lotura dago hazkundearen, enpleguaren eta bizikalitatearen artean?

2. Zergatik dago ongizate- eta aberastasun-maila handiagoa, ekonomia-hazkundea badago?

3. Ikusi dugu ekonomia-garapena BPGd-a baino aldagai osatuagoa dela herrialdeetako bizi-kalitatea neurtzeko. Zergatik?

4. Zer-nolako lotura dago produktibitatearen eta ekonomia-garapenaren artean?

5. Ekonomia-garapena lortzeko, zer-nolako egINkizuna du egonkortasun politikoak?

6. Zertan dira desberdinak ekonomia-antolaketa modernoa eta ekonomia-antolaketa tradizionala?

7. Zer aldagai-motak sustatzen dituzte eredu exogenoak? Eta endogenoak?

8. Zergatik daude herrialde batean bai baina beste batean funtzionatzen ez duten formula ekonomikoak?

Azpigarapena.

9. Herrialde batzuek, beste batzuek baino kanpo-zor txikiagoa izanda ere, finantza-ahulezia handiagoa dute zor handiagoa duten beste herrialde horiek baino. Zergatik?

10. Lotu ekonomia-prentsako izenburu hauek azpigarapenaren ezaugarriren batekin:

a) «Burundi izan da aurten ere munduko herrialderik pobreena».

b) «Hondurasek 1.500 milioi dolar gehiago ordaindu ditu kanpo-zorragatik».

c) «Azpiegituren egoera txarrak emigratuak Siriara itzultzea eragozten du».

d) «Nigeriak lehenbiziko postuetan jarraitzen du herrialde ustelduenen sailkapenean».

e) «Bolivian, gutxienez 180.000 pertsona daude alfabetatu gabe».

11. Demografia-hazkundeko tasa altuak izatea arazo al da beti? Arrazoitu erantzuna.

12. 1964an, Nazio Batuen Merkataritza eta Garapenari buruzko I. Konferentzian, onartu zen herrialde aberatsek beren sarrera garbien % 1eko ekarpena egin beharko zutela, gutxienez, garapenerako laguntzarako. Kopuru horretatik, % 0,7k garapenerako laguntza ofiziala izan beharko luke. Herrialde gehienek ez dute ehuneko hori horretarako erabiltzen, eta, azkeneko txostenen arabera, laguntzen bolumena gero eta urrunago dago % 0,7ko helburu horretatik.

a) Ikertu Interneten BPGd-aren zer ehuneko ematen duten herrialde garatuek, Espainia barne, garapenerako laguntzarako.

b) Zer litzateke hobea, garapen-bideko herrialdeen produktuei jartzen zaizkien merkataritza-hesiak kentzea ala herrialde horien garapenerako laguntzak ematea?

Emigrazioa.

13. Zer-nolako eragina dute kapital-fluxuek migrazioetan?

14. Zergatik ez dira hain agerikoak migrazio-eliteak herrialde hartzaileetan?

15. Emigranteek beren jatorrizko herrialdeetara dirua bidaltzen dute, baina hori egiteak herrialde horietako desberdintasunak handitzea eragiten du. Nola liteke hori?

16. Lanaren Nazioarteko Erakundeak (LANE) emigrazioen inguruan emandako gomendioak direla eta, azaldu nola konponduko liratekeen honako hauek:

a) Immigranteen legez kanpoko trafikoa.

b) Herrialdeko langileen eta langile immigranteen enplegu irregularra.

c) Herrialdekoen eta immigranteen arteko gizarte-kohesioa.

Ekonomia eta ingurumena. Garapen jasangarria.

17. Zein dira ingurumen-funtzioak ikuspegi ekonomikotik?

18. Zure hitzak erabiliz, eman kontzeptu hauen definizioa:

a) Ekonomia-garapena.

b) Ekonomia-antolaketa modernoa.

c) Kanpo-zorra.

d) Berotegi-efektua.

e) Ingurumen-politika.

f) Garapen jasangarria.

19. Lotu prentsatik ateratako izenburu hauek unitatean ikasitako kontzeptuekin:

a) «Garapenari dagokionez, Afrikako herrialdeek azken postuetan jarraitzen dute».

b) «Itsas mailak gora egitearen ondorioz, Pazifikoko eta Karibeko zenbait uharte urpean geratuko dira datozen urteetan».

c) «NBEren kalkuluen arabera, gatazkaren ondorioz, 5,6 milioi pertsonak egin zuten ihes Siriatik beste herrialde batzuetara».

20. Ondoren, ingurumena zaintzeko neurri batzuk adierazten dira. Neurri bakoitzean, identifikatu zer ekonomia-eragileri dagokion hori aplikatzea, eta zer konponbide-multzotakoa den neurria:

a) Norberaren zorroak eramatea erosketak egiteko.

b) Gasolinaren gaineko zergak igotzea.

c) Errekuntzako motorrak motor elektrikoz ordeztea.

d) Hondakin organikoak aziendarako konpost-ohe bihurtzea.

e) Arrantzarako artisau-teknikak erabiltzea.

f) Auto hibridoen edo elektrikoen erosketak diruz laguntzea.

21. Sailkatu erronka hauek Garapen Jasangarrirako Helburuak 2015-2030 ekimenean ingurumenarekin lotura zuzena duten bost helburuetan:

a) Mendiko ekosistemen kontserbazioa zaintzea, dibertsitate biologikoa barne hartuta.

b) Uraren eta saneamenduaren kudeaketa hobetzeko lanean, tokiko komunitateen parte-hartzea babestea eta sendotzea.

c) Klima-aldaketari buruzko neurriak sartzea politika, estrategia eta plan nazionaletan.

d) Energia-efizientziaren munduko hobekuntza-tasa bikoiztea.

e) Mota guztietako itsas kutsadura prebenitzea eta nabarmen murriztea.

22. Esan esaldi hauek zuzenak ala okerrak diren. Arrazoitu erantzuna.

a) «Zenbat eta aberastasun handiagoa, orduan eta errenta handiagoa» beti betetzen den axioma da.

b) Produktibitatea funtsezkoa da ekonomia-garapena lortu ahal izateko.

c) Immigrante guztiak lehian aritzen dira herrialde hartzaileetako bertako langileekin.

d) Birziklatzea produktu edo hondakin bat berriz erabiltzea da.

23. Klima-aldaketaren ondorioak gehien pairatzen dituztenak izanda ere, garapen-bidean dauden herrialde batzuk eragozpenak jartzen dituzte arazoa konpontzeko neurriak hartzeko, uste baitute jada garatu diren herrialdeekiko neurri berdinez ez neurtzea dela. Nola azaltzen da hori?

24. Zergatik esaten da ingurumen-onura zalantzazkoa dela?

25. Zure ustez, zergatik egon behar du klima-aldaketa geldiarazteak munduko pobreziaren aurka egiteko borrokarako neurrien artean?

26. Irakurri testu hau eta erantzun ondoren ageri diren galderei:

«Jobra herrixkako (Bangladesh) bizi zen emakume pobrepobrea zen Sufiya. 1974. urtea zen, eta banbuzko aulkiak egiten ozta-ozta bizi zen emakumea. Banbu-kanaberak erosteko dirurik ez zuenez, maileguan erosi behar izaten zituen: bost taka eskatzen zituen (0,10 €, gutxi gora-behera), eta, trukean, mailegu-emaileari 5,50 takatan saltzen zizkion aulkiak (prezio lotsagarria, inondik ere). Interesak hain ziren gehiegizkoak, etekinekin apenas lortzen baitzuen bizirik irautea Sufiyak, baina ez zuen lukurraren, mailegu-emaile oportunistaren edo marrazoaren atea jotzea beste erremediorik, ezin baitzuen banku baten kreditu arrunt bat eskuratu, ez zuelako bermerik emateko modurik.

Sufiyaren kasuak ongi baino hobeto azaltzen du lukurreriazko sistema bat esklabotza-mota sotil bat besterik ez dela: etekin-marjina hain da txikia ezinezkoa baita lehengaiak erosteko aurreztea, eta kasuan-kasuko Sufiyek nahitaez itzuli behar dute lukurrarengana aulkien hurrengo sorta ekoizteko.

Handik gertu dagoen Chittagongeko unibertsitateko Muhammad Yunus irakasleak eta haren ikasleek artisaulanak egiten zituzten baina lehengaiak erosteko dirurik ez zuten pertsonak bildu zituzten zerrenda batean. 42 agun bildu zituzten, eta ondorio harrigarri batera iritsi ziren: 42 pertsona horiek lukurren mendekotasunik ez lukete izango, guztira... 27 dolar izango balituzte. Yunusek bere poltsikotik eman zien dirua eta artisauek eskaintza onena egin zuenari saldu zizkioten lanak. Guzti-guztiek itzuli zuten mailegua. Yunusek, filosofoen harria aurkitu zuela sinetsita, bankuei eta agintariei kontatu zien gertatutakoa. Alferrikakoa izan zen. «Bankuek behar ez dutenari soilik ematen diote dirua maileguan», horra hor izan zuen erantzuna ezin hobeto adierazten duen esaldia. Esaldia *The Grapes of Wrath* (euskaraz, *Suminaren mahatsak*) filmekoa da (John Steinbeck idazlearen izen bereko nobelan oinarrituta dago, eta Henry Fonda da protagonista). Filmean, nekazari batek mailegu bat eskatzen du banku batean eta ukatu egiten diote, berme moduan jartzeko abalik ez aberastasunik ez duelako, eta testuinguru horretan esaten da esaldia.

Yunusek ez zuen etsi, eta, azkenean banku batek kredituak eman zizkien Jobra herrixkakoei. Dena den, irakasleak abal-emaile moduan sinatu behar izan zituen mailegu guzti-guztiak. Itxurazko miraria gertatu zen berriro ere: denek itzuli zuten maileguan utzitako zentimo bakoitza. Beste ehun herrixkatara zabaldu zen ekimena, bi urte geroago, eta 1976. urtean Grameen bankua sortu zen, irabazi asmorik gabeko erakunde bat. Eta, ezbairik gabe, esan daiteke ehunka mila lagun miseriatik atera dituela. Grameen bankuak kalean bertan jarduten du, oinarrizko komunitateetan eta 7,5 milioi laguni baino gehiagori ematen dizkie maileguak Blangadeshen. Ehuneko 96 emakume behartsuak dira, eta ehuneko 97k baino gehiagok itzultzen dute dirua. Mailegu-jarduera, ordea, harago doa: berrogei herrialdetan baino gehiagotan jarduten du, eta sortu zenetik, 10.000 milioi dolarretik gora eman ditu».

a) Nola bihurtzen dira lukurreria edo abusuzko maileguak esklabotza-modu bat?

b) Zure ustez, zergatik dira emakumeak mailegu-hartzaile gehienak?

- Idatzi argi dauzkazun eta zure ustez funtsezkoak diren unitateko bi ideia. Zerk lagundu dizu ideia horiek ulertzen?
- Egin argi geratu ez zaizkizun unitateko alderdiei buruzko bi galdera.
- Idatzi unitate honetan sakonago aztertu nahiko zenituzkeen bi alderdi.

Interpretatzen ikasten: Aberastasunaren banaketa

Espainiako aberastasuna autonomia-erkidegoen multzoaren aberastasuna da, eta munduko aberastasuna, berriz, herrialde guztien multzoarena. Herrialdeak, berriz, kontinentetan biltzen dira. Herrialde baten eta munduaren artean ezar daitekeen beste paralelismo bat da batzuei gauzak hobeto doazkiela beste batzuei baino: herrialde bakoitzean zein mundu osoan, hauteman daiteke **aberastasunaren banaketa** oso desorekatua dela, eta berdintasun handiagoko banaketa lortzea izango litzateke onena. Hauek dira aberastasunaren adierazle ohikoenetako batzuk:

1. Aberastasunaren piramidea.

Munduko biztanle helduen % 0,7k guztizko aberastasunaren % 45,9 du **(128,7 bilioi dolar).** Sailkapenaren beheko aldean, munduko biztanleriaren % 70,1ek guztizko aberastasunaren % 2,7 baino ez du kontrolatzen **(7,6 bilioi dolar).**

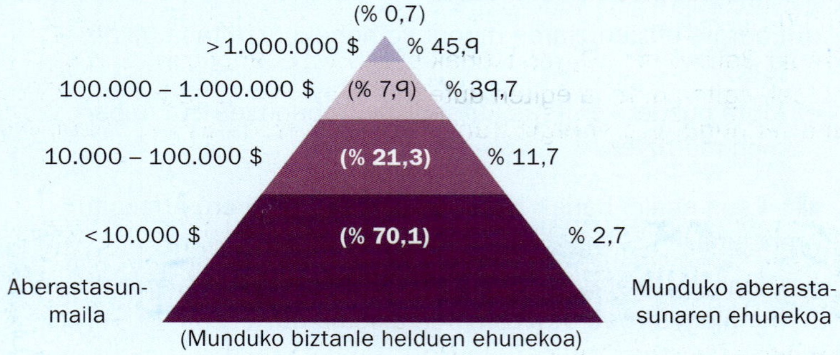

2. Aberastasunaren banaketa geografikoa.

Hurrengo bost urteetan, aberastasunak handitzen jarraituko du, gora egiten ari diren herrialdeei esker. Hori dela eta, 55 milioi pertsona milioi bat dolarretik gorako aberastasun-maila izatera iritsiko dira.

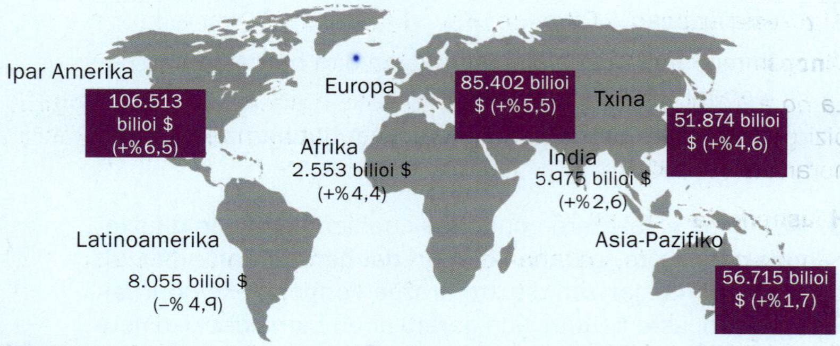

3. Aberastasunaren bilakaera eta kontzentrazioa pertsonaka.

Mende-hasierako krisiak: *puntucom* enpresen burbuilaren eztandak, eta, batez ere, 2008ko finantza-krisi larriak eta Euroguneko 2010eko krisiak zerikusi garrantzitsua izan dute aberastasun pertsonalen banaketan izandako aldaketetan.

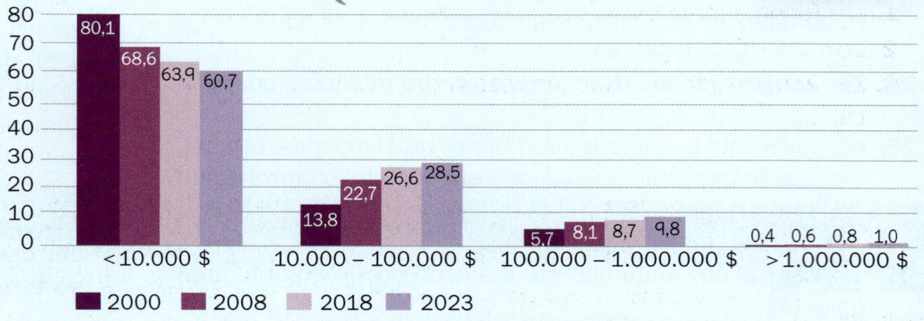

Iturria: *Credit Suisse Global Wealth Databook, 2018.*

Galderak:

1. Oxfamen datuen arabera, 2018. urtearen hasieran, Espainiako biztanleriaren % 10 aberatsenak guztizko aberastasunaren % 53,8 zuen (eta % 1 aberatsenak, guztizko aberastasunaren % 25,1). Kalkulatu nola banatuko litzatekeen, 100 biztanle soilik balitu eta guztizko aberastasuna 1 milioi dolar balitz.
2. Egin aberastasunaren sailkapena kontinenteka, aberatsenetik pobreenera.
3. Zer ondorio atera daitezke pertsonakako aberastasunaren 2000-2023 aldiko bilakaerari buruz?
4. Gaur egun, Espainian 1.690 ultradirudun daude (50 milioi dolarretik gorako ondarea duten pertsonak), baina, 2023. urterako, espero da kopuru hori % 36 handituko dela. Beraz, zenbat ultradirudun egongo dira Espainian 2023an?

Dilema: Urrats bat aurrera eman, ala denei itxaron?

Herrialdeen arteko adostasunik eza da klima-aldaketaren aurkako borrokan aurre egin behar zaion arazo nagusia. Klima-aldaketa konpontzeko erantzun bateratu bat ematen ez den bitartean, batzuek hartzen dituzten neurriek ez dute ezertarako balio, beste batzuek pairatzen baitituzte ondorioak. Baina planetak ezin du jada gehiago itxaron.

Europar Batasunak CO_2-ren isuriak murriztu behar al ditu, besteek egiten dutena egiten dutela ere? Aurrera jarraitu behar al dugu, eta energia-trantsizio zail horren kostua ordaindu, ibilgailu motordunak edo zentral termikoak kentzeko, ahaleginean bakarrik geratuta ere?

Eztabaida:

Hautatu bi aukera horietako bat (CO_2-ren isuriak aldebakarretik murriztea berehala ala nazioarteko komunitatearen adostasuna lortu arte itxoitea) eta egin horren alde bost ikasleko talde batean. Taldeak nagusitzen den aukera defendatu beharko du, beste aukeraren alde egin duen talde baten aurka.

Zinema-proposamena: *La hora 11*

Zuzendariak: Leila Conners eta Nadia Conners.

Aktoreak: Leonardo DiCaprio, Kenny Ausubel, Thom Hartmann.

Sinopsia:

La hora 11 filmean, deskribatzen da nola iritsi den gizadia bidegurutze klimatiko batera: nola bizi garen, zer-nolako ondorioak eragiten ditugun ekosistemetan eta zer egiten dugun gure noranzkoa aldatzeko.

Hausnarketa-gakoak:

Kanpo-eraginak, ingurumen-hondamena, garapen jasangarria eta merkatuaren hutsegiteak.

Galderak:

1. Zer fenomenoren bidez aurkezten da gaur egungo egoera klimatikoa?
2. Zein da arazo nagusia?
3. Zer konponbide praktiko aurkezten dira filmean, planetako sistemak leheneratzen laguntzeko?

Bineta